北京顺义年鉴 2019

顺义区党史地方志办公室　编

中华书局出版

图书在版编目（CIP）数据

北京顺义年鉴．2019 / 北京市顺义区党史地方志办公室编．-- 北京 ：中华书局，2019.6
ISBN 978-7-101-13907-5

Ⅰ．①北… Ⅱ．①北… Ⅲ．①顺义区－2019－年鉴 Ⅳ．①Z521.3

中国版本图书馆 CIP 数据核字（2019）第 106376 号

北京顺义年鉴 2019

编　者：北京市顺义区党史地方志办公室

出 版 者：中华书局出版
地址：北京市丰台区太平桥西里 38 号
邮编：100073
网址：http：// www．zhbc．com．cn
E-mail:zhbc@zhbc.com.cn
印　刷：廊坊市佳艺印务有限公司印刷

开　本：889X1194　　1/16
印　张：35
字　数：89.1 万字
版　次：2019 年 12 月第 1 版　2019 年 12 月第 1 次印刷
印　数：800 册

ISBN978-7-101-13907-5　　定价：200 元

《北京顺义年鉴（2019卷）》编辑部

主　编：焦庆海　梁　军

副主编：刘阿娜

编　辑：费连荣　张东清　徐世民　刘秀娟
兰　岚　郝会元　王　润

特约撰稿人名录

（按姓氏笔画排序）

丁　月　于　田　马小梅　马云凤　马　宁　马欣欣　马养科　马艳芬　马骏鹏　马腾飞　丰丕超
王三军　王　云　王凤忠　王　玉　王正攀　王　帅　王乐欣　王永明　王　吉　王成效　王　伟
王向辉　王　芹　王　丽　王秀丽　王金伟　王学军　王学君　王　茜　王　威　王亮亮　王洪和
王艳霞　王凌燕　王海旺　王　娣　王继国　王　雪　王曼羽　王　跃　王婉婷　王　超　王雅君
王　辉　王　慧　王　蕊　王燕华　王　蕾　王　巍　王　巍　牛金香　仇　娟　邓玉荣　古会忠
古艳玲　石艳斌　石淑芳　龙文喆　龙菲菲　申顺良　申　振　田立娟　田建如　田　甜　史占东
史林霞　史浩宇　付建平　白燕燕　冯鑫鑫　宁　宇　宁艳霞　皮秋元　邢　超　巩月兰　巩贤涛
吕龙梅　吕延靖　吕爱超　朱广娜　朱　江　朱红菊　朱丽颖　乔砚潮　任立春　任艳萍　庄亚楠
刘小颖　刘文欢　刘文娟　刘双静　刘立新　刘亚民　刘伟林　刘　杨　刘利剑　刘忠诚　刘　泽
刘　峣　刘　洁　刘　晓　刘晓英　刘宾宾　刘朝辉　刘　禄　刘　颖　闫文龙　闫　光　闫　旭
闫江玲　闫志杰　关丽新　许海松　许　慧　孙　伟　孙春山　孙晓红　孙梦旸　孙敬思　孙慧风
苏红利　杜　月　杜　勇　杜鹏瑶　李月明　李文斌　李玉磊　李　民　李在滨　李向利　李红燕
李连国　李　利　李君美　李依锴　李　建　李建新　李珊珊　李　娜　李素香　李晓霞　李　爽
李雪莲　李雪峰　李崇贤　李　铮　李康娜　李棣姣　李　辉　李　富　李婷婷　李楠楠　李　颖
李榜贤　李颜宁　李燕伶　杨丰羽　杨长宝　杨玉杰　杨正钦　杨世云　杨　宁　杨　帆　杨　旭
杨志刚　杨妍佳　杨　贺　杨　贺　杨　勇　杨晓东　杨海红　杨慧雯　来　聃　肖怡乐　肖　钢
吴　刚　吴旭波　何伟成　谷芸芸　邹依旸　沈　艺　宋　昕　宋　佳　宋欣华　宋金萍　宋宝来
张乃迪　张云鹏　张　丹　张文海　张立新　张伟娜　张华春　张　旭　张　壮　张　庆　张　宇
张　欢　张丽珍　张迎春　张阿妮　张青菊　张　虎　张　征　张学军　张诗萌　张春红　张　茜
张　娈　张振友　张晓文　张晓东　张海全　张　萌　张乾坤　张梦培　张跃超　张鸿君　张淑红
张朝红　张　颖　张　蕊　张　影　张　璐　陈　丹　陈东坡　陈立东　陈民强　陈宝江　陈　勇
陈晓飞　陈　晨　陈越洋　陈　惠　邵　梅　武红静　苗丛郁　苗新华　季　震　岳晓星　周二兰
周立鹃　周红宇　周志贤　周君妹　周建朋　周　洁　周莹蓝　周晓娟　周海燕　周雅楠　周　静
庞海雄　於　忻　郑彧森　单凤莲　单继友　孟佑娟　赵亚楠　赵宏伟　赵国栋　赵国辉　赵建礼
赵洪波　赵　恺　赵　倩　赵　健　赵爱东　赵瑞冬　赵　楠　赵　鹏　郝久兴　郝连文　胡金侠
胡莞玥　茹亚男　柳茂林　段云雁　段晓宇　侯　松　侯瑞峰　洪　超　祖爱丽　姚　尧　秦金英
袁永章　袁志新　袁积祥　耿　波　莽　娜　桂欣然　贾凤兰　贾庆忠　贾庆忠　贾　雁　贾　楠
贾翻英　贾翻英　柴哲宣　倪　楠　徐亚楠　徐国强　徐洪武　徐晓娜　徐鹏哲　徐溪瑶　殷　飞
殷成福　殷连琦　殷洪波　奚冬梅　高　宁　高　宇　高　娜　高　娜　高　颖　高　毅　郭丹青
郭春秋　郭媛媛　郭　燕　黄广民　黄旭伟　黄秋凤　黄敬伟　梅　杰　曹四林　曹会军　曹　松
龚　茜　盛德新　常小青　崔欣玥　崔爱丽　崔　静　崇　岩　梁　民　梁珂珂　彭笑月　董　苑
董　苑　董　昆　蒋晨阳　韩　冬　韩艳杰　焦京岩　曾旭红　谢　岩　谢梦洋　甄　雨　鲍月秋
鲍晓芹　鲍　静　解　薇　蔡兴培　廖　原　廖　蕊　黎　明　潘青玥　潘海龙　潘德宇　薛东云
薛　沣　鞠佳佳　魏　星　魏济江

编辑说明

一、《北京顺义年鉴》是由中共北京市顺义区委员会和顺义区人民政府主办、北京市顺义区党史区志办公室主持编纂的地方综合年鉴。自2007年开始逐年编纂并公开出版，一年一卷，本卷为第13卷。

二、《北京顺义年鉴》坚持以马克思列宁主义、毛泽东思想、邓小平理论、“三个代表”重要思想、科学发展观、习近平新时代中国特色社会主义思想为指导，坚持辩证唯物主义和历史唯物主义的立场、观点、方法，存真求实，全面、客观、系统地记述区域发展情况。

三、《北京顺义年鉴》以出版年号为卷次名称。本卷全面记述顺义区2018年政治、经济、文化和社会发展等各方面的基本情况和重大事件，记述时限为2018年1月1日至2018年12月31日。凡在本书中直书月、日的，均指2018年内的日期，文中“年内”指2018年。书中涉及其他年份的时间均标明年份。

四、《北京顺义年鉴》采用分类编纂体例，由类目、分目、条目组成。全书条目标题统一用黑体外加【】表示。本卷设有特载、专记、大事记、中国共产党顺义区委员会、顺义区人民代表大会、顺义区人民政府、政协顺义区委员会、北京天竺综合保税区、民主党派 工商联、人民团体、法治 军事、综合经济管理、经济功能区 区内企业、商贸服务 旅游、农业与农村建设、城乡建设及管理、科 教 文 卫 体、社会生活、街道 镇、人物、统计资料、附录共22个类目。

五、文中除“民主党派”部分外，未标明党派的“市委”均指“中共北京市委”，“区委”均指“中共顺义区委”，“党员”均指“中共党员”，“党建”工作均指“中国共产党建设”工作。

六、入鉴的资料，均由各撰稿单位确定专人撰写，并经主要负责人审核。部分资料由编辑部收集。主要数据和统计资料由顺义区统计局提供，部分资料由各相关部门提供。由于统计口径等原因，相关部门的个别数据与统计资料不一致，以统计资料为准。照片由各相关单位提供。

七、本年鉴的编辑工作得到各撰稿单位及各方面的大力支持，在此深表感谢。由于水平有限，对本书的疏漏之处及不足，恳请各界批评指正。

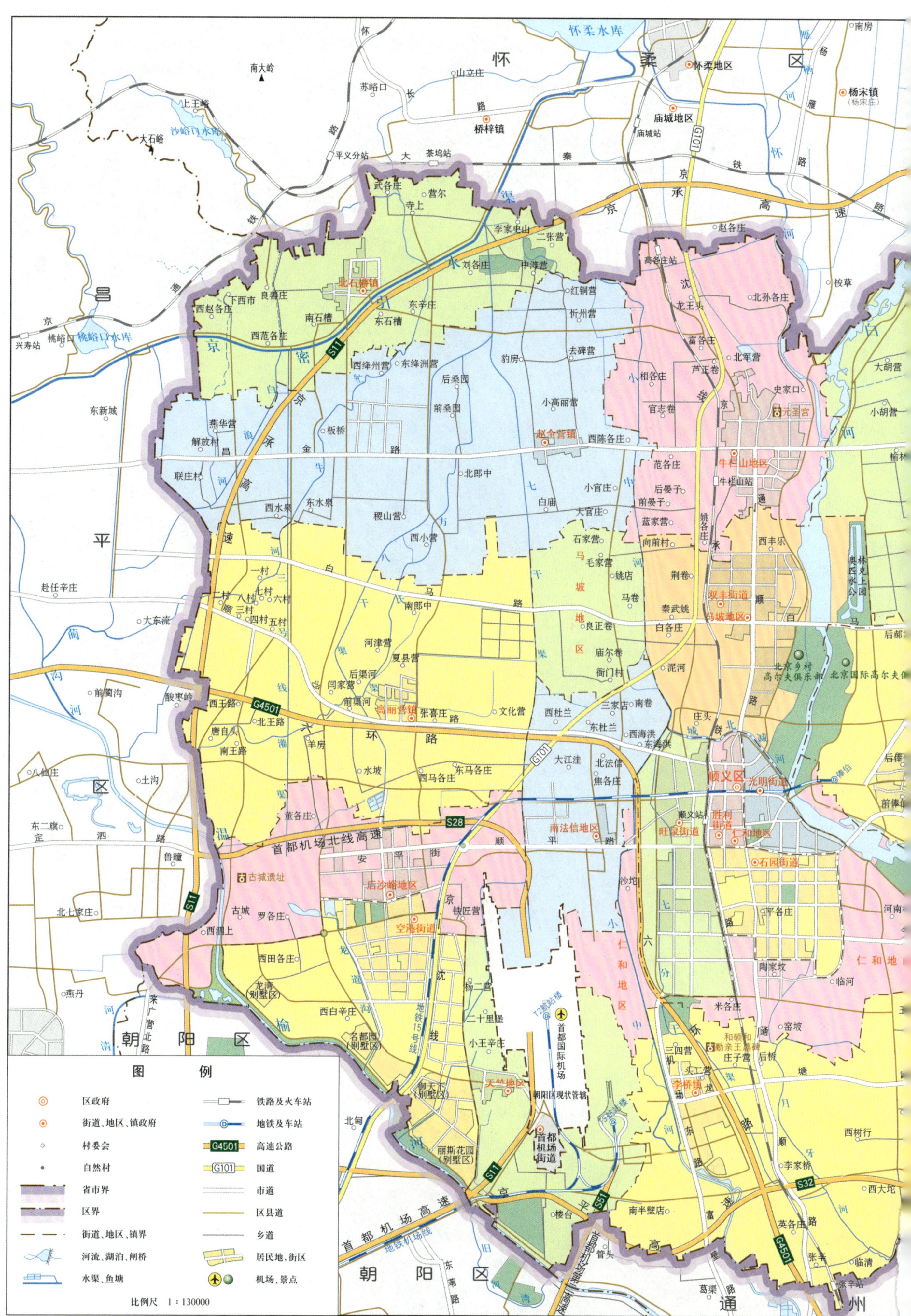

审图号：京S（2019）011号

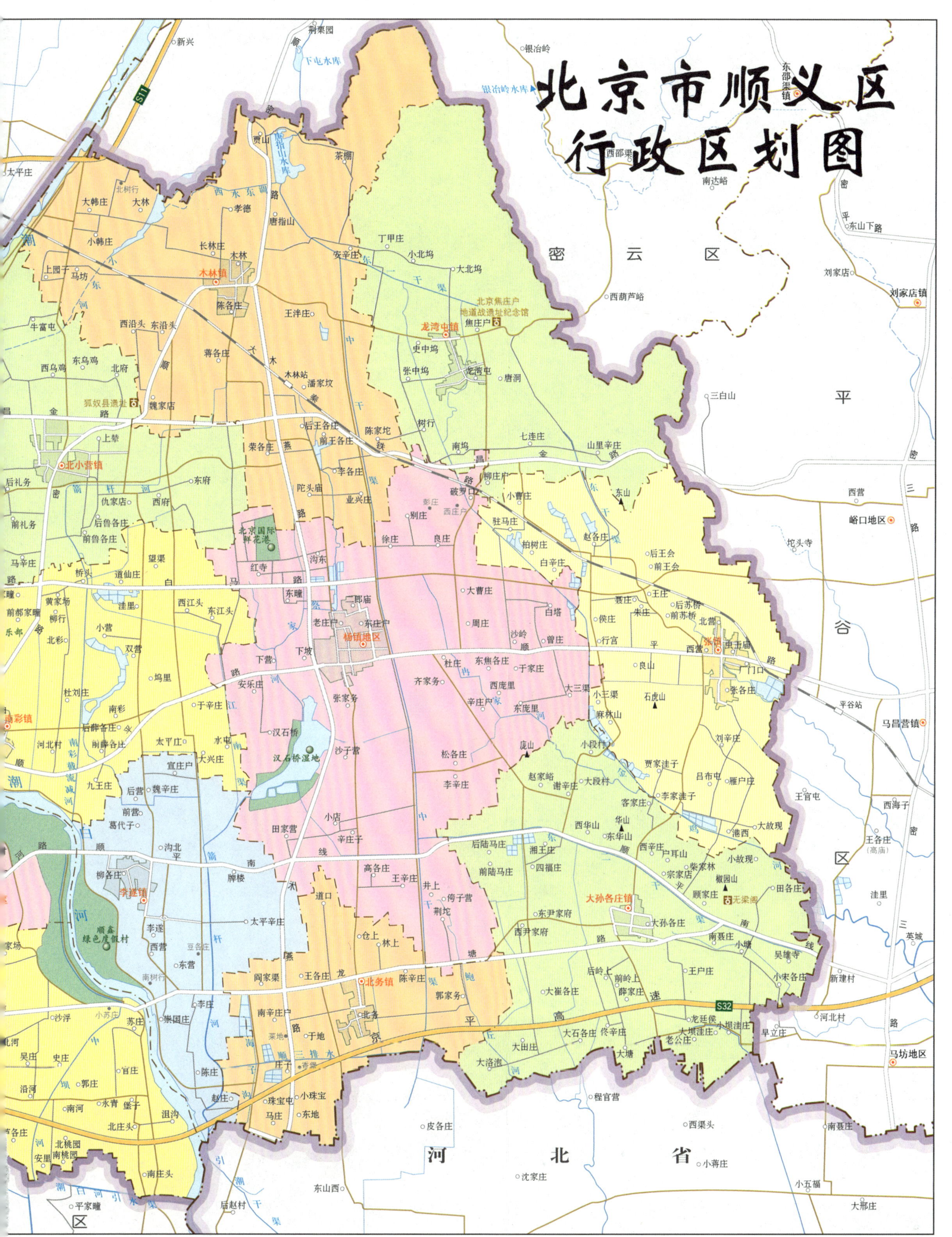

资料截止日期：2018年12月

顺义改革开放40年

地区生产总值

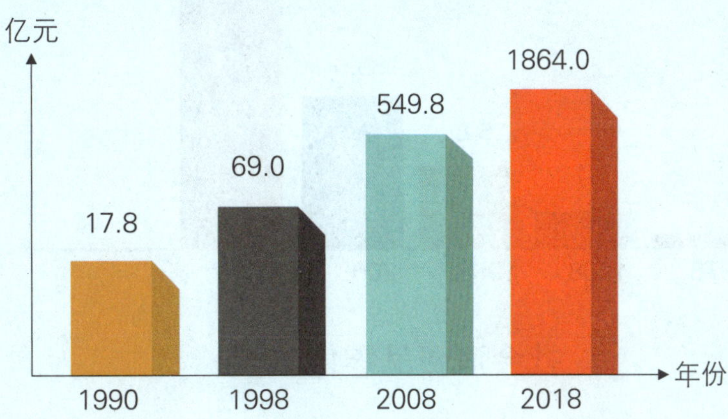

地区生产总值构成变化

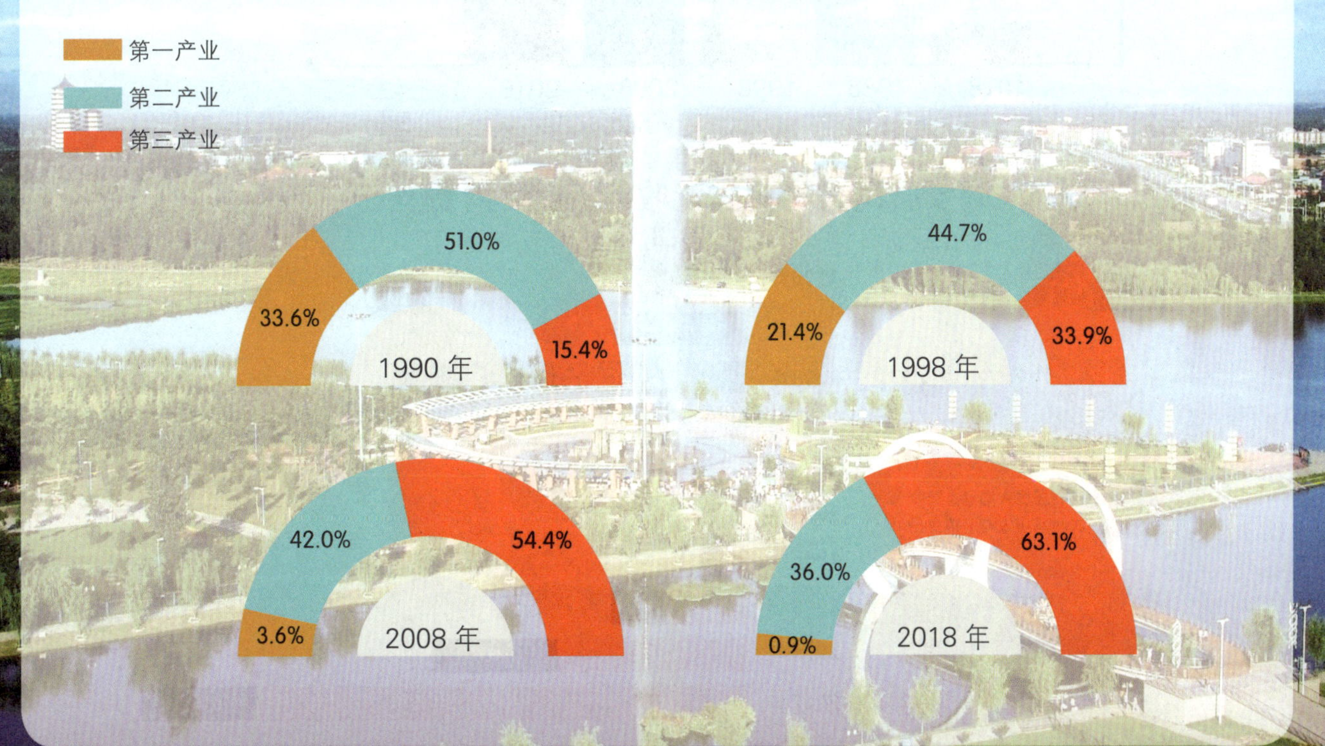

地方财政收入

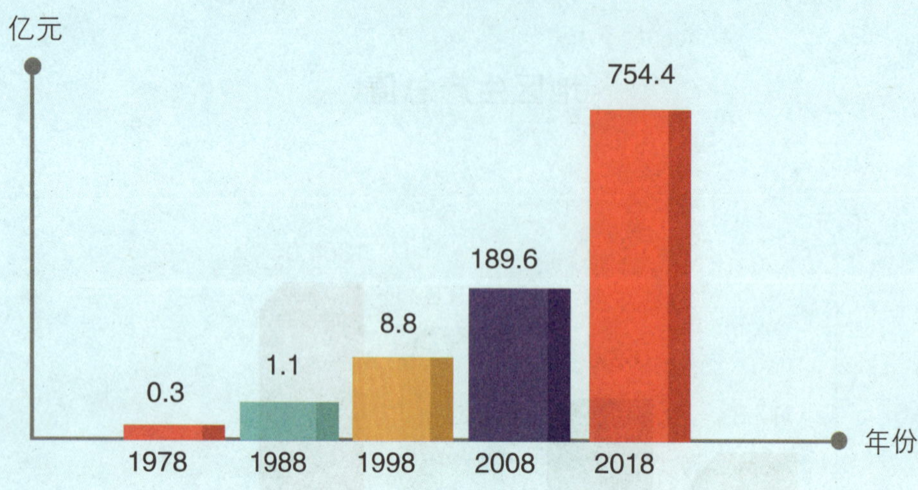

社会消费品零售总额

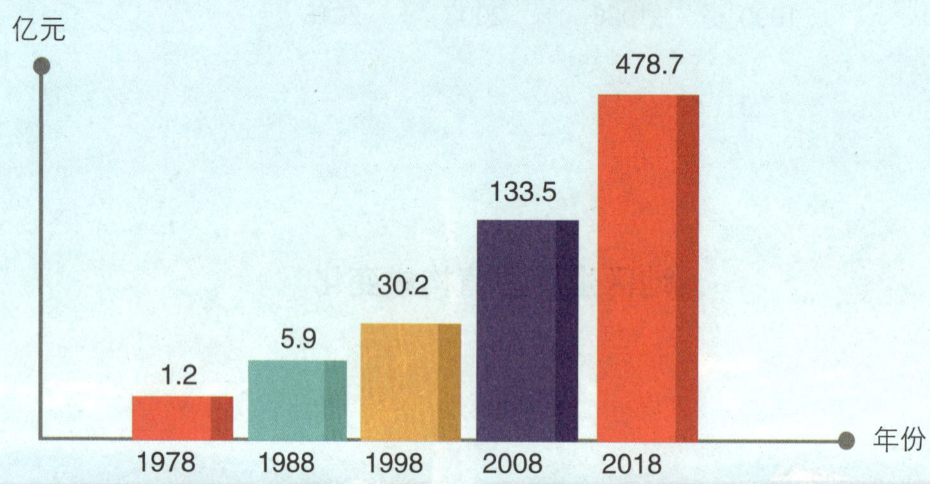

城乡居民人均可支配收入 / 生活消费支出

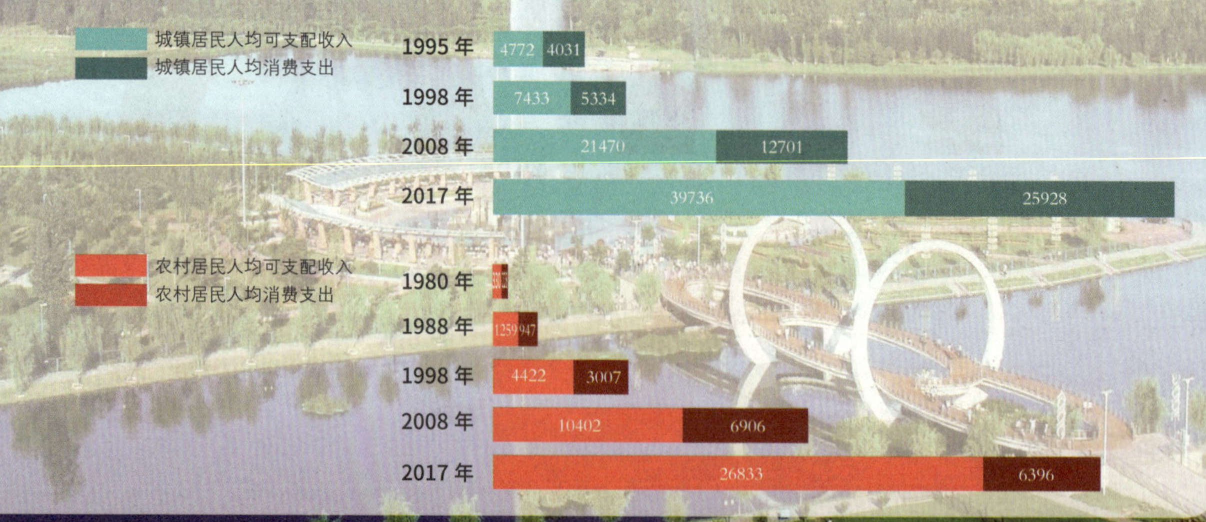

1 月 29 日，由顺义区教育委员会主办，区学生活动管理中心承办的 2018 顺义区足球特色校冬训营在海南省定安县全鑫青训基地正式开营（张云鹏）

2 月 8 日，顺义区春节景观亮化工程——铁路桥段正式亮灯

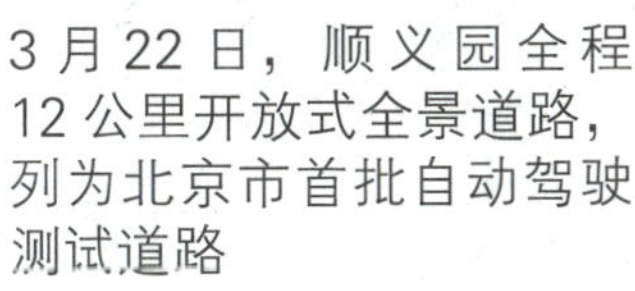

3 月 22 日，顺义园全程 12 公里开放式全景道路，列为北京市首批自动驾驶测试道路

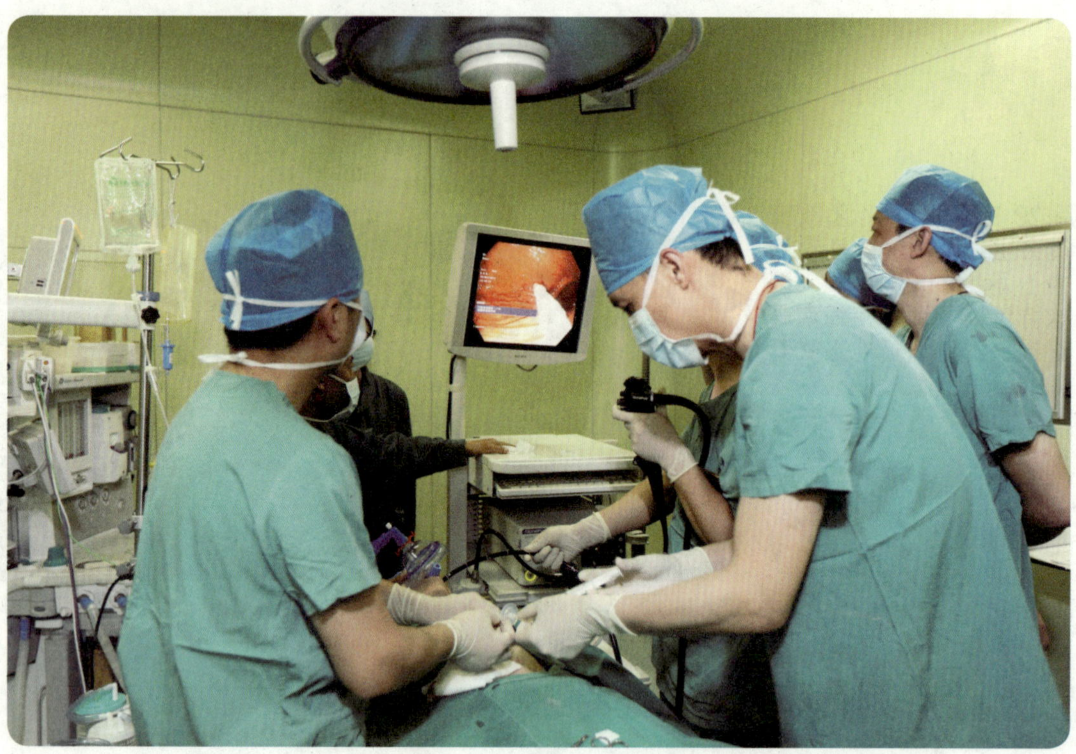

▶ 4月28日，顺义区医院手术室胃镜下进行胃部表皮植入导管手术

▶ 6月27日，牛栏山镇举办“翰墨飘香歌伟业，丹青溢彩颂党恩”庆“七一”主题书画展（吴梦迪）

▶ 消防安全宣传

▶ 5月5日，顺义区小学举办第二届“诵读经典·诗意流芳”展演活动（黄秋凤）

5 月 28 日，天竺镇赴沽源县开展对口帮扶工作——高山堡坝上老农舍饲养殖调研（单艳平）

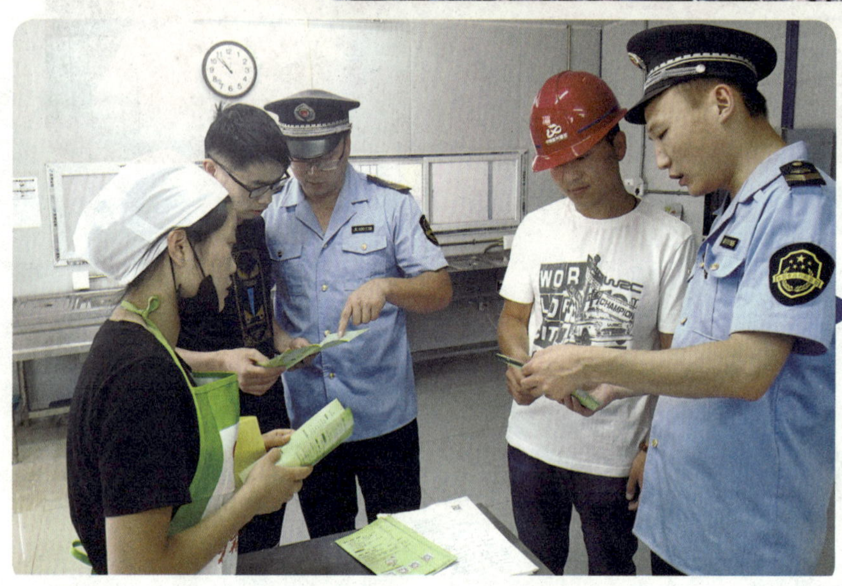

5 月 30 日，仁和镇食品药品监管所执法人员给工地食堂操作人员和工地负责人宣传食品安全知识

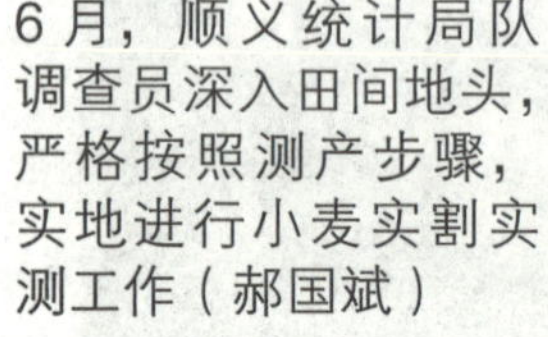

6 月，顺义统计局队调查员深入田间地头，严格按照测产步骤，实地进行小麦实割实测工作（郝国斌）

6月25日，顺义区安监局在龙湾屯镇张中坞村开展“安全知识进农村”活动（刘欣婷）

6月29日，第27届北京国际燕京啤酒文化节在顺义奥林匹克水上公园开幕

7月3日，北京城市学院沙岭实验学校挂牌成立

7月5日，国家税务总局北京市顺义区税务局挂牌成立。原区国税局、地税局正式合并

7月15日，木燕路交通综合治理工程完工通车（李玉磊）

7月19日，在南彩镇小营村举办以“搭精准对接平台，促劳动力就业增收”为主题的低收入村劳动力专场招聘会

7月26日，“我的中国梦 魅力新顺义”“胜利杯”顺义区首届朗诵大赛颁奖仪式举行

8月17日，顺义法院开展“利剑行动”

9 月 10 日，“慈善 + 健步走活动”在滨河森林公园举办

9 月 14 日，“辉煌四十年，舞韵中国梦”北京市顺义区第三届“牛栏山杯”群众广场舞大赛举办

9 月 15 日，“顺义区 2018 年全国科普日 科普嘉年华暨第三十六届学生科技节活动”在七彩蝶园举办

9 月 21 日，顺义区人才工作大会召开

9 月 24 日，区委书记高朋带队，到李桥镇检查大棚房整治工作

10 月 28 日，“京蒙文化交流 -- 走进顺义”美术作品展举办

11 月 5 日，顺义区医院肿瘤内科放疗中心陈小燕团队开展诊疗活动

11 月 23 日，北大沟林场进行消防演练（区园林绿化局）

11 月 26 日，顺义区领导干部警示教育大会

12 月 3 日，国际安全社区认证中心主席戴尔及国际安全社区认证中心总干事古尔邦与旺泉街道领导班子成员合影

12 月 26 日，顺鑫控股与北京冬奥组委签约

12 月 27 日凌晨 2 点，区食品药品监管局突击检查石门市场猪肉大厅的非洲猪瘟疫情防控工作

12 月 29 日，顺义区公共法律服务中心正式投入运营

7 月 20 日，石园街道“党建 e 站”系列活动——第一期党员悦读会

11 月 1 日—4 日，顺义区参展（2018）北京国际金融博览会

11 月 19 日，市公安消防总队总队长亓延军（右二）督查李桥镇社会面火灾防控工作（宋宝来）

12 月 12 日，后沙峪地区王庄村支部委员会换届选举大会召开

鲜花港樱花大道景观

1月19日，张镇举办2018年新春“送福”文化下乡活动（安湘庭）

2月4日，名为“绽放”的巨型雕塑成为马坡镇新地标

2月8日，第二届北京顺义张镇灶王文化节开幕式

潮白河水生态持续向好，白天鹅回归

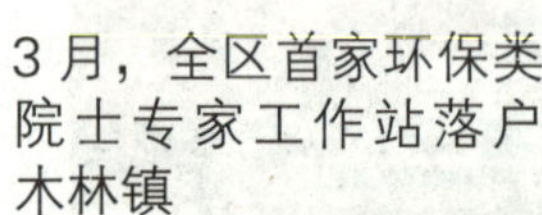

3月，全区首家环保类院士专家工作站落户木林镇

3月，全国“两会”期间坚守在志愿服务岗位上的老党员

4月1日，全民义务植树活动（顺义区园林绿化局）

8月25日，北京国际图书节上的空港志愿者（《北京日报》武亦彬）

5月24日，区委常委、组织部部长禹学垠走访航空食品有限公司

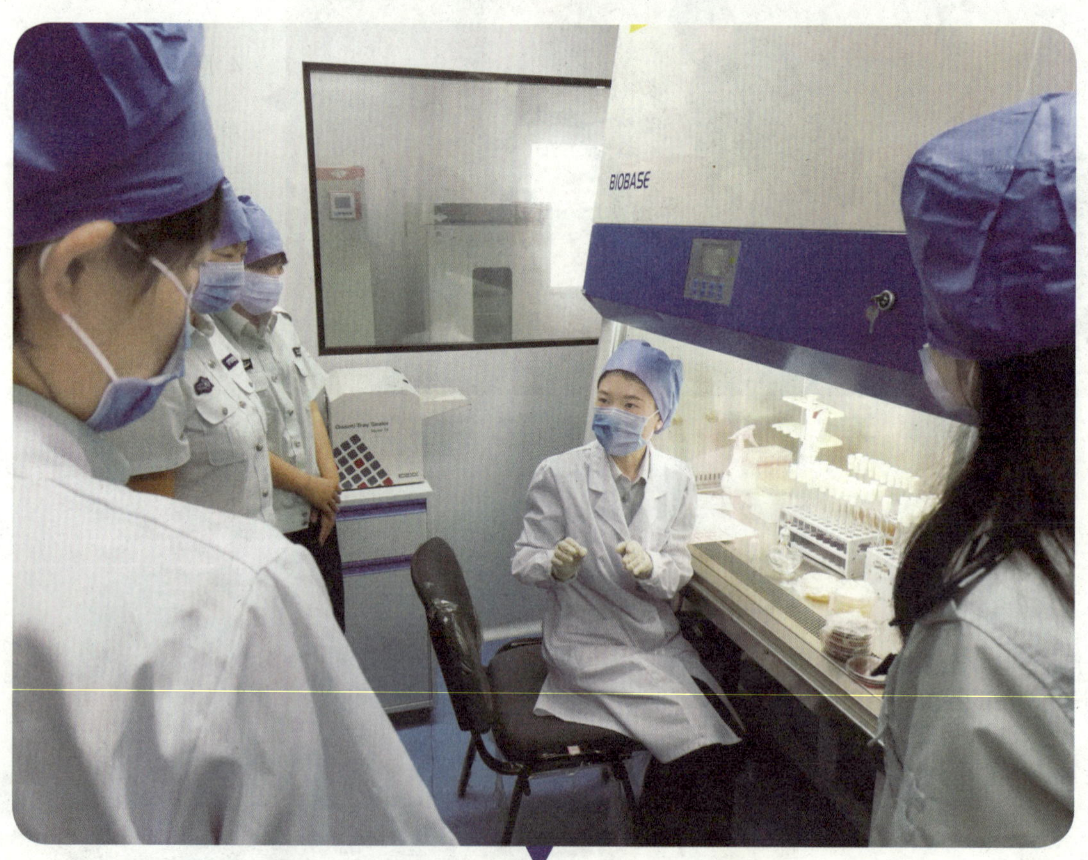

7月，顺义区环保局监测站的监测人员讲解微生物实验

12 月，恒华安纳湖街旁绿地建成（顺义区园林绿化局）

2018 年第三届顺义樱桃采摘旅游文化节（杨丰羽）

5 月 29 日，全国人大常委会副委员长、全国妇联主席沈跃跃到高丽营一村调研

2018 年上半年，统计局开展新能源汽车调查（郝国斌）

8月6日，顺义区对口帮扶沽源县扶贫农副产品展销会（单艳平）

8月16日，高丽营镇“创意生活小镇 艺术进万家”暨首届儿童之家开幕活动举行

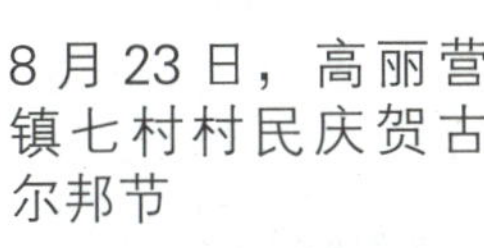

8月23日，高丽营镇七村村民庆贺古尔邦节

10月17日，高丽营镇举办“孝满京城 德润人心”系列活动——“非遗”北京绒鸟（绒花）第六代传承人——蔡志伟参加活动

北京市乡情村史陈列室建设推进会（柳庄户村）（赵宁）

朗读者举办活动

2月8日，第二届北京顺义张镇灶王文化节开幕式小演员风采

北京兴农天力农机服务专业合作社进行小麦秸秆打捆收集作业

年内，顺义区交通局执法人员在进京卡口和重点货运通道开展执法检查（马国红）

农业生态实验基地园区树木景观

全区首个镇级青少年滑雪体验中心（单艳平）

4月2日，全市首台小客车摇号自助服务机投放使用

水上公园赛道起点

首届中国农民丰收节顺义区系列活动启动仪式（赵宁）

鲜花港大地花海景观

2018 年，区人大在光明街道工委设立人大代表联络站（王晶晶）

艺术模特协会到福利院慰问

游客在丰收节展示丰收成果

目 录

顺义概况

特 载

专 记

大事记

中国共产党顺义区委员会

组织工作

宣传工作

纪检 监察

统战工作

政策研究（改革）工作

机构编制工作

老干部工作

保密工作

区直属机关工委工作

顺义区委党校

党史研究

顺义区人民代表大会

顺义区人民代表大会常务委员会

顺义区人民政府

主要工作和重大活动

日常政务

综合行政服务

政务信息化管理服务

信访工作

外事侨务

档 案

顺义区工商业联合会

人民团体

顺义区总工会

共青团顺义区委员会

顺义区妇女联合会

检 察

审 判

司法行政

军 事

人民武装

民 防

应急保障

综合经济管理

经济社会发展

财政管理

税 务

国有资产监管

经济和信息化

金融办

质量技术监督

安全生产监督

食品药品监督管理

工商行政管理

市场经营管理

高端人才服务

烟草专卖与管理

经济功能区 区内企业

经济功能区

北京临空经济核心区

中关村科技园顺义园区

北京顺义绿色生态产业功能区

区内企业

国有资本经营管理中心

北京顺鑫控股集团有限公司

北京燕京啤酒集团公司

首安工业消防有限公司

北京大龙控股有限公司

北京顺义市政控股有限责任公司

北京天竺空港经济开发公司

北京顺义科技创新集团有限公司

北京市顺义粮油有限公司

对外经贸

旅 游

综 述

设施建设

行业管理

宣传推广

旅游活动

园林绿化

北京顺义文化旅游投资集团有限公司

农业与农村建设

综 述

农村经济管理

新农村建设

种植业

动物卫生监督

农业机械化

农业生态工程

长青林场

城乡建设及管理

城乡建设

规划和国土资源管理

城市环境管理

房屋管理

空港建设管理服务

新城建设

城管执法监察

交通运输

公路建设

供电工作

环境保护

园林管理

环境卫生

水务

气 象

防震减灾

消 防

邮 政

教 育

综 述

学前教育

基础教育

职成教育

文化遗产保护

媒体传播

地方志

顺义区文学艺术界联合会

作家协会

音乐家协会

民政工作

社会工作

精神文明建设

民族宗教

残疾人事业

人民生活

城镇居民收入支出情况

街道 镇

街 道

光明街道办事处

空港街道办事处

胜利街道办事处

石园街道办事处

双丰街道办事处

旺泉街道办事处

镇

北石槽镇

北务镇

北小营镇

大孙各庄镇

高丽营镇

后沙峪镇

李桥镇

李遂镇

龙湾屯镇

木林镇

马坡镇

南彩镇

南法信镇

牛栏山镇

仁和镇

天竺镇

杨 镇

CONTENTS

Urban and Rural Construction and Management

Science and Technology Education Culture health Sports

Science and Technology

Education

Culture

Civil Life

People's Life

Street Town

Street

Town

People

Statistics

Appendix

Index

顺义概况

顺义区位于北京市东北部，面积1019.89平方公里，地势东北高、西南低，其中平原面积占95.7%。截至年底，下辖12个镇、7个地区办事处（加挂镇牌）和6个街道办事处，共426个村民委员会、134个居民委员会。全区常住人口1026543人，户籍人口644919人，流动人口381624人。

2018年，在习近平新时代中国特色社会主义思想和党的十九大精神的指导下，顺义区全部工作紧紧围绕服务首都“四个中心”功能建设、坚决打赢“三大攻坚战”、认真抓好“三件大事”等中心任务，全力以赴稳增长，主动作为促转型，多措并举优环境，尽心尽力惠民生，全区经济社会保持良好发展态势。全年完成地区生产总值1864亿元，同比增长6.1%。完成一般公共预算收入159.3亿元，同比增长7%。累计完成各项税费收入586.3亿元，同比增收27.3亿元，增长4.9%。357家规模以上工业企业完成工业总产值1807.1亿元，同比下降12%，减量247.4亿元。社会消费品零售额478.7亿元，同比增长5.2%。进出口额163.2亿美元，其中：出口45.8亿美元、进口117.5亿美元；实际利用外资16.5亿美元，同比增长78.2%。居民人均可支配收入36575元，同比增长9%；全区居民人均消费支出23118元，同比增长8.2%。

经济建设

明确产业发展方向。确定“3+4+1”高精尖主导产业新格局，聚焦发展“新能源智能汽车、第三代半导体、航空航天”三大创新型产业集群，提升发展“临空经济、产业金融、商务会展、文创旅游”四大现代服务业，着力构建“智能制造”产业生态。发布促进“高精尖”产业发展18条政策，实施第二期“梧桐工程”引才聚才，全区高精尖企业达到67家，新引进千人计划等人才40余人。全年新引进项目协议投资总额超千亿元，与阿里巴巴、京东集团等知名企业签订战略合作协议。

加快推动制造业转型升级。深入推进创新型产业集群和制造业高质量发展，奔驰新能源、中国电科光电总部基地等20个总投资近500亿元的高精尖项目落户顺义，国家级高新技术企业达到516家，全区专利申请量和授权总量分别同比增长18.5%和58.1%。承办世界智能网联汽车大会并成为永久会址，智能网联汽车创新生态示范区启动建设，首期中关村顺义园全开放无人驾驶测试道路纳入全市第一批示范名单，北小营镇全封闭无人驾驶试验场规划获批，工业互联网标识解析国家顶级节点、第十届中国卫星导航年会等重大平台相继落户。

持续深化服务业扩大开放。第二轮36项试点任务全部完成，天竺综保区授牌全国首批国家文化出口基地，一般纳税人试点政策落地实施，五类进口商品指定口岸通过验收。推进国家级临空经济示范区申报，核心区一般公共预算收入同比增长32.7%。获批北京市上市挂牌企业总部基地，新引进北京人寿、晨鸣租赁等优质金融项目30个，金融机构总数达到312家，上市挂牌企业85家。新国展二三期功能定位和产业规划研究取得阶段性成果，鲁能美丽汇购物中心投入运营，澳金园、国门一号二期等重点商业项目有序推进。出台文化产业融资服务政策，成立文化产业联盟，规模以上文化产业单位达到94家。

城乡建设与管理

分区规划编制有序开展。以北京城市总体规划为引领，围绕落实区域功能定位和提高综合承载能力，对标北京城市副中心和雄安新区规划，落实“两线三区”空间分区管控要求，以40个专项规划和专题研究为支撑，开展分区规划编制工作。先后召开会议140余次，不同层级对接500余次，征求意见及建议400余条，分区规划作为“多点”示范上报市政府并向社会公示。

“疏整促”专项行动纵深推进。市级8大项任务全部完成，拆除违法建设247万平方米，完成市级任务的116%。“留白增绿”66.2公顷，引入便利蜂、全家、苏宁小店等新零售品牌，建设提升103家便民商业网点，中粮祥云小镇成为全市首个生活性服务业示范街区。《宅基地房屋租赁管理办法》印发实施。棚户区改造有序推进，原维尼纶厂生活区国有土地房屋征收项目签约期限内实现100%签约，西丰乐村、东石槽村项目实现100%签约、拆除，柳各庄村项目实现100%签约。临河村、幸福西街、夏县营3个棚户区改造项目涉及居民2531户，8722人，创造“临河速度”“夏县营加速度”。保障性住房开复工405万平方米、52731套，竣工7187套，其中共有产权房在建项目5个，累计提供住房6269套。

城市承载能力加快提升。100项重点工程全部立项、73项开工建设。复兴大桥建成通车，木林消防站竣工，景观照明一期和北河等三座变电站10千伏出线工程完工，垃圾焚烧二期、餐厨垃圾处理厂投入运行，城市生活展示体验馆加快建设。西下路、顺和路竣工通车，七大路与三河市“断头路”打通，70公里乡村公路大修完成，获评北京市“四好农村路”示范区。

城市治理精细开展。落实“街乡吹哨、部门报到”改革任务，街镇综合执法平台建设完成，城市管理指挥中心组建成立，取消300余项社区事务减负增效。智慧顺义建设持续推动，无线网络全覆盖项目一期初步验收。开展交通综合治理，行政中心、顺平路沿线等重点路段拥堵有效缓解，区级智能交通指挥平台建成，新增4595个停车位、100座公共候车亭。城市运行平稳有序，完成全国“两会”、中非合作论坛北京峰会等重大活动服务保障任务，日夜值守实现平安度汛，全力开展扫黑除恶专项斗争。食品安全示范区创建成果日益巩固。

农村城市化建设

美丽乡村建设全面推进。以30个环境整治示范村、120个美丽乡村创建村、全区综合环境整治为重点，统筹推进美丽乡村建设工作。印发《顺义区“实施乡村振兴战略扎实推进美丽乡村建设”专项行动计划（2018-2020年）的实施方案》《顺义区农村地区村庄规划编制工作实施方案》，完成《美丽乡村党建方案》《美丽乡村文化振兴方案》等9个配套专项实施方案及153个村的村庄规划和美丽乡村建设实施方案的编制工作。赵全营镇北郎中村获2018年“中国美丽休闲乡村”荣誉称号。龙湾屯镇焦庄户村（苹果）获评第八批全国一村一品示范村，龙湾屯镇焦庄户村获评北京市特色专业示范村。农业领域“留白增绿”完成任务面积40.18公顷，完成率114.8%。

农业品牌建设成效明显。北京市北郎中农工贸集团“北郎中”、北京龙湾巧嫂果品产销专业合作社“龙湾巧嫂”、北京兴农鼎力种植专业合作社“兴农鼎力”3个品牌获评“北京农业好品牌”。北京兴农天力农机服务专业合作社陈军峰获评2018年“京郊农业好把式”。北京朱民垂钓园、北京市后鲁养鱼场、北京梓婷佳苑垂钓园等13家基地被评为“北京农业好基地”。

环境保护

农业生态建设水平明显提高。开展种植业、地膜、畜禽养殖业、水产养殖业、秸秆5个专题的农业污染普查工作，为农业环境污染防治及农业政策的制定提供决策依据。强化落实秸秆禁烧责任，实现全年“零火点”；实施面源污染综合防治工程，化肥利用率达到38.1%，测土配方施肥技术物化落地率达到93.4%，农药利用率达到43.3%，统防统治率达到41.2%，绿色防控覆盖率达到57.2%；现有规模畜禽场粪污处理设施装备率达到100%，粪污资源化利用率达到80%以上。

空气质量持续改善。PM2.5年均浓度为50微克/立方米，同比下降12.3%。年均降尘量为6.6吨/平方公里·月。《顺义区空气重污染应急预案（2018年修订）》（顺政发〔2018〕31号）修订实施，更新《顺义区空气重污染应急减排清单（2018年）》，包括工业企业停限产清单（42家企业）、施工工地停工清单（167处工地）、道路清扫保洁清单（49条重点道路）。全年共启动空气重污染预警10次。

水环境治理持续向好。地下水平均水位为1.86米，同比上升1.81米。全区新建污水收集管线14.6公里、再生水管线18.25公里。新建污水处理设施25个，累计处理规模17660立方米/日。农村治污项目79个村进场施工，累计建设管线211.8公里。污水处理量为6302.02万立方米，污水处理率为90.4%。再生水产生量为2920.24万立方米。小中河等10条段30.65公里黑臭水体治理完成。《顺义区2018年河长制工作实施方案》印发实施，对66项重点任务明确治理标准、责任部门和完成时限。

科技 教育 文化 卫生 体育

科技创新能力不断增强。新认定国家级高新技术企业312家，全区高新技术企业数量达到674家，同比增长36.1%。顺义区有国家知识产权示范企业3家，国家知识产权优势企业4家，北京市知识产权示范企业13家，北京市知识产权试点企业105家。北京市众创空间3家，北京市科学技术奖6项。《顺义区促进高精尖产业发展实施意见》《顺义区实施“梧桐工程”促进高精尖产业引才聚才的若干举措》制定出台。康仁堂药业有限公司参与的“中药生产过程可靠性工程理论与关键技术应用”获2017年北京市科学技术奖一等奖。北京牵手果蔬饮品股份有限公司、北京新源国能科技集团有限公司等6家企业分获二等奖、三等奖。专利申请量为7143件，同比提高17.8%；专利授权量为5436件，同比提高49.5%；PCT专利申请量为77件；有效发明专利拥有量为2074件。

年内，共有4所公办幼儿园和7所村办园新开园，共增加1680个学位；6所教办园的升级升类验收工作完成。9368名幼儿入园、9859名适龄儿童入小学、6052人升入初中，2976名中考生被录取，其中，本区高中录取2529人，应届高考录取率95.8%。开展基础教育阶段京津冀合作交流，接待河北沽源县平定堡镇寄宿制学校教师一行到顺义五中开展交流活动。顺义区教委和教育研究和教师研修中心考察团一行赴内蒙古自治区巴林左旗进行对接教育帮扶援助工作。

推进全国文化中心建设，搭建公共文化服务平台，制定《顺义区加快推进公共文化服务体系示范区三年行动计划（2018-2020年）》《顺义区人民政府关于进一步加强文物工作的实施意见》系列文件制定出台。公共文化服务体系建设不断完善，区文化中心影剧院装修工程量完成95%，文化馆等3馆装修工程量完成90%，19个镇、5个街道的镇（街道）级文化中心建有率为96%，达标率为60%；全区534个村（社区）级综合文化室468个，建有率为87.6%，达标率为54.3%。加快建设公共文化服务平台，推进文、图两馆“总分馆制”建设，“潮白书苑”24小时自助图书馆、5家图书馆分馆建成并投入使用。区图书馆2018年被文化部授予国家“一级图书馆”称号。开展惠民演出1145场；全年放映电影16544场，吸引观众315000余人次。在举办三大系列群众文化活动的基础上，创新开展首届顺义区朗诵大赛等各类群众文化活动18项，举办喜迎中秋系列文化活动23项45场次，参与群众27780人次。开展“书香顺义”系列读书活动100余场，参与人次5万余人。有序开展顺义区不可移动文物修缮项目5个，分别为：北石槽凤凰山潮源洞修缮工程、回民营清真寺二期修缮工程、高丽营清真寺修缮工程、高丽营镇古砖窑加固和遗址保护工程及后沙峪镇安乐古城遗址保护工程。文化产业实现收入166.6亿元，同比增长12.5%。

推进优质资源引入，医疗卫生服务体系不断健全。北京友谊医院顺义院区完成基坑施工。阜外医院顺义医院入区办医项目加快推进。北医三院顺义院区1000张床位规模取得市卫生健康委书面批复同意，北京口腔医院顺义医院合作项目取得市医院管理局原则性批复同意。全区医疗机构总数771个。执业（助理）医师3964人，注册护士3383人。共新增设置医疗机构33家，登记注册31家，民办医疗机构床位总数达516张，在2017年347张的基础上增加48.7%。全区总诊疗924.29万人次，其中门诊866.13万人次，急诊57.52万人次，出院8.58万人次，手术例数2.56万人次，床位使用率70.78%，出院者平均住院日7.79天。新增2所院前急救站和1所新生儿转运站，2个急救站点布局调整完成，在全区范围统筹调配急救医师，新增运行3辆院前急救车，120呼叫满足率持续维持在90%以上。

以传统节日庆典为契机，大力发展民族传统体育项目，举办北京市春节期间全民健身系列活动暨北务镇舞龙大赛、首届民族体育交流展示活动、第四届舞彩浅山山地马拉松等一系列精品体育赛事。冰雪活动多样化。开展20多项次区级冰雪赛事和活动，全区40万人参与到冰雪运动中来。健身活动品牌化。以顺义区全民健身宣传周为主题，开展长跑、风筝、拔河等8项全民健身宣传周品牌赛事活动，带动市民广泛开展全民健身活动。通过“请进来，走出去”的方式，扶持中小学球类比赛项目，不断加强对业余训练项目布局的规划和调整，开展青少年训练营等活动，为落实校园“1248”后备人才梯队建设工程和“3+3+3”网点校建设工作打下基础。《顺义区积极参与2022年冬奥会和冬残奥会北京筹办工作方案》印发实施。开展冰雪运动知识进校园、进农村、进社区、进机关“四进”活动，充分利用媒体开展宣传活动，推广普及冬奥会、冰雪运动知识，全年宣传受众人数达到38万人次。

人力资源和社会保障

推动就业社保稳中提质。城镇新增就业24022人，城乡劳动力二三产业就业率保持95%以上，城镇登记失业率1.46%；扶持创业481人、带动就业2013人；高校毕业生就业率98.3%，困难家庭毕业生就业率100%。城乡居民医疗保险整合完成，职工五项社会保险平均参保人数达55.06万人，同比增长4.7%。城乡低保标准由家庭月人均900元提高至1000元，低收入标准由1410元提高至2120元。建设6家养老照料中心，新建73个“妇女之家”，投资8200万元的儿童福利院投入使用。加强人才载体建设，新增6家博士后科研工作站，全区博士后科研工作站达29家，行业涉及新能源、智能制造、信息技术等高新技术领域。

持续改善群众居住条件。保障性住房开复工405万平方米、52731套，竣工7187套，其中共有产权房在建项目5个，累计提供住房6269套。鼓励并试点集体土地建设租赁性住房，牛栏山官志卷村等4个项目取得立项批复，实施方案编制完成。出台农村4类重点对象和低收入群众危房改造工作方案，惠及百姓1126户。老旧小区治理二期工程基本完工。1267户公租房申请家庭资格复核、901户新申请公租房家庭、151户资格终止家庭、166户资格变更家庭审核工作完成。450户租金补贴家庭和24户市场租房补贴家庭的资格审核工作完成，公租房租金补贴发放329户、207.68万元，市场租金补贴31户、32.26万元，廉租补贴4户、1.2万元。

精神文明 民主法治建设

入选2018—2020年创建周期全国文明城区提名城区，结合《全国文明城区创建测评体系（2017版）》，把188项指标任务分解到110家牵头单位和责任单位，形成有顺义特色的《顺义区创建全国文明城区测评体系指标任务分解操作手册》，以顺义城市核心区的316个迎检点位为重点，制定《顺义区迎接文明城区测评检查工作方案》《顺义区迎接文明城区测评检查实地考察点位任务分解汇总表》，组织和指导全区110家职能单位按照指标任务和迎检要求进行全面整改，完成迎检任务。共有3人获得北京榜样周榜样荣誉称号；有2人获得月榜样荣誉称号；有3人被首都文明办推荐至中央文明办参加中国好人评选，有6人获得首都精神文明建设奖章。开展顺义区第七届道德模范主题活动、“我们的节日”主题活动等系列主题活动。

深入开展多层次多形式的法治创建活动，全面提高顺义区依法行政、依法管理、依法办事的能力和水平，进一步加快本区法治政府建设。继续推进“民主法治村”创建活动，稳步推进公共法律服务三级实体平台建设，不断提高基层民主法治建设水平。建立法律援助“一站式”服务中心，法律援助惠民效能显著增强。深入推进“七五”普法工作，全年举办各类普法活动2800余场，提供法律咨询3.1万人次。开展“4.15全民国家安全教育日”专项活动以及以“共建平安铁路，共享铁路平安”为主题的宣传月启动仪式，发放各类宣传材料万余册。《关于设立顺义区行政调解组织的工作方案》印发实施，区内设立两级行政调解组织，区行政调解委员会参与包括拆除违法建设、信息公开、工伤死亡、治安处罚、交通处罚在内的与民生息息相关的纠纷调解，调解成功56件。各行政调解工作室共调解1200余件行政纠纷，调解成功460余件。

特 载

高朋同志在区委五届八次全会上的工作报告和讲话

这次全会的主要任务是，以习近平新时代中国特色社会主义思想为指导，深入贯彻党的十九大和十九届二中、三中全会精神，深入贯彻习近平总书记对北京重要讲话精神，落实中央经济工作会议精神，落实市委十二届七次全会部署、蔡奇书记调研顺义及对平原新城发展的指示要求，总结去年工作，部署今年任务，动员全区党员干部群众把握战略机遇、服务首都大局，更加奋发有为地推动顺义高质量发展，以优异成绩庆祝中华人民共和国成立70周年！

受区委常委会委托，下面我向全会做工作报告，请予审议。

一、关于2018年工作

一年以来，在市委坚强领导下，区委常委会牢固树立“四个意识”，坚定“四个自信”，坚决做到“两个维护”，始终坚持从讲政治高度统领全区工作，团结带领全区人民，统筹做好改革发展稳定各项工作，巩固了稳中有进的良好发展态势。

一是深入学习贯彻习近平新时代中国特色社会主义思想和党的十九大精神，积极主动落实中央和市委指示要求。区委常委会深刻认识到，要确保顺义发展沿着正确道路行稳致远，必须高举旗帜，以党的理论指引方向、激发力量。我们把学习贯彻习近平新时代中国特色社会主义思想和党的十九大精神作为首要政治任务，严格落实意识形态责任制各项要求，强化意识形态阵地管理，先后组织28次区委理论学习中心组学习，分30个专题对全区处级干部大轮训，开展600余场主题宣讲活动，引导广大党员干部群众感悟理论真髓，汲取奋进力量。始终坚持把学习贯彻习近平总书记最新讲话精神、中央和市委指示要求，作为区委常委会“第一讲”。先后召开54次区委常委会会议、49次书记专题会，对各项工作进行安排部署、集中调度，确保全区思想上政治上行动上同党中央始终保持高度一致。

二是紧密围绕“四个中心”功能建设谋划推动重点任务，服务首都和发展顺义更加同频同向。区委常委会深刻认识到，“四个中心”是习近平总书记亲自为北京谋划的战略定位，是首都发展的全部要义。作为首都一部分，我们必须坚决把责任扛在肩上、抓在手里。我们聚焦保障国家政务活动，强化机场周边安全保障和环境提升，在五镇一街两功能区持续开展安全隐患大排查大清理大整治专项行动，确保了中非合作论坛等重大节点辖区安全稳定；我们聚焦服务文化中心，弘扬“一道三城”历史文化和焦庄户红色文化，研究编制大运河（潮白河）文化带规划，推动了国家对外文化贸易基地等重点项目建设；我们聚焦完善国际交往设施，大力支持首都机场强化枢纽功能，积极推进新国展二三期建设，落户签约了临空国际免税城等重要项目；我们聚焦服务科技创新中心，全面提速创新型产业集群和制造业高质量发展创新引领示范区［后文将“创新型产业集群和制造业高质量发展创新引领示范区”统一简称为“创新产业集群示范区”］建设，高标准编制规划，积极推进纳入市级平台的15个重点项目建设。我区发展与首都发展更加相系相连、紧密一体。

三是奋勇担当打好“三大攻坚战”，决胜全面建成小康社会的基础更加坚实有力。区委常委会深刻认识到，“三大攻坚战”既是全面建成小康社会的现实任务，也是推动高质量发展的内在要求，必须以对党、对顺义人民高度负责的态度，坚决打好每个战役。我们积极防范金融风险，持续打击非法集资，促进了金融业良好发展。我们坚持全面小康一个都不能少，精准开展脱贫脱低工作，全区低收入户人均可支配收入同比增长14.3%，脱低率达到99%。我们坚决扛起对口帮扶责任，谋划推进了总额上亿元的50个重点项目，“5+5+N”帮扶模式在国务院扶贫办举办的全国培训班上进行了典型介绍，西藏尼木县成功脱贫摘帽。我们咬定目标不放松，组织力量打阵地战，PM2.5年均浓度下降到50微克/立方米，治理10条段黑臭水体通过市级验收，林木绿化率超过37%，蓝天碧水绿林扮靓了顺义底色。

四是主动作为抓好“三件大事”，在服务首都大局中进一步优化了发展空间。区委常委会深刻认识到，抓好“三件大事”是践行习近平总书记对北京重要讲话精神的职责所在，事关顺义全局、关乎未来长远。我们把编制分区规划作为落实城市总规、描绘美好蓝图的主抓手，第一时间成立工作专班，每周听取汇报、研究谋划，规划成果作为第一批上报市政府，已向社会公示。我们坚持以疏解整治的减法为腾笼换鸟做加法，坚定有序、立破并举，推动8大项16小项市级任务均提前或超额完成。我们第一时间响应中央指示和市委部署，全力开展大棚房整治，一次性100%通过市级验收。我们坚持优势互补、互利共赢，与城市副中心、大兴区深入对接，坚决服务保障好副中心建设，坚决助力支持大兴国际机场临空经济区、综合保税区规划建设；与昌平区开展结对协作，签署了推动生态涵养区生态保护和绿色发展框架协议。我们坚持把服务保障冬奥会、冬残奥会作为义不容辞的光荣使命，先后两次到奥组委上门认领任务，顺鑫农业、燕京啤酒成为冬奥赞助商。

五是精准发力强基础、补弱项，综合承载能力有了新提升。区委常委会深刻认识到，提高综合承载能力既是服务保障首都功能、承接中心城区适宜功能疏解的必要条件，又是补齐顺义自身短板、提高公共服务水平的重大机遇。我们大力承接优质资源，推进了北京城市学院三期、北师大附属实验中学顺义分校等项目进度，引入了北医三院、阜外医院等优质项目。我们坚持基础设施先行，开工了通怀路一期等新道路，建成了疾控中心等新市政，建设了垃圾焚烧二期等新工程。我们顺应消费升级，推动了盒马鲜生顺义店、鲁能美丽汇购物中心等投入运营，中粮祥云小镇成为全市首个生活性服务业示范街区，越来越多的市民慕名前来休闲购物。我们积极推动均衡发展，制定出台三年行动计划，谋划推进约200亿元的建设项目，助力河东发展提速。我们不断提升文化内涵，入选全国文明城区提名城区，精细服务第十五届北京国际车展，成功组织了第二十七届北京国际燕京啤酒文化节等重要活动。

六是全力以赴稳增长、调结构，进一步夯实了高质量发展的基础。区委常委会深刻认识到，当前我区主导产业面临的调整是阶段性、周期性的调整，但调整之深、影响之大前所未有。如果不顶住压力、积极应对，就可能演变为趋势性、长期性的调整。我们背水一战稳总量，密集走访企业200余次，与企业携手并进，共克时艰，保障了地区生产总值增长6.1%，一般公共预算收入增长7%，总量均保持全市第5，工业总产值降幅明显收窄、服务业发展持续向好。我们众志成城促增量，聚焦“3+4+1”产业发展新格局，引进了奔驰新能源汽车等一批总投资近500亿的高精尖项目、北京人寿等30家金融机构，强化了高质量发展后劲。我们大刀阔斧提质量，支持传统产业和产品提档升级，大力强化创新驱动，全区专利申请量、授权总量分别同比增长18.5%、58.1%，国家级高新技术企业达到516家，创新创业活力持续高涨。我们只争朝夕筑高地，工业互联网标识解析国家顶级节点签约并启动建设，创建国家级临空经济示范区取得突破，成功举办首届世界智能网联汽车大会并确定为永久会址。我区经济增长“稳”的基础得到巩固，“进”的力量开始迸发。

七是始终践行以人民为中心的发展理念，持续增进了民生福祉。区委常委会深刻认识到，让人民过上好日子，是做好顺义一切工作的出发点和落脚点，必须围绕“七有”要求和“五性”需求，用脚步丈量民生、用汗水浇灌工作。我们聚焦提升人民获得感，强化就业扶持力度，巩固充分就业成果，城乡人均可支配收入持续跑赢经济增速。整合城乡居民医疗保险，上调社保待遇标准，低保低收入群体医保个人负担实现全市最低。新增学前教育学位1600多个，建成4个区域医联体，养老服务驿站、医养结合模式获全市推广。我们聚焦提升人民幸福感，高标准完成144个村的美丽乡村创建和153个村的规划编制工作，高效率推进了原维尼纶厂生活区、西丰乐、东石槽、柳各庄等棚改项目。持续开展老旧小区综合整治，大力建设保障性住房，开复工400多万平米，人均住房面积显著高于全市水平。我们聚焦提升人民安全感，持续深化平安顺义建设，着力提升安全生产、消防、卫生防疫等领域工作水平，妥善处置汛期影响居民出行、城市运行的突发问题，维护群众生命财产安全的责任更加强化，举措更加有力。

八是坚持改革不停顿、开放不止步，着力激活发展整盘棋。区委常委会深刻认识到，改革开放是推动顺义由农业大区迈向制造业强区、服务业新区的关键一招，更是推动顺义未来高质量发展的关键一招。我们以改革开放40周年为契机，全面加强区委深改组统筹协调作用，全年召开会议6次，审议议题33个。党建引领“街乡吹哨、部门报到”扎实开展，14项改革全面铺开，创新“六步工作法”，有力推进了63项区级试点任务。强化党建引领，创新群众诉求快速响应机制，12345便民热线“三率两度”排名在全市始终名列前茅。营商环境改革成效明显，“9+N”政策扎实落地，政务服务一网通办实现100%，“导办分离”办税模式全市推广；天竺综保区进出口通关压时，好于全国和全市标准；健全服务体系，量身定制服务包，积极响应了企业所需所盼。服务业扩大开放第二轮36项试点任务全面完成，综保区获批全国首个五类商品保税指定查验场点、首批国家文化出口基地和第二批增值税一般纳税人试点。机构改革、国资国企、医疗教育等改革扎实推进，发展活力不断释放。

九是坚持总揽全局、协调各方，持续推进了民主法治建设。区委常委会深刻认识到，民主法治是维护人民利益的制度保证，是推动顺义事业发展的坚实支撑。我们强化区委统一领导，支持区人大常委会、政府、政协、监察委、法院、检察院依法依章程充分履行职责。区人大及其常委会听取审议一府两院专项报告18个，开展工作视察、执法检查、专题调研16次，依法任免国家机关工作人员53人次，定期与区政府召开对接会，在全市率先制定国有资产管理情况报告制度，有力助推了经济社会发展。区政协围绕分区规划等议题深入协商议政，开展专委会活动18次，各项工作富有成效。工青妇等群团组织创新开展工作，新形势下的统一战线进一步巩固，民族宗教事务管理职能持续提升，侨务事业接续发展。党管武装和双拥共建更加有力，积极听取老干部、专家委员等建言献策，广泛凝聚了各方智慧力量。

十是牢固树立抓好党建是最大政绩的理念，推动全面从严治党向纵深发展。区委常委会深刻认识到，党建抓实了就是生产力，抓细了就是凝聚力，抓强了就是战斗力。我们认真落实全面从严治党责任，区委常委会会议、书记专题会共研究党建议题232项，占总数75%，建立了定期书记区长议事和区领导碰头会制度、镇街党工委书记每月工作例会点评机制。完善区级领导调研工作意见，坚持四套班子大调研，建立党员区领导党建工作基层联系点制度，有力推动了重点工作开展。推动全面从严治党主体责任检查考核、区委区政府中心工作、意识形态工作纳入大党建一体考核。挂牌运营融媒体中心，强化了宣传阵地建设。成功获批首都国际人才社区建设试点。大力开展“梧桐工程”，市内外引起热烈反响，储备了百余名紧缺人才。持续巩固了重实干、重实绩良好用人导向，制定激励干部担当作为实施意见，推出11条关心关爱措施。创新推出“5个100”工程，深化党支部规范化建设，持续整顿软弱涣散党组织，夯实了基层党建基础。99.3%的村和100%的社区党组织完成换届并一次选举成功。召开警示教育大会，用身边案例长鸣警钟。制定彻底肃清孙政才恶劣影响11条措施，在区级和二级班子召开进一步肃清孙政才恶劣影响专题会议，深刻汲取教训，坚决划清界限。严肃查纠“四风”隐形变异，深化两个专项治理，保持正风肃纪高压态势，立案186件，党政纪处分173人。坚持政治巡察定位，开展3轮常规巡察和1轮专项巡察，提出整改建议518条，移交问题线索131件。全区政治生态更加风清气正。

同志们，过去的一年，既有砥砺奋进的艰辛付出，又有敢为人先的创新突破。面对严峻复杂的经济形势，全区上下保持定力沉着应对、迎难而上主动作为，巩固了稳中有进的良好态势；面对大棚房整治、宅基地租赁规范等繁重任务，广大党员干部冲在一线，昼夜奋战无私奉献、担当碰硬真抓实干，展现了以我为主、攻坚克难的良好作风；广大人民群众热爱顺义，心系家园，群策群力支持我们夺险隘闯难关，激发了我们一往无前、奋发图强的澎湃动力！在此，我代表区委常委会向大家表示崇高的敬意，并通过大家向社会各界表示衷心的感谢！

同时也要看到，我区发展还存在一些亟待解决的问题：稳增长压力依然巨大，多极支撑尤需拓展，项目落地规划引领不够，创新动能还需激发，文化产业相对滞后。城镇化率仍然偏低，城乡治理还不够精细，河西河东发展仍不协调，承接中心城区适宜功能和人口疏解的能力还需提高。功能区由“聚指成拳”转向“握拳有力”还需提速，国资国企还存在同质竞争、布局不合理等问题。个别基层党组织政治功能弱化、虚化、边缘化，反腐败斗争压倒性态势仍需巩固等等。我们必须采取有力措施加以解决。

二、当前的形势和任务

今年是中华人民共和国成立70周年，是决胜全面建成小康社会、实现第一个百年奋斗目标的攻坚担当之年，是把握重要战略机遇期、加快推动顺义高质量发展的力争上游之年。我们要重整行装再出发，落实好中央、市委各项决策部署，全力以赴推动今年工作再上新台阶。

做好今年工作，必须坚决学好用好习近平新时代中国特色社会主义思想这一科学理论，举旗引路，迸发自信。当前国际形势错综复杂，世界经济深刻调整，保护主义、单边主义抬头，经济全球化遭遇波折。在中非合作论坛、G20峰会等重大会议上，习近平总书记描绘了人类命运共同体的光明前景，为我们拓宽国际视野、服务“一带一路”注入了强大信心。习近平总书记在中央经济工作会议上的重要讲话，为我们把握新形势下经济工作规律、正确认识重要战略机遇期、加快推动高质量发展指出了奋进方向。习近平总书记在庆祝改革开放40周年大会上的重要讲话，系统总结了我国取得的伟大成就和宝贵经验，激发了我们开启改革开放新征程的磅礴力量。在全国组织工作会议、宣传思想工作会议、全面依法治国委员会第一次会议、中央深改委会议等重要会议上，习近平总书记发表的系列重要讲话，为我们统筹推进“五位一体”总体布局、协调推进“四个全面”战略布局提出了新要求，激发了我们不忘初心、牢记使命、奋发作为的巨大动力。

我们要牢固树立“四个意识”，把习近平新时代中国特色社会主义思想，作为新时代创造新业绩的根本遵循。要旗帜鲜明讲政治，坚决做到“两个维护”，严格落实市委提出的“三个一”“四个决不允许”要求，把讲政治、懂规矩、守纪律、按程序牢记到思想认识上、体现到中心工作上、落实到具体行动上；要把握正确前进方向，时刻对标对表习近平总书记系列重要讲话的丰富内涵和对北京重要讲话精神，扎实推动中央和市委各项决策部署在潮白河两岸形成生动实践；要抓牢意识形态工作，始终强化理论武装，巩固壮大主流思想舆论，激浊扬清、正本清源，为发展立心、为事业立魂，激发干事创业的凝聚力和向心力。

做好今年工作，必须紧密围绕中华人民共和国成立70周年这一历史节点，周密保障，勤勉尽责。回首70年的发展历程，我们党带领全国人民接力奋斗，波澜壮阔；环顾当前错综复杂的国际形势，党中央带领我们愈加从容自信，走近世界舞台的中央；展望两个一百年的奋斗目标，我们更要执着坚韧，共同为民族复兴贡献力量。当前，庆祝中华人民共和国成立70周年的各项工作已陆续展开，海内外媒体持续关注，市委也超前部署，把组织和保障庆祝活动作为全年工作的重中之重。我们要围绕今年大事多、喜事多的特点，统筹做好“一带一路”高峰论坛、世园会、亚洲文明对话大会等系列重大活动的服务保障。全区党员干部要切实增强见证历史的荣誉感、维护首都安全的责任感，尽善尽美开展好各项工作。

我们要淬炼提升“四个服务”水平，全力保障系列重大活动，以首善标准促进和谐宜居。要以此为统领，强化预测预警预防，有效化解机场周边、城市运行、社会稳定中的各类风险点，提升为中央党政军领导机关服务、为国家的国际交往服务的水平。要以此为契机，精细治理城乡，营造良好环境，展现顺义日新月异的新变化，提升为首都科技、教育等事业发展服务的水平。要以此为动力，更加主动对标人民群众对美好生活的向往，围绕决胜全面小康加快补齐短板，提升为改善人民群众生活服务的水平，让中央更放心、市委更省心、群众更满意。

做好今年工作，必须持续聚焦建设国际一流的和谐宜居之都这一光荣使命，胸怀大局，奋勇担当。以习近平总书记视察北京并发表重要讲话，新版北京城市总规批复为标志，首都新一轮高质量发展大局拉开序幕。市委2019年工作务虚会，剖析了北京正处于城市转型期的特征。在功能定位上，更加注重“城”向“都”的转变；发展方式上，继续由聚集资源求增长向疏解功能谋发展转变；发展动能上，从要素驱动向创新驱动转变；城市治理上，从政府主导型向精治共治法治转变。市委十二届七次全会总结了去年工作，部署了今年任务，为我们践行区域功能定位，加快差异化发展、高质量发展提出了新要求。作为中外瞩目的中国第一国门所在地，作为城市规划“多点”首位的北京重点平原新城，作为建设全国科技创新中心的创新产业集群示范区，顺义区必须更加紧密围绕首都大局，尽责履职、贡献力量。

我们要坚决服务“四个中心”功能建设，在全市发展一盘棋中，发挥好顺义的特色和优势。服务全国政治中心建设，要强化站岗放哨的意识，聚焦机场周边、覆盖辖区全域，携手并肩织成网、守好国门第一岗，筑牢维护国门安全的铜墙铁壁。服务文化中心建设，要强化包容并蓄的理念，传承好历史文化、红色文化、运河文化，进一步丰富具有国门、新城、创新特征的文化元素，汇集国际范、弘扬中国风、融合首都味。服务国际交往中心建设，要强化开放活力的氛围，集聚国际资源，推进港城融合，优化国际服务环境，更好地展示重点平原新城形象和国际交往门户形象。服务科技创新中心建设，要强化创新智造的业态，构建好“高精尖”结构，促进产城融合，发挥增长引擎作用为首都高端培育增量，发挥示范引领作用带动平原新城高质量发展。

做好今年工作，必须大力坚持供给侧结构性改革这一经济主线，扬鞭奋蹄，力争上游。当前我区外部环境错综复杂，汽车产业面临结构性调整、临空经济面临阶段性调整、产业税收面临政策性调整，稳增长的压力前所未有，调结构、强创新的任务也更加紧迫。形势越复杂，越要保持定力、坚定方向。我们要认识到，当前我区主导产业面临的调整是阶段性的、周期性的，并不是趋势性、长期性的，我们要迎难而上、负重自强，坚决贯彻好蔡奇书记在调研顺义、平原新城工作座谈会上提出的新要求，坚决落实好市委十二届七次全会做出的新部署，着力提高综合承载能力、打造首都发展新的增长极，大力推进科技成果转化、高水平建设创新产业集群示范区。任务越艰巨，越要抓牢机遇、鼓足干劲。我们要认识到，当前中心城区适宜功能、产业和人口正在向我区疏解布局，这为我们提供了弯道超车、加快高质量发展的历史性机遇；我区城镇化还有巨大空间，我们要把强化人口调控和服务管理，与引入创新人力资源、推进职住平衡、优化人口素质结构紧密结合起来，把更强劲的需求和创新活力转化为更持久的发展动力源。我们有基础、有能力自我超越，当好时代尖兵！我们有决心、有信心力争上游，为首都做出更大贡献！

我们要加快推进供给侧结构性改革，争当首都高质量发展的增长极，为顺义发展赢得主动、赢得未来。我区当前经济运行主要矛盾仍然是供给侧结构性的，必须聚焦“巩固”去降补成果，坚持疏解优存量，持续降低营商成本，加大综合承载能力、河东河西协调发展等领域补短板力度；聚焦“增强”微观主体活力，精细服务需求，调动驻区企业主观能动性，推动国资国企持续壮大，促进非公有制企业蓬勃发展；聚焦“提升”产业链水平，注重技术创新、规模效应，强化龙头引领、百舸争流，提速工业总产值“V”型反转，促进服务业质量和效益持续攀升，培育壮大千亿级创新产业集群；聚焦“畅通”经济循环，坚持产业金融方向，发挥驻区产业基金对实体经济的促进作用，强化新增优质项目带动本地高质量就业，推动首都机场国际中转消费在我区更多释放。我们要攻坚克难、砥砺奋进，持续创造欣欣向荣的好局面。

三、2019年的重点工作

今年工作的总体思路是：坚持以习近平新时代中国特色社会主义思想为指导，深入贯彻党的十九大和十九届二中、三中全会精神，深入贯彻习近平总书记对北京重要讲话精神，落实中央经济工作会议精神，落实市委十二届七次全会部署、蔡奇书记调研顺义及对平原新城发展指示要求，服务“四个中心”功能建设，提高“四个服务”水平，打好“三大攻坚战”，抓好“三件大事”，落实区域功能定位，提高综合承载能力，继续推动“业强城优生活美”，做好重大活动服务保障，以优异成绩庆祝中华人民共和国成立70周年！

经济社会发展的主要目标是：地区生产总值增长6%以上；一般公共预算收入增长4%；建安投资增长5%；社会消费品零售额增长5.5%左右；PM2.5年均浓度比市级要求只优不差；城乡居民人均可支配收入增速比经济增速只高不低。

围绕上述目标，今年要突出抓好以下重点工作：

一是坚持高站位，强化使命共担、蓝图共绘的情怀，更加坚决地服务首都大局。进入新时代，顺义的发展与首都发展，与党和国家的使命更加紧密地联系在一起，要站位全局、服务大局，在同频同向中做出更大贡献、赢取更大发展。要在打赢“三大攻坚战”上担当作为。强化对重点领域的金融风险监控，坚决守住不发生系统性风险的底线。推动对口帮扶从输血到造血、从单向帮扶到合作共赢转变，如期高质完成巴林左旗等5个受援地区帮扶任务。坚持扶贫与扶智相结合，实现我区低收入农户物质精神双提升。一微克一微克地抠、一沟渠一沟渠地治理、一寸地一寸地地修复，促进天更蓝、水更清、土更沃。要在抓好“三件大事”上率先示范。精益求精抓好分区规划落实和各项规划编制工作，高质量完成创新产业集群示范区规划编制，注重规划衔接，推动目标落图落地。坚定态度、把握力度、体现温度，更加注重群众满意度，推动疏解整治和优化提升同步。利用现有资源，创造更多条件，主动服务保障好冬奥会、冬残奥会筹办。要在推进区域协同发展上创新局面。全力助力城市副中心建设，进一步开展好生态环境协同治理、交通路网紧密对接、产业功能衔接互补等联动发展动作。坚决克服“舍不得”心理，积极支持大兴国际机场临空经济区和综保区建设。持续深化与昌平等区对接交流成果，履行好协同发展责任。

二是坚持高标准，把服务中华人民共和国成立70周年庆祝活动作为重中之重，更加周密地保障系列重大活动。要牢固树立总体国家安全观，确保一方平安，圆满做好“一带一路”高峰论坛、世园会、亚洲文明对话大会等重大活动的服务保障工作。要确保机场周边绝对安全。以万无一失的最严标准，严密细化安保举措，严查各类场所安全隐患，持续推进机场周边村庄城市化进程和环境提升，努力为国家政务活动创造安全良好环境，彰显好国门形象。要抓牢维稳和信访工作。严格落实维稳责任，深化重大决策社会稳定风险评估，完善常态化矛盾纠纷排查化解机制，把苗头消除在萌芽状态，问题解决在第一时间；深化平安顺义建设，完善立体化信息化社会治安防控体系，深入推进扫黑除恶专项斗争，依法惩治各类违法犯罪活动；充分调动广大人民群众的积极性，形成全民维稳的强大声势。要保障城市安全运行。严格落实安全生产责任制，加强重点领域、重点行业安全管控和隐患排查治理，强化消防安全、交通安全、食品安全、校园安全等安全管理，保障水电气热等基础设施运行安全，健全综合防灾减灾救灾能力和应急体系，切实维护人民群众生命财产安全。

三是坚持高质量，更加坚定地稳增长、调结构，持续巩固“业强”优势。要聚焦“3+4+1”产业新格局，提速项目引入、落地服务，为打造首都高质量发展的增长极蓄势能、增动力。推动顺义制造向顺义智造升级，围绕创新产业集群示范区建设，发挥世界智能网联汽车大会、工业互联网标识解析国家顶级节点等平台作用，大力发展新能源智能汽车、航空航天、第三代半导体等高端制造，提速传统制造转型升级，促进中小企业创新发展，确保工业总产值今年筑底反弹。推动服务业国际化、高端化发展，深化新一轮服务业扩大开放综合试点建设，强化天竺综保区、临空经济核心区与首都机场联动融合发展，拓展开放发展新高度。更加紧密合作航空总部企业，促进分支资源回流，补链发展通用航空、航空维修检测等高端服务业，强化临空经济稳增长的支撑作用。完善“一区一城一园”平台，加快建设北京新兴金融聚集区，巩固金融主导产业地位。提档升级传统商业，积极发展新商业，建设北京东北部商业中心；加快新国展二三期、临空国际免税城等建设进程，吸引国际优质资源集聚。实施“文化+”“旅游+”“互联网+”“金融+”，促进产业融合发展，积极培育新的支柱产业。完善军地对接合作机制，推动国防科技工业与高精尖产业协同发展，做好军民融合深度发展文章。狠抓项目支撑和土地供应。离开项目支撑，稳增长缘木求鱼；土地供应不力，促发展寸步难行。要查摆重点项目建设中的问题，强化目标任务和责任主体，推动早开工、早投产、早见效。要对接最新政策，对符合我区产业定位的优质项目，当仁不让、紧抓不放。要组建工作专班，统筹土地资源整理，妥善解决历史遗留问题，加大土地供应力度，夯实发展后劲。

四是坚持高品质，更加有力地提升区域综合承载能力，加快实现“城优”目标。要牢牢把握重要战略机遇期，夯实承载基础，让优质资源落得下、留得住，当好首都培育高端增量的平台。要优化承载空间。把握减量特征，推动增减挂钩，合理调整用地结构和布局。强化空间管控，推进组团式发展，优化河东各镇产业发展、基础设施和公共服务设施布局，为承接留空间，为发展强潜力。要强化承载支撑。围绕建设北京东北部交通枢纽，推动通怀路等道路工程全线开工，M15号线东延等轨道交通建设取得实质进展，提升区域通达能力；精准承接中心城区优质资源，加快项目落地和建设进度，促进承接和发展相协调；坚持分步实施、急用先行、逐步完善，加快智慧顺义建设，推动数据资源共享共用。要改善承载环境。抓好年度平原造林，建好舞彩浅山郊野公园，推进“一镇一园”建设，优化生态环境；开展无违建社区、镇街创建工作，完善便民商业配置标准，提升生活性服务业品质，打造“一刻钟社区服务圈”，优化宜居环境；推进大运河（潮白河）文化带建设，传承“一道三城”历史文脉，深入创建全国文明城区，优化人文环境。

五是坚持高水平，更加扎实地惠民生增福祉，携手迈向“生活美”。我们要紧扣“七有”要求和“五性”需求，从政府想为民办事转向从市民诉求出发做事，让群众少操心、少烦心、更舒心。全面落实中央“七有”要求。整合新城和老城教育资源，提高河东办学质量、增加河西学位数量，提高优质均衡水平，强化幼有所育和学有所教；巩固充分就业成果，抓好重点群体就业帮扶，深入开展高技能人才培养，推动高质量就业，强化劳有所得；加大优质医疗资源引进，推进重点项目实施，拓展医联体，建设整合型医疗卫生服务体系，强化病有所医；健全以居家为基础、社区为依托、机构为补充、医养相结合的养老服务体系，强化老有所养；持续实施棚户区改造、农村危房改造，推进老旧小区综合整治和保障性住房建设，强化住有所居；积极发展扶老、助残、救孤、济困等社会福利和慈善事业，强化弱有所扶。深入推进乡村振兴战略。坚持规划先行，聚焦补齐短板、完善功能、突出优势、强化支撑，基本完成村庄规划编制工作；尊重村民意愿，坚持各美其美、美美与共，保护好乡村风貌；坚持全面建设和典型打造相结合、有形提升和无形提升相结合、村容村貌改善和农民收入增长相结合、农民安居与发展休闲旅游相结合，促进村美、业兴、民富、人和，让村里人自豪，让城里人羡慕。

六是坚持高标杆，以“街乡吹哨、部门报到”为抓手，更加有效地推动基层治理能力现代化。中央深改委第五次会议对我市“街乡吹哨、部门报到”改革给予了充分肯定，对推进党建引领基层治理体制机制创新提出了明确要求。要推动“街乡吹哨、部门报到”再提升。紧密联系全市部署和我区实际，向党建引领深化，向街道改革深化，向社区治理深化，向受理市民诉求、解决群众身边的问题深化，推动吹哨报到向重点工作领域全覆盖、向村（居）等基层延伸拓展。坚持民有所呼，我有所应，凡是媒体曝光、群众举报的问题，各单位都要闻风而动、接诉即办。要推动依法治区建设再深入。全面推进严格执法、公正司法、全民守法，聚焦加强党的统一领导、强化立法参与和人大监督，深入推进依法行政，全面落实司法体制改革，进一步营造法治氛围，推进法治工作队伍建设六方面重点任务，深入落实“1+1+N”依法治区行动计划，促进法治顺义、法治政府、法治社会一体建设。要推动基层治理再强化。坚持社会化、法治化、智能化、专业化，提升精细治理水平。积极培育多元治理主体，推广普及村（居）规民约等经验做法，加快建设诚信体系，促进共建共治共享。解决好物业管理中存在的难题，把居民家门口营造得更加温暖。

七是坚持高效能，以机构改革为契机，更加深入地抓改革激活力。面对当前发展中的问题、前进中的困难，我们要继续推动改革走深走实，激发活力更多更强。要高质高效完成机构改革各项任务，注重上下贯通、统筹整合、简约高效，有序做好新机构组建、人员转隶、工作衔接等工作，加快形成有利于推动高质量发展的体制机制。要持之以恒优化营商环境。牢固树立抓营商环境就是抓发展的理念，继续聚焦在企业准入、项目审批、生产经营三大环节上加强服务，以政策制定及动态评估、解决突出问题、营造便利投资环境为着力点，深入推进一网通办、只进一扇门、只对一个窗，深入落实服务包制度，刚性兑现出台的人才引进、住房教育医疗配套等政策，打造营商环境的硬实力。要持续深化国资国企和功能区改革。牢记国企姓“国”、核心在党，深化区属国有企业改革重组，调整和优化国有经济布局，推动国有资本从一般市场竞争领域向公共服务、民生保障、战略性新兴产业培育等领域集中，做优做强国有企业；强化功能区经济发展和社会管理职能并举，调整优化功能区管理体制，厘清职责定位，合理设置人员机构，切实提高运行效率。

四、全面推进新时代党的建设

前景越光明、任务越艰巨，我们越要发挥党的政治优势和组织优势，把各项工作聚成一盘棋，把各方力量拧成一股劲，确保全区思想上同心同德、目标上同心同向、行动上同心同行。

一是切实加强党的全面领导。坚持贯彻民主集中制，落实区委全会、常委会、党委（组）会议工作机制，打造政治坚定、实干善成、一心为民、团结奋进、清正廉洁的坚强领导核心。支持和保证人大、政府、政协依法依章独立负责、协调一致开展工作，支持和保障监察委、法院、检察院依法行使职权。加强对统一战线工作的领导和支持，充分发挥各民主党派、人民团体和社会各界作用，高水平做好民族、宗教、港澳台侨、非公经济和新社会阶层人士工作。认真做好老干部工作，充分发挥工青妇等群团组织的桥梁纽带作用。加强党管武装和双拥共建工作。支持天竺综保区做强政策和功能优势，不断提升投资与贸易便利化水平。

二是坚持不懈用习近平新时代中国特色社会主义思想武装头脑。抓好各级党委理论学习中心组学习，抓好“不忘初心、牢记使命”主题教育，抓好理论培训和党性教育，大力弘扬社会主义核心价值观，引导全区党员干部群众筑牢“四个意识”，坚定“四个自信”，坚决做到“两个维护”。压紧压实意识形态工作责任制，高度重视网络安全，强化舆情研判应对，完善新闻发言人制度，坚决守好主阵地、弘扬主旋律、传播正能量。

三是加强干部人才队伍建设。坚持深挖广聚选配干部，定期对二级班子评估体检，优化班子整体功能，完善交流机制，用足用好全域干部资源；坚持精打细磨培育干部，既强化教育培训，更注重实践淬炼，把优秀干部调派到重点项目上，在扛活干事中摔打历练，建设高素质专业化干部队伍；坚持严管厚爱管理干部，完善干部日常行为监督流程，细化关心关爱举措，增强干事创业的活力。高标准规划建设国际人才社区，深入推进“梧桐工程”，打造人才政策创新、体制机制灵活、创新创业活跃、“高精尖”人才聚集的良好人才生态环境。

四是加强基层党组织建设。牢牢抓住村和社区“两委”换届契机，解决一批深层次矛盾问题，抓好新当选“两委”干部轮训，提升基层治理水平。

扩大第一书记选派范围，配强党务人员、后备干部，优化梯次结构，为今后五年发展夯实基础。深入推进党支部规范化建设，推动软弱涣散村党组织整顿提升。深化党支部联合体建设，推进跨领域、跨星级结对共建，把“小景点”扩建为“风景线”。结合机构改革，理顺基层党组织隶属关系。创新基层党代表工作机制，不断提升履职能力水平。

五是持之以恒正风肃纪。强化从严治党责任，进一步压实党委主体责任、纪委监督责任，发挥党的工作部门职能监督、基层党组织日常监督、党员民主监督作用，做到真管真严、敢管敢严、长管长严。深入推进纪律检查体制和监察体制改革，构建形成纪律监督、监察监督、派驻监督、巡察监督“四个全覆盖”权力监督格局。持之以恒落实中央八项规定精神，坚定不移纠“四风”、树新风。深化运用监督执纪“四种形态”，防止小毛病演变为大问题，用纪律管住大多数。深化政治巡察，充分发挥巡察震慑、遏制和治本作用。全面落实彻底肃清孙政才恶劣影响11条措施，坚决彻底清除流毒。有力削减存量，有效遏制增量，巩固发展反腐败斗争压倒性胜利。

六是着力强化党建引领作用。加强工作统筹，持续优化闭环工作机制，健全完善党建考核评价体系，构建更加科学、高效、规范的大党建工作格局。强化党建引领，推动党建工作和中心工作相互融合、相互促进，落细落实经济社会发展各项任务，切实把党的政治优势、组织优势转化为新时代高质量发展的优势。

同志们，国门新跃天地宽，运河上源再扬帆。让我们更加紧密地团结在以习近平同志为核心的党中央周围，在市委的坚强领导下，团结带领全区人民，站在首都发展新格局的起跑线上，把握机遇、服务大局，更加奋发有为地推动顺义高质量发展，以优异成绩庆祝中华人民共和国成立70周年！

政府工作报告

各位代表：

现在，我代表顺义区人民政府，向大会报告政府工作，请予审议，并请各位政协委员提出意见。

一、2018年工作回顾

2018年，在习近平新时代中国特色社会主义思想和党的十九大精神的指导下，在市委、市政府和区委的坚强领导下，在区人大、区政协的监督支持下，区政府团结依靠全区人民，紧紧围绕服务首都“四个中心”功能建设、坚决打赢“三大攻坚战”、认真抓好“三件大事”等中心任务，全力以赴稳增长，主动作为促转型，多措并举优环境，尽心尽力惠民生，全区经济社会保持了良好发展态势。全年完成地区生产总值1864亿元，增长6.1%；完成一般公共预算收入159.3亿元，增长7%；完成建安投资201.9亿元，达到市政府下达任务目标；实现社会消费品零售额增长5.2%；全区居民人均可支配收入达到36575元，增长9%；PM2.5年均浓度下降到50微克／立方米，圆满完成市级任务；较好地完成了区五届人大四次会议确定的各项任务。

（一）聚焦重点、综合施策，“三大攻坚战”矢志不移

坚决防范化解重大风险。坚决防范金融风险，持续开展专项整治行动，非法集资行为有效控制，地方债务规模总体可控。坚持不懈狠抓安全生产，紧盯首都机场周边等重点区域和电动车充电、有限空间、建筑施工、人员密集场所等重点领域安全隐患，重拳整治、高压执法，火灾起数、生产安全死亡事故和人数分别同比下降17.7%、50%和72.7%，北京市安全社区达到18家。

全力推进精准脱贫脱低。用心用情帮扶受援地群众。在全市首创“5+5+N”特色帮扶模式，25个镇街、14家国企深度参与结对帮扶。全年累计投入帮扶资金超过5000万元，实施帮扶项目36个，惠及建档立卡贫困人口5000余人，西藏尼木县正式脱贫摘帽，内蒙古科左中旗位列通辽市中期考评第一名。加大低收入农户精准帮扶力度。突出因病、因残致低群体帮扶，纳入社会救助确保“应保尽保”。累计投入126万元，帮扶残疾人179名。加快低收入村发展，南彩镇小营村、杨镇下营村和荆坨村蔬菜温室项目建成。全区低收入农户人均可支配收入达到13695元，同比增长13.5%，脱低率达到99%。

持续发力防治生态污染。扎实开展中央和北京市环保督察反馈意见整改工作，建立24本污染源台账，坚持“周通报、月调度”，定期组织第三方专家会商。积极推进大气粗颗粒物监测网格建设，持续加强机动车排放、大货车违法、扬尘污染等重点领域执法检查，境内公交实现100%新清能源化。全面落实“河长制”，6处国家和市级考核断面全部达标，跨界断面补偿金同比下降74%。牛栏山再生水厂调试运行，张镇再生水厂主体完工，区污泥无害化处理厂设备调试，全区污水处理率达到90.4%。印发实施土壤污染防治年度计划，完成38家区级重点企业土壤状况自查。垃圾分类示范片区覆盖率达到30%，建筑垃圾资源化再利用工作全面推进。城乡结合部、机场周边等重点区域环境建设深入开展，新增百万亩造林7879亩，连续18年无森林火灾。

（二）提高站位、主动作为，“三件大事”高效开展

有序开展分区规划编制。坚持以北京城市总体规划为引领，紧紧围绕落实区域功能定位和提高综合承载能力，主动对标北京城市副中心和雄安新区规划，严格落实“两线三区”空间分区管控要求，以40个专项规划和专题研究为支撑，高起点、高标准开展分区规划编制工作。坚持“开门搞规划”，先后召开会议140余次，不同层级对接500余次，征求意见及建议400余条，分区规划作为“多点”示范上报市政府，已向社会公示。圆满完成全年建设用地净减量2平方公里任务。

纵深推进“疏整促”专项行动。市级8大项任

务全部完成，拆除违法建设247万平方米，完成市级任务的116%。全力办好群众家门口的事，“留白增绿”66.2公顷，积极引入便利蜂、全家、苏宁小店等新零售品牌，建设提升103家便民商业网点，中粮祥云小镇成为全市首个生活性服务业示范街区。印发实施宅基地房屋租赁管理办法，科学预警人口变动趋势，常住人口控制在118.8万人以内。协同发展迈出新步伐。区委区政府主动赴通州、大兴、昌平区对接，推动与周边区域协作联动发展。友谊医院顺义院区、北京城市学院建设有序推进，北医三院顺义院区签约落地，连接城市副中心的通怀路一期、宋梁路北延等路网加快建设。

全力服务冬奥会、冬残奥会筹办。先后两次赴北京冬奥组委会考察对接工作，逐项落实涉及顺义的10项任务。出台参与北京筹办任务工作方案，顺鑫控股、燕京啤酒正式成为官方赞助商。国家残疾人冰上运动比赛训练馆开工建设，全市唯一带坐席的区级室内冰场城南体育中心投入使用，全区冰场面积达到5.3万平方米、雪场面积31.3万平方米。

（三）对标一流、精准服务，区域营商环境持续优化

积极主动上门服务。深入开展“点对点”“一对一”服务企业工作，累计走访国航、首都机场、民生银行、北汽等企业200余次。积极对标市级“服务包”制度，建立完善“总管家”“服务管家”“服务生”体系，为企业量身定制“服务包”，全力化解民营上市企业短期流动性风险。全年发放工作居住证817张，提供人才公租房2453套、高精尖企业人才共有产权房295套。

优化提升服务效率。制定出台落实本市营商环境改革任务实施方案，“9+N”政策按要求时限落地实施，“导办分离”办税模式全市推广，全市首个“水气热”一站式综合服务窗口启用。“一网通办”率达到100%，全市排名第一，1447个事项实现“一门”办理，832个事项实现“最多跑一次”，1132个事项实现“一窗”受理。着力提高跨境贸易便利水平，空港口岸进出口整体通关时间分别压缩43%和46%。取消行政职权事项23项。新设内外资企业分别同比增长33%和42%，新设外资注册资本同比增加114%。

（四）主动转型、创新引领，高精尖经济结构加快构建

明确产业发展方向。确定“3+4+1”高精尖主导产业新格局，聚焦发展“新能源智能汽车、第三代半导体、航空航天”三大创新型产业集群，提升发展“临空经济、产业金融、商务会展、文创旅游”四大现代服务业，着力构建“智能制造”产业生态。发布促进“高精尖”产业发展18条政策，实施第二期“梧桐工程”引才聚才，全区高精尖企业达到67家，新引进千人计划等人才40余人。全年新引进项目协议投资总额超千亿元，成功与阿里巴巴、京东集团等知名企业签订战略合作协议。

加快推动制造业转型升级。深入推进创新型产业集群和制造业高质量发展，奔驰新能源、中国电科光电总部基地等20个总投资近500亿元的高精尖项目落户顺义，国家级高新技术企业达到516家，全区专利申请量和授权总量分别同比增长18.5%和58.1%。成功承办世界智能网联汽车大会并成为永久会址，智能网联汽车创新生态示范区启动建设，首期中关村顺义园全开放无人驾驶测试道路纳入全市第一批示范名单，北小营镇全封闭无人驾驶试验场规划获批，工业互联网标识解析国家顶级节点、第十届中国卫星导航年会等重大平台相继落户。

持续深化服务业扩大开放。第二轮36项试点任务全部完成，天竺综保区授牌全国首批国家文化出口基地，一般纳税人试点政策落地实施，五类进口商品指定口岸通过验收。国家级临空经济示范区申报积极推进，核心区一般公共预算收入同比增长32.7%。获批北京市上市挂牌企业总部基地，新引进北京人寿、晨鸣租赁等优质金融项目30个，金融机构总数达到312家，上市挂牌企业85家。新国展二三期功能定位和产业规划研究取得阶段性成果，鲁能美丽汇购物中心投入运营，澳金园、国门一号二期等重点商业项目有序推进。出台文化产业融资服务政策，成立文化产业联盟，规模以上文化产业单位达到94家。举办旅游节庆和宣传推介活动，顺义旅游影响力和品牌形象不断提升。

（五）统筹推进、完善功能，城乡发展水平不

断提升

稳步推进新型城镇化。棚户区改造高效有序，原维尼纶厂生活区国有土地房屋征收项目签约期限内实现100%签约，西丰乐村、东石槽村项目实现100%签约、拆除，柳各庄村项目实现100%签约。出台促进河东地区重大项目建设发展行动计划，河东地区重点工程立项41个，全年预计完成建安投资80亿元，同比增长10%，占全区建安投资的40%，一般性转移支付资金同比增长8%，总量占全区的83.3%。“乡村振兴”战略扎实推进，153个村庄规划编制完成，美丽乡村“百日攻坚战”圆满收官，90个村污水治理工程和40个村环村绿化带启动建设。

加快提升城市承载能力。100项重点工程全部立项、73项开工建设。复兴大桥建成通车，木林消防站顺利竣工，景观照明一期和北河等三座变电站10千伏出线工程全面完工，垃圾焚烧二期、餐厨垃圾处理厂投入运行，城市生活展示体验馆加快建设。西下路、顺和路竣工通车，七大路与三河市“断头路”顺利打通，完成70公里乡村公路大修，获评北京市“四好农村路”示范区。

精细开展城市治理。认真落实“街乡吹哨、部门报到”改革任务，街镇综合执法平台建设全面完成，城市管理指挥中心组建成立，取消300余项社区事务减负增效。持续推动智慧顺义建设，无线网络全覆盖项目一期初步验收。积极开展交通综合治理，行政中心、顺平路沿线等重点路段拥堵有效缓解，区级智能交通指挥平台建成，新增4595个停车位、100座公共候车亭。城市运行平稳有序，圆满完成全国“两会”、中非合作论坛北京峰会等重大活动服务保障任务，日夜值守实现平安度汛，全力开展扫黑除恶专项斗争。食品安全示范区创建成果日益巩固。

（六）不忘初心、民生为本，群众幸福感获得感进一步增强

推动就业社保稳中提质。城乡劳动力二三产业就业率保持95%以上，连续7年被评为北京市充分就业区。城乡居民医疗保险整合顺利完成，城镇职工社会保险平均参保人数同比增长6%。城乡低保标准由家庭月人均900元提高至1000元，低收入标准由1410元提高至2120元。建设6家养老照料中心，新建73个“妇女之家”，投资8200万元的儿童福利院投入使用。

促进公共服务均衡优质。持续扩充教育资源，新增学前教育学位1600多个，南彩一小等6项学校建设工程主体完工，北师大附属实验中学顺义分校顺利开工，北京城市学院沙岭实验学校、首师大附属杨镇实验幼儿园挂牌成立。坚持立德树人，不断深化教育综合改革，中高考成绩稳居全市前列。稳步推进健康顺义建设，启动国家健康促进示范区建设，在全市卫生发展综合评价中位居城市发展新区第一，区妇幼保健院获批国家级儿童早期发展示范基地。区中医院迁建工程主体封顶，北医三院顺义院区取得1000张床位批复，村级医疗卫生机构设置规划编制出台并启动建设。加快推动文化繁荣、文明提升，5家图书馆分馆投入运营，“潮白之声”合唱团荣获“歌唱北京”大赛中青年组金奖，全国文明城区创建工作全面启动。投资1300余万元为部队办实事。民族宗教、国家安全、外事、侨务、对台、新闻、档案、保密、气象、地震和慈善、残疾人、红十字等工作取得新成绩。

持续改善群众居住条件。保障性住房开复工405万平方米、52731套，竣工7187套，其中共有产权房在建项目5个，累计提供住房6269套。鼓励并试点集体土地建设租赁性住房，牛栏山官志卷村等4个项目取得立项批复，实施方案编制完成。出台农村4类重点对象和低收入群众危房改造工作方案，惠及百姓1126户。老旧小区治理二期工程基本完工。

（七）转变作风、提升效能，政府工作水平稳步提高

强化学习提高政治站位。牢固树立“四个意识”，深入学习宣传贯彻习近平新时代中国特色社会主义思想和党的十九大精神，始终把“看北京首先从政治上看”的要求落到实处，不断提高政治站位，坚决落实中央、市委和区委各项决策部署。创新建立区政府理论学习中心组学习制度，先后开展集体学习10余次，聘请多位知名专家学者授课讲解，拓展领导干部思路视野。

锤炼作风狠抓工作落实。充分发挥示范引领作用，坚持区政府班子深入一线领着干、二级班子履职尽责带头干、基层一线干部主动作为积极干，形成一级带一级、层层抓落实的工作格局。优化工作落实机制，摸清底数建台账，明确分工抓推进，强化督查促落实，构建起长效机制与闭环管理体系。主动回应社会关切，创新设立《舆情快报》《民声回应》两个专刊，第一时间对舆情作出有效反馈。高度重视“12345热线”群众诉求办理，每月对镇街、部门排名，全年“三率两度”综合指标排名全市前列。

自觉接受人大政协监督。自觉接受区人大及其常委会的法律监督、工作监督，依法依规向区人大常委会提请审议和报告重大事项，认真执行各项决定、决议。自觉接受区政协的民主监督，全力支持配合区政协开展民主协商，认真倾听政协委员的意见建议。加强与区人大、区政协对接工作，按时办结人大代表建议145件、政协提案148件，满意率均达到100%。

切实加强法治政府建设。积极推进法治宣传教育，严格落实学法计划，开展领导干部法治讲座11次，举办依法行政专题研讨班2期。坚持运用法治思维解决实际问题，针对违法建设拆除、大棚房治理等重点工作，加强法律分析和指导，提出对策和建议。全面加强合法性审查，依法审核政府文件和重大决策事项205个、政府合同4700件。深入开展“七五”普法，全年举办各类普法活动2861场、法制讲座2525场，提供法律咨询3.1万人次。

深入推进党风廉政建设。严格落实全面从严治党主体责任，切实履行“一岗双责”，全力抓好政府系统廉政风险点防控。深入贯彻落实北京市和全区领导干部警示教育大会精神，认真开展党风廉政专题学习和宣传教育，通过谈话提醒等方式，实现抓早抓小。加强政府资金安全与规范使用，建立预算外追加财政资金会议审议及通报制度。积极支持配合区纪委区监委开展工作。

各位代表，过去一年，面对艰难繁重的改革发展任务和纷繁复杂的矛盾风险挑战，面对前所未有的经济下行压力和新旧动能转换阵痛，在市委、市政府和区委的坚强领导下，我们始终保持定力、凝聚合力、竭尽全力，始终聚焦目标、攻坚克难、狠抓落实，圆满完成了年度各项目标任务。在此，我代表区政府，向辛勤奋战在各条战线的广大干部群众，向各位人大代表、政协委员，向各民主党派、工商联、无党派人士、各人民团体和各界人士，向驻区中央、市属单位、部队和企业，向所有关心支持参与顺义改革发展的同志们、朋友们，表示崇高的敬意和衷心的感谢！

总的来看，过去一年全区经济社会运行总体平稳，但面对新形势、新任务，我区发展也存在一些短板和问题。比如，国际形势错综复杂，微观市场出口的难度加大；经济下行压力较大，产业发展进入周期性调整阶段，新的高精尖产业还在加紧落地，新旧动能转换尚需时日，创新驱动的基础还不够牢固，完成2019年主要经济指标任务十分艰巨；全区对外开放仍需不断深化，集聚市场要素资源还需进一步完善软硬件环境；减量发展逐步深入，用地减量和能耗降低压力较大；大气污染防治任重道远，水环境治理力度仍需加大，城乡环境还要进一步改善，城市管理的精细化程度有待提高；公共服务和社会保障水平需要加快提升，优质教育、医疗、养老和高端商业旅游等方面供给还不充分。对此，我们将高度重视，拿出有效举措，切实加以解决。

二、2019年工作任务

2019年是中华人民共和国成立70周年，是全面建成小康社会关键之年，也是推动我区经济社会加快转型升级的发力之年、攻坚之年。我们要坚持以习近平新时代中国特色社会主义思想为指导，深入贯彻党的十九大和十九届二中、三中全会精神，深入贯彻习近平总书记对北京重要讲话精神，落实中央经济工作会议精神，落实市委十二届七次全会部署、蔡奇书记调研顺义及对平原新城发展指示要求，按照区委五届八次全会安排，更加主动服务“四个中心”功能建设，提高“四个服务”水平，打好“三大攻坚战”，抓好“三件大事”，落实区域功能定位，提高综合承载能力，聚焦“七有”要求和“五性”需求，继续推动“业强城优生活美”，全力做好重大活动服务保障工作，以优异成绩庆祝中华人民共和国成立70周年！

2019年全区经济社会发展的主要预期目标是：地区生产总值增长6%以上；一般公共预算收入增长4%；建安投资增长5%；社会消费品零售额增长5.5%左右；全区居民人均可支配收入增长7.5%；PM2.5年均浓度达到市级要求。

为实现上述目标，2019年要重点抓好以下几个方面的工作：

（一）扎实推动经济高质量发展，强化承载的产业支撑

认真落实中央“六稳”要求，聚焦高质量发展，按照全区统一安排调度，以重大项目落地为牵引，加快推动产业转型升级。

优化提升项目调度机制。探索建立区内税收转移支付制度，激励各园区、各镇街加大招商引资力度，引导关联产业集聚发展，实现跨园区、镇街合作联动。继续加强重大产业项目调度，坚持部门周调度、区领导月调度机制，集中解决前期审批、中期建设、后期配套等问题。充分利用好区级企业发展和项目落地统筹服务平台，加快上线手机客户端，实行项目跟进“红黄绿灯”提醒制度，依托全过程数据信息系统，实现随时查看、精准调度，助推重点项目加快签约落地、开工投产。着力提高项目审批效率，开展工程建设项目审批制度改革试点，优化审批阶段、分类细化流程、推广并联审批、精简审批环节，有效缩短审批时限。降低产业用地供地成本，统筹产业用地开发及供应时序，合理分摊前期开发成本，探索建立土地资源整理实施路径，划定规划实施单元，平衡产业项目与其他开发类、非开发类项目开发成本。全力释放产业用地空间，加快闲置土地清理和土地遗留问题处理，盘活存量土地资源，为全区产业发展提供有力支撑。

加速推动制造业向智能制造转型。围绕“新能源智能汽车、第三代半导体、航空航天”三大创新型产业集群，制定实施智能制造三年行动计划，深入研究产业发展规律，加速布局完善上下游产业链，强化企业全周期服务，全力抓好世界智能网联汽车大会、工业互联网标识解析国家顶级节点等重大平台发展，力促北京奔驰新能源汽车下线投产、第三代半导体材料及应用联合创新基地投入使用，加快车和家总部基地项目建设，力争孚能科技、罗罗发动机等项目落地。认真办好第十届中国卫星导航年会，深入推动军民融合发展，积极引导区内“民参军”和“军转民”企业构建高频互动的产业化闭环，促进协同创新与科技成果转移转化，催生高质量供给，形成强有力的产业带动。制定实施高新技术企业倍增计划，重点培育支持“小巨人”“独角兽”“隐形冠军”企业，精心孵化初创型、科技型小微精品企业，推动形成“大企业支撑、创新企业繁荣”的发展格局。积极对接“三城”，主动联系在京重点高校院所，共建北京市科技成果转化统筹协调与服务平台，吸引重大科技成果转化落地。深入研究腾退空间产业利用，形成全区产业布局和土地资源“一张图”，不断扩大持有性楼宇物业与标准化厂房规模，为承接高精尖项目夯实空间基础。

全面提升现代服务业质量效益。持续推动现代服务业内部结构优化调整，扎实开展服务业扩大开放第三轮试点。完善天竺综保区政策功能，增加一般纳税人试点企业数量，全面搭建五类进口商品全产业链平台，落实好海关“1210”监管政策，推动跨境电商业态与规模双突破，提升跨境贸易便利化水平。实施航空维修增值税免抵退税办法，积极争取内资融资租赁试点和促进飞机租赁产业发展政策支持。全力推动临空经济转型升级，按照首都“一市两场”发展规划，服务首都机场提升国际航空枢纽功能，积极引导国际航空资源和高端服务功能聚集。优化产业功能板块，重点布局航空业总部，完善航空港配套服务产业。加快北京新兴金融聚集区建设，积极发展产业金融、离岸金融等特色金融，建设好后沙峪金融商务区和北京市上市挂牌企业总部基地，持续吸引优质机构聚集。释放商务会展活力，深化新国展二三期功能定位、产业规划研究成果应用，稳步推进项目交通规划、土地供应等重点工作，加快沃尔玛山姆店、金宝天阶一期、空港一号等商业服务业设施开业，推动传统商业板块转型升级。突出文创旅游特色，加快国家对外文化贸易基地二三期建设，推动在谈旅游招商项目落地，培育特色鲜明的旅游产业集聚区和精品高端业态，打造顺义文旅产业靓丽名片。

（二）同步推进疏解、提升和协同，拓展承载的战略空间

坚定不移疏解非首都功能，更加突出城市功能完善提升，深度融入京津冀协同发展，腾笼换鸟、提质增效、协调联动，拓展区域发展空间，增强区域发展后劲，不断提升群众获得感。

深入推进疏解整治。坚定有序、稳扎稳打、敢于碰硬，聚焦历史遗留问题，啃下一批“硬骨头”，持续释放空间资源和发展活力。全年治理违法建设350万平方米，确保新生违建“零增长”，疏解一般制造业企业60家，完成5个城乡结合部市级隐患问题突出村整治，实现“散乱污”企业、群租房整治等动态清零。充分发挥专项行动对人口调控的带动效应，促进人口规模稳定、人口流动有序、人口分布合理，确保完成人口调控任务。

全面推动优化提升。建立统筹利用腾退空间的规划、建设、管理工作全链条，精心更新和织补城市功能，拓展绿色空间、补齐便民设施、改善人居环境、强化产业配套。全年实现“留白增绿”144公顷，新建或规范便民商业网点100家，鼓励便利蜂、供销益家、鑫绿都等规范化品牌继续扩大连锁规模，促进生活性服务业品质进一步提升。加快盒马鲜生、菜鸟网络在京北（大孙各庄）智慧物流园区项目实施进展。加强人才公租房、高端商业、教育医疗等产业园区配套建设，促进职住平衡、产城融合。

深度融入协同发展。全力服务保障城市副中心建设发展，着力推动规划编制深入衔接，加快提升首都机场与城市副中心快速通行能力，优化提升周边环境水平，积极承接功能、产业、人才等溢出，形成通州带动顺义、顺义联动通州的生动发展格局。积极与大兴区共同服务首都国际交往和对外开放，坚持港城融合、港区一体发展，全力服务保障新机场建设发展，全面助力大兴临空经济区、综保区建设，共同打造首都对外开放新高地。积极与昌平区共同守护良好生态，扎实开展结对协作，在生态建设、产业发展、公共服务、低收入帮扶、干部人才等领域加强共建合作，实现协同共赢。完善市区对接机制，全力承接更多高端优质资源。

（三）全面优化区域环境，厚植承载的环境优势

坚持一手抓生态污染治理的攻坚突破，一手抓营商环境的持续优化，以“两个环境”的同步提升，加快吸引集聚优质资源。

持续优化生态环境。突出大气污染防治精细化管理，以智慧环保为支撑，着力做好重型货运车辆、扬尘、废气排放精细化管控。扎实开展秋冬季攻坚行动，提前启动空气重污染应急应对，紧盯重点领域、重点时段，确保空气质量持续改善。加大水环境治理投入力度，落实“河长制”月考核、月通报制度，重点实施14条河道支沟及引河治理工程，积极推进雨污合流管线改造，确保6个地表水考核断面稳定达标。全面提升绿化品质，由“增总量”转向“建精品”，打造一批居民身边的休闲绿地空间，全年完成新建城市森林113亩、小微绿地27亩、新城生态休闲公园165亩，新一轮百万亩造林2.28万亩。制定土壤污染物优先控制清单，调查重点企业土壤污染状况。全面做好暴露垃圾、乱堆乱放等重点领域环境治理，确保城乡环境水平保持城市发展新区前列。垃圾分类示范片区覆盖率达到60%。

持续优化营商环境。严格对标北京市进一步优化营商环境三年行动计划，实施好本区落实方案，统筹推进22项主要任务和2019年度102条具体任务，进一步优化提升政务环境、投资贸易环境、创新创业环境和诚信法治环境。深入推进“一网、一门、一次”改革，优化政务服务大厅“一站式”功能，力争年内70%以上区级事项实现“一窗”受理，高频事项全部实现“最多跑一次”。深化一体化网上政务服务平台功能，加快移动服务终端应用，把政务服务送到市民“指尖”。强化基层政务服务职能，推动“就近办”“马上办”“全通办”。完善服务企业机制。拓展服务广度，定期走访拟入区和已入区企业，确保信息及时畅通、政策推广到位。拓展服务深度，落实企业“服务包”制度和管家式服务机制，启动营商环境“早餐会”，精准对接企业需求，全力解决企业困难。高标准规划建设国际人才社区，营造“类海外”人才生态环境。积极协调海关、首都机场等单位，全力完成占全市96%的空港跨境贸

易压时降费任务，确保优于全国水平。

（四）大力提升城乡发展一体化水平，夯实承载的城乡基础

坚持以北京城市总体规划和顺义分区规划为引领，立足区域功能定位，统筹做好新起点上的城市规划、建设、管理工作，推动基础设施更加完善、城市品质不断提高。

高标准推动分区规划落实。坚持“一张蓝图绘到底”，严格落实分区规划批复意见，推动北京城市总体规划精准实施，服务保障首都功能优化提升。全面落实分区规划主要调控目标，立足区域发展实际，聚焦承接中心城区适宜功能和产业转移，加快推进各镇规划及街区控制性详细规划编制。强化规划的战略引领和刚性约束作用，促进全区减量集约、绿色生态、可持续发展。

深入实施乡村振兴战略。加快推进美丽乡村建设。年内完成剩余211个村庄规划编制任务，同步编制各村美丽乡村建设实施方案，启动114个美丽乡村创建工作。大力推进农村人居环境整治。全面开展“清脏、治乱、增绿、控污”，扎实推进150个村庄治污工程和农村背街小巷治理，持续开展农村厕所革命，积极推进农村垃圾分类、农业面源污染治理等重点任务，建立“大棚房”清理整治长效机制。强化科技兴农。发挥顺义农业土地资源优势，培育支持新型农业经营主体和集体经济组织发展，加快提高集约化、规模化生产能力。提升顺鑫农业等龙头企业带动作用，实施“百名专家兴顺工程”，探索打造农业高新科技产业基地，创新发展“互联网+”现代农业，带动农民持续就业增收。

加快河东河西协调发展。2019年河东地区计划安排重点建设项目59项，占全区重点工程总数的49%，安排区政府固定资产投资12.23亿元，同比增长3%。全力提高河东地区公共服务水平。采取改扩建方式，改善中、小、幼办学条件，推进杨镇中心幼儿园等4所学校新建、扩建工程。加快办理阜外医院顺义院区前期手续，升级改造木林、北小营等一批镇级卫生院。全力提高河东地区基础设施水平。启动中干渠路、减河北路东延二期等一批主干路前期工作，推进龙湾屯、大孙各庄、木林、张镇自来水厂规划选址，实施顺平辅线中压管线等一批输气管线工程，实现北务、李遂再生水厂通水运行，年内完成舞彩浅山郊野公园一期工程，积极推进河东“一镇一园”及绿道建设。

扎实推进基础设施建设。认真抓好重点工程建设，力争120项重点工程全部立项。强化北京东北部交通枢纽作用，全力推进通怀路、木孙路、宋梁路北延、通顺路提级改造、四纬路东延等项目，努力争取M15号线东延、城际铁路联络线北延早日实施，优化服务京津冀和城市副中心的路网结构。提高消防综合应急救援能力，加快10座消防队站、训练基地、战保基地及水源等设施建设，全面升级现有微型消防站，完善宅基地出租房屋消防预警设施。加快推进循环经济产业园和垃圾焚烧三期工程。

提升城市精细化管理水平。坚持以全力服务保障中华人民共和国成立70周年庆祝活动为契机，创新城市治理方式，聚焦法治、精治、共治，在责任、监督、协作、执法、保障上狠下功夫，探索建立城市治理长效机制。继续推动智慧顺义建设，持续推进“雪亮工程”，启动大数据平台建设。深入推进网格化管理，加快推动“多网”融合，及时启动指挥中心大厅建设。进一步做好区级联合执法平台搭建工作，加强与街镇实体化综合执法平台衔接，形成两级执法联动。积极开展智慧交通综合治理，加大信息化基础设施投入，打造绿色智能交通网络。紧绷安全生产之弦，狠抓安全生产责任落实，扎实推进城市安全隐患治理三年行动计划，强化应急响应处置。深化平安顺义建设，落实信访工作责任制，注重信访矛盾源头预防，坚定不移开展扫黑除恶专项斗争。全力做好全国“两会”、第二届“一带一路”国际合作高峰论坛、世园会、亚洲文明对话大会等重大活动服务保障工作。

（五）加快提升公共服务水平，补齐承载的民生短板

始终坚持以人民为中心，顺应群众对美好生活的需要，抓重点、补短板、强弱项，让发展更有温度、幸福更有质感。

打赢精准脱贫脱低攻坚战。扎实开展对口帮扶协作，继续发挥五镇五企牵头作用，深入推进“万企帮万村”行动，聚焦产业扶贫、劳务协作、生活改善等领域，全力谋划帮扶项目，创新开展帮扶活动。加大推进“扶贫车间”建设力度，鼓励支持教育扶贫、健康扶贫。持续开展低收入农户精准帮扶工作，确保年底前所有低收入农户收入超过标准线、低收入村发展取得显著成效。加强监测管理，将帮扶工作重心转向防止“返低”，强化各镇主体责任，确保低收入农户“返低”动态归零。

推动更高质量充分就业。聚焦“劳有所得”，全年促进城乡劳动力就业1万人，城镇登记失业率控制在2%以内。继续加大低收入农户劳动力、疏解企业分流职工等重点群体的精准帮扶力度，促进有劳动能力和就业意愿人员实现就业。持续提高就业服务精准度，加大职业技能培训力度，不断提升就业质量和收入水平。全面落实市区两级人才新政和配套措施，进一步完善紧缺急需和高技能人才的培养、引进与激励政策。深化与北京城市学院等高校及研究机构的合作对接机制，着力打造北京市智造技术技能人才培养基地。

优化公共服务资源布局。聚焦“幼有所育”“学有所教”，通过外部引进、内部提升，综合施策增加学位供给。加快推进北师大附属实验中学顺义分校建设，成立北京教科院顺义附属小学。大力支持普惠性民办园发展、村办园改扩建，持续规范校外培训机构办学行为。深化平安校园建设，推动特殊教育发展。聚焦“病有所医”，深入推进健康顺义建设，以国家健康促进示范区建设为抓手，巩固国家慢性病综合防控示范区建设成果。大力推进友谊医院、北医三院、北京口腔医院等入区合作办医工作，加快实施区妇幼保健院改扩建、中医院迁建工程。持续提高老年人、儿童、残疾人福利优待水平，努力在“老有所养”“弱有所扶”上取得新进展。加快大运河文化带保护建设，全面落实公共文化服务体系示范区建设三年行动计划，实施好文化设施专项规划，积极开展文化惠民工程。坚持以创建全国文明城区为抓手，大力培育和践行社会主义核心价值观，不断提高市民文化素质和城市文明程度。积极普及推广冬季运动项目，继续加强旅游公共服务设施建设。

保障群众住房需求。坚决落实“房住不炒”目标，全力稳定房地产市场预期。坚决完成2019年保障性安居工程任务，加快推进公租房建设，尽快开工集体土地租赁住房项目，多渠道保障“住有所居”。围绕提升中心城区形象、河东河西均衡发展、优化机场周边环境等重点工作，完成全区500户棚改任务，加快推进杨镇中心区和首都机场周边地区棚改项目。积极开展涉及19个小区、1.65万户居民的老旧小区综合整治工作。

（六）持续全面深化改革，不断激发区域发展活力

坚持问题导向抓重点、关键突破带全局、结果导向求实效，扎实推动重点领域和关键环节改革。

全力以赴推动“放管服”改革。深入落实全国深化“放管服”改革转变政府职能电视电话会议精神，进一步推进简政放权，做好中央及北京市取消、下放事项的贯彻落实，对应取消的事项一项不存，对应承接的事项接得住、管得好。深入开展“双随机、一公开”，强化事中事后监管。

落实机构改革转变政府职能。按照区委统一部署，积极稳妥完成机构改革工作任务。坚持以机构改革为契机，立足调整后的职能，突出工作重点，瞄准一流目标，认真履职尽责，切实把该管的事管好、管实、管顺，确保改出新效率、改出新活力、改出新气象，努力把各项工作提升到新的水平。

深化“街乡吹哨、部门报到”改革。扎实推进吹哨报到工作制度化、机制化、长效化，镇街吹好“合力攻坚哨”，部门在积极做好“报到”工作的基础上主动“领哨”，进一步形成到基层一线解决问题的导向，打通抓落实的“最后一公里”。更加主动回应群众关心关切，着重解决各类历史遗留问题和“12345热线”反映问题，把解决群众身边的问题作为检验工作的标准。

扎实推进其他领域改革。深入推进国资国企改革，加强监管，促进国有资产保值增值。优化国有企业资本结构，深化区属国企整合重组，开展混合所有制试点，推动国有企业收入分配市场化改革，推动国有资本从一般竞争领域向公共服务、民生保障、战略性新兴产业等领域集中，做优做强国有企业。继续深化经济功能区改革，进一步调整优化功能区管理体制，加大园区“腾笼换鸟”工作力度，增强功能区创新力和竞争力。

（七）坚决落实全面从严治党要求，切实加强政府自身建设

以永远在路上的执着，把政府系统全面从严治党引向深入，始终注重提高政治站位，注重加强学习，坚持实字当头、干字为先，努力建设法治政府、创新政府、廉洁政府和服务型政府。

始终旗帜鲜明讲政治。坚持以习近平新时代中国特色社会主义思想武装头脑、指导实践、推动工作，更加坚决地在思想上政治上行动上同以习近平同志为核心的党中央保持高度一致。牢固树立“四个意识”，坚决做到“两个维护”“三个一”和“四个决不允许”，不折不扣贯彻落实中央、市委和区委决策部署，确保政令畅通、令行禁止。

狠抓工作作风提升。发扬“钉钉子”精神，探索建立项目负责制的工作调度机制，建好台账，确定标准，明确责任，倒排工期，逐项落实到位。牢固树立“全区一盘棋”思想，上下步调一致，加强协调配合，精准把握进度，及时解决困难，全面提高政府工作效率。大兴调查研究之风，健全常态化的督查工作机制，通过四不两直、暗访督导等方式，深入一线发现、指出、督促整改问题。满怀热情关心关爱干部，不断增强广大党员干部的荣誉感、归属感、获得感，凝聚干事创业的强大合力。

提高法治工作水平。自觉接受区人大及其常委会的法律监督、工作监督，主动接受区政协的民主监督，认真办理人大代表议案、建议和政协委员提案。强化领导干部法治思维，创新学法形式，开展法治讲座，加强行政负责人出庭应诉工作。健全依法决策机制，深入推行政府法律顾问制度，加强政府合同审查，强化决策法定程序的刚性约束。完善依法行政考核指标体系，用足用好行政复议制度，强化行政机关依法行政。持续推进“七五”普法，扎实推进三级公共法律服务实体平台规范化建设，积极营造全社会学法、用法、守法、护法良好氛围。

深化党风廉政建设。坚决落实全面从严治党主体责任，严格履行“一岗双责”，强化对权力运行的监督制约，加强对公共资金、国资国企、重点工程等领域的监管。严格执行廉洁自律各项规定，认真贯彻中央八项规定精神和市委、区委落实办法。持之以恒纠正“四风”，警惕形式主义、官僚主义新动向，坚定不移推进党风廉政建设和反腐败斗争，营造风清气正良好政治生态。

各位代表！当前，顺义正处在加速转型升级的重要阶段、关键时期，形势催人奋进，事业任重道远。让我们更加紧密团结在以习近平同志为核心的党中央周围，在市委、市政府和区委的坚强领导下，不忘初心、牢记使命，把握机遇、服务大局，更加奋发有为地推动顺义高质量发展，为首都“四个中心”和国际一流的和谐宜居之都建设作出新的更大贡献！以优异成绩庆祝中华人民共和国成立70周年！

专 记

顺义区腾退空间再利用相关问题研究

高 朋 顺义区委书记

当前，北京正处于从聚集资源求增长转向疏解功能谋发展，从追求大而全转向聚焦高精尖，从向扩张要增长转向向减量要质量的深刻转型。坚定不移地抓住疏解非首都功能这个牛鼻子，推进首都减量发展、城市瘦身健体、发展提质增效，不仅是贯彻落实京津冀协同发展战略，发挥北京“一核”作用，建设世界级城市群的必然要求，也是贯彻落实首都城市战略定位，聚焦优化提升，破解首都发展长期积累的深层次矛盾和问题的必然选择。随着疏整促专项行动的持续深入，截至 2018 年底，顺义区疏解腾退土地面积超过 1300 万平方米，其中近六成处于待利用状态，如何充分合理利用好这些土地，使之发挥最大的效力，既是巩固疏解成效的重要内容，更是推动我区高质量发展的有力支撑。

一、顺义区腾退空间基本情况

（一）腾退情况

截至 2018 年 12 月底，我区通过“疏解整治促提升”专项行动，共疏解腾退土地面积 1353.95 万平方米（约 1354 公顷或 2.03 万亩），共涉及 19 个镇、6 个街道及 3 个功能区。

从疏解类型看：疏解一般性制造业和“散乱污”企业治理腾退土地 565.43 万平方米，规模最大，占总量的 41.76%；治理违法建设腾退土地 455.31 万平方米，占总量的 33.63%，棚户区改造腾退土地 251.81 万平方米，占总量的 18.60%。此外，出租大院、城乡结合部整治改造和疏解提升市场三项专项整治活动共腾退土地 81.40 万平方米，占总量的 6.01%。

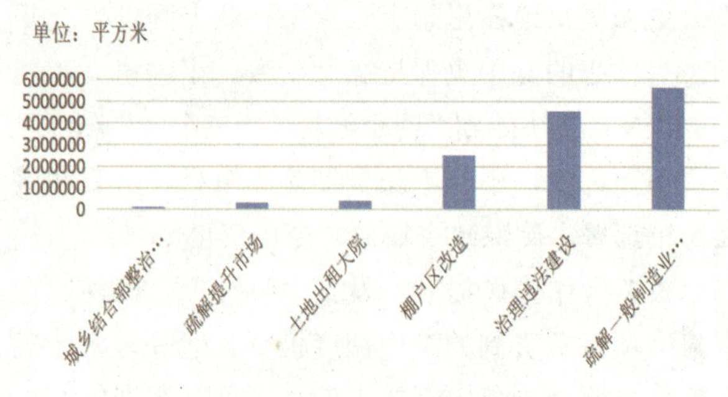

图 1 按疏解整治类型划分

从土地利用类型看：工矿仓储用地面积最多，共计 498.98 万平方米，其次是耕地面积 311.70 万平方米，商服用地 219.66 万平方米。

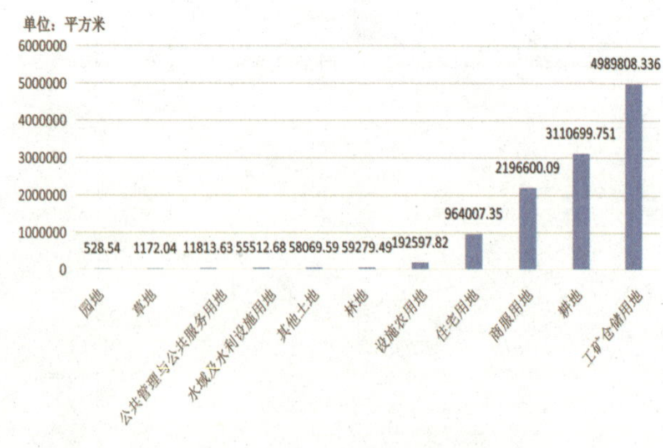

图 2 按土地利用类型划分

从河东、河西地区看：河东 9 个镇、街及功能区共计腾退 490.52 万平方米，占总面积的 36.23%。河西 16 个镇、街及功能区共腾退 863.43

万平方米，占总面积的 63.77%。

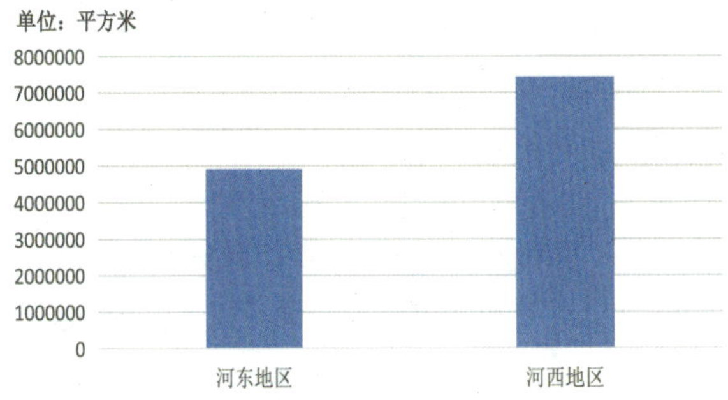

图 3 按河东地区、河西地区划分

从镇、街、功能区看：中心镇仁和腾退面积最多，合计 144.30 万平方米，占总量的 10.67%；河东重点镇杨镇腾退土地 142.19 万平方米，居第二位；旺泉街道最少，为 206.57 平方米。

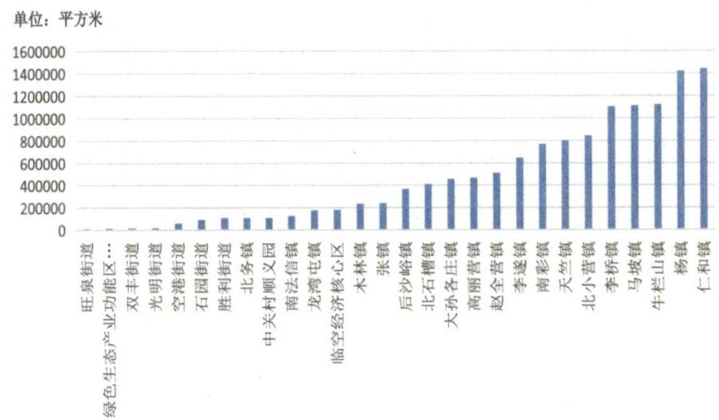

图 4 按镇、街、功能区划分

从腾退规模看：大于 10 万平方米的地块共 18 处，合计 495.57 万平方米。5 万 -10 万平方米的地块共 34 处，合计 237.06 万平方米。100-500 平方米的地块最多，共 129 处，合计 292.79 万平方米，小于 100 平方米的地块 116 处。

表 1　**按腾退面积规模分布**

规模（平方米）	地块（处）
>100000	18
50000-100000	34
10000-50000	190
5000-10000	96
3000-5000	112
1000-3000	229
500-1000	151
100-500	232
<100	116

注：此数据统计不包含“棚户区改造”数据。

（二）腾退后待利用空间情况

腾退后已利用土地共计 596.43 万平方米，占总面积的 44.05%；待利用土地共计 757.52 万平方米，占总面积的 55.95%。

从土地权属看：腾退后待利用土地（不含棚户区改造）505.72 万平方米，其中国有土地 170.32 万平方米，占总量的 33.67%；集体建设用地 335.40 万平方米，占已腾退待利用土地总量的 66.33%。

从面积规模看：待利用地块规模主要分布在 1000-3000 平方米，共 187 宗土地；大于 10 万平方米的地块仅有 6 处；较大多数地块分散、零碎，且存在大量边角地块，利用难度较大。

表 2　**顺义区待利用土地规模分布情况**

规模（平方米）	地块（处）
>100000	6
50000-100000	5
10000-50000	103
5000-10000	69
3000-5000	62
1000-3000	187
500-1000	144
100-500	150
<100	17

从土地利用类型看：工矿仓储用地面积最大，共计 368.4 万平方米，占全部待利用土地的 73%；其次是住宅用地 73.73 万平方米，占总量的 15%；再次是商服用地 51.38 万平方米，占总量的 10%；耕地 11.82 万平方米，占总量的 2%。

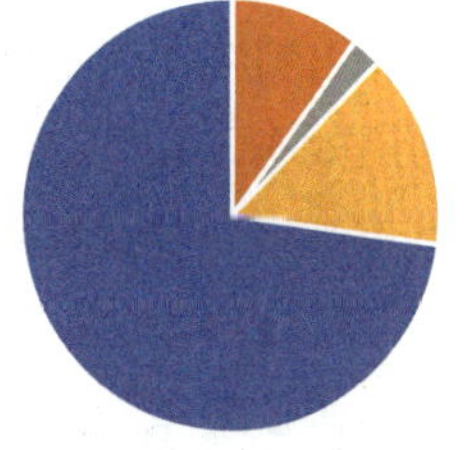

图 5 按土地利用类型划分

二、腾退空间再利用的重点难点问题

（一）腾退空间数据资料不统一，底数不准

疏解整治促提升专项行动涉及一般性制造业、散乱污企业等十个大类，各类型的责任主体不同、管辖范围也不同，由于缺乏统一的数据来源及统计口径，各职能部门上报的基础数据存在面积偏差，宗地登记重复，所有权或利用情况与实际不符等问题。腾退土地底数不准，对再利用规划、管理等工作造成一定影响。

（二）土地权属关系复杂，协调难度较大

腾退土地用地性质分为国有土地、集体建设用地，利益主体包括产权方、运营方、承租方、集体经济组织等，产权主体包括国企、央企、部队、市级单位、民营企业等，由于产权单位、利益关系错综复杂，腾退空间再利用推动难度大。特别是集体建设用地，所有权、使用权、承包经营权大多分离，多次流转现象较普遍，且绝大多数土地尚处在承包合同期限内，导致政府回收管理难度大，再利用面临困境。

（三）腾退空间政策不健全，统筹引导不够

当前全市尚未出台腾退空间再利用的规范政策，各区在实际工作中通常是依据北京市总体规划、关于保护利用老旧厂房拓展文化空间指导意见等予以适当引导，由于缺乏分行业分领域腾退土地利用的建设标准，导致大多数腾退出的工业用地在转型升级，用于发展高精尖产业、留白增绿等方面时缺乏政策支撑，难以改变土地性质，被迫停留在转型意向上，无法实际推动。

（四）规划“缺位”“打架”，项目手续办理难

目前，新的分区空间规划尚未正式出台，各镇街未来发展定位需进一步明确，受限产业目录需进一步明晰，一定程度上制约了企业转型升级步伐，降低了土地资源利用效率。此外，部分企业现有土地性质与规划性质不一致，导致利用现有土地实施转型升级困难重重，项目建设之前的手续办理、建成之后的开发利用均面临政策瓶颈。部分地块土地利用总体规划与城乡建设规划上不统一，一些企业在淘汰落后产能、拆除老旧厂房、引入商业及研发办公类项目过程中，所在地块规划性质已由控制性详规调整为多功能或商业用地，但在土地利用总体规划中土地性质却仍为工业工地。土地性质与规划性质调整不同步、不统一，导致很多优质项目难以落地。

（五）再利用资金来源较少，融资普遍困难

腾退空间再利用需要大量资金投入，但现有资金来源较为单一，主要依靠政府资金支持，资金不足在一定程度上限制了腾退土地再利用。首先，拆违后地上物重建、基础设施完善、工人劳务费用及后续维护费用等数额较大。其次，企业转型升级过程中，面临着较大的风险，种种原因导致引进产业相符、资金实力强等各方面条件均符合的企业比较困难。此外即便找到匹配企业，企业改造升级，开拓新行业、研发新技术也需要大量资金。此外，我区大多数集体建设用地位于镇域、村落周边或村庄内，分布零散，不利于集中开发，资金难以平衡，社会资金进入意愿不强烈。

（六）涉及部门较多，影响系统推进

疏解整治促提升专项行动涉及十余个职能部门，虽然由发改委总牵头，但各部门工作内容存在重叠交叉，统计标准不一，涉及的规划、土地、财税等政策及重大问题缺乏统筹调度，影响了腾退土地再利用工作推进，特别是一些长期未能解决的顽固性问题未能部署整改，导致部分已腾退地块处于闲置状态。同时，对疏整促工作进度、质量及相关政策反馈等，缺少职责明确、赏罚分明的监督考核机制，不能及时有效地对区政府相关部门、乡镇政府及土地使用权利人进行监督考核。

三、重点类型腾退空间再利用相关借鉴及建议

（一）国有工业用地

我区国有工业用地主要存在投资强度低、开发强度低、圈地现象严重、土地闲置和低效利用等问题。针对以上问题，目前部分地区已开始尝试通过出台各种地方性国土、产业、规划政策，为盘活存量工业用地提供重要支持，但仍需要进一步对存量国有工业用地的后续利用提出可行性方案。

1.上海市国有工业用地转型案例

针对上海工业用地比例偏高问题（2011年底，

上海工业用地总量约为761平方公里，占城市建设用地总面积的31.6%；其中郊区工业用地达670平方公里，占郊区城市建设用地总面积的36.4%。而国外同类城市平均占比约为15%～17%），新一轮上海总规修编提出，“建设用地零增长，工业用地减量化”。在政策层面，从宽松走向收紧。第一阶段，从1990年后期开始，将工业用地转变为住宅、商业等经营性用地。第二阶段，国家和上海均出台政策，禁止以协议方式出让经营性用地，严控在划拨用地上建设住宅。部分企业希望通过将厂房改造为商务办公或商业服务用途来满足市场的需求，以及上海文化创意产业的发展，出现了“非正式更新”，也就是工业用地按照“三个不变”方式进行非正式转型。这种方式得到政府认可，出台了多种鼓励政策。但是，这种转型不经过规划管理部门途径，通过建管就直接进入运行，基本不能提供城市公共要素。第三阶段，出台《关于增设研发总部类用地相关工作的试点意见》《关于本市盘活存量工业用地的实施办法（试行）》，针对现有存量工业工地转型盘活。

2. 启示及建议

一是合理规划土地用途。结合地区产业规划，编制好土地利用规划及供地计划，掌握好土地供应的方向、力度和节奏，加强供地分期管理，增强灵活性、针对性和有效性，避免企业闲置和低效用地。二是完善企业准入机制。依据工业用地固定资产投入、工业用地产出程度、人均技术装备水平、工业闲置率、办公用地比率、人均绿地面积等各项指标，对项目的合理性进行缜密论证，实行严格准入机制，提高用地效率。三是健全土地信息共享机制。建立全区工业土地信息台账及平台，将土地权益人、位置、面积、批准用途、出让金缴纳额、土地开发利用现状、合同履约情况、土地闲置时间及原因、土地合作开发需求等信息汇总纳入并实时公开。四是实行工业用地全生命周期管理。土地受让人按开竣工时间、项目投产指标等缴纳一定数额履约保证金，不能按期完成视为违约。凡取得建设用地批准书和施工许可证的工业项目，原则上必须在半年内开工建设。分期建设的项目用地要求远近结合，对后期用地在合同中约定并明确违约责任，在规划上预留时间视项目大小而定，原则上不超过一年。五是完善供地监管机制。土地供应后，由企业所在镇国土管理部门按各自合同动态巡查企业建设情况，由工业主管部门、经济主管部门定期审核企业运行指标，监督核查土地利用状况。六是探索实施工业用地弹性年期出让制。打破单一制，以贴近工业项目实际存续周期确定工业土地转让年限，为10-50年不等，其出让价格按照法定最高出让年期的价格进行比例递减。七是建立集约用地激励机制。以合同方式约定土地集约化利用相关指标及优惠政策，待项目竣工经验收合格后予以兑现。对生产性企业利用原有建设用地新上项目，减免有关税费。

（二）集体建设用地

腾退后的农村集体建设用地，其所有权归属于农村集体经济组织，但使用权在个人手中。由于权利主体界定不明，缺乏乡村规划引导和统一的产业规划，加之集体建设用地再利用资金融资困难等因素，使得集体建设用地再利用受限。

1. 大兴区集体建设用地再利用案例

针对集体建设用地再利用难的问题，大兴区积极推进集体建设用地入市改革试点，围绕“五个探索”（主体、途径、调节金、供地方式、权能完善），建立了“同权同价、流转顺畅、收益共享”的入市制度，形成了“政府引导、农民主体、联营联建、收益共享”的工作格局，有力促进了区域农民自主城镇化、低成本城镇化、城乡融合城镇化。一是以“镇级统筹”为载体，以乡镇为基本实施单元，系统推进土地统筹、工作统筹、利益统筹三方面工作。在此基础上，由区级层面对规划指标落地、基础设施共建、利益分配格局等进行统筹，兼顾公平、提高效益。二是以“社会转型”为动力，推动城乡接合部整体改造，改善城乡物质形态和社会形态。三是以“入股联营”为手段，探索集体经济组织再造和法人治理，提高农民组织化程度。四是以“金融创新”为抓手，明确集体经营性建设用地使用权具有抵押权，推动金融机构参与。五是以“产业升级”为重点，统筹工业大院腾退和产业升级实施，促进产镇融合，提高发展质量。六是以“利益协调”为基础，建立完善的政府、村民、集体联营公司、投资者之间的利益机制，最大限度降低拆腾阻力和入市成本，提高要素红利。

2. 启示及建议

一是坚持规划先行。综合考虑已腾退的集体建设用地及实施中的典型问题，在减量化的基础上，因地制宜编制镇村规划，通过区、镇、村三级规划全覆盖，打造规划实施组织载体。二是实行镇级统筹。由镇政府对集体建设用地进行统筹，按照构建“高精尖”产业要求，集中重新配置建设用地指标，促进土地集约利用，保证集体利益，推动高质量发展。同时加强集体经营性建设用地产业规划、功能承接及扶持政策研究。三是规范村集体建设用地登记备案制度。由镇政府对村集体各土地使用权人进行核实备案，村集体基础设施用地由村委会出具证明材料统一登记。四是创新集体建设用地融资方式。以集体建设用地未来收益为担保进行抵押，获取银行贷款，缓解资金压力，保证项目落地。五是探索新的开发经营模式。镇级层面成立土地联营公司，将传统集体经济组织进行公司化改造，实现土地变资产、农民变股东。

（三）宅基地

宅基地再利用目前主要存在宅基地“三权”内涵尚未厘清，权利边界界定存在一定困难；宅基地确权登记障碍多，登记速度缓慢；农民自愿退出宅基地的意愿不足、积极性不高等问题，需要不断探索创新改革新路径。

1. 浙江义乌、河北定州宅基地试点改革案例：

浙江省义乌市，一是率先开展农村宅基地“三权分置”的制度体系设计，出台了《关于推进农村宅基地制度改革试点工作的若干意见》，从界定三权、有偿使用、自愿退出及民主管理等方面进行了制度创新。二是推动宅基地使用权资本化。农民只需用农村宅基地住房不动产权证就能进行低息抵押贷款。三是制定全国首个农村宅基地基准地价体系，并允许完成新农村建设的村庄在市域内跨集体经济组织转让，扩大了宅基地流转范围。

河北省定州市，一是收取有偿使用费，对农民多宅、超标的宅基地及非本村成员使用的宅基地收取有偿使用费。二是制定退出收回机制。对自愿退出符合规划的宅基地的农民和非本村成员实行补偿，其补偿标准按征地综合区片价加建筑物协商或按评估价确定。对废弃的宅基地、闲置两年以上未动工建设的宅基地、不符合规划的宅基地等实行无偿收回。三是鼓励社会资本参与宅基地改革，制定《定州市宅基地腾退节余指标使用办法》，利用增减挂奖补资金支持试点改革，并通过市城市投资有限公司吸纳社会资金等方式引导社会资本参与。

2. 启示及建议

一是健全宅基地“三权分置”改革制度体系。准确界定宅基地物权和用益物权的内涵；加快宅基地管理相关政策探索，允许宅基地使用权合理流转。二是加快推进农村宅基地确权登记。因地制宜开展房地一体权籍调查，按照“一户一宅”要求原则上确权登记到“户；依法合理解决宅基地违法用地、一户多宅等问题。三是完善宅基地退出机制。由村集体经济组织回购和调剂宅基地；结合货币补偿等多种方式，提高农民自愿退出“多宅”或闲置宅基地意愿。

（四）违法用地及“散乱污”企业用地

此类型再利用主要存在底数信息不全面、历史成因复杂、规划指标调整难等多方因素。

1. 杭州市处置历史违法用地案例：

杭州市违法用地普遍存在违法用地上的建（构）筑物应拆除未拆除和违法建（构）筑物应没收未没收两种情况。结合自身实际，杭州市大胆创新，实行了“一案一策、因地制宜、妥善处置”的一系列方法。一是立案查处。对排查发现的违法用地行为尚未立案查处的，必须立即依法立案查处，同时，严肃追究有关人员的责任。二是拆除复耕。借助“三改一拆”“无违建”创建等平台，将排查发现未依法拆除和复耕案件，依法移交当地乡镇政府或“三改一拆”办公室，及时拆除复耕，消除违法状态。三是移交申请。认真梳理行政处罚决定的执行情况，对应予以没收的建筑物和其他设施，及时移交所在县级以上人民政府或其指定部门；对应予以拆除的违法建（构）筑，依法申请人民法院强制执行。四是移送追刑。对非法占用耕地、林地等农用地，改变土地用途，数量较大且造成耕地、林地严重毁坏，涉嫌土地刑事犯罪，要依法移送公安机关立案侦查，严厉打击土地违法犯罪。五是规范完善。根据浙江省“三改一拆”有关历史遗留问题处理和城镇低效用地再开发相关政策，对用地行为按发生时间落实处理处罚后，符合条件的，可及时补办建设用地审批手续，消除违法状态。

2. 启示及建议

一是摸清底数实施全过程信息化管理。建立健全信息登记制度，各镇街在入户核查时，对核实属于违法用地与“散乱污”企业的，应采集相关信息，纳入统一管理平台。二是规划指导土地资源整合再利用。以土地利用总体规划、城市总体规划和工业布局规划为指导，做好环境影响评价、城市安全评价、土壤安全评价等工作。三是实行分类处置。将企业用地分为“违法用地、补办用地手续、原地提升改造、建设用地指标腾挪”四类，对症下药、分类施策。四是尊重历史、特事特办。出台处置历史违法用地与“散乱污”企业的指导性文件，可结合清理情况，在用地规模、计划指标、税费收缴等方面予以倾斜，分类分批次消化处置。五是综合治理。协调联合规划国土、公安、水务、城管、工商、质监等多部门力量，共同发力联合开展工作；压实属地责任，将工作职责落实到人；充分运用“街乡吹哨、部门报到”工作机制，加强属地与部门联合，共同研究解决违法用地与“散乱污”企业土地再利用工作中遇到的难点问题。

四、腾退空间再利用工作推进其他相关问题建议

（一）强化总体统筹，促进各方联动

1. 成立区级层面腾退空间再利用工作小组。由区发改委、经信委、规土委、商务委、国资委等相关职能部门组成。工作小组统筹指导全区腾退土地再利用工作，通过制定系统的管理制度和运行机制，推进高精尖项目落地，确保规划、土地、财税政策的落实，保障腾退土地再利用工作顺利进行。

2. 健全工作协调机制。建立联席会议制度，每月定期召开，细化落实腾退空间专项规划、项目推进、基础设施建设等方面的协调工作，实行动态管理和使用。工作小组定期向区委区政府汇报统筹利用总体情况，对重点项目引入存在的实际问题，及时纳入区级决策，研究议定。

3. 制定责任清单。明确工作小组，成员单位、属地政府、土地使用权人各方职责，具体如下表所示。

表 3　　腾退空间推进责任清单

责任单位	具体内容
工作小组	编制全区腾退土地利用规划，审批项目，基础设施建设。
区发展改革委	参与编制本区土地利用总体规划和土地供应计划，统筹规划和综合协调产业发展，拟订综合性产业政策、区基础设施发展战略，组织编制区主体功能区规划。
区经济信息化委	编制年度工业项目投资计划，提出再利用地块招商的行业要求、投资标准等准入条件。
区农村工作委员会	拟订本区都市型现代农业发展的规划、意见、政策，参与编制和修订村镇建设规划方案。
区商务委	推进本区流通产业结构调整，研究拟订本区商品流通和生活服务业重点设施的布局规划。
区国资委	推进本区国有及国有控股企业的改革和重组。
区规土委	制定城乡规划和土地利用规划。
属地政府	落实区政府下达任务，制定年度计划，报批立项。
土地使用权人	整理形成可行性研究报告上报，相关手续办理。

（二）统一基础数据台账，建立信息共享机制

1. 完善腾退土地数据基础台账。利用卫星影像、遥感和大数据等高科技，将地块位置、面积等基本信息落图，统一数据来源，更正错误信息，补充基础数据，全面了解已腾退地块基本情况，包括四至范围、产权归属及周边规划建设情况等信息，并标注在地籍图、遥感影像图、规划图上，做到底数清、情况明，上图入库，为下一步再利用工作提供精确信息。

2. 规范数据统计格式。设立统一标准，规范各部门数据统计方式，确保各部门上报的台账内容应一致，各项重合数据一一对应。要建立土地收储台账、土地出让台账、土地使用证台账，相互印证，充分

反应每宗地在一级市场的流转过程。

3. 建立腾退土地信息系统。利用大数据等手段将各职能部门的腾退土地基础信息统一到信息平台，进行联合监控，实时掌握腾退空间利用情况，区发改委会同区规划国土委对规划执行情况进行监督考核。该系统须集合从土地基础信息台账到疏解整治期间台账再到疏解后土地利用台账单流程的一整套系统，保证相关的土地台账既能反映每宗土地所处某一流程动态信息，又能做到前后信息相互核对。

（三）灵活规划制定模式，实现减量发展

1. 建立综合系统科学的规划制度。综合城市规划和土地规划，在全面掌握腾退空间资源的基础上，按照区域发展方向和不同区块经济社会发展特点，分领域分类型制定腾退空间专项规划，指导土地开发利用。协调土地利用总体规划与其他各项规划，逐一筛选受规划影响的转型企业，制定临时许可政策，准予其办理环保、工商、消防等行业相关手续，促进转型升级后的闲置楼宇资源再利用。

2. 建立减量使用的规划机制。结合年度建设用地建设任务及分布情况，以减量发展为前提，在总量上合理设定拆占比、拆建比，在区域上进行跨镇街调配，确定空间利用总量。

3. 对重点区域编制发展设计导则。针对集中连片地块编制腾退空间再利用发展设计导则，按照其所属区域的功能定位，结合其引入产业，将腾退土地的自然环境、文化氛围、产业凝聚力与城市建设有机结合，对空间形态、景观视廊、公共空间、建筑高度、建筑密度、容积率等进行积极引导，在实现功能提升的基础上，保证其环境的舒适度。

（四）强化督查考评，确保工作落实到位

1. 制定腾退用地动态监测评价指标体系。跟踪监测腾退空地还绿情况、产业招商引资情况、人口规模变化情况、基础设施建设情况、地上物建设情况等，并定期进行数据分析研判。根据评价结果，对投入产出效益低的项目进行帮扶，促进区内用地安排合理，不断完善腾退空间管理利用政策。

2. 实行统一考核管理。综合考虑各属地情况，科室设定包括约束性指标、静态指标、动态指标、环境影响指标及预期性指标在内的综合考核指标。成立专门的监督小组，定期组织腾退空间利用情况专项检查，对发现的问题及时通报、限时督办，并纳入全区年度绩效考核成绩。

3. 建立核查对比及“回头看”机制。每季度对腾退用地的利用效果进行腾退前后比对，对推进工作不力或未按要求落实责任的，严格按照有关规定予以追责。对确定腾退利用的项目，要及时回头看，避免无效利用、管理不到位等情况发生。

4. 加大信息公开和监督力度。加强腾退土地再利用信息共享，对改造开发涉及的重要环节实行全过程公开，畅通沟通渠道，切实保障群众的知情权、参与权与监督权。完善腾退土地再利用监督和报告制度，引入第三方评估机制，客观了解评价腾退土地再利用的社会效益和经济效益，及时回应各方主体利益诉求，并协调行动。

促进顺义承接“三城”创新成果机制研究

孙军民 顺义区委副书记、代区长

世界各国发展的历史同时也是创新史。当历史车轮进入21世纪，创新战略已成为世界主要国家核心战略。在此国际大背景下，北京加强全国科技创新中心建设的战略定位应运而生。“三城一区”作为北京全国科技创新中心建设的主平台，对北京乃至全国的发展意义重大。主动对接中关村科学城、怀柔科学城和未来科学城，聚焦优势领域，聚焦科技成果产业化，加快形成具有国际影响力的创新型产业集群和中国制造2025创新引领示范区，这既是顺义自身发展的必然选择，更是时代赋予顺义的历史责任。

一、顺义承接“三城”创新成果的基础和优势

（一）产业基础雄厚

近年来，顺义地区生产总值一直位居全市第五，郊区第一，工业总产值多年居全市首位，是北京唯一、全国为数不多的产量超过百万辆的汽车聚集区，在航空、金融和商务会展业拥有突出比较优势。产业空间布局不断优化，拥有临空服务、科技创新和绿色生态三大功能板块及天竺综保区，拟将创新产业集群规划范围扩大到约100平方公里，打造“两区多点”的总体空间布局，聚焦发展“智能新能源汽车、第三代半导体、航空航天”三大千亿级创新型产业集群。

（二）区位条件独特

相对其他平原新城，顺义区人口密度较低，“业”与“城”的发展相对均衡。临空经济区是北京的六大高端产业功能区之一，北京大兴国际机场建设又带来新的发展空间。顺义与未来科学城、怀柔科学城比邻，与中关村科学城最近距离不足10公里，地理位置优越。科技创新产业用地相对充足，在大项目落地上具备优势。2006年至2018年顺义区累计招拍挂出让工业（含工业研发）用地规模居全市首位，存量用地腾退整合空间较大。

（三）综合政策优势

顺义作为综合保税区和服务业扩大开放综合试点，可以依托口岸优势和服务业扩大开放先行先试政策，在科技贸易方面提供专项支撑服务，为“三城一区”提供专属进口口岸。同时依托融资租赁试点、增值税一般纳税人试点，为创新创业型企业提供优质的生存环境。作为现代制造业聚集区，可享受制造业扶持政策红利。顺义三大产业都可列入北京十大高精尖产业支持政策范围。中关村顺义园作为中关村国家自主创新示范区的组成部分，可享受国家自主创新示范区政策。

二、当前存在的主要问题和阻碍

（一）创新型产业集群发展仍显不足

传统产业比重过大，全区战略性新兴产业增加值占生产总值比重仅为15%。创新型中小企业发展不充分，能形成技术合作和提供技术服务的集群不足。产业发展对传统产业依赖度高，产业基础存在结构性单一风险，产业配套尚不完整，主要产业的运行变化对全区稳增长影响较大。智能制造及高精尖产业引领不足。顺义制造业与建设全国科技创新中心的目标还有较大差距。创新型中小企业发展不充分，能形成技术合作和提供技术服务的集群不足。

（二）科技创新对产业的支撑引领作用不够

创新主体数量仍然偏少。国家高新技术企业数量仅占全市2.5%，排名全市第10位，与全市平均1230家的差距明显。国家重点实验室、北京市重点实验室、北京市工程技术研究中心及北京市众创空间数量在全市占比均不足2%。科技创新投入偏低，全社会研发经费支出占地区生产总值的比重低于北京市平均水平。专利核心技术研发能力不强。技术合同成交额仅占全市0.4%；申请量和专利授权量在全市占比均不足4%。高层次人才及政策支撑不足，人才结构失衡，人才服务机制和政策落实机制还需

完善。

（三）承接“三城”科技成果转化力度不够

承接科技成果转化的基础不强，科技成果落地难。在智能制造、智能网联等重点领域的技术引领能力不足。成果转化配套政策不完善，科研成果筛选和培育、人才引进、产业孵化、企业发展等方面政策不足。成果转化配套机构薄弱，法律、评估、咨询等环节专业配套服务能力不强，专业转化中介机构数量稀缺。与“三城”对接的体制机制不健全，在项目互通、技术交流、利益分享等方面没有形成有效的沟通桥梁和平台；在政府、企业和平台层面没有形成联动机制。

（四）协同各类科技创新资源的能力不高

与周边区域的协同程度不高，功能性分工和错位发展不够，产业布局上存在同质化竞争。统筹利用高校、科研院所等科技资源的力度不够，点对点合作关系还不够深入。国际枢纽机场优势尚未充分发挥，国际企业、组织和机构等交流合作还不够积极。区域政策平台“碎片化”使创新发展未形成合力。各园区间存量用地和腾退产业用地比较分散，且不少是集体建设用地，不利于大项目落地。功能区与周边乡镇等在项目互通、技术交流、企业融资等方面没有形成强大合力。

三、建立承接创新成果机制的政策建议

坚持自主提升与承接转化并行的总体思路，从近期重要工作、长期建立对接机制和需要市里支持的事项等三个层次，分别提出建议。

（一）近期重要工作

1．建立不同层面的合作对接机制

区各委办局要明确责任分工，制定实施方案，细化分解任务，加强协同配合，落实区政府会议提出的各项任务，与“三城”中的科研院所和高等院校建立长效对接机制，做好企业对接“三城”的“领路人”，助力区内企业做好“三盯”，盯准“三城”相关国家重点实验室、盯准相关研究团队、盯准相关重大科技专项建设进展。政府要协助区内企业，通过召开企业创新业务洽谈会、搭建企业信息共享平台、产业创新联盟平台等形式，使企业根据自身产业特点与中科院、清华、北航、北科大等科研院所和高校中的院所（院系）建立点对点对接机制，探索通过共同组建产业基金、研究院、创新公司等创新载体，建立研究机构与企业共同满意的合作模式。

2．制定顺义与“三城”的对接目录

按照“框定总量、限定容量、盘活存量、做优增量、提高质量”的原则，密切关注北京科技创新中心建设新动向，把握科技成果转化和科技产业布局的新需求、新特点，细化科技成果转化对接目录。

3．引进与培养并举，培育人才扎根土壤

一是以“人才海聚”计划为引领，引进和聚集一批以行业重大共性技术、关键技术研究为重点的科学家和团队，助力产业结构优化，促进产业升级。

二是以中科院联动创新产业园、哈工大顺义军民融合创新中心、荷兰代尔夫特理工大学中国研究院等为重点，引进顶尖专家建立科研成果应用基地，打造一批国际影响力大、研发能力强的创新创业示范团队。

三是以实施“梧桐工程”为抓手，从国（境）内外知名高校引进优秀硕士、博士毕业生，为顺义区支柱产业、高精尖产业及卫生、教育事业提供紧缺的专业型人才，为全区经济社会发展储备优秀年轻干部。

四是以培养企业高技能人才为抓手，锻造大国工匠，为科技成果转化提供支撑。

五是用足人才政策，培育扎根的土壤。建立高层次人才引进户籍审批绿色通道，在新建保障性住房中安排一定比例的高端创新创业人才住房，增加高层次人才子女中小学学位分配份额，提供定点医疗等绿色通道服务。

4．充分发挥产业基金引导作用

充分发挥区内4000亿元产业基金和财政母基金优势，建立面向科技成果转化的科技项目组织机制，采取“间接有偿”的投入方式及“市场评价”的分配方式，撬动社会资本参与科技成果转化。充分发挥融资租赁聚集区和商业保理试点优势，全力打造首都新兴金融聚集区，为“三城”高校和科研机构购置高精尖仪器设备提供便利化金融服务。

5．建设适合创新的优质营商环境

一是推进行政审批制度改革。深化“放管服”改革，积极承接好市级行政审批事项下放。强化企业投资主体地位，做好企业投资项目、全部备案项目审批权限下放到区的承接工作，落实备案制投资项目取消所有前置条件。严格落实北京市相关文件，对170个审批事项进行全流程在线审批服务监管，大幅缩减企业办事时间及成本。持续推进“多证合一”，探索“证照分离”改革，扩大全程电子化登记试点范围。

二是做好企业走访服务。进一步畅通政企沟通，探索企业家恳谈日、接待日机制。更加注重深入调研对接企业的需求，并将办理结果反馈企业。利用区委区政府主要领导的早餐时间，以营商环境早餐会的非正式形式与企业进行面对面沟通交流，有针对性地解决企业发展难题。

6．面向企业加强创新政策宣传

一是统筹做好新闻宣传、政策解读和舆论引导，及时总结推广先进经验和创新模式，积极营造有利于科技创新的良好社会氛围。充分利用顺义科技网、顺义科技微信公众号等宣传平台，提升科技政策和创新企业的知晓度和影响力。二是强化企业创新驱动发展理念，指导企业通过科技创新、质量管理、品牌战略等，提高科技活动人员、科技活动资金的产出效率。积极推动对外宣传和交流，积极组织企业参加北京国际科技产业博览会等科技展会，提升顺义制造业创新形象。

（二）长期推进的工作

1．贯彻多规合一理念，统筹区域发展规划

一是将总体规划、分区规划、专项规划、控制性详细规划以及区域规划、镇域规划等层面实现底图叠合、数据融合、政策整合，搭建起多层次、全方位、一体化的统筹综合规划体系。二是统筹顺义分区规划、国民经济和社会发展规划以及综合保税区、服务业扩大开放综合试点示范区、国家自主创新示范区、国家新型城镇化综合试点等政策，以共同的理念和标准，统筹区域发展。

2．聚焦产业集群，精准对接创新成果

一是加快推进产业空间整合与功能升级，聚焦发展“新能源智能汽车、第三代半导体、航空航天”三大创新型产业集群，加快塑造“智能制造”产业生态，精准对接“三城”创新成果，紧盯大项目、大平台，形成高精尖产业发展格局。探索在天竺综保区建立服务于“三城”高精尖科研项目需求的技术仪器专属口岸，助力顺义与“三城”紧密对接。

二是围绕医药、航材等特色产业发展、中小企业技术创新需求，重点打造医药、航材企业工程（技术）研究中心、企业技术中心等中试基地建设。提供从实验研究、中试熟化到生产过程所需的仪器设备、中试生产线等资源，开展研发设计、检验检测认证、科技咨询、技术标准、知识产权、投融资等服务。充分发挥顺义科技贸易基地优势，助力转化成功后的产品快速拓展国际国内两个市场。

三是借鉴深圳经验，发挥企业创新主体地位。建立以“市场为导向、企业为主体、官产学研资介”紧密结合的区域创新体系，推动形成创新企业集群，培育出一批国内外著名的高科技领头企业。

3．建立项目落地要素配套机制

一是加大财政支持力度，助力区内企业抢滩新三板市场，对接、引流优质资本进驻北京落户顺义。二是推动产业用地政策创新。优先安排“三城”创新成果在产业园落地，园区管委会探索为引入创新成果的企业提供“管家式”服务。鼓励产业园与企业以合作或“一对一定制”等方式解决企业自建厂房、科研楼、配套设施等，实现集约用地。借鉴北京经济技术开发区用地经验，申请入区的项目均要经过准入、投资效益、市场潜力及附加值等三方面评价，并对资源消耗标准实行一票否决制。加强低效及烂尾项目盘活整理，制定多样化的退出机制，对未达到法定收回条件的闲置、低效利用工业用地，建立土地收储资金制度，采取有偿收回、权益保留等多种途径处置利用，引导用地单位退出土地。

4．推进技术创新合作共享平台体系建设

一是建立顺义内部各产业园区融合发展机制。加强中关村顺义园、国家地理信息科技产业园、首都产业金融中心、新型工业化产业示范基地、总部经济聚集区等多个政策平台的整合，在项目互通、技术交流、企业融资、人才政策等方面形成有效沟通，搭建共享平台。

二是建设产业技术创新联盟平台。鼓励行业骨干企业联合产业链上下游企业以及高等学校、科研院所等单位共建产业技术创新联盟，开展技术创新、标准创制、成果推广应用等工作，承担重大科技成果转化项目，探索联合攻关、利益共享、知识产权运营的有效机制与模式。发挥首都创新大联盟的牵头作用，搭建产业技术创新以及科技成果转移转化公共服务平台，推动跨领域跨行业协同创新。

三是建设技术市场交易平台。以“互联网+”科技成果转移转化为核心，探索引入市场化机制，打造政府与社会资本合作共建、以企业为运营主体、按照市场规则运行的技术市场交易平台，促进供需对接，实现技术信息资源共享。建设顺义区技术市场监测与信息发布系统，实现技术交易信息实时监测、潜在技术交易供需信息实时发布以及新技术新产品（服务）定期在线发布等功能。

四是建立完善科技成果转化服务共享平台。在高端制造业、新材料、新一代信息技术产业等领域，推动科技成果转化服务体系化，构建从市场需求、技术开发、知识产权转移、企业孵化与融资等技术创新链条全流程的服务体系。

5．培育各色各类创新服务机构

一是加快发展科技金融服务业、壮大提升工程技术服务业、做优做强研发服务业、积极发展创业孵化服务业、着力培育科技推广与技术转移服务业和知识产权、科技咨询服务业。二是积极支持从事技术交易、技术评估、技术投融资、信息咨询等活动的技术转移服务机构发展。鼓励有条件的高等学校、科研院所等单位建设专业化技术转移服务机构，以产业需求为导向，探索应用研发、技术转移、创业孵化、创业投资相互融合的新型服务模式。三是推进“互联网+”技术转移服务，积极发展基于新一代信息技术的新型服务，引导技术转移服务机构从“点对点”服务向综合服务模式升级。四是依托北京12330空港工作站、技术合同登记处、首都科技条件平台顺义工作站等科技中介服务机构，通过推广实施“科技创新券”等方式创新公共服务供给模式。

6．强化知识产权保护

一是加大知识产权保护力度，营造创新创造环境。研究搭建知识产权维权援助服务网络，方便企业和人才知识产权法律法规咨询、专利法律状态查询等服务。二是充分发挥国家知识产权试点城区的机遇，探索建立顺义区知识产权保护中心，为区内各级各类人才提供知识产权方面集快速审查、快速确权、快速维权为一体的“绿色通道”，为激励人才创新和创新成果保护搭建服务平台。

7．建设产城融合的首都和谐宜居示范区

一是发展优质社会公共服务，提升城市生活品质。积极承接中心城区优质义务教育资源疏解，发展高端国际学校，打造“名区名校”。依托北京城市学院等现有高校，搭建与制造业企业的合作平台促进产学研一体化。加快北医三院、阜外医院顺义院区等承接中心城区项目落地实施，大力提升社区卫生服务水平，特别是在产业人口聚集区域配套高质量的医疗服务。

二是推进重大基础设施建设，打造完备交通体系，构建优美生态环境。着力服务“一核两翼”发展，以重构城市副中心以北的路网结构为重点，不断提高与中心城区、城市副中心互联互通互融的能力。扩大绿色生态空间，打造潮白河清风廊道和舞彩浅山绿色廊道，建设北京东北部地区最美水系和优美景观。针对重点区域加强微循环建设，进一步优化产业功能区周边的道路、通信、水电、环保等基础设施和公共设施，重点建设对产业发展拉动力强、具有决定性影响的骨干设施和重大项目。

三是营造创新型文化氛围，提升城市文化品味。要依托中关村科技园区顺义园、临空经济区，推动制造业创新示范基地与创新社区协同建设，提升创新基地生活服务水平和质量，努力实现创新基地社区化，打造一批颇具特色的制造业创新社区。创新“创新文化”宣传模式，在举办创新大赛、创新成果博览会等形式弘扬创新文化的基础上，通过微电影、网络直播、创新活动体验等形式，探索创新文化与社会文化新的融入点。鼓励中小学校、企业及相关科研机构加强合作交流，充分利用顺义数字科普展示馆，组织“科普之春”、“科技周”等活动，普及科学知识传播创新理念。

（三）需要市级层面支持的工作

1、建立“三城一区”协调沟通机制

请市里支持，探索建立由北京市科委、经信局、中关村科学城、未来科学城、怀柔科学城、北京经济技术开发区、顺义等有关部门的政府间联系和协作平台，以定期召开工作会、联席会等方式，建立“三城一区”科技创新成果长效沟通机制，促进协同创新。

2．支持顺义区调整产业用地规划

助力顺义区加快存量地和腾退用地的调规节奏，实现分散性产业用地向产业园区集中。

3．支持顺义重大基础设施建设

一是支持京交会永久馆址落户新国展，支持顺义推进新国展二、三期项目建设；二是支持顺义与怀柔、昌平等邻近区域跨区快速道路建设，打通断头路，提升顺义到“三城”的交通便利性。

4．引导更多金融资源在顺义聚集

一是引导金融租赁、外资合资金融资源向顺义倾斜，支持更多新兴金融业态在顺义布局。二是积极争取中央及北京市支持战略性新兴产业发展的资金，降低企业融资成本。三是借鉴中关村建立创新创业投资合作伙伴机制，以政府认证的第三方投资机构定向投资入区项目的方式来激发区内创新资源的市场活力。

5．支持顺义临空经济区升级

一是从全市层面统筹明确首都国际机场临空经济区与大兴国际机场临空经济区的定位，谋划错位发展。二是支持顺义以建设国家快速电商试点为契机，推动首都国际机场临空经济区产业升级。三是支持将首都国际机场周边7个村的棚户区改造纳入市级棚户区改造计划，助力首都机场临空经济区产业升级。

6．支持探索建立利益分成机制

一是支持顺义与“三城”所在区建立整体迁移至顺义的高科技企业所实现的增值税、企业所得税、营业税三税地方分成部分，由顺义区和迁出地五五分成。二是支持顺义区企业与中科院、清华、北航、北科大等科研院所和高校中的院所（院系）建立对接机制，探索通过共同组建产业基金、研究院、创新公司等创新载体，建立成果收益共享的合作模式。

大事记

1月

1月2日，全市首个智能政务服务机器人“顺顺”正式在顺义区政务服务中心上岗。

1月10日，顺义区第一期“梧桐工程——干部人才引进计划”统一复试在顺义区委党校启动，有475名来自国内外多所高校的优秀硕士、博士应届毕业生进入为期4天的复试。

1月12日，北京临空国际免税城在临空经济核心区启动建设。区委书记王刚，区委副书记、区长、天竺综保区管委会主任高朋，首都机场集团公司总经理刘雪松，中国国旅股份有限公司董事长李刚参加项目签约仪式。

1月16日，位于李桥镇的北京市最大单体屋顶分布式光伏发电项目——北京首钢冷轧公司8.3兆瓦屋顶分布式光伏项目并网发电。

1月19日，顺义区潮白河复兴大桥竣工通车仪式举行。

同日，凤凰新媒体总部基地项目签约仪式在顺义区举行。

同日，北京大学第三医院顺义院区项目签约仪式在顺义区举行。顺义区政府与北京大学第三医院签署《关于建设北京大学第三医院顺义院区战略合作框架协议》。

1月20日，全市首个智慧养老服务驿站——石园街道石园北三社区利都驿站揭牌。

1月24日，牛栏山镇第一家“幸福晚年驿站”运营。

同月，顺义网上办事大厅和统一行政审批业务平台上线试运行。

2月

2月8—11日，第二届“顺义过大年，灶福满京城”——顺义张镇灶王文化节在莲花山滑雪场开幕。

2月24日，顺义首届“莲花山杯·青少年高山回转比赛”举行。17名来自张镇中心小学的选手，分别获得一等奖1个、二等奖2个、三等奖6个。

2月26日，2018年版《中国开发区审核公告目录》发布，在北京市3家国家级开发区中北京天竺综合保税区榜上有名，北京临空经济核心区和北京顺义科技创新产业功能区列入《中国开发区审核公告目录》市级开发区。

同月，北京市公安局顺义分局建成全市首个电动车智能防盗系统。

同月，《顺义分区规划（2017年-2035年）》编制工作正式启动。

3月

3月1日，顺义法院速裁审判庭成立，负责审理简单纠纷。

3月9日，顺义区首个环保院士专家工作站在木林镇北京潮白环保科技股份有限公司挂牌成立。

3月25日，“寻找鲨鱼苗”2018（第二届）新三板品牌峰会在顺义区召开。

同日，北京顺鑫建设科技集团有限公司党委书记、董事长王亚维与北京世园局常务副局长周剑平在2019北京世园会省区市参展第二次工作会议现场签署参展协议，“顺鑫家园”企业展园设计方案正式公开亮相。

3月31日，北京市民健康走跑系列活动启动仪式暨顺义区第十六届“后沙峪杯”春季长跑比赛在奥林匹克水上公园举行。市体育局副巡视员卢洪泽、副区长李向英参加。

同月，顺义区首家以“增绿减霾、健康你我”为主题的科普体验厅——胜利街道华玺瀚梓社区科普体验厅对辖区居民开放。

同月，顺义区入选2018—2020年创建周期全国文明城市提名城市。

同月，空港街道作为顺义区首个街道获评第五届“全国文明单位”。

4月

4月2日，顺义区政务服务管理办公室引进全市首台小客车摇号专用自助办理机，投放在区交通局大厅和区投资服务中心大厅。

4月3日，北京市规划和国土资源管理委员会顺义分局挂牌成立。

4月11日，市政控股综合服务大厅新增报装、报修窗口，方便客户一站式办理业务。

4月12日，杨镇中心小学挂牌成为顺义区教育研究和教师研修中心附属实验小学。区委常委、副区长初军威参加挂牌活动。

同日，区委书记高朋带队赴石景山与北京冬奥组委对接冬奥会筹办工作。北京冬奥组委秘书长韩子荣，区委副书记于庆丰，副区长李向英参加。

4月15日起，市规土委顺义分局不动产登记中心推出“一窗办理”预约服务，将不动产登记事项办理时限压缩到1—5个工作日。

4月22日，“倡导创新文化，尊重知识产权”2018徒步大会在顺义区奥林匹克水上公园举行，北汽无人驾驶汽车亮相。

4月24日，主题为“融创新格局·智驾新生态”的2018中美汽车产业高峰论坛举行。顺义区参加活动并做“北京顺义·全面构建‘高精尖’经济结构”主题演讲。

4月25日，第十五届北京国际汽车展览会开幕，本届车展以“定义汽车新生活”为主题，吸引来自全球14个国家和地区的1200余家参展商，共展示车辆1022台。

4月26日，马坡镇石家营村的全市首家网上乡情村史陈列室上线。

同日，北京新能源汽车股份有限公司通过北京市自动驾驶测试牌照能力评估，获得自动驾驶汽车上路测试牌照，成为北京市首个拿到L3级（Level3，即第三级别无人驾驶）无人驾驶测试牌照的整车企业。

4月27日，《顺义区蓝天保卫战2018年行动计划》以区委办、区政府办名义联合印发并于当日开始实施。

同月，北京大龙控股有限公司所属北京大龙顺发建筑工程有限公司（简称大龙顺发建筑公司）获“2017年度工程建设诚信典型企业”“2017年度全国建筑业AAA级信用企业”两项全国诚信奖项。

5月

5月2日，后沙峪地铁站至中航信产业园的通勤区间车通车试运行。

5月5日，仁和镇临河村棚改回迁安置房项目启动仪式举行。市住建委副主任、住保中心主任邹劲松，北京城建集团党委书记、董事长陈代华，区委书记高朋，区委副书记、代区长孙军民，区委常委、常务副区长霍光峰参加。

5月12日，北京奔驰战略重组项目签约仪式在北京汽车产业研发基地举行。

5月14日，顺义城区第二座立交桥开工，位于站前北街与中山西街相交处，工程南起南门西街，上跨于中山西街，北至减河桥，全长996米。

5月15日，宝马（中国）研发中心在北京临空经济核心区环普科创园揭幕。

5月17—20日，第二十一届中国北京国际科技产业博览会在中国国际展览中心举行。顺义区重点项目和最新科技成果——紫丁香二号卫星、AELOS专业版机器人、前途K50纯电动跑车、履带式爬楼轮椅、智能家居系统和小工匠一体机等亮相科博会。

5月25日，北京天竺综保区跨境电商体验中心启动运营。副区长李向英，北京天竺综保区管委会副主任李燕凌和北京海关、市商务委、市政府外事侨务办、市食品药品监管局以及顺义区相关单位主要负责人参加。

同日，国家心血管中心高血压专病医联体顺义区中心成立，成为北京市成立的首家高血压专病医联体。

5月28日—6月1日，第五届中国（北京）国际服务贸易交易会在国家会议中心举办，区商务委、区金融办、北京天竺综保区管委会组织参展商务会展主题展台、金融服务展台、电子商务展台3个行业板块。

同月，顺义妇儿医院中医科新增区内首家小儿妇科门诊，并特邀北京儿童医院中医科小儿妇科专家每周二定期出诊。

同月，北京市商务委员会、市文化局、市国有文化资产监督管理办公室、市新闻出版广电局、市文物局、北京海关、北京外汇管理部、顺义区政府、天竺综保区管委会等10家单位共同制定《深化服务业开放改革，促进北京天竺综合保税区文化贸易发展的支持措施》。

6月

6月1日，顺义区新出台《顺义区宅基地房屋租赁管理办法》开始实施。

6月9日，天竺地区青少年冰雪体验活动在空港第二小学启动，全区首家镇级青少年滑雪体验中心——“天竺镇青少年滑雪体验中心”同期投入运行。区委副书记、代区长孙军民参加。

6月14日，北京临空经济核心区管理委员会与中国民航科学技术研究院签署战略合作框架协议。民航“十三五”规划重点建设项目航空安全实验基地项目二期，主要建设国家标准创新基地（民航）、航空电子产品环境检测中心、飞行运行技术中心、航行新技术中心、适航技术中心、维修技术中心、事故调查分析技术中心等14个技术中心及辅助生产生活设施。

6月23日，北京市顺义区融媒体中心揭牌成立。市委常委、市委宣传部部长杜飞进，区委副书记、代区长孙军民为顺义区融媒体中心揭牌。

6月29日，顺义区纪念中国共产党成立97周年大会召开。

同日，第27届北京国际燕京啤酒文化节在顺义奥林匹克水上公园开幕。

同月，顺义区行政执法（公务）车辆管理平台投入运行，首批108辆执法用车纳入管理平台，实现大数据管理公务用车。

同月，幸福西街棚改项目一期拆除工作启动，共涉及平房15户，拆除面积达800平方米，月内实现“场清地平”。

同月，顺义区在全市范围内率先实现公交车100%新能源和清洁能源化。

7月

7月2日，北京儿童医院顺义妇儿医院新增小儿心脏科专业门诊。

7月3日，北京城市学院沙岭实验学校挂牌仪式在沙岭学校举行。

同日，农业农村部发布《农业农村部关于公布前六批全国一村一品示范村镇监测合格和第八批示范村镇名单的通知》，顺义区龙湾屯镇焦庄户村（苹果）荣膺其中。

7月4日，以“打造优质营商环境、促进产融融合发展”为主题的顺义区第五届企业家活动日活动举行。区委书记高朋，区委副书记、代区长孙军民以及区领导霍光峰、禹学垠、支现伟、贺亚兰参加。

7月5日，国家税务总局北京市顺义区税务局挂牌成立。

7月6日，顺义区2018年精神文明建设暨全国文明城区创建工作大会召开，对争创全国文明城区工作进行全面动员部署。首都文明办主任滕盛萍，区委书记、区创建全国文明城区总指挥部总指挥高朋出席会议并讲话，区委副书记、代区长孙军民主持会议，区人大常委会主任车克欣，区政协主席周颖博出席。

7月9日上午，市委书记蔡奇到顺义区就新城建设调查研究。市领导阴和俊、崔述强一同调研，区领导高朋、孙军民参加调研。

7月12日，北京市生活性服务业示范街区授牌仪式在中粮祥云小镇举行。中粮祥云小镇获评全市首个生活性服务业示范街区。

7月13日，区政协召开学习贯彻习近平总书记关于加强和改进人民政协工作的重要思想座谈会暨理论研讨会。市政协副主席刘忠范出席会议并讲话，市政协提案委员会副主任阮培颖，区政协主席周颖博，副主席闫志广、单成刚、郭振江参加。

同日，由首都医科大学附属北京天坛医院联合27家医院成立的神经内科专科医联体签约，顺义区医院被授牌成为天坛神经内科专科医联体合作医院。

7月14—16日，全国博士后学术论坛“军民融合发展”在顺义区举办。顺义区4名在站博士后参加论坛，3名博士后论文被论坛采用。

7月20日，原涤纶厂及维尼纶厂生活区棚改项目签约完成率达到100%。

7月24日，副市长王宁到顺义检查防汛工作。市政府副秘书长尹培彦，区委书记高朋，区委副书记、代区长孙军民，副区长吴耀新参加。

7月26日，北京市2017—2018年度国家文化出口重点企业重点项目颁证大会暨天竺综保区国家文化出口基地揭牌仪式举行。

7月31日，中国共产党北京市顺义区第五届委员会第六次全体会议召开，总结上半年工作，部署下半年任务，研究讨论《顺义分区规划（2017年-2035年）》（草案）。区委书记高朋代表区委常委会作工作报告。区委副书记、代区长孙军民就《顺义分区规划（2017年-2035年）》（草案）作说明，并代表区政府党组作《关于2018年上半年经济社会发展情况和下半年工作安排》的书面报告。会议表决通过《中共北京市顺义区第五届委员会第六次全体会议决议》。

月内，高丽营镇一村荣获“全国民主法治示范村”荣誉称号，成为顺义区唯一获此殊荣的村庄。

8月

8月2日，马坡镇西丰乐村棚改项目启动签约。

8月8日，空客在法国图卢兹向中国国航交付中国大陆首架A350客机，这架飞机是由中航（北京）融资租赁有限公司通过天竺综保区引进的中国大陆首架空客A350XWB宽体客机，承租方为中国国际航空公司，货值约12亿元。

8月16日，第四次全国经济普查单位清查入户开启。

8月22日，顺义区召开中非合作论坛北京峰会服务保障工作动员部署会。区委书记高朋讲话，区委副书记、代区长孙军民主持会议，区人大常委会主任车克欣，区政协主席周颖博参加。

9月

9月1日，天竺综保区艺术品进出口企业火凤凰（北京）国际艺术品物流有限公司取得全国首份关税保证保险单生效，实现“先通关后缴税”。

9月4日，顺义区召开“七五”普法中期集中检查工作会，传达北京市“七五”普法中期检查工作要求，部署顺义区“七五”普法中期检查工作。

9月6日，顺义区召开2018年新兵入伍欢送大会。区委书记、区人民武装部党委第一书记高朋，区委副书记、代区长、区征兵工作领导小组组长孙军民，区人大常委会主任车克欣，区政协主席周颖博参加，并为新兵佩戴光荣花。区领导于庆丰、王子利、郑晓博参加。

9月8日，北石槽镇东石槽村“棚改”工作启动，项目总占地面积约为72.45公顷，涉及民宅307宗，人口926人。

同日，第十届北京菊花文化节在北京国际鲜花港开幕。

9月14日，“世界智能网联汽车大会”新闻发布会在顺义区召开。工信部装备工业司副司长瞿国春，装备工业发展中心主任、中国电子信息产业发展研究院院长卢山，市经信委副巡视员姜广智，区委常委、副区长支现伟参加。

9月21日，顺义区人才工作大会召开。哈尔滨工业大学副校长、中国工程院院士任南琪，中国科学院空天信息研究院院长、中国科学院院士吴一戎，北京海外学人中心主任袁方，中国交通信息科技集团有限公司董事长陈韬，中航复合材料有限责任公司董事长曹正华，区委书记、区人才工作领导小组组长高朋，区委副书记、代区长、区人才工作领导小组副组长孙军民，区人大常委会主任车克欣，区政协主席周颖博参加。

9月22日，李遂镇沟北村与顺义区建设学习型城市工作领导小组办公室联合成立顺义区第一家村级国学驿站——沟北村国学驿站投入使用。

同日，首届顺义区农民丰收节开幕式在“兴农天力农业园”举行，活动主题为“收获金秋，梦回田园”。

9月26日，顺义区举办“顺义·中国青年天使会创投对接会”。区委常委、副区长支现伟参加。

9月30日，顺义区在潮白烈士陵园举行第五个国家烈士纪念日公祭活动。区委书记高朋宣读祭文，区委副书记、代区长孙军民主持公祭仪式，区人大常委会主任车克欣、区政协主席周颖博和顺义各界近300人参加公祭活动。

同日，顺义区推进全国文化中心建设领导小组第二次会议召开。区委书记高朋，区委副书记、代区长孙军民，区委常委、北京天竺综保区管委会常务副主任宋建明，区委常委、区委宣传部部长贺亚兰，副区长李向英参加。

10月

10月11日上午，市委副书记、市长陈吉宁到顺义区调研产业转型升级情况。市政府秘书长靳伟一同调研，区委书记高朋，区委副书记、代区长孙军民参加。

10月15日，以“精准帮扶，培养新型劳动者大军”为主题的“技能中国行2018——走进北京”顺义分会场活动在区人力资源和社会保障局高级技工学校举行。国家人力资源和社会保障部职业能力建设司副司长李京梅，北京市劳动服务管理中心主任王岚，区委常委、副区长支现伟参加。

10月16日，顺义区首家红十字青少年教育实践基地揭牌仪式在汉石桥湿地举行。

10月18日，2018世界智能网联汽车大会在京开幕，顺义12家企业亮相世界智能网联汽车大会。

10月21日，世界智能网联汽车大会闭幕，大会永久会址落户顺义。工业和信息化部副部长辛国斌，副市长殷勇出席。顺义区发布《顺义区智能网联汽车创新生态示范区发展规划（2018-2025）》。

10月22日，北京儿童医院与北京市红十字会999急救中心在北京儿童医院顺义妇儿医院举行空地一体化儿童（新生儿）转运合作签约仪式，标志着全国首家固定翼、直升机、急救车立体化新生儿转运体系的建成。

同日，顺义区首个垃圾焚烧发电项目：生活垃圾处理中心——焚烧二期工程启动联动调试。

10月25日，第十三届北京文博会顺义分会场活动暨北京市顺义区文化产业联盟成立大会在北京城市学院顺义校区举行。区委书记高朋参加。

10月26日，北京市文物进出境鉴定所入区服务启动仪式在国家对外文化贸易基地（北京）举行。

同月，顺义区第二期“梧桐工程——干部人才引进计划”启动，共组织顺鑫控股、燕京啤酒等区属国有企业，中航信、航天星图、北汽集团、民生银行等中央、市属驻区企业、民营企业，及教育系统、卫生系统等54家单位参加。

11月

11月1日，以“金融开放，金融改革，金融创新”为主题的第十四届北京国际金融博览会在北京展览馆开幕，顺义展区分室内展区和室外展区两部分。

同日，北石槽镇东石槽村“棚改”项目在第一奖励期内住宅签约率实现100%。

11月3日，李遂镇柳各庄村棚户区改造土地开发项目启动，涉及该村宅基地875宗。

11月6日，北京天竺综保区管委会与加拿大尼亚加拉保税物流园运营公司在首届中国国际进口博览会签署战略合作框架协议。

11月8日，顺义市政控股有限责任公司举办智慧市政论坛，并与大型企业、科研院校、金融机构代表签署合作协议，推进顺义区新型智慧城市建设。

11月9日上午，顺义法院举行诉调对接中心成立揭牌仪式，成立12个数字化标准法庭、6间特色人民调解室和6间专业调解室。

11月15日，“合作、创新、共赢——2018产融合作峰会暨顺义‘高精尖’产业政策发布会”系列活动举行。《顺义区促进“高精尖”产业发展实施意见》出台，涵盖5大方面18条支持政策。“北京市上市挂牌企业总部基地”揭牌。峰会上，签约重大项目17个，投资总额达300亿元。

11月18日，贡米“三伸腰”的产地北小营镇前鲁各庄村第二届水稻收割节开幕。

11月21日，工业互联网标识解析国家顶级节点（北京）签约仪式暨启动会在中航信产业园举行。市经济和信息化局、市通信管理局、顺义区政府和中国信息通信研究院共同签署《工业互联网标识解析国家顶级节点（北京）四方合作协议》。

11月26日，顺义区召开深入推进扫黑除恶专项斗争工作会。

同日，区委副书记、代区长孙军民带队赴石景山与北京冬奥组委对接冬奥会筹办工作。北京冬奥组委秘书行政部部长郭怀刚、冬奥组委运动会服务部部长于德斌、冬奥组委物流部部长李燕凌、副区长李向英参加。

同日，区旅游委和区投资促进局联合举办主题为“品质顺义，乐享生活”的2018北京顺义首届旅游发展高峰论坛举行。

月内，顺义区企业发展和项目落地统筹服务平台建成。

月内，李遂镇葛代子村村民曹凯家的地下被用作房子地基的保存完好的150块明城砖重见天日。

月内，全区127所中小学、幼儿园全部安装一键报警器，实现校园“一键报警”全覆盖。

12月

12月5日，中国（北京）跨境电子商务综合试验区跨境电商零售进口政策发布会在天竺综保区管委会召开。市商务局副局长倪跃刚，北京海关副关长车燕玲，顺义区委常委、北京天竺综保区管委会常务副主任宋建明参加。

同日，经中国动物卫生与流行病学中心确诊，北京市顺义区排查发现一起非洲猪瘟疫情。

同日，顺义区妇幼保健院改扩建工程举行开工仪式。

12月6日，由北京环卫集团环卫装备有限公司（京环装备）自主研发的18款4.5吨以下全系列纯电动环卫车在顺义首发上市。

12月7—10日，顺义区第二期“梧桐工程——干部人才引进计划”招聘复试工作在顺义区委党校进行。12月8日，349名考生进行统一结构化面试。

12月8日，由顺义区政府、国福商学文化交流中心、鹏华基金联合主办的以“40年辉煌路，民企再出发”为主题的2018中国民营企业高峰论坛在国家会议中心举行。

12月12日，李遂镇柳各庄村“棚改”项目启动签约。

12月15日，第四届北京顺义冰雪温泉欢乐季在莲花山滑雪场开幕。

12月17日，2022年北京冬奥会和冬残奥会官方啤酒赞助商发布会举行，宣布燕京啤酒和青岛啤酒联合成为2022年北京冬奥会和冬残奥会官方啤酒赞助商。

12月19日，中共北京市顺义区第五届委员会第七次全体会议召开。

12月22日，中国创新创业大赛国际第三代半导体专业赛全球总决赛颁奖典礼在顺义区举行。

12月26日，2022年北京冬奥会和冬残奥会官方赞助商发布会在北京冬奥组委首钢办公区举行，北京顺鑫农业股份有限公司成为2022年北京冬奥会和冬残奥会官方农副产品赞助商。

同日，顺义区首批园艺驿站启动，为百姓提供普及绿化环保知识以及园艺体验的平台。

12月27日，区政府与阿里巴巴集团战略合作备忘录签约仪式在顺义区举行。

同月，顺义区棚户区改造项目智慧监管信息平台日前上线运行。该系统集方案管理、合同管理、智能监控、统计分析等功能于一体。

同月，顺义区成立首家民营经济企业发展促进会。选举产生第一届会长、副会长、监事长和秘书长。

同月，第三代半导体材料及应用联合创新基地项目主体竣工。

同月，顺义区龙湾屯镇丁甲庄村村民家中发现康熙御赐诰封碑。

中国共产党顺义区委员会

▲ 2 月 8 日，顺义区纪委五届四次全会

▲ 4 月 19 日，区委常委、区纪委书记、区监委主任张良（中）前往杨镇下营村走访低收入户

区委老干部局为老干部们准备的新春大礼包

5 月 18 日，“顺义区提升腾退及闲置空间综合利用效率研究”座谈会召开

6月16日，北京市第十届端午节暨全国龙舟邀请赛开赛

台胞参加端午文化节

台湾基层交流参访团参与赵全营民间花会活动

6月23日，北京市乡情村史陈列室现场会与会人员参观河北村乡情村史陈列室

9月，创建全国文明城区宣传

11月22日，顺义区第七届道德模范主题活动颁奖典礼举行

重要会议和活动

【市委常委、政法委书记张延昆到联系点蹲点调研】1月2日，市委常委、政法委书记张延昆一行到高丽营镇联系点蹲点调研。区委副书记于庆丰等参加。

（区委办）

【市委市政府安全生产第六督察组督察顺义区情况反馈会】1月3日，市委市政府安全生产第六督察组督察顺义区情况反馈会召开。市委市政府安全生产第六督察组领导参加会议。区领导王刚、高朋、车克欣、周颖博等参加。

（区委办）

【市委常委、政法委书记张延昆到联系点调研党建及综治维稳工作】1月18日，市委常委、政法委书记张延昆一行到高丽营镇联系点调研党建及综治维稳工作。区委副书记于庆丰等参加。

（区委办）

【顺义区城市基层党建工作座谈会暨区委党的建设工作领导小组会议】1月18日，顺义区城市基层党建工作座谈会暨区委党的建设工作领导小组会议召开。区委常委、组织部部长禹学垠主持，区领导王刚等出席。

（区委办）

【市委常委、常务副市长张工赴首都机场检查】2月11日，市委常委、常务副市长张工一行到首都机场检查春运和全国“两会”安保工作，并就完善首都机场职能召开座谈会。区委书记王刚，区委副书记、区长高朋等参加。

（区委办）

【顺义区2018年党建工作暨疏解整治促提升城乡环境建设动员大会】2月26日，顺义区2018年党建工作暨疏解整治促提升城乡环境建设动员大会召开，区领导王刚、高朋、车克欣、周颖博等出席，区委委员、区纪委委员，各部委办局、公司、中心、人民团体党政正职，各镇党委书记、镇长、党委委员，各街道工委书记、主任、工委委员，各村（居）党组织书记参加会议。

（区委办）

【2017年度顺义区镇街、区直党（工）委书记抓基层党建工作述职评议考核会议】2月27日，顺义区各镇街及部分区直党（工）委书记党建述职报告会召开。市委组织部有关同志，区领导王刚、高朋等出席。

（区委办）

【市委常委、组织部部长魏小东到顺义区调研社区基层党建工作】3月7日，市委常委、组织部部长魏小东一行到顺义区调研社区基层党建工作并召开座谈会，区委常委、组织部部长禹学垠参加。区领导高朋、车克欣、周颖博等参加座谈。

（区委办）

【顺义区全区领导干部会议】4月7日，顺义区全区领导干部会议召开。市委组织部副部长张彤军主持，市委常委、组织部部长魏小东，区领导高朋、车克欣、周颖博等出席。各部委办局、公司、中心、人民团体党政正职，各镇党委书记、镇长，各街道工委书记、主任参加会议。会议通报市委有关决定，市委决定，高朋任中共北京市顺义区委书记，孙军民任中共北京市顺义区委副书记。

（区委办）

【与北京冬奥组委对接相关工作】4月12日，赴北京冬奥组委，与北京冬奥组委对接相关工作。北京冬奥组委秘书长韩子荣，区领导高朋、于庆丰等出席。

（区委办）

【市委常委、统战部部长齐静到顺义区调研统战工作】4月17日，市委常委、统战部部长齐静一行到顺义区调研统战工作，区委常委、统战部部长肖承继参加。区委书记高朋参加座谈。

（区委办）

【北京市政协副主席牛青山到顺义区调研】5月2日，北京市政协副主席牛青山一行到顺义区调研低收入户帮扶及美丽乡村建设工作情况。区领导周颖博、吴耀新参加。

（区委办）

【顺义区落实《北京城市总体规划》实施工作领导小组会议】5月25日，顺义区落实《北京城市总体规划》实施工作领导小组会议召开。区委书记高朋同志主持，区领导孙军民、于庆丰等参加。各相关单位主要负责同志参加会议会。

（区委办）

【顺义区纪念中国共产党成立97

周年大会】6月29日，顺义区纪念中国共产党成立97周年大会召开。区委副书记、代区长孙军民主持，区领导高朋、车克欣、周颖博等参加。各镇党委书记、镇长、专职副书记、组织委员、宣传委员、纪委书记，各街道工委书记、街道办事处主任、专职副书记、组织部长、宣传部长、纪工委书记，各部委办局、公司、中心、人民团体党（工）委、党组书记，主管政工副职，区纪委区监委派驻组组长，市党代表，基层党组织书记、党代表参加会议会。

（区委办）

【顺义区2018年精神文明建设暨全国文明城区创建工作大会】7月6日，顺义区2018年精神文明建设暨全国文明城区创建工作大会召开。区委副书记、代区长孙军民主持，首都文明办主任滕盛萍，区领导高朋、车克欣、周颖博等出席。各镇党委书记、镇长、宣传委员，各街道工委书记、街道办事处主任、宣传部长，各部委办局、公司、中心、人民团体党政正职，各村党组织书记、各社区党组织书记，驻顺部队代表参加会议。

（区委办）

【顺义区党管武装工作会议】7月25日，顺义区党管武装工作会议召开。副区长郑晓博主持，区领导高朋、于庆丰等参加。各相关单位主要负责同志参加会议。

（区委办）

【中共北京市顺义区第五届委员会第六次全体会议】8月21日，中共北京市顺义区第五届委员会第六次全体会议召开。会上，区委书记高朋代表区委常委会作工作报告；区委副书记、代区长孙军民就《顺义分区规划》（2017年—2035年）作说明，并作关于2018年上半年经济社会发展情况和下半年工作的书面报告；审议高朋代表区委常委会所作的报告，研究讨论孙军民所作的关于2018年上半年经济社会发展情况和下半年工作安排的书面报告和《顺义分区规划》（2017年—2035年）；区委副书记于庆丰通报区委五届五次全会党代表提案、提议办理情况和区委五届六次全会党代表提议受理情况；审议表决中共北京市顺义区第五届委员会第六次全体会议决议（草案）。区委书记高朋，区委副书记、代区长孙军民，区人大常委会主任车克欣，区政协主席周颖博，区委副书记于庆丰等出席会议，区人大常委会各委室主任，区政协各室主任，天竺综合保税区管委会各处室、中心负责人，各部委办局、公司、中心、人民团体党政正职，各镇党委书记、镇长、人大主席，各街道工委书记、办事处主任，全体区党代表参加。

（区委办）

【顺义区生态环境保护大会暨实施乡村振兴战略推进美丽乡村建设“百日攻坚战”启动会】8月22日，顺义区生态环境保护大会暨实施乡村振兴战略推进美丽乡村建设“百日攻坚战”启动会召开。区领导高朋、孙军民、车克欣、周颖博等出席。各部委办局、公司、中心、人民团体主要负责同志，各镇党委书记、镇长，各街道工委书记、主任，全区各村党组织书记等参加会议。

（区委办）

【顺义区委议军会议】9月3日，顺义区委议军会议召开。区领导高朋、孙军民、车克欣、周颖博等出席。各相关单位主要负责同志参加会议。

（区委办）

【顺义区人才工作大会】9月21日，顺义区人才工作大会召开。区领导高朋、孙军民、车克欣、周颖博等出席。相关单位负责同志，各镇党委书记、镇长，各街道工委书记、主任，区属国有企业主要负责人，部分驻区中央在京单位、北京市属单位以及区域内非公有制经济组织和新社会组织负责人，区内外各领域、各系统人才代表，媒体代表参加会议。

（区委办）

【顺义区村和社区“两委”换届选举工作动员部署会】11月9日，顺义区村和社区“两委”换届选举工作动员部署会召开。区领导高朋、孙军民、车克欣、周颖博等出席。区委办、政府办主要负责同志，区村和社区“两委”换届选举工作领导小组及办公室成员，各镇、街道党（工）委书记、副书记、组织委员（组织部长），主管民政的副镇长（副主任），区选办全体工作人员参加会议。

（区委办）

【顺义区、中航集团、首都机场

集团三方会谈会议】11月18日，顺义区、中航集团、首都机场集团三方会谈会议召开。顺义区、中航集团、首都机场集团领导等出席。顺义区相关单位参加会议。

（区委办）

【顺义区宣传思想工作会议】11月19日，顺义区宣传思想工作会议召开。区委常委、宣传部部长贺亚兰主持。区领导高朋、宋建明、丁文强、李向英、单成刚出席。各部委办局、公司、中心、人民团体主要负责同志等相关单位领导参加会议。

（区委办）

【全区领导干部警示教育大会】11月26日，全区领导干部警示教育大会召开。区领导高朋、孙军民、车克欣、周颖博等出席。各部委办局、公司、中心、人民团体党政正职，各镇、街道班子成员，村、社区党组织负责人等参加会议。

（区委办）

【2018年顺义区委外事工作领导小组会议】11月29日，2018年顺义区委外事工作领导小组会议召开。区委书记高朋，区委副书记、代区长孙军民等出席，相关单位主要负责同志参加会议。

（区委办）

【顺义区委党的建设工作领导小组全体会议】12月12日，顺义区委党的建设工作领导小组全体会议召开。区领导高朋、宋建明、张良、肖承继、禹学垠、贺亚兰出席。区委党建工作领导小组成员参加会议。

（区委办）

【顺义区党建工作协调委员会第一次全体会议】12月26日，顺义区委党的建设工作领导小组全体会议召开。区领导高朋、禹学垠、贺亚兰、王子利出席。区党建工作协调委员会成员单位党建工作负责同志，相关单位主要负责同志参加会议。

（区委办）

组织工作

【概况】坚持以习近平新时代中国特色社会主义思想为指导，深入贯彻全国、全市组织工作会议，全国、全市组织部长会议，市委十二届五次、六次、七次全会，区委五届六次、七次全会精神，切实增强政治意识、大局意识、核心意识、看齐意识，紧紧围绕融入京津冀协同发展、服务首都城市战略定位、支撑城市副中心建设、推动区域经济社会转型升级等中心任务，以学习贯彻习近平新时代中国特色社会主义思想和党的十九大精神为主线，坚持稳中求进工作总基调，落实全面从严治党新要求，聚焦主责主业，从严履职尽责，统筹推进基层党建、干部、人才等各方面工作，全面提升新形势下组织工作科学化水平，为建设“业强城优生活美”的平原新城、实现全区高质量发展提供坚强组织保证。

（区委组织部）

【“大党建”工作格局持续深化】健全党建工作组织领导体系，加强统筹调度，组织召开党建工作领导小组会议18次，出台《区委党的建设工作领导小组2018年工作要点》等多项制度，完善顶层设计。调整优化考核指标体系，并将“街乡吹哨、部门报到”改革、蓝天保卫战纳入其中。围绕美丽乡村建设等工作，开展专项督导，推动重点工作落地落实。

（区委组织部）

【党员干部思想教育】举办十九大精神专题轮训，开展学习习近平新时代中国特色社会主义思想专题读书活动。百名局、处级领导登台，围绕“街乡吹哨、部门报到”“疏整促”“优化营商环境”等主题授课，培训干部2000余人次。举办学习贯彻中央市委区委组织工作重要精神专题培训班，培训组工干部317人。

（区委组织部）

【党支部规范化建设】开展组织设置规范化专项调研，确定10大项25小项指标，完成51项整改任务。凝练推广“书记联抓、包村联户、挂账联动、多病联治、支部联建、多级联评”六联工作法，落实“五个一”帮扶机制，调整11个党支部书记、20个“两委”干部，推动软弱涣散村党组织整顿提升。实施“5个100”规范化工程，为基层组织提供规范指导。理顺42个社区非公企业联合党支部隶属关系，撤销3家区委部门党组（党委），推动10家事业单位党委改设党组。

（区委组织部）

【从严抓好村和社区“两委”换届】聚焦“一肩挑”等换届目标，树立“六型”干部导向，推行“三色六型”挂图作战，分类指导76个重点难点村和社区集中攻坚，全区426个村党组织、133个社区党组织及134个社区居委会换届选举全部完成，村党组织换届实现“两个一百、两优化、一提升”（一次性选举成功率100%、预测人选吻合度100%，学历结构全面优化、年龄结构总体优化，党员参选率整体提升），社区“两委”换届实现“三个一百、两提高、两优化”（社区实现100%参选、一次性选举成功率100%、“一肩挑”比例100%，两委交叉任职、党员居民代表比例“双提高”，年龄、学历结构“双优化”）。

（区委组织部）

【党代表任期制工作】新建基层党代表工作室31个，组织开展党代表驻室活动2428人次，收集党员群众意见建议2337件，有效解决2151件。组织党代表全员参与区委五届六次、八次全会，提出26项提议，做好分转办理、督办。实施党代表能力素质提升计划，开展调研月活动，全面提升党代表履职能力。

（区委组织部）

【干部队伍建设】聚焦改革任务，调整干部13批次139人次，持续优化干部队伍结构。调研走访全区40周岁以下的处科级干部，推荐28名副处级、177名正科级干部纳入全市年轻干部库。清理规范领导干部兼职职务249个。开展15次干部监督政策宣讲。实施“梧桐工程—干部人才引进计划”，引进96名优秀硕博毕业生。加强改进选调生工作，将新入职选调生纳入党校秋季学期主体班次，集中开展教育培训。

（区委组织部）

【各领域党建工作统筹推进】制定基层党建重点任务清单，细化7个领域47项任务，压实责任。制定全区基层党建述职评价意见整改方案，落实5项整改任务、10项整改措施。联合卫生计生工委、教育工委、国资委党委、工商分局等有力推进卫生、教育、国有企业、“小个专”等各领域党建工作。落实基层党组织建设工作经费，制定《社区服务群众经费管理办法》，规范经费使用。

（区委组织部）

【人才体制机制改革创新】启动第二期“梧桐工程—干部人才引进计划”，大力推进临空经济高端人才聚集区建设，首批认定30名临空经济高端人才。利用“人才京郊行”平台，吸引6名人才到顺义挂职服务。为96名“梧桐工程”人才配租人才公租房。召开“梧桐引金凤 顺义聚贤才”顺义区2019年专家人才迎新春慰问座谈会，强化对专家人才的关怀、引领。

（区委组织部）

【从严从实加强组织部门建设】推动区级组工干部学校建设，实施机关干部成长计划二期工程，轮流跟班北京大学研修班，组织开展党日活动。严格落实党风廉政建设和全面从严治党主体责任，将履职纪实手册拓展到科级干部。推进组工信息化建设，完成顺义组工网升级改版、便携式干部查询系统功能拓展和“顺义智慧组工”项目终验。提升“顺义组工”微信公众号的品牌影响力，制作电教片47部，强化组织工作正面宣传和舆论引导。

（区委组织部）

宣传工作

【概况】2018年，顺义区宣传思想文化工作坚持以习近平新时代中国特色社会主义思想和党的十九大精神为指导，深入贯彻落实全国、全市、全区宣传思想工作会议精神，着力守正创新，唱响时代旋律，“四个意识”更牢固，问题导向更鲜明，思想理论建设稳中求进，意识形态工作稳固开展，主流宣传舆论巩固壮大，社会主义核心价值观有力弘扬，文化事业和文化产业扎实推进，宣传思想文化队伍力量更加强劲，为建设“港城融合的国际航空中心核心区、创新引领的区域经济提升发展先行区、城乡协调的首都和谐宜居示范区”提供坚强思想保障。

（区委宣传部）

【习近平新时代中国特色社会主义思想宣传贯彻向纵深推进】发挥党委（党组）理论学习中心组示范引领作用。依据中央、市委相关文件精神，研究制定《2018年顺义区委理论学习中心组学习计划》，通过专家讲座、集体研讨、参观学习等形式，共组织区委理论学习中心组学习28次。结合学习报送、学习巡听旁听等相关制度，指导督促全区各基层党委（党组）理论学习中心组提升学习水平。对二级班子理论学习中心组学习情况开展调研，总结分析存在问题，提出改进方向，形成有针对性的指导，向区委做专题汇报。联合区内54家微信媒体推送学习资料，丰富学习内容；向全区党员发放学习书籍，加强学习指导；举办100余场“书香顺义”全民阅读活动，传承传统文化，弘扬爱国精神；发挥评论员文章理论阐释、凝聚思想作用，围绕区委五届六次全会、街乡吹哨部门报道、优化营商环境等中心工作，全年刊发文章21篇。构建领导干部讲政策、专家学者讲理论、普通百姓讲身边事的宣讲体系，围绕“习近平新时代中国特色社会主义思想”“改革开放四十周年”等主题，深入企业、农村、机关、社区、校园进行面对面宣讲，让党的政策理论、市委区委决策部署“飞入寻常百姓家”。2018年，全区建立宣讲队伍40余支，累计培训宣讲员300余人，开展各类宣讲600余场，受众达6万人次。

（区委宣传部）

【意识形态责任制压紧压实】意识形态责任制相关要求得到有效落实。区委书记高朋带头抓意识形态工作，区委分管领导和各位常委根据分工，按照“一岗双责”要求，注重抓好分管部门和工作领域的意识形态工作。2018年，区委常委会研究审议意识形态工作议题4次，区意识形态工作领导小组办公室开展研判会商3次，在全区范围内通报意识形态情况2次，开展全区性的意识形态专题培训4次。区委理论学习中心组学习意识形态方面的内容8次（含参加市委理论中心组学习2次）。将意识形态工作与党建工作相融合，实现意识形态工作“五个纳入”，即：纳入党建绩效考核指标体系、纳入区委巡察工作、纳入常委会议事事项、纳入全区全面从严治党主体责任考核、纳入全区二级班子党建述职。区委巡察组将各单位意识形态工作情况作为巡察的重要内容，在区属二级班子进行党建述职中重点考察意识形态工作，切实将意识形态工作考核结果作为干部评价使用和奖惩的重要依据。

（区委宣传部）

【阵地管理责任细化落实】将区内意识形态阵地按照媒体阵地、思想理论阵地、文化阵地、社会宣传阵地进行分类，开展摸排，建立台账，将每块阵地的管理责任明确到具体单位和具体人员，主管主办和属地管理无死角初步实现。经排查全区共有各类网站1042家，微信公众号1620个，微博用户65万余个，社会宣传阵地19.8万平方米，各类文化场所660余处，各类学会协会125家，印刷厂131家，年举办各类讲座、报告会、研讨会、培训会、中心组学习会3000余次。

（区委宣传部）

【重大主题宣传成果显著】大力宣传习近平新时代中国特色社会主义思想在顺义大地的生动实践，改革开放40周年庆祝活动蓬勃开展。在全区范围内组织参观“伟大的变革——庆祝改革开放40周年”主题展览，发放张贴宣传挂图，开展主题宣讲等活动；制作开设“壮阔东方潮 奋进新时代”等系列专题片、专栏、专题报道，带领群众全面了解改革进程、共话改革发展；围绕改革开放40周年暨顺义撤县设区20周年，征集群众文字、图片、影音作品2000余份，累计开展各类庆祝活动近百场，参与人员逾10万人次。围绕打好“三大攻坚战”、抓好“三件大事”、加强生态文明建设、推进法治政府建设、扫黑除恶、两委换届等全国、市、区重点工作，主动设置议题、策划选题，召开新闻发布会、组织记者集中采访，推出一系列宣传报道作品。围绕“疏解整治促提升”专项行动宣传，创新宣传角度，获市委书记蔡奇批示：“顺义区变‘政府要说’为‘社会想听’，这样的工作与舆论导向好。”“党建六步法”规范吹哨报到，“环保网格化”创新工作体系，优化营商环境引来“金凤凰”等一系列深度报道，宣传“顺义经验”；顺义区高精尖产业发展在中央电视台《新闻联播》和《新闻直播间》播出，形成社会关注顺义的良好氛围。

（区委宣传部）

【媒体融合改革】顺义区融媒体中心正式揭牌，与人民网合作联手打造中央厨房，初步构建起“策、采、编、发、评、用”的全新业务模式，形成主流媒体引领体制内宣传平台、社会媒体、自媒体协同发展的大融合格局。区融媒体中心受邀参加在深圳举行的“2018媒体融合发展论坛”，作为全国唯一的融媒体中心代表发言。全年共接待新华社、北京人民广播电台、广州市委宣传部等40余家单位、团体参观调研。

（区委宣传部）

【各级媒体管理统筹推进】以区级融媒体中心为龙头，加强新闻报道带动作用，累计融合各二级单位官方微信公众号、微博127个，形成新媒体宣传矩阵合力。指导区属二级单位建好、用好宣传阵地，提高到达率、阅读率、点击率。2018年，聚焦全国文明城区创建，以融媒体中心为发布源头，统筹各镇街、相关单位、社会自媒体等40余家新媒体平台转发联动，掀起创城热潮，把传播触角延伸到千家万户。

（区委宣传部）

【舆情管控机制持续强化】做好负面舆情的“管与督”，强化对传统媒体、网络媒体的舆情监测、跟踪、收集、处理、回应。《顺义区关于加强重大事项舆论风险评估及管理工作的意见》进一步落实，对全区重要活动、重大事项、重要时间节点加强监测预警、风险研判和管控处置，提前制定舆论风险评估报告，开展实时动态跟踪，有效防范舆情事件发生及蔓延。推进区委网信办机构设立、人员保障、制度建设，在全市率先召开区级网信工作会议，举办网络舆情应对相关培训6场。开展区内网站及“两微一端”等新媒体情况摸排，建立相关工作台账，引导区属网络媒体健康发展

（区委宣传部）

【全国文化中心建设】领导小组办公室充分发挥统筹协调、督促落实、服务保障的作用，通过组织召开领导小组会、办公室例会、专题会等形式，会同各成员单位加快推进全国文化中心建设各项工作。开展大运河文化调研，《顺义区大运河（潮白河）文化带保护建设规划》《顺义区大运河（潮白河）文化带保护建设五年行动计划》编制完成。推动潮白河森林公园、潮白河部分河段游船通航等市级重点项目实施。推动深入挖掘顺义区特色文化，《顺义区推进全国文化中心建设文化内涵挖掘组规划》编制完成。组建历史文化内涵挖掘专家组，邀请6名区内外专家作为顾问，为文化内涵挖掘与保护工作提供支持。《顺义区加快推进公共文化服务体系示范区建设三年行动计划（2018—2020年）》制定，推动区镇村三级公共文化服务设施建设。

（区委宣传部）

【促进全区文化产业发展】加强文创产业顶层设计，全区文化产业总体运行稳步提升。2018年，全区文化产业实现收入166.6亿元，占全市文化产业收入的1.6%，同比增长12.5%，高于全市平均增速0.6个百分点；总量居全市第八位、城市发展新区首位，增速居全市第五位、城市发展新区第二位；实现利润总额7.9亿元，比去年同期增加0.3亿元，同比增长3.6%。开展全区文化创意企业需求调研，编制《顺义区文化创意产业发展规划》，组建顺义区文化创意产业联盟，搭建文化产业服务、培训、交流的平台。启动文化创意产业5000万政策资金扶持工作，《顺义区文化创意产业融资服务资金管理实施细则（试行）》正式出台实施，扶持文化企业发展。开展文化创意创新创业大赛活动，向市级推荐项目8个。开展北京惠民文化消费季，以“惠文化 惠民生”为主题，以“一张地图、两大板块、四项配套活动”为形式进行呈现。联合北京城市学院筹办第十三届北京国际文博会顺义展区及分会场活动，组织区内文创企业参展，市委书记蔡奇、区委书记高朋莅临顺义展区指导工作。

（区委宣传部）

【公共文化服务水平不断提升】推动公共文化服务体系示范区建设，指导督促各属地对照指标要求，提质达标。群众文化活动不断丰富，举办“二月新春”“五月的鲜花”“十月金秋”三大系列品牌群众文化活动，创新开展首届顺义区朗诵大赛等各类群众文化活动。开展“星火工程演出”“周末场演出计划”“周末大舞台”等惠民演出800余场。统筹策划传统节日文化活动，编制节日文化活动方案，中秋、国庆、重阳、春节、元宵5个节日，全区共组织开展各类文化活动700余场，参与人员50余万人次。举办第27届北京国际燕京啤酒文化

节、第二届北京顺义张镇灶王文化节、“携手新时代 共圆中国梦”顺义区2018年新春音乐会、顺义区十六届“赵全营杯”民间花会大赛暨京津冀三地民间花会交流展演等有影响力的文化活动。支持开展第十届北京菊花文化节、顺义首届中国“农民丰收节”、第27届北京国际燕京啤酒文化节海淀专场、通州专场等重点文化活动。节日期间，区内公园、广场和主要道路两侧累计摆放花卉70余万盆，区内主要街道及道路149处载体按重大级别模式开启照明。支持艺术家创作，主旋律艺术作品不断涌现，推出历史评剧《大汉名臣》等一批精品力作。大型现代评剧《李昆》《潮白人家》、折子戏《良心果》三部原创剧目代表北京市参加第十一届中国评剧艺术节展演活动。

（区委宣传部）

【全国文明城区创建工作】年内，获得全国文明城区提名，成立顺义区创城总指挥部，构建起“1+1+8+1”区级创建组织机构和工作体系，明确责任分工，建立日常运行工作制度，各牵头单位和责任单位具体抓落实。按照“2018年打牢基础、2019年巩固达标、2020年冲刺夺牌”的实施步骤，通过收集整理档案材料、调研走访重点单位、召开问卷调查培训会、制定宣传工作方案等形式，推动各项基础性工作扎实开展，完成中央文明委第一轮检查任务，初步形成全区统筹、部门合力、属地联动、群众关注参与的创城机制和氛围。乡情村史陈列室建设经验在全市推广。承办北京市乡情村史陈列室现场推进会，将顺义区乡情村史陈列室建设经验做法在全市层面进行推介。年内，全区共建成乡情村史陈列室22个，总面积达8000多平方米。社会主义核心价值观深入人心。巩固和拓展北京榜样、道德模范、百姓宣讲等宣传品牌，开展第七届道德模范评选活动，持续推出有利于弘扬社会公德、职业道德、家庭美德、个人品德的先锋模范。坚持开展“礼让斑马线”“空调调高一度”等活动，加强公共文明引导，在全区营造良好的道德风尚。

（区委宣传部）

【大学习、大宣讲、大调研、大交流】《顺义区宣传思想文化战线大调研实施方案》制定印发，设置课题70项，有关单位围绕各自调研课题，深入基层、座谈研讨，深刻剖析问题、着力解决问题，将调研与推动年度重点工作相结合，以大调研促进大发展。将宣传思想文化工作全面融入党建工作考核，坚决落实党建工作责任制，压实压紧主体责任和“一岗双责”，推进宣传思想文化系统“两学一做”学习教育常态化制度化。加大培训工作力度，提升“四力”水平，开展宣传思想文化系统干部、新闻发言人、新闻记者及采编人员、微博微信管理员、百姓宣讲员、文明引导员、文化组织员等各类宣传思想文化队伍的培训。

（区委宣传部）

纪检 监察

【概况】年内，全区纪检监察机关立案186件，党纪政务处分173人次，移送司法机关4人，采取留置措施2人。协助区委开展全面从严治党突出问题专项整治，对落实“两个责任”不力，“三重一大”制度执行不严等13类突出问题进行专项整治，建立93项自查和专项整治具体任务工作台帐，推动主体责任压实。强化监督执纪问责，紧盯“三件大事”“三大攻坚战”，着重加强对新版北京城市总体规划实施、疏解整治促提升、脱低救助、环境保护、“大棚房”整治、营商环境优化、棚户区改造、区级机构改革等重点任务的监督检查，下发纪律监察建议书和监察建议书61份。坚持以问责倒逼履责，对主体责任缺失、监督责任缺位、推进重点工作和重点任务落实不到位、出现形式主义和官僚主义问题的63人、1个党组织进行严肃问责。协助区委继续深化监察体制改革，明确七个方向任务，细化26项措施，加强与公检法司协作配合，健全完善纪法贯通、法法衔接配套制度7个，明确监察对象具体标准，精准识别全区监察对象30525人，比改革前增加164.6%，推进监察组织覆盖，向19个镇、6个街道分别派出监察办和监察组，与镇纪委、街道纪工委合署办公，实现监察机构、监察人员、监察职能“三到位”。

突出区委巡察监督，坚持常规巡察与专项巡察相结合，完成第三、第四、第五轮常规巡察和“四风”专项巡察，共巡察36个区属二级班子党组织、40个村（居）党组织，发现问题1109个，移交问题线索131件，提出整改建议518条，启动第六轮常规巡察。

（纪检委 监察委）

【区委第三轮常规巡察】1月9日，区委第三轮常规巡察工作动员部署会召开。会议传达区委书记、区委巡察工作领导小组组长王刚听取第二轮巡察报告时的讲话精神；通报对区国有资本经营管理中心党委、区广电中心党组、区园林服务中心党组、区体育局党组、顺义新城发展有限公司党委5家单位党组织开展巡察的方案，并对本次巡察组组长、副组长进行授权任命。1月15日进驻开展巡察，2月9日结束进驻。本轮巡察共发现问题144个，提出整改意见建议66条，移交问题线索件17个。

（纪检委 监察委）

【2017年顺义区党风廉政建设责任制落实情况检查】1月，区委常委、区纪委书记、区监察委主任张良带领党风廉政建设责任制第十检查组成员，集中听取区检察院、法院、司法局、信访办、工商联5家单位2017年落实党风廉政建设责任制情况的工作汇报。

（纪检委 监察委）

【区纪委五届四次全会暨党风廉政建设工作会】2月8—9日，中国共产党北京市顺义区第五届纪律检查委员会第四次全体会议暨全区党风廉政建设工作会议召开。会议由区委副书记、区长高朋主持，区委书记王刚出席会议并讲话。会上，传达学习十九届中央纪委二次全会和市纪委十二届三次全会精神，通报顺义区2017年党风廉政建设责任制检查考核情况，审议通过区委常委、区纪委书记、区监委主任张良代表区纪委常委会所作的《以习近平新时代中国特色社会主义思想为指引 推动顺义区全面从严治党向纵深发展》的工作报告和会议决议。区委书记王刚与区委领导班子成员以及二级班子主要负责人签订《党风廉政建设责任书》，区五套班子主要负责人签订《党风廉政第一责任人承诺书》，区纪委书记签订《党风廉政建设监督责任承诺书》。会议组织部分镇纪委书记现场述责述廉，并接受区纪委委员、区党风政务监督员质询。

（纪检委 监察委）

【审理业务专题培训班】3月6日，区纪委区监委举办审理业务专题培训班，集中学习市纪委市监委、区纪委区监委相关文件精神，案件审理室结合日常审理业务中存在的问题、遇到的难题，进行通报和答疑，与会人员结合本单位本部门工作实际，围绕本次培训内容、日常审理业务进行研讨。全区纪检监察干部参加本次培训。

（纪检委 监察委）

【“两会”期间消防安全工作检查】3月8日，区委常委、区纪委书记、区监委主任张良带领区公安分局、安监局、环保局和消防支队等部门，到北京现代制铁有限公司实地督导检查，现场听取科创集团管委会关于全国“两会”期间安全保障工作部署落实情况的汇报，详细了解企业落实安全生产主体责任和“两会”期间应急值守情况，并对企业微型消防站进行拉动演练。

（纪检委 监察委）

【石园街道党风廉政建设调研】3月8日，区委常委、区纪委书记、区监委主任张良到石园街道工委和石园东区社区党总支调研，现场分别听取街道工委和社区党总支关于党风廉政建设工作及“两个责任”落实情况的汇报。

（纪检委 监察委）

【市纪委调研顺义区党风廉政建设宣传教育工作】3月14日，市纪委宣传部调研组到顺义区走访调研党风廉政建设宣传教育工作开展情况。调研组一行到旺泉街道西辛一社区，参观党建文化四合院，了解社区基层党风廉政建设开展情况。区纪委宣传部长、旺泉街道纪工委书记、仁和镇纪委书记分别就全区及基层党风廉政建设宣传教育作工作汇报。

（纪检委 监察委）

【“四风”问题专项巡察】3月29日，区委召开“四风”问题专项巡察工作动员部署会。区委常委、区委组织部部长、区委巡察工作领导小组副组长禹学垠宣布区委巡察组组长、副组长授权任命决定和巡察任务分工，宣布开展专项巡察安排，由平谷区委派出3个巡察组对顺义区对3个单位党组织开展专项巡察工作，被巡察单位党组织分别为：木林镇党委、区科委党组、北京顺义市政控股有限责任公司党委。4月3日进驻被巡察单位，4月27日结束进驻。本轮巡察共发现问题38个，提出整改意见建议35条，移交问题线索件5个。

（纪检委 监察委）

【机关党委、机关纪委成立】 4月12日，区纪委区监委召开机关党员大会，选举产生机关党委委员和机关纪委委员，正式成立机关党委和机关纪委。会上，听取并审议机关党委、机关纪委筹建工作报告，表决通过《选举办法》，通过差额选举、无记名投票方式，选举产生9名机关党委委员和3名机关纪委委员。机关纪委、机关党委先后召开第一次全体会议，通过等额选举产生机关纪委书记和机关党委书记、副书记，经研究讨论确定委员职责分工。区委常委、区纪委书记、区监委主任张良同志出席大会并讲话。

（纪检委 监察委）

【执纪审查统计工作培训会】 4月23日，区纪委区监委举办全区执纪审查统计工作培训会。会上，案件监督管理室同志分别就2017年全区执纪审查统计工作中的常见问题、执纪审查统计工作的相关要求和注意事项进行讲解说明。全区各镇纪委、街道纪工委、区直机关纪工委、双管单位纪委、区属国有企业纪委、区纪委区监委派驻纪检监察组及区纪委区监委机关相关部室共计90余人参加此次培训会。

（纪检委 监察委）

【“五四”青年节座谈会】 5月4日，区纪委区监委召开以“牢记使命 勇于担当”为主题的青年干部座谈会，来自机关各部室、派驻组、区委巡察办、乡镇、街道、国企等部门和单位的31名青年纪检监察干部，与区纪委区监委全体班子成员一起座谈、交流。

（纪检委 监察委）

【巡察反馈问题整改情况测评会】 5月7日，区委巡察办分别到顺义建设投资服务有限公司、区住建委、区环卫中心、区园林绿化局和区交通局5家被巡察单位，组织召开巡察反馈问题整改情况测评会，完成整改落实情况满意度测评工作。测评内容和方式主要是针对被巡察党组织整改落实情况的总体成效和逐个问题整改落实情况，由班子成员和其他干部采取无记名的方式，分别按照“满意、基本满意、不满意”三个选项，进行测评。本次测评结果总体整改成效满意率最低为92.86%，最高为100%；对需整改的问题均满意的人员占比最低的是89.29%，最高的是100%；在5家单位所有需要整改的76个问题中，满意率为100%的有52个，占比77.6%。其中占比最低的单位比率是7.14%，最高的是100%。

（纪检委 监察委）

【2018年扶贫领域腐败和作风问题专项治理工作】 5月，顺义区开展2018年扶贫领域腐败和作风问题专项治理工作。本次治理行动成立17个扶贫领域专项检查组，采取“拉网式”监督检查和重点抽查，检查全区社会救助对象、对口援建、推进低收入农户增收及低收入村发展三项工作中出现的腐败和作风问题，对全区367个村、7个社区，5522户农村地区低收入户和低保户，做到“不落一村、一户、一人”。

（纪检委 监察委）

【区委第四轮常规巡察】 5月24日，区委第四轮常规巡察工作动员部署会召开。会议传达区委书记高朋在区委书记专题会上听取第三轮巡察和“四风”问题专项巡察情况报告的两次讲话精神，区委常委、区委组织部部长、区委巡察工作领导小组副组长禹学垠通报区委第四轮巡察工作方案，宣读第四轮巡察组组长、副组长的授权任命，并确定对北京市顺建工程有限公司党委、区城管执法局党委、区投资促进局党组、区总部企业和临空经济高端人才服务中心党组、后沙峪地区党委、区民防局党组、区妇联党组、区红十字会党组、区工商联党组、区城市管理委（区环境建设管理办）党组、区新城建设管理委员会办公室党组、区供销合作联合社党委、北京空港建设管理服务中心党组、杨镇地区党委14个巡察单位党组织开展巡察。6月13日，为落实北京市委常委、市纪委书记，市监察委员会主任张硕辅在十二届市委第四轮巡视工作动员部署会上的讲话精神，区委召开动员部署会，宣布对宣传系统党组织开展巡察，包括区委宣传部（区委网信办）、区精神文明办、区文化委党组（区文联）。本轮巡察共发现问题559个，提出整改意见建议273条，移交问题线索件68个。

（纪检委 监察委）

【原创动画片《穿越时空的监察法》】6月1日，区纪委区监委通过“清风顺义”微信公众号发布原创动画片《穿越时空的监察法》。动画片由区纪委区监委自编、自导，共4集，分别讲述监察范围、监察程序、对监察机关和监察人员的监督以及法律责任相关内容。

（纪检委 监察委）

【党风廉政建设责任制检查考核“双约谈”】6月12日，区委书记高朋，区委常委、区纪委书记、区监委主任张良对2017年全区党风廉政建设责任制检查考核排名靠后的镇、街、国有企业等5家单位的党委书记和纪委书记进行“一对一”约谈。约谈中，张良逐一指出各家单位在贯彻落实党风廉政建设责任制中存在的主要问题，各被检查考核单位党委书记和纪委书记分别从落实主体责任和监督责任的角度，阐述自身对存在问题的认识，剖析问题形成的原因，汇报整改的思路和重点。

（纪检委 监察委）

【2018年全面从严治党主体责任检查考核动员部署会】7月12日，区纪委区监委召开2018年全面从严治党主体责任检查考核动员部署会。会议对全区全面从严治党主体责任检查考核方案和考核指标进行部署和解读说明。区纪委副书记、区监委副主任史卫东讲话。全区137家二级单位主管副职、区纪委区监委各派驻纪检监察组组长参加会议。

（纪检委 监察委）

【派驻纪检监察工作经验座谈会】7月26日、8月1日和8月3日，区纪委区监委分批次召开区纪检监察派驻组工作交流座谈会，区委常委、区纪委书记、区监委主任张良主持会议，各派驻纪检监察组长、副组长、组员依次作工作汇报并交流心得体会。区纪委副书记、区监委副主任荫春涛，区纪委常委、党风室主任张海涛，区监委委员张霞及相关部室负责人参加会议。

（纪检委 监察委）

【2018年大棚房专项整治】8月28日，区纪委区监委召开2018年大棚房专项整治情况检查动员部署会议。会议对大棚房专项整治情况检查工作进行动员和部署，明确检查的范围、重点和责任分工等内容。本次专项整治组建由区纪委区监委牵头，区规土分局、区农委为成员单位的大棚房抽查领导小组，成立4个检查组，对全区19个镇49个点位进行抽查。

（纪检委 监察委）

【党员干部负面言行提醒读本】9月，顺义区《党员干部负面言行提醒读本》印发。《读本》列举有关政治规矩、工作作风、群众纪律、生活作风、学风5个方面68种常见的、具有代表性的负面言论和行为。《读本》发放范围为全区140余家单位的全体党员干部。此外，区纪委区监委搭建网络监督举报平台，举报平台二维码通过海报的形式，张贴在全区426个行政村、80个居委会和60余个政务服务大厅。

（纪检委 监察委）

【区委第五轮常规巡察】9月13日，区委召开第五轮常规巡察工作动员部署会。会议传达区委书记高朋在区委书记专题会上的讲话精神会议，区委常委、区委组织部部长、区委巡察工作领导小组副组长禹学垠通报区委第五轮巡察工作方案，宣布第五轮巡察组组长、副组长的授权任职决定及任务分工，确定区委第五轮巡察单位党组织为11个，分别是：区委卫生计生工委、区委教工委、牛栏山一中党委、区教育研究和教师研修中心党委、区总工会党组、团区委、区金融办党组、区长青林场党组、区房屋征收事务中心党组、区统计局党组、区湿地办党组。9月17日—11月9日进驻被巡察单位开展巡察工作。本轮巡察共发现问题368个，提出整改意见建议144条，移交问题线索件41个。

（纪检委 监察委）

【棚户区改造工作专项督导】9月27日，区委常委、区纪委书记、区监委主任张良带队督导棚户区改造、“大棚房”整治、安全生产等全区中心工作。检查组首先来到西丰乐村棚改拆迁指挥部，听取关于项目资金、房屋拆迁、安置房源等情况的汇报，详细了解工作推进过程中遇到的困难和问题，认真听取基层工作人员的意见和建议。随后，检查组分别来到马卷村、毛家营村、庙卷村，查看“大棚房”整治和节前安全生产情况，听取马坡镇“大棚房”专项整治工作进展情况汇报。

（纪检委 监察委）

【巡察、派驻机构、执纪监督部门衔接办法出台】10月，顺义区《区委巡察机构与区纪委区监委派驻纪检监察组、执纪监督部门工作衔接办法（试行）》出台。《办法》对巡察、派驻、执纪监督中加强工作衔接作出相关规定，进一步探索发挥监督合力作用的有效机制。

（纪检委 监察委）

【基层党建工作调研】11月1日，区委常委、区纪委书记、区监委主任张良带队到木林镇大韩庄村，调研基层党建工作。调研组先后来到村北廉政文化墙改造现场、村级党群服务中心，听取文化墙改造项目进展情况和公共服务设施建设情况的介绍，实地查看村容村貌。村委会相关负责同志就村级环境整治工作、村级党建、软弱涣散党组织整顿、村“两委”换届选举准备工作情况作汇报。

（纪检委 监察委）

【全面从严治党“两个责任”落实情况监督检查】11月6日，区委常委、区纪委书记、区监委主任张良带队到大孙各庄镇实地调研全面从严治党“两个责任”落实情况。调研组先后来到西辛庄村和吴雄寺村，听取“一督五”党建工作法的介绍，观摩“阳光党建”视频会议系统展示，现场体验“美丽智慧乡村信息服务平台”的使用、查看村务“三公开”情况，通过看现场、听介绍、问情况、查落实，调研组详细了解基层党组织建设、农村基础设施建设、群众生产生活等情况。

（纪检委 监察委）

【全区领导干部警示教育大会】11月26日，区委召开全区领导干部警示教育大会。会议由区委副书记、代区长孙军民主持。会上，区委书记高朋深刻剖析顺义区查处案件及区委巡察中发现的八类突出问题，强调要汲取教训、举一反三、警钟长鸣，持之以恒推动全面从严治党向纵深发展。大会以视频形式开到全区各村、社区党组织以上负责人。市纪委第六纪检监察室副主任李海龙，区委、区人大常委会、区政府、区政协、天竺综保区管委会领导，区纪委区监委领导班子成员、各部室主任，派驻纪检监察组组长，区委巡察组组长，区法院、区检察院、市公安局顺义分局领导班子成员，各部委办局、中心、公司、镇、街道办、经济功能区班子成员，以及各村、社区党组织负责人参加会议。

（纪检委 监察委）

【区委第六轮巡察】12月7日，区委召开第六轮常规巡察工作动员部署会。区委组织部常务副部长、区委巡察工作领导小组成员张友生通报区委第六轮巡察工作方案，宣布第六轮巡察组组长、副组长的授权任职决定及任务分工。本轮巡察共派出6个巡察组，于12月上旬至2019年2月底，对区委发展改革工委、区国资委党委、区商务委党组、区政府外事侨务办党组、区审计局党组、区地震局党组、北京综合保税区开发管理有限公司党委7个党组织开展巡察。

（纪检委 监察委）

【扫黑除恶专项斗争监督执纪问责工作】成立扫黑除恶专项斗争工作领导小组，区委常委、区纪委书记、区监委主任张良任组长，组织召开顺义区扫黑除恶专项斗争工作部署会，对问题线索进行“大起底”，紧盯与群众利益关系直接的重点专项任务，把惩治基层腐败问题同扫黑除恶专项斗争结合起来，对具有“保护伞”性质的问题线索优先处置，向区公安分局移送涉黑涉恶举报问题线索6件。

（纪检委 监察委）

【节日期间“四风”问题专项监督检查】紧盯重要时间节点，分别于元旦、春节、清明、五一、端午、中秋、国庆等节假日期间，开展落实中央八项规定精神情况及“四风”问题专项监督检查。采取随机抽查、实地检查、现场查验等方式，走访各大商场、超市、饭店及机关单位等，就节日期间各单位公车管理、公款消费、机关值班值守安排部署、食堂接待等情况开展监督检查；利用北京市纪检监察机关公共信息核查平台，对全区15家区属国有企业和下属公司公车的高速通行记录进行核查；向全区处级以上领导干部发送廉洁提醒短信35000余条，持续营造风清气正的节日氛围。

（纪检委 监察委）

【优化营商环境领域监督执纪问责工作】围绕全市优化营商环境三年行动计划各项任务，紧盯国务院督查调研组提出的优化营商环境和迎接世行评价工作的40个意见建议整改情况、市政府对落实“9+N”政策暗查暗访发现的141个问题整改情况，开展专项监督检查40余次，坚决整治主责部门责任不落实、措施搞变通、整改不彻底、效果不明显问题，严肃查处因落实责任不到位、失职渎职破坏营商环境的案件，确保国务院优化营商环境督查调研所提意见整改到位。

（纪检委 监察委）

统战工作

【概况】年内，顺义区委统战部以贯彻落实《中国共产党统一战线工作条例（试行）》和中央、市委统战工作会议精神为引领，着力推进统战工作理论、机制、实践创新，构建大统战工作格局，提升履职尽责能力和水平，凝心聚力推动首都新发展。

（区委统战部）

【台湾基层交流参访团参与顺义区第十六届“赵全营杯”民间花会交流展演活动】2月28日，顺义区第十六届“赵全营杯”民间花会交流展演活动在赵全营镇空港C区求博馆广场举行。秉承“两岸一家亲”理念，加大本区与台湾地区民间交流合作，顺义区台办首次邀请“台湾生产力促进协会”基层参访团一行18人到本区参访交流，重点参与本区元宵节期间自主举办的民间花会活动，为顺义人民带来具有台湾韵味的“空竹表演”，充分体现两岸文化同根同源、两岸一家亲的理念，促进本区与台湾地区多领域的文化交流与合作，也为顺义区“赵全营杯”民间花会大赛增添新的色彩。此次民间花会交流展演活动以展示、展演为形式，突出两岸民间传统文化的交流与融合，活动中涵盖舞龙、舞狮、抖空竹、高跷秧歌等10余种花会类型，两岸传统文化在这里得到充分展现。

（区台办）

【统战工作会】4月12日上午，为进一步健全全区大统战工作格局，顺义区召开全区统战工作会。工商联、台办、民族宗教局、外事侨务办分别汇报2018年非公有制经济工作、对台工作、民族宗教工作和侨务工作思路。全区各民主党派领导班子成员、工商联领导班子成员、无党派代表人士，人民团体、各部委办局、各镇街的主管领导和科室负责人出席会议。区委常委、区委统战部部长肖承继做重要发言。

（区委统战部）

【市委常委、市委统战部部长到顺义调研】4月17日，市委常委、市委统战部部长齐静到顺义专题调研统战工作。实地察看回民营村清真寺、石家营村和京顺医院，了解宗教场所建设、民主党派社会服务等有关情况。并提出三点要求：一是坚持围绕中心、服务大局。二是推进基层统战工作创新。三是扎实做好宗教工作。

（区委统战部）

【纪念“五一”口号70周年庆祝活动】6月3日，顺义区委以“纪念中共中央发布‘五一口号’70周年文艺演出暨成果展”为主题举办庆祝活动。市委统战部副部长严卫群和各民主党派市委相关负责人受邀到会。区委书记高朋，区委副书记于庆丰，区政协副主席单成刚等区领导出席活动，区委常委、统战部部长肖承继为活动题写序言，并致辞。该活动是顺义区委纪念中共中央发布“五一口号”70周年系列安排的重要组成部分，活动由民革顺义区总支部发起，中共北京市顺义区委统战部主办，由文艺演出、成果展示两部分内容组成。

（区委统战部）

【驻区台胞参加第十届北京端午文化节活动】6月16日，顺义区台办组织驻区台胞30余人参加第十届北京端午文化节暨2018全国龙舟邀请赛。驻区台胞观看北京端午文化节开幕式，了解中华传统文化结合本区传统节日的创新形式，体验撒五谷、包粽子的活动，观看京津冀各代表队参加的龙舟比赛。

（区台办）

【农工党北京市委领导到顺义调研】8月6日，农工党北京市委专职副主委李亚兰到顺义调研，区委常委、区委统战部部长肖承继同志出席座谈。李亚兰对农工党顺义区总支部近年来在自身建设、参政议政和社会服务方面的主要工作给予充分肯定。

（区委统战部）

【区委统战部召开非公企业家座谈会】11月6日，区委统战部、区工商联举行民营企业家学习贯彻习近平总书记在民营企业座谈会上讲话精神的交流座谈会。会议传达习总书记的重要讲话精神，4名企业家代表进行发言交流。会议强调，民营企业家要深刻领会习近平总书记重要讲话的精神实质和深刻内涵；要迅速掀起学习宣传贯彻习近平总书记重要讲话精神的热潮；要牢牢把握新的发展机遇，敢闯敢干，心无旁骛谋发展，为顺义区经济高质量发展提供强大动力。

（区委统战部）

【顺义区台办开展涉台教育进校园赠书活动】为推进涉台教育进校园，丰富中小学生课外知识，进一步激发中小学校师生读书热情，加深中小学生对祖国宝岛台湾历史的了解，对中华传统文化的认同，12月26日，顺义区台办走进顺义区东风小学教育集团建新校区开展“经典阅读书香溢满校园”活动，让书香浸润童年，让书香助力教师发展。此次活动，区台办共为东风教育集团捐赠图书80余种共计3700余册，涉及文化类、社会科学类、自然科学类、综合类及台湾知识等多品类图书。顺义区台办主任皮志杰代表区台办向12名少先队员代表赠送图书，并以毛主席诞辰125周年为话题切入点，向在座的各位领导干部和学生代表开启涉台教育的启蒙第一课，希望学生们要多读书、读好书，要通过主动阅读的方式，了解宝岛台湾历史和知识，心系祖国统一大业，继承并弘扬中国优秀传统文化，提升德行修养，促进全面发展，助力中华民族伟大复兴。

（区台办）

政策研究（改革）工作

【概况】2018年，区委区政府研究室（区委改革办）深入学习贯彻党的十九大精神，以习近平新时代中国特色社会主义思想为指引， 认真学习习近平总书记系列讲话精神，牢牢把握“以文辅政”“改革协调”职能定位，深度聚焦“调查研究、深化改革、文稿写作、专家咨询”四大主业，为促进区委、区政府科学决策，助推全区经济社会发展提供重要支撑，发挥积极作用。

（研究室）

【着力建设“大党建”闭环机制】以“七化”建设为抓手落实落细党建工作。从加强组织领导、健全工作机制、开拓创新等方面入手，加大整改落实力度，超前谋划、落实落细，通过探索和把握党支部建设的特点和规律，提升支部建设的科学化水平，作为2015年区级“六星”基层服务型党组织，研究室党支部在2018年成为五星级党支部推荐申报的候选单位。精心构建党建创新案例库。根据党建考核要求，全面征集2018年度党建创新案例，共收到党建创新案例库工作小组成员单位和全区处级单位上报的案例435篇。发挥专家团队的作用，对案例逐一评审，从中选取优秀案例汇编成册，印发全区各部门参考借鉴。认真落实党建职责。立足“大党建”格局，严格执行现有党建相关工作制度，全年共梳理、出台各项工作制度35项，逐项对标党建绩效考核和党风廉政建设有关任务，分解到项、分解到人，确保各项党建指标可落地、可执行，真正做到党建引领，推动各项工作有效落实。

（研究室）

【文稿起草工作】突出重点，精心撰写全会报告。完成五届六次、五届八次全会报告、主持词、决议等会议材料撰写，并围绕全会主题撰写“1+4”系列评论员文章，把全区上下的思想和行动统一到贯彻落实全会精神上来。精益求精，在宣传推广阵地上主动作为。在《顺义时讯》上发表评论员文章11篇；在《北京调研》发表调研报告6篇；在《北京农村经济》发表调研报告16篇；在《北京工作》发表调研报告1篇；在《京郊调研》发表调研报告1篇；完成13期《新政速览》的编撰。切实发挥以文辅政重要作用。完成乡村治理基础材料、全区“大调研”工作开展情况、“街道吹哨 部门报到”怎么看、评论员文章等文字材料的撰写工作。

（研究室）

【大调研工作格局】突出抓好战

略性、前瞻性课题研究。有序推进区委书记高朋关于顺义区提升腾退及闲置空间综合利用效率的课题研究和区委副书记、代区长孙军民关于促进顺义承接“三城”创新成果的机制研究。紧紧围绕全区发展中心工作和社会热点开展前沿研究，先后完成《雄安新区、北京城市副中心规划比较及对顺义区的借鉴》《农村宅基地自建房不规范出租》《中美贸易摩擦对顺义区影响》《顺义区学前教育的调研与思考》等专题调研报告。统筹推进调研管理工作。按照作风建设要求，修订并完善区领导调研工作细则，对看问题调研比例、深入联系点指导工作等作出明确规定，调研工作的指导性、针对性、可操作性进一步提高。全年，区、处两级领导下基层调研8万余次，看问题调研近5万余次，调研6万余天，走访民营企业2千余次，完成调研报告139篇，区委区政府研究室获评市级调查研究工作先进单位。

（研究室）

【推进全面深化改革各项工作】强化对全面深化改革的统筹协调力度。全年组织召开深改组会议6次，重点研究议题24个，进一步提高深改组会议规范性和有效性。《区委全面深化改革领导小组2018年工作要点》制定实施，17项重点推进的改革要点涵盖11个领域，将“街乡吹哨、部门报到”纳入年度重点工作。加强对重点改革任务的攻坚。加强工作统筹与督办，纳入改革折子工程的事项按月跟踪工作进展，围绕发展中的重点难点问题，扎实有序推进和落实改革事项共计413项，完成率98%，改革任务数量及完成率居全市较高水平，为全区经济社会发展提供新动能，有力助推首都临空经济和“高精尖”产业创新发展。抓好改革督察。组织开展督察评估，《区委全面深化改革领导小组2018年分类督察工作方案》制定实施，发挥考核“指挥棒”“风向标”作用，压实责任，强化落实。深化对改革工作的调查研究。对《区委“十三五”时期全面深化改革规划》开展中期评估工作，针对任务进展不均衡、职能发挥不充分、任务分工不明确等问题，进一步做好改革顶层设计，明确278项任务的责任单位、完成时限、改革目标、完成标志等内容，制定任务总台账印发实施。同时，提出调整、补充、完善本区改革任务总台账的相关建议，确保改革方向不偏离。

（研究室）

【“街乡吹哨，部门报到”改革工作成效显著】探索党建引领基层治理的有效途径。通过加强党对街镇的领导，构建三级党建协调委员会，开展党员双报到等方式，以党的建设贯穿基层治理、保障基层治理、引领基层治理，党组织领导基层社会治理的体制机制更加健全，党的群众工作优势和党员先锋模范作用得到充分发挥。吹哨报到“六步法”成效初步显现。将各属地报送的63项难点哨源，按照“六步法”纳入“大党建”绩效考核，将“吹哨人”和“报到人”合二为一、责任统一，打破条块之间的“单线壁垒”，形成党建引领下的“板块效应”。聚焦中心难点工作。围绕“蓝天保卫战”，对14家行业主管部门和29家属地实行分类分级全覆盖考核，推动形成上下联动、齐抓共管的生动局面。街镇统筹能力不断强化。属地的主体地位和统筹作用持续强化，社会治理重心进一步向街镇下沉，问题发现、处置更加及时有效，重点难点工作取得新突破。群众获得感不断提升。后沙峪镇西白辛庄村长达七年的回迁安置房问题妥善解决，石园街道京东鑫顺源市场安全隐患突出、双丰街道首都师范大学附属实验小学门口道路拥堵、天竺镇薛大人庄村环境脏乱差等一大批重点难点问题得到有效解决，群众满意度和获得感得到提升。

（研究室）

【智库建设】不断完善智库建设。为进一步规范专家咨询委员会的费用使用，为发挥智库作用提供制度保障，研究制定《北京市顺义区专家咨询委员会经费管理办法》。进一步充实本区专家力量，按照城市管理、产业发展、民主政治、文化旅游、生态环境、党建廉政6个领域，分类建立顺义区专家储备库，聘请专家56名，入库专家116名。参与全区经济社会转型升级。专家咨询委员会专家智囊作用凸显，共组织专家开展实地考察、调研座谈会、科技研讨会、项目验收会等活动、会议共25次，参与的专家分别围绕依法治区、分区规划编制、第三代半导体、新能源汽车、5G技术、智慧顺义等方面提出权威性、建设性的意见，为区领导科学决策提供重要智力支持。

（区委区政府研究室）

机构编制工作

【概况】2018年，顺义区编办稳妥推进顺义区机构改革，落实“街乡吹哨、部门报到”改革任务，聚焦营商环境，深化“放管服”改革，切实提高城市治理能力和公共服务水平，为加快建设“港城融合的国际航空中心核心区、创新引领的区域经济提升发展先行区、城乡协调的首都和谐宜居示范区”提供机构编制保障。

（区编办）

【顺义区机构改革稳妥推进】设立北京市顺义区机构改革文件起草领导小组和工作专班，在对顺义区现有机构编制情况进行系统梳理、充分调研的基础上，制定顺义区机构改革的工作计划和总体改革方案。

（区编办）

【落实“街乡吹哨、部门报到”改革任务】一是加强街镇实体化综合执法平台建设工作。研究拟订《关于进一步加强顺义区街镇实体化综合执法平台建设的实施意见》，通过健全街镇常态化执法协同机制，强化街镇统筹，下移执法重心，整合执法资源，着力解决基层执法难的问题。二是制定完善街道党工委和办事处职责清单。研究拟订《北京市顺义区街道党工委和办事处职责清单（试行）》，明确并完善街道党工委和办事处的职能定位和主要职责，梳理出111项具体职责事项，为划清街道与党政部门与派出机构职责关系提供依据。

（区编办）

【规范区属议事协调机构的管理】研究拟订《顺义区区级议事协调机构管理办法》，规范区属议事协调机构的设置和管理，明确区属议事协调机构设立、运行、调整、撤销等标准和程序。开展区属议事协调机构清理规范工作。

（区编办）

【简政放权持续推进】一是精简公共服务事项，按照市区联动、同步精简的原则，制定《关于精简我区政务服务（公共服务）事项的工作方案》，组织区级相关单位和各镇（街道），将区级独有事项由642项精简为209项，精简比例67.4%；镇街级事项由1890项精简为638项，精简比例66.2%，总体精简比例66.5%。二是贯彻落实中央及北京市取消、下放行政审批事项的要求，对应取消行政许可事项4项，并向社会公开接受监督。三是动态调整权力清单，共对应调整行政职权事项142项，其中，取消19项、新增23项、承接5项、变更要素23项、内部调整72项，进一步规范政府部门权力运行。

（区编办）

【重点领域改革】一是推进“一网通办”改革，研究制定《顺义区推进政务服务“一网通办”工作方案》。会同区经信委、区政务服务办、区信息中心对各项任务进行细化，联合印发《顺义区推进政务服务“一网通办”工作细化任务清单》。组织各相关单位梳理形成《顺义区2018年网上办事事项清单》。组织各相关单位以为企业群众办好“一件事”为目标，编制《主题办事事项清单》。二是推进“减证便民”改革，对照北京市取消和暂时保留证明目录，指导全区各单位进一步修订办事指南，建立证明事项开具情况月报制度，动态掌握工作落实情况，协调研究解决在落实中遇到的问题。三是公布镇(街)“四办”公共服务事项清单，组织各单位全面梳理现有公共服务事项，编制“马上办、网上办、就近办、一次办”公共服务事项清单1613项，着力打造“宽进、快办、严管、便民、公开”的审批服务模式。

（区编办）

【“放管服”改革督查】一是开展“放管服”改革专项督查，围绕《顺义区进一步深化简政放权放管结合优化服务改革重点任务分工方案》明确的各项任务，对70余家相关单位开展专项督查。二是配合区政府督查室做好2018年度国务院大督查迎检工作，与政务服务办组成联合检查组，对全区各级各类办事服务大厅进行实地走访，检查减证便民落实情况。

（区编办）

【严肃机构编制纪律】一是开展机构编制自查自纠工作。根据区纪委区监委《关于将巡察发现共性问题的指导整改单位落实责任情况列入监督工作的通知》精神，组织全区各单位开展机构编制违规问题自查自纠工作，对发现的问题及时整改，进一步加强机构编制管理，强化机构编制纪律。二是开展机构编制执行情况监督检查。结合区属二级班子“一把手”选人用人离任检查，对14家单位机构编制执行情况进行抽查。通过实地调查、电话核实等方式，对发现的违规情况进行核实，针对存在的问题，责令单位限期整改。三是开展编外人员专项督查。为进一步落实市委第四巡视组巡视反馈意见，组织19个镇对编外聘用人员情况进行自查，梳理编外人员清理计划完成情况，总结工作成效，查找问题，确保按期完成整改工作。

（区编办）

【事业单位法人年度报告及公示信息抽查】完成全区事业单位法人的年度报告公示工作，同时随机抽取24家事业单位，采取实地核查、现场座谈、调查问卷及聘请第三方专业机构等方式，对登记事项和年度报告公示内容进行核实，对发现的问题，要求事业单位限期整改，同时将抽查结果在区编办网站“双随机”公示专栏进行公示，接受社会监督。

（区编办）

老干部工作

【概况】2018年，区委老干部局聚焦“认真做好离退休干部工作”这个总要求，深入学习贯彻习近平新时代中国特色社会主义思想和党的十九大精神，认真贯彻全国老干部局长会议、全市老干部工作及区委相关会议精神，主动适应新时代党的建设总要求，全面推进顺义区老干部工作转型发展。

（区委老干部局）

【老干部工作成果】3月，老干部局撰写的《离退休干部信息统计工作调研》报告被北京市老干部局评为年度全市老干部工作部门调研成果三等奖，荣获“首都文明单位标兵”，业务科被区妇联评为2017年度巾帼文明岗、施银娟被评为“巾帼建功标兵”。4月，在农工委和老干部局举办的“迎春杯”门球赛中，顺义老干部一队和二队获得第一、二名。5月，老干部局工会获评年度工会工作先进单位，艺术团获区第十二届“天竺杯”合唱赛三等奖。6月，顺义代表队在市第十五届运动群众项目武术太极拳比赛中获武术太极拳团体二等奖，在区体育局举办的第七届拔河比赛中获得第七名，在市委组织部、市委老干部局举办的全市离退休太极拳团体赛和展示活动中获一等奖。7月，老干部局在宣传部主办的“胜利杯”朗读大赛中获最佳组织奖，艺术团张淑玲获老年组金奖、韩有为获中年组铜奖。8月，在北京市第十届民族传统体育运动会中获太极拳表演赛三等奖，在北京市第十二届“和谐杯”乒乓球比赛中获一等奖。9月，老干部局选送的舞蹈《20年后再相会》荣获市委农工委“纪念改革开放40周年”文艺汇演一等奖。10月，艺术团在“改革成就未来朗读放飞梦想”全市朗读大赛中获三等奖，顺义老干部代表队获市农林系统“金秋杯”台球赛亚军。11月，艺术团舞蹈节目在第四届“百年牛栏山杯”百队千人健身才艺大赛获一等奖，宣教科项光来作品在区委宣传部举办的“北京科技创新产业功能区杯”顺义区第十八届春联征集大赛中入选最佳春联。老干部局获评2018年顺义区交通安全先进单位．

（区委老干部局）

【老干部工作融入“大党建”考核】区委老干部局被列入区委党建工作领导小组成员单位，向全区97家涉老单位发布《老干部工作绩效考核任务书》，实现老干部工作任务的量化和数据化。助力基层党建。根据“一助一”帮扶单位需求“把脉问诊”，开创老干部“智库扶贫”新模式；与区属国有企业签署党建工作顾问战略合作协议，探索构建“1支部+1顾问”联合共建模式；充分利用老干部宣讲团重要载体，完善宣讲机制，深入基层进行十九大精神、纪念改革开放40周年等宣讲。主动融入中心（重点）工作。组织30名老干部参与区委开展的基层党建专项调研工作，为高质量完成社区（村）两委换届工作提供参考；在社区离退休干部党支部引领带动下，在职党员“双报到”工作在内容和形式上实现实质性突破；老党员先锋队创新服务社区综治工作，形成各具特色的顺义老党员品牌。

（区委老干部局）

【社会资源整合助力老干部服务工作向精准化转变】依托社会资源、社区服务平台，深化“4个300工程”，建立生活照顾服务网。加强调研，开展精准帮困活动，全年解决离退休干部特殊困难13件，支出136000元。依托区内医疗资源，制定出台《顺义区进一步做好离退休干部健康管理工作实施方案》，建立医疗保健服务网。

（区委老干部局）

【《顺义区离退休干部工作领导责任制》落实情况研讨会】1月10日，《顺义区离退休干部工作领导责任制》落实情况研讨会召开，对全区涉老单位《顺义区离退休干部工作领导责任制》（以下简称《责任制》）落实情况通过听取工作汇报、查阅资料、查看台账及问卷调查等形式进行检查。4个检查组组长分别作《责任制》检查情况的汇报。各单位对老干部工作重视程度普遍提高，均成立老干部工作领导小组，明确一位领导分管老干部工作，有专兼职老干部工作者，信息台账比较齐全，普遍建立在职干部与老干部联系制度，为离休干部订阅报纸，落实“两费”和各项补贴，保证离休干部看病用车，对生病住院的老干部及时看望。多数单位老干部党组织关系转入居住地社区率达到100%，做到春节、老年节等重大节日走访慰问，老干部的特殊困难，能够得到及时解决。

（区委老干部局）

【为离退休干部送出“精神食粮”礼包】根据习近平总书记在十九大报告中提出的“认真做好离退休干部工作”的精神。新春来临之际，顺义区委、区政府为全区离退休老干部送出新春慰问品：一封来自区委区政府的慰问信、一部党章、《习近平谈治国理政第二卷》和《2017年顺义区委员会文件汇编》等学习资料。

（区委老干部局）

【2018年离退休干部新春茶话会】2月9日，2018年全区离退休干部新春茶话会在报告厅举行。区委常委、组织部部长禹学垠参加并致辞。

（区委老干部局）

【组织退休女干部学习体验中国传统花卉和农耕文化】“三八”国际劳动妇女节之际，区委老干部局联合区妇联组织退休女干部学习体验中国传统花卉和农耕文化活动。近百名女干部来到汉风耕读苑学习参观，大家听取顺义区撤县设区20周年的发展成果介绍，开展插花活动。

（区委老干部局）

【第五届迎“三八”女书画家作品展】3月7日，由区委老干部局、区妇联、区文联共同主办，区老干部书画协会承办的顺义区第五届迎“三八”女书画家作品展在区委老干部局开幕。这次展览共展出60余件获奖书画作品，展览持续到4月上旬结束。

（区委老干部局）

【组织老干部理论中心组参观唐山地震博物馆】3月20日，老干部局组织老干部理论中心组参观唐山地震博物馆。博物馆通过大量资料、实物、照片展示1976年唐山大地震的基本情况，唐山人民在中国共产党的领导下、在全国人民的大力支持下抗震救灾、重建家园的情形。老同志们认真观看每一件展品和每一张照片，并对死难者表示深切缅怀，深刻感怀伟大抗震精神。

（区委老干部局）

【“全国两会精神解读”讲座】3月28日，老干部局邀请《中国改革报》副社长、中央电视台特约评论员杨禹为全区老干部授课，解读全国两会精神。杨禹从修宪对中国发展的影响、国家监察体制改革、党和国家机构改革等方面解读“两会”精神，进一步加深老干部对“两会”精神的理解把握。

（区委老干部局）

【“畅谈改革开放40年发展变化”主题活动】4月20日，老干部局组织离退休干部开展“畅谈改革开放40年发展变化”主题活动。此次活动采取“线上线下”相结合的方式开展。“线上”主要是通过顺义老干部网站、微信公众号等平台，发布《纪念中国改革开放40周年征稿启事》，结合“不忘初心、牢记使命”主题活动，面向全区离退休干部征集稿件。“线下”主要是邀请来自不同行业的老同志，以座谈会的形式“展示阳光心态、体验美好生活、畅谈发展变化”。

（区委老干部局）

【平西情报联络站纪念馆参观活动】4月24日，老干部局组织全区离退休干部开展主题为“不忘初心 回顾党史”的平西情报交通联络站纪念馆参观活动，200余名老干部参加。通过参观活动，老干部们深入了解平西情报联络站在抗日战争和解放战争时期作为党在华北地区建立的重要情报交通枢纽，所实现的重要历史作用。此次活动是2018年顺义区委老干部局春季“不忘初心 继续前进”主题活动之一。

（区委老干部局）

【顺义“老干部（老年）网络大学”正式上线联网运行】4月27日，顺义区老干部局和顺义区社区教育中心正式签订“顺义区老干部（老年）网络大学”战略合作协议，标志着本区“老干部（老年）网络大学”正式上线联网运行。老干部（老年）网络大学设置通知公告、信息报道、网上教学、成果展示、经验交流、网上招生等栏目，开设书法、绘画、太极、国学、诗词鉴赏等专业教学课程和党史党建、历史文化、国学讲堂、家教家风、心理健康、养生保健、艺术欣赏、旅游天地等文化博览类课程。

（区委老干部局）

【北京市农林系统老干部“迎春杯”门球赛】4月27日上午，由北京市农工委主办，顺义区委老干部局协办的北京市农林系统老干部“迎春杯”门球赛在顺义公园举办，比赛以“不忘初心·牢记使命”为主题，共吸引12支队伍近200老同志参加，其中年龄最大的参赛选手85岁。顺义一队和顺义二队分获第一名和第二名，通州队、密云队获第三名。北京市农工委老干部活动中心主任李艳青、北京市农工委老干部活动中心调研员王岚、顺义区委老干部局副局长庞洪杰分别为获奖队伍颁奖。

（区委老干部局）

【收听收看纪念马克思诞辰200周年大会】5月4日，老干部局组织全区老干部代表及老干部局机关工作者100余人在区委老干部局主会场集中收看“纪念马克思诞辰200周年大会”，聆听习近平总书记的重要讲话。同时，社区离退休干部党支部设立分会场。

（区委老干部局）

【监察法宣传巡回展览】5月18日，老干部局在顺义区老干部活动中心一楼大厅举办《监察法》宣传巡回展览。展览旨在帮助大家学习贯彻好《宪法》《监察法》，全面准确领会和把握其核心要义、精神实质，帮助大家更好地以法制思维和法制方式开展工作。各离退休干部党支部的老干部们还通过自学《宪法修正案》《国家监察法》、撰写心得体会等方式开展学习。

（区委老干部局）

【离退休干部信息系统录入培训会】6月21日，老干部局举办“2018年离退休干部信息系统录入培训会”，全区97家涉老单位的100余名老干部工作者参加。本局工作人员介绍离退休干部信息系统的使用及老干部信息统计表，并讲解相关填报要求。

（区委老干部局）

【“一学三看”主题党日活动】6月27日，老干部局组织老干部开展“一学三看”主题党日活动。首先，老干部们开展“一学”活动——“观看大型文献纪录片《铁在烧》”。随后，老干部们一同开展“三看”活动——“看望福利院孤儿、看老年公寓新变化、看社区养老新模式”。老干部们在顺义区第一社会福利院，看望45名被父母遗弃的残疾患儿；在顺义区老年公寓，参观完备的配套服务设施，深入了解全方位养老模式和创新的“医养结合”模式；在顺义区首家以“绿色、健康、养生、饮食”为主题的老年驿站——彩丰社区养老服务驿站，老干部们了解全新的社区养老模式，体验个性化的便捷养老服务。

（区委老干部局）

【七一前夕慰问“正能量”老干部老党员】七一前夕，老干部局看望慰问部分“退休不褪色 离岗不离党”的老干部老党员。为老干部老党员带来《习近平新时代中国特色社会主义思想三十讲》《梁家河》《习近平用典》等“精神食粮”，同时为他们送上节日的问候，鼓励他们认真学习好十九大精神；立足岗位，宣传贯彻好十九大精神，做好志愿服务工作，带动更多的离退休干部为党和人民的事业增添正能量。

（区委老干部局）

【“庆七一·颂党恩”红歌演唱会】

7月2日，“庆七一·颂党恩”红歌演唱会在顺义区老干部大学举办。整场演唱会由老干部大学学员自编、自导、自演，主题鲜明、思想深刻、内容丰富、特色突出，每个节目都充分反映老干部大学阶段性教学成果。

（区委老干部局）

【“不忘初心、重回梦开始的地方”建军节主题教育活动】老干部局以“不忘初心、牢记使命，凝聚力量支持国防建设和改革强军”为主线，结合改革开放40周年看强军发展变化，组织全区部分离退休干部代表到空军英雄营，开展“不忘初心、重回梦开始的地方”主题教育活动。此次参加活动的“老兵”均为离退休干部中的退伍、复员、转业军人，活动中大家共同唱响《三大纪律 八项注意》，观看英雄营宣传片，聆听国防相关知识讲座，观摩军营改革开放四十年的发展变化和营史馆，学习习近平强军思想。此次主题教育活动旨在以习近平新时代中国特色社会主义思想为指导，落实十九大报告中提出的“认真做好离退休干部工作”的要求，切实加强离退休干部政治建设、思想建设、组织建设，引导离退休干部为党和人民事业增添正能量。

（区委老干部局）

【庆祝改革开放四十周年文艺演出】11月21日，庆祝改革开放四十周年文艺演出在顺义区委老干部局报告厅举行。演出在老年艺术团的舞蹈《春风》中拉开序幕，接下来女生独唱《在希望的田野上》、相声《这些年的变化》、小品《不忘初心》、配乐诗朗诵《忠诚》等节目一一上演。根据本区“潮白星火护河队”事迹改编的情景剧《护河》更是引发广大老干部产生共鸣。

（区委老干部局）

【纪念中国改革开放40周年系列活动】年内，组织全区离退休干部开展系列活动纪念中国改革开放40周年。组织来自不同行业的老同志，以“展示阳光心态、体验美好生活、畅谈改革开放40年发展变化”为主题开展座谈会；通过网站、微信、杂志等平台，发布《纪念中国改革开放40周年征稿启事》；组织诗词楹联学会面向社会征集以“喜迎改革开放四十周年”为主题的诗词歌赋及楹联、书法作品，并在企事业机关、村、社区进行巡展。

（区委老干部局）

【集中观看庆祝改革开放40周年大会】12月18日，庆祝改革开放40周年大会在人民大会堂隆重举行。中共中央总书记、国家主席、中央军委主席习近平出席大会并发表重要讲话。老干部局组织全区部分离退休老干部在老干部局的会议室里集中收听收看大会直播，共同感受祖国强劲的脉搏，共同畅想祖国更加美好的明天。同时组织全区44个离退休干部党支部在各个社区同步观看。

（区委老干部局）

保密工作

【概况】2018年，顺义区保密局深入学习贯彻习近平总书记重要讲话和十九大精神，坚持以贯彻落实中央、市委关于保密工作的决策部署为主线，强化保密领导责任制落实，大力开展保密法制宣传教育，加大监督检查力度，加强计算机及网络管理，推进技术监管平台建设，推动重点工作落实，全面提升保密工作科学化水平，推进保密工作健康发展。

（顺义区国家保密局）

【保密工作调研】3月，为贯彻落实市委保密办要求，全面提升全区保密工作管理水平。区保密局副局长孙皓前往保密委成员单位及重点部门进行调研，调研工作主要围绕区域保密工作存在的重点难点问题，就定密问题、内部资料销毁问题、涉密采购问题、政府信息化进程中保密问题等，听取各单位对保密工作的意见建议，并针对各单位保密工作中存在的薄弱环节给予现场指导。

（顺义区国家保密局）

【涉密载体销毁工作】3月，区保密局组织全区各单位对涉密载体进行集中送销工作，此次销毁涉及单位31家，销毁纸质载体14000公斤，同时销毁硬盘、打印机硒鼓、光盘、计算机等电磁载体。全年按照市局要求，在国家销毁中心共统一销毁4次，有效控制涉密载体的安全性。

（顺义区国家保密局）

【主题宣教活动】4月，开展“4.15”国家安全日保密宣传教育主题活动，区保密局创新宣传方式，扩大宣传教育覆盖面，联合区国安分局、区委政法委等相关部门共同做好宣传教育活动，下发保密教育宣传手册、挂图、宣传海报等相关资料，全区各党政机关纷纷开展宣传工作，全面提升公民的国家安全意识。

（顺义区国家保密局）

【高考、中考保密保障工作】6月，为保障高考、中考顺利进行，区保密局制定考前保密保障工作方案和应急预案。对全区10个考点保密室软、硬件环境进行检查，提出保密要求；高考、中考期间分别入驻区教育考试中心，通过监控系统监管各个考点保密人员值守情况，现场监督试卷接收、分发环节，加强保密监督管理力度，保障考试工作顺利完成。

（顺义区国家保密局）

【保密检查工作】7月，区保密局召开全区各单位保密工作大会，部署自查自评专项工作，由区委保密办、区委督查室、区委保密委员会成员单位组成的督查组，对全区各机关单位开展保密检查，共检查单位98家，检查联网计算机582台，人工排查文件17000余份。现场指导各单位开展保密自查，进一步推进机关、单位保密自查自评工作，全面提升全区保密工作防范水平。

（顺义区国家保密局）

【保密技术平台建设】9月，区级互联网计算机远程检查平台建设完成，将全区党政机关所有非涉密计算机纳入监管范围，并召开工作部署会。该平台对全区互联网计算机进行实时监控，发现违规文件能够及时处理，进一步提升全区互联网计算机的安全性。2018年，平台接入非涉密计算机15175台，实施远程检查26次，检查计算机3867台次。

（顺义区国家保密局）

【学习培训活动】9月25日，市保密局局长吴钢华为顺义区理论学习中心组授课，现场解读当前保密工作形势与保密工作面临的新挑战，讲解保密工作业务知识。区委书记高朋、代区长孙军民等区委班子成员和全区各单位主要领导共计140余人参加学习。

（顺义区国家保密局）

【定密工作培训】11月23日，顺义区保密局组织召开定密工作培训会议，会议依照《保密法》《保密法实施条例》《国家秘密定密管理暂行规定》对定密工作做详细讲解，同时会议就定密不当的问题进行说明，提出加强保密工作的意见建议，对文字材料定密提出明确要求。

（顺义区国家保密局）

【保密工作方法创新】12月，区保密局开展保密示范化建设活动，选取区委保密委成员单位作为示范化建设单位，以各单位保密工作中的优势项目和薄弱环节为示范建设内容，创新方式方法，实施重点突破，形成可复制、可推广的典型经验，为全区各单位完善保密工作提供参考样例，形成示范效应，带动全区保密工作水平整体提升。

（顺义区国家保密局）

【保密法制宣传活动】年内，区保密局副局长孙皓前往区委党校为处级干部初任培训讲解保密知识课程。孙皓围绕《保密法》《保密法实施条例》内容就“国家秘密的范围和密级”“法律责任”等保密基础性工作进行讲解，并就当前实际案例进行分析。全年，区保密局开展保密讲座29次，受众人数1747余人次。

（顺义区国家保密局）

【梳理保密局行政职权】年内，区保密局按照《保密法》《保密法实施条例》相关法规梳理保密行政管理部门的职责、行政审批事项及依据、行政处罚事项及依据。完善行政审批程序和规范，明确资质申请材料目录和标准，严格依法行政、依法管理，不断改进工作作风，优化办事环境，提高办事效率，推进依法行政，提高管理对象满意度。

（顺义区国家保密局）

区直属机关工委工作

【概况】区直属机关工委是区委的派出机构。主要职责是领导所属机关党的工作，保证党的路线、方针、政策及区委的指示、决定和部署在区直机关的贯彻落实。负责制定所属机关党的基层组织建设规划，领导基层党组织搞好思想建设、组织建设、作风建设。负责宣传党的路线、方针、政策，对党员干部进行形势、任务教育及社会主义精神文明教育。负责所属机关党员干部理论学习与培训，做好所属机关干部队伍建设工作。负责所属基层党组织的建立、换届、任免等组织工作。领导区直属机关工委系统的机关党的纪律检查工作。组织机关干部开展文化、体育活动，丰富机关的文化生活。完成区委、区政府交办的其他工作。

（区直属机关工委）

【思想理论武装】 一是充分发挥工委理论中心组火车头作用，坚持带头学习。制定《区直属机关工委贯彻〈北京市贯彻中国共产党党委（党组）理论学习中心组学习规则〉的实施办法》，严格按照相关工作要求，做到有研讨、有自学。二是丰富学习内容，做到全覆盖。为系统6000余名党员购买配备《习近平新时代中国特色社会主义思想三十讲》《顺义区机关党建探索与创新》等学习书籍。

（区直属机关工委）

【党建主体责任全面落实】 一是建立包片督导工作责任制。重新调整系统单位片区划分，全面督促、指导、检查各单位机关党建工作的落实情况。二是抓住机关党组织书记这一“核心群体”，采取定期自查、随机抽查、季度督查等办法，实现压力层层传递。通过召开机关党组织书记抓基层党建述职评议大会，总结经验、发现问题、分析原因，明确下一步工作思路和具体措施，强化机关党组织书记抓党建工作第一责任人意识。配合区委组织部开展好民主生活会督导工作，督促指导67家单位召开民主生活会。

（区直属机关工委）

【机关党建工作基础夯实】 一是扎实推进党支部规范化建设。在去年70个党支部试点的基础上，今年系统350个党支部全面铺开，并将“严格落实支部规范化建设各项工作”纳入大党建绩效考核，从而全面深入推进党支部规范化建设工作。二是全面做好基层党组织换届工作。对所属机关党组织按期换届情况进行全面排查。配合区纪委区监委和各派驻组做好机关党组织书记的考察，全面规范基层党组织换届工作流程，共完成换届31家、调整14家、新成立二级党组织7家。三是严格做好党员发展和管理服务工作。严把发展党员入口关，全面规范流程和纪律。及时做好党员数据库更新、调转及汇总工作，共调转党员360人次；完成系统350个党支部和5492名党员双报到工作，党组织和党员报到率均为100%。

（区直属机关工委）

【活动内容丰富，文化活动优质】 开展“不忘初心、牢记使命”系列活动。2月，举办党建知识竞赛决赛，并以此作为主题党日活动，区领导与系统74家单位“一把手”以普通党员身份现场观看。8月，举办“不忘初心、牢记使命”百姓宣讲比赛。经过初赛复赛决赛等环节，22家单位分别获奖。组织系统单位机关党组织书记和党务干部观看爱国主义教育电影，观影人数700余人次。

（区直属机关工委）

【机关党风廉政建设多措并举】 一是坚持把推进惩治和预防腐败体系建设纳入工委工作，工委书记与全体班子成员签订《党风廉政建设责任书》。严格落实“一岗双责”责任，强化党员干部的廉政责任意识。二是加强对《党章》《中华人民共和国监察法》《中国共产党纪律处分条例》等法规、文件的学习，增强规则意识。三是加大党风廉政建设和反腐败宣传教育工作力度，在D2餐厅建设党风廉政宣传教育阵地，播放廉政教育片、警示片，促进党风廉政教育工作再上新台阶。

（区直属机关工委）

【“一助一”】 一是根据区级领导班子成员职务变动及分工安排，征求多方意见后对区领导“五个一”基层联系点进行调整。二是全面部署全区帮扶单位参加“1·18”“7·18”民主日活动。三是通过开展深入调研、召开座谈会等方式，具体了解各村建设、村企帮扶等情况，配齐帮扶单位，形成帮扶合力。精心编发简报，宣扬帮扶事例，共编发工作简报17期。

（区直属机关工委）

顺义区委党校

【概况】 2018年，区委党校认真学习贯彻落实党的十九大精神，坚持围绕中心，服务大局，发挥干部教育培训主阵地、主渠道作用，突出抓好党员领导干部的理论教育、党性教育和区委重大决策部署的培训教育。

（区委党校）

【教育培训】年内，组织处级领导干部理论研讨班4期，培训1107人，4657人次；处级干部理论进修班2期，培训169人，5070人次；举办科级及以下公务员培训班2期，培训253人；举办共青团干部培训班、党员发展对象培训班以及委办局委托培训班50期，培训1721人，30973人次。校内教师深入镇、街、居宣讲十九大精神、党的创新理论350余场次。完成市级科研课题5个、区级调研及协作科研课题8个，发表学术论文8篇，一名教师获市级优秀成果一等奖，三名教师获市委党校优秀科研成果二等奖，通过培养教师队伍、精心设置教学课程、加强教学管理，提升教学科研质量。

（区委党校）

【大党建工作】按照区委的安排和要求，集中3名校领导、2名党建教授、3名工作骨干，成立专项工作小组，在区委党建工作领导小组的领导指导下，对党建考评系统进行升级完善，实现考评内容、考评标准、考评打分、考评结果汇总分类，考评数据分析全部在信息系统完成。开发设计“六步工作法”，信息考评系统实现“街乡吹哨，部门报到”和疏整促、大气治理等工作任务，通过信息系统月度考评打分。顺义区大党建绩效考评系统获国家版权局计算机软件著作权。

（区委党校）

【北京市民政局党校与顺义区委党校开展交流活动】5月，北京市民政局党校副校长、民政教育学院党总支书记刘东琦一行6人，到顺义区委党校，就教育培训工作进行调研交流活动，顺义区委党校常务副校长闫连恒，副校长龚学伟、徐立松及相关科室负责人参加座谈交流。双方详细介绍两校基本情况及教育培训方面的现状：一是探讨教育培训模式，教学序列建设工作。二是就如何培养培训政治过硬、思想坚定的领导干部，保障培训效果，增强领导干部道路自信、制度自信、理论自信、文化自信进行研讨。三是对科学设计课程结构，形成科学的教学体系，积极发挥智库作用，进行深入研究。四是共同探讨随着新时代、新思想的发展对党校工作提出的更高要求，双方将如何进一步加强沟通与合作。会后，民政局党校调研小组实地考察顺义区委党校的建设。

（区委党校）

【中组部干教局领导到顺义区委党校督查学习培训情况】6月26日，中组部干部教育局局长时玉宝一行4人到顺义区委党校督查习近平新时代中国特色社会主义思想和党的十九大精神学习培训情况并进行座谈，市委组织部副部长张彤军、干部教育处处长王海江等陪同督查。顺义区委常委、组织部部长禹学垠主持座谈会，顺义区委党校常务副校长闫连恒及相关工作人员参加。会上，顺义区委党校汇报举办处级干部学习贯彻党的十九大精神专题研讨班及提高干部教育培训针对性和有效性等方面的相关做法，区国资委、区教委、仁和镇和胜利街道的负责同志分别以培训工作组织者及培训对象的身份进行发言。随后，督查组现场检查顺义区开展处级干部轮训的相关培训资料。

（区委党校）

【马天雨的《焦庄户地道战精神研究》获准立项】7月份，北京市委党校（北京行政学院）启动2018年度北京市党校系统“专题数据库建设研究”子课题项目立项申报工作，最终经专家评审并报校学术委员会批准，顺义区党校教师马天雨的课题《焦庄户地道战精神研究》获准立项。

（区委党校）

【第一期“梧桐工程”专题培训班】9月25日，顺义区第一期“梧桐工程”引进人才专题培训班在顺义党校正式开班，对全区引进的95名高端人才进行轮训。此次专题培训班体现出大开班、突出顺义区情、注重与工作实际相结合的三大特色。培训班课程安排围绕顺义区情，邀请参与制定区“十三五规划”的领导干部以《把握发展阶段性推动区域转型升级》为题授课，介绍区发展实际。现场教学安排区高新技术企业、美丽乡村参观研讨，并举办学员论坛，让引进的人才分享学习体会，理清工作思路，明确未来发展方向。

（区委党校）

党史研究

【概况】 2018年，党史区志办公室努力发挥党史工作存史、资政和育人的作用，在编辑党史书籍、征集挖掘史料、开展党史宣传等方面取得新进展。参与本局大党建工作，按照总体要求，制定党史工作考核标准，合理安排局党组交予的考核任务。落实市党史研究室的文件精神，上报《改革开放四十年》《2017年编研成果统计汇报》及征集、整理抗战资料等材料。收集整理《党史大事记》顺义区情部分相关资料190余份。

（史志办）

【对接市委党史研究室】 与市委研究室对接，完成交办任务。一是完成红色遗存书稿《顺义革命史》部分文字材料编辑整理工作，并对红色遗址重新确认登记。二是组织人员参加市委党史研究室组织举办的“2018年北京市党史干部培训班”，学习习近平新时代中国特色社会主义思想，丰富党史知识，为今后做好党史工作，增强理论基础。三是完成抗战老兵统计工作。四是《改革开放四十年全景录》征求意见稿完成。

（史志办）

【党史宣传月】 年初，按照市党史研究室的工作要求，结合本区实际制定顺义区党史宣传月活动计划，多次与有关单位的召开工作部署会，确保宣传月活动顺利开展。宣传月期间，一是开展党史图书捐赠活动。向基层普及顺义党史知识，加强党史科与基层党组织的联系与互动，对基层党员干部时刻学习掌握党的方针政策、保持正确政治放心发挥作用。二是举办讲座活动。组织全区党史工作人员携手幸福东区居委会举办一场“唱红歌 讲党史”讲座。活动聘请北京湖湘青年服务中心常务主任、共青团湖南省委驻北京市工作委员会副书记吴涛主讲，以不同革命历史时期的红色经典革命歌曲为主线，展现中国共产党经历的艰苦卓绝的斗争，史志办工作人员与幸福东区党支部的老党员100余人参加。，三是组织参观纪念活动。组织全区党史、档案工作人员参观“潮白烽火”革命史展览。展览以顺义革命史史料为基础，分为革命星火、抗日烽火、自卫战争、缅怀先烈、抗战小故事以及大事记6部分，完整地再现1925—1949年间，中国共产党在顺义建立第一个党组织，到领导顺义人民同反动统治、伪政权、日本侵略者和国民党反动派进行不屈不挠的斗争，并取得最终胜利，建立中国共产党领导下的新中国的光辉历程。组织区党史区志、档案部门党员瞻仰平谷“鱼子山抗日纪念馆”。该馆以冀东地区抗日斗争为背景，以平谷人民及周边地区抗日斗争史实为线索，生动形象地展示抗日军民反压迫、反侵略、求解放的斗争历程。

（史志办）

【党史进基层图书捐赠仪式】 6月8日，区史志办举行党史进基层图书捐赠启动仪式。仪式上，区史志办主任梁军讲话，强调活动的重要意义，并在现场为参加启动仪式的全区120余家单位的党史工作人员和部分社区居民代表发放党史资料。年内，党史办多次组织安排图书捐赠和党史宣传进社区活动，为胜利街道、光明街道的多家居委会、顺义区摄影家协会等单位赠送党史图书。

（史志办）

【影像见证顺义40年摄影作品展】 12月上旬，顺义区党史办与顺义区摄影家协会在顺义档案馆联合举办“影像见证顺义40年摄影作品展”。此次展览共展出作品200余幅，多方面诠释在党的领导下，顺义改革开放40年来经历的风雨历程和取得的伟大成就，再现40年来顺义政治、经济、社会、文化等方面的发展成果。

（史志办）

【抗战史料汇编】 年内，挖掘整理抗战史料，汇编成《二十里长山人民抗日调查报告》《二十里长山人民抗日纪实》两册。在挖掘采访过程中，走访顺义区39个村，与124位70至90多岁的老人进行座谈，汇集成弥足珍贵的第一手资料，充实史志办的史料库藏。

（史志办）

顺义区人民代表大会

北京市顺义区第五届人民代表大会第五次会议

人大代表调研生活垃圾处理厂

顺义区人民代表大会常务委员会

【概况】2018年，区人大常委会组织召开9次常委会会议和22次主任会议；听取和审议“一府两院”专项工作报告18项，提出审议意见40余条；开展工作视察、执法检查、专题调研16次，备案审查规范性文件3件；任免国家工作人员53人次；完成区五届人大四次会议确定的各项工作任务，有效推动“一府两院”工作的开展。

（区人大办）

【区五届人大常委会第九次会议】1月18日，在区行政中心0603会议室举行。会议首先进行会前学法，国家行政学院行政法研究中心副主任、国家行政学院法学教研部副教授张效羽为大家讲解《中华人民共和国行政许可法》的有关内容。会议接受燕瑛同志辞去北京市第十五届人民代表大会代表职务的请求，并报北京市人民代表大会备案，补选王红为北京市第十五届人民代表大会代表。决定人事任免，免去：赵振英同志顺义区市政市容管理委员会主任职务，郭旭东同志顺义区人大常委会研究室主任职务，贾崇彪同志顺义区人大常委会胜利街道工作委员会主任职务，姚竞宏同志顺义区人大常委会代表联络室副主任职务，叶志建同志顺义区人大常委会研究室副主任职务，张宝来同志顺义区人民检察院副检察长职务；任命：赵振英同志为顺义区城市管理委员会主任，田晓丹同志为顺义区人大常委会研究室主任，朱立三同志为顺义区人大常委会城建环保办公室副主任，李秀文、高丽丽、孙留意、葛连娟等同志为顺义区人民法院审判员，胡古月、王有凯、王凤、王超等同志为顺义区人民检察院检察员。

（区人大办）

【区五届人大常委会第十次会议】2月27日，在区行政中心0603会议室举行。会议首先进行会前学法，中国政法大学法治政府研究院副教授，中国政法大学国家监察与反腐败研究中心执行主任曹鎏为大家讲解《中华人民共和国行政处罚法》。传达市十五届人大第一次会议精神，听取和审议区政府2018年重大事项安排情况报告和区政府关于2017年推进法治政府建设情况报告。讨论通过区人大常委会2018年工作安排。决定人事任免事项，免去：马朝龙同志顺义区文化委员会主任职务，王学武同志顺义区社会建设工作办公室主任职务，刘克祥同志顺义区教育委员会主任职务，李衍同志顺义区监察委员会副主任职务，宋艳华同志北京市顺义区人民法院审判员职务，殷超同志北京市顺义区人民法院审判员职务；任命：史卫东为同志顺义区监察委员会副主任，马朝龙同志为顺义区社会建设工作办公室主任，武捷同志为顺义区教育委员会主任，田庆江同志为顺义区文化委员会主任，耿超同志为顺义区人民政府国有资产监督管理委员会主任。

（区人大办）

【区五届人大常委会第十一次会议】4月10日，在区行政中心0603会议室举行。会议决定人事任免事项，决定接受高朋同志辞去顺义区人民政府区长职务，任命孙军民同志为顺义区人民政府副区长，决定其为顺义区人民政府代理区长，并颁发任命书，新任命人员进行宪法宣誓。

（区人大办）

【区五届人大常委会第十二次会议】4月26日，在区行政中心0603会议室举行。会议首先进行会前学法，中央党校政法部副教授金成波就《中华人民共和国宪法修正案》进行解读。听取和审议《区政府关于2018年预算调整方案的报告》《区法院关于建立繁简分流格局提升审判质效情况的报告》，听取《关于2017年区人大常委会组成人员调研成果的评审报告》，决定人事任免，免去：亢亚深同志北京市顺义区人民法院审判员职务，刘刚同志北京市顺义区人民法院审判员职务。

（区人大办）

【区五届人大常委会第十三次会议】6月22日，在区行政中心0603会议室举行。会议传达学习高朋书记到区人大调研讲话精神。听取和审议区政府关于2017年财政决算（草案）及区级财政预算执行和其他财政收支的审计工作报告、《顺义分区规划（2017年-2035年）（草案）》、区政府关于《顺义区2013-2017年清洁空气行动计划》工作完成情况的报告以及区检察院关于开展公益诉讼情况的报告。决定接受胡尚云等区人大代表辞职的决定，洪全、郭旭东同志终止常委会组成人员和专门委员会委员职务，岳伟晶同志终止专门委员会委员职务。决定人事任免，免去：洪全同志北京市顺义区人大常委会城建环保办公室主任职务，金伟同志北京市顺义区人民法院立案庭副庭长职务，郑进智同志北京市顺义区人民法院审判委员会委员、审判员职务，刘同斌北京市顺义区人民检察院检察员职务；任命：金伟同志为北京市顺义区人民法院立案庭庭长。

（区人大办）

【区五届人大常委会第十四次会议】 7月10日，在区行政中心0603会议室举行。会议审议通过《顺义区人大常委会关于补选区第五届人民代表大会代表的决定》《顺义区人大常委会关于补选区第五届人民代表大会代表的工作方案》。顺义区第五届人民代表大会代表名额为228名，由于工作调整等原因，目前实有代表214名，出缺14名。根据《中华人民共和国全国人民代表大会和地方各级人民代表大会选举法》有关规定和工作需要，报经区委同意，区五届人大常委会第十四次会议决定补选代表12名。代表补选工作于2018年7月上旬开始，至8月27日结束。决定人事任免，会议表决通过关于接受初军威同志辞去顺义区人民政府副区长职务请求的决定；以投票表决的方式，决定：任命支现伟同志为顺义区人民政府副区长、岳艳美同志为顺义区人民政府副区长（挂职）；会议决定免去：刘怀斌同志北京市顺义区人民法院审判员职务，贾满林同志北京市顺义区人民法院审判员职务，邱兆锐同志北京市顺义区监察委员会副主任职务；任命：荫春涛同志为北京市顺义区监察委员会副主任。新任命的同志进行宪法宣誓和任职发言。

（区人大办）

【区五届人大常委会第十五次会议】 8月23日，在区行政中心0603会议室举行。会议传达学习了区委五届六次全会精神，听取和审议《区政府关于2018年上半年财政预算执行情况报告》《顺义区2018年预算调整方案的报告》《区政府关于2018年上半年国民经济和社会发展计划执行情况报告》《顺义区关于落实本市优化营商环境改革任务进展情况的报告》，以书面形式审议《顺义区人民代表大会常务委员会关于顺义区人民政府2017年财政决算情况报告的审议意见》办理情况的报告和《顺义区人民代表大会常务委员会关于顺义区人民政府2017年预算执行和其他财政收支情况的审计工作报告的审议意见》的落实情况报告，表决通过《顺义区人民代表大会常务委员会讨论、决定重大事项的规定》《顺义区人民代表大会常务委员会专题询问暂行办法》和顺义区人民代表大会常务委员会关于修改《顺义区国家工作人员宪法宣誓办法》的决定。会议邀请北京市人大常委会预算工委副主任刘星就人大常委会开展监督工作进行专题辅导。会议就“区域医疗中心发展问题”开展专题询问，这是区人大常委会首次在常委会会议期间开展专题询问。专题询问采取一问一答的形式，常委会组成人员及部分区人大代表围绕顺义区医疗卫生服务水平提升三年行动计划实施情况、区域医疗中心发展情况、智慧医疗等问题开展专题询问，区卫计委、顺义区医院进行应询。

（区人大办）

【区五届人大常委会第十六次会议】 10月25日，在区行政中心0603会议室举行。会议传达学习栗战书委员长在深入学习贯彻习近平总书记 关于坚持和完善人民代表大会制度的重要思想交流会上的讲话精神。听取和审议《区政府关于顺义创新型产业集群和制造业高质量发展创新引领示范区建设情况的报告》《区政府关于推动服务业扩大开放“着力建设北京东北部商业中心，将高端商务会展业打造为第四大支柱产业”的情况报告》《区政府关于全区文化建设情况报告》。听取《2017年度预算执行和其他财政收支审计查出问题整改情况的报告》，审议通过《区五届人大常委会代表资格审查委员会关于补选顺义区第五届人大代表的代表资格审查报告》。决定人事任免，决定免去：姜嘉玉同志北京市顺义区人民法院审判员职务、朱伟同志北京市顺义区人民法院审判员职务；任命：张洁同志为顺义区人大常委会胜利街道工作委员会主任。

（区人大办）

【区五届人大常委会第十七次会议】12月20日，在区行政中心0603会议室举行。会议听取审议区政府《关于顺义区“十三五”规划纲要实施中期评估情况的报告》《关于2017年度企业国有资产管理情况的报告》《关于区五届人大四次会议代表建议、批评和意见办理情况的报告》《关于“加强顺义区烟花爆竹燃放管理”议案办理情况的报告》《关于“强化基层社会治理，规范农村房屋租赁管理，消除安全隐患”议案办理情况的报告》，区人大常委会执法检查组《关于检查〈中华人民共和国促进科技成果转化法〉实施情况的报告》《关于检查〈北京市轨道交通运营安全条例〉实施情况的报告》《顺义区第五届人民代表大会常务委员会代表资格审查委员会关于顺义区第五届人民代表大会第五次会议代表资格的审查报告（草案）》；审查批准《顺义区“十三五”规划纲要部分指标调整方案》《区政府关于顺义区2018年预算调整的方案的报告》；讨论决定关于召开区五届人大五次会议的有关事项及区人大常委会法律顾问团相关事项；讨论《区人大常委会向区五届人大五次会议所作的工作报告（讨论稿）》；书面审议《区政府关于2017年度国有资产管理情况综合报告》《区政府关于顺义区2018年度政府债务管理情况的报告》。会议决定人事任免，决定，接受王刚同志辞去北京市第十五届人民代表大会代表职务；免去：赵振英同志北京市顺义区城市管理委员会主任职务，李莉同志顺义区人大常委会空港街道工作委员会主任职务，刘杉杉同志、宋娟同志北京市顺义区人民法院审判员职务；任命：郝蔚泉同志为顺义区城市管理委员会主任。新任命人员进行宪法宣誓。

（区人大办）

【决定重大事项】区五届人大常委会2018年围绕财政预决算、全区重点工程等，作出决议、决定8项。

（区人大办）

【监督工作】一是围绕中心工作开展监督，有力助推新城战略定位落实。听取审议优化营商环境、创新型产业发展、服务业扩大开放等工作报告，积极推进产业转型升级；对全区五年以上未竣工重点工程开展专项视察，专题听取区政府2018年度前十项重点支出和重大投资项目完成情况报告，对市政重点工程建设情况进行视察，摸清症结所在、提出工作建议、推动项目进展；对美丽乡村建设进行视察，助推农村产业转型升级发展，改善农村人居环境；多次对《顺义区2013-2017年清洁空气行动计划》完成情况报告提出修改意见，持续跟踪公园建设、河道及水环境治理工作，分析存在问题，指出工作着力点，为推动生态环境质量改善贡献人大力量；加强全口径预算监督，积极推进预算联网，对政府一般预算项目绩效评价和部门预算支出执行情况进行专题询问，推动预算由专审向联审、集中审拓展，促进财政资金使用效益提升。二是围绕群众关注开展监督，有力助推民生福祉改善。听取区政府文化建设情况报告，对区域医疗中心建设进行专题询问，对学前教育、文化中心建设等进行调研视察，深入剖析存在问题，广泛了解群众需求，促进公共服务水平提升。持续监督煤改清洁能源工作，对常委会及代表提出的意见建议落实情况进行跟踪督办，为把民生实事办好提供人大智慧。开展物业管理专题调研，为推进物业管理矛盾解决提供有针对性的建议。对垃圾处理厂运行情况进行视察，帮助协调解决困难，促进工程按期投入运营。赴江苏、浙江、上海等地学习居家养老健康服务工作经验，对区内敬老院和养老驿站建设提出意见建议，推进区域养老服务工作水平提升。三是围绕法律实施开展监督，有力助推依法治区进程。研究制定法治环境评估指标体系、人大法律监督工作三年行动计划；以首个“宪法宣传周”为契机，组织开展国家宪法日系列宣传活动，增强全区上下法治意识。对《中华人民共和国促进科技成果转化法》《北京市消防条例》《北京市轨道交通运营安全条例》实施情况进行执法检查，推动法律法规在本区的贯彻实施。加强对“一府一委两院”的监督，听取审议区政府关于法治政府建设情况报告、区法院和区检察院关于司法体制改革工作报告，明确与区监委对口联系的专委会，全面加强沟通联络，推动依法行政、公正司法。将信访作为了解社情民意的重要渠道，全年共受理群众来信来访91件111人次，与有关部门协调沟通、加大转办督办力度，促进相关问题解决，有效发挥信访维护群众合法权益、促进社会和谐的作用。

（区人大办）

【代表工作】常委会始终牢记人民的重托，注重发挥人民代表大会制度深深植根于人民群众的优势作用，尊重代表主体地位，密切代表与群众的联系，有力支持和保障代表主体作用的发挥。一是着力提高代表履职能力。将加强代表履职能力建设作为基础性工作，制定本届代表履职培训方案，不断丰富代表培训方式。在常规培训之外，以常委会、专委会、镇街人大工作者为主体，组织专题培训班，邀请全国人大、浙江人大专家授课，培训的针对性、深入度明显提高，全年共组织代表培训6次，次数较去年翻了一番。二是着力发挥代表桥梁纽带作用。贯彻落实《关于进一步加强人大代表密切联系群众工作的指导性意见》，坚持邀请基层代表列席常委会、参加视察检查活动，共邀请代表400余人次参加常委会、各专委会组织的初审、视察、检查、调研等活动，代表履职平台进一步拓展，专委会联系代表机制得到有效落实。加强“人大代表之家”建设，全区建成“代表之家”68个，实现所有镇、街全覆盖，“代表之家”成为代表履职、联系选民的重要平台。三是着力加强议案建议督办。持续推进《关于加快全区协调发展，重点推进河东地区建设的议案》，年初听取议案办理工作安排，年中对议案办理、教育均衡发展和杨镇新市镇建设进行视察调研，年底听取审议议案办理工作情况报告，通过连续两年的督办，有力推进河东地区基础设施和公共服务项目建设。推进区五届人大四次会议确定的《关于加强顺义区烟花爆竹燃放管理的议案》《关于强化基层社会治理，规范农村房屋租赁管理，消除安全隐患的议案》办理，增强市民禁限放意识，改善空气质量，促进农村宅基地管理规范化，提升基层社会治理水平。不断规范代表建议提交及办理工作，全年共办理代表建议145件，同比增长近40%，办结率达到100%，部分建议转化为政策措施，推动和改进政府工作，增强代表履职责任感。

（区人大办）

【自身建设】一是推动重大事项决定权落实。按照中央要求，在深入调查研究、广泛听取意见的基础上，制定《顺义区人民代表大会常务委员会讨论、决定重大事项的规定》，并以区委文件形式印发。区政府出台配套的实施意见，区人大常委会讨论、决定重大事项实现规范化、制度化。二是常委会、专委会作用发挥更加充分。常委会不断健全完善各项规章制度，出台专题询问办法、议案办理工作流程等，工作效能和规范化水平不断提升。坚持常委会组成人员年度调研制度，根据区委部署，对顺义区历史文化资源保护、人大在依法治区中的作用、优化营商环境等开展专题调研，提出意见建议，为区委决策提供参考。各专委会按照工作规则，全面加强听取审议报告、执法检查、工作视察、专题调研等工作，听取审议报告数量同比增长64%。常委会对于审计整改、依法治区、规划编制、区域医疗中心、公园建设等工作提出的意见建议，推动区政府相关工作。三是对镇街人大工作的指导更加有力。坚持镇人大主席联席会制度，围绕发挥镇人大作用、居家养老、加强预算管理等工作重点加强指导，赵全营镇积极探索闭会期间人大主席团运行工作、仁和镇成立民主理财监督小组、后沙峪镇不断完善建议办理流程，探索出镇级人大发挥作用的有效途径；探索建立人大街工委工作制度，开展交流研讨，光明、胜利街道人大工委在“代表之家”规范化建设的基础上，探索建立人大代表联络站、代表意见收集箱，实现“代表之家”的进一步下沉，为拓宽代表与群众联系渠道提供新的样本。

（区人大办）

顺义区人民政府

▲ 4月22日，外语喜乐会活动举办

▲ 6月8日，顺义档案馆日活动

▲ 顺义区政务服务中心举办“正青春，要精彩”主题开放日活动

▲ 全市首个智能政务服务机器人 – “顺顺”亮相区政务服务中心

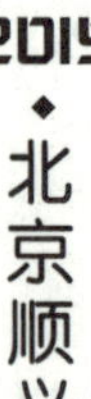

▲ 11 月，机关事务中心工作人员对政务中心建设区域进行检查调研

▲ 7 月 18 日，印尼雅加达苏加诺—哈达机场代表团到顺义区考察

主要工作和重大活动

【概况】2018年，在习近平新时代中国特色社会主义思想和党的十九大精神的指导下，在市委、市政府和区委的坚强领导下，在区人大、区政协的监督支持下，区政府团结依靠全区人民，紧紧围绕服务首都“四个中心”功能建设、坚决打赢“三大攻坚战”、认真抓好“三件大事”等中心任务，全力以赴稳增长，主动作为促转型，多措并举优环境，尽心尽力惠民生，全区经济社会保持良好发展态势。

（区政府办）

【顺义区人民政府第二次全体会议】1月10日，2018年顺义区人民政府第二次全体会议召开，传达区委五届五次全会、区两会精神，深入分析全年面临的形势，对重点工作进行再明确再部署。区委副书记、区长高朋讲话。

（区政府办）

【临空国际免税城项目战略合作框架协议签约仪式】1月12日，临空国际免税城项目战略合作框架协议签约仪式在顺义临空经济核心区举行，时任区委书记王刚，时任区委副书记、区长、天竺综保区管委会主任高朋，首都机场集团公司总经理刘雪松，中国国旅股份有限公司董事长李刚参加项目签约仪式。

（区政府办）

【推进河东河西协调发展工作部署会】1月15日，区政府2018年推进河东河西协调发展第一次工作部署会召开。会议进一步完善顺义区推进河东河西协调发展工作领导小组工作机制，明确各部门、各镇工作任务，全力促进河东地区加快发展。区委副书记、区长高朋讲话，区委常委、常务副区长霍光峰主持会议。会上，区发改委做《关于进一步加快河东地区发展方案》有关工作情况汇报，区教委、农委、卫计委等16家单位分别汇报本单位制定促进河东地区发展补短板三年专项提升计划的工作方案。区领导初军威、赵殿江、吴耀新、郑晓博参加，本次会议还邀请河东各镇部分基层人大代表参加。

（区政府办）

【潮白河复兴大桥竣工通车仪式】1月19日，顺义区举行潮白河复兴大桥竣工通车仪式。时任区委书记王刚，时任区委副书记、区长高朋，区人大常委会主任车克欣，区政协主席周颖博等区领导一行慰问减河北路东延工程建设者，并参加潮白河复兴大桥竣工通车仪式。区委副书记于庆丰、副区长郑晓博及北京城建道桥建设集团有限公司相关领导参加。

（区政府办）

【凤凰新媒体总部基地项目落户顺义】1月19日，凤凰新媒体总部基地项目签约仪式在顺义区举行。全国政协常委、凤凰卫视董事局主席兼行政总裁、香港太平绅士刘长乐，凤凰卫视执行董事、常务副行政总裁、凤凰新媒体董事长崔强，凤凰卫视运营总裁、凤凰新媒体首席执行官、一点资讯董事长刘爽，时任区委书记王刚，时任区委副书记、区长、天竺综保区管委会主任高朋参加。顺义区政府与凤凰飞扬（北京）新媒体信息技术有限公司签署《凤凰新媒体总部基地项目战略合作协议》。

（区政府办）

【北京大学第三医院顺义院区项目签约仪式举行】1月19日，北京大学第三医院顺义院区项目签约仪式在顺义区举行。中国工程院院士、北京大学党委常委、副校长、医学部主任詹启敏，市卫计委副主任毛羽，时任区委书记王刚，时任区委副书记、区长高朋参加。顺义区政府与北京大学第三医院签署《关于建设北京大学第三医院顺义院区战略合作框架协议》。

（区政府办）

【2018中国天使创投潮白论坛暨中国青年天使会第五届年度峰会】1月22—23日，以“面向未来·坚守初心”为主题的2018中国天使创投潮白论坛暨中国青年天使会第五届年度峰会在顺义举行。时任区委副书记、区长高朋，区委常委、副区长初军威，区政协副主席、区科委主任金泰希，区政协副主席、区投资促进局局长杨凤辉参加。活动由顺义区政府和中国青年天使会联合发起，活动期间，政府机构、专家学者、天使投资人、企业家、创业者代表等众多嘉宾围绕新时代中国经济的热点话题，进行深入分析、对

话交流和专业指导。

（区政府办）

【2017年度绩效考评述职述廉会议】 3月1日，顺义区政府2017年度绩效考评述职述廉会议召开，全区54个政府部门和25个镇街行政正职进行述职述廉发言，并接受现场评议考核。

（区政府办）

【“寻找鲨鱼苗”2018（第二届）新三板品牌峰会】 3月25日，“寻找鲨鱼苗”2018（第二届）新三板品牌峰会在顺义举办，时任区委副书记、区长、天竺综保区管委会主任高朋作题为《共享新机遇，共谋新发展，共创新未来》的顺义区投资环境推介。峰会上，赵全营镇政府与品牌联盟（北京）咨询股份公司签署战略合作协议，旨在通过深度战略合作推动新三板、中国自主品牌发展。

（区政府办）

【北京奔驰战略重组项目签约仪式】 5月12日，北京奔驰战略重组项目签约仪式在北京汽车产业研发基地举行。签约仪式上，顺义区人民政府与北京汽车集团有限公司签署《北京奔驰战略重组项目战略合作框架协议》，中关村科技园区顺义园管理委员会、赵全营镇人民政府与北京汽车股份有限公司三方签署《北京奔驰战略重组项目实施协议》《北京奔驰战略重组项目入区协议》。市经济和信息化委员会党组书记、主任王刚，区委书记高朋，区委副书记、代区长孙军民，区人大常委会主任车克欣，区政协主席周颖博，北京汽车集团有限公司党委书记、董事长徐和谊，北京汽车集团有限公司党委副书记、总经理张夕勇参加签约仪式。

（区政府办）

【参展第二十一届中国北京国际科技产业博览会】 5月17—20日，第二十一届中国北京国际科技产业博览会在中国国际展览中心举办，顺义以“创新发展 美好顺义”为题参展，区内20余家科创企业在顺义展台亮相。市领导蔡奇、陈吉宁、李伟、吉林等到顺义展台参观并对科技创新工作给予充分肯定，区领导高朋、孙军民等参加。

（区政府办）

【参展2018北京国际服务贸易交易会】 5月28—6月1日，顺义以“商务会展、金融服务、电子商务”为主题参展2018北京国际服务贸易交易会。国务院副总理胡春华，市领导蔡奇、陈吉宁等莅临金融展区，对顺义打造“北京新兴金融聚集区 首都产业金融中心”的思路、做法及阶段性成果给予肯定并提出指导意见，区领导高朋、孙军民、霍光峰、李向英参加。

（区政府办）

【国家税务总局北京市顺义区税务局挂牌成立】 7月5日，国家税务总局北京市顺义区税务局挂牌成立，原区国税局、地税局正式合并。

（区政府办）

【市领导围绕“以产业带动为先导，推动新城高质量发展”主题到顺义调研】 7月9日，市领导蔡奇、阴和俊、崔述强围绕“以产业带动为先导，推动新城高质量发展”主题到顺义调研，对疏整促、生态环境保护、重大国际交往活动服务保障、高质量发展等工作给予充分肯定，强调要把新城放在首都城市战略定位中来把握，提高区域综合承载能力，更好服务保障首都功能，承接中心城区适宜功能疏解，统筹做好改革发展稳定和改善民生各项工作。区领导高朋、孙军民等参加。

（区政府办）

【全市首个生活性服务业示范街区授牌仪式】 7月12日，全市首个生活性服务业示范街区授牌仪式在顺义中粮祥云小镇举行。中粮祥云小镇获评全市首个生活性服务业示范街区。

（区政府办）

【顺义区院士专家工作站集体授牌仪式】 7月16日，顺义区院士专家工作站集体授牌仪式在北京临空创新创业示范基地举行，哈工大（北京）军民融合创新研究院有限公司、北京众绘虚拟现实技术研究院有限公司、北京百迈客生物科技有限公司、中清科创发展股份有限公司4家企业院士专家工作站授牌成立。

（区政府办）

【内蒙古自治区党政代表团考察】 7月27—28日，内蒙古自治区党委书记、人大常委会主任李纪恒率党政代表团来京考察，就深化扶贫协作进行沟通对接，并于27日实地察看顺义鹏程食品和创新食品生产车间，市领导蔡奇、张工、崔述强一同考察，高朋同志随行汇报，孙军民同志参加。

（区政府办）

【北京市市长到顺义调研】 10月11日，北京市市长陈吉宁一行到顺义调研产业转型升级情况时强调，要以制造业为核心，推动产业转型升级，实现经济高质量发展；要加快腾笼换鸟，统筹利用好腾退空间，全面提升临空经济区发展水平；要打造开放型经济特色，用好用足国际人才集聚等优势，做好开放型经济大文章。并就宣传推介、引进制造业相关学校或研究院、注重差异化协同发展、特色金融发展、会展业发展、棚户区改造等具体工作提出指导意见。区领导高朋、孙军民、支现伟参加。

（区政府办）

【顺义区成为世界智能网联汽车大会永久会址】 10月18—21日，2018世界智能网联汽车大会在京举办，顺义12家智能网联企业精彩亮相展会，工业和信息化部副部长辛国斌在顺义主办的“未来之夜”活动中致辞，区领导高朋、孙军民、车克欣、周颖博等参加。闭幕式上，区委副书记、代区长孙军民就《顺义区智能网联汽车创新生态示范区发展规划》进行发布，大会宣布顺义区为世界智能网联汽车大会永久会址。

（区政府办）

【参加第二届中投论坛2018暨“国际产业合作及双向投资CEO峰会”】 11月8日，第二届中投论坛2018暨“国际产业合作及双向投资CEO峰会”开幕，区委副书记、代区长孙军民作题为《建造未来工厂——从顺义视角看高精尖产业群的发展》的主旨演讲，区委常委、副区长支现伟就投资环境进行推介，并与来自英、德等国家的企业家进行交流研讨。

（区政府办）

【2018产融合作峰会暨顺义区“高精尖”产业政策发布会】 11月15日，2018产融合作峰会暨顺义区“高精尖”产业政策发布会举行，市金融局局长霍学文、代区长孙军民共同为北京市上市挂牌企业总部基地揭牌，区委常委、副区长支现伟就顺义支持“高精尖”产业发展18条政策进行发布，投资总额达300亿元的17个“高精尖”项目签约。

（区政府办）

【工业互联网标识解析国家顶级节点（北京）签约仪式暨启动会】 11月21日，工业互联网标识解析国家顶级节点（北京）签约仪式暨启动会在顺义举行，签署《工业互联网标识解析国家顶级节点（北京）四方合作协议》，区领导孙军民、支现伟参加。

（区政府办）

【2018中国民营企业高峰论坛】 12月8日，2018中国民营企业高峰论坛在京举办，区领导孙军民、宋建明参加，区委常委、副区长霍光峰围绕区情和发展现状作主题演讲，区委常委、副区长支现伟就优化营商环境接受媒体采访。论坛上，投资总额达216.5亿元的6个项目签约落地。

（区政府办）

【中国创新创业大赛国际第三代半导体专业赛全球总决赛颁奖典礼】 12月22日，中国创新创业大赛国际第三代半导体专业赛全球总决赛颁奖典礼在顺义举行，国际半导体照明联盟主席曹健林，中关村科技园区管委会主任翟立新，区委副书记、代区长孙军民致辞，区委常委、副区长支现伟就顺义发展环境及第三代半导体产业发展情况进行推介，典礼上，中关村顺义园负责同志与优秀项目代表签订入园协议。

（区政府办）

【顺义区政府与阿里巴巴集团、京东集团签署战略合作备忘录、战略合作框架协议】 12月27日、29日，顺义区政府分别与阿里巴巴集团、京东集团签署《战略合作备忘录》《战略合作框架协议》，着手打造智能产业项目和京北智慧物流集聚区，阿里巴巴集团副总裁常扬、京东集团执行副总裁兼首席公共事务官蓝烨等，以及区领导孙军民、宋建明、李向英参加仪式。

（区政府办）

【经济社会发展总体情况】 2018年，全区实现地区生产总值1864亿元，增长6.1%；完成一般公共预算收入159.3亿元，增长7%；完成建安投资201.9亿元，达到

市政府下达任务目标；实现社会消费品零售额增长5.2%；全区居民人均可支配收入达到36575元，增长9%。

（区政府办）

【重大风险有效防范化解】坚决防范金融风险，持续开展专项整治行动，非法集资行为有效控制，地方债务规模总体可控。坚持不懈狠抓安全生产，紧盯首都机场周边等重点区域和电动车充电、有限空间、建筑施工等重点领域安全隐患，全区火灾起数、生产安全死亡事故和人数分别同比下降17.7%、50%和72.7%，北京市安全社区达到18家。

（区政府办）

【精准脱贫脱低全力推进】用心用情帮扶受援地群众，在全市首创“5+5+N”特色帮扶模式，25个镇街、14家国企深度参与结对帮扶。累计投入帮扶资金超过5000万元，实施帮扶项目36个，惠及建档立卡贫困人口5000余人，西藏尼木县正式脱贫摘帽，内蒙古科左中旗位列通辽市中期考评第一名。加大低收入农户精准帮扶力度，南彩镇小营村、杨镇下营村和荆坨村蔬菜温室项目建成，全区低收入农户人均可支配收入达到13695元，同比增长13.5%，脱低率达到99%。

（区政府办）

【生态污染防治持续发力】扎实开展中央和市级环保督察反馈意见整改，建立24本污染源台账，坚持“周通报、月调度”。持续加强大货车违法等重点领域执法检查，境内公交实现100%新清能源化，全区PM2.5年均浓度下降到50微克/立方米，完成市级任务。全面落实河长制，6处国家和市级考核断面全部达标，跨界断面补偿金同比下降74%，全区污水处理率90.4%。垃圾分类示范片区覆盖率30%，新增百万亩造林525.27公顷，连续18年无森林火灾。

（区政府办）

【分区规划编制有序开展】坚持以《北京城市总体规划》为引领，紧紧围绕落实区域功能定位和提高综合承载能力，主动对标北京城市副中心和雄安新区规划，严格落实“两线三区”空间分区管控要求，以40个专项规划和专题研究为支撑，高起点、高标准开展分区规划编制工作。坚持“开门搞规划”，先后召开会议140余次，不同层级对接500余次，征求意见及建议400余条，分区规划作为“多点”示范上报市政府。全年建设用地净减量2平方公里任务完成。

（区政府办）

【“疏解整治促提升”专项行动纵深推进】市级8大项任务全部完成，拆除违法建设247万平方米，完成市级任务的116%。全力办好群众家门口的事，“留白增绿”66.2公顷，建设提升103家便民商业网点，中粮祥云小镇成为全市首个生活性服务业示范街区。印发实施宅基地房屋租赁管理办法，常住人口控制在118.8万人以内。区委区政府主动赴通州区、大兴区、昌平区对接，推动与周边区域协作联动发展。友谊医院顺义院区、北京城市学院建设有序推进，北医三院顺义院区签约落地，通怀路一期、宋梁路北延等路网加快建设。

（区政府办）

【冬奥会筹办任务坚决落实】先后两次赴北京冬奥组委会考察对接工作，逐项落实涉及顺义区的10项任务。出台参与北京筹办任务工作方案，顺鑫控股、燕京啤酒正式成为官方赞助商。国家残疾人冰上运动比赛训练馆开工建设，全市唯一带坐席的区级室内冰场城南体育中心投入使用，全区冰场面积达到5.3万平方米、雪场面积31.3万平方米。

（区政府办）

【区域营商环境不断优化】深入开展“点对点”“一对一”服务企业工作，为企业量身定制“服务包”。全年发放工作居住证817张，提供人才公租房2453套、高精尖企业人才共有产权房295套。制定出台落实本市营商环境改革任务实施方案，“9+N”政策按要求时限落地实施，“导办分离”办税模式全市推广，全市首个“水气热”一站式综合服务窗口启用。“一网通办”率达到100%，全市排名第一，1447个事项实现“一门”办理，832个事项实现“最多跑一次”，1132个事项实现“一窗”受理。

（区政府办）

【高精尖经济结构加快构建】确定“3+4+1”高精尖主导产业新格局，聚焦发展“新能源智能汽车、第三代半导体、航空航天”三大创新型产业集群，提升发展“临空经济、产业金融、商务会展、文创旅游”四大现代服务业，着力构建“智能制造”产业生态。发布促进高精尖产业发展18条政策，实施第二期“梧桐工程”引才聚才，全年新引进项目协议投资总额超千亿元。深入推进创新型产业集群和制造业高质量发展，奔驰新能源等20个总投资近500亿元的高精尖项目落户顺义。成功承办世界智能网联汽车大会并成为永久会址，工业互联网标识解析国家顶级节点、第十届中国卫星导航年会等重大平台相继落户。第二轮服务业扩大开放36项试点任务全部完成，获批北京市上市挂牌企业总部基地，新引进北京人寿等优质金融项目30个，成立文化产业联盟，新国展二、三期功能定位和产业规划研究取得阶段性成果。

（区政府办）

【城乡发展水平稳步提升】出台促进河东地区重大项目建设发展行动计划，河东地区重点工程立项41个，一般性转移支付资金同比增长8%，总量占全区的83.3%。乡村振兴战略扎实推进，153个村庄规划编制完成。100项重点工程全部立项，复兴大桥建成通车，垃圾焚烧二期、餐厨垃圾处理厂投入运行。认真落实“街乡吹哨、部门报到”改革任务，取消300余项社区事务减负增效。持续推动智慧顺义建设，无线网络全覆盖项目一期初步验收，区级智能交通指挥平台建成。完成全国两会、中非合作论坛北京峰会等重大活动服务保障任务，全力开展扫黑除恶专项斗争。

（区政府办）

【民生保障工作取得新进展】城乡劳动力二、三产业就业率保持95%以上，连续7年获评北京市充分就业区。新增学前教育学位1600多个，北师大附属实验中学顺义分校开工，北京城市学院沙岭实验学校、首师大附属杨镇实验幼儿园挂牌成立，中高考成绩稳居全市前列。启动国家健康促进示范区建设，在全市卫生发展综合评价中位居城市发展新区第一，区妇幼保健院获批国家级儿童早期发展示范基地，区中医院迁建工程主体封顶，北医三院顺义院区取得1000张床位批复。全国文明城区创建工作全面启动。

（区政府办）

【群众居住条件进一步改善】棚户区改造高效有序，原维尼纶厂生活区国有土地房屋征收项目签约期限内实现100%签约，西丰乐村、东石槽村项目实现100%签约、拆除，柳各庄村项目实现100%签约。保障性住房开复工405万平方米、52731套，竣工7187套，其中共有产权房在建项目5个，累计提供住房6269套。鼓励并试点集体土地建设租赁性住房，牛栏山镇官志卷村等4个项目取得立项批复，实施方案编制完成。出台农村4类重点对象和低收入群众危房改造工作方案，惠及百姓1126户。老旧小区治理二期工程基本完工。

（区政府办）

【文件办理工作】2018年，共印发各类公文953件，共接收国务院、市政府及市属各委办局来文2846件，接收处理区级单位报送合格公文3165件，登记、办理区政府领导批示件7315件，催办市级单位征求意见需按时限反馈文件1200件6000余次，通过市电子政务内网办公服务平台上报请示类公文33件，传阅中央、市委涉密公文2320件，销毁涉密文件3次，到区邮政局发送机要信件170余次。

（区政府办）

【督查督办工作】2018年，共制发督查通知单301件，较2017年增加23.9%；形成刊物201期，较2017年增加13.4%；立项督办市区两级折子、实事、会议议定事项、领导批示、领导调研、群众反映热点等重点任务1873项，均按要求落实反馈。

（区政府办）

【绩效管理工作】研究制定《2018年度区政府各单位重点工作责任书》《2018年度区政府各部门和各镇（街道）绩效管理实施方案》《2018年度绩效管理实施细则》及《2018年度绩效任务表》，并与87家单位履行签订工作，共涉及市、区两级重点任务2074项；完成市政府满意度调查、年终察访核验等检查的迎检工作。

（区政府办）

【建议提案办理工作】办理市十五届人大一次会议代表建议7件（主办4件，会办3件），市政协十三届一次会议委员提案3

件（主办1件，会办2件），全部按期办复；办理区五届人大四次全会代表建议145件、区政协五届二次会议委员提案148件，区党代表建议19件，全部建议、提案100%按期办复，代表、委员满意率100%。

（区政府办）

【群众服务工作深入推进】2018年，区政府便民电话工作室共受理群众诉求89676件，同比增长8.05%；共接到表扬电话261件；共办理人民网“地方领导留言板”群众留言103件。刊出《便民电话网络工作要情》42期、《便民电话网络工作通报》12期，区领导共批示24件次。

（区政府办）

【信息宣传工作】2018年，共编辑上报全区各领域政务信息7700余条、总计550余万字，服务市、区两级领导决策。全年编发《顺义区情》等6类刊物526期，收集、编辑全区各部门各属地上报各类政务信息4784条；编辑《舆情快报》145期、《民声回应》138期，收集各类涉区负面舆情381件，涉及全区60余个部门及属地，舆情反馈率95%以上；刊发《领导决策参阅》171期，收录参阅信息257条。全年累计向市政府办公厅信息处报送信息870余条，被《昨日市情》《今日舆情》采用167条，其中，《顺义区推进政务服务供给侧改革打造特色营商环境高地》等长篇信息被特刊采用，并得到陈吉宁同志批示。被国务院办公厅采用的约稿信息共2篇。

（区政府办）

【信息公开工作】2018年，全区各有关单位通过政府网站、政务微博微信及报刊媒体等形式共主动公开政府信息59973条，其中区政府本级23140条。全区共受理政府信息公开申请766件，同比下降9.8%；引发行政复议21件、行政诉讼27件。

（区政府办）

综合行政服务

【概况】2018年，区政务服务管理办公室深入贯彻落实中央、国务院和北京市关于全面深化改革、推进“放管服”改革和加强政务服务体系建设的系列文件精神，紧紧围绕转变政府职能、深化简政放权、优化服务供给、创新监管方式、增强政府公信力和执行力的发展要求，进一步强化以人民办事服务需求为导向，以推进政务服务改革创新、优化营商环境为重点，科学统筹，勇于探索，积极实践。

（政务服务管理办公室）

【首个智能政务服务机器人亮相顺义】1月2日，全市首个智能政务服务机器人“顺顺”正式在顺义区政务服务中心上岗。“顺顺”上岗以来，接待市、区领导及各区有关部门调研来访10余次、办事群众3000余人次。

（政务服务管理办公室）

【顺义区网上办事大厅和统一行政审批业务平台建成上线试运行】1月，以北京市网上政务服务大厅为支撑的顺义网上办事大厅和统一行政审批业务平台上线试运行，为全区40余家具有行政审批服务职权的区级部门和19个镇、6个街道的对外公共服务事项的网上办理提供系统支撑。平台包含事项1300余项，全部事项的办理流程、办理时限、材料清单等均实现在线查询公示，为办事者提供有效引导，为实现审批服务事项“三级贯穿、一网办理”奠定基础。

（政务服务管理办公室）

【企业营商意见建议直通车正式上线运行】3月下旬，“顺义区企业营商意见建议直通车”专栏在区级网上办事大厅上线运行，功能定位于打造政府与企业快速互动的网络热线，收集企业问题诉求，协调解决企业难题，助力提升住区企业对本区营商环境满意度。

（政务服务管理办公室）

【全市首台小客车摇号自助办理机上线运行】4月2日，区政务服务管理办公室引进全市首台小客车摇号专用自助办理机，投放在区交通局大厅和区投资服务中心大厅。自助办理机具有查询、申请、变更、打印等功能，市民和企业可在自助办理机上自行办理小客车指标申请、变更、延期、撤销等事项，并自助打印《小客车配置指标确认通知书》。投入使用以来，月办理量在300人次以上。

（政务服务管理办公室）

【“政策图解”解读本区企业奖

励扶持政策】4月10日，区政务服务管理办公室会同区发改委、区商务委、区经信委等8家部门共同推出“政策图解”，形象化解读文化创意、金融、电子商务、旅游、上市企业、高端人才、中小企业等10个领域的10项政策。采取“一张图看懂”的形象化设计，对申报条件、申请方式、所需材料、注意事项等进行全流程的解读。“政策图解”以“口袋书”的方式投放到区投资服务中心大厅和三级政务服务大厅。此外，在区政务服务办门户网站、服务大厅自助机和“顺义政务”微信公众账号上进行推广，广大市民可以通过扫描二维码的方式，随时获取政策信息。

（政务服务管理办公室）

【“码上”政务服务推出】4月16日，区政务服务管理办公室推出“码上”政务服务系列。一是扶持政策“码上”知。图解文化创意、金融、电子商务等领域的10项政策以及外籍人才出入境方面的8项政策并生成二维码。二是政务地图“码上”有。整理36个区级服务大厅和25个镇、街政务服务中心地图，办事企业通过扫码实现自动导航。三是意见建议“码上”提。开通“顺义区企业营商意见建议直通车”网上专栏，扫描直通车二维码，即可在移动终端填写意见建议。

（政务服务管理办公室）

【企业营商环境服务热线正式开通】4月19日，顺义区企业营商环境服务热线正式开通，企业可通过拨打专线电话81492202的方式或登录顺义区政务服务管理办公室门户网站“企业营商意见建议直通车”网络热线的方式进行营商环境政策咨询、提出意见建议、反映问题、投诉举报。截至年底，接件受理511件，包括电话热线508个、“企业营商意见建议直通车”网上热线3个。其中，直办件504个，转办件7个，均办结。取水许可、排水许可、对外贸易经营者备案、消防验收备案、施工许可证办理、卫生许可证办理6类事项是电话热线咨询热点问题，转办件回访率100%，满意度100%。

（政务服务管理办公室）

【近千名政务服务执厅员上岗执勤】4月26日，区政务服务管理办公室在全区首设政务服务窗口执厅员，覆盖区、镇（街）、村（居）三级近600个政务服务窗口单位，实现对政务服务工作监督的全面覆盖。执厅员实行每日执勤制度，全面负责当日大厅的各项日常服务管理工作，重点负责办事人的接待引导、咨询服务，重点检查窗口工作人员仪容仪表是否规范、语言行为是否文明、履职尽责是否到位、纪律作风是否过硬等情况，并负责对大厅设备设施运行情况进行每日检查，让大厅运行“有管家”、群众服务“有专家”。

（政务服务管理办公室）

【政务开放日活动】5月，区政务服务管理办公室开展“阳光政务·邀您同行”主题政务开放日、“正青春，要精彩”优化营商“青年开放月”活动，先后邀请企业、市民代表、青联委员、创业青年、志愿者等100余人参与。

（政务服务管理办公室）

【全市首套《企业办事简明绘本》新鲜出炉】5月下旬，区政务服务管理办公室推出全市首套《企业办事简明绘本》，以卡通图画场景形式，展示区投资服务中心的100余个事项的办事流程，包括企业开办篇、电力公司篇、通信报装篇等15个篇章，企业设立、公共场所卫生许可、建设工程联合验收等101幅图画。《企业办事简明绘本》展示办事步骤、受理方式、办理地点、材料清单等内容，让办事者一图读通办事指南，一图看懂办事流程图。

（政务服务管理办公室）

【“优化营商企业行”系列活动】6月，区政务服务管理办公室会同规划分局、区财政局等相关单位组成联合服务组，先后走进顺丰速运、新华航空等企业，现场解读政策，针对企业提出的个性化问题，提出破解思路和解决办法。

（政务服务管理办公室）

【1520张政务服务极简流程图上岗】7月，全新绘制的1520张覆盖区、镇两级政务服务大厅入驻事项的极简版政务服务流程图陆续上岗，将大厚本的办事规范，简化成一张一看就懂的图表，还配有卡通指引，真正让办事者按图办事，省时省心。

（政务服务管理办公室）

【政务服务事项“一网通办”比率突破50%】10月26日，本区网上政务服务大厅共入驻全区41

个职能部门的1326个办理事项。其中，已实现“一网通办”666项，实现“一网通办”比率50.23%。至此，本区一半以上的政务服务事项可通过区级网上办事大厅进行办理，涵盖食品药品、交通运输、卫生计生、商务旅游、建设工程等各个领域。

（政务服务管理办公室）

【顺义区政务服务中心综合窗口试运行】11月1日，设置在顺义区投资服务中心大厅内的综合窗口启动运行，综合窗口将区动监局、区统计局、区气象局、区外事侨务办、区民宗局、区金融办等10个部门的业务整合纳入1个窗口，可集中受理92个审批事项，按照“前台综合受理、后台分类审批、统一窗口出件”的运行服务模式，实现从“专能”到“全能”的服务转变，真正实现让企业和群众办事“只进一扇门、只对一个窗”的工作目标。

（政务服务管理办公室）

【政务服务事项“一窗”分类受理率突破50%】11月19日，区卫计委、区文化委、区旅游委、区经信委、区商务委、区水务局、区体育局等8个部门共149个政务服务事项纳入区政务服务中心综合窗口办理。至此，区级专业大厅和区政务服务中心共实现“一窗”分类受理的事项为834项，约占全部政务服务事项的50.6%。

（政务服务管理办公室）

【“创业小贴示”新鲜出炉】11月30日，区政务服务管理办公室推出“创业小贴士”，选取“我要开超市”“我要开酒店”“我要开健身房”等10个领域的创业类型，梳理涉及的部门、事项办理流程图和材料清单，按照办理步骤和顺序，将所有办事流程串联，实现流程贯通，以绘本的形式进行形象化设计，让办事流程一目了然。

（政务服务管理办公室）

【约50%政务服务事项实现“最多跑一次”】12月，本区40个部门的832个事项实现“最多跑一次”，约占全部政务服务事项的50%。其中，年办件量在4000件以上的高频事项39个，覆盖税务、人力社保、民政等领域。692个事项实现网办功能，占实现网办事项的50%。

（政务服务管理办公室）

【“一网通办”率达100%】12月2日，本区43个部门的1489个事项全部实现网办，全市排名第一。

（政务服务管理办公室）

【固定资产投资项目时限内办结率100%】12月，本区固定资产投资项目综合窗口启动运行，当月共接件186件，时限内办结率达到100%。其中，取水许可36件、建设工程规划许可证（含临时）核发16件、房屋建筑和市政基础设施工程竣工验收备案13件、建设项目环境影响评价审批13件、建设项目规划条件10件、建筑工程施工许可证核发（含质量监督注册、安全监督备案）10件、政府出资的投资项目审批（权限内）10件。

（政务服务管理办公室）

【“一门式”政务服务改革见成效】12月，区政务服务中心和各专业实体大厅入驻政务服务事项1447项，约占全部政务服务事项的87.5%。同时，按照8月23日区委常委会要求的“应进必进”原则，对全区各职能部门的政务服务事项进行梳理，明确35个部门的1329项事项将陆续入驻政务服务中心，入驻率80.4%。

（政务服务管理办公室）

【“一窗式”政务服务改革试点推进】12月10日，本区工程建设项目审批事项综合受理窗口在区政务服务中心上线试运行，该综合窗口依托市投资项目在线审批监管平台，整合住建委、规土分局、水务局、园林绿化局、民防局等14个部门的162个审批事项，按照“前台综合受理、后台分类审批、统一窗口出件”的运行服务模式，实现工程项目“一表式”和“一窗式”。年内，实现“一窗”分类受理的事项总数1132项，“一窗”分类受理率约为68.5%。

（政务服务管理办公室）

【将政务服务延伸到“最后一公里”】12月，25个镇（街道）全部建立政务服务中心，覆盖率100%；556个村（社区）有553个村（社区）建立政务服务站，覆盖率99.4%；区级政务服务中心（除税务局）统一加挂分中心牌子，加挂率94.7%。

（政务服务管理办公室）

【**服务事项要素标准化梳理工作启动**】年内，区政务服务办开展区级政务服务事项要素标准化梳理工作，明确工作目标、责任分工、梳理范围、梳理标准、梳理步骤和完成时限，成立政务服务事项标准化审核小组，督促检查各相关部门完成情况，协调沟通工作推进中出现的问题，44家单位1653个区级政务事项全部审核通过，完成度为100%。

（政务服务管理办公室）

政务信息化管理服务

【**概况**】2018年，区信息中心围绕“智慧顺义”建设这条主线，按照夯实基础、急用先行、融合数据、统筹建设的工作思路，超前布局核心基础设施，重点推进“雪亮工程”“多网融合”等项目建设，着力打造“智慧顺义”门户，持续推进数据整合和数据标准编制，努力提升城市综合承载能力、政府管理能力和公共服务水平。

（信息中心）

【**规划建设“数据中央厨房”**】建设总面积2700平方米的数据中心，包含行政中心机房、政务数据中心机房、“市民之家”机房。其中，行政中心机房、“市民之家”机房建成，政务数据中心机房扩建工程启动。

（信息中心）

【**政务云平台初步建成**】按照《北京大数据行动计划2018年工作任务》要求，政务云平台初步搭建完成。平台承载区行政审批系统、大党建考评系统企业信用系统等多个应用系统。下一步将在现有基础上，拓展云平台资源池，承载“智慧顺义”各领域业务系统部署。

（信息中心）

【**“雪亮工程”建设**】2018年，“雪亮工程”可研编制完成，并通过首都综治办、市图像办和区经信委组织的专家技术评审，具体建设内容包括：建设1个综合前端采集系统、1个总平台、2个分平台和N项视频应用。

（信息中心）

【**“多网融合”综合信息平台建设**】2018年，对照市级考核标准及各部门业务需求，完成基础平台框架部署，建立受理中心、处置中心、地理信息、统计分析等公共通用功能模块；开发城市管理、治安维稳、城管执法、社会服务等个性化业务应用；导入城市基础部件信息42万条，户籍人口数据24.3万条，流动人口数据28.3万条，房屋数据15万条。与北京市城市管理案件统计分析系统对接完成。协助城市管理委等相关单位进行基础数据采集录入、网络划分落图、业务流程梳理定制等工作进行中。

（信息中心）

【**“城市区域综合执法系统”建设**】系统规划设计综合执法业务模块、信息资源管理模块、业务统计分析模块、移动执法APP和综合执法知识库等。结合光明街道办、胜利街道办、旺泉街道办应用要求，先行开发街镇综合执法业务模块，实现“采集信息、事件立项、任务派遣、任务处置、结果反馈、核实结案、综合评价、绩效考评”八步闭环流程。

（信息中心）

【**政务移动办公平台建设**】以政府办业务应用需求为切入点，基于腾讯公司的政务微信和区电子政务办公服务平台进行开发，可随时随地利用移动端查阅、批办公文，获取政务资讯，安排工作日程，进一步提升政务办公效率。同时，根据行政科、信息科、督查室业务需求，实施电子政务办公服务平台改造，进一步完善政务通知、信息报送、政府督查功能。

（信息中心）

【**数据整合加速推进**】以信息强政、信息惠民为出发点，按照逻辑汇聚—数据整合—数据融合的工作思路，加快推进数据整合工作。搭建完成“智慧顺义”管理综合指挥平台，涵盖智慧政务、智慧环保、智慧医疗、智慧安全等多个板块，先期接入区环保局、区安监局、区旅游委等26家单位的38个信息系统，采集包括环保遥感、油烟在线、危险化学品、企业救援物资、企业救援队伍、职业卫生隐患排查、居民用水量、用气量等业务数据。

（信息中心）

【**顺义网城建设**】2018年，顺义网城运行总体平稳，访问速度较快。日均页面浏览量达到4.5万次。访问者IP数累计超过5000万，网站总页面浏览量累计达6.1亿多次；全年共发布各类信息4222条，其中，发布政务、经济、百姓生活等动态类信息2000余条，图片近800张；向其它媒体报送政务、经济、生活等信息近2000条，图片1000多张；被采用信息千余条、图片500余张。制作《创建全国文明城区》等宣传专题12个；制作《打好蓝天保卫战推动生态环境建设》《庆祝中华人民共和国成立69周年》等系列报道11个，发布动态信息近800条；制作、播出党建引领社区工作、科技创新、煤改清洁能源等内容"在线访谈"8期。

（信息中心）

【政府网站集约整合工作】根据《国务院办公厅关于印发政府网站发展指引的通知》（国办发〔2017〕47号）和《北京市人民政府办公厅关于贯彻落实〈政府网站发展指引〉的实施意见》（京政办发〔2017〕51号）精神，启动实施本区政府网站集约整合工作，建设顺义区政府网站群统一管理平台，同步实施新版区政府门户网站改版。新平台于2018年12月1日正式上线试运行。参加全国政府网站普查的60个网站以及9家事业单位网站，4个经济功能区管委会网站全部整合至顺义区政府网站群统一管理平台，促进政务信息资源及数据共享，提升政府网站管理水平和服务能力，实现"一区一网"的工作目标。新版区政府门户网站设置政务公开、政民互动、政务服务和魅力顺义4个频道200余个栏目。

（信息中心）

【强化政务网络与信息安全保障】一是对政务外网互联网出口进行优化升级，政务外网互联网出口达到8.2G。二是持续推进政务外网用户登记备案工作，年内新增登记备案计算机2028台，全区共登记计算机21763台。三是在全市率先开展电子政务外网等级保护工作。对照等级保护三级标准，补齐信息安全设备，于年初完成等级保护三级备案并完成等级测评。四是加强网络与信息安全检查。每季度对全区85家政务网站和194台应用服务器进行漏洞扫描，并督促相关单位根据漏扫报告落实整改。在两会、中非论坛等重要时间节点采取"人防+技防"方式进行7×24小时应急值守。

（信息中心）

【电视电话会议保障和多媒体制作工作】年内，区级电视电话会议涉及行政中心、党校、顺义宾馆等6个主会场，区信息中心组建专业技术团队，对国家及北京市转播的电视电话会议、区级电视电话会议实施联调和保障。2018年，完成121次电视电话会议保障工作，同比增长100%。为区委区政府制作《市领导调研顺义汇报提纲》《顺义区经济社会发展情况》《依法履职和廉政建设情况报告》等PPT文稿20余个；为区政府常务会制作专题PPT文稿70余个；提供多媒体演示及现场保障等技术支持服务90余次。

（信息中心）

【定期开展政府网站普查工作】为确保全区61家网站通过国办、市办的每季度网站普查，区信息中心每月对普查对象进行一次全面检查并督促整改。2018年，区内所有参查政府网站合格率100%。

（信息中心）

信访工作

【概况】2018年，面对复杂多变的国际形势和国内艰巨繁重的改革发展稳定任务，以及打赢"三大攻坚战"和落实好"三件大事"等重点工作和党的十九届二中全会、全国及市"两会"和上合峰会、中非论坛等重大保障任务，全区信访工作部署有力、落实得力，问题化解给力，信访形势持续向好发展。

（信访办）

【推动"事要解决"，千方百计化解信访突出问题】围绕党的十九届二中全会、全国及市"两会"和上合峰会、中非论坛等重大活动，聚焦"三大攻坚战""三件大事""三大任务"等重要工作，全区各相关部门做好协同，完成各项保障任务。认真办理群众来信，耐心接待群众来访，深化推进网上信访，针对信访突出问题，强化信访事项的转办、交办、督办力度，加强有权处理责任部门的责任落实。深化区级领导干部定期接访化访，坚持问题导向，聚焦热点问题，加强重点领域信访问题协调化解力度，妥善化解大批农民工讨薪类问题，有效维护群众合法权益和社会稳定。

（信访办）

【三项措施协调化解拖欠农民工工资信访问题】顺义区信访办三项措施协调化解拖欠外来务工人员工资信访问题。一是畅通诉求渠道。实行24小时值班制度，保证信访渠道畅通，方便外来务工人员反映诉求，做到第一时间受理、交办、转办拖欠工资信访问题。二是多方协调联动。按照“属地管理”原则，加强与各职能部门的沟通衔接，做到有访必接、接访必查、查访有果。三是全程跟踪回访。此类信访问题的首问、首接责任人对办理情况、办理进度等实行有效跟踪，对相关单位进行及时催办督办，努力做到“件件有着落、事事有回音”。

（信访办）

【2018年信访系统业务培训会】5月17—18日，顺义区信访办举办2018年信访系统业务培训会。培训邀请市信访办党组成员、副主任申泽宝和市信访办排查处、网信处领导授课，全区各镇街、区属委办局功能区主管领导和信访办主任120人参加培训。副区长、区公安分局局长赵为民作开班动员。培训围绕“深入学习贯彻党的十九大精神，进一步提升信访工作质量水平”主题展开，授课主要内容为《依法分类处理信访诉求》《全力做好新时代矛盾纠纷排查化解工作》《网上信访办理业务规范》。

（信访办）

【到赵全营镇进行调研】5月28日上午，区经管站、区农委、区信访办相关工作人员一起到赵全营镇进行调研，与赵全营镇相关工作人员一起就土地承包问题进行研讨。区经管站、区农委同志介绍土地确权、土地承包的相关政策，区信访办同志阐述解决信访问题的原则，赵全营镇政府的同志表示将充分发扬民主协商原则解决农民土地确权问题。研讨中各部门就解决赵全营镇确权颁证中遇到的问题达成一致意见。

（信访办）

外事侨务

【概况】区政府外事侨务办紧紧围绕顺义区“港城融合的国际航空中心核心区、创新引领的区域经济创新提升先行区、城乡协调的首都和谐宜居示范区”的功能定位，全面落实“十三五”时期提升国际交往功能的各项举措，充分发挥外事、侨务工作的积极作用，推动顺义区经济社会转型和区域国际化发展。

（顺义区政府外事侨务办）

【科左中旗领导考察对接对口帮扶合作】3月6日，内蒙古自治区科左中旗旗委书记刘百田一行赴顺义区考察对接工作，进一步落实《北京市对口帮扶内蒙河北脱贫攻坚三年行动计划（2018-2020）》，着力推进两地开展对口帮扶工作。区领导霍光峰，区发改委、区农委、区经信委、区政府外联办等相关单位参加。

（顺义区政府外事侨务办）

【“2018外语喜乐会”活动】4月，区政府外事侨务办连续第四年举办“携春意聚四海宾，迎冬奥盼九州客—2018外语喜乐会”活动。此次活动以“迎冬奥”为主题，旨在提高市民的国际交往能力，为北京冬奥会营造良好的国际语言环境。活动当天，通过中西文艺汇演、互动体验区等形式，普及外语知识，提高市民讲外语能力和学习兴趣，提升对外交流素养。

（顺义区政府外事侨务办）

【宝马公司领导到顺义区友好拜访】6月1日，宝马（中国）服务有限公司高级副总裁Martin Sautter（邵儒廷）一行3人拜访本区，区领导孙军民、霍光峰参加。代区长孙军民对宝马公司代表团的到来表示热烈欢迎，并详细介绍本区社会经济发展情况。

（顺义区政府外事侨务办）

【北京侨商会“企明星行动”走进顺义福尼亚】6月2日，2018侨商北京洽谈系列活动之顺义行暨北京侨商会“企明星行动”走进顺义福尼亚活动举办，来自北京侨商会的会员及特邀嘉宾近百人参加。市政府侨办主任刘春锋，顺义区委常委、区政府常务副区长霍光峰等领导出席。与会嘉宾共同观看《行进顺义》宣传片，参观顺义区优化营商环境工作展板。此次活动旨在方便侨商们进一步了解顺义发展、关注顺义转型升级。

（顺义区政府外事侨务办）

【侨届代表参与“五一口号”纪念活动】6月3日，顺义区举办纪念中共中央发布“五一口号”70周年庆祝活动，活动现场展出近三年侨务工作在构建区委领导的“大统战”工作格局中做出的贡献，并以展板的形式展示5名侨届代表风采。区政府外事侨务办组织侨届代表参与活动，参观顺义区统一战线成果展，并共同观看文艺演出。

（顺义区政府外事侨务办）

【俄罗斯圣彼得堡华人华侨联合会考察调研】6月12日，俄罗斯圣彼德堡华人华侨联合会会长陈志刚一行9人到顺义考察，区委常委、天竺综保区管委会常务副主任宋建明，区委常委、常务副区长霍光峰，管委会党组成员、副主任李燕凌陪同，区商务委、区政府外事侨务办相关领导参加。商会一行实地参观北京天竺综保区管委会和跨境电商体验中心。

（顺义区政府外事侨务办）

【2018年“春华秋实”联谊活动】6月29日，北京市人民对外友好协会2018年“春华秋实”联谊活动在顺义举办，市友协副会长刘玉虹，顺义区委常委、常务副区长霍光峰，北京天竺综合保税区管理委员会副主任李燕凌参加。驻华使节及市友协领导一行参观罗红摄影艺术展，到奥林匹克水上公园参观未堂小镇、游美拓展中心、顺奥冰世界以及民族版权交易中心中国非物质文化遗产展，并了解奥运场馆赛后利用情况及2022冬奥会项目推广情况。

（顺义区政府外事侨务办）

【印尼雅加达苏加诺—哈达机场代表团考察】7月18日，印尼雅加达苏加诺—哈达机场移民局局长埃南·苏普里亚迪率团到顺义区考察，市政府外办同志陪同。代表团先后到北京天竺综合保税区管委会、口岸物流服务中心进口商品展示店、跨境电商公共库进行实地考察，详细了解保税区园区建设、功能布局、口岸操作、保税物流、产业发展情况和科技创新企业发展情况，对北京天竺综合保税区成功的发展与管理经验给予高度赞扬。此次考察以“一带一路”倡议5周年为背景，旨在进一步加强顺义区形象宣传与推介，助力北京市国际交往中心建设，促进我国与周边国家的经济文化的友好交流和长期合作伙伴关系的建立。

（顺义区政府外事侨务办）

【侨届海外院士走进顺义授课前沿科技理念助推顺义发展】为发挥首都侨务资源优势，助推本区全国科技创新中心的创新型产业集群建设，8月13日，借助市政府侨办组织海外院士专家开展系列活动契机，顺义区政府联合市政府侨办，邀请德国汉堡科学院院士张建伟教授，以区政府理论学习中心组学习形式，为全区各单位120余名领导授课。区领导霍光峰、支现伟等同志参加。讲座以“人工智能赋能高端制造与机器人产业”为题，张建伟教授对人工智能发展新动能、智能经济与智能社会、认知信息物理系统与工业4.0等前沿科技理论及发展情况进行阐述，结合顺义重点发展领域，对人工智能的应用前景进行分析，与区领导就关心的问题进行交流。

（顺义区政府外事侨务办）

【河北雄安新区管理委员会领导考察】9月12日，河北雄安新区党工委委员、管委会副主任傅首清一行到顺义区考察都市现代农业发展情况，区领导孙军民等同志参加，区农委、区政府外联办、杨镇、龙湾屯镇、北京顺义生态旅游有限公司负责同志陪同。河北雄安新区管理委员会领导一行实地考察北京国际鲜花港和龙湾屯镇分享收获农场，详细了解顺义区花卉产业和有机农业发展的先进理念和经营模式。

（顺义区政府外事侨务办）

【“2018年顺义区领事保护进万家”活动】9—10月，由区政府外事侨务办公室主办的“2018年顺义区领事保护进万家”活动走进顺义区出入境服务大厅、顺义一中、北青国旅、空港街道莫奈社区等单位、社区，向工作人员、师生和社区居民发放领保手册、留学安全手册、境外安全手册等宣传材料3000余份，广泛宣传领事保护知识，帮助人民群众树立境外安全防范意识，更好地保护出境求学旅游的中国公民、留学生、商务人员、公务人员、旅行机构等的自身利益以及生命财产安全，保护顺义区“走出去”企业的海外权益。

（顺义区政府外事侨务办）

【通辽市政府领导对接推动京蒙扶贫协作工作】9月14日，为进一步推动京蒙扶贫协作，推进顺义区与科左中旗扶贫协作和支援合作工作，内蒙古自治区通辽市委副书记、市长郝茂荣一行到顺义区考察对接对口帮扶工作，北京市扶贫援和办副主任汪兆龙陪同，顺义区领导孙军民等同志参加。通辽市政府领导一行实地考察顺鑫石门市场、顺鑫农业创新食品分公司、顺丰速运公司、顺鑫大学，详细了解通辽市科左中旗农产品进京展销、高端农产品产业升级、就业扶贫项目等相关工作进展情况，并就进一步对接推动京蒙扶贫协作工作进行交流。

（顺义区政府外事侨务办）

【辽宁省抚顺市政府领导交流培养扶持企业发展经验】9月21日，辽宁省抚顺市委副书记、市长杨维一行到顺义区交流培养扶持企业发展经验，顺义区领导孙军民、支现伟参加，区发改委、区经信委、区商务委、区政府外联办、中关村顺义园负责同志陪同。座谈会上，双方领导一同观看《行进顺义》宣传片，顺义区发改委、区经信委领导分别详细介绍“疏整促”、产业疏解政策和企业扶持等方面情况。随后，两地领导就进一步疏解承接非首都功能项目、推进两地产业转移等相关事宜进行交流。

（顺义区政府外事侨务办）

【“顺义区APEC商旅卡企业海外安全能力提升”活动】10月22日，“顺义区APEC商旅卡企业海外安全能力提升”活动举办。通过海外安全风险分析讲座和绑架劫持应对、个人防卫技巧实际操作，进一步提高办卡企业人员应对危险的能力和心理防范意识，助力企业安全高效地“走出去”拓展海外业务。

（顺义区政府外事侨务办）

【芬兰凯拉瓦市代表团访问】10月31—11月1日，芬兰凯拉瓦市城市发展与国际事务总负责人Emmi Malin一行到本区访问，区教委、区卫生计生委、区政府外事侨务办相关领导参加。访问期间，代表团参观北京临空经济核心区、北京天竺综合保税区，走访北京中医医院顺义医院、顺义区医院、顺义牛栏山第一中学、首师大附属顺义实验小学、顺义区第九中学、顺义区顺和花园幼儿园，并与卫生和教育相关单位工作人员进行座谈。

（顺义区政府外事侨务办）

【韩国首尔城北区议会代表团访问】11月12日，韩国首尔城北区议会副议长朴学东一行到本区访问，区人大常委会副主任赵殿江会见，区经信委、区商务委、区旅游发展委、区政府外事侨务办相关领导参加。访问期间，代表团参观北京天竺综合保税区、北京现代二厂、顺鑫牛栏山酒厂和罗红艺术馆。

（顺义区政府外事侨务办）

【因公出国境政策解读和培训】12月6日，顺义区因公临时出国（境）工作培训会召开。培训邀请市政府外办出入境管理处领导解读北京市因公出国（境）最新的形势政策；区纪委区监委、区委组织部、区财政局、区国家安全局，分别从因公出国（境）相关纪律政策、规范领导干部因公出国（境）备案、因公出国（境）经费管理和国家安全等方面进行专题培训。全区116家单位的主管领导和外事专办员参加。

（顺义区政府外事侨务办）

【2018年春节暖侨敬老慰问活动】春节前夕，本办开展暖侨敬老慰问活动，共走访慰问归侨侨眷代表29户，为72人办理体检。工作人员深入归侨侨眷代表家中，向他们致以节日问候，了解他们的生活需求、海外亲属工作及联系情况，并请他们将祝福传递给海外华侨华人同胞。归侨侨眷代表表示，他们将积极参与社区建设、更安心融入社区的活动和生活，并将情况转告海外亲人，使他们更加关注顺义发展。

（顺义区政府外事侨务办）

【APEC商旅卡】年内，共为全区38家企业88人办理APEC卡申请，全年新发旅行卡89张。顺义区累计申办459张，累计发卡358张。

（顺义区政府外事侨务办）

【公益英语角“顺e角”】整合区内优质外语学习资源，将“顺e角”英语角活动送入校园，每月一期，全年共举办线下活动12期，累计举办42期，参加群众超过3000人次。

（顺义区政府外事侨务办）

档案

【**概况**】年内，档案局一是对112家立档单位按照实际情况，采取兼顾全体、分类指导，重点先行的方法开展指导工作。二是对35家单位进行档案安全检查，通过听取汇报、现场检查、档案员现场填写检查备案表、抽查下属单位、书面反馈、全区通报等方式，提升监管效果。三是继续完成存量档案数字化扫描工作，完成文书档案、婚姻档案等30万页纸质档案的全文扫描。四是共接待查档人数3179人次，查阅各类民生档案4170卷。五是接收3家单位卷级文书档案1821卷，件级文件355件。六是对各立档单位1987年度形成的档案进行初审。

（档案局）

【**档案安全体系建设**】2月，为加强档案安全体系建设，档案局将档案信息重要数据进行本地完全备份；为确保提供高质量查询利用服务，就备份数据能否打开、数据信息是否完整、文件数量是否准确等内容进行检验。

（档案局）

【**石园街道档案业务培训**】3月15日下午，石园街道文书档案培训会召开，区档案局指导科工作人员、街道各科室负责人及档案工作人员40余人参加，会议由石园街道组织部长刘京琪主持。培训内容围绕街道档案日常工作开展，分别从档案的收集、归档、整理流程等环节，介绍文书档案的制作；重点讲解档案工作的重要性和文书档案归档范围、保管期限的划分、整理方法；强调实物档案、照片档案、光盘档案的意义，提出平时收集的重要性。

（档案局）

【**2018年顺义区机关单位档案测评工作培训会**】4月21日上午，档案局2018年顺义区机关单位档案测评工作培训会召开，顺义区仁和镇、杨镇、南法信镇、光明街道办、空港街道办、质监局6家申报单位的档案员参加培训。培训会上，部署全区机关档案测评工作，介绍几年来顺义区此项工作情况；宣讲《北京市机关档案工作测评办法》；就《北京市区县机关档案工作测评细则》内容，从工作保障、基础业务、利用与服务、对下属单位的监督指导4个方面逐项进行分析解读。要求申报单位要按照《测评细则》，逐项对照本单位档案工作情况进行检查，认真开展自查自评工作。会后，档案局指导科派专人深入6家单位开展测评指导工作，针对各单位档案工作存在的问题，提出整改要求，进一步提高各单位档案管理工作水平，为各单位通过测评验收提供保障。

（档案局）

【**民生档案信息跨馆利用系统数据准备工作启动**】4月25日，民生档案信息跨馆利用数据准备工作启动。数据准备工作涉及馆藏婚姻档案20余万条，由档案馆信息化科具体负责，主要任务是按照《北京市民生档案信息跨馆利用工作方案》要求，将馆藏婚姻档案数据依据标准进行整理、规范、拷贝。5月中旬，数据报送至市档案馆进行审核及数据导入。

（档案局）

【**党建绩效档案管理培训**】5月24日，区委党建工作领导小组办公室在区委党校举办培训班，就顺义区“大党建”工作绩效考评系统使用情况进行专题培训。其中，区档案局介绍绩效档案管理工作流程，对派发的党建任务指标“推进党建档案标准化规范化管理”进行解读，并对上传材料的格式、命名等提出具体要求。全区各单位负责“大党建”绩效考评系统操作的联络员及相关工作人员参加培训。

（档案局）

【**“国际档案日”暨北京市第十届“档案馆日”活动**】6月8日，档案馆举办“国际档案日”暨北京市第十届“档案馆日”活动，本次活动以“档案见证改革开放”为主题。内容主要涵盖馆室开放、文化展示、播放档案宣传片、展出特色编研材料、咨询互动等多个项目。在文化展示中，档案馆推出档案陈列展，展出部分馆藏珍贵档案和建国以来顺义人民在各项建设中取得重要成就所获的奖杯、奖状等；举办顺义非遗照片展、家庭档案研讨讲座等活动。全区共计120余家立档单位的档案工作者和600余名群众参加开幕式当天的活动，共计发放宣传材料500份。

（档案局）

【档案防汛工作】汛期，档案局向全区各立档单位下发《加强汛期档案安全保管工作的通知》。要求健全值班报告制度，密切关注本单位档案安全情况，值班人员通信工具保持24小时信息通畅，时刻待命上岗到位，全面做好突发强降雨防范工作，确保档案资料的绝对安全。

（档案局）

【农村档案法制宣传工作】9月19日，档案局联合龙湾屯镇政府，开展以“增强全民档案法制意识，依法保护利用档案信息”为主题的档案法制宣传活动。在龙湾屯镇集市，通过悬挂宣传横幅、搭建宣传台、制作宣传展板、散发宣传单等形式开展宣传。宣传资料丰要包括《档案法》《档案违法案例选》《顺义区档案馆简介》；发放“顺义区档案馆关于征集珍贵档案资料的通告”，面向社会广泛征集反映顺义地区各历史时期的具有保存价值的档案资料；向百姓介绍档案馆职能、作用及家庭档案基本知识，让更多人走近档案、了解档案工作。活动现场，共发放宣传品150余份，介绍家庭档案基本知识20人次，展出档案宣传展板10余块。

（档案局）

【牛栏山一中附小秋季实践周活动】10月24日，顺义区牛栏山一中附小“Welcome To ShunYi”课题小组的学生们来到顺义区档案馆开展秋季实践周活动。学生们观看《潮白烽火》展览。展览展示抗日战争时期中国共产党在顺义从建立第一个党组织，到领导顺义人民同反动的伪政权、日本侵略者和国民党反动派进行不屈不挠斗争，并最终取得胜利，建立新政权的辉煌历程。

（档案局）

【8家单位通过机关档案优秀测评工作】年底，仁和镇、杨镇、南法信镇、光明街道办、空港街道办、石园街道办、质监局、区公安分局8家通过机关档案市级优秀测评，晋升为市级优秀档案室。

（档案局）

机关事务管理服务

【概况】2018年，区机关事务中心深入学习贯彻党的十九大精神，以创建“服务型机关、效率型机关、节约型机关”为目标，紧紧围绕区委、区政府中心工作，切实履行机关事务服务保障职能，完成区政务中心餐厅、会议室、地下停车场建设、办公用房调配、区行政中心物业、餐饮会务、安全管理等机关服务保障工作，推进行政执法车辆管理平台建设工作，按时保质完成年初既定的工作任务和目标。

（区机关事务中心）

【政务中心建设工作】2018年初，按照区政府统一部署，区机关事务中心负责区政务中心（市民之家）房屋分配、会议系统和地下停车场建设以及餐厨区设备配置工作。区机关事务中心党组把区政务中心（市民之家）相关工作列为重点工作，结合各入驻单位实际情况，在确保依法合规的基础上，经编制统计、面积核定、方案修改、征询意见等环节完成区政务中心3-7层房屋分配工作；高标准按期完成会议系统建设和地下停车场建设等重点工作。为区内各单位入驻集中办公区工作提供保障。

（区机关事务中心）

【办公用房管理】认真贯彻落实《党政机关办公用房管理办法》，严格按照党政机关办公用房使用标准和相关规定，根据入驻单位人员编制情况，核定入驻单位办公用房面积标准，确保依法合规，在确保不超过核定面积的基础上最大限度满足入驻单位需求。经统计，区政务中心（市民之家）3-7层共有入驻单位21家，在编人数1559人，共分配办公用房2.61万平方米。同时做好搬迁集中办公区后腾退办公用房的统筹调配管理，《关于做好机构改革后我区办公用房统筹调配的意见》制定出台，将集中统一管理原则贯穿到办公用房的各领域、各环节。为确保本区人才安居工作稳步推进，面向全区开展人才公寓需求情况统计工作，不断完善和优化配租审批流程，全年累计共向182名人才配租人才公寓，有效缓解各类人才住房难题。以摸底调研为基础，提前谋划，科学地、有针对性地提出2018年及未来3年的房源需求。《顺义区行政中心公共区域固定资产管理暂行办法》制定出台，明确部门职责，购置、管理、调配、处置流程，进一步规范和加强区行政中心公共区域固定资产管理工作，提高固定资产使用效益。

（区机关事务中心）

【公务用车管理】开展公务用车改革工作，围绕统一管理、科学调度，建立高效有序的车辆管理运行模式。完成全区保留公车标识印制和发放工作。向293家单位发放公车标识2683张：其中党政机关公车标识609张，事业单位公车标识895张，国有企业公车标识1179张；完成党政机关和事业单位共1560辆保留公车车载信息终端安装，指导、协助区国资委开展国有企业约1500辆车载信息终端安装工作；搭建区级行政执法车辆管理平台，完成108辆行政执法车辆产权过户工作，通过社会化租赁方式集中租赁60辆新能源执法用车，补充到执法工作一线，实现产权统一、标识统一、集中调度、平台管理。共与32家单位签订《顺义区行政执法车辆使用协议书》《顺义区行政执法车辆安全用车责任书》，为其提供新能源和燃油车辆使用，全年共对外调拨车辆146辆，280车次。

（区机关事务中心）

【集中办公区服务保障】一是以网格化管理为依托，持续提升物业服务质量。制定区行政中心物业网格化管理工作制度，并进行“挂图作业”，划定单元网格，明确网格负责人、岗位区域、岗位要求及标准，各负其责，使工作中的问题发现得更加及时、处理更加主动、责任更加明确，物业服务质量明显提升。完成集中办公区物业“四个标准化”建设工作和“网格化”管理工作，制定服务标准6项，考核办法1项，应急预案9项，内控文件及表格136项。坚持物业服务质量监督检查。按照区行政中心各项物业服务内容确定的工作制度、流程、标准，每天进行监督检查，发现记录问题100余项，均严格按照考核办法进行处理，并督促整改。二是优化服务技能，全力保障餐饮会务工作。严控食品安全，聘请第三方检测机构对食堂食品原材料及餐具进行检测，全年共抽检24次，出具检测报告236份，检测合格率为100%。狠抓会议服务标准的落实，以“工作零失误、细节零缺陷、服务零缝隙”为目标，高质量完成重大会议保障服务。三是狠抓防范措施落实，筑牢安全生产防护网。充分利用电子屏、宣传栏、微信工作群等平台普及安全知识。对重要岗位实行24小时值班和安全事故信息报告制度。持续开展重点部位、重要设备机房、重大活动或节假日安全隐患排查，不断强化高温、汛期、大风及雨雪天气安全风险研判，明确各类风险隐患程度和应对措施。全年共举办消防安全、日常操作安全规范等讲座3次，开展安全演练10次，隐患排查80次，建立安全检查台账105份，发现并整改隐患7起。区集中办公区安全生产工作持续稳定。顺义区机关事务管理服务中心被北京市交通安全委员会评为2018年度市级交通安全先进单位。

（区机关事务中心）

政协顺义区委员会

3月7日，区政协开展两会期间基层属地安全工作检查

4月19日，区政协主要领导回社区进行在职党员报道

5月31日，顺义区政府、区政协对接会

6 月 20 日，顺义区委领导与政协领导班子及各委室主任座谈交流

7 月 13 日，学习习近平总书记关于加强和改进人民政协工作的重要思想理论研讨会召开

▲7 月 18 日，区政协提案委召开提案办理现场协商会

▲11 月 13 日，区政协开展检测场调研工作

政协北京市顺义区委员会

【概况】2018年，区政协深入开展学习习近平总书记关于加强和改进人民政协工作的重要思想专题研讨活动，召开4次常务委员会会议，组织常委、委员共进行15次工作视察，通过座谈协商、提交提案、反映社情民意、进行专题调研、开展特约监督工作等多种形式就全区重点工作和人民群众关心关注的问题建言献策，共协调有关部门办理委员提案148件，向区委、区政府有关部门报送《协商意见》2期，履行政治协商、民主监督、参政议政的职能；向区委、区政府有关部门报送《关于加强区政协党的建设工作的实践思考》《关于进一步提高绿化品质、贴近人民生活、加强绿化管控的思考》《关于顺义区社区减负工作的调研报告》《以科技创新为引领，实现顺义工业转型发展》等专题调研报告，深入开展人民政协理论和推动区域经济社会发展的研究。充分发挥人民政协包容各界、联系广泛、人才聚集的独特优势，坚持围绕中心，服务大局，组织委员针对全区热点重点难点问题开展视察活动，形成多项富有建设性的意见建议；深入基层，体察民情，反映民意，开展义诊、慰问等多种形式的连民心、办实事、送温暖活动，为实现顺义“业强城优生活美”的奋斗目标增添助力。

【常务委员会第七次会议】4月17日召开。会议协商决定撤销吕海江政协北京市顺义区第五届委员会委员资格，增补王学武同志为区政协第五届委员会委员、任命其为区政协办公室主任，李宏伟不再担任区政协办公室主任职务；任命单晓梅为区政协经济委员会主任、专委会工作一室主任，王俊忠不再担任区政协经济委员会主任、专委会工作一室主任职务。会议对顺义区“创新型产业集群和‘2025’示范区”建设情况进行专题调研，视察第三代半导体材料及应用联合创新基地、中关村顺义园全开放无人驾驶路测基地和北京环卫集团环卫装备有限公司；听取区经信委党组书记、主任胡小兵通报顺义区“创新型产业集群和‘2025’示范区”建设情况。韩永贵、郭丽双、田新甲、林金开等常委座谈发言，整理形成4个方面23项意见建议。区委常委、区政府副区长初军威结合顺义区高精尖产业发展现状与常委们做深入交流，强调要以“三城一区”建设为契机，加速推进顺义转型升级发展；要坚持以规划为引领，布局高精尖产业发展格局；坚持以服务促发展，不断优化营商环境。区政协主席周颖博强调三点认识：一是顺义创建“中国制造2025”示范区意义重大；二是要从健机制、促融合，强基础、促升级，育人才、优环境三方面发力创建示范区；三是发挥政协组织智囊团作用，积极建言促发展。周颖博还围绕学习贯彻好全国“两会”精神强调三点意见：一要认清重大意义，在统一思想上达到新境界；二要切实精学深悟，在深入理解上务求新领悟；三要紧抓务实担当，在履职尽责上实现新作为。

（区政协）

【常务委员会第八次（扩大）会议】7月19日召开。视察首都机场跨境电商直邮监管场站，听取区委常委、区政府常务副区长霍光峰关于全区上半年经济社会发展情况和下半年工作安排的情况通报。区政协副主席郭振江通报习近平总书记关于加强和改进人民政协工作的重要思想学习研讨活动进展情况，并就下一步工作进行安排部署。周颖博强调三点意见：一是认清形势，统一思想，共同致力于加快推进区域经济创新转型发展。要在取得成果上统一认识，增强发展信心；要在研判形势上统一思想，理清发展思路；要在把握任务上统一方向，明确发展目标。二是发挥优势，履职尽责，倾力服务于全区改革发展稳定大局。要围绕大局谋事，要服务大局干事，要融入大局成事。三是以学促行，强基固本，凝心聚力于全面提升政协组织履职能力。要深化理论学习、强化思想武装，要坚持问题导向、深入对标对表，要把学习研讨与区政协各项具体工作有机结合起来，与委员的履职实践结合起来。

（区政协）

【常务委员会第九次（扩大）会议】10月16日召开。协商决定杨宝华、孙桂祥、刘琳、刘淑芳、张建国、郝军英不再担任政协北京市顺义区第五届委员会委员，增补王颀、王英丽、郭文韬、黄海厚为政协北京市顺义区第五届委员会委员。会议还围绕“加大生态系统保护力度，深入推进绿色发展”这个主题进行专题调研，视察马坡千亩森林公园和东郊森林公园；听取区园林绿化局党组书记、局长李长勇所作的情况通报；李保忠、崔世峰、王崇平等委员座谈发言，形成3个方面8项意见建议。区政府副区长郑晓博结合顺义区生态系统保护发展现状与常委们做深入交流，强调：一要提高认识，把生态环境建设工作作为践行习近平新时代特色社会主义思想，推进生态文明建设的重要举措；二要为民出发，多维度扩大绿色生态空间；三要合理安排，加强后续养护和管理；四要充分谋划，完善全区生态系统结构。周颖博强调：一要认清生态保护形势，凝聚生态环境保护共识；二要牢牢把握发展契机，持续推进生态文明建设；三要积极彰显政协作为，共建绿色美丽幸福家园。

（区政协）

【常务委员会第十次会议】 12月20日召开。会议协商决定有关人事议题：一是建议王俊忠、李宏伟、刘淑芳不再担任政协北京市顺义区第五届委员会常务委员，并提请区政协五届三次会议审议通过；二是戴汉勇委员因病去世，不再担任政协北京市顺义区第五届委员会委员；三是同意王学武、单晓梅为常务委员候选人，并提请区政协五届三次会议选举决定；四是单晓梅不再担任第六界别小组召集人，由王颀担任。会议审议通过《关于任命专门委员会不驻会副主任的决定（草案）》。会议决定五届三次会议于2019年1月6日至9日在顺义区委党校召开，审议通过《建议议程（草案）》《建议日程（草案）》《选举办法（草案）》；原则通过《常务委员会工作报告（讨论稿）》《关于提案工作情况的报告（讨论稿）》，进一步修改完善后，提交五届三次会议审议；原则通过《关于表彰五届二次会议以来优秀提案的决定（草案）》。周颖博就开好五届三次会议强调三点意见：一要切实加强学习，提高履职本领，做到懂政协、会协商、善议政；二要坚持党的领导，强化政协党建，做到站位高、定位准、方位明；三是强化一线思维，带头示范引领，做到守纪律、讲规矩、重品行。

（区政协）

【妇女节活动】 3月6日，组织女性委员和机关女干部职工100余人赴罗红摄影艺术馆，开展“摄影艺术讲座与鉴赏”活动。邀请国际知名摄影家、环保活动家、好利来创始人罗红就其20余年的航拍历程和展厅作品做系统全面的介绍，通过对摄影短片和166幅摄影作品的了解学习，使广大委员进一步提高艺术鉴赏能力，丰富自我、开拓眼界。

（区政协）

【美丽乡村建设调研】 3月—5月，配合市政协开展美丽乡村建设专题调研，全力为市政协调研工作提供服务和支持，各项工作任务按时保质完成，并协调做好接待通州、昌平等区政协实地专题考察工作。

（区政协）

【赴河北省唐山市曹妃甸区考察】 4月18—20日，为进一步推进全区深度融入京津冀协同发展大局，推动顺义区经济社会转型升级，围绕全区“疏整促”重点任务，组织部分经济界委员和企业界代表，赴河北省唐山市曹妃甸区进行考察。

（区政协）

【提案培训会】 5月8日，全体委员培训会召开，邀请北京市政协提案委员会专职副主任阮培颖从提案的历史由来、选题撰写、审查立案、办理反馈等方面，系统地讲解提案撰写的重要意义和要求，提高委员们运用提案履行职责的能力和水平。

（区政协）

【《北京城市总体规划》培训会】 5月8日，全体委员培训会召开，邀请北京城市规划设计研究院总体所所长路林从落实首都城市战略定位、疏解非首都功能、科学配置资源要素、提高城市治理水平等方面系统地讲解北京城市总体规划，动员全体委员，按照城市总体规划描绘的宏伟蓝图，充分发挥委员行业精英、模范带头作用，为不断开创本区城市发展新局面献计出力。

（区政协）

【舞彩浅山调研】 5月25日，组织部分政协委员调研舞彩浅山生态发展情况，实地视察木林镇油菜花海、北京金旺果品产销专业合作社，随后委员开展座谈交流，就加强宣传、文化惠农、提升服务等提出具有针对性的意见、建议。10月26日，再一次组织部分委员调研舞彩浅山发展情况，委员们来到舞彩浅山山里辛庄登山步道，实地察看和了解舞彩浅山基础设施建设和服务保障情况，随后到北京吉祥八宝葫芦手工艺品产销专业合作社、欧菲堡葡萄酒庄园实地调研，围绕非物质文化遗产保护与利用、浅山地区产业发展等议政建言。

（区政协）

【赴安徽考察】5月28日—6月1日，组织部分政协委员赴安徽省、浙江省，对社会综合治理及文化建设情况进行实地考察、调研，并形成专题调研报告。

（区政协）

【顺义区政府、政协工作对接会】5月31日，顺义区政府、政协工作对接会召开，区委副书记、代区长孙军民，区政协主席周颖博及区政府、区政协主要领导同志出席会议。副主席闫志广通报区政协2018年重点工作，副主席郭振江通报区政协提案工作开展情况。委员座谈发言，从加强营商环境建设、文化产业发展、医疗人才培养与管理等方面分别提出意见、建议。区委常委、常务副区长霍光峰，副区长李向英分别就提案办理情况及委员提出的问题作积极回应。孙军民强调，要以此次对接会为契机，认真做好政协提案的办理工作，真诚倾听政协委员提出的意见建议，全面提高政府各方面工作水平。周颖博强调，区政协和政协委员要站稳政治立场，突出履职重点，主动加强与党政部门的衔接沟通，密切配合协作，努力开创区政府与区政协相互支持、相互配合、相互促进的工作新局面，为推动全区经济发展和社会进步谋求新的更大的作为。

（区政协）

【社会安全保障能力调研】6月13日，部分政协委员到北京市公安局顺义分局调研本区社会安全保障能力建设情况，实地视察忠诚教育基地、物联网基础管控中心和综合指挥大厅，听取关于人口基层系统信息化建设工作情况及科技创安工作情况的汇报，并进行座谈交流，委员们从警务大数据信息化平台（人工智能）建设、健全化精细化执法办案管理体制、科技强警、宣传普法和队伍建设等不同角度提出一系列意见建议。

（区政协）

【分区规划研讨会】6月15日，组织部分委员召开分区规划研讨会，听取北京城市规划设计研究院高级规划师姜文婷汇报分区规划编制情况，委员围绕分区规划编制工作进行充分交流、深入研讨、建言献策，并整理汇总为规划意义、城市建设、生态修复、交通治理、垃圾处理、新能源开发等六方面文字材料向相关领导汇报，为完善分区规划编制工作提供有益参考。

（区政协）

【慰问穆斯林群众】6月16日，区政协与区委统战部、区民族宗教事务局和顺义公安分局国保支队组成联合慰问组，到回民营、高丽营、牛栏山和杨镇4所清真寺看望慰问穆斯林群众。

（区政协）

【区委书记高朋到政协调研】6月20日，顺义区委书记高朋、副书记于庆丰一行到区政协调研。周颖博、闫志广、单成刚、郭振江、刘静、金泰希、杨凤辉、张希德参加。高朋首先到委员所在企业——北京百迈客生物科技有限公司，就企业发展、非公企业党建及政协委员发挥作用助推区域发展进行实地调研，随后到区政协机关与政协领导班子及各委室主任展开座谈交流。周颖博从“坚决服从区委领导、加强完善党建工作、围绕中心服务大局、不断加强自身建设”四方面汇报区政协第五届委员会工作开展情况，区政协相关委室主任就提案办理情况、发挥专委会职能及本区分区规划情况进行汇报交流。高朋就做好新形势下政协工作提出四点要求：一是提高站位，坚定方向；二是发挥优势，助推发展；三是协调关系，凝聚力量；四是强基固本，提高水平。

（区政协）

【学习贯彻习近平总书记关于加强和改进人民政协工作的重要思想】按照全国政协和市政协的部署，区政协深入开展学习习近平总书记关于加强和改进人民政协工作的重要思想专题研讨活动。6月21日，动员部署会召开，宣读《活动方案》，周颖博作动员讲话。7月13日，理论研讨会召开，北京市政协副主席刘忠范出席会议并讲话，周颖博主持会议并汇报专题研讨活动进展情况，8名常委、委员、机关干部结合自身工作，分别从加强党对政协工作的全面领导，新时代人民政协工作的新要求，提高对人民政协在统一战线工作中的地位与作用的认识，发挥民主党派界别特色、推动政协事业新发展等方面，进行研讨交流。专题研讨活动期间，共组织党组理论中心组学习4次，委员集中研讨交流7次122人次，召开多次专题研讨会，部分委员会上发言，查摆问题5项，整改问题5项，收到理论文章24篇，编印《汇编材料》1本。

（区政协）

【服务业扩大开放综合试点示范区视察】 6月27日，组织部分政协委员视察本区服务业扩大开放综合试点示范区建设情况，实地视察火凤凰（北京）国际艺术品物流有限公司、口岸物流综合服务中心，听取区商务委关于顺义区服务业扩大开放综合试点示范区建设情况及成效的通报，委员们开展座谈交流，并从“丰富进口商品类型，拓展服务方式，加大宣传力度、从政策上加强对文化企业的支持力度、加强营商环境基础建设”等方面提出意见、建议。

（区政协）

【医联体建设调研】 7月5日，组织部分委员调研本区医联体建设情况，视察南彩社区卫生服务中心门诊大厅，实地体验健康小屋一站式健康管理服务，了解医联体上级医院专家出诊情况、诊疗流程和该中心开展的医学影像会诊运行情况；视察区医院，了解区域影像会诊中心运营情况。区医院、区中医院、区妇幼保健院和顺义空港医院分别汇报各自医联体建设情况，区卫计委通报本区医联体建设情况，并与委员开展座谈交流。

（区政协）

【提案办理现场协商会议】 7月17日，提案办理现场协商会议召开，视察航天星图和哈工大军民融合产业园展区，对顺义区承接优质资源、实施创业摇篮计划、助推军民融合产业发展情况进行调研。随后在顺义宾馆召开提案办理工作现场协商会，围绕经济领域提案进行现场协商办理，并签署提案办理结果意见反馈单。

（区政协）

【义诊】 9月28日，组织医疗界政协委员和民主党派医疗界专家到北石槽镇开展义诊活动。察看北石槽镇卫生院科室设置、设施设备和医疗器械配置管理使用等情况并听取医院负责人的情况汇报。本区9位医疗界专家为前来就诊的广大患者进行免费诊疗，接待患者达100余人次。

（区政协）

【会展业发展情况视察】 10月25日，组织部分政协委员视察本区会展业发展情况，实地调研新国展二、三期建设情况，听取区商务委和区新国展项目领导小组办公室关于加快推进新国展二、三期建设、将商务会展业打造成为第四大支柱产业及新国展二、三期项目建设工作情况的汇报，并围绕新国展发展的战略定位、功能需求、业态选择、发展策略等问题提出意见建议。

（区政协）

【信息化基础设施视察】 11月1日，组织部分委员视察本区信息化基础设施建设情况，先后在顺义公交车、顺义联合办税服务厅两个场景下体验无线网络认证、连接和使用等相关功能，随后在区联通总部视察无线网络服务器搭建情况，听取区经信委关于《2018年1-9月我区经济发展情况》《顺义区无线网络全覆盖项目建设情况》的通报。委员们围绕促进本区信息化基础设施建设座谈交流、议政建言。

（区政协）

北京天竺综合保税区

▲ 艺术库区

▲ 综保区大门及物流车辆

▲综保区卡口

▲综保区库房

综 述

【概况】2018年，园区企业实现进出口总值71.1亿美元，同比增长23.3%，其中，进口63.7亿美元，同比增长25.8%；出口7.4亿美元，同比增长5.2%。实现营业收入243.85亿元，同比增长8.02%。实现利润总额38.99亿元，同比增长18.69%。完成属地税收12.78亿元，同比增长7.91%。引进企业100家，增长1.1倍。跨境电商直邮货物进口606.6万票，增长56.5%，占全市的87%以上；承担全市口岸96%的压时任务，12月，空港口岸进、出口整体通关时间分别压缩44.5%、49.3%。

（北京天竺综合保税区）

【打造融资（金融）租赁聚集区】北京天竺综合保税区多措并举，全力打造融资（金融）租赁聚集区。一是统筹推进飞机租赁、机械设备租赁、医疗设备租赁、文化资产租赁等产业发展。其中，飞机租赁业务稳步发展，工银租赁、东航租赁等先后设立5家SPV（特殊目的项目）公司，完成7架飞机及1部发动机的引进租赁业务，货值超过23亿元。二是突破本市内资融资租赁企业准入难题，信远国际成为新设立的首家内资融资租赁公司。同时，构建起融资租赁等金融产业发展政策体系。三是在工商、税务、商务、海关、外汇等方面提供高效率、标准化、全流程"绿色通道"服务，将企业14个注册登记流程办理时限由29个工作日缩短至15个工作日。同时，开辟融资租赁集中办公区1088平方米，为入驻企业提供高标准办公环境。

（北京天竺综合保税区）

【6项跨境贸易新政发布】5月29日，北京天竺综合保税区在第五届京交会举办主题为"推进服务业扩大开放 优化跨境贸易营商环境"的专场政策发布会，6项跨境贸易新政正式对外公布。此次发布的6项新政策分别是：一是为企业明确入区标准、申报流程、报送材料、限时办结等措施，在工商注册、税务登记、海关备案等方面，打造快速、便捷绿色通道。二是继续提升"无纸化通关"覆盖率，口岸无纸化报关单比率将达到95%以上，跨境电商无纸化报关比率将达到100%，真正实现单证流与信息流的融合，节省口岸企业的成本、费用与时间。三是驻区海关监管部门优化整合作业流程和场所设施，实现"一次申报、一次查验、一次放行"。四是海关监管部门在查验环节对于大件货物、批量货物采取入库查验的方式，使企业在报检申报、查验检验、签证放行等环节拥有更多的选择权，实现"就近申报、就近查验、就近取证"。五是在国际快件口岸邮件监管方面，将原关检17个监管环节，优化整合为邮袋消毒并放射性检查、查验、分流处理等6个环节，在快件监管方面，将原关检9项监管环节，优化整合为申报、动植物检疫、查验、放行4个环节，取消检验检疫全申报系统，降低口岸操作企业运营成本，让快件真正快起来；六是实行货邮监管"一窗受理，集中办结"，在报关报检企业资质注册方面，企业在海关注册登记或备案后，同时取得报关报检资质。

（北京天竺综合保税区）

外贸业务

【跨境电商体验中心启动运营】5月25日下午，北京天竺综合保税区跨境电商体验中心启动运营。天竺综保区管委会副主任李燕凌主持启动仪式，顺义区副区长李向英致辞、北京市商务委副主任孙尧讲话并宣布跨境电商体验中心投入运营。北京海关、市商务委、市政府侨办、市食药局、顺义区政府、天竺综保区管委会以及驻区监管部门、顺义区相关委办局负责人参加活动。23家签约跨境电商企业负责人向社会大众庄严承诺：确保产品真实可靠、信息可溯、质量可控、责任可查，为客户提供更好的购物保障和消费体验。年内，直购体验中心吸引20多家企业签约入驻，打造德国、法国、意大利、美国、巴西、阿根廷、智利、澳大利亚、日本、泰国等来自4大洲的10余家特色国家馆，以及母婴用品、化妆品、食品等跨境商品展示中心。

（北京天竺综合保税区）

【全国首份关税保证保险单开出】8月29日，北京海关联合中银保险等保险公司推出关税保证保险业务。9月1日起，在北京、天津、上海等10地海关正式开展首批试点。天竺综保区企业火凤凰国际艺术品物流有限公司取得全国首份关税保证保险单，持该保险单经海关确认后即可办理相关业务，实现“先通关后缴税”。该模式实现通关由传统的保函形式转变为关税保证保险方式，通关时限由原来的3—6个月缩短至2—3个工作日。同时，将为企业释放税款保证金及银行授信额度，降低进出口企业资金成本和制度性交易成本。

（北京天竺综合保税区）

【签署进博会北京团首份国际协议】11月6日，北京天竺综合保税区与加拿大尼亚加拉保税物流园运营公司在上海进博会签订战略合作框架协议，这也是北京团在进博会的第一份国际合作协议。协议的签署将推动天竺综保区与加拿大尼亚加拉保税物流园建立项目互荐、信息共享的联合工作机制，搭建新媒体发布平台、贸易共享平台、产业布局延伸平台与特色产业延展平台，推动开展跨境电商、大健康产业、进出口商品冷链物流、出口加工以及科技成果转化等多方面的深度合作。同时，通过双方互设海外仓，拓展跨境电商展示交易平台，扩大保税备货业务规模，助力北京跨境电商国际枢纽城市建设；发挥尼亚加拉保税物流园作为加拿大农产品、食品、海产品出口主平台，以及天竺综保区作为五类进口商品指定查验场点的功能优势，扩大高端消费品进口，促进城市消费升级；发挥双方保税功能，在文化贸易、航材贸易、医药贸易、科技贸易等方面探索推进一体化通关、展示交易、保税仓储、特色金融等业务集成，打造开放高地。

（北京天竺综合保税区）

【中国大陆首架空客A350客机完成交付】由中航（北京）融资租赁有限公司通过北京天竺综合保税区引进的中国大陆首架空客A350 XWB宽体客机完成交付，承租方为中国国际航空公司，货值约人民币12亿元。

（北京天竺综合保税区）

国内业务

【京交会专场政策发布会召开】5月29日，北京天竺综合保税区管理委员会在第五届京交会举办主题为“推进服务业扩大开放 优化跨境贸易营商环境”的专场政策发布会，重点针对天竺综保区新政策、新功能向相关国际组织、行业协会、重点企业进行推介。发布会上，市商务委、北京海关、市国税局、市地税局、市食药局、天竺综保区管委会6部门共发布6大类、25项政策措施。市商务委、北京海关等近20个政府部门，10个区商务委主管领导，世界贸易网点联盟、联合国贸发会议创意经济与发展部等15家国际组织与驻华机构、行业协会，紫光集团、联想集团、北汽集团、国航股份等65家重点企业，8家友好协作单位和综保区管委会相关负责人参会。

（北京天竺综合保税区）

【完善政策功能实现“五项”全国首创】6月24日，北京天竺综合保税区进口肉类指定查验场与进口冰鲜水产品指定查验场正式通过海关总署验收。成为全国首个空港型五类进口商品保税指定综合查验平台，为扩大生鲜产品进口提供保障。投入运营后将发挥重要功能作用：一是实现口岸与保税的融合创新。将口岸贸易延伸到保税仓储，可以增加加工、分割、贴标、追溯等操作，可以降低企业现金流占用，降低关税税率，降低进口五类商品平均价格。二是空港与城区的融合创新。配合北京疏解促提升工作，把空港口岸分拨功能由京深海鲜市场分拨到六环附近的石门市场，既可以降低车辆集中运输压力，又可以优化空气环境。三是进口与消费的融合创新。跨境电商体验中心、综保区进口商品直营中心与五类进口商品指定口岸查验场点运营相配套，同时与顺丰优选、盒马鲜生、中粮我买网等进行线上线下资源合作，打造新型城市消费新模式。天竺综保区五类进口商品指定口岸查验场点运营，带动五类进口商品全产业链运营，打造首都全面开放新格局、提高生活性服务业品质、深化供给侧结构性改革、提升空港跨境贸易便利化水平、增强综保区辐射带动效应。

（北京天竺综合保税区）

【促进天竺综保区文贸政策出台】6月，北京市商务委员会、市文化局、市国有文化资产监督管理办公室、市新闻出版广电局、市文物局、北京海关、北京外汇管理部、顺义区政府、天竺综保区管委会等9家单位共同制定《深化服务业开放改革，促进北京天竺综合保税区文化贸易发展的支持措施》。旨在解决天竺综保区内文化、文物类企业在文化艺术品进出口审批、担保模式、文物鉴定、付汇业务等方面的问题，以促进中外文化艺术交流，搭建文化艺术品进出绿色通道。艺术保税仓储、文物入区鉴定、关税保证保险三条为国务院《关于自由贸易试验区深化改革创新若干措施的通知》国发〔2018〕38号文推广。

（北京天竺综合保税区）

【国家文化出口基地揭牌仪式举办】7月26日，北京市2017—2018年度国家文化出口重点企业重点项目颁证大会暨北京天竺综合保税区国家文化出口基地揭牌仪式在北京天竺综合保税区举行。市委宣传部、市商务委、天竺综保区管委会等部门领导出席活动并对做好国家文化出口基地建设工作进行部署安排。45家重点企业与17个重点项目负责人，天竺综保区航港发展、文投控股等10余家文化贸易企业负责人参加活动。天竺综保区于2018年6月14日被商务部、中宣部等4部门共同认定为国家文化出口基地，成为全国13个之一也是北京市唯一1个国家级文化出口基地。由市商务委等9部门联合出台《深化服务业开放改革 促进北京天竺综合保税区文化贸易发展的支持措施》为国家文化贸易出口基地建设发展提供有力的政策支撑。综合利用保税功能、航空口岸运输、国际交往等资源优势，为国内主要拍卖企业提供全链条物流解决方案，使天竺综保区成为我国重要的跨境文物回流通道和文化艺术品集散地。

（北京天竺综合保税区）

【市文物进出境鉴定所入保税区】10月26日，市文物进出境鉴定所入驻天竺综合保税区。根据5月22日，北京市商委、市文物局等相关部门发布的《深化服务业开放改革，促进北京天竺综合保税区文化贸易发展的支持措施》，此举一是畅通更多海外回流文物的“回家路”随着鉴定所入区，文物可以就地完成文物进出境审核，减少运输过程中带来的一些安全隐患。二是还将极大简化区内企业及相关机构的文物进出境审核手续，缩短文物艺术品存储、展示、交易的进出境审核时间，有效提升区内企业和相关机构的文物艺术品进出境审核效率。

（北京天竺综合保税区）

【一般税人资格试点政策落地实施】根据国家税务总局公告2018年第5号规定，自2018年2月1日起，将赋予海关特殊监管区域企业增值税一般税人资格试点范围由原来的7个区域扩大到北京天竺综合保税区、浙江宁波出口加工区、上海闵行出口加工区等17个海关特殊监管区域，除新增一般纳税人资格试点退出机制外，其他试点税收政策延续执行《国家税务总局财政部海关总署关于开展海关特殊监管区域企业增值税一般税人资格试点的公告》（国家税务总局公告2016年第65号）的有关规定。天竺综保区管委会、顺义区税务局、天竺海关等部门联合组成一般纳税人资格试点工作小组，建立联席工作机制，研究制定试点方案，加强企业业务指导工作，制定政策过渡期工作流程，组织政策宣讲培训，从政策背景、操作流程、成本测算和退出机制等多方面深入解读、并现场解答企业疑问，组织企业申报试点。截至2018年底，累计试点企业26家，规模居全国前列，标志着综保区内企业进一步拓展国内市场，大大规避了单一外贸业务形式的风险，同时增加属地税收，服务区域经济发展。

（北京天竺综合保税区）

民主党派　工商联

▲ 10 月 24 日，空港街道联合北京德威英国国际学校举办纪念伯恩斯坦诞辰 100 周年交响音乐会（王琦）

▲ 12 月 22 日，顺义区第七届非公企业冰雪健身运动会

▲ 2月8日，民盟书画艺术家文化下乡新春送祝福活动（庞智杰）

▲ 10月8日，光明街道开展“礼让斑马线，文明伴我行”志愿服务活动（武晓彤）

民主党派

【概况】截至2018年底，顺义区有民主党派基层组织7个，分别是：中国国民党革命委员会（简称民革）、中国民主同盟（简称民盟）、中国民主建国会（简称民建）、中国民进促进会（简称民进）、中国农工民主党（简称农工党）、中国致公党（简称致公党）、九三学社。只有台湾民主自治同盟未在本区设立组织。其中，总支部建制3个（分别是民革、民建、农工党）、支部建制4个（分别是民盟、民进、致公党、九三学社），党派成员476名。年内，各党派区（总）支部发挥自身界别特色优势，参加区委领导的政治协商，同顺义区委区政府通力合作，共同致力于顺义区的建设。

（区委统战部）

【民革顺义总支部举办专题活动】1月12日，民革顺义总支部在顺义区杨镇沙岭小学大礼堂举办“师生墨宝迎新春,民族歌剧进校园”专题活动。本次活动弘扬民族歌剧文化，让更多的人认识它、了解它，感受到它的魅力并将它传承下去。

（区委统战部）

【中国致公党顺义区支部到张镇座谈】1月26日下午，中国致公党顺义区支部到张镇开展座谈。原致公党中央副主席杨邦杰、原致公党北京市委社会服务处处长刘全信、顺义区委统战部常务副部长王振林、张镇相关领导、致公党西城区委相关领导参加会议，致公党顺义支部主委吴宏武主持会议。会上，顺义区委统战部常务副部长王振林肯定中国致公党顺义区支部的发展和取得的成绩，希望中国致公党顺义区支部继续学习规范制度，使支部充满激情和活力。张镇相关领导介绍张镇的基本情况、经济建设情况及发展目标。会上，西城区园林市政管理中心同张镇签订“中国珍稀植物园”战略合作协议。

（区委统战部）

【农工党顺义总支部举办第五届京顺中医文化节】4月29日上午，由农工党北京市委、北京医师协会、北京中医协会联合主办的第五届“百名中医京郊行，共筑平台为百姓”京顺中医文化节在京顺中医堂文化广场开幕。此次中医文化节在以往的大型义诊活动基础上延伸拓展，将活动由顺义区辐射至昌平区、怀柔区，旨在促进优质中医资源下沉，使更多京郊百姓在家门口就享受到名老中医的医疗服务。

（区委统战部）

【民盟顺义支部与九三学社顺义区支社举办“十九大”报告宣讲会】5月6日上午，民盟顺义区支部与九三学社顺义区支社联合举办“十九大”报告宣讲会。此次宣讲活动，邀请中国共产党第十八次、十九次代表大会的党代表、首钢研究院的高级电焊工、全国劳模刘宏为宣讲人。民盟顺义区支部主委魏秋芬主持会议，对刘宏表示感谢，并对广大盟员提出要求，民盟作为推动区统战事业发展的生力军，要带头学习领会十九大精神，掌握精神实质，把握精髓要义，做到学深悟透、融会贯通，以自己的实际行动带动自己所在单位和基层组织的学习，不断把学习贯彻工作引向深入。

（区委统战部）

【民建顺义总支部公益活动启动】5月23日上午，民建顺义总支部，响应党中央精准扶贫要求，走进顺义区特殊教育学校，在全市启动“文化助残 爱心行”全国无障碍看电影公益活动，开展文化扶贫，通过采用专业设备制作，增加旁白和手语，为视力障碍和听力障碍者提供一道丰盛的文化大餐。

（区委统战部）

【民建顺义总支部开展“义诊下乡行”公益活动】6月9日，民建顺义总支部联合民建丰台经济二支部、南彩镇河北村村委会，在南彩镇河北村民俗文化体验园举办“义诊下乡行”公益活动，把专业的医疗团队、卫生知识送到群众身边，近100名河北村村民开展健康咨询、接受义诊服务。

（区委统战部）

【民建顺义基层组织积极走出去，着力加强自身建设】7月5日上午，民建北京顺义总支部与民建上海徐汇区委结对共建签约仪式在顺义举行。民建中央、北京市委、上海市委和中共顺义区委的领导出席活动并做重要讲话，指出：要通过对外联络和交流学习，进一步增强民主党派自身建设；要加强合作，充分发挥基层组织互通信息的天线作用、展示区域特色的窗口作用、两市合作发展的平台作用；要把握参政党的职责范围、立足于区域发展，发挥切实有效的作用。

（区委统战部）

【农工党顺义总支部赴江西开展红色教育活动】9月19—22日，农工党顺义总支部组织部分骨干党员赴江西开展“‘五一口号’发布70周年，追寻江西红色足迹”主题教育活动。活动期间农工党顺义总支部与农工鹰潭市委开展座谈，了解鹰潭农工组织发展情况，就开展帮扶工作进行深入探讨。

（区委统战部）

【民革支部张镇服务实践基地揭牌暨服务下乡启动仪式举行】12月27日上午，民革顺义区总支部张镇服务实践基地揭牌暨服务下乡启动仪式在顺义区张镇浅山公园举行。民革总支部和中共张镇党委将联手打造“1+2”平台，即张镇提供场所，助力民革总支部打造1个党员服务实践基地，民革总支部发挥人才、资金、技术等资源优势，为张镇全域旅游示范镇、国家运动休闲特色小镇建设提供专业人员建言献策和“医疗、文化和法律”服务下乡2项支持。民革中央、民革市委、中共顺义区委统战部、中共张镇党委领导和民革顺义总支部部分党员出席启动仪式。

（区委统战部）

顺义区工商业联合会

【概况】截至到2018年12月底，顺义区工商业联合会拥有838家企业、团体、个人会员，覆盖全区19个镇。

（工商联）

【赴巴林左旗开展对口帮扶工作】7月19—21日，顺义区工商联党组书记、常务副主席王颀带领21名企业家赴巴林左旗对接考察，深入了解巴林左旗资源优势、产业发展、城镇建设和脱贫攻坚工作等情况，深入开展帮扶协作工作。巴林左旗委常委、副旗长周国忠，巴林左旗委常委、统战部长马树友等领导陪同。区工商联一行实地考察内蒙古健元鹿业有限责任公司、巴林左旗大辽王府粮贸有限公司、东阿阿胶肉驴养殖场、十三敖包镇笤帚苗产业园，详细了解当地特色产业和发展情况。走访慰问常胜村、老房身村4个贫困户，区工商联副主席、北京中图能源集团有限公司董事长张志梅，区工商联副主席、北京大众在线网络技术有限公司总经理郑海峰，区民间商会副会长、北京金路易速冻食品有限公司董事长黄全胜，区工商联常委、北京数圣会计师事务所有限公司董事长王海青4名企业家分别向4个困难户捐赠1000元扶助资金。在随后召开的顺义区工商联、巴林左旗工商联扶贫协作座谈会上，本区企业家逐一发言，介绍各自帮扶思路和重点方向，并对当地企业如何发展提出具体明确的意见和建议。两地企业家还就产业合作、项目对接、资源信息共享等内容进行交流。会上，顺义区工商联与巴林左旗工商联正式签订友好商会协议，缔结为友好商会。北京立根集团、北京金路易速冻食品有限公司分别与巴林左旗隆昌镇老房身村、常胜村签订帮扶协议。北京中博海工贸有限公司、北京数圣会计师事务所有限公司巴林左旗捐赠340辆自行车。

（工商联）

【与通辽市工商联缔结友好商会】8月7日，内蒙古通辽市委常委、副市长陈广利及通辽市工商联主席包凤英一行10人到顺义考察交流。考察团一行参观鹏程食品公司和牛栏山酒厂，及闽京蒲企业园、七彩蝶创意文化有限公司2家会员企业。在随后的座谈会上，顺义区工商联主席王庆国，党组书记、常务副主席王颀分别介绍顺义区工商联情况，并对陈广利副市长一行来顺义考察表示欢迎。通辽市委常委、副市长陈广利，工商联主席包凤英，科左中旗工商联主席徐丰华分别介绍通辽市和科左中旗经济社会发展情况及环境资源优势，并表示欢迎顺义企业家到通辽投资兴业。会上，双方签订友好商会协议，缔结为友好商会。根据协议，双方将根据两地优势资源，引导两地民营企业积极开展产业对接，发挥产业带动脱贫作用。开展互访考察活动，沟通情况，协商解决企业扶贫协作中的相关问题，共促两地经济发展繁荣。

（工商联）

【新入会企业培训班】 9月5日，顺义区工商联组织开展入会企业培训活动，进一步增强新会员企业对工商联的认识和了解，增进企业间的沟通和联系，40余家新入会企业负责人参加培训。培训会上，《中华工商时报》副总编张志勇详细讲解工商联历史沿革及功能定位，区委、区政府研究室副主任李伟解读顺义区情及发展定位。

（工商联）

【运动赛事展非公企业风采】 9月7日，顺义区第七届非公企业健身运动会羽毛球、乒乓球比赛举行，共有33家非公企业的256名职工参加比赛；12月22日，顺义区工商联举办顺义区第七届非公企业冰雪健身运动会。40余家非公企业的600余名职工参与赛事。

（工商联）

【搭建服务平台促发展】 顺义区工商联与区人力社保局、区总工会等部门联合举办2018年民营企业招聘月专项活动。发放民营企业需求调查问卷，征集民营企业用工需求和技能培训需求。通过“百姓就业平台”“绿港就业快车”及微信平台等公布招聘信息148条。

（工商联）

【百强调研工作】 按照市委统战部、市工商联安排部署，对全区规模以上民营企业进行摸底，举办上规模民营企业调研工作培训，组织企业在系统中填报经营数据，为百强民营企业排名提供数据支持。10月19日，“2018北京民营企业100强发布会”举办。会上发布“1+3”百强榜单，顺义区共有23家民营企业获选全市民营企业百强。

（工商联）

【低收入帮扶工作开展】 开展就业扶贫，结合“民营企业招聘月”活动，将会员企业的招聘动态、信息发布到村委会，有针对性地开发就业岗位，帮助低收入家庭就业增收。参与“首都新阶层千人助学计划”活动，针对顺义区7名低收入村、低收入农户家庭应届毕业生，共发动9家会员企业提供31个就业岗位和实习岗位。

（工商联）

人民团体

1月，区妇联在顺义九中举办英语足球冬令营

10月14日，团区委指导督促社区、政务大厅、医院、公园、景区、窗口单位建立“学雷锋志愿服务岗”

5月6日，青年志愿者参加“第四届北京顺义舞彩浅山旅游登山文化节”服务保障工作

6月8日，区总工会举办职工龙舟大赛

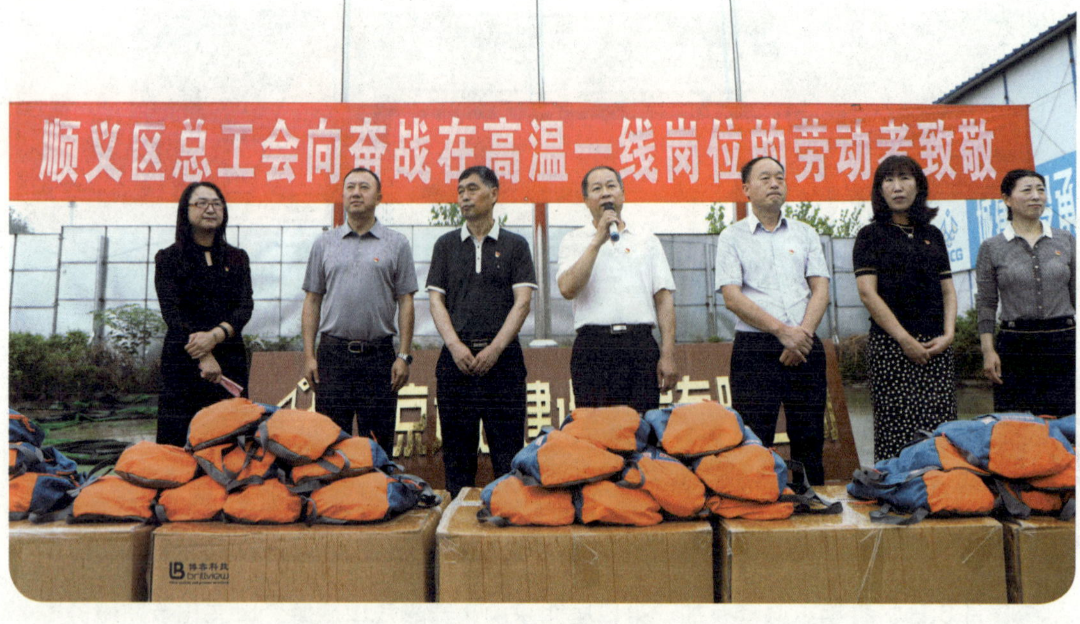

▲7月3日，区总工会“送清凉”活动全面启动

▲7月16日，区四家企业院士专家工作站集中授牌仪式举行

顺义区总工会

【概况】2018年，顺义区各级工会深入学习贯彻党的十九大精神，深入学习习近平新时代中国特色社会主义思想，紧紧围绕党的中心工作和区域经济社会发展大局，坚持党建引领，着眼突出问题，深入推进工会工作改革，不断加强基层组织建设、切实维护职工合法权益、推动职工职业技能发展、激发基层组织活力，各项改革任务和重点工作有效落实，并形成顺义特色。

（总工会）

【大力弘扬劳模精神、劳动精神、工匠精神】年内，全区有7个集体和11名个人分别荣获全国和首都劳动奖。5月18日上午，顺义区总工会组织召开2018年劳模、先进代表座谈会。以弘扬工人阶级伟大品格和社会主义核心价值观为主线，在各类媒体对先进事迹开展集中宣传，以第四届“最美劳动者”职工文化艺术节为依托，以劳模故事、工匠故事为主题、以摄影展、书画展等职工群众喜闻乐见的形式载体，在全区职工中营造“劳动光荣”的社会氛围。

（总工会）

【大党建工作格局牵引】年内，形成“工会考核考党委，建会成效抓书记”的工作局面，新建单独基层工会88家，比上一年度增加33%；其中百人以上新建会企业59家，比上一年度增加195%；年度新发展会员18672人，比上一年度增加89%。

（总工会）

【专项启动资金助推】根据非公企业新发展会员人数、工会规模，给予新建工会启动资金，以鼓励帮助新建会企业快速开展活动、服务职工。年内，为125家新建会企业工会发放资金69.52万元。

（总工会）

【“双沟通”模式扩大影响】通过摆摊设点将会员服务日、职工沟通会送进企业、送进园区、送进楼宇。开展不同规模的职工沟通会114场，“一对一”企业沟通会50场，混合企业沟通会13场，参与职工11800人次。

（总工会）

【开展产业工人队伍调研】通过调查问卷、走访座谈等形式，对全区3424家企业开展调查活动，覆盖职工218633人。发放企业和职工问卷2万余份，旨在掌握全区产业工人的基本情况，探索加强产业工人队伍建设的工作思路，为培养和造就与区域功能定位相适应的产业工人队伍提供决策依据。

（总工会）

【劳动和技能竞赛开展】围绕“疏整促”和转型升级大局，深入推进《经济技术创新工作三年助推计划实施方案》，围绕临空经济、制造产业、服务业等领域举办劳动和技能竞赛80余场，3万余名职工参与，并组织高技能人才参加北京市及全国技能大赛。

（总工会）

【职工发展和创新平台不断拓展】开展人力资源管理师、平面设计师等19个工种的技能培训。为830名取得职业资格等级证书的职工发放助推金54.45万元，为63名获得区级以上技能比赛前三等奖的职工发放奖励金14.7万元。为6家单位的区级创新工作室和15项区级优秀创新成果发放助推金8.6万元。

（总工会）

【集体协商提质增效】全区142家百人以上和35家50人以上企业达到协商规范化标准，惠及职工78300人。全区建会企业集体合同、工资专项合同签订率达87%，百人以上企业独立协商签订率达95%。建制企业中女职工专项集体合同签订率为100%。

（总工会）

【企事业单位民主管理强化】将民主管理工作纳入企业党建工作总体部署，制定百人以上非公企业职代会规范化建设三年行动计划，截至年底，全区国有集体企事业单位全部建立职代会制度，非公企业职代会建制率达85%，百人以上企业独立建制率达90%。

（总工会）

【工会法律服务】开展农民工公益法律服务行动，“送法进基层”法律宣讲13场。以“安康杯”竞赛活动为抓手，开展安全隐患排查治理、职工劳动防护及职业病防治等工作。充分发挥“六方联动”机制作用，合力化解纠纷。年内，共接待来访587人次，受理法律援助案件478件，劳动争议案件20件，涉及职工377人，涉及资金705.2万元，全部妥善处理，职工满意率达100%。

（总工会）

【服务阵地建设】新建百人以上职工之家43个、暖心驿站227家、心灵驿站26家、母婴关爱室36家；为47家单位申报“北京市职工素质教育大讲堂”、19家单位申报“北京市职工素质教育读书沙龙”，选取24家市级职工书屋示范点和模范职工之家补充更新图书5282本，投入资金19.15万元。

（总工会）

【职工服务】组织全区各级工会组织、工会干部奔赴车间班组、棚改一线开展“送清凉”慰问活动，投入资金378万元，惠及职工16万余人。探索关心关爱干部职工新举措，投入12万元建设48家市级职工心灵驿站，累计服务职工达3.2万余人。开展“暖心伴考”职工志愿服务，累计服务考生和家长1000余人次。举办第四届“最美劳动者”职工文化艺术节，共开展舞蹈、演讲、书法、国画、摄影等8项赛事，吸引2万余名职工广泛参与。创新探索职工体育品牌，举办全区职工龙舟赛、羽毛球赛、乒乓球赛；组织职工参加市总工会举办的演讲、书画、足球等赛事并取得优异成绩。

（总工会）

【精准帮扶】自2017年以来，每月向在档困难职工发放生活补助共计99.01万元，帮助134户困难职工实现脱困，脱困率达92%。全区7.1万会员加入互助保障，1659人次享受206万元赔付。截至年底，温暖基金共为109名大病职工提供90余万元帮扶救助。

（总工会）

【运用“互联网+”打造“智慧工会”】把网上工作作为工会联系职工、服务职工的重要领域，通过热线、网站、微信和手机APP等提供多样化服务。开展健身、家政、娱乐、知识讲座等服务项目430个，服务项目验证193387人次。

（总工会）

【困难职工精准帮扶】3月，顺义区总工会启动全区困难职工精准识别、精准帮扶和精准管理工作。按照“精准识别、一户一档、分级负责、动态管理”的工作原则，在3月31日前完成对全区困难职工的精准识别工作；在4月31日前完成符合标准的困难职工档案的整理完善工作，对不合格档案尽快予以清除，并按照《困难职工档案管理办法》中的各项标准对已在档困难职工和新入档困难职工进行再核查，对因职工本人或家庭收入水平提高（职工子女参加工作、大病痊愈）或因关系调出、死亡等其他因素导致不符合困难职工标准的及时移出档案，作脱困或注销处理，确保各项帮扶资金用在实处，发挥实效。区总工会将根据困难职工实际困难需求，与困难职工一起制定帮扶计划和帮扶措施，建立日常帮扶台账，解决他们面临的生活实际问题，进一步扩大《在职职工互助保障计划》覆盖面，全面建立起基本医疗、大病保险、医疗救助“三重保障线”，防止职工因病因残返贫。对人均收入低于低保线的困难职工提高生活救助标准，按月、按季保障他们正常生活；对超过建档标准但确实相对困难的职工家庭，分层建立档案，从地方财政、工会经费、社会慈善等渠道实施帮扶。

（总工会）

【开展“尊法守法·携手筑梦”服务农民工公益法律服务活动】12月，为做好年底农民工工资无拖欠工作，同时依托六方联动机制进一步发挥工会组织劳动争议调解作用，在第五个宪法日来临之际，顺义区总工会联合区住建委和区司法局走进中铁北京工程局建筑工程分公司后沙峪项目部，开展“尊法守法·携手筑梦”服务农民工公益法律服务活动，为现场的农民工发放普法宣传资料、赠送毛巾等生活用品，帮助农民工群体提升法治意识和维权意识，做到在日常生活中自觉尊法守法，依法理性表达诉求、维护权益、化解矛盾。随后，区总工会、区住建委、区司法局与中铁北京工程局建筑工程分公司负责人进行座谈听取工作汇报，并就后沙峪项目部有关农民工权益保障、项目进展情况、工地安全规范等问题进行督查。

（总工会）

共青团顺义区委员会

【概况】2018年，顺义团区委深入学习宣传贯彻党的十九大精神和团十八大精神，以习近平新时代中国特色社会主义思想为指引，坚持政治建团、思想立团、固本兴团、改革强团、从严治团，强化党建引领，聚焦主责主业，坚持把培养社会主义建设者和接班人作为根本任务，把巩固和扩大党执政的青年群众基础作为政治责任，把围绕中心、服务大局作为工作主线，圆满完成年度各项任务。

（团区委）

【市青联委员顺义行活动】2月9日下午，市青联公共管理界别组委员到顺义区开展学习贯彻党的十九大精神实践活动，分别到罗红艺术馆、宝马集团中国研发中心，实地调研顺义区创新创业工作开展情况，并进行座谈交流。团市委副书记、市青联主席郭文杰，时任区委副书记、区长高朋，区委常委、常务副区长霍光峰参加活动。市青联委员走进顺义，进一步促进双方交流合作，助推顺义区和首都经济社会持续健康发展。

（团区委）

【顺义区第二届青年创新创业大赛决赛】3月27日，顺义区第二届青年创新创业大赛决赛举行，共有12个创业项目在决赛现场进行路演展示，参赛项目涉及先进制造、移动互联网、生物医药、文化创新、电子信息等多种领域。团市委副书记李健出席活动，并为获奖者颁奖。

（团区委）

【禁毒宣传活动】3月“两会”期间，团区委联合区禁毒办组织镇街团组织、社区青年汇、驻区高校，面向广大社区青年、流动青年及高校青年集中开展禁毒知识讲座5场，覆盖青年近千余人。

（团区委）

【全民国家安全教育宣传活动】4月15日，组织本区驻区高校集中开展国家安全日宣传教育活动。结合北京工业大学耿丹学院樱花节活动，宣传讲解国家安全相关知识。北京城市学院顺义校区、首都医科大学燕京医学院在校园重点位置设置国家安全教育展板。共张贴宣传海报24张，发放宣传折页、宣传品近千余份。

（团区委）

【五四主题团日活动】5月4日，顺义团区委联合区委组织部、区委宣传部、区总工会、区妇联、区人力社保局共同举办五四主题团日——“新时代 新使命”90后青年拔尖人才大赛风采展示活动。区领导高朋、车克欣、于庆丰、禹学垠、贺亚兰、李国新出席活动，相关单位负责领导、各单位主管共青团工作的领导、直属团组织负责人以及各领域90后青年代表，180余人现场参加活动。全区超过1万名团员青年，在设立于各基层团支部的分会场，通过“青春顺义”微信公众号观看直播，参与活动。本次活动历时两个月，历经海选、初赛等环节，从来自农业、教育、卫生、科研、文体、金融、生产制造、社会工作等各领域的400 余名青年层层筛选，10名90后优秀青年参与最终展示环节。通过分享奋斗故事，展示青春风采，传递青春正能量，在广大青年中大力唱响“为实现中国梦而奋斗”的时代强音。

（团区委）

【模拟法庭参观体验活动】5月29日，组织本区280余名青年汇青年走进顺义区五彩家园·阳光地带青少年服务中心，参观体验模拟法庭活动。通过带领社区青年参观体验模拟法庭，感受庭审过程步骤等，增强青年对法律认识，提升青年思想道德水平，关注国家法治社会建设。

（团区委）

【脱贫攻坚对口帮扶】6月，与巴林左旗团委召开帮扶对接会，签订《顺义·巴林左旗共青团脱贫攻坚青春建功对口支援合作协议》。通过开展“圆梦微心愿”、资助大一新生助学金、援建“爱心图书角”、开展“团团带你圆梦京城”“爱心支教”活动等项目，为建档立卡户青少年拓宽知识。凝聚青联委员、青年企业家力量，开展“万企帮万村”深度对接工作，带动贫困地区青年脱贫致富。援建“京蒙青少年之家”，用于青少年维权阵地建设。

（团区委）

【青年交友联谊活动】6月和8月，分别在奥林匹克水上公园和临空经济核心区，举办2场青年交友活动，服务中航信、中核二三建等40余家入区企业，参与青年240余名。通过活动，为企业青年婚恋交友搭建平台，为入区企业吸引留用青年人才实力支招，进一步助力优化营商“软”环境。

（团区委）

【阳光地带社区青年汇·五彩家园青少年服务中心揭牌仪式】 8月9日，团区委以“关爱成长 呵护未来”为主题，在河北村民俗体验园举行改革开放40周年顺义青少年权益保护工作回顾展暨阳光地带社区青年汇·五彩家园青少年服务中心揭牌仪式。预青组成员单位、各镇（街）团（工）委书记及团员青年代表100余人参加活动。

（团区委）

【百个志愿服务项目启动】 10月，团区委开展百个志愿服务项目支持计划，面向顺义区志愿服务联合会所有团体会员，以及在“志愿北京”平台注册的社会组织，征集有示范性、创新性和广泛复制性的志愿服务项目。收到67个志愿服务项目计划，涉及清洁空气、保护河湖、垃圾分类、文明出行、背街小巷整治等多个领域。

（团区委）

【“青年大学习”主题学习活动】 把深入学习宣传贯彻党的十九大精神作为首要政治任务和核心业务，通过学习研讨、宣讲交流、知识竞答、实践体验等形式，广泛开展主题党团日活动，构建“导学、讲学、研学、比学、践学、督学”六位一体的学习体系，覆盖3万余名青年党团员。

（团区委）

【“推优入党”工作持续开展】 研究制定共青团顺义区委员会2018年团员青年“推优入党”实施方案，推优入党10人，并督导各级团组织将“推优入党”作为重要职责，为党组织输送新鲜血液。

（团区委）

【宣传工作】 2018年，共向“顺义网城”“顺义信息”等区级媒体报送信息55条，刊发32条；团市委网站刊登调研文章2篇，《北京您早》《顺义新闻》等市区级新闻节目播出相关活动10次。青春顺义微信公众号累计推送微信892条，累计阅读量达103万次。顺义共青团官方微博粉丝共41901人，共推送微博1706条，阅读人数达64万。顺义共青在线网站共发布工作动态125条，审核基层信息3013条。组建250人的网络文明志愿者队伍，组织北京青年榜样宣讲团和志愿文化宣讲团成员赴青年汇、镇街宣讲志愿服务故事，共开展宣讲31场，覆盖2600余人。

（团区委）

【“小巷管家”工作积极推进】 “小巷管家”培训工作会召开2次，指导各街道、试点镇团组织完成“小巷管家”在志愿北京服务平台的注册工作，17个试点均在志愿北京平台完成“小巷管家”志愿服务队注册工作，并定期开展相关志愿服务活动。

（团区委）

【搭建平台服务双创青年人才】 连续开展4期创新创业特训营、9期创青春创业沙龙，为双创青年提供前沿精品课程，对接面对面的融资机会，打造一对一的商业模式，搭建互帮互助的资源共享平台和信息交流平台，助力青年创新创业，助推顺义区经济产业转型升级和不断发展。

（团区委）

【团员回社区报到】 分4批次推动本区各领域、各战线党团员完成志愿者线上注册工作，并组织回社区报到的团员参与2次社区志愿服务活动。共接收外区团员2682人、本区团员9243人，共与26所高校完成对接，报到团员共开展社区志愿服务活动1745次，累计志愿服务时长34042小时。

（团区委）

【志愿者参与重大活动保障】 在“第四届北京顺义舞彩浅山旅游登山文化节”“2018北京国际山地马拉松赛”“顺义区人才工作大会”“2018年北京友好城市国际交流营顺义社区志愿服务活动”等重大活动、重要赛会的志愿服务保障工作中，志愿者参与人数450人，服务时长累计150余小时。

（团区委）

【自主公益品牌项目建设深化】 开展12次“社区志愿行”活动，通过整合卫生、文化、司法等专业志愿服务队伍，为社区居民提供健康知识讲座、文化表演、反诈骗宣讲等多样化服务，覆盖人数550人。组织开展“志愿有礼，志愿有你”回馈志愿者活动，共800余名志愿者参与活动。开展“星光自护”系列活动，充分发挥区内30家青年汇聚拢青年、平台交流等优势，打造“360° 安全体验营”品牌项目，相继开展自然灾害逃生、自救培训、预防拐骗等亲子自护系列活动40场。

（团区委）

【助力文明城区创建工作】分别针对城市社区、公共文化设施、景区景点等涉及单位和窗口单位召开两次测评工作部署会，就“学雷锋志愿服务岗”建设标准、建设要求和志愿服务内容进行说明。并指导督促在社区、政务大厅、医院、公园、景区、窗口单位等建立“学雷锋志愿服务岗”，全区建立学雷锋志愿服务岗180余个。

（团区委）

【基层团建督导员队伍建设】结合基层团建督导员工作特点，制定《顺义区基层团建督导员管理办法》。落实基层团建督导员调度会制度，每月召开调度会，就督导员近期工作、考勤等情况进行了解和通报。完成对督导员年终述职工作和优秀督导员评选工作。25个镇街均配备团建督导员，并推选优秀督导员5名。

（团区委）

【青少年维权保护主题系列活动】充分发挥阳光地带社区青年汇阵地作用，设计更为精细化的帮扶活动。组织开展“预防校园欺凌”“参观军事博物馆”“走进民俗园自护大课堂”“走进海淀公共安全馆”“女生自护大课堂”“激情冰雪 共迎冬奥”以及“禁毒、防艾知识讲座入高校”等“青春顺义·阳光伴我行”系列主题活动，覆盖青少年及家长近千人次。“守护青春守护你”系列法治教育活动，围绕校园贷、消防安全、自护教育等主题开展教育讲座，覆盖近2千余人。

（团区委）

【“1+1+N”个案帮扶工作模式探索建立】研究制定《顺义共青团2018年个案帮扶项目实施方案》，阳光地带专职社工通过对本区重点青少年及困境青少年群体进行问卷调查、入户走访、电话询问等方式开展摸排工作，确定个案帮扶对象30人。定期开展个案帮扶推进会和专题研讨会3次。全年，阳光地带社工个案实地入户215次。推动镇街团组织帮扶项目落地实施。根据本区困境青少年实际需求，开展困境青少年关爱帮扶工作，更有针对性的为个案帮扶对象提供“软性”服务。相继开展“青春助跑”系列活动80余场，覆盖帮扶对象90%。

（团区委）

【预青未保工作基础不断夯实】以召开联席会、完善联席制度、签署合作协议等方式，与区公、检、法、司等机构保持高效联动。研究制定《关于进一步加强合适成年人队伍建设的意见（草案）》《关于进一步推进顺义区法治副校长队伍建设的实施意见》白皮书，对法治副校长的任用条件、工作职责、管理办法等方面进行规范。定期开展区级业务培训，切实将法治副校长工作落到实处。参与研究制定由教委牵头的《关于防治中小学生欺凌和暴力的实施意见》，探索建立预防机制有效遏制校园欺凌和校园暴力案件的发生。

（团区委）

【改革实施意见印发】4月3日，经区委常委会审议通过，印发顺义区共青团改革实施意见，落实团中央、团市委改革要求，全面推进顺义共青团改革。

（团区委）

【系列主题团课】团市委副书记郭文杰、团区委书记刘琳带头上团课，联合团教工委组织团员青年开展“党团课进校园”活动，组织基层团组织开展《平凡与伟大》“不忘初心·牢记使命”等主题团课，策划“习近平新时代中国特色社会主义思想和党的十九大精神宣讲”“习近平总书记‘7·2’重要讲话精神和团十八大精神”专题学习等活动，进一步凝聚思想，汇聚精神力量。

（团区委）

顺义区妇女联合会

【概况】2018年，顺义区妇联以贯彻落实十九大精神、习近平新时代中国特色社会主义思想和中央群团改革精神为指引，以“十三五”妇女儿童规划落实为抓手，立足当好党和政府联系广大妇女群众的桥梁和纽带，推进改革创新，围绕中心、服务大局，坚持党建带妇建，立足基层、服务妇女，聚焦重点、狠抓落实、开拓奋进，各项工作取得良好实效。

（妇联）

【全面完成会改联工作】学习改建方案，研究流程，制定《顺义区农村妇代会改建妇联工作指导手册》；走访调研基层，与相关部门共商对策解决如何吸纳优秀妇女参选等问题。改革正式启动后，组建3个督查小组督促、指导各镇“会改联”工作的开展，及时掌握进度。连同区委农工委组织全区村党组织书记开展相关工作的业务培训。5月底，在全市率先完成区域化试点工作，将一大批有热心、有专长、有影响力的女性通过设立兼职副主席、执委的形式纳入基层妇联队伍，全区镇街妇联队伍达到622人，村级妇联干部队伍到达6294人，分别是改革前的25倍和14倍。同时，通过沟通联系、宣传引导激发兼职妇联干部的工作热情。

（妇联）

【基层队伍建设】 推动区委出台《顺义区妇联改革方案》并以密件形式在全区印发。作为加强基层队伍建设的一项重要举措，每个镇街均配备专业社工。向区财政申请专项经费200余万元，并于6月起，通过邮箱报名、现场审核材料、笔试、素质测评、面试考试、体检等环节，吸引28名社工加入到妇联队伍中来。从妇联组织职能、业务工作等角度，开展包括镇街主席、副主席、执委以及村居主席、副主席的新任妇联组成人员参加的集中培训，巩固区域化妇建工作成果。

（妇联）

【基层阵地建设】 规范“妇女之家”“儿童之家”建设，新建73个“妇女之家”其中包括48个非公企业“妇女之家”；新建265个“儿童之家”，全区村居“儿童之家”建设覆盖率实现56%以上。进一步提升服务基层阵地建设水平，按照“街乡吹哨 部门报到”工作的具体方案，通过项目化运作方式为基层阵地送服务500余场。

（妇联）

【“顺意姑娘”巾帼品牌创建】 开展以“巾帼建新功 共筑中国梦”为主题的“顺意姑娘”系列活动，树立“顺意姑娘”品牌形象。一是举办“顺意姑娘”魅力大赛，大赛总跨度10个月，共设商业和旅游、卫生计生、机关事业单位、镇和综合5个分赛区，共200余人报名参加。经过初、复赛评委们的专业评审，以及大众网络票选，最终，王波获得金奖，李菲菲和王泽良获得银奖，孙倩、董袁和贾勤缘获得铜奖。此外，本次魅力大赛还评出个人人气奖（张晓娇，张倩，孙博）、魅力之星奖（崔香兰，高佳琳，周滟，贾梦真，张蕴笳，李萌）、最佳支持奖（区商务委，区旅游委，区卫计委，天竺镇，区艺术模特协会）、爱心公益奖（俞彧，冯丽涛）、最佳风采奖（邵宏华）等奖项。二是组建“顺意姑娘”宣讲团，通过发动广大妇女群众讲述亲身经历、亲耳所闻的故事，透过生活中点点滴滴的变化，描绘出顺义女性在实现中国梦过程中所呈现的精神风貌。

（妇联）

【全新宣传格局构建】 利用“1+2+N”新媒体矩阵：即1个网站、2个微平台、N个微信群，架起妇联组织联系和服务妇女群众的桥梁。其中网站总访问量达到172万余次，微信累计阅读量达到43万余次，建立横向到各级妇联组织、纵向到各村居妇女群众的微信群600余个，覆盖妇女3万余人。围绕学习贯彻十九大精神，传播社会正能量，构建全方位线上线下相互促进、有机融合的工作新格局，正确舆论引领妇女群众听党话、跟党走。

（妇联）

【多项措施优化营商环境】 引导全区各级妇联组织开展各种岗位练兵和技能比武活动800余次，提升全区女性的服务能力；向窗口行业的巾帼文明岗、巾帼建功标兵发放倡议书，号召她们提高工作效率，提升服务水平，发挥先锋模范作用；组织北汽、深航等多家企业与教委等多家行政事业单位开展交友联谊活动，服务未婚女青年千余人。

（妇联）

【对口帮扶】 3次前往河北沽源、内蒙古巴林左旗对口帮扶地区，为当地妇女朋友们送去财务知识、种养殖技术等相关培训11场，为100名建档立卡贫困女童发放慰问金每人1000元，为两地高标准援建“妇女之家”2个，动员5家女性企业与妇字号基地对接深度贫困村，送去慰问金并提供就业岗位。

（妇联）

【服务妇女自身发展】 依托顺义区巧娘协会的专业力量，培养吸收郝兰英、林凤梅等技术骨干，助力巧手增收致富；为10个“妇”字号基地、1个协会组织争取

2018年京郊妇女发展项目扶持资金130万元。

（妇联）

【公益童书馆建设与运行】年内，公益童书馆新增6家分馆，新增图书2000余册；更换管理和借阅系统，形成1家主馆+16家分馆的规模，藏书万余册。依托公益图书馆，开展公益绘本讲读活动、即兴戏剧、语言艺术、少儿美术、右脑开发、3D打印等多种公益课，通过项目化动作，开展“牛轧糖制作”“绘本剧”“扣子花束”等形式新颖的“送服务进社区”活动。

（妇联）

【拓展互联网+的维权模式】年内，顺义区妇联开通12338维权24小时服务热线，共接待妇女来信、来电、来访135次，全部有效处理。开通网上服务阵地回应妇女需求，建立工作群600余个。以巾帼普法教育基地建设为依托，聘请法官、检察官、律师等专业人员组建“巾帼普法讲师团”。立足家事审判创新成果和区妇联维权平台，开展家事审判改革，创设“婚姻家庭维权岗”，组建“2+N+2”家事案件专业审判团队，推行“要素式调查”“婚姻考验期”制度，构建家事案件调解网。同时与司法局联合建立顺义区法律援助中心驻妇联工作站，引入律师参与，为信访妇女群众提供法律咨询。利用社会资源帮助困难女性，与区司法局法援中心合作，争取“中央公益彩票金法律援助项目”，平均每年为困难妇女减免诉讼费用3万元。

（妇联）

【打造法制宣教服务品牌】打造“以案释法”妇女法治宣传教育宣传品牌，以“巾帼维权 送法到家”为主题，在各镇街面向妇联干部和“巾帼亲情服务队”队员共开展活动12期。充分利用巾帼亲情服务队身处基层，方便于走街串巷、入户走访的优势，将家庭美德、良好家风深深植根于广大妇女和家庭之中。

（妇联）

【社会化服务妇女群众】全过程参与社会组织发展，根据妇联业务需求积极孵化社会组织1家，搭建社会组织参与服务的平台，向市妇联、区社工委及各基层单位积极推优。健全社会组织党建机制，做好社会组织的党性教育工作，在每个社会组织分别建立“党群活动室”。以需求定项目为原则，开展足球冬令营、“公益童书馆”“共享·家”等项目5个，为妇女群众提供各类服务900余场，受益妇女儿童达万余人。

（妇联）

【开辟家庭文明建设新途径】组织全区25个镇街、58个区直单位开展“和谐家庭、特色家庭”创建活动，共1056户家庭获评；全年申报并获评“全国五好家庭”2户，“全国最美家庭”1户，“首都最美家庭标兵户”2户，“首都最美家庭”20户。一是通过完善党组领导机制、科学制定评价体系（区、镇、村三级联创模式），与市妇联及区内有关单位合作，拓展家庭文明建设外延。开展“家庭文化季”“家教主题季”系列服务项目，选树北京市家庭文明建设示范基地和创新项目，举办亲子大赛、“我家故事画给你看”“绘制我家根脉图”等活动。二是同时注重党宣作用。一方面与市级以上媒体保持良好沟通、与区内媒体确定长线联系，确保家庭工作、家庭典型的有效宣传。另一方面拓展载体凝聚人心。印制《最美百家》家庭故事书，发至每个“妇女之家”，将家庭优秀事迹传播到每家每户。

（妇联）

【家教交流平台搭建】通过基层认领讲座主题的形式，做好“家庭教育大讲堂”指导服务工程，开展讲座25场次，受益家长10余万人；与区教委、广电中心合作打造《师说日》《家教乐听》等品牌栏目300余期；开办顺义区公益童书馆，在全市首先创立“主馆+分馆”的工作模式（目前全区有主馆1家、村社区分馆16家），自2016年3月创办至今，馆藏绘本万余册，志愿妈妈52人，借阅量达到3万余次，直接服务家庭万余家。除基础服务的之外，还开展“我家的故事画给你看”DIY绘本制作展示、绘本剧展演等活动，16个分馆每周至少开展一次亲子讲读活动，服务广大家庭。

（妇联）

【良好家风传扬】发挥线上+线下的联动作用，依托全区504个“妇女之家”，持续性开展“定格团圆 让爱凝聚”、40年幸福N次方活动作品征集、在525个“妇女之家”开展宣讲会等多项家风主题季系列活动，弘扬健康文明新家风。同时利用“顺义女性”公共微信号宣传“最美”事迹，开展年夜饭征集、亲子戏雪抢票活动、“最美家庭”自荐征集等活动。

（妇联）

顺义区科学技术协会

【概况】2018年，区科协认真履行“四服务”的职责定位，各项工作取得良好成效。尤其是在市科协、中国科协经验交流会上就顺义区科协深化改革的做法做典型发言。3月出台《顺义区科协系统深化改革实施方案》（京顺办发〔2018〕4号），并将科协工作纳入大党建考核。6月，各镇、街、功能区都成立科协组织。全年新建企业科协35家、“创新簇”10家、院士专家工作站7家。7月16日，对4家院士专家工作站进行集中授牌。在服务企业创新驱动发展中，围绕智慧城市建设、新材料、航空航天等主题，全年举办创新驱动大讲堂6场。全年利用“科普之春”“科普之夏”“全国科普日”“全国科技工作者日”和“学生科技节”等品牌活动平台，开展科普活动180余场，举办培训、讲座32场。辑印《顺义区公民科学素质知识读本》4万册。利用微信公众号全年组织公众参与“顺义提素”竞答和“北京市公民科学素质大赛”，超过100万人次。拍摄制作《“展开科普之翼 提素向未来”顺义区提高全民科学素质中期评估汇报专题片》。中国科普所抽样调查结果显示：2018年顺义区公民具备科学素质的比例达到12.3%，提前完成“到‘十三五’末达到12%的目标”。区科协根据调查结果，完成《顺义区全民科学素质行动计划‘十三五’中期实施情况的调查与思考》调研报告，获评顺义区2018年度优秀调研报告。区科协全年在市级以上刊物（《北京科协》《北京社会组织》《北京日报》）刊载文章4篇。区科协荣获全国科普日优秀组织单位。

（科协）

【“第十九届北京青少年机器人大赛”会旗传递】2月2日，第十八届北京青少年机器人竞赛在通州区落幕。顺义区副区长郑晓博从北京市科学技术协会党组书记、常务副主席马林手中接过“第十九届北京青少年机器人竞赛”会旗。

（科协）

【《顺义区科协系统深化改革实施方案》】3月29日，顺义区正式印发《顺义区科协系统深化改革实施方案》（京顺办发〔2018〕4号），是北京市首家区级科协系统深化改革实施方案。

（科协）

【院士专家工作站建设】全年通过北京市科协认定院士专家工作站7家：4月27日，哈工大（北京）军民融合创新研究院有限公司、北京百迈客生物科技有限公司、中清科创发展股份有限公司、北京众绘虚拟现实技术研究院有限公司4家企业院士专家工作站通过认定；9月29日，中科星图股份有限公司、北京顺鑫农业股份有限公司牛栏山酒厂、北京先通康桥医药科技有限公司3家企业院士专家工作站通过认定。2018年，新认定的北京市院士专家工作站引进进站院士10名，实施科研项目21个，项目总投入1.6亿元。

（科协）

【全国科技工作者日活动】5月29日，顺义区科协以“全国科技工作者日”为主题在工人文化宫举行大型科普讲座。各镇、街道、功能区共计500余名科协代表、科技工作者参加。区科协主席鲍晓芹致辞。北京大学、北大医院等健康专家开展讲座并现场答疑。

（科协）

【顺义区科技工作者代表列席两院院士大会】5月28—30日，由区科协推荐的“第二十届茅以升北京青年科技奖”获得者——北京百迈客生物科技有限公司董事长郑洪坤，作为全国100名基层科技工作者代表列席中国科学院、中国工程院两院院士大会，并参加中国科协组织的纪念改革开放40周年、中国科协成立60周年“双百”（百名科学家、百名基层科技工作者）座谈会。

（科协）

【顺义区公民科学素质培训工作会】7月11日，2018年顺义区公民科学素质培训工作会议在顺义宾馆召开。中国科协科普部副部长钱岩、北京市科协副主席刘晓勘、顺义区委副书记于庆丰出席会议，区纲要办各成员单位负责人以及各镇、街、功能区科协主席、秘书长，各村、社区负责人等500余人参加会议。会议由区科协主席鲍晓芹主持。会上，钱岩以《加强科普信息化建设，深化科普供给侧改革创新》为题，介绍互联网+时代的科学传播新模式；刘晓勘以《创新：面向首都2300万人的科普》为题，介绍北京市全民科学素质工作开展情况。会议强调：要充分认识公民科学素质建设的重要意义，发挥好公民科学素质建设的基础性作用、思想性作用和包容性作用。要进一步增强新时代提高公民科学素质的责任意识；进一步把握新时代提升公民科学素质的工作方向；进一步把握新时代提升公民科学素质的工作机制，全力推进顺义区公民科学素质建设工作再上新台阶。

（科协）

【2018年顺义区院士专家工作站集中授牌仪式】 7月16日，顺义区院士专家工作站集体授牌仪式在北京临空创新创业示范基地举行。哈工大（北京）军民融合创新研究院有限公司、北京众绘虚拟现实技术研究院有限公司、北京百迈客生物科技有限公司、中清科创发展股份有限公司等4家企业院士专家工作站同时授牌成立。中国科学院院士陈润生、韩杰才，中国工程院院士赵沁平、岳清瑞，北京市科协党组书记、常务副主席马林，顺义区委副书记、代区长、北京天竺综合保税区管委会主任孙军民，顺义区委常委、组织部部长禹学垠，北京市科协副巡视员兼科普部部长陈维成等出席，顺义区科协主席鲍晓芹主持授牌仪式。授牌仪式上，区委常委、组织部长禹学垠致辞，建站企业负责人为进站院士颁发聘书，马林书记为四家企业院士专家工作站授牌，孙军民代区长做重要讲话。授牌仪式上，顺义区科协以宣传片《启航——记顺义区院士专家工作站建设》进行成果汇报。

（科协）

【2018年“科普之夏”活动启动】 8月15日，顺义区2018年“科普之夏”活动暨“小手拉大手 科普进家庭”活动在北京七彩蝶园启动。区科协主席鲍晓芹致辞，并发出“积极参与北京市公民科学素质大赛”的倡议。100余个家庭参加。

（科协）

【“全国科普日”活动】 9月15日，区科协、科委、教委共同举办以“创新引领时代，智慧点亮生活”为主题的“顺义区2018年‘全国科普日’科普嘉年华暨第三十六届学生科技节”活动在七彩蝶园启动。顺义区委常委、副区长支现伟，顺义区政协副主席、区科委主任、区知识产权局局长金泰希出席启动仪式。来自全区中小学校300余名师生代表参加活动。启动仪式上，顺义区教委主任武捷为活动致辞；首都师范大学附属顺义实验小学王文喆同学代表全区中小学生作《科技点燃梦想之光》的发言；到场领导共同启动水晶球，正式拉开活动序幕。参加活动的师生先后到科普嘉年华八大展区和七彩蝶园参观，体验近百款科技产品。“全国科普日”活动期间，顺义区从“传播新时代新发展理念、弘扬科学思想和科学精神、普及科技助力美好生活和倡导服务乡村振兴战略”四个方面发力，线上线下活动同步开展。线上，开展科普有奖答题、在线参与报名等活动；线下，设置互动表演、展示体验、智慧文创、科技艺术、智能运动、科普影院、科技课堂、科普阅读等体验活动。组织基层活动30余场，10万余人次参与活动。

（科协）

【“顺义区人才工作大会”】 9月21日，顺义区人才工作大会召开。哈尔滨工业大学副校长、中国工程院院士任南琪，中国科学院空天信息研究院院长、中国科学院院士吴一戎，北京海外学人中心主任袁方，中国交通信息科技集团有限公司董事长陈韬，中航复合材料有限责任公司董事长曹正华，区委书记、区人才工作领导小组组长高朋，区委副书记、代区长、区人才工作领导小组副组长孙军民，区人大常委会主任车克欣，区政协主席周颖博参加大会。大会对《顺义区实施“梧桐工程”促进高精尖产业引才聚才的若干举措》进行解读，对顺义区各领域优秀人才、创新创业项目、“梧桐工程”人才工作先进单位进行表彰，并为获奖单位和人才代表颁奖，为本区首位获得中华人民共和国外国人永久居留身份证的外籍人士颁发纪念证书。会上，顺义区人民政府与中国科学院空天信息研究院签订《顺义空天信息产业园项目合作协议》。中关村顺义园管委会与易美芯光（北京）科技有限公司签订《易美国际硬科技产业研究院战略合作协议》。顺义区人力社保局与同道精英公司签订《人才服务战略合作框架协议》，北京临空经济核心区管委会与中国交通信息中心有限公司签订《合作协议》。

（科协）

【“顺义提素行动”】2018年，区科协利用顺义区科普信息化传播矩阵，继续打造“顺义提素行动”品牌。开设“科普时刻”“科普之声”“科普课堂”等栏目；在微信公众号（顺义科协、顺义科普365、顺广传媒）上开设“提素答题”活动，参与答题群众100万人次。在线上活动开展的同时，还与北京城市学院共同策划组织“‘追求真知 慧光熠熠’2018年公民科学素质竞赛”，并组队参加“2018年北京市公民科学素质大赛决赛”，顺义区获得最佳组织奖。

（科协）

【搭建交流平台，助力企业发展】区科协充分发挥开放型、枢纽型、平台型组织作用，助力企业创新发展。5月8日，北京市科协副巡视员、科普部部长陈维成，北京市科委副巡视员刘晖一行到本区新认定的4家院士专家工作站进行调研指导；6月11日，区科协会同北京生态修复学会邀请中科院、首师大等科研院所专家到北京潮白环保科技股份有限公司帮助企业解决科技研发应用中遇到的技术难题；8月7日，区科协组织“创新簇”、院士专家工作站等20余家企业负责人到北京江河幕墙股份有限公司、北京康仁堂药业有限公司和北京百迈客生物科技有限公司参观学习；11月28日，区科协在中煤电气有限公司组织召开企业科技创新工作现场交流会。

（科协）

【基层科普行动计划】2018年，在北京市科协、北京市财政局实施的“基层科普行动计划”中，顺义区农学会、光明街道裕龙五区等6个集体获得项目支持，奖补资金120万元。

（科协）

【区级科普经费项目】2018年，为加强基层科普设施建设，支持基层开展科普工作，区科协组织各镇、街道、科普基地和科技类社会组织进行科普项目申报，通过组织专家对项目进行科学性论证，最终确定科普经费支持项目28个，资助总额为330万元。

（科协）

【“科普e站”建设】2018年，区科协审核认定区级“科普e站”10家（农村e站1家、社区e站8家、校园e站1家）。北郎中获批北京市科普示范e站。

（科协）

【青少年科技活动】2018年，区科协和区教委共组织各类区级科技竞赛20余项，参与人数达到2万余人，占全区学生总数的三分之一。在组织参与的市级、国家级竞赛活动中，本区中小学生获全国奖励50人次、市级二等奖以上奖励2000人次。

（科协）

【“枢纽型”社会组织建设】2018年，区科协管理指导的16家科技类社会组织全部通过民政局年检。指导3家科技类社会组织建立党支部，13家科技类社会组织设立党建工作联络员，实现党建工作全覆盖。全年组织公益活动158场次。

（科协）

【园区和企业科协组织建设】2018年，北京临空经济核心区、中关村科技园区顺义园、顺义绿色产业生态功能区3个园区建立科协组织；新建企业科协组织35家。

（科协）

【企业“创新簇”建设】2018年，区科协在10家企业开展“创新簇”试点建设，并被北京市科协认定为市级“创新簇”试点。10家“创新簇”建设企业与26家科研院所建立合作关系，开展科研合作项目18个。

（科协）

法治 军事

5月15日，开展经侦反诈宣传活动

6月26日，顺义公安分局组织“绿色出行 健康生活”禁毒活动

7月1日，村居法律顾问服务北务疏整促法律法规现场咨询会

7月23日，消防宣传走进社区

9月15日，防空警报疏散掩蔽演练

11月9日，顺义法院诉调对接中心揭牌仪式举行

大力整治机场周边隐患

顺义区民防局联合大孙各庄镇政府在大孙各庄集市开展2018年"3.1国际民防日"宣传活动

消防基础设施建设

法　　治

政法工作

【概况】2018年，全区政法系统深入学习贯彻党的十九大精神，坚持以习近平新时代中国特色社会主义思想为指导，落实中央、市委政法会议部署，增强“四个意识”，坚定“四个自信”，坚持党对政法工作的绝对领导，坚持以人民为中心的发展思想，以维护政治安全为首要任务，以提高对各类风险预测预防预警能力为着力点，以强化法治服务保障、加强司法为民为切入点，以深化改革、现代科技运用为动力，全面提升政法工作和政法系统党的建设水平，为全区经济社会发展创造安全的政治环境、稳定的社会环境、公正的法治环境、优质的服务环境，为建设好国际一流的和谐宜居之都贡献顺义力量。

（政法委）

【维护社会政治稳定】适时启动社会面等级防控和战时维稳机制，完成全国“两会”“中非论坛”等重大活动维稳安保任务。牢固树立总体国家安全观，开展国家安全人民防线建设，坚决打击“法轮功”“全能神”等邪教组织滋扰破坏活动。深入开展打击暴恐活动专项行动，本区处置恐怖袭击事件基本预案修订完善，牢牢守住不发生暴力恐怖活动的底线。

（政法委）

【治安防控立体化】完善专群结合、点线面结合、打防管控结合、网上网下结合、人防物防技防结合的治安防控体系。以群众满意度为导向，重点围绕违法建设、违法犯罪、违法生产、违法经营、违法出租、环境脏乱等突出问题，尤其是小区入室盗窃、诈骗等影响群众安全感的多发侵财案件，坚持专群结合、打防结合，动员社会各方力量，共同织密织严社会治安网。

（政法委）

【矛盾纠纷排查化解】结合重大敏感时期，先后开展区级矛盾大排查，并建立台账督促矛盾化解，化解率达到98%。针对可能引发矛盾纠纷和不稳定因素的突出问题，开展案情会商，制定具体工作方案，及时化解隐患问题，实现小事不出村、大事不出区。强化涉法涉诉信访终结制度建设，落实属地管控化解责任，确保各类矛盾纠纷得到及时化解。

（政法委）

【扫黑除恶专项斗争】“1.23”“1.26”全国、北京市扫黑除恶专项斗争电视电话会议后，组织召开全区工作动员部署会和多次工作推进会。成立专项工作领导小组，30余家职能部门为成员单位，在区委政法委设立办公室，配齐配强专班。建立工作联席会议、督查反馈等工作机制，研究制定下发工作方案，细化责任分工。区政法机关发挥主力军作用，各有关部门密切配合，全面加强对各类黑恶势力的打击整治，取得阶段性成效。

（政法委）

【基层社会治理创新】持续推进多元化解工作，区法院成立全市首家拥有独立办公场地的诉调对接中心，社会调解组织全面入驻。深入开展社会矛盾纠纷排查调处工作，围绕重点群体、重点问题、重点人员建立动态台账挂账督办。进一步健全完善综治责任体系和考核机制，调动起全区各部门参与社会治理的积极性。

（政法委）

【社会稳定风险评估工作】深入推进重大决策社会稳定风险评估工作，全年为100余家单位出具438份审查意见，努力做到应评尽评。

（政法委）

【司法体制改革】按照中央、市委统一部署，扎实推进司法体制改革，推进以审判为中心的诉讼制度改革，统筹推进公安和司法行政改革，完善司法权监督制约机制。

（政法委）

【法治建设】深入开展多层次多形式的法治创建活动，全面提高顺义区依法行政、依法管理、依法办事的能力和水平，进一步加快本区法治政府建设。继续推进“民主法治村”创建活动，稳步推进公共法律服务三级实体平台建设，不断提高基层民主法治建设水平。建立法律援助“一站式”服务中心，法律援助惠民效能显著增强。

（政法委）

【法制宣传教育】 深入推进“七五”普法工作，全年举办各类普法活动2800余场，提供法律咨询3.1万人次。开展“4.15全民国家安全教育日”专项活动以及以“共建平安铁路，共享铁路平安”为主题的宣传月启动仪式，发放各类宣传材料万余册。充分发挥村（居）规民约、“八型”社区创建作用，开展多种形式的宣传活动，营造人人参与、人人共享的良好氛围。

（政法委）

综治工作

【概况】2018年，全区综治系统紧紧围绕首都综治办和区委、区政府中心工作，以全国“两会”“中非论坛”安保工作为重点，以落实综治领导责任制为龙头，努力提升综治工作社会化、法治化、智能化、专业化水平，增强预测、预警、预防各类风险能力，更好地服务全区“疏解整治促提升”专项行动，不断提升群众安全感和满意度，为“打造航空中心核心区，共筑和谐宜居新家园”，确保全区持续和谐稳定，营造良好的政治环境和社会环境。

（综治办）

【社会面防控】紧紧围绕全国“两会”“中非论坛”等重点安保时段，分时段、分区域启动社会面等级防控，启动战时情报会商、每日信息报送、督查检查等工作机制，每次安排防控点位4359个，部署各类防控力量近5万人。规范“护城河”治安检查站和乡村道路卡点勤务工作，举办治安卡点值守人员培训班，配发物资装备，首都外围治安查控能力明显增强。

（综治办）

【城乡结合部地区重点村整治工作】依托“疏解整治促提升”专项行动，组织相关部门和属地对城乡结合部地区市、区两级挂账的8个镇35个村进行八个方面问题的专项整治。制定专项工作方案，先后组织多次专题会、部署会，强化联合执法，强化督查检查，深入推进各项工作并取得实效。

（综治办）

【治安重点地区整治工作】不断加强市、区、镇33处治安重点地区清理整治工作，着力解决一批群众反映强烈的治安突出问题和秩序类问题。强化统筹协调，公安、城管、安监、工商等多部门充分发挥专业职能作用，重点整治黑车揽客、无证照经营、占道经营、违法建设等行为，同时加大对食品安全、生产安全、消防安全、流动人员重点人、黑开场所、废品回收等的检查。

（综治办）

【科技信息化建设工作】全力推进“雪亮工程”，坚持“以用促建、以用促联、以用促管”，按照2018年建设任务，加快推进区、镇两级高清视频联网与交换共享平台建设，大力整合各部门视频图像资源。成立顺义区图像工作领导小组及办公室，将“雪亮工程”纳入“智慧顺义”统筹考虑，由区信息中心负责推进建设工作。全力推进社区科技创安工作，组织召开智慧社区建设工作推进会和培训会，推进60个试点社区建设。

（综治办）

【铁路护路联防工作】加强铁路护路联防工作，开展以“共建平安铁路，共享铁路平安”为主题的宣传月启动仪式。建设完成京承铁路5个铁路护路联防工作站、大秦铁路潘家坟工作站修缮和39个太阳能广播警示柱升级改造工作，全面提升铁路沿线治安防控能力。

（综治办）

【安全监管工作】启动危爆物品超常规管控，对辖区内所有危险物品从业单位开展安全大检查，督导从业单位落实管理责任。加强无人驾驶航空器管控，落实“中非论坛”期间无人机驾驶航空器全面禁飞管控措施。强化寄递物流行业监管，开展易制毒、易制爆危险品和寄递物流专项整治工作，落实收寄验视、实名收寄、过机安检“三个100%”制度。

（综治办）

【综治考核工作】坚持“切合实际、积极稳妥，公正公平、倾斜基层”的原则，根据首都综治考核办法和细则，制定年度《顺义区社会治安综合治理（平安建设）考核评分细则》，将“雪亮工程”、城乡结合部重点地区整治以及治安重点地区整治等工作纳入考核办法进行重点考核。

（综治办）

法治政府建设

【概况】2018年，区政府法制办公室深入学习贯彻习近平新时代中国特色社会主义思想和党的十九大精神，紧紧围绕区委区政府中心工作，全面贯彻落实区委全会精神，以“推进依法行政，建设法治政府”为目标，深入开展全面深化改革工作，加快优化首都核心功能、推动京津冀协同发展各项工作的落实，创造性地开展各项政府法制工作，较好地完成工作任务，为建设“港城融合的国际航空中心核心区、创新引领的区域经济提升发展先行区、城乡协调的首都和谐宜居示范区”创造良好的法制环境。

（法制办）

【区政府法律顾问团】加强政府法律顾问机构和队伍建设，构建以政府法制机构人员为主体、吸收专家和律师参加的法律顾问队伍，建立多层次、复合型法律顾问体系，进一步提升专业水平。区政府法律顾问围绕本区中心工作，就村集体向外来人口收费、清理整治“大棚房”、宅基地上房屋出租管理、环境治理职权交叉等问题进行深入调研并研提法律意见，切实保障区政府依法行政。同时，积极推进各部门、各镇街普遍建立政府法律顾问制度，将政府法律顾问设立及工作开展情况纳入全区依法行政专项考核之中，推动政府法律顾问在推进依法行政中发挥积极作用。截至年底，全区有25个镇街、38个委办局外聘律师作为本单位的法律顾问。

（法制办）

【合法性审查工作】2018年，严格按照法律、法规、规章规定，对区政府文件和上会审议的决策事项进行合法性审查，共对220个文件和决策事项进行合法性审查，其中文件25件、上会审议的决策事项165件、其他事项30件，提出意见建议297条，保障政府决策的合法合规。

（法制办）

【重大合同审核备案】2018年，按照《关于进一步加强政府合同监督管理的意见》的要求，强化政府合同的事前审核。共事前审查合同4706件、事后备案合同2205件，提出意见建议2426条，涉及合同金额130余亿元。全区建设合同审核管理平台，通过无纸化办公使政府合同管理的效率和水平得到提升。

（法制办）

【内部刊物《顺义行政法制研究》】2018年，内部刊物《顺义行政法制研究》刊发六期。为配合专项行动的开展，依托内部刊物平台，汇聚全区政府法制机构和政府法律顾问的智慧，对“疏解整治促提升”专项行动中遇到的疑难法律问题进行深入研究，研究专题涉及宅基地上违法建设、出租大院群租、养殖小区腾退、砂石坑治理、食品药品安全等热点急迫问题，提出系统治理的对策和建议，被各相关部门采纳。

（法制办）

【《“疏解整治促提升”相关法律法规汇编》和《案例选编》】以专项行动各牵头部门提出的法律服务需求为出发点，组织编写《“疏解整治促提升”相关法律法规汇编》和《“疏解整治促提升”相关案例选编》，重点进行法律分析及工作提示，从专业角度为相关部门和机构开展工作提供参考，保障“疏解整治促提升”专项行动的开展。

（法制办）

【法治教育培训】顺义区领导干部学法内容紧密结合当前经济社会发展新形势、新任务以及区委、区政府中心工作；学法形式通过教授、法官、行政一把手普法讲法的方式，逐步探索出“有解读、有实际、有问题、有建议”的深度讲法学法新框架。同时，本区组织编写《顺义区宅基地房屋出租相关法律法规文件汇编及重点解读》《镇政府查处违法建设操作规程》等系列法律法规汇编，举办包括“疏解整治促提升专项行动法治专题培训会”在内的各类专项培训，提升广大领导干部运用法治思维和法治方式推进工作、解决问题的能力。

（法制办）

【行政执法监督指导】一是严格落实行政执法人员资格考试制度，为全区参考人员做好辅导和应考工作。二是认真落实行政执法证件更换工作，推进本区行政执法人员新执法证件申领以及旧证换新证的工作，清理市执法平台注册的人员信息。三是创新行政执法案卷评查方式。将行政处罚案卷评查工作细分为自评、互评、复核三个阶段，评查争议焦点、开展多轮集中研讨定性，确保评查公平透明。四是严格审核责成强制拆除案件，规范执法行为。五是将各镇街行政执法效能建设纳入监督范围，每月在区政府常务会上通报全区行政执法情况，并就下月的工作方向进行提示。六是对执法量低、执法强度小的部门进行重点监测和督促，进一步提高本区的行政执法效率和能力。

（法制办）

【行政复议】 一是加强行政复议接待工作，共接待群众405批次、617人次，做到热情接待、细致解答，依法受理。二是依法受理行政复议案件，在书面审理方式的基础上，采用实地调查和听证的方式进行办案，提高案件办理质量。三是借用行政复议委员会外脑力量，强化对复杂疑难案件讨论。针对日常受理的专业性较强的行政案件，采取由案件承办人员汇报案情和案件审理意见，对典型、疑难案件邀请行政复议非常任委员会商会审，借用外脑提升行政复议工作质量，充分发挥非常任委员智囊作用，多种形式使其参与到案件审理过程中。四是编制指导用书，加强培训。编制《疏解整治促提升相关法律法规汇编》《疏解整治促提升相关案例选编》、行政复议典型案例等书籍，指导各单位办案实践、提高办案质量、依法有效化解行政争议。举办“村务公开”“政府信息公开”专题培训会，就村务公开相关流程，信息公开相关热点难点问题专题为相关工作人员进行授课。年内，区政府共受理行政复议案件305件，同比上升67.6%。其中，通过调解、双方和解后终止审理181件、维持79件、撤销具体行政行为32件、驳回复议申请6件、不予受理3件、中止2件、责令被申请人履行1件、确认违法1件。通过撤销、责令履行法定职责等方式直接纠错的案件比例达11.1%。从案件类型上看，案件涉及公安交通处罚、违法建设查处、信息公开、工商食药举报投诉处理、治安处罚、工伤认定、环保处罚、城管处罚、工程建设举报等类型。

（法制办）

【行政调解委员会】 2018年，本区设立两级行政调解组织。区行政调解委员会参与包括拆除违法建设、信息公开、工伤死亡、治安处罚、交通处罚在内的与民生息息相关的纠纷调解，调解成功56件。各行政调解工作室共调解1200余件行政纠纷，调解成功460余件。3月，区政府办印发《关于设立顺义区行政调解组织的工作方案》，建立两级行政调解组织，每年300万元行政调解工作经费纳入财政专项预算。在具体开展行政调解工作中，创新工作方式，组建“专职 + 专业”的行政调解工作队伍，聘请行政调解辅助人员和专业律师开展具体工作；建立“主导 + 指导”的行政调解工作模式，由顺义区行政调解委员会指导各调解室开展工作；印发《北京市顺义区行政调解工作规则》《北京市顺义区行政调解案件统计工作规定》。对涉及行政调解职权的相关法律、法规、规范性文件进行梳理，对实际案例进行收集与分析，并结合各行政机关官网公布的职责清单进行整理、归纳，形成《北京市顺义区行政调解权力清单》，清单中列明131项行政调解职权作为阶段性成果。本区将行政调解职权梳理形成的成果进一步修改、补充，印制成册后，作为各行政调解工作室的工作依据。

（法制办）

【行政应诉】 一是承办行政应诉案件。2018年，以区政府为被告的诉讼案件共319件，涉及拆迁补偿安置、房屋腾退、农村土地承包经营权、棚户区改造、信息公开、违法建设拆除、土地确权、房屋备案、村务公开、工商管理、养殖业腾退、物权确认、土地规划、交通处罚、审计等领域。答辩状及相关手续全部在法定时间内准备完毕。二是提高行政应诉能力。组织全区19个镇政府主管法制工作的负责人到区法院旁听行政应诉案件，直观体验行政应诉和法庭审理过程。三是加强行政负责人出庭应诉工作。年内，副区长郑晓博和副区长岳艳美分别作为区政府负责人出庭应诉张某及程某等人诉区政府复议后诉讼案。区环保局、顺义工商分局、区城管局、高丽营镇、木林镇、南法信镇、龙湾屯镇、大孙各庄镇、后沙峪镇、杨镇、南彩镇、赵全营镇、天竺镇、马坡镇、顺义交通支队、南彩派出所、仁和派出所、李桥派出所等部门负责人出庭应诉行政诉讼案件67件。四是编制行政应诉典型案例，加强对本区应诉工作的指导，促进行政应诉工作规范化建设。

（法制办）

公安

【概况】2018年，顺义公安分局始终以习近平新时代中国特色社会主义思想为引领，牢牢把握顺义区“港城融合的国际航空中心核心区、创新引领的区域经济提升先行区、城乡协调的首都和谐宜居示范区”功能定位，主动践行“四个第一”工作理念，紧紧围绕分局“走在全市第一阵营”的奋斗目标，忠诚履职、顽强拼搏、连续奋战，推动顺义公安工作务实求效、创新发展，维护全区社会大局持续稳定。分局依托“三大攻坚战”、疏解整治促提升等专项活动，全面清理整治问题隐患，落实以面保点，圆满完成中非论坛安保任务。中非论坛期间，全区110刑事类警情同比下降86.5%，治安类警情同比下降75.7%，未发生有重大影响的案事件，未发生规模性非法聚集和涉访活动，未发生重大群体性事件和个人极端案事件。投入经费12.29亿元，同比增长34.8%，保障各项业务工作开展。1名同志记个人二等功，21名同志记个人三等功，65名同志记个人嘉奖，天竺派出所党支部获评“北京市政法系统先进基层党组织”、后沙峪派出所团支部获评“市局十佳五四红旗团组织”、交通支队民警霍岗伟等多名个人荣获市级及市局级荣誉称号。

（顺义公安分局）

【安全监管力度持续加大】年内，加大安全监管力度，启动社会面重点部位“打整控”“三清、三个一批”、机场外围隐患排查等集中清查整治行动，遏制重大公共安全事故发生，保障全区经济社会安全发展。区委、区政府等领导带队检查消防工作180余次，各属地、部门主要领导带队检查1.04万次，共检查点位14.5万个，查封621家，拆除233家，累计拆除腾退面积40万平方米。全年检查单位2.3万家，同比上升12.2%；临时查封497家，同比上升36.47%；三停165家，同比上升11.6%；罚款1062.7万元，同比上升28.16%，拘留478人。依法纠正各类交通违法18.8万起，同比上升47.6%；暂扣各类严重违法车辆5009辆；录入非现场监控数据88.9万笔，同比上升63.9%；依法行政拘留234人，同比上升0.9%；查获危险驾驶案件383起，同比下降11.5%。检查辖区水、电、气、热、油等内部单位重点部位1890个；保障大型活动54项313场，接待游客313.7万人次；全区枪支、爆炸、剧毒、放射、易制爆危险化学品等单位，严格落实“四停一封”管控措施，刀具销售实行“两个一律”，最大化消除各类安全隐患。

（顺义公安分局）

【专项整治行动】年内，深入开展“疏解整治促提升”、安全隐患大排查大清理大整治等专项行动。统计摸排人、地、事、物、组织等基础信息9.3万条，整改消除各类安全隐患4586件，确保重大安全隐患全部“归零”。登记流动人口8.8万人，整改隐患出租房屋2.4万户，处理处罚违法房主3615人，罚款33.5万元，疏解流动人口2.06万人。抓获涉赌人员825人，拘留“黑车”“小广告”“分虫”等扰序人员1023人。

（顺义公安分局）

【反恐维稳】年内，严格落实反恐维稳措施，主动预判、防控各类风险，确保社会大局安全稳定。为11条公交线路、226辆公交车、8个重点站配备安全员516人；为中小幼、农贸市场等180处场所安装硬质隔离设施，重点行业领域安全防范能力进一步提高。依托“7+X”舆情应对处置机制，发布宣传性、引导性贴文6000余篇，处置突出舆情345起，实现舆情整体平稳。共搜集上报情报信息1.3万条，协助破案744起，协助抓获各类嫌疑人470人；全年核录信息347.1万条，抓获逃犯112人、查控上访重点人90名；通过对各类重点人信息采集、轨迹监测、全网查控，查获一级临控人员314人。妥善处置群体访145批次、4314人次，同比分别下降31%和31.6%，处理各类涉访违法人员85人，其中刑事拘留15人，治安拘留73人，进一步规范全区信访秩序。

（顺义公安分局）

【警情接报】年内，共接报“110”警情10.8万件，破当年案件2449起，同比上升2.6%；刑拘2911人，同比上升11.7%；行政拘留5143人，同比上升22.4%；查处治安案件2.98万起，同比上升2.9%。

（顺义公安分局）

【执法规范化建设】年内，深入推进执法规范化建设。实现8类案件在办案中心集中办理，共收押违法犯罪嫌疑人1166人，接待办案单位303个，提供办案服务1.3万余次。在执法监督工作中发现执法问题3349件，整改2121条，并对3名领导和1名民警追究执法过错责任，有效提高办案质量。在监所规范化建设方面，创新监室管教定期轮换、早晚点名日常管理模式，全面加强监所安全隐患整治和医疗管理服务，对79名一级风险人员展开“一事一案”“一人一策”精细化管理，确保监所“零死亡”目标实现。

（顺义公安分局）

【中非论坛安保工作】年内，顺义分局紧紧围绕“三个确保、五个坚决防止”的工作目标，提前搭建组织架构、完善方案预案，战时每日会商、上下聚焦一线，8月20日起，分局1900余名警力全部停休、各级领导24小时值守岗位。

（顺义公安分局）

【打涉黑涉恶犯罪严厉打击】年内，全力开展“扫黑除恶”专项行动。共刑拘涉嫌违法犯罪村“两委”干部16人，破九类涉黑涉恶案件145起，破案率90.6%，位于全市第一，累计处理涉恶犯罪人员356人，打掉犯罪团伙49个，扣押、冻结赃款99万元。打掉特大制贩伪劣高端白酒犯罪团伙，查获库房窝点16个，起获各类制酒包材100余万件，刑事拘留26人。打掉涉黄窝点105家，处理涉黄人员430人，关停涉黄场所436家。受理涉众型经济案件26起，涉及金额1.7亿余元，破重点案件42起。严打八类恶性犯罪及涉枪、涉爆、涉毒、经济类犯罪，八类案件破案率89.2%，超过全市平均水平4.1个百分点，缴获枪状物95支，破获涉毒案件26起，刑拘32人，处理吸毒人员206人，缴获毒品8.7公斤，立经济案件156起，刑拘44人。

（顺义公安分局）

【科技强警】年内，顺义分局深入开展电动车被盗防范工作，登记电动车13.1万辆，电动车被盗案件同比下降76.6%，136名群众获得赔付15.6万元。制定分局“祥云计划”，加快推进视频监控建设、联网；发放移动警务终端1698部，实现全局民警全覆盖；推进枪支数字化建设工作，对分局24家用枪单位25个枪库落实常态化拉网式检查；推进保密文件管理设施改造，“智慧警务”建设迈出坚实步伐。

（顺义公安分局）

【警力调配工作全面推进】年内，顺义分局根据勤务部署，科学制定警力抽调方案37个，完成市局部署的“全国两会”安保、“中非论坛”安保、重大会议住地防爆安检、涉军访、十一天安门升旗、改革开放40周年大型博览会等大型勤务任务，合计抽调警力2736余人；完成分局部署的北京车展、汽车漂移大奖赛、燕京啤酒节以及新国展勤务等各项大型活动勤务工作，共抽调警力6120余人次，确保各项安保任务的完成。

（顺义公安分局）

【新建看守所、拘留所外电源接入工程】2月5日，顺义分局新建看守所、拘留所工程竣工。11月2日，通过外电源接入工程建设，正式通电。

（顺义公安分局）

【执法办案管理中心建设】4月22日，执法办案管理中心开工；12月26日，基本竣工。与其配套的涉案物品管理中心工程于5月份取得区发改委立项，规划、环保、消防、土地等审批手续办理中。

（顺义公安分局）

【荣获全市“e搏杯”大比武一等奖】年内，顺义分局警务支援大队参加市局网安总队在福建省厦门市全国网安民警培训基地举办的“北京市公安局2018年网安系统‘e搏杯’电子数据勘验业务培训及实战技能大比武”荣获一等奖。

（顺义公安分局）

【“三打击一整治”专项工作】年内，顺义分局通过持续推进公安部“三打击一整治”专项行动。盗窃类案件累计立现案3573起，破现案1048起，立破案差值为2.2%。入室盗窃案件累计立现案963起，破现案305起，立破案差值为1.5%。涉车盗窃案件累计立现案511起，破现案171起，立破案差值为1.2%。三类犯罪打击对称性均为正值，排名靠前。

（顺义公安分局）

【“停驾行动、清零行动”】年内，顺义分局在开展“停驾行动、清零行动”专项整治行动期间，查明本区有驾驶证吸毒人员306人，已注销驾驶证吸毒人员133人，极端高危和高风险吸毒人员30人，特殊关注群体吸毒人员2人，最大限度降低吸毒后驾驶机动车再次发生社会危害的几率。

（顺义公安分局）

【2018年追逃1号专项行动】年内，顺义分局开展2018年追逃1号专项行动，共抓获网上在逃人员44人，其中有效逃犯（即上网、撤网时间间隔60天）18人，顺义籍逃犯3人。

（顺义公安分局）

【重点地区静态车辆信息采集专项工作】年内，顺义分局开展重点地区静态车辆信息采集专项工作，共采集静态车辆信息531635条，全市排名第7。其中，查获被盗车辆5辆，均移交办案部门处理。移交交通部门涉牌违法车辆17辆。

（顺义公安分局）

【打击涉车盗窃和扒窃犯罪专项行动】年内，顺义分局开展中非论坛期间打击涉车盗窃和扒窃犯罪专项行动，抓获涉车盗窃违法犯罪人员7人，破获涉车盗窃案件35起，收缴赃款10304元；抓获扒窃违法犯罪人员29人，破获扒窃案件63起，收缴赃款12000元。

（顺义公安分局）

【机修业专项整治】年内，顺义分局组织开展机修业治安整治专项工作，全市排名第三。专项行动期间，共出动警力362人次，检查机修企业178家次，发现问题12件（当场完成整改），处罚4家、涉案金额4000元。

（顺义公安分局）

【保安安全监管工作加强】年内，顺义分局为进一步加强全市保安服务行业管理，检查驻勤点1215个，检查保安持证上岗2695人次，发现问题52处，均整改完成。通过社会信息采集系统抓获网上在逃人员3人，辞退不符合从事保安职业人员334人次，办理保安证13964人次。年内处罚违反《保安服务管理条例》的保安服务公司28起，警告6起，罚22起，罚款30万元。

（顺义公安分局）

【打击整治“黑物流”专项行动】年内，顺义分局开展打击整治“黑物流”违法犯罪专项行动，共出动检查人员2864人次，检查寄递企业1857家次，物流企业1136家次。组织邮政部门联合检查4次。共发现问题81件，责令整改53件，函告工商、交通、邮政等管理部门28件。查处涉及寄递物流渠道案件13起，刑事拘留9人，治安拘留4人，邮政管理部门行政处罚寄递企业4家，发现禁止寄递违禁品如下：枪支1支、枪状物4支、铅弹701发、钢珠120颗、毒品90克、管制刀具2把。

（顺义公安分局）

【安保警卫】年内，顺义分局印发《进一步强化机场高速路线警卫工作意见》《2018中非论坛北京峰会期间首都机场专项安保工作方案》等多个警卫工作方案，并通过送训到岗、警卫专干队伍建设、集中轮训等方式，确保各项安保措施落到实处。分局完成警卫270次，投入警力12312人次。

（顺义公安分局）

【缉枪治爆管刀专项行动】年内，顺义分局依托“缉枪治爆管刀专项行动”和“打击枪爆违法犯罪专项行动”共检查危险物品和刀具销售单位1641家次，摸排闲置厂房、大院、出租房屋、商店、超市等场所3800余处。收缴非法烟花爆竹29831.8公斤，收缴液化气、丙烷、煤气814罐，收缴汽油、柴油29190升，收缴管制器具66把，收缴各类枪支46支、子弹1324发。

（顺义公安分局）

【养犬管理】年内，顺义分局印发《顺义公安分局关于开展2018年养犬集中年检工作的实施方案》《2018年顺义区养犬管理工作要点》，组织牵动区养犬办各成员单位认真开展养犬管理工作。2018年共年检登记犬只12434只，收容无主犬10465只。组织开展违规养犬、遛犬行为处罚工作，共处罚130余笔。

（顺义公安分局）

【**食品服务保障安全监管**】年内，顺义分局加强对鹏程、燕京、牵手3家食品供应单位安全监管工作，消除隐患2处，完成1136名服务保障人员的政审工作，完成各项食品供应工作。

（顺义公安分局）

【**金融单位安全监管**】年内，顺义分局加强金融单位监管，出动178人警力次对169家银行网点进行检查。为辖区85个金融网点负责人、大堂经理及安保干部共计300余人直接授课。经工作，拦截电信诈骗24起，挽回经济损失人民币150余万元、美元1.5万元，为成功拦截的银行职员发放情报信息奖励金11000元。

（顺义公安分局）

【**“高宝来爱民服务岗”高峰勤务工作**】年内，顺义分局在全区22个派出所辖区内创建22处“高宝来爱民服务岗”。协调区教委督促校园老师在高峰勤务重点时段同民警、保安一起在校门值守，形成合力，全力确保校园周边秩序良好和师生的生命财产安全。

（顺义公安分局）

【**五大考务全程监管**】年内，顺义分局对 “高考、中考、高中会考、高自考和成自考”五大考务活动及其他资格考试，实施系统全程规范监管。其间，共出动警车1109辆次警力2806人次，确保“五大考务”的顺利举行。

（顺义公安分局）

【**行政应诉和行政复议**】年内，顺义分局推动落实行政机关主要负责人出庭应诉、行政诉讼案例点评通报工作。累计共发生复议、诉讼、赔偿案件54件：行政复议12件（审结9件），诉讼27件（驳回14件、撤诉5件、未审结8件），国家赔偿3件，刑事不予立案复议12件。

（顺义公安分局）

【**涉案财物规范管理工作**】年内，顺义分局适应涉案财物管理新模式，做实做细并畅通运行涉案财物移交、保管、处理、监督等环节规定动作。加大资金投入，先后花费200余万元为27个单位涉案物品保管室统一购置专业保险柜、物证柜、储物架等专业设备，通过送训到岗、战训同步、专题学习等方式，使基层办案民警熟悉涉案财物管理流程。涉案财物库房共接收各类物品392案110830件。

（顺义公安分局）

【**信访工作与法制职能融合**】年内，顺义分局围绕市局机构改革及推动信访工作纳入法治化轨道总体要求，创新推出收案审批及法制专员全程参与信访接待、案卷材料审阅、提前介入指导案件侦查取证工作模式。年内，共办理各类信访问题7576件次，同比上升33.8%。其中，涉法涉诉信访306件、自接信访480件次，办结率在93%以上。组织局领导接访45件。

（顺义公安分局）

【**对邪教组织侦察打击力度持续加大**】年内，顺义分局在与邪教组织斗争工作中，依托“敲门行动”“回头看”专项行动，对法轮功等邪教组织不断加大侦察调查和打击处理力度，先后破获邪教类违法犯罪案件21起，打击处理法轮功、全能神等邪教人员26名，有力震慑邪教组织的违法犯罪活动。

（顺义公安分局）

【**看守所监内“五型监所”目标完成**】年内，顺义分局看守所全面实现监管系统“安全型、法治型、服务型、廉洁型、智慧型”的“五型监所”工作目标。共应收尽收违法犯罪人员3032人，同比上升11.2%。深挖犯罪45条，协助破案14起，抓获违法犯罪人员14名，化解社会矛盾32件，教育转化邪教及非访人员16人、教育转化率达80%。

（顺义公安分局）

【**城乡结合部重点地区整治**】年内，顺义分局按照区城乡结合部重点村整治工作的总体部署，确定23个市级、12个区级城乡结合部重点村，涉及后沙峪镇、天竺镇、李桥镇、高丽营镇、南法信镇、仁和镇、南彩镇和马坡镇8个派出所。在年终考核中，23个市级重点村均通过第三方验收。

（顺义公安分局）

【**智慧社区建设**】年内，顺义区综治办、顺义公安分局制定下发顺义区《智慧社区建设工作方案》，先后召开“9.29”全区部署会、“10.18”马坡镇现场会、“11.15”专项培训会、“12.14”全区推进会，推动本区20个市级、40个区级试点社区的智慧安防建设。

（顺义公安分局）

【电动车物联网技防工作】年内，顺义分局开展电动车物联网技防工作，布建基站668个、形成覆盖全区的城域物联网；共登记备案电动车130765辆，全区80%以上的电动车纳入技防管理；电动被盗立案237起、同比下降76.6%，被盗破案率为65.3%，远高于去年同期的15.2%。

（顺义公安分局）

【推动涉外案事件查处工作】年内，顺义分局共组织开展打击三非、违住等外国人违法犯罪专项行动35次，现场核查境外人员1256名，处罚“违住”境外人员213名，发现处理“三非”境外人员82名。

（顺义公安分局）

【强化巡逻及反恐处突培训】年内，顺义分局分批次组织外围检查站全体警力和社会面巡逻骨干力量进行专业培训，全年累计开展二级培训1次（脱产轮训1周）、三级培训20余次，参训人员1700余人次，有效提升个人素质和整体作战能力；全面开展反恐特警系统“冬训”练兵及派出所武装处突车组集训工作，选调优秀民警参加市局大比武并取得优异成绩。

（顺义公安分局）

【公安检查站智慧管控系统建设】年内，顺义分局开展公安检查站智慧管控系统建设工作。截止年底，5个检查站硬件建设、科技设备、软件平台（模块）全部建设完毕，检查站智慧管控系统建设全部完工，正式投入使用，运行情况良好。

（顺义公安分局）

【交通安全工作大会】年内，顺义区人民政府、交通安全委员会在顺义宾馆会议中心召开顺义区2018年交通安全工作大会。副区长、区交委会主任、局长赵为民，区政法委常务副书记姜蒙，区交安委副主任、区公安分局副局长郑激扬，区交安办主任、交通支队支队长崔学军、全区各镇、街道办、经济功能区、各单位主管领导及执法人员约200人参加会议。赵为民与北京骏马客运有限公司、中石油天然气运输公司领导签订《2018年交通安全目标管理责任书》，并就如何保障道路交通安全工作提出具体要求。

（顺义公安分局）

【各项路线警卫任务完成】年内，顺义分局实行“立体指挥、交替放行”的勤务模式，做到勤务交通与社会交通协调运转，确保“两会”“中非论坛”、国庆等重大活动交通勤务万无一失。年内，共完成道路交通警卫勤务506次，其中，一级勤务74次、二级勤务48次、三级勤务302次、大型活动勤务26次、考务及区内礼节性交通保障勤务56次。

（顺义公安分局）

【交通勤务指挥中心投入使用】年内，顺义分局集应急指挥调度、数据分析研判、122接处警、交通态势视频监控、交通信号远程调控、交通诱导信息发布、勤务组织监督、联勤联动响应为一体的10个交通管理实战应用系统的智能型指挥中心正式投入使用；指挥中心与各中队建立两级指挥平台，健全工作规范，有效提升122处置效能。

（顺义公安分局）

【货车、渣土车违法常态整治】年内，顺义分局以严厉打击大货车交通违法行为为切入点，组织警力在北务、大孙各庄、马庄东、木北、七大路5个进京检查站实施24小时协同拦停检查卡控，在赵全营、木林治超检查站和5个地区综合执法检查站，启动联合执法行动，对大货车超载、非法改装、涉牌等违法行为依法进行高限处罚。全年，共出动整治力量1300余人次，设立货车整治岗位30个，查处货车114078笔，同比上升52.27%；酒后901起，同比上升6.00%；涉牌13520起，同比上升124.32%；改装车10990起、同比上升48.35%。

（顺义公安分局）

【小学生交通安全教育】年内，顺义分局联合区教委、区交通局、南法信镇人民政府、北京骏马客运有限公司在顺义区南法信中心小学，开展“企业助推学生安全、赠送交通安全读本”进学校宣教活动，共向全区45所小学校赠送交通安全读本4万册，扎实有效推进顺义区小学生交通安全教育工作。

（顺义公安分局）

【“行动·2018”反恐处突实兵演练】6月27日，顺义区反恐怖工作领导小组组织区公安分局、区委宣传部、区卫计委等部门在顺义区杨镇大集开展“行动•2018”反恐处突实兵演练。区委宣传部、区应急办、区卫计委、区市场中心、杨镇镇政府及公安分局相关职能部门和派出所共计200余人参加演练。此次演练以驾车冲撞、砍杀群众、劫持人质应对为主要科目，突出全流程、全实兵、全要素等特点，着眼当前恐怖袭击手段的发展变化，结合辖区反恐工作实际预设情景。

（顺义公安分局）

检察

【概况】 2018年，顺义区人民检察院（以下简称顺义检察院）受理审查逮捕案件676件926人，审查起诉案件1382件1714人，其中批准逮捕506件625人，提起公诉1182件1434人。全年追捕漏犯17人，追诉漏犯45人，其中38人获法院有罪判决。对经审查认为不构成犯罪的依法不起诉26人。针对证据方面的问题要求侦查机关补充侦查400余件，对证据不足的依法不批准逮捕194人、不起诉109人。深入开展扫黑除恶专项斗争。发现涉恶案件线索18件63人，办理市检察院扫黑除恶专项斗争督办案件6件24人。加强与监察机关的协调配合。依法依规完成首例适用刑事拘留强制措施与监察机关留置调查措施案件的衔接。按规定向区监察委员会通报党员、公职人员涉嫌犯罪案件36件，移送涉嫌违法违纪案件线索23件。坚决打击破坏金融管理秩序、金融诈骗等犯罪，批准逮捕21人，提起公诉23人。加大生态环境司法保护力度，开展破坏环境资源犯罪立案监督专项活动，与区环保局等联合开展非法经营废旧汽车零部件污染土壤执法行动，建议移送公安机关立案污染环境案1件5人，公安机关已立案。服务疏解整治促提升专项行动，有效打击非法采矿、非法转让土地使用权等犯罪，监督公安机关立案并依法提起公诉的雷某某等13人非法采矿案，被市检察院评为精品案件。优化区域营商环境，坚决打击扰乱市场秩序、侵犯知识产权等犯罪，批准逮捕22人，提起公诉18人。着力保障民生，扎实推进危害食品药品安全犯罪立案监督专项活动，开展网络订餐专项监督活动，开展协助农民工讨薪专项活动，与区法院合力，共同为90余名农民工讨回欠薪147万余元。重视未成年人权益保护。与区人力社保局合作，继续推进未成年劳动者合法权益保护工作，移送雇佣童工案件线索5件5人。进一步打造“蒲公英”青少年法制宣讲团普法品牌。

（顺义区人民检察院）

【检察监督】 受理立案监督案件82件113人，其中监督公安机关立案44件47人，监督撤案38件66人。建议行政机关向公安机关移送涉嫌犯罪案件后，公安机关立案15件21人。受理侦查活动监督案件31件。对29件侦查活动涉嫌违法案件开展调查核实，发出《纠正违法通知书》3份、检察建议2份，相关问题均得到整改。审查一审裁判文书1148份，按照第二审程序提出抗诉案件6件7人，其中2件2人被改判；按照审判监督程序提请上级院抗诉案件2件2人，其中上级院提出抗诉1件1人。受理当事人不服法院生效裁判的刑事申诉案件3件。开展社区矫正监督检察41次，与社区矫正对象谈话教育44人次。办理羁押必要性审查案件96件，对不需要继续羁押的犯罪嫌疑人建议变更强制措施30人。办理的王某某羁押必要性审查案、张某某羁押必要性审查案，分别被市检察院评为精品案件和优秀案件。开展剥夺政治权利专项检察、财产刑执行专项检察等6个专项检察活动。受理民事诉讼监督案件14件，依法发出再审检察建议，法院采纳再审检察建议并裁定再审4件。办理行政诉讼监督案件6件。审查公益诉讼案件线索31件，立案11件，发出诉前检察建议8份。

（顺义区人民检察院）

【强化服务意识 接受外部监督】 分别就“开展公益诉讼工作情况”和“加强检察官正规化专业化职业化建设情况”向区人大常委会作专项报告和专题汇报。邀请部分人大代表、政协委员参加未成年人检察主题开放日活动。保障律师合法执业权利，共接待律师1021人次。依托“两微一端”新媒体平台，发布检察信息1300余条，阅读量达3万余人次；全面及时公开案件程序性信息2050

件，法律文书1276份。

（顺义区人民检察院）

【荣誉称号】顺义检察院获评“首都文明单位”“全国检察宣传先进单位”，1个部门获评“北京市未成年人检察工作三十年作出突出贡献集体”，2名同志获评“全国检察宣传先进个人”“首都劳动奖章”，1名同志获第三届“顺义区优秀青年人才”称号，2个岗位、5名同志获评区“巾帼文明岗”“巾帼建功标兵”。

（顺义区人民检察院）

【对异地附条件不起诉案件作出处理】1月，顺义检察院与河南省郑州市惠济区检察院就王某某故意伤害案开展异地附条件不起诉工作，顺义院对王某某作不起诉处理。

（顺义区人民检察院）

【获评羁押必要性审查精品（优秀）案件】2月，顺义检察院办理的王某某羁押必要性审查案和张某某羁押必要性审查案分别获评全市精品（优秀）案件。

（顺义区人民检察院）

【承办片区“两主”试点工作推进会】4月11日，市院召集第三片区各院公诉部门在顺义检察院召开“两主”（审前程序中的主导作用、指控和证明犯罪中的主体作用）试点工作推进会。三分院、朝阳院、通州院、怀柔院、平谷院、密云院及顺义院公诉部负责人、相关“两主”项目负责人等参加会议。推进会主要围绕市院公诉部、顺义院共同负责的《北京市检察机关关于运用公诉政策指引办案的意见》（征求意见稿）、市院刑事执行检察部、朝阳院共同负责的《关于价格认定意见的审查细则（试行）》（征求意见稿）进行专题研讨，征求各院的意见和建议。

（顺义区人民检察院）

【“两主”“三专”和检察监督“五化”建设联席会】4月，顺义检察院就“两主”“三专”（专业平台、专业工具、专业素质）试点工作和检察监督“五化”建设（制度化、规范化、程序化、体系化、信息化）检察改革情况，分别与顺义法院和顺义公安分局召开联席会议。法检交流会上，通报2018年度全市刑事检察、刑事审判监督会议的精神，并对羁押必要性审查等工作作简要介绍。区法院通报刑事审判工作情况。双方就撤回起诉的程序适用、认罪认罚速裁程序案件的精准量刑、审判监督的方式和手段、公诉工作中存在的不规范问题等进行沟通协商。公检联席会上，公检双方就大要案信息通报机制、提前介入侦查机制、常态化沟通联络机制、退补面商机制、动态质量月报通报五项工作机制达成共识。

（顺义区人民检察院）

【未成年人法制宣传活动】6月1日，顺义检察院参加三分院组织的2018年“检育春苗 爱润成长”法制教育宣传周、宣传季活动，为北京市通州区第二中学40余名学生以“无毒青春 健康生活”为主题讲授法制课程。

（顺义区人民检察院）

【片区抗诉工作推进会】7月13日，市检三分院在顺义检察院召开片区抗诉工作推进会。三分院党组成员、副检察长申云，市院刑事审判监督部，三分院刑事审判监督部负责人及各区院分管刑事审判监督工作的副检察长等参加。申云充分肯定顺义院抗诉工作的成绩和做法，对片区抗诉工作取得突出成绩的原因进行总结，并就做好下一步抗诉工作提出具体要求。

（顺义区人民检察院）

【对接区监察委移送审查案件】7—8月，顺义检察院在审查区监察委移送的高某某涉嫌挪用公款罪、贪污罪一案中，对被留置的犯罪嫌疑人高某某依法采取刑事拘留强制措施。此案是顺义院首次适用拘留强制措施对接监察委移送审查的留置案件，实现案件由调查程序向刑事司法程序的顺利过渡。

（顺义区人民检察院）

【张家口市万全区检察院来院交流学习】10月11日，河北省张家口市万全区检察院检察长裴玉生一行15人来顺义检察院交流学习，顺义院党组成员及相关部门负责人陪同并参加座谈。

（顺义区人民检察院）

【获评立案监督精品案件】10月29日，顺义检察院侦查监督部办理的雷环宇等15人非法采矿案在2018年北京市检察机关“破坏环境资源犯罪和危害食品药品安全犯罪”立案监督案件评比活动中获评“精品案件”。

（顺义区人民检察院）

【在全市技能竞赛中获奖】8—10月，在北京市检察机关第六届检察业务竞赛中，顺义检察院杨帅、齐田天分别获得民事检察业务竞赛检察官组第九名和检察官助理组第八名。于浩获得侦查监督业务竞赛检察官组第四名，并获评“侦查监督业务标兵”。

（顺义区人民检察院）

【与区金融服务办召开座谈会】11月16日，顺义检察院联合区金融服务办公室召开“防范金融风险 维护区域金融安全”主题座谈会。区金融服务办公室领导及相关工作人员，顺义院公诉部相关人员，区金融服务办公室打非工作小组成员及全区30家银行行长、主管风险防控的副行长参加会议。

（顺义区人民检察院）

【获评刑事执行监督优秀案件】11月，顺义检察院办理的李某某社区矫正执行违法（违规）监督案获评北京市刑事执行监督优秀案件。

（顺义区人民检察院）

审 判

【概况】年内，顺义法院推进司法改革，开展多元化解工作，着力解决执行难，自觉主动接受人大监督，确保依法公正高效行使审判权。全年新收各类案件46910件，同比增长30.5%，收案数创历史新高，位居全国基层法院第29名。全年结案率为95%，同比上升1.4个百分点，审判质效位于全市法院第三位。经过一年的努力，本院及本院干警获得多项荣誉。获评“首都文明单位”“全国法院案件繁简分流机制改革示范法院”“北京市诉讼服务先进法院”。本院刑庭荣获“北京市人民满意的政法单位争创奖”称号，行政庭荣获“北京市三八红旗集体”称号，3个审判团队获评北京法院先进模范团队，1名干警获评“第八届首都民族团结进步先进个人”，1名干警获评“全国法院办案标兵”，2篇裁判文书获北京法院优秀裁判文书百佳奖，4篇论文在全国法院学术讨论会获奖。

（顺义法院）

【法治政府建设】年内，本院新收行政案件442件，同比增长38.6%，两位主管副区长出庭应诉，人民群众和行政机关的法治意识显著提升。依法妥善处理71名原告诉杨镇人民政府规划行政强制纠纷，保障“疏整促”专项行动顺利开展。充分发挥行政争议化解中心职能，与政府相关部门建立协调联络机制，及时沟通情况，保持密切协作，促使19起行政纠纷在诉前得到实质性化解。以“发挥行政审判职能、全面推进依法治区”为主题召开行政审判白皮书新闻发布会，邀请法制办、规土委等多家单位参加，发布典型案例，提出具体建议，规范行政机关执法行为，推动法治政府建设。

（顺义法院）

【扫黑除恶专项斗争】年内，本院深入开展扫黑除恶专项斗争，成立领导小组，组建专业审判团队，院、庭长主动承办涉黑恶案件，对黑恶势力犯罪出重拳、下重手、零容忍。审结相关案件7件33人，依法从重从快审理雷环宇等11人非法采矿、寻衅滋事、包庇窝藏案，魏兴旺等5人非法拘禁、寻衅滋事案，被告人全部被判处有期徒刑，雷环宇案作为全市唯一一起刑事案件，获评北京法院优秀案例。依法加大财产刑、追缴罚没的适用和执行力度，并处罚金944万元，追缴违法所得417万元，坚决铲除黑恶势力经济基础，防止死灰复燃，受到市高级法院充分肯定。针对非法高利放贷、“套路贷”、房屋中介租赁等重点领域，深入摸排核查涉黑涉恶线索，确保及时发现、及时处理，彻底铲除黑恶势力滋生土壤。针对个别地区非法采矿案件多发、行政管理存在漏洞等问题，及时发出司法建议，推动刑事司法与行政执法有效衔接，从源头预防犯罪发生。

（顺义法院）

【依法打击刑事犯罪】年内，本院新收刑事案件1194件，同比下降15.7%，社会治安形势持续向好。扎实推进以审判为中心的刑事诉讼制度改革，改变检察机关指控罪名和事实的案件32件，因证据不足准许检察机关撤回起诉6件7人。充分利用线上法律援助平台和线下法律援助工作站，为356名被告人申请援助律师辩护，为1149名被告人指派驻站值班律师提供法律帮助，律师辩护、帮助率达100%。

（顺义法院）

【涉军停偿案件审判】年内，涉军停偿案件审判工作全面如期完成，为涉军停偿案件开辟专门的绿色通道。全年依法审结案件12起，确保部队资产不流失、群众合法利益不受损。顺义区涉军停偿领导小组办公室对本院涉军停偿工作表示感谢。

（顺义法院）

【速裁审判庭成立】3月1日，顺义法院以原有的立案庭速裁审判组为依托，抽调审判庭专门力量，成立速裁审判庭，负责审理简单纠纷，约70%的民商事案件在这里判决，确保“简案快审、难案精审”。

（顺义法院）

【诉调对接中心成立】11月9日，本院诉调对接中心成立揭牌仪式举行。中心集民商事案件立案、诉讼服务、诉调对接、速裁审判等多功能于一身，设有立案区、调解区等4大区域。立案服务区设置5个立案窗口，为当事人立案、缴费、换票提供一站式服务。综合服务区设置诉讼引导、案件查询、联系法官、材料收转4个窗口和1个律师工作室。调解区结合顺义区本土特色和司法需求，设置6间特色人民调解室和6间专业调解室，在装修风格和场景布置上突出家事纠纷重感情、商事纠纷重证据、物业供暖纠纷重沟通等特点，为当事人协商解决矛盾营造和谐的环境氛围。审判区设置12间数字化标准法庭和一间互联网法庭，实现庭审视频公开、庭审语音识别等功能，也为当事人远程在线参加庭审创造条件。

（顺义法院）

【多元化解工作推进】年内，本院持续推进多元化解工作创新，打造具有顺义特色的“枫桥经验”升级版。在诉调对接中心设立9个诉调对接团队，在法官的带领下，人民调解员一同参与调解工作。以驻镇法官工作站为载体，建立人民法庭、镇司法所、村民调组织三方联动机制，充分发挥人民法庭整合镇村调解资源的桥头堡作用，形成以诉调对接中心为平台、以5个人民法庭为支点、辐射全区调解组织的解纷网络。充分整合调解资源，实现解纷主体多元化。与工会、妇联、司法行政等单位签署诉调共建协议，各级各类组织全面参与，加快形成共建共治共享的基层社会治理新格局。年内，在诉调对接中心解决的2万余件案件中，85.4%是通过多元调解方式办结的，80%的纠纷在一个月内得到解决。

（顺义法院）

【智慧法院建设】年内，本院积极提升诉讼服务水平，推动智慧法院建设，获评“北京市诉讼服务先进法院”。在全市率先将访客系统和人脸识别跟踪系统对接，当事人在乘坐诉讼专用电梯时，系统能够准确识别身份，并推送开庭时间、地点等信息。设立自助收转柜，为当事人与法官交换诉讼材料提供方便。注重诉讼服务细节，提供自助上网、自助打印等硬件支持，升级文书模板下载、自助立案等软件系统，提升群众诉讼体验。推行集约送达、电子送达，减轻当事人诉累，提高审判效率。推进卷宗信息化建设、审判流程公开和庭审视频公开，全部案件实现随案同步生成电子文档，适宜公开案件全部对外公开，方便当事人网上查阅电子卷宗、网上了解案件进展、网上观看庭审直播。

（顺义法院）

【破解执行难】年内，本院全面构建综合治理执行难工作格局，争取领导支持，推动区委区政府出台意见，集全区之力共同解决执行难。公安机关在查人找物、打击拒执罪等方面提供支持协助，财政部门将执行救助资金不足部分纳入区级财政预算，组织、纪检部门加大对党员、公职人员拒不履行生效法律文书以及非法干预、妨害执行的惩戒力度，“党委领导、政法委协调、人大监督、政府支持、法院主办、部门配合、社会参与”综合治理格局的形成，为基本解决执行难奠定基础。综合运用多种宣传手段，引导群众理性区分“执行难”与“执行不能”，凝聚全社会理解执行、尊重执行、协助执行的强大正能量。

（顺义法院）

【“决胜执行难”全媒体直播活动】在解决执行难攻坚阶段，本院组织的“暖风行动”中，一名7岁儿童，因交通事故导致双目失明、颅骨骨折，肇事方拒不履行生效裁判。本院一方面开展强制执行迫使其履行法律义务，另一方面坚持善意执行理念，创新运用心理干预疏导机制，邀请心理专家帮助儿童及其父母走出心理阴影。9月14日，在最高人民法院新闻局、执行局、北京市高级人民法院的帮助下，联合全国40余家媒体对案件执行过程进行直播，2名人大代表现场见证，1200万网友在线观看。直播结束后两天时间内，被执行人法定代表人陈某将剩余案款全部履行到位，本案圆满执结。在全国人大常委会听取人民法院解决执行难的工作汇报时，本案作为北京法院2018年执结的唯一案例入选最高法院的报告。

（顺义法院）

【妥善化解民商事纠纷】年内，本院聚焦重大发展战略落实。妥善审理合同纠纷，提高违约成本，强化市场主体的契约意识、规则意识。加大产权保护力度，依法保护和激发企业家精神，积极改善营商环境。在一起联营合同纠纷案件中，被告某区属企业近年来陷入经营困难，欠债1600余万元，本院按照善意司法的理念成功促成双方和解，为被告完成重组争取时间、创造条件。高度关注民营企业股权质押、三角债等法律问题，准确把握民间借贷案件裁判尺度，运用司法手段鼓励、支持、引导民营企业合法发展。聚焦重大民生权益保障，主动回应乡村振兴司法需求，依法审结土地承包纠纷754件，同比增长43.9%。坚持平等保护原则，维护和谐劳动关系，针对驾校教练劳动争议纠纷同比增长9倍的情况，努力找准利益平衡点，化解双方尖锐矛盾，以调解或撤诉方式解决92%的纠纷，并促使其他劳动者在仲裁阶段与驾校达成和解。依法妥善审理“租金贷”等涉众型案件300余件，及时向区政府通报相关情况，坚决防止个体风险演化为系统性金融风险。审结涉及健身、美容等预付卡纠纷600余件，针对部分经营者挪用预付款甚至卷款跑路等问题，召开新闻通报会，发布典型案例，提高消费者的风险防范能力。对于上半年，部分城市居民为将户口迁移到农村而提起诉讼，导致大量无争议纠纷涌入法院。主动作为，积极协调，妥善解决这一异常诉讼问题，充分保护集体经济组织及其成员的合法权益。

（顺义法院）

【创新宣传机制】年内，顺应时代发展，创新宣传方式，本院开设“顺法一分钟 学法真轻松”微视频普法栏目，每天推出一期一分钟左右的视频，以生动活泼的形式传播法律知识，开启普法宣传“短视频”之先河。累计推送188期，点击量超过800万次，收到网友留言2000余条，回答网友提问1500余次，被市委政法委评为年度优秀新媒体作品。针对移动支付犯罪、宠物致人伤害等话题召开新闻通报会，及时回应社会关切。与市级媒体合作开展《法官来了》普法视频直播，与区电视台合作播出《法治顺义》栏目，社会反响热烈。

（顺义法院）

司法行政

【概况】年内，司法局持续推进公共法律服务实体平台建设。将公共法律服务体系建设纳入2018年区折子工程项目，研究制定《顺义区公共法律服务实体平台建设方案》。“扫黑除恶”专项斗争扎实推进。从司法行政大局出发，强化法治宣教智能，形成常态化工作机制。《顺义区司法局2018年服务保障“疏解整治促提升”专项行动工作方案》制定出台，助力“疏解整治促提升”专项行动的逐步推进。法制宣传持续开展。“七五”普法中期考核验收按期完成。国家宪法日及宪法宣传周主题活动惠及群众万余人。年内，全区有律师事务所38家，社会执业律师188人，实习律师18人，公职公司律师20人，完成律师类行政许可、备案服务事项40件；公职公司律师备案服务审批30件，对律师及律师事务所开展行政执法检查219次，办理行政处罚3件。全区各类人民调解组织共调处纠纷3981件，调解成功3872件，调解成功率97.2%。

（司法局）

【公共法律服务实体平台建设】注重顶层设计，将公共法律服务体系建设纳入2018年区折子工程项目，在全区范围推进。研究制定《顺义区公共法律服务实体平台建设方案》，统筹推进全区三级实体平台建设。6月13日，由市、区领导及各镇、街道主管司法行政工作的领导参加的工作推进会召开，对三级公共法律服务实体平台建设情况进行再部署、再推进。

（司法局）

【“扫黑除恶”专项斗争扎实推进】 成立“扫黑除恶”专项工作领导小组，制定工作方案，先后5次组织召开专项动员部署会议及工作推进会，传达上级指示精神、部署工作任务。从司法行政大局出发，严格对标对表专项斗争工作要求，聚焦社区矫正、律师管理、矛盾排查、法治宣传等重点领域，坚持刑事执行从严，深挖涉黑涉恶犯罪线索；坚持教育管理并举，切实发挥律师代理辩护作用；坚持矛盾排查为基础，全力发挥基层线索摸排作用；坚持教育引导为先，强化法治宣传教育治本功能，形成常态化的工作机制，确保“扫黑除恶”专项斗争扎实推进。

（司法局）

【“疏解整治促提升”专项行动】 《顺义区司法局2018年服务保障“疏解整治促提升”专项行动工作方案》研究制定，成立由93名专业人员组成的5个法律服务团队，深入李遂镇柳各庄村、马坡镇西丰乐村、牛栏山镇原维尼纶厂涤纶厂生活区等疏解整治地区开展工作，累计共排查矛盾纠纷1125次，调处矛盾纠纷584件，接待法律咨询3578人次，发放普法宣传材料35600余份，刊发“疏整促”专刊8期。

（司法局）

【营商环境持续优化】 认真学习代区长孙军民在第四十二期《督查与反馈》上的批示精神，全面开展自查，针对问题及时整改。主动发挥律师在优化营商环境中的职能作用，选拔20余名优秀律师，参加《优化营商环境暨社会投资建设项目规划审批流程解读》专题培训会，确保律师了解相关法律、政策，引导律师主动参与、正面宣传。进一步加强窗口单位规范化建设和纪律作风建设，制定窗口单位服务规范，确定2名工作人员为服务大厅兼职执厅纪律委员，切实提高窗口单位服务水平。

（司法局）

【法治宣传】 “七五”普法中期考核验收工作完成。9月12日，局长管学文代表顺义区就“七五”中期普法规划落实情况向北京市法治宣传教育领导小组做专题汇报。开展宪法宣传，为全区党员配发《中华人民共和国宪法》宣誓本6.3万册，拍摄宪法主题FLASH动漫宣传片9集，在普法微信平台上开展为期一周的宪法有奖问答，举办顺义区“尊崇宪法、学习宪法、遵守宪法、维护宪法、运用宪法”国家宪法日及宪法宣传周主题宣传活动，活动期间全区共举办宪法宣传活动百余场，发放宪法读本66025本，发放宪法主题宣传资料和宣传品数量共计79500余份，惠及群众近12000余人，实现22家国企、25个镇街、548个村居、宾馆、酒店、商务楼宇全覆盖。

（司法局）

【村居法律服务】 全区550个村（居）委会127名律师签订结对服务协议，实现区内村居法律顾问配备率100%的目标，年内村居法律顾问共开展法制讲座3226场，现场普法活动3513场，提供法律咨询33419人次，代写法律文书585件，提供法律援助625件，参与纠纷调解2130件，参加解决信访突发事件178件，提供法律意见和建议1295件。

（司法局）

【法律援助】 组织开展农民工、妇女、未成年人、残疾人、军人军属和老年人群体法律援助维权专项活动，依法维护其合法权益。全区各法援工作站点共开展专项服务活动320场次，现场提供法律援助咨询服务3362人次，发放各种宣传材料72450份，开展讲座咨询75场。认真开展刑事案件律师辩护全覆盖试点工作，组建刑事法律援助律师团队，制作《顺义区法律援助中心驻法院工作站律师值班表》，加强刑事法律援助律师团队培训，严格案件质量管理。年内，共受理法律援助案件2341件，提供法律咨询11000余人次。

（司法局）

【社区矫正和安置帮教】 全力以赴做好重点时期维稳安保工作，启动最高等级管控措施及突发事件应急处置预案，严格落实“七包一”“3+X”管控措施，完成全国“两会”“中非论坛”等重点时期维稳安保工作。树立“治本安全观”，深入开展“警钟长鸣 固防线 排查整治铸安全”专项活动。年内，管理社区服刑人员268人，刑满释放人员1589人，排查确定社区服刑重点人1人，刑满释放重点人17人。累计接收社区服刑人员249人，解除218人；累计接收刑满释放人员282人，解除379人。组织社区服刑人员开展分类集中教育13期，解矫前集中教育7期，就业技能指导2次，心理团体辅导6次。组织10批次233名社区服刑人员参加市局集中初始教育活动，教育合格率达到100%，为14名特困“两类”人员发放人道救助金10300元，为全区25个镇街的525个社区评议小组累计发放补贴经费93万余元。全年未发生一起“两类”人员脱管、漏管现象，未发生一起“两类”人员组织参与的暴力恐怖事件及重大刑事案件，人员整体情况安全稳定。

（司法局）

【人民调解】全区各类人民调解组织共调处纠纷3981件，调解成功3872件，调解成功率97.2%。坚持发展“枫桥经验”，全面推进人民调解参与信访矛盾化解工作，搭建区—镇街—村居三级涉访人民调解平台，建立“访调对接”联动机制，共开展信访矛盾纠纷排查589次，调解信访案件214件，化解信访积案25件，导入法治轨道65件。

（司法局）

【人民陪审员选任工作】认真开展人民陪审员选任工作，牵头成立区人民陪审员选任工作领导小组，制定《顺义区人民陪审员选任工作实施方案》，与区人民法院、区公安分局协调衔接，分析研判实际困难。加大人民陪审员选任工作宣传力度，做到线上线下齐宣传，充分调动人民群众参与的积极性。截止12月31日，共现场接待报名228人，解答群众咨询电话300余个。

（司法局）

【“残疾人温馨家园”法律服务工作推进会】1月5日，举办“残疾人温馨家园”法律服务工作推进，市残联维权部主任赵丽萍、区残疾人联合会副调研员吴建海、区司法局副局长周海英出席会议。30名“残疾人温馨家园”负责人、30名“残疾人温馨家园”对点服务律师及部分残疾人家庭代表参加会议。

（司法局）

【延庆区司法局一行人考察学习顺义区法治宣传实体阵地】4月12日，延庆区司法局一行14人到顺义区考察区宪法广场、南彩镇河北村青少年法治实践教育基地、光明街道双兴东区法治文化乐园等法治宣传实体阵地建设情况，副局长周海英陪同参观。

（司法局）

【法律援助业务培训暨公益法援律师团工作会】4月13日，法律援助业务培训暨公益法援律师团工作会召开，全区90余名公益法律援助律师及区法律援助中心全体人员参加。会上，司法局工作人员部署公益法律援助律师团2018年工作任务，通报市区两级法律援助案件质量检查的结果，并结合实际讲解律援助案件办理程序、标准及归档要求等。

（司法局）

【首例微信公众号“过户”公证办理完成】4月16日，龙诚公证处办理完成顺义区首例微信公众号“过户”公证，此次微信公众号“过户”公证事项，作为龙诚公证处新型公证业务的一次有益探索，旨在满足社会和群众的新需求。

（司法局）

【新时代顺义律师发展研讨会】4月19日，新时代顺义律师发展研讨会召开。市律师协会副会长赵曾海，区社工委副主任李恩雄出席会议，区司法局局长管学文、党组书记董国林、副局长周海英、百余律师参加会议。会上，赵曾海、管学文共同为“潮白律韵”沙龙揭牌，周海英向大会致词，赵曾海对本区律协工作给予高度评价并做重要指示，全体律师共同学习《宪法修正案》。

（司法局）

【怀柔区司法局一行人考察交流律师换届选举工作】4月24日，怀柔区司法局一行到顺义局考察交流律师换届选举工作，副局长周海英带领公律科负责人和工作人员参加交流座谈。座谈会上，副局长周海英介绍本区律协的成立背景、成立流程及工作程序等情况，并与怀柔区司法局工作人员就换届中可能存在的突发问题进行深入交流。

（司法局）

【法律援助智能机器人正式上岗】

5月9日，由中国法律援助基金会向顺义区法律援助中心捐赠的“法援小助手”智能机器人正式投入使用。该智能法律援助机器人是集互联网、大数据、云计算、人工智能为一体的智能机器，“大脑”里汇集超过3万个日常法律问题、3000万份法院生效判决、超过500万字法律法规，涉及婚姻家庭、劳动人事、交通事故、知识产权、民间借贷、公司财税等与百姓生活、工作息息相关的领域。智能法律援助机器人可以通过人机互动，向当事人解答法律问题，同时可以基于人民法院的判决进行裁判文书大数据分析，为用户提供诉讼案件证据采信率预估、预测案件结果并给出行动建议。

（司法局）

【“法治好青年”评选】根据北京市司法局政治部《关于开展第一届北京市司法行政系统“法治好青年”评选表彰活动的通知》的文件精神，本局通过自行推荐、民主评议的方式，推荐2名同志参评首都司法行政系统“法治好青年”。刘晓芳获“法治好青年”荣誉称号、赵晨光获“法治好青年提名奖”。

（司法局）

【新成立2家未成年人法律援助联系点】5月23日，新成立东风教育集团裕龙小学及木林中心小学2家未成年人法律援助联系点，成立仪式在裕龙小学大会议室举办，区教委领导、区司法局领导、全区17个小学的法治副校长参加会议。活动现场，区法律援助中心主任介绍小学校未成年人法律援助联系点成立的背景、目的意义，区教委、区司法局领导为联系点揭牌，与会领导为各学校的法治副校长及100余名小学生发放小黄帽和《北京市法律援助条例》手册。

（司法局）

【第八届司法行政开放日活动】6月23日，主题为“司法行政在身边——公共法律服务伴你行”的第八届司法行政开放日活动举办，北京市司法局副局长孙超美，顺义区政府副区长、公安局局长赵为民和局班子成员出席活动。司法局全体干部职工、特邀监督员、区人大代表、区政协委员律师代表、群众代表、部分媒体朋友共计300余人参加活动。活动当天共摆放宣传展板50余块，解答法律咨询300余人次，现场发放并收回调查问卷近千份，发放各类宣传品、宣传资料13000余份，惠及群众万余人。

（司法局）

【律师协会第三届律师代表大会第一次会议】9月1日，律师协会第三届律师代表大会第一次会议召开，北京市律师协会会长高子程、北京市司法局律师综合指导处处长萧骊珠、区司法局局长管学文、党组书记董国林和全区42名律师代表参加会议。大会审议通过《北京市顺义区律师协会第二届理事会工作报告》《北京市顺义区律师协会第二届财务收支情况报告》《北京市顺义区律师协会第二届监事会工作报告》。经过律师代表投票选举，产生顺义区律师协会第三届理事、监事、会长、副会长和监事长。

（司法局）

【“七五”普法中期集中检查工作会】9月4日，顺义区“七五”普法中期集中检查工作会召开，区委法制宣传教育领导小组组长、区委常委、区委政法委书记张晓峰，区委法制宣传教育领导小组办公室主任、区司法局局长管学文和全区34家区委法制宣传教育领导小组成员单位负责法治宣传教育工作的主管领导参加会议。会上，听取被抽查9家单位的工作汇报、查阅“七五”普法中期工作档案，对被抽查单位“七五”普法规划落实情况进行现场检查。区委法制宣传教育领导小组办公室主任、区司法局长管学文传达《北京市“七五”普法中期检查方案》文件精神。

（司法局）

【老年人法律服务专项维权活动】10月1—31日，在全区范围内开展以“营造敬老爱老社会氛围，公共法律服务护航夕阳红”为主题的老年人法律服务专项维权活动，活动期间全区共开展老年人公共法律服务专项维权宣传活动45场，现场提供法律援助咨询316人次，发放各种宣传材料6580余份，开展法治讲座30场，文艺演出2场。

（司法局）

【关爱律师健康义诊活动】10月25日，举办“潮白律韵 杏林飘香”关爱律师健康义诊活动，全区200余名律师、实习律师等参加义诊活动。活动特邀中医专家黄星富为律师们义诊，黄大夫系统地讲解中医保健知识，并对在场律师进行身体检查。律师们在活动中学习中医保健知识，掌握自身健康状况，提升身体健康意识。

（司法局）

【社区矫正业务培训会】 10月25日，社区矫正业务培训会组织召开，邀请区人民检察院及武警特警学院专家教授针对社区矫正检察监督重点、司法干警化解矛盾纠纷沟通技巧进行授课，党组书记董国林、副局长王雪岩、矫正干警领队谢建明、各科室负责人、司法所业务骨干人员130余人参加培训。

（司法局）

【北京市监狱管理局清河分局入监结对活动】 11月27日，由矫正干警领队谢建明带队，前往北京市监狱管理局清河分局开展入监结对活动。首先与监狱干警进行座谈交流，了解顺义籍罪犯在服刑期间的现实表现和思想改造情况；其次向服刑人员表达政府的关怀与慰问，希望他们在监狱认真改造，争取早日回归社会；最后为顺义籍罪犯发放生活用品和学习用品。

（司法局）

【顺义区“全国司法行政系统第一届开放日”活动】 12月4日，司法局举办以“弘扬宪法精神 走进司法行政”为主题的顺义区“全国司法行政系统第一届开放日”活动。本次开放日主会场设置在顺义区公共法律服务中心，局机关、法律援助中心、公证处、阳光中途之家、25家司法所、1家律师事务所同步开放。党组书记董国林致辞并向群众汇报司法行政一年工作情况，活动当天共摆放宣传展板150余块，解答法律咨询500余人次，现场发放并收回调查问卷近千份，发放各类宣传品、宣传资料17000余份，惠及群众近12000余人。

（司法局）

【“12.4”法治书画作品展】 11月30日，区人大、区司法局联合区马坡镇政府、区文联在马坡镇庙卷村文化中心举办大型法治书画作品展。此次书画作品展紧紧围绕“尊崇宪法、学习宪法、遵守宪法、维护宪法、运用宪法”这一主题，把中国传统的书画文化与法治宣传有效结合，从多个角度展现宪法精神和法治思想，活动现场共展览40名书、画家即兴创作的103幅法治书画作品，同时向广大群众发放200余幅法治楹联。

（司法局）

【社区服刑人员职业技能指导培训】 12月5日，司法局联合易来福职业技能培训学校对全区7个镇、街道的社区服刑人员进行职业技能就业指导培训。培训实行“三统一、三免费”，在充分分析社区服刑人员就业形式的基础上，进行居家养老护理方向的就业技能指导，同时进行相关的服务礼仪及法律法规知识讲解，教育鼓励学员自食其力、勤劳致富。培训结束后由技能培训学校对参训人员颁发结业证书。

（司法局）

【律师服务民营企业经验交流活动】 12月12日，指导区律师协会在北京顺腾律师事务所开展“潮白律韵”第五期——律师服务民营企业经验交流活动，全区20余名律师参加沙龙活动。活动首先由朱鸣翔律师分享《民营企业的股权架构与公司控制》，随后在场律师围绕各自服务的民营企业情况，相互沟通交流、分享经验，从而强化全区律师服务经济社会发展能力，对创建法治化营商环境起到良好的推动作用。

（司法局）

【顺义区公共法律服务中心正式投入运营】 12月29日，顺义区公共法律服务中心正式投入运营，中心位于南法信镇南法信大街118号院天博中心C座一层，分为导引区、等候区、接待区、办公区、公证服务区五个功能区，现场配备公示栏、法治宣传栏、饮水机、老花镜、轮椅等便民服务设施，中心承担法治宣传教育、法律咨询、法律援助、矛盾纠纷调解等公共法律服务职能。年内，区公共法律服务中心、25个镇（街）公共法律服务站、551个社区（村）公共法律服务室全部建成并正式运营。

（司法局）

军　事

人民武装

【概况】 2018年，顺义区人民武装部在卫戍区党委的正确领导下，在区委、区政府的支持帮助下，坚持以习近平新时代中国特色社会主义思想为指导，深入贯彻党的十九大精神和军委、陆军党委扩大会议精神，坚持稳中求进工作总基调，继续按照“举旗铸魂、聚焦打赢、厉行法治、强基固本、创新推动、坚强班子”的思路抓建设谋发展，着力在练兵备战、全面从严治军、深化改革、加强党的建设上下功夫见成效。一年以来，民兵队伍应急能力显著提升，双拥共建工作取得新的成果，国防后备力量建设呈现协调发展、科学进步、与时俱进的良好态势。被北京卫戍区评为“先进人武部”“安全管理达标单位”“密码工作先进单位”。

（区武装部）

【加强理论武装】 自觉用习近平新时代中国特色社会主义思想特别是习近平强军思想统一意志、凝聚力量。一是理论武装不间断，把学习贯彻习主席系列重要讲话精神作为政治课、必修课，深入学习党的十九大和习主席“7·26”、朱日和阅兵、纪念建军九十周年、南海海域海上阅兵等重要会议、重大活动上的讲话和精神。二是狠抓“维护核心，听从指挥”和“两学一做”学习教育制度化常态化，广泛开展“拥戴核心、维护核心、忠诚核心”主题党团活动，引导部队强化“四个意识”、践行“三个维护”。

（区武装部）

【主题教育聚力开展】 主题教育开展以来，区分5个专题，由部领导亲自授课辅导，引导大家进一步强化“四个意识”，坚定“四个自信”。坚持理论贯注与实践锻炼、思想启悟与作风整肃、红色基因传承与时代新风弘扬相结合的思路，严格按照方案计划，结合征兵、战备拉动准备等大项工作严密组织实施，引导官兵更加自觉地维护党中央权威、维护核心、维护和贯彻军委主席负责制，一切行动听从党中央、中央军委和习主席指挥，坚决完成各项任务，教育实践活动稳步延伸推进。

（区武装部）

【组织民兵应急分队训练】 4月，组织区属民兵应急分队进行集训，通过熟悉应急方案、组织应急演练，有效提升遂行抢险救灾等非战争军事行动能力水平。7月、8月北京进入主汛期以来，加强应急分队的组织领导、科学制定方案、细化工作任务，密切与驻区部队和地方水务、气象、应急等部门的沟通联系，加强防汛值班、完善物资器材、组织防汛演练等，确保遇有情况能够快速反应、有效应对。

（区武装部）

【组织民兵遂行安保任务】 “两会”及“中非论坛北京峰会”期间，共出动民兵2600余人次在进、出京主要路口设卡执勤，全力保障“平安北京”建设。

（区武装部）

【征兵宣传进校园系列活动】 5月17日，到北京工业大学耿丹学院组织征兵宣传进校园系列宣传活动。活动当天，在学生宿舍楼附近开设征兵宣传站，现场解答学生的咨询。现场咨询活动后，组织退役大学生士兵先进事迹交流座谈会，北京市教委、顺义区武装部征兵工作人员、学校负责征兵老师、优秀退役大学生士兵代表及适龄青年近百人参加。

（区武装部）

【组织预征大学生士兵“军营一日”活动】 7月份，组织北工大耿丹学院和城市学院100余名报名应征大学生到驻区武警部队，现场参观内务、队列、军营设施，观看军事表演与官兵面对面交流，亲身感受军营生活，让大学生与现役官兵面对面座谈，使大学生增加对军营生活的了解，增强参军报国热情。

（区武装部）

【抓好社会面征兵宣传工作】 7—9月份，深入开展社会面征兵宣传暨国防教育活动。顺义电视台跟踪报道高校征兵宣传、体检情况，并在顺义新闻播出期间滚动播发征兵相关政策；利用顺广传媒微信公众号、《顺义时讯》开设政策解读版面，专版刊发征兵政策，跟踪报道征兵相关活动。精神文明办部署区属LED屏117块，循环播放征兵政策。区武装部制作下发征兵宣传画600套、《致全区适龄青年一封信》和征兵宣传单40000份，组织光明街道、胜利街道、石园街道、旺泉街道在城区公交车站、地铁站口、公园和广场等地设置征兵宣传站，向社会群众发放宣传单1万余份。在公交车和候车亭设置征兵广告；

通过通讯公司向适龄青年群发5万条彩信。加强与区融媒体的沟通协调，共同抓好征兵宣传工作，传统手段与新兴媒体并重，最大限度地提高征兵宣传覆盖面。

（区武装部）

【书画进军营活动】 7月30日，在93682部队举办庆祝建军91周年“挥毫泼墨庆八一，军民共建文明城”书画进军营活动。20余名书画家走进官兵中间即兴创作数十幅书画作品。

（区武装部）

【征兵工作动员部署会】 7月31日，“顺义区2018年征兵工作电视电话会”召开，总结去年征兵工作情况，部署年度征兵任务，区委副书记、代区长、区征兵领导小组组长孙军民，区委常委、区武装部部长王子利，区征兵工作领导小组全体成员和北京城市学院、北京工业大学耿丹学院分管校领导，各镇、街道办党（工）委书记，武装部部长及干事、派出所所长，民政科长等60余人参会。会议对2017年夏秋季征兵工作进行总结，对2018年夏秋季征兵工作进行部署。

（区武装部）

【新兵入伍欢送会】 9月6日，新兵入伍欢送会召开。区委、区人大、区政府、区政协主要领导出席会议，区征兵工作领导小组成员，各镇、街道办事处党委书记、武装部长、干事，高校征兵工作主管领导和具体负责人，领兵部队代表，优秀现役军人家属，入伍新兵及家长约500人参加会议。会上，副区长郑晓博宣读优秀现役军人表彰通报，对33名优秀现役军人进行表彰，主席台领导为受表彰的优秀现役军人家庭代表和入伍新兵代表佩戴光荣花。区委书记高朋对圆满完成征兵任务的工作人员给予肯定，对积极送子参军的家长给予高度评价，并对入伍新兵提出殷切的期望，鼓励他们牢记嘱托建功军营。

（区武装部）

【兵役登记】 年内，全区适龄青年报名1026人，上站760人（男687人、女73人），分别达到任务数的5倍和3.2倍。

（区武装部）

【加强廉洁征兵工作】 在向每一名上站体检青年发放廉洁征兵监督卡的基础上，进一步健全廉洁征兵监督员和“零报告”制度，严防违规违纪问题发生。

（区武装部）

【征兵任务完成】 坚持集体定兵，坚持“两个优先”，为部队共征集新兵243人，包括男兵226人（含直招士官1人）、女兵17人，其中大学生新兵189人（含男兵172人、女兵17人）占新兵总人数的77.7%。协调区政府为每名新兵购买30万元人身保险，为高校每走一名大学生士兵补助2万元征兵经费，圆满完成年度征兵任务，无一人责任退兵，无一起违规违纪。

（区武装部）

【民兵遂行应急处突任务】 先后3次组织民兵应急分队全员全装拉动演练，2次组织防火防汛演练。

（区武装部）

【双拥共建稳步推进】 发挥桥梁纽带作用，春节、八一前，两次协调区委书记、区长到驻区部队走访慰问，密切军政军民关系；协调区委区政府落实议军会制度，过好军事日活动，每年区设立2000万元专项资金用于驻地部队建设。2018年，为66055部队投入3800万元，66168部队、预备役高炮团投入2000余万元改善战备生活设施。协调安置复转军人311名、子女入学入托67名。圆满完成停偿任务，被卫戍区评为停偿工作先进单位。坚持对区籍优秀现役军人进行表彰，给予每人5000元奖励，既鼓励现役军人在部队建功立业，又营造关心支持国防和军队建设的社会氛围。

（区武装部）

【基层建设持续推进】 年内，针对民兵编组不够合理、整体发展不够平衡等问题，按照“四结合、四延伸”的编组模式，优化组织布局和人员结构，在临空经济区、科技园区等高科技企业建立民兵组织，大幅提升新质民兵比例。持续加强基层武装部、民兵营（连）部和“青年民兵之家”建设，在后沙峪镇召开正规化建设现场会，进一步提升基层人武部建设水平。

（区武装部）

【严密组织各类人员政治考核】 年内，先后组织核心涉密人员、密码工作人员、重要岗位人员、民兵执勤人员进行专项考核和定期考核共计150人次。完成青年学生报考军队国防院校及征集243名新兵的政治考核任务。

（区武装部）

民防

【概况】2018年，顺义区民防局深入贯彻落实党的十九大和习近平总书记系列重要讲话精神，坚持党建为引领，围绕“以人为本、民防为民”的宗旨，认真履行工作职能，以优化营商环境、整治地下空间为重点工作，以建立应急保障体系为工作主线，以民防宣传教育为服务重心，以巡察整改为抓手，严格落实从严治党主体责任，不断深化改革，在推进民防建设等方面取得新的进展和突破。

（区民防局）

【应急保障】年内，新区级基本指挥所建设完成，指挥所内信息化系统运行测试当中。完成牛栏山镇、北务镇两个镇级指挥平台建设。完成基本指挥所、预备指挥所年度维护工作，确保指挥所正常运行。参与市人防办组织的“京、津、冀”通信协同演练。全年完成视频会议训练22次、北斗通信演练5次、卫星通信训练6次、IP调度电话训练6次、指挥文电系统训练6次、短波通信演练9次、800兆电台训练6次，视频会议保障15次。参与市民防局组织的“京、津、冀”野外跨区演练十二天。参加北京市民防局组织的2018年度指挥车驻训考核，郭步前、李金时获得2018年度北京市民防系统通信专业短波岗位技能竞赛第二名。

（区民防局）

【全市“国防教育日”防空袭警报试鸣工作】“国防教育日”防空袭警报试鸣及学校、社区人员疏散演练工作完成。9月15日“国防教育”日当天，全区警报器鸣响率100%，统控率100%。组织光明街道裕龙社区、金汉四区居民260人，顺义区第一中学附属小学1200名师生进行人员疏散掩蔽演练。着重对党员们加强宣传教育，向在职党员们提出一人帮一家，一家传一家，家家相互传的要求。

（区民防局）

【“疏整促”地下空间整治专项行动】深入贯彻区委、区政府关于“疏解整治促提升”地下空间整治专项行动的决策部署，在认真总结2017年地下空间清理整治经验的基础上，按照“抓整治、防反弹、重使用、促长效”的工作思路，制定《顺义区2018年“疏解整治促提升”地下空间整治专项行动实施方案》，会同区住建委4次召开部署会，研究制定行动方案，开展联合执法行动。截止9月底，2处挂账任务完成清退整治并通过第三方查访核验，提前完成全年任务。

（区民防局）

【人防工程安全管理】一是组织全区人防工程使用管理单位签订《人防工程有限空间作业安全生产主体责任承诺书》《人防工程安全使用维护管理责任书》《人防工程汛期安全责任书》，落实人防工程落实安全管理主体责任。二是开展人防工程安全监督检查，落实《2018年人防工程安全监督检查工作计划》，采取领导带队检查、联合执法、专项检查等形式，开展日常检查、节日期间及重要活动期间大检查工作。三是扎实开展宣传教育培训工作。精心组织安全月等一系列宣传教育活动，向居民发放宣传手册1000余份，组织消防疏散演练，发放“人防工程禁止电动车停放及充电”安全警告标识牌，大力宣传电动车火灾防范。四是做好人防工程防火、防汛工作。结合人防工程安全管理实际制定各项火灾防控工作方案，有针对性的组织人防工程使用单位开展各类火灾防范工作，全面开展人防工程火灾隐患排查整治。通过落实防汛责任制、开展汛前隐患排查、汛期检查、雨中巡查，完善防汛抢险救援队伍物资准备，以及落实领导带班值守制度等方面工作，成功应对强降雨天气，确保本区人防工程汛期安全。

（区民防局）

【人防工程应急保障】一是做好重大节日、重大活动期间人防工程安全保障工作。成立全国“两会”安全保障工作领导小组、人防工程防汛工作领导小组、中非合作论坛北京峰会安保工作领导小组等多个专项工作领导小组，全面领导各重要节日和重大会议活动期间突发事件处置准备工作。同时研究制定《2018年中非合作论坛北京峰会安全保卫人防工程火灾防控工作方案》《全国“两会”期间安保维稳工作方案》等多个专项工作方案，对有可能发生的突发公共事件做到早发现、早报告、早处置。二是完成人防工程应急物资库选址建设工作，建成物资种类齐全、规模适度、结构合理的应急物资储备库。三是开展各项应急演练工作。组织本区人防工程应急抢险队在裕龙三区地下人防车库内进行防汛应急抢险演练，通过演练，规范了指挥流程，锻炼应急抢险队伍，解决指挥协调、队伍配合等问题，提升应急抢险救援的能力。

（区民防局）

【民防宣教“两个建设”】 一是社区民防建设。年内重点选取12个社区开展社区民防建设工作。市人防办为本区配发12个民防应急亭、12个宣传栏；本局为12个社区配发梯子、安全帽、头顶灯、反光背心、担架和货架共计432件，同时为每个社区配发社区民防应急救援包400个，共计4800个，为社区搞宣教活动提供设备设施支援。二是民防志愿者队伍建设。继续投资，选取3个镇，为志愿者队伍建设小型物资储备室，供应物资20余种。

（区民防局）

【宣传教育培训】 一是民防文化进校园工作。组织李桥、沿河2所小学教师共计118人走进安全体验馆开展安全技能培训；为李桥小学、沿河小学、顺义十三中教师和学生配发水壶、应急救援包等宣传品共计3500余个；对接城市学院顺义校区，为2019年民防文化进校园工作拓宽思路、打下基础。二是以重要时间节点宣教活动为契机，利用民防及社会资源，开展民防知识的宣传工作。在“3.1国际民防日”“5.12防灾减灾日”“全民国防教育日”“10.31新中国人民防空创立日”等重要时间节点，组织各镇、街道、社区充分利用民防宣教中心、防空防灾信息网、民防宣传橱窗、广播、电视等多种形式，推送活动内容，宣传普及知识，开展技能培训。展出展板320块、发放宣传材料50000余份。

（区民防局）

【法制工作】 根据相关政策要求聘请法律顾问做指导，年内完成67份合同的合法性审查及备案工作，组织专题法制培训2次。全年共进行行政执法342次，产生行政处罚案卷4份，均结案。完成市、区两级行政执法案卷评查工作，成绩良好。

（区民防局）

【人防工程规划审批】 坚持依法审批，着重体现人防工程的战略效益、社会效益和经济效益。战时功能按照区域规划，达到功能配套，全面统筹原则进行规划；平时功能定位，综合考虑社会公益性的需求，重点规划汽车库、文体活动等，全面体现人防工程战时防空，平时服务社会的总体方针。

（区民防局）

【结建工程监督检查】 认真做好完成审批项目的后期实施落实情况。按照市人防工程监督管理工作的总体安排，加强施工过程事中、事后的监管，制定监督计划，对重点部位、重要节点的钢筋绑扎、预留、预埋等情况进行监督检查，确保顺义区人防工程依法、依规建设。

（区民防局）

【抓好维护维修，确保人防工程战时完好率】 根据《顺义区2018-2020年人防工程维护维修计划》，建立顺义区人防工程维护、维修台账，分阶段对工程内防护和防化设备设施进行维护、维修。2018年，按照规定，对维修项目进行财政预算评审，并通过公开招标选定监理和施工单位。年内完成施工任务，确保人防工程完好率。

（区民防局）

【行政审批制度改革助力良好营商环境】 按照市民防局文件要求，取消“人防工程方案咨询”和“人防工程施工图备案”。全面开展“多规合一”“施工图联审”和“联合验收”等工作。

（区民防局）

综合经济管理

▲1 月 25 日，区财政局召开 2018 年财政工作大会

◀3 月 2 日，顺义统计局队开展节日期间商品的统计监测工作（郝国斌）

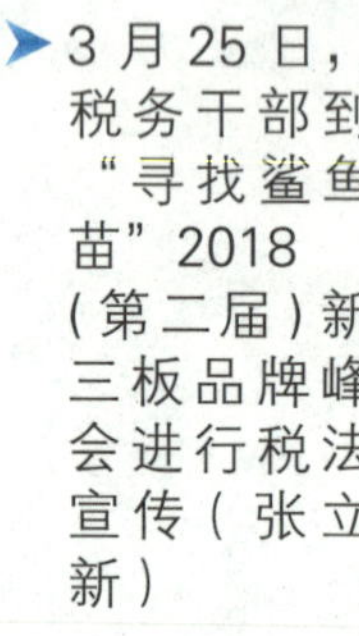

▶3 月 25 日，税务干部到“寻找鲨鱼苗”2018（第二届）新三板品牌峰会进行税法宣传（张立新）

4 月 1 日，区统计局队深入田间地头了解菜农增收情况（郝国斌）

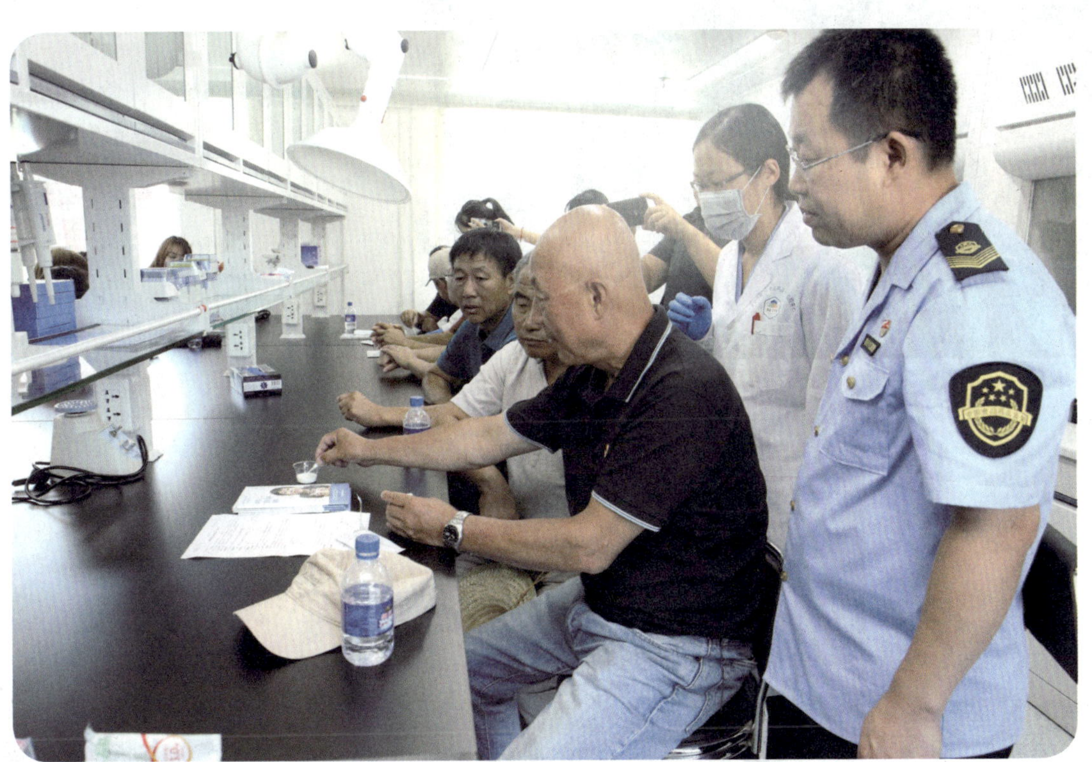

7 月 26 日，张镇食品药品监管所党支部联合浅山香邑社区党支部参观区食品药品安全监控中心实验室，百姓在检测人员的指导下，现场快速检测牛奶三聚氰胺含量

8月，区工商分局开展加油站空气质量检查

8月23日，区安监局执法人员对中石化张辛加油站贯标改造施工现场开展夏季防汛安全检查

8月28日，区政府与北京人寿签订战略合作协议

9月16日，区中小学生代表到质监局计量所参观实验室（祖秋红）

9月21日，区质监局到北京稻香村开展中秋节前专项检查（刘双静）

11月15日，北京市上市挂牌企业总部基地在顺义揭牌

经济社会发展

【概况】2018年，顺义区发改委深入学习贯彻党的十九大精神，坚定不移贯彻新发展理念，落实中央“六稳”要求，主动服务首都“四个中心”建设，聚焦打好“三大攻坚战”、抓好“三件大事”，统筹推进“三项重点任务”，疏功能、稳增长、促改革、调结构、惠民生、防风险各项工作扎实推进，各项任务圆满完成，为“十三五”后半期发展奠定良好基础。

（发展改革委）

【风险防范力度持续加大】定期监测政府债务数据、合规使用项目资金，政府债务率、负债率风险指标处在全市较低水平。持续开展非法集资专项整治和案件处置。紧盯重点领域和重点环节，推进36项重点安全生产任务责任制落实。开展城市安全风险评估。加强重点领域安全监管和执法检查。

（发展改革委）

【污染防治任务加快推进】《蓝天保卫战2018年行动计划》制定实施。建立24本污染源台帐。加强移动源排放监管、挥发性有机物检查、扬尘管控执法及空气重污染应急保障，PM2.5年均浓度为50微克/立方米。全面落实“河长制”，10条段黑臭水体、国家和市级考核断面全部达标。牛栏山再生水厂调试运行，张镇再生水厂主体完工，全区污水处理率达到90.4%。

（发展改革委）

【精准扶贫脱低】制定实施《顺义区对口帮扶三年行动计划（2018-2020年）》，首创“5+5+N”结对帮扶模式。实施帮扶项目36个。西藏尼木县正式脱贫摘帽，内蒙古科左中旗在通辽市中期考评中位列第一。在国家扶贫办举办的全国培训班上作为北京市唯一代表进行典型发言。南彩镇小营村、杨镇下营村和荆坨村蔬菜温室项目建成。

（发展改革委）

【疏解整治促提升】市级8大项任务全部完成，拆除违法建设247万平方米，疏解一般制造业企业130家，疏解提升市场4家。整治占道经营重点点位33处、无证无照经营432户、“开墙打洞”75户，城乡结合部7个市级挂账村整治完成。实施“提升”项目18个，安排支持资金1.2亿元。建设或提升便民商业网点103个，“留白增绿”66.2公顷。

（发展改革委）

【新版城市总规深入落实】《顺义分区规划（2017年-2035年）》编制完成且作为“多点”示范上报市政府，并向社会公示。落实减量发展要求，完成建设用地净减量2平方公里。《顺义区大运河（潮白河）文化带保护建设规划及五年行动计划》编制完成。加快推进国家新型城镇化试点工作，对7项重点任务进行调研总结。坚持一村一方案，153个村庄的规划编制完成。

（发展改革委）

【冬奥会、冬残奥会服务保障】《顺义区积极参与2022年冬奥会和冬残奥会北京筹办任务工作方案》制定实施。燕京啤酒、顺鑫控股正式成为官方赞助商。国家残疾人冰上运动比赛训练馆开工建设，全市唯一带坐席的室内冰场城南体育中心投入使用。全区冰场、雪场面积分别达到5.3万平方米和31.3万平方米。

（发展改革委）

【区域协同发展】东城区定向安置房开工建设，承接城六区人口疏解的1万套全市统筹限价房陆续入住。北京城市学院累计入驻师生约1.8万人、三期项目加快建设。友谊医院顺义院区完成地基基础施工，阜外医院项目落户顺义，北医三院顺义院区完成签约。中航信产业园二期开工建设，北师大附属实验中学顺义分校开工。新国展二三期项目全面推进。主动与通州区、大兴区、昌平区对接，推动顺义区与周边区域协作联动发展。

（发展改革委）

【发展短板加快补齐】《促进河东地区重大项目建设发展行动计划》和16个专项行动计划稳步实施。《关于进一步完善推动河东河西协调发展工作机制的意见》印发。河东地区重点工程立项41个，安排固定资产投资11.84亿元，同比增长17%。木孙路（山丁路-京平高速）按计划推进，木燕路（顺平路-规划三路）大修及交通综合治理完工，柳各庄村棚改实现全部签约。

（发展改革委）

【"高精尖"经济结构加快构建】全区高精尖企业达到67家，通过"千人计划"等人才计划新引进人才40余人。与阿里巴巴、京东集团签订战略合作协议，全年新引进项目协议投资总额超千亿元。承办世界智能网联汽车大会并成为永久会址。工业互联网标识解析国家顶级节点、第十届中国卫星导航年会等重大平台相继落户。奔驰新能源、中国电科光电总部基地等20个总投资近500亿元的高精尖项目落地。启动智能网联汽车创新生态示范区建设。中关村顺义园12公里全开放无人驾驶测试道路纳入全市首批示范名单，北小营镇全封闭无人驾驶试验场规划获批。国家级临空经济示范区申报工作积极推进。北京新兴金融聚集区加快建设，新引进优质金融机构30家，总数达312家；获批北京市上市挂牌企业总部基地，上市挂牌企业总数达85家。规模以上文化产业单位达到94家。

（发展改革委）

【创新创业】与清华大学等5家高校院所签署《共建北京市科技成果转化统筹协调与服务平台合作协议》。新增国家知识产权优势企业2家，北京市众创空间3家，北京市专利试点企业11家。国际第三代半导体众联空间被科技部评为国家级众创空间，代尔夫特中国研究院7项前沿应用技术启动研究。国家级高新技术企业达到516家，全区专利申请量、专利授权量同比分别增长18.5%和58.1%。

（发展改革委）

【"街乡吹哨、部门报到"改革稳步推进】在全市率先创新吹哨模式，上门领哨，主动报到。扎实推进"多网"融合综合信息平台建设。加强街镇综合执法，街镇执法力量共解决各类问题2万余件。以大党建考核为抓手，推进14项改革任务深入落实。以"五实八条"标准落实硬件配置，按照常驻街镇、分片派驻、明确联络员3种方式落实人员配备。

（发展改革委）

【营商环境改革持续加力】《顺义区落实本市营商环境改革任务实施方案和政策清单》《顺义区落实本市进一步优化营商环境行动计划（2018年-2020年）工作方案》出台。搭建"顺义区企业发展和项目落地统筹服务平台"。实现企业开办一窗办理，综保区新设企业"入区批复"3日办结，12类不动产登记业务当日办结，创新开展"导办分离"办税模式，启用全市首个水、气、热"一站式"综合服务窗口，搭建投资项目"多规合一"协同平台。"一网通办"率达到100%，全市排名第一；1447个事项实现"一门"办理，832个事项实现"最多跑一次"；1132个事项实现"一窗"受理。率先完成区级营商环境第三方评价。加强企业"点对点""一对一"精准服务，出台企业"服务包"制度，建立"管家式"服务模式，根据企业诉求向企业送出"服务包"，区领导累计深入企业实地走访服务200余次。全年发放工作居住证817张，提供人才公租房2453套、高精尖企业人才共有产权房295套。

（发展改革委）

【重点领域改革深入落实】制定《顺义区机构改革方案》，着力改革机构设置。加大简政放权力度，对142项权力清单进行动态调整。深化国资国企改革，完善国资国企监管"1+N"制度体系，开展混合所有制试点改革，大力推进区属国企公司制改制，推动国有企业收入分配市场化改革，实现工资总额预算制管理，通过兼并重组、产权转让、关闭破产等方式大力推进企业内部整合。加快农村农业改革，推进农村土地确权登记颁证工作，304个村权属调查全部完成，加强农村"三资"管理。深入落实国家减税降费改革，1.7万户纳税人享受增值税税率下降优惠。

（发展改革委）

【对外开放】完成服务业扩大开放第二轮36项深化试点任务。国家对外文化贸易基地二期建设启动，国家文化出口基地功能平台启动运营。《深化服务业开放促进北京天竺综合保税区文化贸易发展的支持措施》出台，航空维修企业增值税免抵退税政策率先落地。推进一般纳税人试点政策落地实施，登记备案试点企业25家，试点规模居全国前列。天竺综保区五类商品指定查验场点通过验收，成为目前国内唯一具备五类商品进口指定查验场点的空港型综合保税区。空港口岸进出口整体通关时间分别压缩43%和46%。

（发展改革委）

【就业与社会保障】 连续7年获评北京市充分就业区，城镇新增就业22777人，城乡劳动力二三产业就业率保持95%以上，城镇登记失业率保持在2%以内。实现有就业意愿的低收入农户劳动力100%就业、分流职工就业率达98%。全体城乡居民实现持卡就医、实时结算；城镇职工社会保险平均参保人数同比增长6%。城乡居民基本养老保险基础养老金和老年人福利养老金人均每月分别提高到770元和690元。城乡低保标准由家庭月人均900元提高至1000元。低收入家庭全部参与医疗保险，在医保报销之外，个人负担部分最高报销85%，封顶最高20万元。

（发展改革委）

【公共服务】 新增学前教育学位1600多个，南彩一小等6项学校建设工程主体完工，北师大附中顺义分校开工，北京城市学院沙岭实验学校、首师大附属杨镇实验幼儿园挂牌成立。推进健康顺义建设，全区甲乙类传染病发病率控制在100/10万。区中医医院迁建工程主体结构封顶，区妇幼保健院改扩建开工。家庭医生签约服务辖区38.6万常住人口，12类重点人群签约率达90%以上。建设6家养老照料中心，运营29家养老服务驿站，形成“集配中心+老年食堂+义工送餐”的特色老年餐服务模式，覆盖近4万名老年人。棚户区改造持续推进，原维尼纶厂生活区国有土地房屋征收项目签约期限内实现100%签约，西丰乐村、东石槽村项目实现100%签约、拆除。全区保障性住房开复工52731套，竣工7187套，其中共有产权房在建项目5个，累计提供住房6269套。5家图书馆分馆投入运营，全国文明城区创建工作全面启动。

（发展改革委）

【城市精细化管理】 数据生态中心、“雪亮工程”等项目扎实推进。完成164条街巷整治，招募配备街巷长1158人、小巷管家2692人、设立街巷长公示牌1199块。《顺义区餐厨垃圾和废弃油脂规范管理实施方案》出台，末端分拣中心建设持续推进。城镇地区垃圾分类小区覆盖率达到95%。生活垃圾处理中心焚烧二期工程、餐厨垃圾处理厂投入运行。在全市率先实现公交车辆100%新清能源化。新增停车位4595个、公共候车亭100座。电动自行车集中充电设施（试点）建设有序推进。复兴大桥建成通车，木林消防站竣工，景观照明一期和北河等三座变电站10千伏出线工程完工。

（发展改革委）

【经济运行】 地区生产总值增长6.1%；一般公共预算收入完成159.3亿元，增长7%；全区居民人均可支配收入完成36575元，增长9%；产业结构进一步优化，第三产业增加值比重达到63.1%；规模以上工业总产值完成1807亿；社会消费品零售额增长5.3%；建安投资完成201.9亿元。

（发展改革委）

【需求结构持续改善】 《生活性服务业设施规划》编制完成，培育鑫绿都、供销益家等连锁品牌，盒马鲜生、全家、便利蜂、苏宁小店等新零售业加速布局。中粮祥云小镇成为本市首个生活性服务业示范街区，全区便民商业网点连锁化率提高到32.9%，基本便民服务社区覆盖率达到80.3%。30亿元的政府投资分三批全部下达，100项重点工程全部立项，开工73项。45个项目纳入“一会三函”项目加快办理。外贸发展水平不断提升，新设外资企业同比增长42%，新设外资注册资本同比增长114%。

（发展改革委）

【注重预期引导】 定期调度重点行业、区域经济运行情况，按月对主要指标进行监测，按季对经济运行态势进行分析，对完成困难、进度滞后指标及时预警调度。完成“十三五”规划《纲要》中期评估工作，地区生产总值等关键性指标继续坚守规划目标。加强正面宣传引导，通过媒体及时释放积极信号，传递政府稳增长决心，加大形势研判和政策解读，宣传经济基本面稳定向好的发展态势。

（发展改革委）

财政管理

【概况】 2018年，财政局坚持以习近平新时代中国特色社会主义思想为指导，不折不扣落实中央、北京市和区委区政府关于新时期经济工作的决策部署，全力以赴稳增长，主动作为促转型。一年来，全局干部职工紧紧围绕建设“港城融合的国际航空中心核心区，创新引领的区域经济提升发展先行区，城乡协调的首都和谐宜居示范区”的区域功能定位，以勇立潮头的非凡勇气和层层推进的扎实作为狠抓财政各方面工作，并通过有效实施积极的财政政策，为加快助推本区经济由高速增长向高质量发展提供坚强的财政支撑。

（财政局）

【一般公共预算收入】2018年，全区一般公共预算收入完成159.3亿元，同比增加10.4亿元，增长7%，完成年初预算的100%，总量位列全市第五，增幅位列全市第八。

（财政局）

【一般公共预算支出】2018年，全区一般公共预算支出完成315.0亿元，同比增加71.9亿元，增长29.6%，完成年初预算的118%。

（财政局）

【盘活财政存量资金】2018年，全区盘活存量资金138.1亿元，剩余存量14.0亿元，盘活存量进度达到90.8%，完成市级要求进度超过90%的考核任务。

（财政局）

【“智慧顺义”大平台成功对接】顺义区财政收入管理系统与“智慧顺义”大平台对接完成，对收入前100名的驻区企业进行重点监控，每月分析研判财政收入增长走势及中央政策调整影响，为区领导科学决策提供可靠的数据支撑。

（财政局）

【区级预算单位考核首次开展】2018年，以连续5年持续做好镇级财政财务管理考核为基础，首次对全区105家一级预算单位及其他纳入政府绩效考核的单位开展2017年度预算管理考核，并将考核结果运用到区政府对各部门的绩效考核工作中。

（财政局）

【国有资产综合报告首次编写】在全市率先建立区政府向区人大报告国有资产管理情况制度。按照全口径、全覆盖的总要求，牵头编写首次国有资产综合报告，并通过区人大常委会审议批准。

（财政局）

【政府债务风险防范】在定期对政府债务数据进行监测确保债务风险指标达标、项目资金合规使用的基础上，根据中央文件精神全面加强政府隐性债务管理，切实做好本区政府隐性债务底数摸查工作，坚决遏制政府隐性债务的发生。

（财政局）

【行政事业单位及所办企业资产清查试点工作】根据不同行业、单位性质和管理级次，选取2个行政单位、5个事业单位及5个事业单位所办企业进行试点，并根据清查结果提出整改意见和完成时限，确保国有资产安全完整。

（财政局）

【财务人员管理】针对新修订的会计相关法律、法规开设5类专题课程，对包括镇村、行政事业单位在内的各重点领域从事财务工作的人员开展培训，同时持续加大对代理记账公司的监管力度。通过加大教育培训力度、创新监督管理方式，履行对财务人员管理职能。

（财政局）

【支持“高精尖”企业创新发展】积极贯彻北京市关于支持区域经济发展和个人所得税征收奖励两项政策，为“高精尖”企业创新发展营造良好环境。落实《顺义区促进高精尖产业发展实施意见》《顺义区实施“梧桐工程”促进高精尖产业引才聚才的若干举措》，明确对“高精尖”企业的支持标准和扶持力度，力求集成政策、突出重点、精准发力。兑现《顺义区促进入区企业发展扶持办法》《顺义区促进产业结构调整和中小企业发展资金管理办法》等各项政策扶持资金2.31亿元，惠及区内各类企业80余家，有效加快“高精尖”产业落地发展。

（财政局）

【PPP专业咨询机构库建立】2018年，PPP专业咨询机构库建立完成，以规范PPP项目发展。通过持续完善政府与社会资本合作机制，在更广泛的领域撬动更大规模的社会资本支持区域经济社会发展的重点领域和薄弱环节，最大限度地保障本区重大基础设施建设和重大规划调整落实。

（财政局）

【区镇财政体制完善化】按照区镇财政体制要求，在综合考虑各镇人员经费、公用经费等政府自身需求和村两委绩效、镇级保洁等社会事业需求的基础上，区财政局对各镇今后三年（2018-2020）基本需求进行重新核定，通过设立基本需求补助的形式对财力薄弱镇的基本需求进行保障，切实加强河东地区基本公共服务保障能力。河东9镇每年增加基本需求补助2.34亿元，占全区基本需求补助总额的82.7%。

（财政局）

【对河东地区资金支持力度持续加大】 对河东9镇一般性转移支付倾斜力度持续加大，全年安排河东9镇一般性转移支付资金2.5亿元，占比较2017年提高5.9%。

（财政局）

【促进镇域资源均衡分配】 《关于建立镇域间经济收益分享机制的意见》印发实施，通过逐步完善跨镇域棚户区改造定向安置房后期管理补偿机制以及跨镇域经营和迁移企业利益调节机制，有效实现镇域资源均衡分配。

（财政局）

【街道自主经费保障机制】 将街道机动经费从800万元提高至1000万元（除空港街道外），由街道自主支配，充分发挥街道、社区工作的积极性、主动性和创造性，并将社区公益事业金和城乡党组织服务群众经费进行捆绑打包，财政资金的统筹使用效能进一步强化。

（财政局）

【政府购买服务绩效评价】 在全市率先开展政府购买服务绩效评价工作，选取项目金额大、社会关注度高的10个项目进行绩效评价，涉及金额2.56亿元。

（财政局）

【项目全过程管理机制】 建立农业综合开发项目和文化体育类工程项目全过程管理机制，对项目申报、项目设计、施工建设、组织验收、资产移交5个主要阶段实施全过程综合协调和专业技术管理，实现提高项目设计质量、规范项目招标工作、加快项目实施进度以及完善项目竣工验收的目标。

（财政局）

【关键领域经费支出管理】 结合上级文件精神，修订本区行政事业单位培训费、会议费、“三公”经费管理办法等制度文件，同时细化本区因公出国（境）经费使用审批流程，确保本区关键领域经费支出管理规范。

（财政局）

【政府购买服务实施流程规范化】 《北京市顺义区财政局政府购买服务工作规程》印发实施，从购买主体、承接主体、购买内容等方面细化和明确政府购买服务实施流程。

（财政局）

【建设工程项目竣工财务决算工作】 《关于推进建设工程项目竣工财务决算工作的实施意见》印发实施，全面做好本区基本建设项目、土地一级开发项目、农业综合开发项目及保障房建设项目的竣工财务决算工作，正确核定项目形成资产价值，协助项目单位完成资产入账、资产移交及产权登记等工作，有效防止国有资产流失。

（财政局）

【财政监督】 根据《顺义区财政局关于进一步加强财政监督工作的实施意见》《顺义区财政局2018年财政监督检查工作方案》的要求，围绕重点财政政策的贯彻落实和重点专项资金的管理使用开展58项财政检查，并对6件违规行为进行行政处罚，在持续拓宽财政监督范围的同时全面提升财政监督成效。

（财政局）

【绩效评价力度加大】 全年选取21个事前绩效评估项目、82个绩效跟踪项目及50个事后绩效评价项目作为重点，涉及金额超过100亿元。通过事前评估、事中跟踪及事后评价的衔接互补进一步提升财政资金的使用效益。

（财政局）

税务

【概况】 国家税务总局北京市顺义区税务局隶属于国家税务总局北京市税务局，实行垂直管理，负责贯彻执行党的路线、方针、政策，组织落实国家税收、社会保险费和有关非税收入法律、法规、规章和规范性文件的研究制定及具体实施办法，落实国家规定的税收优惠政策。2018年7月5日，原北京市顺义区国家税务局和原北京市顺义区地方税务局正式合并为国家税务总局北京市顺义区税务局，两局24年携手治税成为历史，顺义税收事业开启新的篇章。全年累计完成各项税费收入586.3亿元，同比增收27.3亿元，增长4.9%；区级一般预算收入完成130.67亿元，同比增收10.4亿元，增长8.6%。

（税务局）

【机构改革】机构改革准备阶段，成立原国税、地税联合党委，确定联合党委委员分工，压实从严治党主体责任，贯彻落实“三重一大”集体决策制度。及时制定过渡期各项工作衔接暂行管理办法，规范机构改革过渡时期各项工作程序。加强与区委、区政府和各委办局的沟通，推动区委办、区政府办等24个部门成立顺义区国税地税征管体制改革工作专项组，协调做好新税务机构的发文立户、机构合并更名通知、印章刻制及启用等各项工作。区内召开2次顺义区国税地税征管体制改革专项会议，制定《顺义区国税地税征管体制改革工作方案》，就改革重点工作撰写专报，受到区领导肯定性批示15次；7月5日上午，国家税务总局北京市税务局联合党委委员、总经济师沈永奇和北京市顺义区委副书记、代区长孙军民共同为国家税务总局北京市顺义区税务局揭牌，标志着国家税务总局北京市顺义区税务局正式挂牌成立。“三定”方案落实阶段，按照公平、公正、公道的总基调，以“服务大局、服务税户、服务基层”为整体思路，20个新机构挂牌，刻制新印章164枚，清理税收规范性文件206件，确定“三定”后共设38个机构，机构改革精简机构32个，减少比例为45.71%。梳理统一42项征管业务事项、表证单书和业务流程，规范5大类119项“一厅通办”服务事项，完成70个单位的资产清查；组织各类专项培训15期，累计培训1700人次；社保费和非税收入征管职责划转工作严格按照国家政策执行，先期选派8名业务骨干到社保中心跟岗实践，4人入驻开展“一窗两岗”社保联办服务。

（税务局）

【组织收入】年内，始终抓紧抓牢组收工作，在确保有效落实各项减税降费政策的基础上，通过强化风险防控、推进土地增值税清算、做好水资源税和环境保护税征管、加强非居民企业管理、积极争取免抵调库指标等主动举措，多渠道弥补收入缺口。全年累计完成各项税费收入586.3亿元，同比增收27.3亿元，增长4.9%；区级一般预算收入完成130.67亿元，同比增收10.4亿元，增长8.6%。

（税务局）

【营商环境】窗口业务入驻区工商开办大厅和区“市民之家”，契税征收业务入驻不动产登记大厅；推出自助办税服务厅入驻基层单位服务举措，纳税人可就近前往驻地管理所进行相关涉税业务办理；“一套资料”实现全办理，新上线“北京市网上税务局”整合原国税、地税网上办税系统功能，纳税人不再分别下载办税系统。“一键咨询”实现全答复，针对涉税咨询难问题，新税务机关采取针对性措施，搭建统一咨询团队。“一厅通办”实现新突破，在联合办税大厅“导办分离”服务模式基础之上，加速导税区取号、预审、叫号和办税区业务办理的流转，办税服务厅平均等待时间由35分钟减少到10分钟左右，实现个体业务“一厅通办”，不再对企业、个体业务进行分所办理；大力推行网上办税，实现超过90%以上业务网上办理，网上纳税申报98%以上，实现纳税人、缴费人和税务机关双减负。“银税互动”再添新成员，全面支持中小微守信企业健康发展，在与原有银行合作的基础上，于2018年9月与宁波银行北京顺义支行签订“银税互动”框架协议，推出针对中小微企业纯信用贷款“税务贷”，为区内58户纳税额在5-30万、纳税信用良好的中小微企业累积提供信用贷款1900万；走访民营企业37户，解决民营企业最关心最直接的问题22件。

（税务局）

【减税降费】严格落实增值税税率调整、小微企业优惠、残保金减免等优惠政策，累计释放改革红利74.7亿元，其中部分行业留抵退税累计减免49.2亿元；企业所得税累计减免24.8亿元；残保金累计减免0.7亿元；办理出口退税35亿元，为激发企业新动能发挥作用；及时将个人所得税改革惠民政策传送到全区70万自然人纳税人，先后为北汽集团及其下属企业、机场集团及其下属企业、现代汽车、顺鑫农业等15户扣缴义务人和全区740户行政事业单位的960余名财务人员组织21场个税专题培训，面对面讲解、手把手指导，助力企业正确、精准享受个税实惠。协调解决飞机维修企业综保区通关免抵退税问题。全力做好综保区一般纳税人试点工作，完成26户综保区一般纳税人试点审批手续，实现内销收入17.72亿元，申请出口退税21.21万元，开具增值税专用发票2141份，试点户数和业务量在全国海关试点区域中处于前列。

（税务局）

【法治建设】 税收法治以“互联网+法治”为工作思路，研究建立“记录、存储、管理、运用”一体化的执法全过程记录机制，为全局各基层执法单位配备200部执法记录仪，实现执法全过程留痕和可回溯管理，征纳双方的合法权益得到有效维护。引入第三方鉴证服务，推进土地增值税清算进度，全年完成15个项目，入库税款8.37亿元，其中调增2.84亿元。推进存量房涉税违法案件税款追征，疏理发现25套疑点房产，完成对20套房产26名纳税人的追征工作，累计征收税款880万元，加收滞纳金452万元，罚款51万元。保持打击涉票违法高压态势不减，成功破获一起虚开增值税专用发票案，抓捕犯罪嫌疑人4人，网上通缉犯罪嫌疑人2人，初步查处3户违法企业，发票9388份，价税合计9亿元，涉及受票下游企业1043户。预防潜在风险，推送风控任务4129户，完成3252户，有问题3193户，问题率98.18%，查补税款及滞纳金9.24亿元，风险管理工作成效贡献率位居全市第一。

（税务局）

【优化征管】 优化税收征收管理，针对市局梳理的原国税地税42项业务的54个差异点，调整统一业务要求，制定统一执法标准，编写《顺义税务办税服务厅业务流程汇编》，确保各项业务流程清晰，权责分明，扎实保障业务衔接。切实做好合并以来各项数据清理、系统升级、管户调整及权限配置等工作。做好税务登记、申报征收、欠税管理、档案管理等各项基础工作，不断提升征管质效。继续开展外籍人员个人所得税核查，确保税款应收尽收。建立74户“走出去”企业清册，问需走访，加强境外风险核查力度，提升国际税收服务和管理水平。

（税务局）

【节能减排】 11月14日，本局节约型公共机构示范单位创建工作通过国家机关事务管理局专家组的现场验收。自开展创建节约型公共机构示范单位活动以来，本局通过加强组织领导、规范制度建设、强化宣传指引、更换节能设备、增强耗能监督、引进绿色项目等措施，确保节能工作责任目标全面完成。年内，将机关大院绿化绿地浇灌系统换置成高效喷灌系统，有效减少水资源浪费；将办税服务厅照明灯改装为LED灯，局机关、各税务所档案室及食堂照明灯改造为LED防爆灯，走廊、门厅、通道、所有厕所改为使用声控开关，在保证基本照明需求的情况下降低照明能耗；安装新能源汽车充电桩，鼓励职工购买新能源汽车；配备多辆公务自行车，保障干部职工短途健康绿色出行；安装餐余垃圾处理设备，有效减少垃圾，实现餐余垃圾变废为宝，形成可持续利用闭环。

（税务局）

国有资产监管

【概况】 2018年，顺义区国资委多措并举强监管、加强创新明思路、下大力气提效能，大力提高国有经济质量效益，全力服务区域社会发展。紧紧围绕服务首都“四个中心”功能建设、打赢“三大攻坚战”、抓好“三件大事”等中心任务，认真贯彻落实区委区政府各项决策部署，着力提升发展质量、持续优化布局结构、纵深推进国资国企改革、全面加强党的建设，各项工作取得明显成效。

（国资委）

【国有资产总量与结构运行分析】 截至年底，国资委系统监管企业资产总额1435.5亿元，同比增长8.7%；负债总额819.7亿元，同比增长12.0%；所有者权益总额615.8亿元，同比增长4.6%；资产负债率57.1%，同比增加1.6个百分点；完成营业收入602.3亿元，同比增长2.7%；实现利润总额20.5亿元，同比增长19.1%；上缴税金60.9亿元，同比增长2.6%。按行业分布：工业企业2家，资产总额508亿元；建筑业企业1家，资产总额25.9亿元；房地产业企业5家，资产总额560.6亿元；商业企业2家，资产总额41亿元；投资业企业2家，资产总额131.5亿元；市政公用业企业 1家，资产总额79.2亿元；服务业企业2家，资产总额90亿元。顺义区在2018年全市16区国资系统排名中：营业收入、利润总额位列第3位，资产总额、所有者权益位列第4位。

（国资委）

【重大风险防控】坚决筑牢重大风险防控底线。进一步筑牢区属企业不发生重大风险的坚实基础，建立完善防范化解各类重大风险的长效机制，开展重大风险排查专项工作，区属国企针对财务管控、经营投资、纠纷诉讼等七类重大风险，共计排查出108项重大风险，均制定相应防范路径和措施。重点监控超过财务管控线（两金占比60%、资产负债率70%）的区属企业，将资产负债率和负债规模纳入年度经营业绩考核范围。加强资金归集管理，11家一级企业正式运行资金结算中心。

（国资委）

【对口帮扶】坚决落实对口帮扶工作任务。制定贯彻落实对口帮扶三年行动计划实施方案，按照本区“五镇+五国企”为主导的“点对点”结对帮扶关系，以顺鑫控股、燕京啤酒、市政控股、顺义科创、区供销社和顺商集团为主导的14家区属国企与25个贫困镇村建立帮扶关系，累计向贫困地区投入帮扶资金520万元。向受援地区派遣党政干部2人次，派遣短期专业技术人才3人次。

（国资委）

【生态环境治理】坚决加强生态环境治理。《顺义区国资委系统空气重污染应急预案》制定落实，建立系统车辆台账，逐一排查371台货运车辆、211台非道路移动机械，加强应急措施、加快应急响应、完善机制保障。顺义商业分级建立节能档案，投资116万元更换67台高耗能电机；燕京啤酒转型升级绿色酿造，投资1345万元完善环保联防联控体系，进一步提升污水处理能力；市政控股93座污水处理站升级改造任务全部完工，组建项目联合体参与本区农村治污工程（西部片区）PPP项目。

（国资委）

【监管制度规范体系进一步完善】制定违规经营投资责任追究暂行办法，强化企业主体责任，规范国有企业经营投资行为。制定推动企业全面预算管理工作的指导意见，通过对总体预算目标进行量化安排，推动企业创新管理手段、提高精细化管理程度、达到现代企业管理要求。制定区属国有企业工资总额预算制管理暂行办法，深入推动企业收入分配市场化改革，完成2017年度企业工资总额清算工作，指导企业编制2018年度工资总额预算，根据企业发展规划、经济效益和行业特点等逐家核定批准2018年度工资总额预算并进行实时动态监控。

（国资委）

【国有企业分类监管】结合企业经营现状开展企业发展定位、主业及“十三五”时期培育业务核定工作，将16家一级企业划分为产业促进类、公共服务类和市场竞争类，实行分类改革、分类发展、分类监管、分类定责、分类考核。公共服务类企业主要承担提供公共产品或服务，保障城市运行安全，提升城市承载能力等功能，以实现社会效益为主要目标，兼顾经济效益。产业促进类企业主要承担区委、区政府在不同阶段赋予的专项任务和重大项目，发挥产业公共服务、招商引资和投融资平台作用，推动区域产业转型升级和产城融合，助力“3+4+1”重点产业发展，兼顾经济效益。市场竞争类企业遵循市场规律、公平参与竞争，以资本效益最大化为主要目标，兼顾社会效益。

（国资委）

【投资监管方式加快完善】《顺义区国有企业投资监督管理办法》全面落实，审核制定企业2018年度投资计划，按季度监管企业投资进度，全年企业计划投资162项151.8亿元，实际开展实施118项（完成60项），实际投资额67.33亿，投资完成率为44.3%。《投资计划调整管理暂行办法》《投资项目后评价管理暂行办法》制定出台，随机审计评估3项企业外阜投资项目，切实加强企业投资计划事前、事中、事后监管。

（国资委）

【国资监督工作力度不断加强】强化外派监事会对企业整改落实

的全过程监督，健全完善外派监事会主席薪酬管理与综合评价体系，提高监督实效。安排经济责任审计项目2项、监事会专项审计12项、企业年度审计15项，督促企业开展内部审计，形成监督合力。开展国有资产向人大专项报告工作，全面反映区属国有企业经营情况、投资布局、风险管控等信息。主动公开企业负责人薪酬、经营业绩、任免职等情况，提升国有资产管理透明度和公信力。

（国资委）

【国有资本布局调整优化】结合当前国有企业所处的行业特征、经营现状和比较优势，调整优化16家区属一级企业功能定位和主营业务。深化国企改革，深入调研通达公司等5家托管企业工作现状，在捋顺产权关系和解决历史遗留问题的基础上，加快重组改制步伐。推进市政控股等5家完成整合重组企业内部整合，改革调整国资中心和金融控股运营管理模式，开展资产划分和管理机制改革调整。助力功能区改革，制定空港开发、顺义科创借调人员安置方案、清产核资及资产划转方案和企业功能定位方案。

（国资委）

【重点领域改革】空港开发公司制改制取得阶段性进展，北京国际鲜花港等8家子企业公司制改制工作完成。顺鑫控股、空港开发等5家企业开展混合所有制试点改革调研工作完成，市政控股同市属国有企业和知名民企混合所有制改革工作完成。建立国有资本经营预算绩效评价机制。年度国有资本收益1.3亿元收缴入库，安排支出6项1亿元，重点支持安全生产保障、民生基础设施建设等项目，通过对支出进行绩效评价，着重加强资金使用效能管理。市场化选聘工作有序推进，进一步扩大选人用人视野，顺鑫控股下属北京福通互联科技有限公司市场化选聘工作完成。

（国资委）

【企业发展活力不断释放】充分发挥国有企业在利用老旧厂房完善公共服务设施、置换高精尖产业、导入现代服务企业等工作中发挥引领示范作用，推进老旧厂房“二次创业”，建立区属国有企业老旧厂房台账，会同区商务委初步筛选符合提升生活性服务业品质的试点。加快剥离企业办社会职能，对区属国有企业非经营性资产进行全面摸查，《顺义区区属国有企业职工家属区“三供一业”分离移交工作方案》制定，加快推进天竺房地产公司市政配套设施移交。

（国资委）

经济和信息化

【概况】2018年，经信委深入学习贯彻党的十九大精神和习近平中国特色社会主义思想，深入把握中央“六稳”总要求，围绕北京“四个中心”建设，全面落实“疏整促”行动计划，深入推进顺义区创新型产业集群和制造业高质量发展示范区建设，聚焦构建和发展三大创新型产业集群；加大产业项目调度服务力度，推动以北京奔驰新能源车、车和家总部、滴滴出行智能驾驶为代表的重大项目落地；促进“两化”深度融合，实现无线网络全覆盖试运行，着力稳增长、调结构、促转型，持续推进顺义经济高质量发展。

（经信委）

【工业经济主要指标持续下滑】2018年，全区357家规模以上工业企业完成工业总产值1807.1亿元，同比下降12%，减量247.4亿元。实现销售产值1825.6亿元，同比下降12.6%。实现出口交货值109.7亿元，同比下降26.9%。

（经信委）

【六大产业产值增速三升三降】生物医药、装备、都市产业同比分别增长21.6%、6.1%和3.9%；电子信息、汽车与交通、基础与新材料产业分别下降32.6%、20.8%和4.8%。规模以上汽车与交通设备企业55家。累计完成工业总产值881.9亿元，同比下降20.8%，减量231.1亿元，拉低工业增长11.2个百分点。产值占全区总量的48.8%，比去年同期占比降低5.4个百分点。实现销售产值900.1亿元，同比下降21.4%。累计出口1.7亿元，同比下降48.7%。规模以上电子信息产业7家。累计完成工业总产值82.6亿元，同比下降32.6%，减量40亿元，拉低工业增长2个百分点。产值占全区总量的4.6%，比去年同期占比降低1.4个百分点。实现销售产值79.3亿元，同比下降36.5%。累计出口43亿元，同比下降49.5%。规模以上装备产业115家。累计完成工业总产值244.9亿元，同比增长6.1%，增量14.1亿元。产值占全区总量的13.6%，比去年同期占比提高2.4个百分点。实现销售产值247.9亿元，同比增长5.2%。累计出口46.1亿元，同比增长17.0%。规模以上都市产业105家。累计完成工业总产值295.7亿元，同比增长3.9%，增量11亿元。产值占全区总量的16.4%，比去年同期占比提高2.5个百分点。实现销售产值299.7亿元，同比增长6.0%。累计出口8.8亿元，同比下降23.8%。规模以上基础与新材料产业59家。累计完成工业总产值241亿元，同比下降4.8%，减量12.2亿元。产值占全区总量的13.3%，比去年同期占比提高1个百分点。实现销售产值240.9亿元，同比下降4.5%。累计出口10亿元，同比下降5.8%。规模以上生物医药产业16家。累计完成工业总产值61.1亿元，同比增长21.6%，增量10.9亿元。产值占全区总量的3.4%，比去年同期占比提高1个百分点。实现销售产值57.6亿元，同比增长19.4%。累计出口1077万元，同比增长3.1倍。

（经信委）

【疏解一般性制造业企业蹄疾步稳】 2018年，累计完成130家一般性制造业企业疏解退出，完成市级任务的236%，排名全市第一。共腾退土地空间2.05平方千米，地上建筑物约83万平方米，产值24亿元，涉及包装印刷、服装加工、机械制造、家具木制品、建材、金属制品加工、食品加工、塑料化工等多个行业。

（经信委）

【发展目标聚焦三大创新型产业集群】 顺义区成立创新办，明确聚焦构建和发展三大创新型产业集群的发展目标，深入推进顺义区创新型产业集群和制造业高质量发展示范区建设。制定完善《顺义区促进高精尖产业发展实施意见》，重点聚焦新能源智能汽车、第三代半导体、航空航天三大创新型产业集群，推动智能制造在全区产业提质增效、转型升级中的应用示范。

（经信委）

【重点项目稳步推进】 截止年底，北京奔驰新能源汽车项目的土地、房产过户手续完成。车和家总部及研发基地项目立项审批完成。滴滴智能硬件及自动驾驶研发产业化项目落地协议草拟完成。富电科技智能充电桩项目土地入市前期手续完成。地平线自动驾驶研发总部项目装修完工。物华新能源动力电池正极材料项目厂房设计初步方案完成。

（经信委）

【积极服务入区产业项目】 简化前期审批环节、完善调度服务程序，建立完善产业项目调度促进与信息服务平台。2018年，在批在建产业项目102个，协议总投资856亿元，实现竣工项目11个。修订完善和不断深化产业项目全要素综合评价，截止2018年底，完成评价3批次，评审通过3个项目，屏蔽项目50个。

（经信委）

【“两化融合”稳步推进】 开展“两化融合”贯标工作，2018年，组织区内企业申报并通过市级贯标试点24家，居全市第一。

（经信委）

【“智慧顺义”无线网络全覆盖项目一期建设完成】 着眼构建“随时随地随需”“集约高效绿色”的泛在网络，加快推进无线网络全覆盖项目建设。截止2018年12月，完成政府办事大厅、医疗机构、文化广场、村委会居委会、公交车等场景，共4129个AP点位建设。

（经信委）

【区域营商环境持续优化】 广泛开展政策宣讲。2018年，围绕重大产业项目和中小企业发展，对全区19个镇、4个功能区，组织专题宣讲会10场，共计500家企业参加。扎实开展“创响中国”系列活动，做好对区域中小企业的政策普及工作。中小企业服务政策日臻完善。贯彻落实《顺义区促进产业结构调整和中小企业发展资金管理办法》，严格标准条件和程序步骤，对征集的125个项目进行筛选，确定支持项目62个，发放资金4951万元，促进区域中小企业发展壮大。持续推进顺义社会信用体系建设。开展社会失信问题专项治理，推进“双公示”信息归集公开，促进企业健康有序发展。推荐企业入选绿色制造名单。2018年9月底公布的北京市首份绿色制造企业

14家，顺义区入选4家，占全市入选企业总数的四分之一强。

（经信委）

【争办大项会议活动】2018年，顺义区先后成功争办第十届中国卫星导航年会和工业互联网标识解析国家顶级节点（北京）项目，为区域产业发展奠定坚实基础。

（经信委）

【北京奔驰战略重组项目签约仪式在顺义举行】5月12日，北京奔驰战略重组项目签约仪式在顺义北汽研发基地举行，市经信委主任王刚，顺义区委书记高朋，区委副书记、代区长、天竺综保区管委会主任孙军民，区人大主任车克欣，区政协主席周颖博，区委常委、副区长初军威，北汽集团党委书记、董事长徐和谊，北汽集团党委副书记、总经理张夕勇，北京奔驰总裁方铭博等出席签约仪式。北京奔驰战略重组项目投资总额119亿元，旨在打造全球最先进生产工艺标准的奔驰高端新能源汽车生产基地，项目一期年产能15万辆。

（经信委）

【世界智能网联汽车大会在京开幕】10月18日，由北京市人民政府、工业和信息化部联合主办，由工业和信息化部装备工业发展中心、北京市经济和信息化委员会、中国电子信息产业发展研究院、北京市顺义区人民政府、中国国际贸易促进委员会机械行业分会、中国电工技术学会、《汽车知识》杂志社等机构共同承办的世界智能网联汽车大会在北京开幕。此次世界智能网联汽车大会以“开启汽车新时代”为主题，于2018年10月18—21日在北京国家会议中心举办。大会举办主论坛、专业论坛、国际合作圆桌会议、院士大讲堂、未来汽车开发者大会、展览和自动驾驶试乘体验等14场活动，得到全球多个国家和地区的16个行业组织、高校和科研院所的支持，吸引140余名全球智能网联汽车领域知名学者和优秀企业代表参加讨论。展览内容涉及汽车、智能交通、互联网、通讯、微电子、人工智能和新能源7个产业领域，180余家国内外企业携最新产品和技术参展。百度、北汽、长安、一汽等企业现场开展自动驾驶车辆试乘和展示活动，集中展示我国自动驾驶领域发展成果。

（经信委）

【《顺义区促进“高精尖”产业发展实施意见》发布】11月15日，《顺义区促进“高精尖”产业发展实施意见》发布。《实施意见》包含“促进科技创新、促进成果转化、促进产业发展、促进企业上市、促进人才聚集”五大方面共18条支持政策。

（经信委）

【工业互联网标识解析国家顶级节点（北京）签约仪式在顺义区举行】11月21日，工业互联网标识解析国家顶级节点（北京）签约仪式暨启动会在顺义区中国航信产业园召开。会上，北京市经信局、北京市通管局、顺义区人民政府、中国信通院四方领导共同签署《工业互联网标识解析国家顶级节点（北京）四方合作协议》，标志着国家级工业互联网基础设施——“标识解析国家顶级节点”在北京正式启动建设，以期为包括北京乃至全国工业互联网提供高效、稳定的标识编码注册和标识解析服务。

（经信委）

金融办

【概况】2018年，顺义区新增金融机构30家，区内金融机构总数达312家；全区实现存款余额1918亿元，贷款余额1200亿元，信贷规模平稳运行；新增上市挂牌企业20家，累计达到85家，上市挂牌企业全年新增直接融资142亿元，实现累计直接融资1662亿元；全区金融业实现增加值167.57亿元，占第三产业的14.24%，占全区GDP的9%。

（金融办）

【北京金博会亮相】1月25—28日，顺义区以“打造北京新兴金融聚集区，开启新时代金融新征程”为主题参展在北京展览馆举办的第十三届北京金融博览会暨北京国际金融投资理财博览会。顺义区设置室内与室外两个展位，室内展位位于2号馆B011、B012展位；室外展位则为财富大道。顺义区在金博会上展出“一区一城一园”三大金融平台。

（金融办）

【后沙峪金融商务区建设】3月22日，金融办就后沙峪金融商务区有关工作向区长高朋、常务副区长霍光峰进行汇报，根据会议精神，金融办再次梳理明确本区金融产业发展任务目标、业态布局以及发展模式和机制体制。5月30日，代区长孙军民带队调研后沙峪金融商务区建设规划相关情况，并提出工作要求。金融办完成《顺义区后沙峪金融商务区建设实施方案》审议稿并提请区政府常务会审议。

（金融办）

【组织区内上市企业参与投融资对接】4月、5月，金融办分别联合仁和镇、马坡镇、南彩镇、北小营镇、木林镇、综合服务中心等单位，组织近百家区内上市和拟上市企业参与“改善营商环境暨上市政策宣讲会”活动，宣讲顺义区支持企业上市相关政策，调动企业上市积极性。

（金融办）

【金融安全大讲堂活动】4月13日，顺义区金融办在滨河二区开展“4•15全民国家安全教育日”金融安全知识大讲堂活动。并邀请来自北京市京都律师事务所的“百千万宣教工程”讲师周海燕律师，向来自社区的志愿者、党员、义工等50余人，讲述非法集资的重大危害、揭露非法集资惯用手段、传授防范非法集资经验，并呼吁大家发现非法集资线索及时进行举报、提醒大家参与非法集资不受法律保护、希望大家远离非法集资。

（金融办）

【为企业化解资本市场股票质押风险】10月18日，区金融办组织江河创建、曲美家居、嘉寓股份、东方雨虹、朗姿股份等区内民营上市企业召开座谈会，针对二级市场动荡引起的民营企业股权质押风险问题进行详细分级和深入沟通交流，根据企业遇到的实际困难，金融办通过短期银行贷款、中期基金支持、后期服务支撑来为企业化解股票质押风险。

（金融办）

【北京市上市挂牌企业总部基地正式挂牌】11月15日，由北京市地方金融监督管理局、上海证券交易所、顺义区人民政府共同主办的2018产融合作峰会暨顺义“高精尖”产业政策发布会召开。市地方金融监督管理局局长霍学文与顺义区委副书记、代区长孙军民共同为“北京市上市挂牌企业总部基地”揭牌。本次峰会以“合作、创新、共赢”为主题，发布《顺义区促进“高精尖”产业发展实施意见》。《实施意见》出台包含“促进科技创新、促进成果转化、促进产业发展、促进企业上市、促进人才聚集”五大方面共18条支持政策。顺义区一系列推动全区产业转型升级、构建“高精尖”经济结构、促进高质量发展的重点举措不断吸引优质项目入区发展。同时，本次峰会上，顺义区签约盒马鲜生华北区域运营中心、中俄航空产业园等17个“高精尖”项目，投资总额达300亿元。其中包含总部类项目10个，具有自主知识产权和前沿技术的领军企业12个。17个“高精尖”项目既重点聚焦区内“3+4+1”（三大创新型产业集群、四大现代服务业、智能制造）主导产业，又涵盖产融合作、产学研合作等高端平台，代表所在行业国际国内先进水平，符合北京市功能定位和“高精尖”产业发展方向。

（金融办）

【顺义区政府与上海证券交易所签约】11月15日，顺义区政府与上海证券交易所正式签订《战略合作备忘录》，双方将在企业上市和资本市场建设方面进行全面深入合作，切实发挥金融支持实体经济作用，推动高精尖产业在顺义聚集发展，壮大多层次资本市场顺义板块。

（金融办）

【顺义区金融办与启元资本签约】11月15日，顺义区金融办与市级企业上市工作服务平台北京启元资本市场发展服务有限公司签订《战略合作备忘录》，双方将在企业上市专业培训、上市企业孵化、企业二级市场融资等方面，充分利用市级平台，强化合作，壮大多层次资本市场上顺义板块。

（金融办）

【上市企业孵化基地初现成效】12月，“三区三镇一园”上市示范区结合自身实际，进行特色化、差异化试点建设探索工作，相继出台镇级扶持政策，规划物理承载空间，企业上市工作亮点频现，一批质地优良、发展向好的新三板企业入区发展。卅思云、德信德胜、赛浪车联、国华云网等一批已挂牌企业落户区内；山禾金缘、智信恒瑞等一批新三板挂牌企业启动落户工作，上市企业孵化基地建设成效显著。

（金融办）

【优质项目资源持续落户顺义】深入运用“金融机构+”“上市企业+”“行业协会+”等联盟招商模式，持续引进各业态金融机构。北京人寿（注册资本28.6亿元）、晨鸣租赁（注册资本10亿元）、北京新媒体融资租赁、民生科技、国源基金等30个优质项目落户顺义，金融招商引资工作成果显著。

（金融办）

【融资服务水平不断提升】一是及时组织召开融资对接会，普遍对接与精准对接相结合。7月，本办与区总部人才中心、经信委共同举办第五期企业家活动日暨产融合作对接会。中交基金、华融新兴等10余家金融机构及中科航发等数十家区内优质企业参会并对接，推动产业与金融融合发展。同时，通过专题对接会等形式，先后为国创基金、国投基金、富电集团、嘉寓股份、澄通光电、旋极信息等多次精准对接，有效推进产融合作。国投基金回投本区京磁材料、车和家等优质项目5个，总投资额5.03亿元；北京顺义创新产业基金回投首颐医疗等项目，总投资额11.1亿元；中交投资参与顺义夏县营村棚户区改造项目，提供11.4亿元资金支持；文化科技融资租赁公司为仟亿达科技、嘉寓股份等8家区内企业提供融资租赁业务，放款金额共计1.65亿元，有效支持中小企业发展，金融支持实体经济能力显著提升。二是与住建委等部门对接，引导驻区银行为牛栏山镇涤纶厂及维尼纶厂生活区棚改项目、马坡镇西丰乐棚改项目、北石槽镇东石槽村棚改项目、李遂镇柳各庄村棚改项目做好银团贷款工作，确保本区重大项目建设推进。

（金融办）

【金融营商环境持续优化】一是强化政策磁石效应。在原有《顺义区促进金融产业发展办法》《顺义区推动企业上市工作办法》《顺义区支持创业企业上市发展办法》的基础上，进一步修订完善政策内容，增强政策比较优势，推进区域产业发展转型升级。二是定期对接重点企业。陪同区领导走访民生银行总部基地、北京银行、江河创建等重点金融机构和上市企业；陪同区领导接待中信银行总行、工商银行总行工作人员，了解企业发展情况、存在问题及需求，并提出本区相关项目落地需求。三是有效落实“京136条”“9+N政策”等市区两级政策，组织区内30余家金融机构、60余家上市及拟上市企业召开多场座谈会，确保政策有效落地；推进政务服务“一网一门一次”改革工作；与工商、税务等部门建立沟通协调机制，开设绿色服务通道；举办“北京新兴金融聚集区暨顺义区羽毛球系列大赛”，加强政金企交流对接，营商环境全面优化。

（金融办）

【多层次资本市场顺义板块收获硕果】截至12月31日，全年新增上市挂牌企业20家，累计达到85家，资本市场顺义板块实现从传统的加工制造到文化创意、生物医药、高端装备、新能源技术等领域兼而有之、均衡发展的完美过渡。上市挂牌企业全年新增直接融资142亿元，累计直接融资达到1662亿元，资本市场服务实体经济作用明显。

（金融办）

【借助大型展会进行金融推介】顺义区以“北京新兴金融聚集区、首都产业金融中心”为主题，先后参展2018年1月25—28日举办的“2017北京国际金融博览会”、2018年5月28—6月1日举办的“第五届中国（北京）国际服务贸易交易会”、2018年11月1—4日举办的“2018北京国际金融博览会”，集中宣传推介顺义金融，重点展示顺义金融发展成果、主要做法、发展规划以及重点金融机构和上市挂牌企业，展现顺义良好的金融发展环境。展会期间，中央电视台、北京电视台、《北京日报》等知名媒体，中国网、人民网、新浪网等百余家主流权威网站和专业财经网站以及微信微博等新媒体平台进行报道和转载。

（金融办）

【应急打非】顺义区制发《顺义区2018年打击非法集资专项整治行动工作方案》《2018年顺义区防范非法集资宣传教育暨宣传月活动工作方案》；开展12轮风险排查工作，主要开展辖区内P2P网贷机构摸底排查、异地注册在京经营企业实际经营情况排查、顺义区企业非法集资风险排查、高风险企业在京实地经营情况核查等；以宣传活动“进社区、进村庄、进商场、进学校”为目标，结合“元旦”“春节”期间防范非法集资宣传教育工作、“4.15全民国家安全教育日”、防范非法集资宣传月、“提升金融素养争做金融好网民”等集中宣传活动，共组织打非宣教活动120余场；通过市打非办转办、区打非小组成员单位排查等渠道，共协同处置12个风险企业，召开调度会6次，向公安机关提供有关材料17次，并与大数据监测预警平台合作，实时监测区内风险企业情况。

（金融办）

【融资性担保公司现场检查】 在北京市金融工作局的统一安排下，本办开展2018年度融资性担保公司现场检查工作并配合完成融资性担保公司到期换证检查工作。金融办制定现场检查方案，并对辖区内融资性担保公司进行现场检查，旨在查找融资性担保公司存在的问题，提高风险控制能力。

（金融办）

【小额贷款公司现场检查】 在北京市金融工作局的统一安排下，本办开展2018年度小额贷款公司现场检查工作。金融办制定现场检查方案，并对辖区内小额贷款公司进行现场检查，旨在查找小额贷款公司存在的问题，清除风险隐患，提高风险控制能力，维护区域金融稳定。

（金融办）

银 行

中国农业银行股份有限公司北京顺义支行

【概况】 中国农业银行股份有限公司北京顺义支行（简称农行顺义支行）辖内18家网点，400余名从业人员为全区人民提供优质、高效的金融服务。本行始终坚持履行商业银行的社会责任，积极参与顺义地区经济建设，坚持稳中求进，坚持创新驱动，坚持立足区域，以服务区域经济为重点，同时将“三农”金融服务工作做精、做细、做出成效，有效提升区域发展的竞争力，多次获评“顺义区百强企业”“顺义区十大金融机构”。

（农行顺义支行）

【支持区域经济建设】 2018年，农行顺义支行贷款增长54亿元，位列全区各金融同业第一。支持顺义区区域重点项目和重点企业的发展，针对项目和企业的特点，制定专项融资方案，创新融资产品和模式，致力于更好的服务区域经济建设。作为临河村棚改C片区项目、夏县营村棚改项目、东石槽村棚改项目银团牵头及代理行，切实履行银团职责，共审批贷款153.4亿元；助力新机场建设，确保项目贷款的及时、全额投放，为重点项目的推进保驾护航。与区域内企业深入合作，通过公私联动、本外币联动和全链条的服务，解决企业经营中问题，满足经营需要，做好区域企业的全方位服务。

（农行顺义支行）

【服务小微企业】 农行顺义支行响应和落实国家普惠金融工作政策和要求，多策并举支持区内小微企业发展。持续落实小微企业绿色通道，加快业务办理时效；严格践行小微企业优惠利率以及收费减免政策，解决小微企业“融资难”“融资贵”问题；大力推广“微捷贷”“智动贷”等小微金融产品，满足客户多层面融资需求。2018年全年累计准入人行口径小微企业103户，累计发放贷款125笔，金额合计5777万元。

（农行顺义支行）

【助力营商环境打造】 农行顺义支行时刻把服务国家战略摆在首位，全面落实党中央、国务院“放管服”工作要求，积极承担社会责任，不断提高小微企业开户服务意识和水平。2018年初推出企业掌银“c开户”系统和“单位账户在线开户”网页版系统，在线填写开户资料，客户自主选择开户的网点和时间，实现预约开户；对公业务网点开通小微企业绿色通道，通过专人、专柜、摆放明确标识、优先受理叫号等方式，为小微企业开户提供便利；实现小微企业在连续4个工作日内完成银行开户审核和人民银行许可，全行对公业务网点单户平均柜面开户用时为33分钟，切实提升企业开户体验，助力营造良好的营商环境。

（农行顺义支行）

【服务三农】 农行顺义支行在服

务“三农”工作中，始终秉承贴近政府、服务地方的经营理念，建立新型信贷合作模式，线上线下齐发力，为服务“三农”工作开创新局面。定期开展进农村活动，了解广大农民朋友金融需求，普及金融知识，依托金融服务系统自助办理助业快E贷，方便、快捷办理信贷业务。贯彻落实中央及地方政府普惠金融政策，全面助力中小微企业健康快速发展，为农民朋友线下办理农村个人生产经营贷款。2018年，累计发放农村个人生产经营贷款2510万元，涉及农业、工商业、建筑业等多个领域，全面提升个人信贷金融支持。

（农行顺义支行）

【通关企业服务】2018年，海关新一代税费电子支付系统单一窗口上线，农行顺义支行配合海关进行系统上线测试及系统宣传推广工作。新一代系统上线后通关企业实现在线实时缴税，交纳保证金、滞报金等业务，通关时效大大提高。农行顺义支行为改善营商环境提供高效通关服务的同时，也为通关企业提供优质便捷的外汇结算服务。

（农行顺义支行）

【大力推进互联网金融业务】农行顺义支行充分发挥互联网金融不受时空限制优势，大力发展个人掌上银行业务，通过指纹登录、语音转账、刷脸认证等前沿功能，进一步提升客户体验，提高基础金融服务水平。同时大力发展电子商务业务，助力企业线上化转型，提高企业工作效率的同时实现客户服务由单点式向产业链式升级，提高企业客户服务水平。

（农行顺义支行）

【客户满意度提升】农行顺义支行秉承贴近政府，服务地方的经营理念，努力做到敢为人先，创新突破，在产品、营销、服务、流程、机制等方面进行一系列创新，积极实施新产品带动、服务带动，积极宣传个人掌上银行、网捷贷、聚合码、电子商务等产品的使用和管理，有效提高区域居民生活便利度，进一步满足客户个性化金融需求。同时凭借高度责任感，多次堵截电信诈骗。

（农行顺义支行）

【热心公益活动】2018年，农行顺义支行积极参与社会公益活动，多次开展金融消费者权益日宣传、“金融知识普及月”暨“金融知识进万家”联合宣传、金融知识万里行、知识产权宣传、守住‘钱袋子’等宣传活动，通过进社区、进企业、进市场、进学校等方式，为公众普及征信知识，梳理信用意识，提升辨别真伪人民币能力，切实保护公民合法权益。同时开展“温暖衣冬”捐衣、“小积分•大梦想”捐赠等公益志愿活动。

（农行顺义支行）

中国建设银行股份有限公司北京顺义支行

【概况】2018年，中国建设银行股份有限公司北京顺义支行确立认真学习宣传贯彻党的十九大精神，深挖区域经济转型升级机遇，践行“服务地方经济、服务实体经济”的市场定位，大力发展普惠金融等新兴业务，助力区域经济建设。

（建行顺义支行）

【支持区域经济发展】住房租赁业务全面推进，实现上线房源497套；与区政府、金紫燕等8家政府（机构）签定协议；实现C2C系统上线1个。普惠金融业务快速发展，8+1口径普惠金融贷款规模比去年增加1.58亿元，进一步调整贷款结构，抵押类贷款占比为52.13%，加强小微企业贷款的风险缓释；同时大力发展“裕农通”业务，在区内自然村、军队等设立服务点，新增签约激活32户。

（建行顺义支行）

【业务发展】公司业务长效发展，统筹“一区一城一园”客户发展，为空港股份申请固定资产贷款；为区纪委监察委开立基本账户、案款专户和零余额账户及社工委开立基本账户，做优客户结构；紧抓区内棚改机遇，支持非首都功能疏解，参与区幸福西街、临河村、东石槽村三个棚户区改造项目，发放贷款金额共计14.9亿元。住房金融业务发展迅猛，商贷、公积金贷、快贷三项业务五项指标持续领跑远城区行；公积金归集业务稳步发展，办事效率、服务质量得到市公积金中心顺义管理部一致好评。

（建行顺义支行）

【安保工作】成立合规文化宣讲团，开展反洗钱、防范非法集资、上门服务进社区等活动，筑牢防案件、控风险的“思想长城”。完成两会、中非论坛等重要时期的安保任务；堵截诈骗等案件3起、金额135万元，挽救客户损失。

（建行顺义支行）

中国工商银行股份有限公司北京顺义支行

【概况】2018年，中国工商银行股份有限公司北京顺义支行（简称：工行顺义支行）下辖营业网点16家，员工440余名。始终秉持“工于至诚 行以致远”的价值观，致力于为全区人民提供卓越的金融服务。始终坚持履行企业的经济责任与社会责任的有机统一，不断深化改革创新，优化资源配置，以更加优质的金融产品和全方位的金融服务，全力支持区域经济发展。

（工行顺义支行）

【服务区域发展】工行顺义支行根植于地区建设和民生服务，高度重视区域经济发展，始终坚持求真务实和依法合规的经营理念，认真贯彻金融监管要求，不断深化改革创新，强化综合管理，积极应对各种挑战，扎实推进各项工作，盈利能力不断增强，市场竞争力和服务区域发展能力稳步提升。2018年，本行主动为政府重大项目提供全方位的金融保障，全力支持顺义区民生工程快速推进。

（工行顺义支行）

【服务实体经济】本行把为实体经济服务作为各项工作的出发点和落脚点，成立集团客户金融服务团队，为客户提供高水平、专业化的“全融资”金融服务，在传统信贷业务及日常结算领域为客户提供服务外，在投行业务、债券承销、现金管理、国际业务等多方面为企业提供专业、系统的金融服务方案。2018年，本行响应国家号召，发挥小企业金融业务中心的渠道和专业性优势，加快服务小微企业步伐，通过创新业务模式、提升服务效率、优化营商环境，助力顺义地区小微企业繁荣发展。

（工行顺义支行）

【服务百姓】本行创造性提出“大服务”理念，以更新思维、更强韧劲、更多精力和更实措施，切实做好广大居民客户的服务工作。近年来，大力推广智能化银行转型工作，通过高科技的智能机具、便捷的手机应用程序为广大客户提供更加高效快捷的金融服务。为提升厅堂服务温度，着力加强对特殊客户群体的服务和关爱，制定特殊天气和重大节日时点的服务统筹计划，将优质服务口碑深入人心。

（工行顺义支行）

中国银行股份有限公司北京顺义支行

【概况】2018年，中国银行股份有限公司北京顺义支行（简称中行顺义支行）下辖8个经营性支行（马坡支行、光明街支行、东兴支行、林河开发区支行、汽车城支行、天竺支行、裕翔路支行、空港万科支行），共有员工220人。

（中行顺义支行）

【支持区域经济发展】2018年，中国银行顺义支行以总行“坚持科技引领、创新驱动、转型求实、变革图强，把中国银行建设成为新时代全球一流银行”发展战略为指导，为顺义区多个重点项目提供信贷支持，进一步加强与区内重点企业合作，打造在顺义区市场上有口碑的银行，为地区经济建设提供优质的金融服务。

（中行顺义支行）

【客户服务】中国银行顺义支行以“提升客户体验，争创首都一流银行”服务竞赛为抓手，以最高的服务标准、最好的服务质量、确实做好客户服务工作。通过制定服务措施和应急预案，抓好落实“大服务、无边界、一体化、全覆盖”。

（中行顺义支行）

交通银行股份有限公司北京顺义支行

【概况】2018年，交通银行北京顺义支行下辖天竺支行、石门支行2个二级支行。在职正式员工79人，其中党员33人，占比42%。年内，紧密结合顺义区发展实际，在融资支持、资金结算、财富管理等多个领域为客户提供全方位金融服务。

（交通银行北京顺义支行）

【优质服务品牌打造】交行顺义支行始终秉承以客户为中心的服务理念，推广网点特色服务，优化厅堂服务资源，大量投放智能设备，引入互动机器人“娇娇”，有效缩减客户等待时长，为客户提供高效便捷、优质暖心的金融服务；开展“企业行”“校园行”活动，深入到企事业单位职工中去，提供芯片卡更换、工资卡办理、手机银行签约等多项上门服务。

（交通银行北京顺义支行）

【支持区域经济发展】2018年，交行顺义支行围绕区域发展规划，支持重点行业、小微企业发展，与顺义区工商局合作为企业客户提供工商注册便利化增值服务，与顺义区税务局签订银税互动合作框架，与区内各类工业区及科技园管委会、券商、担保公司等合作举办各类年报培训会、上市辅导会等，为区内企业提供金融支持、为区域经济发展贡献力量。

（交通银行北京顺义支行）

【社会责任履行】2018年，深入开展金融知识普及宣教活动，为40余家学校、社区、乡村公众宣讲金融知识、解读金融诈骗常见手段，受众2000余人，受到人民网、北京电视台法治进行时栏目、北京青年报等多家媒体广泛宣传报道；关注阻截金融违法犯罪行为，联合上级主管部门成功帮助客户追回遭诈骗境外汇款，获客户赠予锦旗；扶助弱势群体，向太阳村儿童福利院、儿童希望之家捐款捐物，资助甘肃省渭源县小学生的学习生活；走进商圈、社区等人流密集地区捡拾垃圾，深入践行环保理念。

（交通银行北京顺义支行）

北京银行股份有限公司顺义支行

【概况】北京银行股份有限公司顺义支行（简称北京银行顺义支行）始终秉承“真诚所以信赖”的服务理念，以客户为关注焦点，在服务区域经济建设的同时注重发展零售业务，关注中小企业融资业务，创新产品与服务，致力于打造服务领先型银行，资产质量持续优化，经营效益不断提升。北京银行顺义支行作为管辖行，辖内拥有11家营业网点，为广大顺义区的企事业单位、个人客户提供优质、快速、便捷的金融服务。2018年，顺义支行连续第五次获得全国千佳服务单位称号。

（北京银行顺义支行）

【支持区内棚户区改造项目建设，改善居民生活环境】顺义管辖行积极参与区内棚改项目，支持重大民生项目，为项目的顺利落地抽调专人，成立专项小组，由一把手牵头实施全流程化管理。2018年为天房银地实施的西泗上村、首开中晟实施的西丰乐村和建邦顺康实施的柳各庄村的3个棚改项目分别授信3.88亿元、17亿元和31.68亿元，并实现累计放款18.97亿元。尤其是本行牵头的柳各庄棚改项目更是在审批及放款流程的时效上实现突破。改善区内老百姓就医环境，凭借本行“京医通”品牌，与空港医院签署“银医互动”项目协议，为其提供自助缴费机、自助报告打印机及相关软件系统，改善就诊流程，提升就医感受。

（北京银行顺义支行）

【借助浅山政策，助推小微金融】2018年，借助浅山政策，联合顺义区劳服先后在木林镇、南彩镇、北石槽镇、杨镇、张镇、北小营镇、北务镇举办舞彩浅山就业政策培训会，大力宣传本行小微金融产品，将浅山政策与金融产品相结合，加快推进农旅贷等新产品落地，帮助小微企业提供金融帮助，解决小微企业融资难问题。

（北京银行顺义支行）

【服务三农】2018年，北京银行顺义支行落实顺义区西丰乐村棚改项目具体工作，组成拆迁专项小组深入村内，在村内主要街道设立流动便民服务点，并在支行开通绿色通道设立专门窗口，为村民提供多元化金融服务，保证拆迁工作有序进行。改善农村支付环境，在顺义区内建立兴农天力、北石槽2家富民直通车站点，借助北京银行各种智能化机具推动农村惠民金融服务从“最后一公里”向“最后一米”突破，从而扩大农村金融服务范围。开展农户贷款业务，加大支持农业经济发展的力度，与区农委、合作社管理中心等管理部门取得联系，召集区内农业合作社进行业务宣讲，满足合作社需求；与顺义区各镇基层村镇进行联系，灵活推广本行农户贷款、取得良好的效果及口碑。与农业担保公司、区域内政策性担保公司如光彩、鑫顺担保公司等进行业务联动，通过与多家合作单位的业务互动，发放一批助农贷款，有效解决区域内涉农中小微企业及个体工商户的融资问题，取得良好的经济及社会效应。

（北京银行顺义支行）

北京银行股份有限公司绿港

国际中心支行

【概况】北京银行股份有限公司绿港国际中心支行（简称绿港国际中心支行）辖内2家网点（绿港国际中心支行、首都国际机场支行），设“两部两室”，即公司部、零售部、营业室、办公室，共有员工41人。主要办理存款、贷款、国内结算、票据贴现、发行金融债券等业务。

（北京银行绿港国际中心支行）

【服务地方经济】年内，本行作为顺义区仁和镇临河村棚户区改造项目A片区银团贷款的牵头行，以参团行角色发放相应银团贷款，承贷19亿元放款额度（银团贷款总金额38亿元）。8月、10月，绿港支行相继为项目放款共计4.7亿元，支持棚改项目进一步推进。

（北京银行绿港国际中心支行）

【热心公益活动】绿港国际中心支行围绕各种新型支付业务和支付工具，向社会公众宣传、普及支付系统知识；针对机场的特殊地理环境，进行反假货币知识的普及。在机场区域以及营业网点内向客户发放支付系统及反假货币宣传材料，解答公众咨询相关问题。支行通过采取实地宣传、周边商户推广、公众咨询、柜台介绍等多种形式向社会公众宣传支付系统的高效性和安全性，以及反假货币在日常生活中的重要性。支行在2018年发放宣传资料共计200多本，接受公众咨询共计500余人次。

（北京银行绿港国际中心支行）

【支持乡镇经济发展】4月16日，北京银行闽京蒲富民直通车在顺义区牛栏山镇官志卷村闽京蒲企业园内落成。“富民直通车”金融服务站是北京银行为提升京郊农村金融服务水平，充分解决京郊农民的金融需求而设立的以村为单位，可办理多项金融业务的服务站点。直通车服务站内设立自助型开卡机、助农取款POS机、网上银行体验机等设备，为农户和工友们提供取款、开卡、电子银行、手机银行、基金、理财、客服咨询指导等综合性一站式服务；还将金融信息和防诈骗等知识带到村民身边。同时，在普及知识的基础上根据各企业的情况或个人自身的情况，提供适合的、定制化的金融解决方案。截至年底，富民直通车项目覆盖70余家小微企业。

（北京银行绿港国际中心支行）

兴业银行股份有限公司北京顺义支行

【概况】2018年，兴业银行股份有限公司北京顺义支行（简称兴业银行顺义支行）作为兴业银行股份有限公司北京分行在北京成立的第一家郊区支行，始终秉承总行“为金融改革探索路子，为经济建设多作贡献”的使命和初心，坚持以客户为中心，执守服务实体本源，坚持走差异化经营、市场化特色化发展道路，坚持寻求支行业务发展、贡献区域经济建设、满足客户投资需求三者的统一，为广大政府机关、企事业单位以及个人客户提供安全、便捷、优质的金融服务。

（兴业银行顺义支行）

【为本地企业提供金融服务支持】2018年下半年，兴业银行顺义支行陆续完成顺义区内企业朗姿股份、顺鑫控股、大龙地产等上市公司、区属国企各类型企业的授信业务投放工作。并根据兴业银行公私联动的混承经营方针，从公司业务、个人业务全方面为区企业、企业员工提供金融服务保障。

（兴业银行顺义支行）

【贡献区域经济建设】兴业银行顺义支行紧跟顺义区委区政府政策步伐，认真贯彻落实区金融办各项金融政策，发挥以服务顺义、建设顺义为己任的精神，与南彩镇西江头村结成一对一帮扶对子，对西江头村进行包括资金帮扶、政策指导，金融宣传、公众教育等全方位的帮扶。

（兴业银行顺义支行）

【金融机构社会责任】兴业银行顺义支行主动肩负金融安全教育职能，安排专门人员深入周边社区、乡镇开展金融知识讲座。2018年全年兴业银行顺义支行共开展各种类型的公益宣传、金融知识讲座70余场次，参与人数2200余人次，成功拦截金融诈骗5笔，避免客户损失200余万元。

（兴业银行顺义支行）

上海浦东发展银行股份有限公司北京顺义支行

【概况】上海浦东发展银行股份有限公司北京顺义支行（简称浦发银行顺义支行）成立于2014

年7月18日，是浦发银行北京分行为支持顺义区域经济发展，为当地政府、企业和居民提供全方位、多元化金融服务而设立的一家区域性综合支行。依托顺义区良好的经济发展环境，在区政府、监管部门和社会各界的大力支持下，浦发银行顺义支行努力做大业务规模，着力提升发展质量，倾力满足地方金融需求，加快融入到当地经济社会发展之中。截止2018年12月31日，支行负债规模达到14.85亿元，累计发放各类贷款15.5亿元。

（浦发银行顺义支行）

【服务中小企业】在分行指导下，加大对顺义区经济发展的金融支持力度，重点面向中小企业及小微企业提供金融服务。针对中小企业融资需求，依托政府合作、核心企业上下游、产业园区等渠道，支行制定快速贷、供应链融资等批量融资方案。对支行上报的中小企业融资项目，分行有专属信贷政策支持，包括“专属信贷规模”及开辟“专人审批+专项授权”的绿色高效业务通道。

（浦发银行顺义支行）

【业务流程优化】2018年，浦发银行顺义支行在分行指导下，优化公司客户开户流程，提升工作效率。公司客户开户采取扫码预约方式，客户在线上传证照后电脑自动识别、整合生成开户表单。客户前往柜台一次30分钟即可完成企业开户及产品签约。

（浦发银行顺义支行）

【服务品牌打造】浦发银行顺义支行秉承“笃守诚信，创造卓越”的核心价值观，始终把诚信作为道德律令、立行之本和经营之道，作为对客户、员工、股东和社会的郑重承诺。致力传播“新思维、新服务”的品牌主张，以开放、前瞻、创新的思维方式，不断提升服务品质，持续为客户提供诚心、专心、用心、贴心、全心的“五心”服务。

（浦发银行顺义支行）

【践行社会责任】浦发银行顺义支行营业大厅内长期设置“普及金融知识专栏”，联合周边社区及街道，开展“金融消费者权益日宣传”“金融知识普及月”和“金融知识进万家”等活动，普及人民群众所需的基础金融知识，增强金融消费者的风险意识，提升其识别非法金融广告及各类电信诈骗的能力，切实保护公民合法金融权益。

（浦发银行顺义支行）

华夏银行股份有限公司北京顺义支行

【概况】2018年，华夏银行股份有限公司北京顺义支行秉承“以客户为中心”的服务理念，立足服务实体经济，以存款立行作为根本的发展导向，不断提升客户服务质量，不断加大产品创新力度，提高区域金融覆盖率，努力为顺义区经济发展及全区人民提供全方面、安全便利的金融服务。

（华夏银行顺义支行）

【支持区域经济发展】2018年，本行充分发挥金融产品及市场优势，不断创新金融服务模式，加大对棚户区改造、基础设施建设等重点项目的资金支持力度，为区内多个国有企业提供全方位的金融服务及产品支持。同时，响应顺义区大力扶持区内民营上市企业政策要求，为区内上市企业提供资金支持，解决企业经营资金流问题，进而为区域经济稳健发展助力。

（华夏银行顺义支行）

【扶持中小企业】本行推广“小企业年审制贷款”，解决众多借款企业长期融资“倒贷”难题。

（华夏银行顺义支行）

北京农村商业银行股份有限公司顺义支行

【概况】北京农村商业银行股份有限公司顺义支行（简称北京农商银行顺义支行）下辖35家经营网点，500余名从业人员，覆盖全区19个镇和6个街道，是顺义区唯一一家金融服务覆盖全辖区所有镇街及办事处的金融机构。北京农商银行顺义支行坚持稳中求进的工作总基调，秉承“稳健可持续全面发展”经营理念，以“服从服务首都战略定位，协同区域转型升级发展”为重点，深化民政项目合作，做好民生金融服务，加大产品创新力度，提高区域金融覆盖率，为区域经济发展及全区人民提供全方面、安全便利的金融服务。

（北京农商银行顺义支行）

【智能化银行打造】本行持续开展智能化服务转型，不断提升服务品质。通过智能化网点、金融便利店建设以及智能化机具布放，开展客户分流、识别与引导，为客户带来“自助、智能、智慧”的全新感受和体验，着力打造交易处理离柜化、业务流程精简化、产品营销协同化、客户体验人性化的精品银行。

（北京农商银行顺义支行）

【服务新农村建设】本行支持顺义区各项新农村建设、重点基础设施建设和区属重点企业，为企业提供强有力的资金支持。以集体产业建设贷款、资产量化贷款、“重点村”改造贷款、旧村改造贷款、保障性农民回迁安置房建设贷款等“新农村”建设系列贷款产品，以及“兴市惠农”“新居民”等特色农户贷款，倾情服务三农业务发展。持续优化金融服务渠道建设，采取“以网点为中心、以乡村便利店、ATM/POS布放为辅助”的蜂窝式建设方式，从不同层面满足百姓金融服务需求。支持区域棚户区改造，全面配合顺义区柳各庄、东石槽等拆迁工作，保证拆迁工作有序进行，建立多个助农站点，扩大农村金融服务范围。

（北京农商银行顺义支行）

【创新金融服务体系】北京农商银行顺义支行紧紧围绕顺义地区经济工作重点，不断深化银政、银企、银银合作，全面开展养老助残卡、民政资金统发等重点业务，提升区域内重点企事业单位服务专业化水平，充分发挥本行深耕区域金融市场优势，创新金融服务模式，持续为区域重点企业提供综合化、高附加值、高技术含量的专业化金融解决方案。

（北京农商银行顺义支行）

杭州银行股份有限公司

【概况】杭州银行股份有限公司在顺义区设有两家分行：杭州银行股份有限公司北京顺义支行位于北京市顺义区府前东街10号，营业面积1600平方米。杭州银行股份有限公司北京顺义裕龙支行位于北京市顺义区仁和地区裕龙花园四区甲5号，营业面积480平方米。

（杭州银行）

【顺义支行服务区域经济】2018年，顺义支行累计发放项目贷款60000万元，发放流动资金贷款40000万元；为小企业主发放抵押贷款20927万元；为工薪族发放信用类小额贷款9478万元。作为顺义区棚户区改造项目的合作银行，成为拆迁款发放准入行之一，为村民提供一对一的优质服务。年内，北京顺义支行营业室新增自助机具2台。

（杭州银行北京顺义支行）

【裕龙支行服务区域经济】2018年，裕龙支行累计发放银团贷款34548.72万元，开立单位履约保函12000万元；为工薪族发放信用类小额贷款3718万元。作为顺义区棚户区改造项目的合作银行，成为拆迁款发放准入行之一，为村民提供一对一的优质服务。年内，杭州银行北京顺义裕龙支行营业室新增自助机具1台。为增强金融消费者的风险识别能力和自我保护能力，深入裕龙花园六区为中老年群体重点讲解如何防范通讯网络诈骗和非法集资等内容，社区居委会邀请顺义电视台参与现场录制并进行报道，借助媒体力量为社会大众普及金融知识。

（杭州银行北京顺义裕龙支行）

宁波银行股份有限公司北京顺义支行

【概况】2018年5月7日，宁波银行股份有限公司北京顺义支行（简称宁波银行顺义支行）正式成立，隶属于宁波银行股份有限公司北京分行。支行下设三个条线（公司条线、零售条线、个人条线），支行内设五大部门（公司部、零售公司部、个人财富部、个人资产部、运营部），共有员工47人。

（宁波银行顺义支行）

【特色金融】宁波银行顺义支行入驻顺义区以来，以扶持本地区企业为己任，着力解决中小企业融资难问题，推出定制化产品“税务贷”，依托于企业税务贡献度，提供信用贷款，不到一年时间已为190户企业发放信用贷款6500万元。同时进一步增强企业的纳税意识。

（宁波银行顺义支行）

【个性服务】宁波银行顺义支行打造对个人客户的个性化定制服务。“白领通”作为高端客户融资产品的代表，以额度高、审批快为特点。同时发挥自身产品组合多、灵活多变的优势，让越来越多的客户通过购买本行的理财产品，得到实惠，享受到宁波银行的个性化服务。

（宁波银行顺义支行）

【产品优势】宁波银行以国际金融业务和金融衍生产品为优势的特色产品体系为基础，利用成熟的海外服务平台，打造出以内保外贷、中资外债联合贷款等主打产品，为区内企业跨境发展提供有力保障。以三大管家（财资大管家、票据好管家、外汇金管家），总分支行一体服务模式，带给客户更好的产品体验，从容应对市场风险。

（宁波银行顺义支行）

保　险

中国人民财产保险股份有限公司北京市顺义支公司

【概况】2018 年，中国人民财产保险股份有限公司北京市顺义支公司（人保财险顺义支公司）经营除长期人身保险以外的所有保险业务，包括企事业单位财产保险、建筑和安装工程保险、货物运输保险、机动车辆保险、家庭财产保险、责任保险、信用保证保险、人身意外保险、健康保险、农业保险等险种。公司设有综合部、出单中心、理赔分中心及十个业务管理部全方位为客户服务，并拥有 50 多家保监局批准的保险代理机构，方便客户就近投保。

（人保财险顺义支公司）

【保险业务】2018 年，人保财险顺义支公司以为顺义区经济发展保驾护航为服务宗旨，以服务三农、服务全区经济为准则。保费收入 3.78 亿元人民币，全年赔案支出 2.46 亿元，纳税总额 766 万元。

（人保财险顺义支公司）

中国人寿保险股份有限公司北京市顺义支公司

【概况】中国人寿保险股份有限公司北京市顺义支公司（中国人寿顺义支公司）经营范围包括人寿保险、健康保险、意外伤害保险等各类人身保险业务、人身保险的再保险业务以及国家法律法规允许的或国务院批准的资金运用业务。公司下设个险销售部、团体业务部、银行保险部、客户服务部和综合管理部。公司拥有最专业的寿险服务团队，产品涵盖生存、养老、疾病、医疗、身故、残疾等多种保障范围，全面满足客户在人身保险领域的保险保障和投资理财需求。中国人寿保险股份有限公司注册资本 282.65 亿元人民币。截至 2018 年，中国人寿保险（集团）公司连续 16 年入选《财富》“世界 500 强”，排名由 2003 年的 290 位跃升为 2018 年的 42 位。连续 12 年入选世界品牌 500 强，2018 年品牌价值达人民币 3253.72 亿元。

（中国人寿顺义支公司）

【经营情况】本公司始终秉持“支持和保障顺义区经济发展，构建和完善区域保障体系、服务辖区百姓”的原则，通过多种创新举措设计推出一系列民生保障产品，形成涵盖“城乡居民家庭、顺义区教师、环卫工人、执法人员等综合人身保险保障系列产品”且最大限度降低收费标准，惠及辖区百姓。2018 年，本公司实现新单保费收入 9255.6 万元。其中首年期交保费 6910.8 万元，短险保费收入 1703 万元；全年支出意外险及大病险赔款 1938.3 万元。

（中国人寿顺义支公司）

【政保合作业务稳定发展】2018 年，支公司继续加强与政府的合作。一是稳固合作，在已开展全家福项目的镇大力推行驻村服务，通过开展民生产品宣讲会、全家福服务到您家等系列活动，营造品牌形象，增强政府合作粘度。二是积极推进，在 2017 年已重新打开政保合作局面的基础上，2018 年，走访大孙各庄镇、牛栏山镇、高丽营镇等 9 个乡镇继续推广业务。

（中国人寿顺义支公司）

【中标人寿保险定点服务单位】年内，中国人寿顺义支公司代表国寿北分公司参与竞标顺义区 2018-2020 年度人寿保险定点服务单位资格招募，并以总分第一的成绩中标顺义区人寿保险定点服务单位。

（中国人寿顺义支公司）

北京人寿保险股份有限公司

【概况】北京人寿保险股份有限公司（简称“北京人寿”）是在北京市委、市政府的支持领导下，本着走稳、走好、走远的发展理念，经原中国保险监督管理委员会批准，由国有企业、集体企业和社会企业共同发起组建的全国性人寿保险公司。公司注册资本人民币28.6亿元。公司的注册地：北京顺义区。公司业务范围：普通型保险（包括人寿保险和年金保险）、健康保险、意外伤害保险、分红型保险、万能型保险；上述业务的再保险业务；国家法律、法规允许的保险资金运用业务；中国保监会批准的其他业务。北京人寿的股东单位包括北京顺鑫控股集团有限公司、北京供销社投资管理中心、北京韩建集团有限公司、华新世纪投资集团有限公司等9家知名企业。

（北京人寿）

【机构建制沿革】2月13日，北京人寿保险股份有限公司获得开业批复。4月24日，董事长郭光磊获任职资格核准。4月2日，总经理汪军获任职资格核准。10月18日，北京人寿海淀支公司获得开业批复、同日北京人寿朝阳支公司获得开业批复。10月23日，北京人寿北京分公司获得开业批复。

（北京人寿）

【支持区域经济发展】8月28日，顺义区人民政府与北京人寿保险股份有限公司签署关于共同推进顺义区金融产业发展战略合作协议。北京人寿落户顺义后沙峪金融商务区后，主动承担社会责任，助力区域发展。会同顺义区农委、区民政局开展调研，计划下一步针对全区8000多名低收入人群、60岁（含）以上合计约14.5万的老年人提供意外伤害保险保障；会同区环卫服务中心计划推出针对顺义城区1000多名环卫工人提供意外伤害+补充门急诊和住院医疗的基础保障；计划为各镇居民提供“全家福”保险保障，其中后沙峪镇、大孙各庄镇和牛栏山镇等镇计划为全镇居民投保保险，预计第一批服务人员将超过11万人次；在赵全营镇开展试点，着力解决由于家庭支柱的意外伤亡导致家庭经济负担加重的问题，拟为全镇40—50岁的家庭支柱成员提供重大疾病保险保障。

（北京人寿）

【业务发展】2018年，北京人寿承保规模保费1.92亿元，在北京寿险市场67家主体中排名第55位。为27万余名客户提供保险服务，风险保障额度达1149.2亿元。开业以来，北京人寿先后与北京市扶贫协作和支援合作工作领导小组办公室、北京控股集团有限公司、北京金隅集团股份有限公司、北京银行股份有限公司、国投健康产业投资有限公司和中国移动通信集团北京有限公司等68家政府及社会组织、企业集团、金融机构、医疗健养单位和科技创新单位达成多层次、多领域的战略合作，共同为客户提供优质完善的保险金融和健康养老服务，更好地服务经济社会发展。

（北京人寿）

【业务创新】北京人寿首创《保险产品使用说明书》服务，主要包含保障责任、理赔指南、操作指南、服务指南等4部分内容。集中简明地为客户提供产品信息、理赔服务、客户保全等项目的服务指南；把冗长的保险合同简明化，能清晰展示被保险人的风险、权益和保单的使用方式；在客户投保时与保险合同同时送达客户，令投保者对权益一目了然。

（北京人寿）

【社会责任】8月18日，北京人寿保险股份有限公司正式开业仪式——“首善之约暨北京人寿首善基金启动大会”在京举办。“首善基金”是北京人寿联合北京青少年发展基金会共同发起，旨在服务贫困地区青少年健康成长、促进中国少年儿童全面发展的慈善基金。北京人寿与青海省玉树藏族自治州人力资源和社会保障局、北京青少年发展基金会在玉树共同举行北京“保险+健康扶贫”行动——青少年公益大病医疗保险签约仪式，签署三方合作协议。北京人寿与北京市援疆和田指挥部、和田地区行署、兵团第十四师昆玉市共同举行北京和田“保险+健康扶贫”战略合作签约仪式，为新疆和田地区青少年提供全病种、无门槛、无等待期、可带病投保、30万保额的商业医疗保险，缓解患儿家庭的经济困难，改善贫困家庭一病返贫的社会问题，保障患病儿童平等及时地接受治疗。北京人寿为北京环卫集团每位在职员工赠送为期一年，保额总计逾50亿元的意外伤害保险。

（北京人寿）

【品牌建设】12月11日，北京人寿荣膺《中国经营报》颁发的“2018卓越竞争力精准扶贫贡献保险公司”奖项。12月14日，北京人寿荣膺《北京青年报》颁发的“金牌服务创新保险公司”(授予《北京人寿保险产品使用说明书》）奖项。12月20日，北京人寿荣膺《北京商报》颁发的“新锐成长进步品牌保险公司”奖项。12月21日，北京人寿荣膺《华夏时报》颁发的“2018年度新锐保险公司”奖项。12月27日，北京人寿荣膺《中国网》联合《今日保》颁发的“年度最佳保险公益扶贫保险公司”奖项。12月28日，北京人寿荣膺《中国保险报》颁发的产品类“年度综合保障计划——京康源重大疾病保障计划”及“年度终身寿险产品——京福传家终身寿险”奖项。

（北京人寿）

证　券

湘财证券股份有限公司北京顺义站前街证券营业部

【概况】湘财证券北京顺义营业部始终秉承“人本立正、承诺是金”的经营理念，致力打造诚信优质的证券投资服务平台，坚持认真培训、规范经营、用心服务，为顺义区人民提供良好的金融服务平台。坚持不懈地开展投资者教育活动，在普及金融知识、提升理财能力、防范和化解金融风险、及反洗钱工作等方面都做出自己应有的贡献。

（湘财证券北京顺义营业部）

【公司荣誉】2018年，湘财证券股份有限公司获得上交所“投教新锐”百强称号和投资者教育与保护系列活动“最佳组织奖”，荣获2018中国证券期货业“优秀医疗扶贫奖”“最佳医疗扶贫项目奖”两项殊荣，获得卢氏县委颁发的“扶贫攻坚贡献奖”。

（湘财证券北京顺义营业部）

【金融知识宣传】9月29日上午，与中国银行东兴支行合作，在顺义区裕龙三区居民广场开展“反洗钱和防范非法金融活动知识”宣传活动；9月29日下午，通过顺义区金融办对接，与胜利街道办事处合作在顺义区华联商场门口，联合开展“反洗钱和防范非法金融活动”的宣传活动。现场，向来往群众发放各种宣传资料和小纪念品，取得良好的宣传效果。10月20日，结合朝阳公园的车展，与多家银行合作，向群众发放各种金融知识相关的宣传资料。11月10日、11日，在五棵松体育中心双11购车节上，继续开展多渠道宣传，普及反洗钱和金融投资知识，提高群众的风险防范意识。

（湘财证券北京顺义营业部）

【社会责任】北京顺义营业部负责公司对国家级贫困县——河南省卢氏县对口扶贫工作的具体落实，通过与卢氏县的医疗卫生部门商议制定详细的帮扶方案，把公司捐赠的50万元医疗扶贫资金，精准对接到当地因病致贫、返贫的贫困户中，通过帮扶资金的救助使得贫困患者康复后早日脱离贫困。项目开展以来，有超过60多名的患者得到救治，继2017年公司第一批扶贫捐助款项（50万元）落实后，2018年公司依据医疗扶贫落实情况又向卢氏县定点捐助第二批医疗扶贫资金50万元。

（湘财证券北京顺义营业部）

中国中投证券有限责任公司北京顺义站前街证券营业部

【概况】中国中投证券北京顺义站前街营业部为顺义地区专业投资者、高净值客户和上市公司、企业客户提供全球化的金融服务。充分发挥中金公司的市场优势为本地区所有资本市场的投资者与参与者做好全球金融领域的护航手。

（中国中投证券北京顺义站前街营业部）

【业务范围】中金公司一直以为企业提供“一站式”服务，伴随企业成长为己任，在为大型国企海外首次发行提供全方位服务上有显著优势，在与政府及监管部门沟通中也能体现独特优势，业务覆盖全球，在纽约、伦敦、新加坡、香港均设有分支机构，能为企业及高净值客户提供国际化的服务。自2017年3月控股中投证券后，公司各层级快速响应，深度融合，营业部充分发挥中金公司的业务优势，深耕地区经济，把中金公司的业务优势充分发挥落地，为顺义地区的经济发展提供优质的金融服务。

（中国中投证券北京顺义站前街营业部）

【金融活动】9月，本营业部协助北京分公司与北京基金小镇签订《基金业第三方服务机构合作协议书》，为基金小镇入住机构提供优质服务。2018年底，本营业部协助北京分公司与顺义区金融办签订《入区上市及拟上市企业评估咨询服务协议》，对区内上市及拟上市企业，在资本市场上的协调运作提供帮助。

（中国中投证券北京顺义站前街营业部）

中信建投证券股份有限公司北京顺义站前街证券营业部

【概况】中信建投证券股份有限公司北京顺义站前街证券营业部隶属于中信建投证券股份有限公司，经营业务范围包括证券承销与保荐、与证券交易和证券投资活动有关的财务顾问、证券经纪、证券投资咨询、证券自营、证券资产管理、融资融券、期权期货、直投和国际业务等。营业部自成立以来一直以最专业的团队和最优质的平台服务于广大的投资者，致力成为顺义证券行业的龙头。

（中信建投证券顺义站前街营业部）

【公司A股上市】6月20日，公司A股于在上交所主板上市，股票代码601066。

（中信建投证券顺义站前街营业部）

【属地金融活动】2018年中信建投配合顺义区金融办开展各项活动，履行企业社会责任，全面开展投资者教育、反洗钱宣传、打击非法投资宣传活动。同时中信建投顺义营业部在企业服务上发挥公司平台优势，为企业打造投融资个性化解决方案，公司独有的中小企业财务顾问（FA）服务体系以中小企业需求为核心，金融市场为平台，用创新的理念和诚信的精神为企业提供挂牌、研究、融资、兼并收购、市值管理、股权分销等服务，一站式解决企业从成长期到成熟期的资本市场服务需求，助力企业发展。

（中信建投证券顺义站前街营业部）

投资促进

【概况】2018年，全区共引进投资额或注册资金3000万元以上项目255个，协议引进投资额1163.17亿元，注册资金515.17亿元。其中，引入亿元项目111个，包括：包括临空国际免税城项目（投资额120亿元）、北京奔驰新能源汽车项目（投资额119亿元）、车和家总部及研发基地项目（投资额55亿元）、孚能科技（赣州）有限公司新能源动力电池项目（投资额40亿元）、北医三院顺义院区（投资额34亿元）等。

（投资促进局）

【全区招商人才培训强化】年内，共举办全区招商人才培训2次。4月，第一期招商引资培训以“区块链投资分析”为主题，通过理论讲解、案例分析等，进一步增强招商干部整体素质。11月，第二期招商引资培训结合北京市城市总体规划赋予顺义新的功能定位和重点发展产业，聚焦三大主导产业培育四大战略性新兴产业，重在夯实招商引资人员的专业技能和综合素质。2次培训共有委办局、镇、各功能区近200人参加。

（投资促进局）

【“点对点”服务企业强化】严格执行服务企业行动计划，“点对点”服务企业力度持续加大，及时推送宣传惠企政策，建立企业诉求快速办理机制，畅通问题受理渠道，全区累计“点对点”服务企业数量1844家，超额完成全年任务的2.5倍。

（投资促进局）

【政企沟通】3月，区投促局赴亿兆地产进行走访调研。结合亿兆地产存量资源的开发进展情况，区投促局开展资源分类统计、存储备案、定期更新等相关工作。服务全区产业发展，为实现招商项目与可利用空间资源高效对接时刻做好准备。6月，区投促局赴北京天作顺城双创基地进行走访调研。宣传顺义区优化营商环境系列举措，及时对接园内科技含量高、成长性好，有意向扩大投资规模进行技术成果转化的“高精尖”企业，提供专业、高效、优质的后续服务，帮助企业做大做强。10月，区投促局赴北京麦戈龙科技有限公司进行走访调研。迎合首都“疏整促”工作，建议企业发挥自身行业优势，结合顺义区功能定位，在新材料产业的自主研发、技术团队的培育、科技类项目的孵化等方面起到创新引领的示范作用。区投促局在招商辅导、政策解读、企业宣传方面为企业提供支持，助力企业转型升级顺利进行。

（投资促进局）

【优化营商环境工作第一次联席会议】3月8日，顺义区召开2018年优化营商环境工作第一次联席会议。会上，区投资促进局汇报2017年全区营商环境总体情况，并从创新机制改革、畅通监督渠道、优化部门协作等方面提出2018年全区营商环境工作落实意见。区发展改革委、商务委、金融办、顺义工商分局等相关部门分别结合各自工作实际，汇报下一步开展好深化简政放权、提高服务能力效率、推进“放管服”改革向纵深发展等方面的工作计划，并就重点事项进行交流研讨。

（陈哲）

【营商环境持续优化】 政企对接会、企业之间对接会定期召开，顺义特色品牌活动定期举办，用常态化工作搭建政府与企业、企业与企业间的互通平台，广泛邀请客商参与活动，努力促进各方交流、交往和交融。5月，由顺义区人民政府主办，区投资促进局、区总部高管中心承办的“同心谋发展 共建促双赢”-- 顺义区优化营商环境促进政企交流会在北京临空创新创业示范基地举办，50余家驻区企业、金融机构、科研院所等的150名代表参加活动。10月，由顺义区人民政府主办，顺义区投资促进局、顺义区金融服务办公室、大公网协办的“港企走进顺义暨产业金融与区域发展主题论坛”在顺义新华联丽景温泉酒店举行。区委常委、副区长支现伟，区长助理蔺伟，区政协副主席、投促局局长杨凤辉，京港两地金融学者，中国香港企业家以及媒体100余人参加。来自京港两地的专家学者就“产业金融如何更好地服务实体经济赋能产业升级”“顺义如何结合自身特点进行金融创新”“打造产业金融中心的香港经验”以及“如何推动顺义与香港互补性合作”等话题进行探讨。11月，本局参加第十届投资北京洽谈会。会议期间，本局开展重点政策解读、投资咨询服务和项目对接洽谈等活动。

（投资促进局）

【经贸活动促区域宣传】 参与国内外各类招商引资活动、组织特色招商推介活动，扩大知晓面，逐步形成区域品牌活动，进一步提升区域影响力。6月，赴瑞典、俄罗斯开展为期8天的投资活动，重点宣传推介北京政策环境，收集到一批“高精尖”产业项目线索。7月，由北京市投资促进局、顺义区人民政府共同举办的“驻京中外知名企业投资顺义行”在顺义宾馆举办。航空航天领域、智能新能源领域、第三代半导体领域及外国驻京商协会机构约40余家企业代表参加活动。10月，参加在北京举办的第二十二届京港会，会上开展顺义区招商引资政策宣传、项目对接等活动，累计发放宣传册150余份。同月，顺义区投资促进局参加在北京国际饭店举办的第二十二届北京•香港经济合作研讨洽谈会。11月，“中投论坛2018暨国际产业合作及双向投资CEO峰会”在北京举行。顺义区政府响应北京市政府号召，主动对接中投公司“走出去”“引进来”大平台。代区长孙军民阐述顺义——未来工厂与高精尖产业群发展特点。副区长支现伟与来自英国、德国、日本、以色列等国的10余名企业家进行一对一深入交流，并向150位参加晚宴的政府官员、中外嘉宾推介顺义投资环境。12月，由北京市顺义区政府、国福商学文化交流中心、鹏华基金联合主办，顺义区投资促进局承办的“40年辉煌路 民企再出发”—2018中国民营企业高峰论坛在国家会议中心举行。

（投资促进局）

【掌上宣传】 在“投资顺义”微信公众平台上建立“资源推介”“优惠政策”等板块，使关注者随时随地掌握本区投资资源和政策，达到“掌上宣传”目的。

（投资促进局）

【政策研究制定】 以对区内中介机构、投促机构负责人走访调研和研读部分地区的中介政策为基础，形成《顺义区促进中介机构招商引资实施办法》。同时，与区内、外中介机构，区财政局、工商局、税务局等职能部门多次开展座谈，听取专业建议，不断提升各方对政策制定工作的参与度。

（投资促进局）

统 计

【概况】 2018年，顺义区统计局队牢固树立“四个意识”、坚定“四个自信”，坚决做到“两个维护”，始终坚持从讲政治高度统领全区统计工作，全力以赴稳增长、多措并举优环境，为全区经济社会保持良好发展态势提供坚实的统计保障。

（统计局）

【第四次全国经济普查清查阶段各项工作完成】经过全区各级普查机构和1807名普查工作者的共同努力，对全区25个镇、街及4个功能区区域内的所有单位、个体户开展经济普查清查工作，北京市顺义区第四次全国经济普查清查阶段的各项工作按照要求全部完成，清查率在全市排名第二。

（统计局）

【3%人口抽样调查完成】2018年，全国人口抽样调查工作共抽中顺义区118个调查小区，涉及到23个镇、街道中的62个村、居委会。其中国家样本小区6个，涉及6个村、居委会；北京样本小区112个，涉及56个村、居委会。全区共抽取167名调查员及调查指导员，共调查住户11024户，登记人口31208人。其中：常住人口26256人，常住外来人口7876人，常住外来人口比重为30.0%。经抽样调查推算，顺义区2018年年末常住人口为116.9万人。

（统计局）

【严把统计数据质量关，营造依法统计氛围】一是严格把控统计数据质量。重新修订《顺义区统计质量全过程管理办法》，继续加强对统计数据采集、审核、评估、上报各环节的质量控制和管理，切实提高统计数据质量。二是加大执法检查力度。2018年共执法检查190家，其中：常规执法检查60家、专项检查90家，查处迟报40家。其中：一般程序立案61家，当场处罚57家。三是加大普法宣传力度。举办依法行政专题讲座；开展普法宣传进企业、进乡村、进社区、进机关、进学校、进景区活动；设计、制作普法宣传折页和微信，开展“以案释法”活动，不断推进统计“七五”普法工作进程。

（统计局）

【撰写信息分析为区域建设提供数据支撑】年内，统计局撰写的482篇信息和分析被国家、市、区级媒体采用，共有31篇分析获区领导批示。统计局围绕经济社会运行情况、产业疏解、高精尖企业监测、文化产业发展现状、人口调控等方面，向区委、区政府、各委办局提供统计数据3.8万余笔，为领导和部门决策提供数据支撑。2018年，区统计局在全区政务信息考核工作中排名第一。

（统计局）

【六项自主专项调查】结合全区阶段性重点工作，区统计局独立开展6项自主专项调查，包括“2018年春节期间烟花爆竹安全管理民意调查”“2018年顺义区燕京啤酒文化节满意度调查”“顺义区社区居民养老需求情况调查”“顺义区‘疏解整治促提升项目’实施效果调查”“顺义区2017年统计年报和2018年定期统计报表制度布置培训会效果调查”“顺义区居民‘冬奥会’冰雪运动参与情况调查”，撰写调查报告6篇，其中有3篇获得区领导批示，为领导决策提供参考依据。

（统计局）

【纳统情况全面核查】与区、镇相关部门联系，进行实地核查，确保企业纳统无遗漏。对新增和统计人员变更频繁的单位，通过电话查询、督导检查、调研走访、企业座谈等多种方式，督促企业建立健全统计台账，提升源头数据质量。

（统计局）

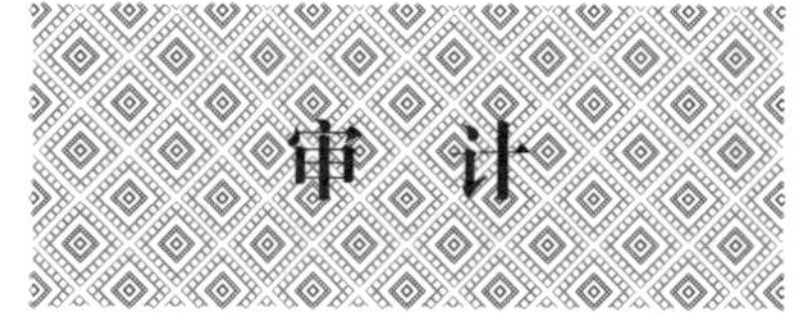

审　计

【概况】2018年，审计局完成审计项目70项，出具审计（结果）报告119篇、审计决定16个、移送问题线索2件，查出管理不规范问题金额32605.64万元、违规问题金额3523.52万元、非金额计量问题134个，提出审计建议118条，向区政府提交问题分析报告2篇。报送信息227篇，被采用139篇次；向社会公告审计结果34篇。充分发挥审计在监督体系中的重要作用，为维护顺义区风清气正的政治生态和平稳有序的经济发展环境贡献审计力量。

（审计局）

【预算执行审计】组织开展2017年度本级预算执行和其他财政收支情况审计以及部门预算执行审计。先后对区本级2017年度预算执行情况、32家单位部门预算执行和决算草案进行审计。实现全口径预算审计，部门预算审计覆盖面提升至34%，查出管理不规范问题金额11478.05万元、违规问题金额1978.91万元、非金额计量问题64个。加强审计整改督促力度，首次代区政府向区人大常委会汇报预算执行审计整改情况。

（审计局）

【经济责任审计】2018年，围绕“加强对权力的制约，促进建立和健全问责机制，稳步推进经济责任审计”的工作思路，共完成27项处级领导干部的经济责任审计。出具审计（结果）报告78篇，查出管理不规范问题金额19756.04万元，违规金额1544.61万元，非金额计量问题34个，向区纪委移送问题线索1个。

（审计局）

【领导干部自然资源资产离任审计】为促进政府和环保部门建立和完善符合生态环境建设要求、适应自然资源禀赋的监管体系，探索破坏生态环境的责任追究机制，同时进一步强化领导干部对自然资源环境的责任意识，根据《领导干部自然资源资产离任审计规定（试行）》，开展北小营镇党委书记土地自然资源资产离任审计，重点审计领导干部履行土地资源管理和保护职责情况，审计发现问题1个，提出审计建议1条。

（审计局）

【政策落实跟踪审计】为促进重大政策落实，按季度开展重大政策落实跟踪审计，对顺义区“疏解整治促提升”专项行动工作进展情况、政府债务管理情况、广告牌匾规范设置情况以及“厕所革命”、减税降费政策措施的落实情况进行跟踪审计。

（审计局）

【专项审计】聚焦“三大攻坚战”，开展各类专项审计。完成顺义区2017年农村地区取暖“煤改电”项目资金管理使用情况跟踪审计、顺义区2017年农村地区电量饱和村庄“煤改气”工程跟踪审计、养殖业退出项目补偿资金管理使用情况跟踪审计、顺义新城再生水厂工程跟踪审计、小城镇污水处理市场化建设配套管网工程跟踪审计、牛栏山再生水厂配套管网工程跟踪审计，协助市审计局开展促进低收入农户增收及农村经济薄弱地区发展相关政策措施落实情况审计。同时，还开展后沙峪镇西泗上村棚户区改造土地开发项目跟踪审计，保障惠民政策落地生根。共查出管理不规范问题金额1367.56万元，非金额计量问题34个。

（审计局）

【内部审计】4月16日，区审计局制定印发《2018年度内部审计工作指导意见》。对全区131家单位内部审计机构及人员进行摸底调查，全区现有专职内部审计机构17个，专（兼）职内部审计人员385名。强化内部审计工作经验交流和内部审计人员业务能力建设；3月20日，与通州区、怀柔区、丰台区、昌平区和平谷区共同召开内部审计工作经验交流座谈会；5月31日，举办《走进内部审计》2018年度企业内部审计人员培训；9月12日，组织召开顺义区镇街2018年度内部审计工作经验交流暨审计档案观摩会。全年持续开展“内部审计人员网络后续教育平台”注册学员网络学习工作，截至11月末，全区481名内部审计人员累计完成12322有效学时。

（审计局）

【概况】2018年，本局牢固树立践行“质量第一、效益优先”理念，紧密围绕市区两级重点工作和本局各项中心工作，切实提升区域质量发展水平和质量安全保障水平，优质高效地促进质量强区建设。立足煤炭质量监管、环保相关产品监管、厂（场）内燃油叉车监督检查、机动车检验检测机构管理等质监职能，推进蓝天保卫战任务；突出抓好高风险电梯隐患治理，强化特种设备生产领域的安全生产监管，稳定顺义区特种设备安全形势；注重生产企业许可监管，提升食品相关产品监管力度，开展重点领域产品区级监督抽查，严把区域产品质量安全关；推进两个国家级标准化试点项目建设，开展市政府质量管理奖动员和组织申报工作，推进区域质量提升；将“双打”工作纳入“双随机”执法管理，以产品质量专项整治、农资产品和有机产品认证专项执法等行动为抓手，加大执法和监管力度，力保产品质量达标安全。

（质监局）

【“一助一”扶贫】1月18日，受邀参加联系村张镇前苏桥村开展的“民主日”活动，为村党支部建设图书室，提供帮扶物资笔记本电脑2台、书柜6架、书籍120册，共计1.6万余元。7月18日，参加前苏桥村“7·18民主日”活动，赠送村委会党徽和各类书籍100余册，共计2000元，并慰问走访4户结对帮扶困难家庭。9月18日，到前苏桥村开展“质量月”送法下乡活动，向村民宣传普及质量知识，入户检查村民液化气瓶安全使用情况，为村民免费提供计量知识咨询和计量器具检测服务。

（质监局）

【特种设备安全生产监管】 2月1日，液化石油气和工业气体充装单位安全工作会召开，会上，组织区内11家液化气充装单位和2家工业气体充装单位签署《气瓶充装安全承诺书》和《气瓶充装单位安全责任告知书》。“春节”“全国两会”“市委、市政府再次督查”期间对气体充装单位开展3轮监督检查。3月26日，特种设备生产单位安全工作部署会召开，顺义区特种设备生产、修理、改造单位及液化石油气和工业气体充装单位参加会议，会上对企业开复工安全生产、特种设备有限空间安全生产、承压类特种设备监督检验和定期检验、2018年行政许可监督检查等工作进行安排部署。

（质监局）

【高风险电梯隐患治理】 4月2日，对2017年经过评估确定存在隐患的281部电梯制定《顺义区高风险电梯隐患治理方案》。9月，2016年评估出存在安全隐患的185部电梯的维修、改造工作完成。10月上旬，本局向区政府申请老旧住宅电梯隐患治理工程财政专项资金，6家中标施工单位入驻施工现场做施工前准备工作。11月中旬，按照2018年北京市政府为民办实事重点任务实施方案工作要求，顺义区小天竺村、区医院等位置53部电梯的风险评估工作完成。

（质监局）

【北京国际车展特种设备安全保障】 4月25日—5月4日，本局对为期10天的第十五届北京国际汽车展览会开展全天候驻场保障工作，每日巡查国展中心场馆内在用的34部电梯（10部直梯，24部扶梯），共排查治理电梯安全隐患3起，未发生电梯投诉举报。

（质监局）

【有机认证检测乱象治理】 5月7日，根据5月6日播出的“焦点访谈”栏目曝光的有机蔬菜问题，区质监局全面部署有机产品认证专项检查工作，将全区有机蔬菜种植基地全部纳入检查范围，深入有机产品获证企业种植基地、加工车间、成品库，严查有机产品认证违法违规行为。截至12月底，共检查顺义区域内有机产品获证企业（含转换认证）26家、认证证书40张，涵盖蔬菜、水果、调味品、杂粮四大类。同时加强对认证机构的监督管理，利用认证认可综合管理平台抽查认证机构认证行为，严厉打击认证违规行为，促使认证机构严格审核、谨慎发证，维护有机认证市场有序发展。

（质监局）

【油气回收在线监控系统计量器具资质审查】 5月16日，加油站油气回收在线监控系统改造工作部署会召开，涉及顺义区61家加油站全部参会。12月初，完成59家加油站改造中使用的计量器具的资质审核工作，其余2家因拆迁原因未在年内开展改造工作。

（质监局）

【计量所多项目建标】 6月，本局下属计量检测所申报眼镜片顶焦度标准装置、验光仪顶焦度标准装置、验光镜片箱检定装置3项计量标准，并通过市计量院的计量标准考核，3项光学项目建标。10月底，计量检测所完成杆秤建标工作，具备杆秤建标资质，可以为顺义区属企事业单位提供戥秤检定服务。

（质监局）

【快递物流行业计量专项监督检查】 9月，在全区范围内开展快递物流行业计量专项监督检查活动，向快递企业开展计量器具强制检定的法律告知，推进快递物流行业企业诚信体系建设。活动期间，共检查快递服务企业20家，开展法律告知20家，下达责令改正通知书3份，推广快递服务行业诚信计量自我承诺7家。

（质监局）

【燃油叉车大排查大整治行动】 9—10月，在全区范围内深入开展燃油叉车大排查大整治攻坚行动，联合顺义区各属地和经济功能区，对区内燃油叉车安全性能、排放情况实行动态监管；建立燃油叉车台账，与区环保局共享台账数据，建立每月定期信息交换机制。行动期间共检查燃油叉车480余台。

（质监局）

【煤炭质量监管】年内，质监局对于正常生产企业开展煤炭产品监督抽样检查，累计检查煤炭生产企业8家次，抽取煤样9批次，合格率100%。11月底，顺义区内1家“减煤换煤”定点供应单位完成2018年至2019年取暖季煤炭生产任务并停产。

（质监局）

【环保相关产品监管】年内，配合市级单位完成对本区范围内涂料生产企业产品监督抽查并开展后续处理工作。对车用尿素、建筑类涂料等环保相关产品开展区级监督抽查，对2家车用尿素生产企业的6批次产品、4家涂料生产企业的6批次产品进行抽样检测，检测结果均为合格。

（质监局）

【检验检测机构分类监管】年内，对检验检测机构实行分类监管。依据《北京市机动车检验检测机构记分制管理办法》，对区内3家机动车、3家消防、1家环境检验检测机构进行重点监管和巡查，采取加大监管力度和频次、随机抽取检验检测报告等方式，强化检验检测机构的风险管理。

（质监局）

【锅炉低氮燃烧改造完成】质监局成立锅炉低氮燃烧改造工作领导小组，区内25家锅炉使用单位的90台承压锅炉（共计976.82蒸吨）被纳入改造范围；对25家企业递交的改造相关材料进行初审后，现场确认锅炉改造安全性能并将结果反馈至区环保局。

（质监局）

【供热单位特种设备安全检查】供暖季前，质监局对本区供暖单位开展逐一检查，对供暖设施、设备进行保障性检验。11月2日，顺义区在册的社区供暖单位25家、供暖锅炉99台的安全检查工作全部完成。

（质监局）

【食品相关产品风险监测】根据《食品安全法》的规定，对食品相关产品开展风险监测，重点对用于食品的包装材料、容器、洗涤剂、消毒剂和用于食品生产经营的工具、设备等食品相关产品中生物性、化学性和物理性危害因素进行监测，要求全年承担风险监测样本量不少于50个。8月中旬，完成15家食品相关产品生产企业的50个批次产品的风险监测工作，合格率100%，年内对顺义区18家获证企业100%检查到位。

（质监局）

【重点领域产品区级监督抽查】年初，制定《2018年顺义区生产领域重点产品区级监督抽查计划》，以合格率较低、与群众身体健康和人身财产安全密切相关的产品为重点对象，开展2018年度区级监督抽查。10月下旬，区级监督抽查工作任务完成，累计抽样20家企业生产的33批次产品，涵盖环保、消防等重点生产领域的低压配电、防火门、涂料、电线电缆、车用尿素、空气净化器等产品，其中32批次产品检验合格，1批次产品检验不合格，已立案查处。

（质监局）

【缺陷产品召回】年内，缺陷产品调查累计启动9起，涉及产品包含转椅、床头柜、净水器等，均进行立案调查，对查证属实的缺陷产品，未销售的予以没收、已销售的责令企业发布召回公告实施召回。目前备案缺陷产品召回计划并实施召回1起。

（质监局）

【“质检利剑”行动】以农资、汽车及配件、CCC认证等产品为重点，结合“双随机”监督检查、专项检查等工作，开展“质检利剑”专项行动。春、秋季农资专项执法打假行动中检查复合肥、种子、农药等农资产品生产、销售企业18家。开展汽车及配件生产企业专项整治，针对市场交易量大、投诉多、违法行为多发的汽车零配件批发（零售）市场、汽车4S店、规模较大的汽车修理厂，共检查企业15家。开展强制性认证产品专项整治工作，加强对家用电器、消防产品、汽车配件、低压电器、电线电缆等3C产品的质量安全监管，累计检查3C产品生产企业22家，查处违法案件1起，涉案金额1.9万元。

（质监局）

【首都标准化战略纲要贯彻实施】重点把握北汽自主品牌高端装备

制造业和北京莲顺全国休闲观光农业综合标准化示范区项目，发挥质监职能作用，协调整合相关标准化资源，增强标准化服务保障力度和水平，全力推进2个国家级标准化试点的建设工作，帮助北京莲顺农业综合标准化示范区通过年度考核。8月9日，与中关村顺义园联合举办新标准化法解读及政策专题培训会，区内参与政府质量奖申报单位、参与质量提升项目的企业、入区高新技术企业以及园区内生产型企业近50家单位参加。年内，全力推动落实企业标准自我声明公开和监督制度，强化标准监督，共对网上自主声明的119家企业的497个标准进行网上审查，充分发挥企业标准自我声明公开平台的监督作用。

（质监局）

【投诉举报件受理处置】年内，共受理市局12365转办申诉举报178件，区域内受理54件，回复率100%。

（质监局）

安全生产监督

【概况】2018年，顺义区安监局以打好安全风险攻坚战，防范安全生产事故为主线，进一步增强抓好安全生产工作的自觉性，不断夯实安全生产基础工作，始终保持执法检查的高压态势，不断健全安全风险分级管控和隐患排查治理双重预防控制机制，企业主体责任落实得到不断改善，北京市政府安全生产目标责任书中下达的各项任务指标全部完成，三大行动扎实推进，完成国务院安委办“两会”专项督导和市委市政府2017年第六督察组“回头看”的迎督工作，确保全国“两会”、中非论坛北京峰会等重大活动期间安全稳定。顺义区的有限空间管控体系建设、城市安全风险评估工作、安全社区建设等都走在全市前列。2018年，全区共发生生产安全死亡事故3起、死亡3人，同比分别下降50%和72.7%，全区安全形势保持平稳。

（安监局）

【安全生产领域改革扎实推进】10月12日，以区委、区政府名义印发《关于进一步推进顺义区安全生产领域改革发展的实施方案》，提出2020年前安全生产领域30项改革任务，各项工作有序推进中；11月初，按照《顺义区安全生产督察方案（试行）》的要求，在全市率先组织开展区级安全生产督察工作，截至年底，完成23个属地的督察，初步反馈问题369项；以区安委会名义出台《顺义区生产经营单位安全生产“红黑名单”管理办法（试行）》，对2家“黑名单”企业实施联合惩戒。

（安监局）

【安全生产责任制落实不断强化】2018年，顺义区安委会为安委会成员单位分别设置个性化安全生产目标责任书，印发36项全区安全生产重点工作任务，并分解落实到各部门、各属地。全区重点行业部门履行安全生产监管（管理）职责示范单位创建活动启动，选树文化委、交通局等8家履行安全生产监管（管理）职责示范单位，推广典型经验，形成示范效应，推动行业落实“三个必须”要求。

（安监局）

【隐患排查治理】2018年，区安监局持续开展“三大行动”，紧盯首都机场周边等重点区域和有限空间、水务工程、建筑施工、人员密集场所等重点领域，全年全区各单位累计监督检查生产经营单位121895家次，发现问题隐患69950项，整改率98.1%。全区城市安全隐患治理三年行动扎实推进，全年上账477项隐患，位列全市第二，销账率100%，排在全市前列。12月初，区安委会办公室对上账隐患进行抽查，共计核查57个隐患点位，未发现隐患未消除和反弹的现象。

（安监局）

【安全风险评估】坚持政府推动引导、企业全面负责、社会公众参与的工作方法，分两个阶段认真组织辨识评估各行业、区域、企业生产经营建设和城市运行中的安全风险。全区1992家企业完成风险源清单编制及应急资源调查等工作，辨识上报29579条风险源清单；应急资源有专兼职应急队伍3420个，应急专家1998人，应急装备16758件，应急物资10009件，社会资源941处，专项应急预案4448个；企业违法行为、安全隐患和安全风险三张清单初步形成；企业四色安全风险分布图和区级安全风险电子地图绘制完成。

（安监局）

【重点安全监管】危险化学品方面，采取退出、核减经营范围的手段，有效降低危险化学品经营安全风险，2018年完成16家加油站贯标改造，累计完成86家加油站贯标改造，占全部改造任务的93.5%。区安监局牵头推动各相关行业部门开展41家非经营性加油站专项整治工作，查处隐患135项。工业企业方面，组织开展67家涉爆粉尘企业、3家白酒制造企业、8家液氨制冷企业事故隐患专项治理。职业健康方面，加强职业健康监管工作，完成3212家生产经营单位职业病危害基本情况普查，超额完成全年市级指标任务。有限空间方面，加强有限空间管控体系建设，明确并落实“双审双监”工作要求；组织全区专职安全员及397家有限空间作业单位的有限空间作业人员大比武活动，通过以赛代培，提升作业安全水平；对10个行业部门和30个属地有限空间安全管理工作进行专项督查，抽查检查74家企业，对25家城市运行领域企业的主要负责人进行约谈；开展有限空间作业单位条件确认，打造专业化、规范化的有限空间作业队伍，全面提升本区有限空间作业单位安全生产水平。

（安监局）

【执法检查质量提升】2018年，累计执法检查企业2088家次，立案处罚173件，年度人均检查量达52.2件，人均处罚量达到4.325件，行政处罚职权履行率达到10.17%，获评北京市2018年度安全生产行政执法评议考核优秀单位。

（安监局）

【安全生产宣传教育培训】全面启动企业安全生产大培训，组织全区2336家生产经营单位的4714名主要负责人和安全生产管理人员开展安全生产培训班49期次，考试及格率为100%。加强政府安全监管人员培训，分3期组织属地和行业分管安全生产处级领导和安全生产监管干部的专题培训，并纳入到区委组织部和区人力社保局干部培训学时；对全区专职安全员组织44学时培训，完成市级40学时考核指标；深入推进安全生产宣传教育“七进”活动，旺泉街道、马坡镇作为试点街道（镇），辖区内开展全覆盖的宣传教育；在全区各单位组织开展安全生产月、安全生产巡回宣讲、安全生产大讲堂、安责险集中投保月、有限空间和水务安全宣传周、《职业病防治法》宣传周等宣教活动；在顺义电视台、顺义网城、《顺义时讯》开设安全生产专栏，发布安监工作动态和安全生产知识230余篇。

（安监局）

【基层基础工作夯实】全区1920家企业完成安全生产标准化达标创建工作，其中三级达标创建企业505家、微型企业岗位达标1415家，超额完成市级260家的创建任务。通过宣传、设立集中投保点等途径，加大安全生产责任保险推进力度，全区安责险投保企业2621家，保费收入1031.47万元，提供风险保障金141.36亿元；强化安全生产专职安全员和行政村（社区）安全生产专兼职巡查员队伍建设。镇、街道（园区）安全生产检查队规范化建设达标率达到96.6%，区职能部门安全生产督查检查队规范化建设达标率达到100%。发挥行政村（社区）安全生产专兼职巡查员作用，印发《顺义区行政村（社区）安全生产专兼职巡查员暂行管理办法》规范履职行为，1126名村（居）级巡查员全部考核合格后持证上岗；安监系统执法人员、镇（街道）及区职能部门专职安全检查人员执法装备配备率达到50%以上；生产经营单位台账全年无故核销率控制在10%以下，及时审核率达到98.24%。在生产经营单位台账数据质量抽查考核排名中名列全市第二。安全社区建设，北小营镇、石园街道、空港街道获得国际安全社区认证，杨镇、李桥镇、后沙峪镇获得北京市安全社区认证。

（安监局）

【烟花爆竹零售经营严格规范】区安监局下发《顺义区2018年春节烟花爆竹销售安全管理工作方案》（简称《方案》），进一步加强2018年春节烟花爆竹零售经营布点规划，严格控制2018年春节期间零售店（点）的数量，并严格实施烟花爆竹零售许可，把住零售经营安全准入关。《方案》要求在首都机场及周边镇域（即限放区）、禁放区及周边30米范围内不设置烟花爆竹零售点，确保机场地区、城中心区和建成区的安全。不在上述区域的镇、街要在去年零售网点设置的基础上进一步压减网点数量。《方案》还提出吐珠类、组合烟花类等所有升空类型的烟花爆竹严禁销售等规定。

（安监局）

食品药品监督管理

【概况】2018年，顺义区食品药品监管局以习近平新时代中国特色社会主义思想为指导，认真贯彻落实党的十九大精神，持续深化改革，强化监管，以全面从严治党为引领，围绕“抓重点、补薄弱点、去风险点”总体工作思路，巩固食品安全示范区创建成果，不断提升人民群众满意度和获得感，辖区食品药品安全水平显著提升，未发生重大食品药品安全事故。

（食药监局）

【“两个专项”治理】年内，持续深入开展“两个专项”治理，开展常态化检查督导，并结合业务工作针对网络订餐、优化营商环境等重点工作开展立项督查9次，实行问题隐患销账式管理。

（食药监局）

【“街乡吹哨、部门报到”工作创新落实】认真落实以党建引领街乡管理体制机制创新实现“街乡吹哨、部门报到”工作，报到参与石园市场清退、李桥南半壁店村综合整治等工作，帮助镇街解决问题，同时结合镇街食药所“即是区局下派机构又是镇街内设机构”的体制管理特点，创新开展食药所基层吹哨，局机关部门报到，为解决基层一线实际难题、推动基层食药所响应落实镇街哨声添柴加火，完成对30个联系点报到613次，专题调研140次，发现的122条问题全部解决。

（食药监局）

【行政审批改革深入推进】《关于简化许可流程优化营商环境实施方案》制发，实施“一窗受理，一门办结，一审一核”许可模式，简化许可流程，下放审批权限，完善服务措施，组建区局行政许可现场核查队，打造便捷高效的许可体系。自6月1日起，食品药品经营许可程序实行即时办理事项“立等可取”，大部分许可事项实现“5天发证”。提高事前服务能力，在工商部门办事大厅设置咨询窗口，接待照后办证群体的咨询解答，实现照后办证的无缝衔接。坚持“放管结合”，加强事中事后监管，确保安全标准不降低。全年共办结“四品一械”类许可申请7402件次，发放各类经营许可证及备案凭证等6941个。其中食品、保健食品经营许可证5557个、药品类258个、医疗器械经营534个、医疗器械生产142个，办结总量比2017年增长8.18%。

（食药监局）

【食用农产品区域协同监管机制构建】充分发挥区食药安办的统筹协调职能，推动构建大监管大协作机制。区食药安办组织区食品药品监管局、区动物卫生监督局、顺鑫石门农产品批发市场相关负责人对本区大型农副产品批发市场淡水鱼供应主产区天津市宝坻区进行调研，推动两地签署食用农产品监管合作框架协议，明确供京水产品养殖基地筛选标准。同时，以区食药委或食药安办的名义邀请宝坻区、锡林郭勒盟和锦州市黑山县等供京食用农产品主产区的政府领导参加北京市食用农产品供应保障体系启动大会，赴广东省、海南省、河北省、湖北省核查外埠农产品种养殖基地食品安全管理情况，签订供应保障合作协议46份，有效防范输入性食品安全风险。

（食药监局）

【食品安全示范区创建成果巩固】强化食品安全“党政同责”，制定并推动区委、区政府出台《顺义区落实食品安全党政同责进一步加强食品安全工作的实施方案》，进一步明确各级党委的食品安全领导责任，各级政府的属地管理责任以及监管部门的监管责任。年内，完成食品安全示范区跟踪评价工作。深入开展食品生产企业“一企一策”试点，对113家企业进行全面体检，集中会诊，对症下药，促进行业的高质量发展。推动餐饮单位实施“阳光餐饮”工程，打造品质餐饮、“放心肉菜超市”，共完成“阳光餐饮”建设4190家，完成率达80.17%，中小学校、托幼机构、养老机构食堂完成率分别达到96.72%、93.40%和100%，超额完成北京市重点工作和重要民生实事工程要求。推进270家餐饮单位“阳光餐饮”上线三大网络订餐平台，388家餐饮单位获“品质餐饮示范店”称号，打造食品安全示范街（区）25条、“阳光餐饮”工程示范街12条，新增放心肉菜超市2家。推行过期肉制品集中销毁工作，累计销毁不合格肉制品322吨，年内销毁61吨。

（食药监局）

【执法力度加大 监管实效提升】 进一步强化网格监管模式，结合“疏解整治促提升”专项行动继续深入开展无证餐饮单位整治，组织开展校园及其周边、网络订餐、疫苗储运使用、高风险药品医疗器械、食品保健食品虚假宣传等各类专项整治行动，全力做好非洲猪瘟重大疫情食品安全防控工作。开展药械环节“双随机”检查、飞行检查，完成药械经营、使用单位“双随机”检查140家次，对2家医疗器械生产企业责令停产整顿。严厉查处食品药品各环节违法行为，全局共查办食品药品行政处罚案件1050件，做出行政处罚决定1092件，罚没款共计1412.12万元，同比增长12.46%。完善建立行刑衔接、“所所衔接”机制，配合公安环食药旅开展特大假酒包材查处工作，向公安机关移送案件线索5件。

（食药监局）

【食品药品安全监测水平统筹提升】 完善风险信息共享机制，首次建立食品药品安全风险交流会商会议机制，邀请区人大代表、政协委员、行业专家、消费者代表等以座谈会形式，通报国家总局、市局、区局食品药品安全监测风险、征集社会各方代表意见，研讨监测监管难题，提高监管工作针对性和有效性，对接辖区百姓的获得感和满意度，推动食品药品安全社会共治，年内召开风险交流会2次。进一步完善食品药品质量安全检测体系，食品药品安全监控中心年底完成35个新增食品药品检测项目扩充认证，具备167个项目检测能力。年内，全局共抽检食品、药械和化妆品样本13978个，其中不合格样本119个，总体合格率为99.14%。其中抽检食品12494个，药品及药包材1291个，医疗器械37件，化妆品156件。上报药械、化妆品不良反应/事件691例。做好全国“两会”、北京国际汽车展、中非论坛北京峰会等重大活动及春节、“十·一”等重要节日食品药品安全保障工作，筹划冬奥会和冬残奥会食品安全筹备保障工作。《顺义区节事旅游活动食品安全保障管理办法》研究制定，强化食品安全突发事件应急处置，协调处置食品安全突发事件12起。

（食药监局）

【社会共治格局构建】 深化“一次检查、全面发现、统一流转、有效处置、督察督办”的市场综合监管模式，综合执法网络信息平台共享信息2万余条，妥善处置线索1253条。充分认识投诉举报桥梁纽带、化解矛盾的重要作用，全面落实非紧急救助服务“三率两度”绩效考评要求，共办理各类投诉举报4852件，回复率达100%，在全区便民电话办理工作中排名第二。落实食品安全举报奖励，受理市区两级举报奖励76件，奖励金额5.75万元。指导行业协会对全区175家课后托管机构开展规范化管理，提升5600余名学生就餐安全水平。以食品安全宣传周、安全用药月等活动为契机，广泛开展宣教活动，通过市区两级纸媒、网络、电视和新媒体平台打造多维宣传矩阵，共在北京电视台、新华网等媒体刊发信息宣传报道309篇次，更新微信337条，制作《每周食品药品安全播报》48期，营造良好的宣传氛围。

（食药监局）

【网络订餐整治】 3月底至5月底，区食药监局开展为期两个月的网络订餐专项整治行动。区食药监局制定《关于网络订餐专项整治工作的行动方案》，成立网络订餐专项整治行动领导小组，明确责任分工、工作要求、整治依据、整治措施、时间安排等内容，强化网络餐饮管理工作领导和督查落实。严厉查处无证店铺上线、虚假信息公示、超范围经营等违法行为，对线上信息公示存在问题的店铺一律下线停止经营，确保公示信息清晰、准确、完整、有效。

（食药监局）

工商行政管理

【概况】 截至2018年10月20日，顺义区共有各类市场主体97228户，其中，内资企业57370户，注册资本11827.12亿元，同比分别增长13.1%和8.1%；外资企业1477户，同比增加6.8%，注册资本169.3亿元，同比增长2.96%；农民专业合作社260户，同比减少0.76%，注册资本3.97亿元，同比增长3.21%；个体工商户38045户，同比减少2.66%，资金数额28.58亿元，同比增长1.93%；代表机构49户。新设立市场主体9094户，同比增长20.4%。新设市场主体中内资企业7995户，同比增长31.06%，注册资本727.72亿元，同比减少52.2%；个体工商户972户，同比减少25.57%，资金数额1.26亿元，同比减少36.31%；外资企业117户，同比增长50%，注册资本4.62亿元，同比增加133.67%。

（工商局）

【注册资本改革实施以来市场主体发展情况】2014年3月1日至2018年10月20日，本区共新增各类市场主体44232户，同比增长12.26%，注册资本8264.04亿元，同比增长10.13%。其中内资企业33768户，同比增长20.3%，注册资本8201.44亿元，同比增长11.94%；外资企业493户，同比增长11.04%，注册资本26.73亿元，同比增长4.1%；个体工商户9880户，同比减少11.61%，资金数额13.28亿元，同比减少0.53%。

（工商局）

【网上登记及全程电子化】年内，网上登记工作共受理名称24739件，受理内容审查26230件，其中企业设立7708件、变更11975件、备案1404件、注销970件；个体网上登记涉及分局全部12个工商所，共受理名称2923件，各类登记5960件。全程电子化及实名认证工作有序开展，受理全程电子化登记业务7400件，核发电子执照5332件。

（工商局）

【个转企转型和股权质押】年内，分局共办理个体转企业504户；股权质押117户，出质116654.44万元，融资1106098.134万元；协助法院完成股权冻结283件。主动屏蔽不符合《北京市新增产业的禁止和限制目录》规定的企业申请562户。处理12345、12315热线、政府便民电话交办单各类咨询、投诉、建议共计52件。

（工商局）

【营商环境优化】截至10月20日，“顺义区新开办企业服务专区”共受理全程电子化设立申请12505件，现场受理3450件、核准8114件、发照6451件、发章5662套、发税票688户。另外，分局核发加载统一社会信用代码企业执照59172件，占企业总量的95.1%。

（工商局）

【市场疏解】年内，共计疏解有形市场5家，疏解经营面积116719平方米，疏解人口384人。其中转型市场1家（北京金街生活消费品市场中心，变更日期2018年4月11日）；关停市场4家，其中列入区政府疏解计划市场3家（北京四方天龙汽配市场有限公司、北京裕喜发双裕农贸市场中心、北京益麒麟家居建材广场市场中心高丽营分市场），北京集美益源家居建材市场有限公司于6月25日完成升级转型。关停的4家市场正在办理注销和变更手续。清理市场商户虚户共计571户，其中注销39户、吊销532户。

（工商局）

【企业年报】顺义分局2017年度年报工作取得郊区第2名的成绩。其中企业年报率92.51%（企监处要求不低于85%），个体工商户年报率94.88%（企监处要求不低于80%），农民专业合作社年报率96.48%（企监处要求不低于90%）。

（工商局）

【经营异常名录】年内，7662户企业被列入经营异常名录，其中2720户企业补报年度报告或者改正上述行为后移出经营异常名录。10854户个体工商户被标记为经营异常状态，1728户个体工商户补报年度报告或者改正上述行为后恢复正常经营状态（含个体工商户注销，自动恢复）。

（工商局）

【查无治理】2018年，本区无证无照经营整治任务127户；“开墙打洞”整治任务48户，治理和保持街（巷）数389条。年内，无证无照经营累计挂账416户，整治销账407户，销账率97.84%，127户无证无照经营计划点位全部完成整治销账，计划点位完成进度为100%；“开墙打洞”累计挂账69户，整治销账69户，销账率100%；其中48户市级计划点位全部完成整治销账，计划点位完成进度为100%；治理和保持街（巷）数完成验收628条，街巷完成进度达161.44%。

（工商局）

【净化准入环节市场】年内，市场内共计立案713起，罚没款共计10.2138万元。其中处罚市场主办单位1起；商品质量13起，罚没款6.7338万元；商标案9起，罚款1.92万元；无照经营20起，罚没款0.87万元；登记（不含吊销）55起，罚没款0.19万元；塑料袋49起，罚款0.33万元；吊销案件532起；其他33起，罚款0.165万元。

（工商局）

【广告监管】年内，一是落实监测责任，做到“四个及时”。二是明确职责分工，对违法广告保持高压态势。三是加强传统媒体的监测。顺义区有传统媒体广告发布者4家，分别是顺义区电视台、顺义区广播电台、中国航空传媒有限公司和《中国汽车报》社有限公司；共涉及传统媒体12个，其中电视频道1个、广播频率1个、报刊媒体10份，实际存在广告业务的传统媒体是9个。目前，监测广告信息1579条。四是加强经营性户外广告的监管。按照市局对户外广告监管工作的要求，根据道路或区域的重要性及人流密集度等将户外广告划分为A、B、C三级，明确监测内容及监测频次。年内，各工商所录入或更新《经营性户外广告管理台账》中的户外广告258个。分局共办结违法广告案件99件，罚没款150.2万元。

（工商局）

【红盾护农】年内，指导基层在农资监管系统及时认领商户，认领率达到100%。最终确定533户为实际经营农资商户。

（工商局）

【网络监管】年内，网络市场监管专项行动共网上检查网络经营主体2481户次，实地检查网站644户次。督促网络交易平台删除违法商品信息75条，责令整改网站41户次，列入经营异常名录54户次，提请关闭网站6户，查处各类涉网案件共计135件，罚没款170.30万元（同比分别增长21.62%、8.65%；2017年度111件，156.74万元）。

（工商局）

【双随机抽查工作】年内，分局共发起11批双随机抽查任务，包括“投资理财类抽查、电动自行车抽查、全国部分领域企业定向抽查”、拍卖企业、第三方交易平台、市场主体年报抽查等，共抽查主体户数6162户。

（工商局）

【商品抽检与质量监管】年内，完成商品抽检计划合计486组。其中完成市局抽检计划337组，共涉及30个大类商品，共检验出不合格商品50组，不合格率为15%，不合格率比较高的商品为儿童服装、儿童鞋、小家电、电线电缆、电动自行车。完成分局自主抽检计划149组，共涉及9个大类商品，共检验出不合格商品115组，不合格率是77%，不合格率比较高的商品有成人服装、儿童服装、通讯器材、牙刷、电动自行车。

（工商局）

【“蓝天保卫战”】“蓝天保卫战”涉及成品油、车用尿素、建筑涂料和胶粘剂、燃煤四类重点商品。2018年按照市局统一部署分局共抽检上述四类重点商品合计227组，其中针对煤炭开展抽样检验15组，针对建筑涂料胶粘剂开展抽样检验12组，针对车用尿素开展抽样检验22组，针对成品油开展抽样检验178组。上述四类重点商品，车用尿素不合格1组已立案查处，其余三类重点商品抽检结果反馈良好。通过重点抽检、底数清理、风险监测、专项治理等系列工作配合完成市局及区政府下达蓝天保卫战、清洁空气行动计划的各项监管保障任务。

（工商局）

【农业商品抽检】年内，完成市局10组农膜抽检任务，分局自行抽检农膜20组；完成市局农肥批发企业抽检3组任务，分局自行抽检农肥10个样，其中4组检测不合格，立案4起，结案4起，罚没款0.96万元。

（工商局）

【消保维权基础数据】年内，市局12315系统和全国12315互联网平台共接收投诉9647件、举报2192件，其中含市政府12345非紧急救助转办单1889件。12315平台接收投诉举报数量再创新高。12315系统通过电话、互联网、来访、手机APP等渠道接收消费者投诉5691件，同比增长290.6%，为消费者挽回经济损失

2426.14万;接收群众举报1537件,比去年同期增长25.98%,举报率1.59%,立案查处113件,举报立案率7.35%。

(工商局)

【数据质量管理】年内,分局个体登记数据问题点70个,修改处理率100%;企业登记数据问题点117个,修改处理率100%,同比增长-21.3%和11.5%。

(工商局)

【档案资源共享】年内,分局档案查询平台共接待办事人员24350人次,咨询36930余人次,共打印工商登记档案663506页,同比分别增长15.5%、19.5%和18.6%。企业进行登记信息材料远程自主查询共计21537户次,同比增长112.6%。

(工商局)

【行政处罚案件】年内,全年共办结行政处罚案件3192件,罚没款总额392.51万元。

(工商局)

【商标侵权案件查办】年内,本局共办结商标案件52件,罚没款40.28万元。

(工商局)

市场经营管理

【概况】2018年,顺义区市场经营管理中心以贯彻落实习近平新时代中国特色社会主义思想及十九大精神为主线,以促进市场中心健康安全高速发展为目标,“抓党建、树形象、促转型、惠民生”,注重品牌培育,紧抓日常工作精细化、常态化建设,推进便民综合体建设步伐,尝试“互联网+农超”“互联网+农贸”模式优势互补、线上线下融合发展,圆满完成年初工作计划。截至年底,中心下辖农贸市场43个,便民生活超市18个,菜站2个,便利店12个,专业市场3个,全年共实现营业性收入5811万元。

(市场中心)

【市场规范化管理逐步完善】一是完成《规范化管理与量化考核标准》共6套考核标准的完善与修订,并于10月全面下发。二是按“分工明确、责任到人、以块为主、条块结合”原则,重新对基层“三定”工作摸底建档,为考核工作落实责任、公正奖惩提供明确数据支撑;为量化考核工作直接搭载智慧市场管理平台,构建“全面覆盖、分片包干、分级管理、层层负责、网格到底”的长效管理机制夯实基础。2018年,按照带队领导、考核组成员、考核对象随机原则开展12次规范化管理专项考核,涉及全业务范围,发现问题463处,涉及相关责任人700人次,总计扣分909.375分,均由财务部门落实绩效处罚。

(市场中心)

【蔬菜直通车】4月起,由市场中心出资的6辆蔬菜直通车每天坚持在港馨家园西区、莲竺花园小区、天裕昕园社区布点,为居民提供60余种质优价廉的时令蔬菜水果。

(市场中心)

【鑫绿都实施精准扶贫】6月,鑫绿都超市与中心其他市场的主要负责人一起与内蒙古顺鑫鑫源牧业有限责任公司、河北省兴隆县鑫鹏小店种猪繁育有限公司签署《进京使用农产品工银保障合作协议》。7月,在区商务部门协调下,鑫绿都生活超市与张家口市沽源县签订《2018年精准扶贫对口帮扶蔬菜采购协议》,累计销售沽源蔬菜8万余斤。

(市场中心)

【南彩市场完成腾笼换鸟】2018年,南彩市场迁入封闭大厅,新市场占地5438平方米,拥有2层共计3774平方米的经营大厅,预留充足的停车位。市场以蔬菜、水果、鲜肉、水产、蛋奶及杂粮等生活必需品为主营项目,以服装及日用百货为必要补充,辐射周边4个自然村的近万名居民。

(市场中心)

【市场软硬件水平同步提升】硬件方面:从消隐维稳出发,筹集专项资金针对南竺园市场和机动车市场旧车交易区升级改造,完成南竺园市场两次转移安置和机动车市场旧车交易区打乱秩序重新分区分号;从确保用电安全出发,为樱花园市场报装150KVA变压器;从改善环境出发,逐步安排场地及设施维修改造,高丽营市场、石园北市场、李桥市场等多家市场的场地硬化及设施维修问题得到解决;从完善服务出发,借助公安部放管服政策,在机动车市场二楼大厅设专区用于转移登记服务站入驻,实现二手车交易检测换牌过户一站式服务;从协作共建和谐营商环境出发，配合北务镇政府完成北务市场办公环境、屋顶设施、污水管线、场地以及道路的全面改建。软件方面，一是智慧市场管理平台在完成全员业务培训、基础数据完善、运营调试后，于9月全面投入使用，向无纸化办公、全程可追溯更进一步；二是响应本区“创建全国文明城区”“创建食品安全示范区”号召，切实完善细化各类工作标准，构建诚信守法的交易环境，培育文明和谐营商秩序；三是与汽车协会合作，开发车辆交易出入库系统，努力实现交易车辆信息完备完善、及时更新、随时可查，便于大数据共享及科学分析。专项工作细化：为有效降低临时用工风险，推动保安保洁工作规范化，中心党委多次研究后决定对劳务工作尝试三级联动全面监管。相关部门认真摸排调研，细化工作标准及考核细则，完善监管机制，反复协商改进，初步达到规范统一效果。

（市场中心）

【消防安全】年内，执行每季度一次消防演练和每月一次安全知识培训，提升市场应急自救能力。开展冬季两防工作，通过调查摸底、清退劝解、重点监控燃煤燃气的使用、重点处理易燃可燃物品等举措，确保市场安全度过采暖季。6月，聘请专业电检公司对所辖市场、菜店、超市进行消防设施检测和电气防火检测，确保设施设备消防安全状况符合消防安全验收水平。坚持元旦、春节、两会、清明节、中非论坛、中秋、国庆等重要节点中心党委统一部署，基层包干落实，市场科随机抽检，确保工作纵向贯通、落实到位，完成各项服务保障任务。

（市场中心）

【非洲猪瘟疫情主动担责】一是防微杜渐，加强所辖市场、鑫绿都生活超市的食品安全检测工作力度与频次，有效避免各类食品安全事故的发生。截止年底，自检工作共抽检样本310件，第三方抽取13件，涉及商户227家，均未发现问题。二是持续发力，对所辖市场及鑫绿都生活超市77户猪肉经营户、85户牛羊鸡肉经营户每日进货量、销售量、平均价格、销售额及单笔5KG以上猪产品销售信息持续统计监测，每日专报主管区领导、区工商分局、食药分局、商务委；对各市场、鑫绿都生活超市及便利店进行拉网式检查，重点检查经营者落实索证索票、进货查验、查验记录等制度情况，坚决阻截染疫猪肉流入市场；启动“非洲猪瘟”舆情监测，一旦发现负面舆情或重大虚假舆情，要求必须及时上报。

（市场中心）

【食品安全与环境卫生】督考结合，将食品安全作为首要任务，一旦发现食品安全问题，无论大小，年终考核对相关责任部门、责任人采取“一票否决”制。环境卫生工作：坚持群控群治，落实门前三包责任，逐家逐户签订责任书。实行动态保洁，保安、保洁、商户、市场管理人员四级联动，共同维护市场环境卫生。深入开展灭鼠、灭蚊蝇等除四害活动，开展环境卫生整治周工作、重大节会期间的环境清洁活动，对市场周边绿化带、市场主体及公共设施、卫生死角、垃圾容器、交易环境进行整治。

（市场中心）

高端人才服务

【概况】年内，顺义区总部企业和临空经济高端人才服务中心以习近平新时代中国特色社会主义思想为指导，全面贯彻落实党的十九大精神，坚持党建引领，紧密围绕大党建工作要求和优化营商环境的总体部署，以“抓班子、带队伍、夯基础、强服务、塑品牌”为总体工作思路，积极融入服务全区大局，履行职责到位，精准、高效地服务好总部企业和高层次人才，助力实现人才强区。

（区总部人才中心）

【企业家活动日开展6期】年内，以“聚力顺义、智创未来”为主题，共开展规模不同、形式不同、定位不同的企业家活动日系列活动6期，旨在为驻区企业打造政企交流平台和“朋友圈”，以“订单式”问需和面对面交流、点对点服务、心贴心解忧的精准化服务方式，为企业和人才解决实际问题，助力企业做大做强，实现互利共赢，推动区域经济高质量发展。累计133家企业参加活动，通过活动解决企业困难和问题31项。

（区总部人才中心）

【精准服务外籍人才】《顺义区“梧桐工程”外籍高层次人才认定工作办法（试行）》制定出台，以解决外籍人才提出的“紧缺急需”认定标准不明的问题，同时开展第一批认定工作，最终5人获得认定，具备申请永久居留的条件。中心在外国人服务大厅设立服务窗口，为外籍人才量身打造服务方案，一对一指导政策申报，进一步优化工作流程，缩短办理时限，提升服务效果，让外籍人士出入境、停居留更加方便快捷。自大厅成立以来，共召开政策宣讲会7次，宣传企业212家，接受咨询1033次，正式受理业务19人，向市商务委推荐完成13人，5人获得永久居留权。

（区总部人才中心）

【服务企业人才的“绿色通道”】聚焦人才服务需求，以营商环境建设为主线，以部门联动为手段，建立以中心牵头、区内相关职能部门副职领导为人才专员的绿色通道服务机制，采用“联合预审、专员办理、统一建档”的方式为高层次人才提供“一站式”快速服务通道，创新优化人才服务。同时，建立中心党组走访企业机制，点对点服务企业112家，解决企业问题73个。全年共办理子女入学24人次、工作居住证16人次、就医服务14人次，开展高层次人才培训活动1期。在住房保障方面，在全市率先开展高层次人才共有产权房打分配售工作，利用后沙峪镇中铁顺兴共有产权住房项目10%房源（即295套）定向配售高层次人才。经组织申报、资格复核、部门联审等环节，确定82家企业312人（含17名备选）具备选房资格，最终122人认购共有产权房。

（区总部人才中心）

【国际学校沙龙举办2届】中心联合区教委举办2届以“聚力顺义 智创未来”为主题的“国际学校沙龙”活动。促成校际资源共享、校企合作签约以及政、校、企三方沟通交流，在形成全市最多最大的国际化教育集群规模化的同时，深度挖掘国际学校辐射带动下的国际人才集聚资源，以“小手牵大手”的模式激活虹吸效应，吸引更多的国际人才和团队入驻顺义、发展顺义，打造宜居宜业的“类海外”环境，高标准参与、服务国际人才社区建设。

（区总部人才中心）

【第二期“梧桐工程——干部人才引进计划”】为建设高素质专业化干部队伍，进一步增强优秀青年干部储备，统筹做好2019年度国资、卫生、教育系统高校毕业生引进工作，中心配合区委组织部组织开展第二期“梧桐工程”干部人才招聘工作。第二期“梧桐工程——干部人才引进计划”于10月16日—11月17日，先后在南京、西安、成都、武汉、东三省及北京举办8场招聘会，线上线下共收到简历26000余份，经过初面、笔试、复试等程序后，初步拟录用486人（区属企业288人、教育卫生51人、驻区企业147人）。中心组织区内13家央企、民企赴全国8所“双一流”院校进行招聘，共收简历5000余份，最终录用硕士研究生以上学历的人才147名。

（区总部人才中心）

【顺义区产业人才新政及配套细则制定】一是参与顺义区产业新政和人才新政的制定工作。加强政策调研，采取以集中座谈为主，实地考察与个别访问相结合的方式，对区内、北京市各区、全国重点地区及国际四个层面的人才政策进行梳理，完成《制定出台顺义区高端人才政策，努力营造引才聚才制度环境》的调研课题，为顺义区产业和人才新政的制定提供参考。二是围绕产业新政主责任务，研究制定《顺义区高精尖企业高级管理人员支持实施细则》《顺义区高精尖企业服务绿色通道实施细则》2项配套细则，推动产业新政进一步落实落地。

（区总部人才中心）

【《凤栖梧桐 智造顺义》系列报道拍摄播出】结合改革开放40周年和顺义区撤县设区20周年等一系列重要宣传节点，与北京广播电视台新媒体《北京时间》联合拍摄播出系列人物专题报道《凤栖梧桐 智造顺义》3期，在区外全面展示顺义的人才底蕴和营商环境。

（区总部人才中心）

【组织策划顺义区2018徒步大会媒体矩阵宣传】4月22日，由北京市顺义区人民政府主办，区科委（知识产权局）、区经信委、区总部高管中心等7家单位联合承办的以“倡导创新文化 尊重知识产权” 为主题的2018徒步大会在顺义区奥林匹克水上公园举行。活动旨在学习贯彻习近平新时代中国特色社会主义思想和党的十九大精神，纪念改革开放40周年。迎接第十八个世界知识产权日，打造优质营商环境，助力产业发展，展示顺义区在科技、产业、商业、人才和知识产权领域工作成果。本中心组织媒体对本次徒步大会展开联合采访报道，在北京新闻、北京时间、顺广传媒等区内、外10家媒体（包括区内6家、区外4家）共发布新闻信息10篇。

（区总部人才中心）

【首批临空经济高端人才获得认定及支持资金】顺义区人才工作领导小组办公室启动首批临空经济高端人才认定支持工作，旨在增强“梧桐工程”的品牌效应和社会影响力，充分发挥人才的战略资源作用，突出企业对“高精尖”人才的引进，鼓励企业留住人才，为人才营造良好发展环境。经个人申报、单位提名、系统推荐、专家评议、人才工作领导小组会审定、社会公示等程序，确定30人为顺义区首批“梧桐工程”临空经济高端人才认定人选。本中心首次完成15家企业的30名“梧桐工程”临空经济高端人才的支持资金拨付工作，共拨付资金1480万元，按照4:3:3的比例首批拨付598万元。

（区总部人才中心）

【概况】北京市顺义区烟草专卖局（公司）隶属北京市烟草专卖局（公司），实行“统一领导、垂直管理、专卖专营”的经营管理体制，主要负责顺义区的卷烟经营和市场管理工作。2018年，共计销售卷烟56920箱，同比增长4.40%；实现税利3.59亿元，同比增长6.06%。

（烟草专卖局）

【品牌培育】年内，销售结构稳步升级，一、二类卷烟销量实现较大幅度增长，增幅分别达到9.59%和12.08%。创新品类卷烟快速发展，细支烟、中支烟、短支烟、爆珠烟分别同比增长43.15%、17.51%、73.97%、120.29%；中南海销量为8250箱，占总销量比重为14.50%，高于全市平均水平3.27%。

（烟草专卖局）

【市场监管与案件查处】2018年，坚持维护市场秩序和市场净化不动摇，保持打网办案高压态势，共查处违法案件250起，查获各类违法卷烟303.68万支，其中假烟53.01万支、走私烟48.33万支、非渠道卷烟202.34万支。协办国家局标准网络案件6起、市局标准网络案件3起，刑拘7人，判刑1人。

（烟草专卖局）

【物流寄递环节治理】落实四部门《关于联合监管物流寄递环节打击涉烟违法犯罪工作的意见》，在摸排辖区物流场站整体情况的基础上，与相关部门召开座谈会，加强与公安、交通、邮政等部门联合执法机制建设，联合开展物流寄递专项整治行动。2018年，查办物流寄递环节案件11起，查获非法寄递卷烟43.74万支。

（烟草专卖局）

【行政许可】贯彻“放管服”改革部署，认真学习《行政许可工作标准》，推进负面清单管理，落实政务服务“一网通办”要求，精简办事流程，明晰审批标准，有效破解群众办事堵点问题。截至年底，全区共有持证零售户3161户。

（烟草专卖局）

【全市首起“互联网+加热不燃烧卷烟”案件告破】5月29日，北京市烟草专卖局专卖处（稽查总队）航空监管组，联合铁路分局、顺义烟草专卖局，在顺义公安分局支持下，破获全市首起“互联网+加热不燃烧卷烟”案件。顺义烟草专卖执法人员协同公安民警在顺义区滨河小区某住宅内，当场查获当事人孙某非法经营的Marlboro(iQOS BALANCED REGULAR)、Marlboro(iQOS MENTHOL)、Marlboro(iQOS PURPLE MENTHOL)等加热不燃烧卷烟共计28个品种17.62万支，涉案案值12.60万元，抓捕涉案嫌疑人1人，查获囤烟窝点1个、违法车辆1台。

（烟草专卖局）

【文明吸烟环境建设】2018年，由区局（公司）领导牵头，成立由营销、办公室、财务、法制4个部门组成的工作领导小组，协调区文明办、城管委、城管局等部门，选取“新国展”作为文明吸烟环境建设的试点，完成设备采购与安装工作。

（烟草专卖局）

经济功能区 区内企业

4 月 28 日，顺丽鑫院士专家工作站揭牌

8 月 9 日，中关村科技园顺义园科学技术协会成立暨第一次代表大会召开

9月6日，第五届中国国际新材料产业博览会在哈尔滨市开幕

10月12日，中国航空油料集团有限公司研发中心开工仪式

➤10 月 21 日，科创集团公司与北汽集团就合作共建顺义智能网联汽车试验场项目签署《谅解备忘录》

➤10 月 23 日，以“弘扬工匠精神，展示岗位才能”为主题，在光明乳业举办第一届职工叉车技能比赛

11 月 19 日—12 月 28 日，空港开发开展“梧桐工程——干部人才引进计划”系列工作

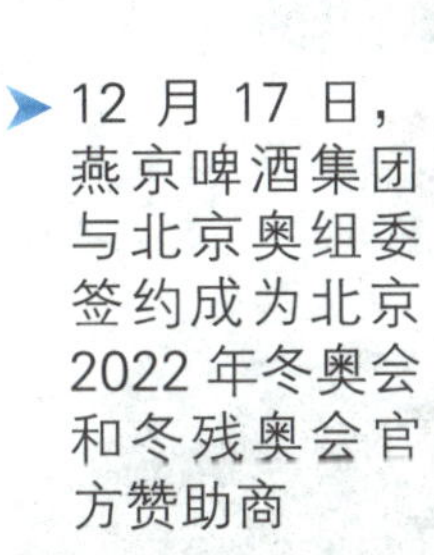

12 月 17 日，燕京啤酒集团与北京奥组委签约成为北京 2022 年冬奥会和冬残奥会官方赞助商

12 月 24 日，燕顺投资公司转化销售首开．晟品景园共有产权住房项目

牛栏山酒厂高科技机械臂

鹏程食品高科技生产线

顺义区政务中心项目

经济功能区

北京临空经济核心区

【概况】2018年，核心区围绕市区两级重点工作任务和年初确定的任务目标，深入落实北京市委书记蔡奇、市长陈吉宁调研顺义时的讲话精神，对标对表，全面推进各项工作有序开展。北京临空经济核心区逐步形成以航空服务业为主导，临空指向性的现代物流、新兴金融、商务会展和高技术产业等为补充的“大临空”经济格局。其中，航空服务业是园区的第一大支柱产业，核心区航空服务业企业数量占北京地区航空企业总数的三分之二，航空企业集聚度全国领先。航空服务业形成以航空运输为核心，囊括航空管理、航空保障、航空配套、航空技术等多种业态的完整航空服务产业链。核心区聚集中国民航三大中心（华北空管局终端控制中心、民航总局安技中心、民航总局气象中心），六大集团（国航、东航、南航、中航油、中航信、中航材）以及机场集团等航空服务企业80余家，财税收入占核心区财税总量的65%。临空经济核心区吸引20多个国家和地区的2600余家企业入驻，聚集33家世界五百强企业投资项目87个，总部型企业63家，美、德、日为代表的外资企业235家，重点企业中国企、央企共计127家。2018年实现属地税收188.2亿元，同比增长45.22%，占全区24.9%；一般公共预算收入43.7亿元，同比增长49.9%，占全区27.4%。

（临空经济核心区）

【经济指标】2018年，全年实现属地税收188.2亿元，增长45.2%，占全区总量的24.9%；一般公共预算收入43.7亿元，增长49.9%，占全区总量的27.4%（剔除调库因素，2018年实现属地税收127亿元，增长28.8%；一般公共预算收入28.4亿元，增长32.7%）；全年累计实现工业总产值220.6亿元，总收入2332.2亿元，出口供货额53.2亿元，利润总额222.6亿元，固定资产投资24.7亿元。

（临空经济核心区）

【招商引资】全年新引入中交城乡开发建设、中外运跨境电商物流等重点企业125家，注册资金或投资额1亿元以上的企业20家，累计注册资金59亿元。罗罗发动机维修等项目签约入驻，宝马中国研发中心和地平线征程自动驾驶公司落户核心区环普国际产业园。航空安全试验基地二期项目、中国航油研发中心项目开工奠基。

（临空经济核心区）

【产业发展规划、交通规划及城市设计专题研究】落实《北京城市总体规划（2016年—2035年）》及《顺义分区规划（2017年-2035年）》要求，核心区抢抓京津冀协同发展战略契机，进一步实现与首都机场规划的对接，实现规划与土地、产业的高度契合，高标准、快节奏开展产业发展规划、交通规划及城市设计等专题研究，进一步实现园区规划与首都机场规划的对接。年内，3个专项规划的编制工作全部完成。

（临空经济核心区）

【市政基础设施三年提升计划】年内，核心区推进市政基础设施三年提升计划涉及的28条道路建设施工，其中2条道路列入2019年发改委重点项目；推进“三环一带”项目实施；2018年为民办实事工程——顺航路道路大修工程全面竣工通车。

（临空经济核心区）

【6个高端项目签约】盒马鲜生、中俄航空产业园、北广电子城—临空经济创新产业基地项目等6个高端项目成功签约。

（临空经济核心区）

【金融类公司总募集资金规模达1864亿元】中交集团下中交资产管理共计16家金融类公司总募集资金规模达1864亿元。

（临空经济核心区）

【多措并举落实安全监管责任】（一）“三大行动”挂账隐患整治持续推进。年内，累计检查企业1420家次，发现安全隐患2495项，整改安全隐患2396项，隐患整改率96%。（二）重大活动期间安全保障工作完成。一是做好元旦春节期间火灾防控工作，二是“两会”期间安全保障工作完成，三是车展期间严格落实火灾防控加强级部署措施，完成安全生产保障任务，四是“中非论坛”北京峰会期间启动“全要素部署”，落实“属地吹哨、部门报到”和“党、政主要领导及包干分片领导安全检查”工作机制，完成“中非论坛”北京峰会安全保障工作。（三）安全生产教育培训演练活动开展。一是30家企业“双百工程”对话谈心活动任务完成，二是组织辖区60家企业的主要负责人和安全负责人参加市、区统一组织的安全大培训活动，三是深入企业开展有限空间、落实主体责任、消防安全知识等培训8次，开展危险化学品、有限空间等消防演练3次，培训人数1494人。（四）多措并举落实安全监管责任。为落实北京市督查组的要求，对核心区安全生产党政同责、一岗双责重新进行修订和下发，将安全生产责任明确落实到每一个科室负责人。加大对重难点区域的监管力度，通过政府购买服务的形式，向财政申请资金，加强对首航国际等6个商住项目的安全管理。

（临空经济核心区）

【华泰诺安公司被列为首批国家应急产业重点联系企业】年内，按照《工业和信息化办公厅关于建立应急产业重点企业联系制度的通知》要求，经省级工业和信息化主管部门申报、专家评审、社会公示，顺义区唯一一家入选企业——北京华泰诺安探测技术有限公司被列入首批国家应急产业重点联系企业名单，并在名单顺序中排名第一。华泰诺安作为国内最早涉足核生化爆毒全系列有毒有害物质探测领域，并具有全系列产品自主研发能力的公司之一，始终致力于开发具有国际先进水平和自主知识产权的专业产品，公司拥有核心发明专利50余项。

（临空经济核心区）

【双创示范基地】2018年，双创基地注册企业达304家，实现属地税收2.48亿元。基地入驻哈工大、中清科创、思空科技、闻康集团等高质量创新企业，涉及航空航天、节能环保、生物医药与大健康等多个产业领域，聚集数十名科技创新人才和多个研究项目。4月，双创基地荣获北京市第五批“众创空间”称号，基地内2家企业成立院士专家工作站。

（临空经济核心区）

【北京临空国际免税城在顺义开建】1月12日，北京临空国际免税城在临空经济核心区启动建设。项目由中国国旅股份有限公司、首都机场集团和顺义区政府共同打造。项目占地面积29.6公顷，地上建筑面积42万平方米、地下建筑面积38万平方米，包含免税、休闲、文化体验、星级酒店、高端写字楼等业态。通过设计，北京临空国际免税城可与T3航站楼、城际铁路联络线枢纽、T2有轨电车站点无缝链接。京津冀144小时过境免签政策，更为过境旅客消费提供宽松和便利的政策环境。

（临空经济核心区）

【宝马集团中国研发中心项目正式入驻】1月30日，作为顺义区发展三大产业集群中“智能新能源汽车”领域的又一重大成果——宝马集团中国研发中心项目正式入驻北京临空经济核心区。研发中心租赁腾退闲余办公楼2.6万平方米，项目总投资2亿元，致力于宝马全系列车型，包括新能源车、混合动力汽车、智能汽车及宝马下一代高效新型发动机项目的整车验证、检测及在线诊断，突出做好新能源、无人驾驶等领域的核心部件研发。

（临空经济核心区）

【优化营商环境政策宣讲】3月7日上午，北京临空经济核心区协同顺义区经济和信息化委员会在蓝天大厦举办临空经济核心区2018年度顺义区促进产业结构调整和中小企业发展政策宣讲及奖励项目申报培训会，旨在优化核心区企业政策环境，不断完善政策平台搭建，区内40余家企业参会。会上，核心区管委会产业发展处领导介绍核心区经济运行总体情况；区经信委领导介绍顺义区中小企业发展资金的申报情况以及注意事项；区中小企业服务中心负责人对资金的管理办法以及申报程序进行深入解读，并对2018年申报工作进行布置；获得2017年度扶持奖励的企业代表介绍企业和项目基本情况，并与参会企业分享项目申报成功经验。会后，企业针对申报问题进行现场咨询，对申报流程进行有效梳理。年内，共组织政策宣讲会13次。组织企业征集新项目39个，为44家企业落实资金6932.4万元。

（临空经济核心区）

【顺航路道路维修工程】顺航路

(顺于路—顺平路)道路维修工程，南起顺平路、北接顺于路，道路全长约1089.64米。工程于3月15日开工，工程内容包括道路路基、路面、步道、中水、路灯以及绿化全面提升改造。7月26日，核心区管委会规划处组织设计、施工、监理，管理公司等单位进行验收后，竣工通车。

（临空经济核心区）

【排污口在线监控系统工程】年内，核心区为加强对废水排放的监管，根据重点水污染物排放总量控制指标要求，安装排污口在线监控系统，以监控辖区各入水和出水排污水污染物的种类、数量和浓度等指标。工程于4月12日进场施工，工期60天，经过调试阶段后，于10月份投入使用。

（临空经济核心区）

【福尼亚京港青年歌剧院项目落成】6月16日，总投资2亿元，占地7500多平方米的顺义福尼亚剧院正式运营。顺义福尼亚剧院参照国际剧院声学建筑标准建设，鸡蛋形状的设计保证剧场声音混响值达到国家大剧院1.6秒的标准；舞台地板采用的是美国俄勒冈松木；新风系统经过特殊处理可有效防止观众因室内二氧化碳浓度上升引起昏睡。顺义福尼亚前身是北京临空核心区旧厂房，位于顺义区空港工业区B区裕华路23号。

（临空经济核心区）

【三方对接机制建立】11月18日，顺义区政府与中航集团、首都机场集团建立三方对接机制。顺义区认真贯彻落实好中央、北京市关于优化营商环境的各项指示精神，不断增强服务企业的使命感和责任感，主动上门为中航集团、首都机场集团做好各项服务，研究解决各类问题，全力支持服务保障好企业发展。年内，共为国航、首都机场等12家重点企业解决3250套公租房。

（临空经济核心区）

【安庆大街路侧停车位施划】为解决核心区空港B区安庆大街路段“停车难”的问题，核心区领导及相关处室高度重视，与区交通队现场调研并实地走访华夏基金、华大基因等周边入驻企业。经核实安庆大街路宽12米，为非交通主干道，未通行公交车辆，社会车辆且行人较少，符合施划路侧停车位要求。11月1日，进场施工；11月20日，施工完毕，共增设停车位270个。

（临空经济核心区）

【便民超市——供销益家正式营业】11月26日，供销益家莲竹花园店正式开业，店面位于莲竹花园北侧空置门脸房，建筑面积约180平方米。店内主要经营蔬菜水果、生鲜肉类、副食百货、便民早餐等，开业当天客流量达1600余人，销售额4.3万余元。

（临空经济核心区）

【园区路口信号灯安装完毕】12月26日，国门一期工程7个路口道路交通信号灯全部安装完毕并启用。

（临空经济核心区）

【基层党组织建设】一是新建非公企业党组织3家，依托主权单位建立区域性党支部1个，党组织覆盖率达到100%。二是结对共建工作。与外派挂职干部所在地区开展“一助一”结对帮扶、定点联建，拨付帮扶资金170万元；坚持党管人才原则，吸纳受援地区人才37人、引入劳务贫困人员100余人，有效提升党建工作与区域经济社会和谐发展的交融度。

（临空经济核心区）

【工会工作】年内，核心区工会按要求完成区工会改革试点任务，基层组织建设工作位列全区二级工会第一，新建工会组织7家、发展会员2000余人；新建基层职工之家7个，职工暖心驿站11个，顺丰职工之家获评“市级示范职工之家”职工之家。工会经费税务代收工作完成，缴费额度全区第一。举办区级快递员包装技能竞赛。雅昌公司艺术数据中心获评全国“工人先锋号”，中科星图公司GEOVIS研发团队获评“首都工人先锋号”，顺丰公司张义标获“首都劳动奖章”。

（临空经济核心区）

【顺丰分拣中心落户】年内，顺丰分拣中心落户临空经济核心区。顺丰全自动仓储分拣中心及配套设施项目位于顺义新城26街区，项目投资5亿多元，总建设用地73186.44平方米，建筑规模57146.46平方米。作为首都大型一级全自动智能分拣中心，可实现在一个场地内承接来自全国各地单日发往首都的10架全货机和约200架次散航班，以及进出港各600多个流向的快递包裹分拣，日均量高达150万单。

（临空经济核心区）

【人工智能企业“地平线”落户】年内，中国人工智能“独角兽”、嵌入式人工智能全球领导者——北京地平线征程智能驾驶科技有限公司（以下简称“地平线”）与北京环普科创园签署租赁合约整装入驻园区。北京环普科创园是北京临空经济核心区产业转型升级、瞄准“高精尖”产业、打造新型智慧产业园区的示范项目。

（临空经济核心区）

中关村科技园顺义园区

【概况】中关村顺义园包括顺义航空产业园、空港创意产业园、北京北方新辉新兴产业基地、临空国际高新技术产业基地、实创高新技术产业园等9个区域。园区总体规划面积30.62平方公里，入驻的高端制造企业达2000余家，中关村高新企业294家。入驻园区企业可叠加享受北京市、中关村国家自主创新示范区和顺义区的多重政策优惠。顺义园依托首都航空中心核心区的国际枢纽优势和毗邻“三城”核心区域的位置优势，聚焦发展新能源智能汽车、第三代半导体、航空航天三大创新型产业集群，培育生物医药大健康、新一代信息技术两大战略新兴产业。

（中关村顺义园）

【第三代半导体产业规划与扶持政策论证会】1月24日，顺义区组织召开第三代半导体产业规划和专项扶持政策论证会。会上，与会专家、相关领导、企业代表围绕产业规划和专项政策编制完善提出3点建议：一是要突出北京建设全国科技创新中心主题，强化北京特色。二是依托中关村凸显顺义“一区”建设，带动产业转型升级。三是第三代半导体各环节区别国内其他已布局的产业特色。中国科学院半导体研究所前所长、973项目首席科学家李晋闽教授，北京大学物理学院副院长沈波教授等40余人参会。

（中关村顺义园）

【智能制造应用论坛】1月25日，“以先进技术服务中国制造2025—智能制造应用论坛”在北一大隈(北京)机床有限公司举办。中国工程院院士卢秉恒，日本大隈株式会社代表取締役社长花木義麿，中国机械工业联合会副秘书长李冬茹等100余人参会。会上，卢秉恒围绕机床市场在中国增量、中国机床10年发展概况、对中国机床开展国际合作期待等情况作题为《开展国际合作，发展高端机床，支持中国制造业发展》报告。本次论坛旨在响应中国政府主导的智能制造发展战略，找准中国市场对智能制造需求增长发展脉搏，把握北京建设全国科技创新中心历史性机遇，为北一大隈智能化改造和成为中国智能制造示范目标带来动力。

（中关村顺义园）

【5家企业获北京市科学技术奖】2月5日，2017年度北京市科学技术奖励大会在北京会议中心举行。顺义园5家企业获奖，其中：北京康仁堂药业有限公司的“中药生产过程可靠性工程理论与关键技术应用”获北京市科学技术一等奖。北京轩宇空间科技有限公司的“高性能处理器测试验证与片上容错技术及应用”获二等奖。北京新源国能科技集团有限公司的“污水资源化利用的复合增强型MBR膜装备和膜处理技术研究及产业化”、北京东方雨虹防水技术有限公司的“高耐候热塑性弹性体防水卷材关键技术研究及应用”、北京澄通光电有限公司“基于物联网和云平台的集成式智能光引擎的研制及应用”获三等奖。获奖项目涉及中医中药、计算机等领域，体现出技术创新成果为产业发展提供新动力、民生领域科技成果全民共享、“互联网+制造业”拉动智能制造。

（中关村顺义园）

【科技创新产业功能区列入中国开发区目录】2月26日，北京顺义科技创新产业功能区被列入《中国开发区审核公告目录》（2018年版）。本目录经国务院同意，由国家发展改革委、科技部、国土资源部、住房城乡建设部、商务部、海关总署联合发布。科技创新产业功能区于2014年11月26日经北京市机构编制委员会办公室和顺义区人民政府批准设立，由原北京林河经济开发区、北京汽车生产基地、北京临空国际高新技术产业基地、北京北方新辉印刷产业基地及北京板桥创意天承产业基地5个功能区整合而成。

（中关村顺义园）

【顺义园12公里道路被列为自动驾驶测试道路】3月22日，北京市交管局发布通告，顺义园恒兴西路、恒兴路、恒兴东路、文良北街、文良街和开元街全程12公里的开放式全景道路被列为本市首批自动驾驶测试道路。

（中关村顺义园）

【3家企业入驻顺义园】4月24日，哈工大顺义军民融合创新产业园、北京波科高端半导体激光芯片基地和国千科技北京增材制造总部基地3个项目与顺义园在本园区综合办公楼举行签约仪式。项目总投资额110亿元，涉及航空航天、半导体材料、高端装备制造、新能源汽车等领域。入驻项目符合顺义区“3+4”产业发展格局。

（中关村顺义园）

【顺义园与西庞村开展结对帮扶】3月29日，中关村顺义园工委与杨镇西庞村党支部举行《中关村顺义园工委与杨镇西庞村党支部结对帮扶协议》签约仪式。根据协议，顺义园要从加强组织共建、促进增收致富、提升治理水平、为民办事服务四个方面帮扶西庞村发展。中关村顺义园工委副书记王玉明、党群处处长高秀香、杨镇党委副书记李宝利等参加。

（中关村顺义园）

【车和家总部落户】4月24日，车和家总部及研发基地落户顺义园。项目以北京车和家信息技术有限公司为主体，利用园区12公里自动驾驶车辆测试道路，开展智能驾驶研发及相关测试。旨在打造集研发、设计、制造与销售为一体的新能源智能汽车产品总部基地。

（中关村顺义园）

【创新产业发展基金指导委员会成立】4月27日，北京顺义创新产业发展基金战略指导委员会第一次会议在顺义科技创新产业功能区召开。会上，宣布并通过《北京顺义创新产业发展基金战略指导委员会组建方案》，明确组织架构、工作职责和运行机制。北京顺义创新产业发展基金总经理位成斌就基金设立、运营、投资情况等方面进行汇报。

（中关村顺义园）

【顺义园推进对口帮扶协作工作】4月28日，顺义区委书记高朋带队区党政代表团赴内蒙古通辽市科尔沁左翼中旗开展对接对口帮扶协作工作，顺义园工委副书记、管委会副主任张建国参加。根据安排，顺义园对口帮扶科左中旗协代苏木的哈久嘎查。张建国与嘎查党支部书记奚百胜进行沟通，并签订对口帮扶协议，与哈久嘎查对接相关项目和资金。

（中关村顺义园）

【顺义园15家企业获资金奖励】4月，顺义区科委按照《首都科技条件平台顺义工作站管理办法》（顺政发〔2017〕30号），对30家首都科技条件平台成员单位绩效完成情况进行评审。顺义园的北京众绘虚拟现实技术研究院有限公司、北京大众在线网络技术有限公司、中科瑞阳膜技术（北京）有限公司等15家企业获奖，其中一等奖2家、二等奖5家、三等奖8家，共获资金奖励33万元。

（中关村顺义园）

【第三代半导体创新发展论坛举办】6月8日，第三代半导体支撑新能源汽车创新发展高峰论坛暨第三届国际第三代半导体创新创业大赛启动仪式举办。活动由科技部、北京市科学技术委员会、顺义区人民政府指导，第三代半导体产业技术创新战略联盟、顺义园管委会主办。科技部原副部长曹健林，中国工程院院士、国家新材料产业发展专家咨询委员会干勇等出席。清华大学、北京大学、浙江大学等第三代半导体及新能源汽车领域专家和企业代表200余人参加。会上，国家新能源汽车技术创新中心与第三代半导体产业技术创新战略联盟举行战略合作签约，双方将在共性技术研发平台、标准、检测验证等方面开展合作。论坛围绕新能源汽车在基础材料、关键零部件等产业链建立结构完整、自主可控产业体系及第三代半导体与新能源汽车跨产业协同创新发展机制进行探讨，促进第三代半导体在新能源汽车中应用。

（中关村顺义园）

【顺义园联合区科委专题对接会召开】6月13日，顺义园联合顺义区科学技术委员会召开“首都科技条件平台2018年度‘百进千’专题对接会”。中科院研发基地、北京大学、清华大学等高校院所研发专家等100余人出席。专题对接活动旨在形成条件平台供需对接服务品牌，建立有效合作机制和保障，探索企业与实验室合作商业模式，促成科技成果与园区企业对接、转化落地。

（中关村顺义园）

【亚太碳化硅国际会议召开】 7月10日，由北京市科学技术委员会和顺义区人民政府指导，中关村天合宽禁带半导体技术创新联盟、中国科学院物理研究所、北京硅酸盐协会主办，北京天科合达半导体股份有限公司承办，中关村科技园区顺义园管理委员会、中国物理学会等协办的亚太碳化硅及相关材料国际会议在中家鑫园温泉酒店会议中心召开。中国科学院院士夏建白、中科院物理所教授陈小龙、日本筑波大学教授岩室宪幸等数十位来自中国、日本、美国等国家的行业专家参加。北京市科委新材料中心主任肖澜、中关村顺义园管理委员会副主任张建国参会并致辞。会议内容涵盖与宽禁带半导体材料、器件、应用以及设备制造和加工技术等。期间，参会企业家、专家交流探讨推动亚太地区宽禁带半导体技术合作，为顺义区第三代半导体产业发展搭建资源平台。

（中关村顺义园）

【顺义园科学技术协会成立】 8月9日，顺义园科学技术协会成立暨第一次代表大会召开。顺义区科协主席鲍晓芹，中关村顺义园工委副书记、管委会副主任张建国等出席，园区科学技术协会会员代表100余人参加会议。大会审议并表决通过《中关村科技园区顺义园科学技术协会章程（草案）》及《2018年工作方案》。选举产生科协第一届委员会委员15人；选举张建国为科协主席，蒙连胜、安国雨、孙军、邹剑峰为副主席，崔春红为秘书长。鲍晓芹与张建国共同为顺义园科协揭牌。

（中关村顺义园）

【5家企业参加新材料博览会】 9月6日，由工业和信息化部、黑龙江省政府共同主办的第五届中国国际新材料产业博览会在黑龙江省哈尔滨市开幕。顺义园北京国联万众半导体科技有限公司、北京镓族科技有限公司、北京三帝科技股份有限公司、安泰科技股份有限公司和北京特思迪设备制造有限公司5家企业参展。顺义园展区采用“线下实体＋线上虚拟＋视频解说”多维展示形态，产品涉及第三代半导体芯片器件装备、增材制造以及磁性材料等方面。博览会期间，顺义园就新材料领域产业定位、发展基础和优惠政策等进行推介。

（中关村顺义园）

【滴滴运营方获自动驾驶道路测试资格】 9月21日，滴滴出行运营方北京小桔科技有限公司控股的苏州滴滴旅行科技有限公司自动驾驶车辆通过T3级路测，取得自动驾驶车辆道路测试资格，成为继百度、阿里、腾讯之后第4家获自动驾驶车辆道路测试资格的互联网公司。滴滴出行自动驾驶车辆测试在顺义园12公里测试道路开展。

（中关村顺义园）

【顺义园优秀人才及人才工作创新项目获表彰】 9月21日，顺义区人才工作大会召开。会上，顺义园北京百迈客生物科技有限公司研发技术总监刘东源、北京北汽德奔汽车技术中心有限公司技术总监张永刚、北京汽车股份有限公司汽车研究院专业总工程师江荫众等24名优秀人才和北京汽车集团有限公司的《北汽集团YES人才汇》、北京汽车股份有限公司的《北汽股份汽车研究院专家作用发挥优化》等4个人才工作创新项目获表彰。

（中关村顺义园）

【顺义园与易美芯光签署合作协议】 9月21日，在顺义区人才工作会议上，中关村科技园区顺义园管理委员会与易美芯光（北京）科技有限公司签署《易美国际硬科技产业研究院战略合作协议》。

（中关村顺义园）

【顺义园3家企业入选绿色制造名单】 9月30日，北京市经济和信息化委员会公布2018年北京市绿色制造名单，顺义园北京燕京啤酒股份有限公司、北京江河幕墙系统工程有限公司和北京中卓时代消防装备科技有限公司3家企业入选。

（中关村顺义园）

【顺义科创3家企业“双创”参展】 10月9—15日，2018年全国大众创业万众创新活动周北京会场主题展举办。北京顺义科技创新集团有限公司投资孵化的北京长城华冠汽车科技股份有限公司、北京镓族半导体科技有限公司、北京众绘虚拟现实技术研究院有限公司分别携前途k50电动跑车、氧化镓超宽禁带半导体、医疗仿真培训系统等创新成果参展。

（中关村顺义园）

【顺义园3家企业参展智能网联大会】10月18—21日，由北京市人民政府与工业和信息化部联合主办，工业和信息化部装备工业发展中心、北京市经济和信息化委员会、中国电子信息产业发展研究院、北京市顺义区人民政府等共同承办的世界智能网联汽车大会在北京国家会议中心举行。大会以“跨入汽车新时代”为主题，采取论坛会议、展览和动态活动三大板块联动的形式。顺义园北京汽车集团有限公司、北京现代汽车有限公司和北京长城华冠汽车科技股份有限公司3家企业分别展示智能网联整车及核心部件。

（中关村顺义园）

【顺义园12家企业入选科技创新百强】10月19日，由北京市委统战部、北京市工商业联合会主办的2018北京民营企业百强发布会在北京召开。会上，市工商联发布“北京民营企业科技创新百强”名单。顺义园江河创建集团股份有限公司、北京顺丰速运有限公司、北京品众互动网络营销技术有限公司等12家企业入选。

（中关村顺义园）

【顺义园与芝麻开门签署入驻协议】10月25日，在第十三届中国北京文化创意产业博览会暨第五届北京市文化融合发展项目合作推介会上，中关村科技园区顺义园管理委员会与国内首家从事大运河保护产业的文化创意和科技测绘类企业芝麻开门信息技术有限公司签署入驻协议。

（中关村顺义园）

【5个高精尖项目落地顺义园】11月15日，由北京市地方金融监督管理局、上海证券交易所、顺义区人民政府共同举办的“2018产融合作峰会暨顺义高精尖产业政策发布会”在北京临空皇冠假日酒店会议中心举行。会上，中关村科技园区顺义园管理委员会与中国电子科技集团第十一研究所光电总部基地项目、山东天岳碳化硅材料生产基地项目、汉能集团北京市移动能源产业创新中心项目、药鼎国际生物医药研发中心项目和莱博睿思循环肿瘤细胞检测5个高精尖项目签订入园协议。项目涉及第三代半导体和生物医药两大行业领域，总投资101亿元。

（中关村顺义园）

【第三代半导体全球总决赛举办】12月20—22日，由第三代半导体产业技术创新战略联盟、北京市顺义区人民政府主办，中关村科技园区顺义园管理委员会承办的中国创新创业大赛国际第三代半导体专业赛全球总决赛在北京临空皇冠假日酒店举办。全国政协教科卫体委员会副主任、科技部原副部长、国际半导体照明联盟主席曹健林，中关村科技园区管委会党组副书记、主任翟立新，顺义区委副书记、代区长孙军民等出席大赛并为获奖项目颁奖。来自德国、荷兰、瑞士、英国、日本等10余个国家，北京、广州、深圳、南昌等国内50余个城市的560余个行业创新项目参赛。涉及5G通讯、能源互联网与新能源并网、新能源汽车与轨道交通、消费类电子与机器人、智慧照明与显示技术、军民融合等领域。国家电网、研华科技、东旭集团等20余家企业及IDG资本、华登国际、清芯华创、光荣基金等50余家投资机构参与。经过选拔，东部（张家港）、东南（南昌）、南部（深圳）、京津冀（北京）、国际等赛区共33个晋级项目展开比拼。最终，苏州锴威特、柠檬光子、子询人工智能研究院、中科院半所滤波器项目等20余家企业分获一二三等奖和优胜奖。现场中关村科技园区顺义园管理委员会与北京莱泽光电技术有限公司、光子算数（北京）科技有限责任公司、苏州菲达旭微电子有限公司等5个项目签约。

（中关村顺义园）

【新建非公企业党组织12家】年内，顺义园新建非公企业党组织12家，包括中共中航荣欣投资有限公司总支部委员会、中共北京同安元消防设备有限公司支部委员会、中共中力海集团有限公司支部委员会等。截止年底，园区非公企业党组织总数29家，其中党委1家、党总支1家。

（中关村顺义园）

【顺义园新增4家上市企业】年内，顺义园新增4家上市企业，包括北京潮白环保科技股份有限公司、北京艺高世纪科技股份有限公司、北京三友创美饲料科技股份有限公司和北京鑫凯瑞科技发展股份有限公司。截至年底，顺义园上市企业累计40家，其中主板上市企业4家、中小板上市企业2家、创业板上市企业1家、海外上市企业2家、新三板上市企业30家、新四板上市企业1家。

（中关村顺义园）

【顺义园10家企业获市扶持资金】年内，顺义园10家企业获北京市扶持资金8354.48万元。其中北京六合宁远科技有限公司的"新药研发外包服务平台建设"、航天星图科技（北京）有限公司的"面向智慧城市的高分数字地球平台"、北京国联万众半导体科技有限公司的"5G通信用第三代半导体氮化镓核心芯片产业化"和北京镓族科技有限公司的"氧化镓基日盲紫外探测器及功率器件产业化"4个项目获中关村示范区分园高精尖产业培育项目资金支持8000万元；北京国联万众半导体科技有限公司获中关村现代服务业扶持资金239.48万元；北京蓝创科汇投资管理有限公司获中关村军民融合特色园和创新平台资金支持50万元；中影光峰激光影院技术（北京）有限公司、中煤电气有限公司、北京数码视讯软件技术发展有限公司3家企业被北京市科协企业创新认证，共获市级资金支持15万；北京众绘虚拟现实技术研究院有限公司被认证院士工作站，获支持资金50万元。

（中关村顺义园）

【顺义园18家企业获区资金扶持】年内，顺义园18家企业获顺义区财政资金扶持5290万元，其中北京国联万众半导体科技有限公司获顺义区促进重大产业项目发展定向扶持资金3000万元；中影光峰激光影院技术（北京）有限公司的ALPD激光技术应用、中煤电气有限公司的"互联网+煤炭"智能化协作云平台等13个项目获顺义区中小企业发展专项资金支持1240万元；北京黄记煌餐饮管理有限公司获顺义区促进入区企业发展扶持资金250万元。北京数码视讯软件技术发展有限公司的"基于新媒体的家庭智能网关研发及产业化项目"、北京奥创世纪网络影视发行有限公司的"弘扬中华美食文化系列节目"和中影光峰激光影院技术（北京）有限公司的"电影数字化改革推广"3个项目获顺义区文化创意产企业重点项目资金支持800万元。

（中关村顺义园）

【顺义园新增88家高新技术企业】年内，顺义园新增中关村高新技术企业88家，包括北京吉狮互动网络营销技术有限公司、北京东方雨虹防水工程有限公司、北京数码视讯软件技术发展有限公司等。截止年底，顺义园累计被认定的中关村高新技术企业294家。

（中关村顺义园）

【顺义园疏解3家企业】年内，顺义园疏解一般制造业企业3家，分别为北京丽格铝木门窗有限公司、迪迈机械（北京）有限公司和意冷星（北京）制冷设备有限公司。3家企业共腾退土地3.81公顷，腾退楼宇面积11723平方米。其中丽格铝木门窗迁往山东省潍坊市，腾退土地1公顷，楼宇面积5400平方米，获疏解奖励资金159.6万元；迪迈机械迁往江苏省宿迁市，腾退土地0.91公顷，楼宇面积5334平方米；意冷星迁往河北省廊坊市，腾退土地1.91公顷，楼宇面积989平方米。2018年顺义园获疏解任务奖励资金60万元。

（中关村顺义园）

【科技创新功能区工程建设】年内，顺义科技创新产业功能区内2个项目竣工，包括北京宝能文创投资有限公司建设的中传文化研发产业基地项目和北京煤科天玛自动化科技有限公司投资建设的天玛煤矿综采自动化产业基地项目一期工程，总建筑面积75262平方米，项目总投资6.7亿元。新开工项目6个，包括碎得机械（北京）有限公司投资建设的厂房(厂房及附属用房)项目、北京青云航电科技有限公司投资建设的106#生产研发厂房等7项工程、宝姿时装（北京）公司投资建设的研发厂房及附属设施用房工程、北京北方艾特生物科技有限公司投资建设的北方艾特模式动物中心项目、北京轩宇信息技术有限公司投资建设的1#锅炉房等4项工程和荣宝斋投资建设的南区（戊、己#楼生产基地项目），总建筑面积95416平方米，项目总投资5.28亿元。复工项目6个，包括2#实验厂房建设项目、汽车城4-124地块其他类多功能用地项目、（6#厂房）远大住工绿色建筑辅助基地项目、第三代半导体材料及应用联合创新基地项目、生产研发厂房等2项、6#综合配套楼等3项工程，总建筑面积25.52万平方米，项目总投资43.48亿元。

（中关村顺义园）

【顺义园科技人才济济】年内，北京百迈客生物科技有限公司的郑洪坤入选第二十届茅以升北京青年科技奖；北京百迈客生物科技有限公司研发技术总监刘东源、北京北汽德奔汽车技术中心有限公司技术总监张永刚、北京澄通光电股份有限公司技术总监徐国平和中国核工业二三建设有限公司信息中心主任蒋勇4人获顺义区优秀青年人才认定。截至年底，园区共有中国工程院院士4人，千人计划5人，海聚工程3人，高聚工程1人，百千万人才工程5人，享受国务院特殊津贴23人，北京市优秀青年人才6人，顺义区优秀青年人才4人，顺义区梧桐工程“临空经济高端人才”18人。园区累计博士后工作站20个，博士后（青年英才）创新实践基地工作站10个。

（中关村顺义园）

【顺义园新增企业211家】年内，顺义园新增企业211家，注册资金130.67亿元。其中注册类企业153家，注册资金125亿元；楼宇类企业58家，共计注册资金6亿元。新增企业中包括北京汉华移动能源技术创新中心有限公司、赫兹利华创新科技有限公司、北京桔电出行科技有限公司等科技类企业108家，共计注册资金82亿元；北京百众聚丰投资基金合伙企业（有限合伙）、北京百慧聚鑫投资合伙企业（有限合伙）、北京和谐超越二期投资中心（有限合伙）等投资类企业11家，共计注册资金35亿元；玛士琪连锁便利店（北京）有限公司、北京富达昌新能源汽车销售有限公司、北京捷能翔宇航空科技有限公司等销售类企业10家，共计注册资金0.67亿元；北京南方斯奈克玛涡轮技术有限公司、北京金城泰尔制药有限公司等其他类企业82家，共计注册资金13亿元。截止年底，累计入区企业2135家，累计注册资金905亿元。其中实体企业103家，注册企业1499家、楼宇类企业441家。

（中关村顺义园）

【航天产业园项目开工】年内，顺义航天产业园项目一期工程开工建设。顺义航天产业园位于中关村顺义园临空国际板块，项目规划打造卫星应用及智能装备产业基地、信息技术产业基地和卫星姿轨控系统核心技术产业基地三大基地，旨在建成以宇航系统业务和航天技术应用产业为核心，多业务、多体制互相支撑，具有强大市场竞争力的技术创新型、产业发展型、军民融合型的技术产业集团。信息技术产业基地占地面积56802平方米，建筑面积57500平方米，用于建设宇航用光学敏感器、电子类产品研发、测试调试厂房。

（中关村顺义园）

北京顺义绿色生态产业功能区

【概况】年内，区委绿色生态产业功能区党工委坚持党中央提出的“创新、协调、绿色、开放、共享”发展理念，严格按照区委、区政府的工作要求，自觉站位服务新时期首都城市战略定位和京津冀协同发展大局，各项工作稳步推进。

（绿色生态产业）

【抓好功能区安全稳定】严格落实区委、区政府的相关部署，坚持安全生产常抓不懈。重大活动、重点时段前，提前组织再部署、再落实，加强应急值守，加密安全检查频次，及时消除隐患，保证一年来功能区安全生产形势稳定。年内，发放安全类宣传材料共计800余份，发布微信公众号信息110余条；出动检查人员870余人次，检查生产经营单位共计631家次，企业覆盖率100%；发现隐患数374项，挂账隐患4处，下达责令整改通知单207项，所有隐患全部整改完成。

（绿色生态产业）

【舞彩浅山】舞彩浅山郊野公园建设项目于2017年11月28日正式开工建设，绿化工程完成种植穴挖掘91万余个、苗木栽植14.7万株；庭院工程进行五条沟和三十个景点的景观基础及结构施工；给水工程进行管道敷设、蓄水池基础浇筑及钢板安装；电力配套工程有序进场施工。工程整体形象进度完成60%。开展舞彩浅山步道防火监控体系建设。规划在木林镇和龙湾屯镇步道沿线125公里设置全覆盖无死角的视频监控系统，共计945个点位，项目计划总投资6000万元。设计、选址等前期工作按期完成，正在调整项目可研，待可研编制完成将报区发改委审核。

（绿色生态产业）

【浅山品牌塑造与宣传】配合顺义电视台、顺广传媒、《北青社区报顺义版》等媒体平台进行舞彩浅山宣传报道。协调顺旅集团完善浅山地区旅游数据统计制度，重点对节假日各项旅游资源数据进行统计收集，进一步夯实旅游富民工作基础，联合区旅游委举办第四届北京顺义舞彩浅山旅游登山文化节，通过登浅山、品文化等系列体验，带领群众亲近自然，普及群众登山健身活动，充分展示舞彩浅山生态旅游魅力的同时促进农民增收致富。

（绿色生态产业）

【大型活动组织有序】充分发挥统筹、协调的职能，总结功能区大型活动组织保障经验，有效保障第27届北京国际燕京啤酒文化节以及2018年郁金香文化节、菊花文化节和北京端午龙舟文化节的平安、有序举办，吸引游客超过133.5万人次，打造展示顺义、推介顺义的有效平台。并在活动期间，开辟对口帮扶受援地区产品展示区，扩大受援地区知名度，宣传推广受援地区特色产品，有力支持对口帮扶工作的开展。

（绿色生态产业）

【北京顺义绿色生态产业功能区年度情况概览】2018年，共接待游客150万余人次，其中第27届北京国际燕京啤酒文化节接待游客15万人次；第九届郁金香文化节、第十届北京菊花文化节等品牌节庆活动接待游客33万人次；冰雪嘉年华和冰雪文化节活动接待游客7万人次。

（绿色生态产业）

【北京郁金香文化节】4月1日—5月10日，第九届北京郁金香文化节在北京国际鲜花港开幕。此次文化节以“花开盛世•一带一路”为主题，横跨清明、五一两个黄金假期，历时40天。园区共栽植100余个品种、400万株郁金香，创造我国北方地区开展最早、品种最多、花期最长、种植面积最大的郁金香花展。截止至5月10日结束，郁金香文化节共计接待游客17.9万人。

（绿色生态产业）

【北京端午文化节】6月16日，由首都文明办、市体育局、顺义区人民政府主办的第十届北京端午文化节暨2018全国龙舟邀请赛在顺义奥林匹克水上公园隆重开幕。本次全国龙舟邀请赛暨北京市端午节龙舟大赛有来自全国各地的30多支队伍、500余名选手参与角逐，为市民带来多场精彩绝伦的龙舟竞技。同时还举办主题为“粽香千里，共赛幸福”的包粽子大赛，顺义区近百位来自19个镇，6个街道的选手参与其中。

（绿色生态产业）

【北京国际燕京啤酒文化节】6月29日—7月9日，第27届北京国际燕京啤酒文化节在北京奥林匹克水上公园举办。活动以“醉美燕京 WIN在顺义”为主题，以“一环、两轴”的形态轮廓进行规划，共分为主会场区、亲子嘉年华区、顺义产业发展展示区、冬奥冰雪体验区、对口帮扶展示区、欧式小镇中心街区、炫彩欢唱区、甜蜜街区、活动体验区、汽车乐园、电竞区11个区域，从延展主题内涵、提升视听体验、创新潮流美食、丰富活动形式、优化服务保障等方面入手，以广大消费者满意为中心，集中展现三大亮点，六大特色，多角度诠释“啤酒+”理念。场地使用面积约3.5万平方米。本届啤酒文化节历时11天，累计接待游客15万人次。

（绿色生态产业）

【北京国际鲜花港菊花文化节】9月8日—10月25日，第十届北京菊花文化节在北京国际鲜花港举办，此次文化节以“花开盛世•美满花港”为主题，延续历届菊展的办展模式，展出花卉种植面积7万余平方米，59个花卉品种。截止至2018年10月25日，共接待游客15.08万人。

（绿色生态产业）

【冰雪嘉年华】12月15日，第四届冰雪嘉年华活动在北京奥林匹克水上公园举办。活动期间引入丰富多彩的冬季冰雪娱乐活动。活动场地总面积约10万平方米，活动内容包括雪场体验、冰场体验及综合戏雪三部分。雪场体验区利用奥运会激流回旋比赛场地，设立蚂蚁特工队、雪地摩托、雪地战车、雪地悠波球等；冰场体验区利用终点湖，面积6000平方米，体验内容包括冰车、冰上自行车、冰上漂移车等；综合戏雪区，利用激流回旋场地，打造雪场空间，体验堆雪人、打雪仗、滑雪梯等自由戏雪内容。接待游客6万余人次。

（绿色生态产业）

【冰雪文化节】12月15日，北京国际鲜花港冰雪文化节在北京国际鲜花港举行。以打造顺义冬季特色旅游为主题，活动占地面积7000平方米，为广大游客带来全新的冬日休闲体验。

（绿色生态产业）

区内企业

【概况】北京市顺义区国有资本经营管理中心（以下简称国资中心）成立于2009年6月，注册资本金130.78亿元，以“至诚演绎非凡、致信服务社会、至爱构建和谐”为企业宗旨，以“促进区域经济发展，实现国有资产保值增值”为企业目标，主营业务涵盖投资、融资、担保、基金管理四大板块。2018年，实现利润总额3.82亿元，归属于母公司净利润2.35亿元，上缴税金1.38亿元。

（国资中心）

【投融资业务】国资中心坚持滚动投放原则，债权资金重点投向提升市容环境、完善城市功能、服务民生保障、增强城市承载力等领域。2018年新增债权投资32亿元，对外债权投放期末余额51.65亿元，全年滚动投放资金达到70.6亿元。坚持“以投定融”原则，全年完成13亿元信贷融资，稳步推进30亿元中期票据的注册工作，共与11家银行开展授信合作，融资授信余额达到268亿元。

（国资中心）

【担保业务】2018年，国资中心担保业务以助力区内中小企业发展为宗旨，新增贷款担保35笔，新增担保金额1.84亿，涉及医药、物流、文创等行业。截至年底，担保授信余额77亿元，累计担保额114亿元，在保余额3.99亿元。

（国资中心）

【基金管理业务】顺义金融控股公司实际代持财政资金15.4亿元，投出金额10.4亿元。先后向三新基金、北京顺义创新产业发展基金、北京顺义投资基金有限责任公司（顺义区首支政府引导基金）出资，通过此3支基金累计对外投资项目19个，其中区内项目14个，实际吸引各类资本投资顺义资金总额达到265亿元。

（国资中心）

【风险管控】国资中心建立完善的业务管理制度和风险防控制度体系，在贷前评审、贷中风险管控、贷后检查、不良项目追偿上设立有效监管机制，实现业务开展与风险防控相互独立、相互促进、分权制约的管理目标。2018年，国资中心出具稽核意见129份；成立律师办公室，进一步提高国资中心法务工作水平；制定《合同管理办法》、业务补充规定二十、二十一等制度，从源头对合同进行风险把控，进一步提高业务风险防控措施的有效性。

（国资中心）

【对口帮扶】国资中心同内蒙古巴林左旗富河镇乌尔吉村、张家口市万全区北沙城乡周家河村和张家口市沽源县长梁乡工农村签署对口帮扶协议，2018年，为3个受援地提供帮扶资金共计60万元，同时为其建设“国资书苑”，捐赠书籍、书架、办公电脑等物资共计价值12万元。先后6次前往受援地开展对接工作，切实为脱贫工作出谋划策。

（国资中心）

北京顺鑫控股集团有限公司

【概况】顺鑫控股集团坚持以习近平新时代中国特色社会主义思想为根本遵循，认真贯彻落实党的十九大会议精神，坚决执行市、区各项决策部署，坚持稳中求进的工作总基调，完成各项生产经营及重大活动服务保障任务。年内，顺鑫农业股价涨幅67.31%，跻身全部A股涨幅前十名；首次入选深证100指数样本股，入选深证成份指数等中国资本市场的权威指数系列；先后荣获“2018年度中国上市公司杰出投资者关系团队奖”“董事会治理特别贡献奖”；晋级中国制造业企业500强第279位，较上一年度提升7位。截至年底，集团各产业板块资产总额达到320亿元，实现营业收入290亿元，利润总额10亿元，上缴税金26亿元。

（顺鑫控股集团）

【科技研发】年内，牛栏山酒厂与中国科学院微生物研究所在筹建院士工作站等合作上达成全面共识，6月6日，牛栏山酒业事业部党委书记宋克伟与中国科学院院士、真菌学家庄文颖分别代表双方签署合作协议。另外，顺丽鑫生态观光农业园院士专家工作站揭牌成立。

（顺鑫控股集团）

【服务保障供应任务】顺鑫控股集团鹏程食品事业部完成全国两会、北京市两会和中非合作论坛北京峰会的猪肉食品供应任务，分别为全国两会供应生鲜产品45个品种、共计35517公斤，供应熟食制品5个品种、共计664公斤；北京市两会供应生鲜产品26个品种，共计9145公斤；中非合作论坛北京峰会供应生鲜产品33个品种，共计4306公斤。

（顺鑫控股集团）

【精准脱贫】坚决落实中央、市、区扶贫工作指示精神，成立精准帮扶工作领导小组，制定《顺鑫控股对口帮扶协作三年行动计划》《顺鑫控股对口帮扶专项工作方案》，形成集团抓总体、企业抓落实的同步扶贫工作体系，为精准扶贫工作有效落地打下坚实基础。结合顺鑫控股集团各项资源优势，向内蒙古科尔沁左翼中旗花胡硕苏木、宝龙山镇贫困户提供农业技术培训指导；在内蒙古通辽市科左中旗应用“托养扶贫”养殖肉牛模式；在沽源县开展商务领域对口帮扶工作等，采取技术帮扶、产业帮扶、智力帮扶、就业帮扶、订单帮扶等多角度立体式帮扶方式，持续推进对西藏尼木县、内蒙古科左中旗、河北沽源县、万全县等对口帮扶地区的理念传播、技术扶持、产业合作等，提升当地人力和产业竞争力，有效推进各项帮扶措施的落地落实，有效杜绝再返贫。

（顺鑫控股集团）

【中标签约】年内，顺鑫控股集团所属企业中标多个项目，涉及餐饮、水利、地产等多行业。其中餐饮行业包括：牵手公司中标广州南联航空食品有限公司果汁采购项目，并与北京盈通世纪公司达成合作，牵手500毫升饮用矿泉水正式进入西南铁路（成都、重庆、贵阳）高铁动车组等。环保水利包括：鑫大禹公司中标安徽巢湖流域水环境综合治理项目，中标价4179.20万元；顺工建筑中标发包方为北京首都国际机场股份有限公司的首都机场西跑道西侧排水明渠综合治理工程项目，中标金额167.19万元等。园林绿化行业包括：顺鑫绿洲中标京津、京哈高速（朝阳区）绿化景观提升工程项目，中标价7961.83万元等。建筑行业包括：顺鑫建筑规划设计研究院、顺鑫天宇及夏鑫银顺运营管理有限公司联合中标安徽省淮北市濉溪县乡村医养PPP项目，该项目总投资约3.75亿元；顺鑫天宇公司中标顺义区妇幼保健院改扩建工程项目，中标金额2.78亿元等。

（顺鑫控股集团）

【合作共建】年内，顺鑫控股集团所属企业与多地签署合作协议，鑫源食品集团与贵州省铜仁市政府签订战略合作协议，在牧场、餐饮等方面展开更深层次合作；建设科技集团与云南省安宁市以安宁高原特色现代都市农业示范区建设为基础，共同推进安宁乡村振兴；顺鑫绿洲与秦皇岛市北戴河区合作，共同推进北戴河疗养院养护项目的开展；顺鑫建投基金管理公司与由苏州市、银川市共建的苏银产业园签署框架合作协议，借助金融工具为其项目建设提供支持；顺鑫明珠成为顺义文化产业联盟成员，为推动顺义区文化创意产业持续健康快速发展贡献力量等。

（顺鑫控股集团）

【科技研发】为进一步吸引院士及其科研团队向企业集聚，加强院企联合，提升企业在人才培养、科技创新、成果转化等方面的综合实力，4月28日，顺丽鑫生态观光农业园院士专家工作站揭牌成立，中国农业科学院、中国工程院院士方智远正式入站；6月6日，牛栏山酒厂与中国科学院微生物研究所在筹建院士工作站等合作上达成全面共识，牛栏山酒业事业部党委书记、经理宋克伟与中国科学院院士、真菌学家庄文颖分别代表双方签署合作协议；顺鑫农业博士后科研工作站引进中国科学院微生物研究所王瑛博士进行博士后课题研究，并举行博士后开题报告会，以《牛栏山白酒品质安全与功能因子的研究》为题的研究项目获得专家组一致认可。

（顺鑫控股集团）

【猪瘟疫情防控】8月3日，全国爆发首例非洲猪瘟疫情，集团党委高度重视，成立非洲猪瘟疫情防控工作领导小组，多次召开疫情专题会议研究部署疫情防控工作。11月，房山区、通州区、顺义区接连发生非洲猪瘟疫情，旗下鹏程食品分公司立足自身定位，全力以赴保供应，千方百计稳市场。配合政府部门开展养殖散户清退工作，加大养殖散户生猪收购力度，以“生猪收购不压价”为原则，切实保障养殖户利益，有效减轻政府压力。受北京地区生猪资源紧缺影响，鹏程食品分公司紧急调整生产计划，采取增加外埠调拨白条方式填补市场空缺，安排24小时专人值守，加强疫情防控的督导以及市场供应的调度，有力保证北京市场猪肉供应的稳定和销售价格的平稳。

（顺鑫控股集团）

【产业集团挂牌】10月26日上午，北京顺鑫鑫源食品集团有限公司、北京顺鑫石门国际农产品批发市场集团有限公司、北京福通互联科技有限公司揭牌仪式在顺鑫大学（党校）举行，三个产业集团如期挂牌成立。

（顺鑫控股集团）

【签约北京冬奥会全球合作伙伴】12月26日，北京2022年冬奥会和冬残奥会官方赞助商发布会召开，顺鑫正式成为北京冬奥会和冬残奥会官方赞助商。发布会上，北京市副市长、北京冬奥委组委执行副主席张建东和顺鑫控股党委书记、董事长王泽共同为“顺鑫和北京2022年冬奥会和冬残奥会组合标志”揭幕。

（顺鑫控股集团）

北京燕京啤酒集团公司

【概况】2018年，啤酒总产销量完成392万千升，实现营业收入113亿元，利润总额3.8亿元，资产总额超220亿元，“燕京”驰名商标品牌价值1106.65亿元。

（北京燕京啤酒集团公司）

【首都国企开放日活动】6月10日，第三届“首都国企开放日”正式启动，100余名北京市民受邀走进燕京啤酒总部厂区。整个参观路线贯穿展厅及糖化车间、发酵罐区和灌装车间三大工段，以啤酒的酿造原理结合生产现场为主线，体会啤酒酿造之美。

（北京燕京啤酒集团公司）

【燕京啤酒品牌价值1106.65亿元】6月20日，由世界品牌实验室主办的第15届“世界品牌大会”在北京中国大饭店举行，大会发布2018年《中国500最具价值品牌报告》。燕京啤酒以品牌价值1106.65亿元，位列榜单第41位。九龙斋今年首日入围排行榜，品牌价值100.62亿元，位列榜单第375位。9月9日，由世界品牌实验室和世界企业家集团共同编制和发布的2018年《亚洲品牌500强》排行榜在香港揭晓。燕京品牌位列“2018亚洲品牌500强排行榜”第121位。

（北京燕京啤酒集团公司）

【北京国际燕京啤酒文化节】6月29日—7月9日，第27届北京国际燕京啤酒文化节在顺义奥林匹克水上公园开幕。顺义区领导、北京市扶贫协作和支援合作领导小组办公室以及张家口市万全区、内蒙古巴林左旗、河南省南阳市西峡县、河北威县等地的相关领导出席开幕式。本届啤酒文化节，延续“醉美燕京WIN（赢）在顺义”主题，全面呈现“啤酒+”概念，除美酒、美食以外，更将生态旅游、品牌文化、体育赛事融入其中。啤酒节期间接待游客15万人次，销售啤酒近10万千升。8月3日，为期3天的北京国际燕京啤酒文化节全球行动的首个海淀专场在北京稻香·湖景酒店举办。9月20—24日，第27届北京国际燕京啤酒文化节通州专场在通州运河文化广场举办。

（北京燕京啤酒集团公司）

【燕京啤酒协办北京市第十五届运动会橄榄球赛】8月4日，4年一届的北京市第十五届运动会橄榄球赛在燕京啤酒体育场举行。本次比赛由北京市人民政府主办，北京市体育局、北京市橄榄球协会、顺义区体育局及燕京啤酒协办，来自本市5个区共8支橄榄球队参加比赛。

（北京燕京啤酒集团公司）

【燕京矿泉水高质量服务保障中非合作论坛北京峰会】9月，高质量完成中非合作论坛北京峰会保障用水政治任务，共为大会提供瓶装水16633箱，桶装水385桶，50余车次，合计165吨。

（北京燕京啤酒集团公司）

【燕京啤酒与北京苏宁易购达成战略联盟】10月18日，燕京啤酒与北京苏宁易购战略合作签约仪式在公司总部举行，双方正式达成战略联盟。苏宁易购北京公司总经理郝嘉，集团公司副总经理郭卫平出席签约仪式。

（北京燕京啤酒集团公司）

【中投论坛顺义企业代表走进燕京啤酒】11月9日，中投论坛2018国际产业合作及跨境双向投资CEO峰会顺义企业行活动举办。此次活动由中投公司、中国上市公司协会、中国贸易促进会共同主办。来自德国、以色列及国内等十余家企业代表到燕京啤酒实地参观。

（北京燕京啤酒集团公司）

【精准帮扶内蒙对口支援地区】与内蒙古巴林左旗十三敖包镇、花加拉嘎乡签订结对帮扶协议，选派干部进行挂职锻炼，并利用“国家级实验室”的技术优势为帮扶地区提供学习实践机会。对接河南省西峡县双龙镇汪坟村对口帮扶工作，改善基础设施建设、群众生产生活条件。全年提供资金、公益赠书、物质帮扶折合60万元。

（北京燕京啤酒集团公司）

【大孙各庄镇西辛庄村“一助一”帮扶工作】开展结对帮扶工作，两节慰问困难户19户、慰问苦难党员2名、慰问1名新入学困难家庭学生，全年提供帮扶资金、物质慰问折合12万元，开展志愿服务30人次。

（北京燕京啤酒集团公司）

【燕京啤酒成为北京2022年冬奥会和冬残奥会官方赞助商】12月17日，北京燕京啤酒股份有限公司与北京奥组委签署《北京2022年冬奥会和冬残奥会组织委员会合作协议》发布会在北京冬奥组委办公园区举行。燕京啤酒正式成为北京2022年冬奥会和冬残奥会官方赞助商。大气水墨风、京燕2022、像素国际范儿三款冬奥纪念啤酒面市。

（北京燕京啤酒集团公司）

首安工业消防有限公司

【概况】首安工业消防有限公司（简称“首安”）是中国首家专业从事工业消防安全的高新技术企业，总部位于北京，在全国20多个省份及海外设有分支机构或子公司，主要技术与管理人员均拥有博士、硕士学位。首安基于自有核心技术产品、以工程总承包为主要服务形式，为钢铁冶金、电力工业、核能核电、航空航天、市政设施、隧道交通、石油化工、洁净厂房、数据中心、物流仓储、军工、酿酒等众多领域的工业企业及特种建筑提供先进、可靠、适用的消防安全解决方案。首安自主创新的三大核心系统产品——工业火灾探测报警系统、消防安全网络化监控指挥系统、自动灭火系统获得多项国际发明专利和近百项国内发明专利；公司荣获国家企事业知识产权试点单位、北京市专利示范单位等荣誉称号。首安连续五届蝉联“中国消防行业十大民族企业”首位。首安秉承“竞争促进发展，合作成就事业”的发展观，以“倡导安全为首，创建首强品牌”为核心理念，持续满足并不断超越客户需求，努力成为工业消防安全领域的世界领先企业。

（首安工业消防有限公司）

【研发工作动态】研发中心继续加强核心技术产品的研发、标准化、产业化和知识产权保护等方面的工作，同时也加强新行业、新领域的技术创新以及应用研究。电子产品研发方面，完成SL-M6800火灾报警控制器（联动型）的送检和认证工作，取得SL-M6100火灾显示盘，SL-M6200气体灭火控制器的认证证书，开始新型线型感温火灾探测器的研制与认证工作。在灭火产品方面完成细水雾灭火装置、水雾喷头及雨淋报警阀等产品的认证工作；取得系列水雾喷头和系列雨淋报警阀的认证，包括系列雨淋报警阀CCCF证书：ZSFM65、ZSFM80、ZSFM100、ZSFM150、ZSFM200和系列水雾喷头型号水雾喷头CCCF证书：ZSTW B35 90、ZSTW B35 120、ZSTW B40 90、ZSTW B40 120。在标准规范方面，作为主编单位完成《钢铁冶金企业设计防火标准》的修订工作，标准于2018年颁布，2019年实施。作为参编单位参与国家标准《火力发电厂与变电站设计防火标准》《火灾自动报警系统施工及验收规范》的修订工作，参与国家标准《城市地下综合管廊运行维护及安全技术标准》、深圳市地方标准《市政电缆隧道消防与安全防范系统施工及验收规范》、深圳市地方标准《城市综合管廊消防系统技术规范》的编制工作。完成北京市科委课题《城镇综合管廊安全技术研究及北京城市副中心应用示范》的各项工作、结题报告及审计工作。参与河北省重点研发计划项目之民生领域系统技术集成专项《雄安新区地下综合管廊规划设计、绿色建造及安全运维关键技术研究》的前期准备工作。知识产权方面，继续做好国际、国内专利的维护工作，按国家知识产权局要求提供国家优势企业复核资料，配合国家、北京和顺义区知识产权局的相关工作。

（首安工业消防有限公司）

【工程业绩】2018年，首安新签合同额较上一年继续增长，超额完成年初既定目标，在大型市政设施、轨道交通、综合管廊、洁净厂房等众多行业领域取得突破与进展：成功中标马来西亚关丹联合钢铁集团公司全厂消防EPC总承包项目、北京城市副中心行政办公区启动区综合管廊工消防工程、绵阳京东方第6代有源矩阵有机发光显示器件（AMOLED）生产线项目等具有代表性的大型重点建设项目消防系统工程。此外，2018年签订并实施的重点项目还包括：3月，孟加拉国帕亚拉PAYRA 2*660MW燃煤电站全厂消防系统；4月，神华国华永州发电厂一期2x1050MW超超临界燃煤机组火灾自动报警及消防控制系统；5月，东海特钢烧结厂消防系统工程；6月，神华国华印尼南苏1号2x350MW燃煤发电新建工程消防系统；7月，深圳市城市轨道交通4号线三期工程火灾自动报警系统；8月，菲律宾GNPD 2x660MW燃煤机组工程全厂消防系统；9月，包钢新体系消防工程、金川35kt/a硫酸镍技术改造项目消防工程；10月，西安市地下综合管廊建设项目I标段－火灾报警系统、灭火系统及防火门可燃气体监控系统；11月，承钢钒钛高强冷轧板项目消防工程；12月，武汉京东方高世代薄膜晶体管液晶显示器件（TFT-LCD）生产线项目消防系统等。

（首安工业消防有限公司）

【社会责任百强企业】10月，北京市工商业联合会揭晓2018北京民营企业百强榜，首安荣登“2018北京民营企业社会责任百强”榜单。

（首安工业消防有限公司）

【企业资质与荣誉】2018年，公司从知识产权、科技成果转化、产品开发等方面不断创新，并顺利通过高新技术企业复审。12月，首安公司凭借优秀的业绩及突出的行业影响力，荣获2018年度全国政府采购“优秀消防安全产品供应商”大奖。

（首安工业消防有限公司）

北京大龙控股有限公司

【概况】北京大龙控股有限公司成立于2015年11月，由原北京市顺义大龙城乡建设开发总公司与原北京天竺房地产开发公司重组整合而成，为顺义区国资委一级监管企业。资产总额150亿元，在职职工2800名，现有开发项目26个。重组整合后设立所属二级企业15家，构建起土地一级开发、房地产二级开发、建筑工程、生态园林、服务、金融、科技、文化传媒8大业务板块，形成综合性产业集团。

（企业管理部）

【政务服务中心项目竣工】顺义区政务服务中心（市民之家项目）由北京大龙控股有限公司承建，总建筑面积为171280平方米，其中地上7层建筑面积共114480平方米，地下2层建筑面积共56800平方米。建筑高度43.9米，为顺义区承建最大工程。工程于2016年3月份开工，2017年6月份结构封顶，通过结构验收，质量等级优良，2018年底施工内容全部完成。

（企业管理部）

【胡各庄限价房项目竣工】顺义新城第5街区05-02-15-2地块（大龙控股胡各庄限价房）项目位于顺义新城第5街区东北部，顺义区仁和镇。本项目共有3栋15层住宅楼、1栋配套公建和一座地下车库，总建筑面积79098.60平方米，住宅建筑面积54662平方米，全部为限价商品房。项目于2017年4月开工，2018年11月竣工。大龙控股利用自有用地、自筹资金为社会供应720套保障性住房。

（企业管理部）

【车展志愿服务活动】 4月25日，公司组建“大龙控股志愿服务队”，开展以“奉献·担当，我为青春代言”为主题的车展志愿服务活动，来自公司各岗位的50名青年志愿者参加。公司共设置6个志愿服务站点，其中主站点2个、分站点4个，分别位于国展地铁站A口、D口，欧陆广场，马连店路口，安华街与天北街交叉口，机场高速杨林出口，自4月25日车展开始到5月4日，每天上午9点到下午3点提供志愿服务，志愿者们为广大观展游客提供外语翻译、会展服务、信息咨询、义务指路、乘车引导、应急处理等服务。共累计提供志愿服务近3340人次（其中为国际友人提供服务63人次）。

（企业管理部）

【大龙顺发建筑公司党支部慰问结对共建单位洼里村困难党员户】 6月29日，大龙顺发建筑公司党支部班子成员由经理王付带领前往深入结对共建单位顺义区洼里村，实地看望慰问该村困难党员，为他们送去慰问金与党组织的关怀。

（企业管理部）

【汛期抢险应对】 应对7月16日凌晨的大雨，大龙物业公司立即启动防汛应急预案，13支防汛抢险队伍268人全部到岗、全员备战。各项目部防汛小组成员迅速赶到各自负责的区域查看排水情况，对小区内的5000余个雨篦子进行疏通，并将安全隐患进行逐一排查。凌晨5点，因用电负荷大、电力设施老化，滨河小区内10栋楼538户居民出现断电情况。大龙物业公司领导和专业维修人员第一时间赶赴事故现场，经排查确定停电原因系配电室箱变传感器发生故障，在大龙物业公司职工的抢修下，于次日凌晨1点全部恢复供电。

（企业管理部）

【西白辛庄村两委会为大龙控股有限公司赠送锦旗】 8月20日，后沙峪镇西白辛庄村村委书记王浩代表西白辛庄村两委会及全体回迁村民向公司赠送锦旗，对大龙控股及所属恒信诚业房地产经纪公司在西白辛庄村回迁选房安置工作中诚实守信、敬业为民的精神表示感谢。西白辛庄村定向回迁安置工作从6月29日—7月4日，完成西白辛庄定向回迁安置房共1493套房的选房工作。

（企业管理部）

【顺捷玩具厂停业清退、分流安置工作】 7月17日—8月1日，根据顺义区“疏解整治促提升”专项活动相关要求，北京大龙控股有限公司下属顺捷玩具厂的停业清退、分流安置工作完成。此次清退工作共腾出用地8700平方米、厂房3000平方米，分流安置职工128人，分流职工被安置到大龙物业、居利美、天房物业、顺通顺畅保洁4家公司，未发生一起上访事件。

（企业管理部）

北京顺义市政控股有限责任公司

【概况】 顺义市政控股始终以“让城市和生活更美好”为使命，以提升城市服务品质为目标，以产业经营和资本运作为驱动，推动产业资本、技术资本、人力资本协同发展，沿着“集团化、市场化、一体化、信息化”的发展方向，坚持“责任市政、民生市政、生态市政、智慧市政、共享市政”五种理念，构建城市基础服务、工程建设施工、汽车服务、新能源、投融资和智慧产业六大板块，将市政控股发展成为智慧城市投资建设运营典范，为建设“业强城优生活美”顺义，推动顺义高质量发展贡献力量。年内，市政控股拥有14家二级公司，各类从业人员3611人。

（市政控股）

【群众诉求办理】 2018年，“三率两度”和服务热线工作成效凸显，共处理便民电话1300余件，全年有6个月综合指标均为100%；综合服务热线共接听248516个，回访61452个，满意率达99.35%。

（市政控股）

【精准帮扶】 公司拨付60万帮扶资金精准帮扶张家口万全区。与顺义区4村1镇结对，开展“一助一”工作，促进建档立卡贫困户增收。

（市政控股）

【市场开发】基础业务稳健增长，全年供气5.9亿立方米，同比增长9.9%，新增用户16122户（居民用户15798户，公服用户324户），销售液化气8448吨，同比增长28.4%；供水5891万吨，同比增长7.0%，新增用户8606户（居民用户8079户，非居民用户527户），增加供水面积3平方公里；供热面积1367.9万平方米，同比增长1.82%；接收污水处理站96座，年生产再生水6738万立方米，同比增长66%；维护市政管网381公里。新兴业务有序拓展，分布式光伏发电项目完成装机2.6MW，共计发电约240万度，产生经济效益约320万元。

（市政控股）

【产业发展】与北京静态交通公司合作组建静态交通顺义公司，致力于构建“互联网+停车”智能化体系。与碧水源公司合作组建顺政碧水源公司，将治污工作向农村地区延伸。生活垃圾焚烧发电和餐厨垃圾处理项目正式投产运行。

（市政控股）

【多元合作】围绕产业对接、技术对接、资本对接，充分利用科研院校技术研发和创新优势，与中国航天科工集团二〇三所和北京工业大学签订战略协议，开展科学研究；与中北华宇建筑工程公司、腾讯云计算（北京）公司开展合作，致力于建筑施工、智慧市政深度应用；与北京农商行、工行、太平洋保险达成共识，进一步拓宽市政基础设施建设融资渠道。与张家口市万全区达成战略合作，为对口帮扶地区提供资金、技术支持。

（市政控股）

【补齐市政基础设施短板，承载能力不断提升】围绕乡村振兴战略、河东河西均衡发展，贯彻落实北京市城市总规和顺义区分区规划，推进市政基础设施重点工程投资建设。木林天然气门站通气运行，使全区日供气能力达到500万立方米。白马路、龙塘路22.2公里次高压燃气管线完成，河东五镇中心区燃气管网工程获立项批复。杨镇水厂扩建工程正式开工，铺设完成第九水厂等17.5公里输配水管线，20个村具备通水条件。顺义区环状供热管网建设规划完成，完成自来水、燃气管网设施建设规划“一张图”的图纸绘制及合并，为水气管线同步规划、同步建设提供强有力依据。完成道路12.98公里，配套雨污水等市政管线38.7公里施工，年度城市路网建设任务如期完成。

（市政控股）

【便民实事工程】围绕智慧市政建设，完成18万块智能远传水气表更换，全区居民水气表智能化任务过半；完成西辛南北区、宜宾南北区7800户老旧燃气管网改造，实施樱花园小区6478户供水管网改造，夯实老旧小区水气管网安全运行设施基础；对接区住建委老旧小区综合整治工程，配合完成10个老旧小区水气热等专业改造投资测算和方案设计。

（市政控股）

【生态市政 推进美丽乡村建设】打好水污染防治攻坚战，完成汉石桥湿地、彩俸小区等93座污水处理厂升级改造；与碧水源公司联合中标农村治污PPP项目并开工建设32个村污水管网。助力蓝天保卫战，完成年度“煤改气”任务，确保后沙峪古城等4个村1980户村民正常通气供暖。

（市政控股）

【智慧市政建设】筹划综合服务中心、工程建设中心和综合巡检中心，“三大中心”建设蓝图初具形态。创建智慧工地监控体系，通过物联网技术，实现对突发事件的调度、指挥和控制。立足于燃气安全运行和供热保障，建立地理信息综合应用平台，实现工作全程动态监控和安全隐患实时上报跟踪。以自来水水厂为试点，搭建安全生产管控大数据平台，规范业务流程，梳理安全管控中产生的问题并及时预警。以裕龙三区为“智慧社区”试点，通过加装井盖传感器、对市政地下管线探测、搭建三维模型等，实现市政基础设施智能化管理。

（市政控股）

【营商环境持续优化】实现统一客服热线52133333，全年共接电话量25万个，电话回访6万个，服务满意度超过97%。实施水气热综合缴费，建成综合缴费网点9个、银行代收网点64个。全市首个“水气热”一站式服务窗口启动，报装业务实现深度整合，报装时长由26天压缩至10天。推出“掌上市政”APP，用户可通过手机完成水气热报装、报修、缴费服务。

（市政控股）

【安全与环保】严格落实安全生产“党政同责、一岗双责”，持续推进安全生产主体责任落实，紧盯首都机场周边等重点区域和电动车充电、有限空间、建筑施工等重点领域安全隐患，加强巡查检查和规范操作，确保城市基础设施安全稳定运行。应对21.8万立方米高峰用水、420万立方米高峰用气，完成2017—2018采暖季城市供暖；充分发挥城区防汛指挥部作用，建立防汛联动机制，平稳安全度过汛期；2018年安全生产形势平稳，未发生重大安全生产事故。持续做好施工工地、货运车辆等大气污染防治；强化排污许可，加强污水处理设施运营管理，确保达标排放。

（市政控股）

【管网布局完善】6月8日，木林站完成置换通气。6月13日，木林站实现向全区管网送气。随着木林站投产运营，通过陈马路向白马路东西延长线供气，弥补河东地区气源缺失。龙塘路燃气管线基本完工，实现全线贯通，气源抵达大孙各庄镇。河东五镇的管网规划编制完成，浅山地区《顺义区天然气管网覆盖率提升工程——木林镇、龙湾屯镇、张镇、大孙各庄镇、北务镇》前期手续办理完毕，基本具备开工条件。新三线工程全长约32公里全部完工。老三线除昌金路剩余500米，其余管段共计约15.5公里全部完工。

（顺燃控股）

【重点工程】年内，重点工程主要包括：一是农村“煤改气”剩余工程如期完工，后沙峪4村1980户的“煤改气”工程完成通气点火，确保用户在供暖季前用上管道天然气。二是智能远传燃气表更换工程基本完成，工程于6月12日正式进场施工，涉及46个小区、9.6万块燃气表。三是老旧小区燃气管网改造工程基本完工，西辛南北区、义宾南北区燃气管网改造惠及居民7800户。自筹资金改造项目中，东兴一区室外管道基本完工，胜利小区、石园南区、东苑（部分）等涉及7556户的改造项目按计划推进。

（顺燃控股）

【市场开发成效初显】2018年，天然气市场开发重点在新建燃气管网沿线以及空港A、B区、天竺地区，实现通气37家，年用气量745万立方米。液化气市场开发方面，年销售液化气9000吨，比去年同期增长1931吨，同比增长28%，完成年计划6000吨的147%；公服用户销售2623吨，比去年同期增长762吨，同比增长41%，超额完成增加200吨的年开发任务。

（顺燃控股）

【加强安全管理，确保平稳供气】全年城镇居民用户安检62766户，入户率78%，较上一安检周期提高5%；农村煤改气用户安检13836户，入户率95.6%。完成2台100m³到期储罐置换更新，确保设备安全。

（顺燃控股）

【供水】2018年，实现供水5890万吨，比去年同期增加383万吨，增长6.96%。全年供水量超20万吨以上12天、超21万吨以上4天，其中6月4—5日，供水量达21.8万吨，比去年用水高峰日19.6万吨增加2.2万吨。

（自来水公司）

【管线铺设】全年铺设直径75毫米以上管线79.4公里，比去年同期增加9.2公里，供水面积增长3平方公里。顺义新城西区供水管网完善工程沿天北路铺设直径600毫米管线1.7公里，工程量完成60%；杨镇水厂扩建工程铺设直径800毫米输水管线10公里。

（自来水公司）

【光伏发电】十座水厂全年总发电量239.2万kw·h，其中自用电量168.26万kw·h，节省电费约128.26万元；项目补贴收益合计386.74万元。

（自来水公司）

【市场开发初见成效】2018年，自来水公司新增居民用户8079户、非居民用户527户，完成全年指标。全年增加供水383万立方米，市场占有率达到61%，同比增加4%。牛栏山水厂用户接收按计划推进，纳帕尔湾、市场小区等居民用户和乔波滑雪馆、工商银行等非居民用户的接收工作如期完成，镇中心区供水基本覆盖。

（自来水公司）

【工程收入增幅明显】年内，自来水公司承揽市政工程169项，铺设DN75以上管线79公里，实现工程收款1.5亿元，同比增加25%。

（自来水公司）

【延长供暖】3月，北京顺政大龙供热有限公司延长供暖5天，2017—2018采暖季供热保障工作完成，切实保障辖区居民用热质量。

（大龙供热）

【维修催费一体化工作】9月，大龙供热正式推行维修催费一体化工作，截至2018年12月31日，实收当年供暖费2.79亿元，陈欠供暖费3595万元，综合收费率99.92%。

（大龙供热）

【无线室温可视系统试点】大龙供热以“四温联动”为基本控制理念，自主研发无线室温可视系统，通过前期调研、形式确认、技术方案、软硬件开发等工作，试制测试设备，经过实地测试，达到预期效果，并在裕龙三区、马坡一二区等小区进行试点。

（大龙供热）

【数据能耗采集系统自主研发】大龙供热自主研发的数据能耗采集系统，能够实时采集上传热源厂和换热站的水、电、燃气等能源消耗数据，并在系统中进行存储和分析，形成能耗的横向和纵向对比，实现能耗的可视化监管，通过对数据的实时监控和对比分析，为决策层全面掌握公司能源利用水平和能源消耗趋势提供数据支持。

（大龙供热）

【锅炉低氮改造完成】年内，大龙供热投资近160万元对双裕锅炉房2台8蒸吨燃气锅炉、赵全营兆丰工业区锅炉房1台20蒸吨燃气锅炉、木林教师楼锅炉房1台3蒸吨燃气锅炉进行低氮燃烧器改造，11月6日完工并投入运行，预计年可消减氮氧化物排放量2吨。

（大龙供热）

【北石槽镇西下路道路工程完工】北石槽镇西下路（范良路－北武路）道路工程位于北石槽镇中心区北部及西部休闲旅游区中部。道路全长2880米，西起范良路、东至北武路，总体呈东西走向。起点范良路至平板路规划等级为二级公路，路面宽12米，路基宽15米；平板路至终点北武路规划等级为城市次干路，红线宽35米，横断面布置采用三幅路形式，机动车道宽4×3.5米，非机动车道宽2×3.5米，人行道宽2×3.5米，机非隔离带宽2×2.5米。

（恒锋市政）

【顺义新城减河北路东延道路工程完工】顺义新城减河北路东延（右堤路－通怀路）道路工程（不含潮白河大桥工程）Ⅰ标段西起右堤路，东至通怀路，本标段道路全长1232米。规划等级为城市主干路，红线宽50米。右堤路－潮白河大桥桥区西侧、左堤辅路－通怀路段，横断面布置采用二幅路型式，中央隔离带宽3米，两侧车行道各宽12米，单向2条机动车道，两侧人行道各宽3米，两侧人行道外侧各设置0.5米宽的路肩。潮白河大桥桥区东侧－左堤辅路段，横断面布置采用二幅路型式，中央隔离带宽2米，两侧车行道宽15m，单向3条机动车道，两侧人行道各宽3米。

（恒锋市政）

【温榆河水资源利用一期工程改造工程完工】温榆河水资源利用一期工程改造工程工程包括提升泵站改造、絮凝沉淀池改造、生化池改造、膜设备间改造、脱水机房改造、鼓风机房改造、新建好氧池、新建配水井等项目，以上新建或改造项目包括土建及设备采购及安装等内容。另外，工程还包括电气及自动化改造，原有建（构）筑物拆除，原有设备拆除，原有设备基础拆除，厂区管线改造、敷设，厂区路面改造等。各建（构）物既相互独立，又相互联系。

（恒锋市政）

【顺义区生活垃圾综合处理厂配套道路于东路道路工程完工】顺义区生活垃圾综合处理厂于东路道路工程西起龙尹路，自西向东，终点与顺义区生活垃圾综合处理厂东侧道路相交后顺接现状路，道路全长710米。规划等级为城市支路，设计行车速度为20公里/小时，红线宽20米。本次施工仅为满足垃圾场内部使用需求，按临时道路建设，施工标准参照城市支路，横断面布置采用一幅路形式，车行道宽7.5米，双向两车道。起点至桩号K0+380路段道路人行道（含1.5米宽连续绿带）宽3米，道路南侧为3米宽下凹式绿化带；桩号K0+380至终点路段道路北侧人行道（含15米宽连续绿带）宽2.5米。本项目与沿线道路相交处均平交路口形式处理。

（恒锋市政）

【三位一体监督审核】 4月13—15日，公司通过质量、环境、职业健康三位一体国际管理体系的监督审核。此次审核对照ISO9000、GB/T50430—2007等行业标准，对公司日常运营和工程管理做出全过程审核，确保公司的体系运行达到新标准、符合新要求。

（恒锋市政）

【全面落实供给侧改革】 年内，为集结精锐资源，剥离落后产业，构建科学合理的产权结构，完成北京天讯移动电话有限公司、北京市绘春装饰装潢工程公司、北京万利顺液化石油供应站、北京顺义潮河养殖场、北京空港通达汽车燃气供应站5家企业的注销工作及83名职工的安置工作。

（通达公司）

【检测业务水平提升】 年内，北京京顺机动车检测场投入797万元用于车辆检测设备的升级改造和场地修缮。全年共检测机动车辆309805辆，其中年检车164693辆，新车检测145112辆。

（通达公司）

【深化"放管服"改革】 年内，北京京顺机动车检测场贯彻落实北京市公安局公安交通管理局京顺车辆管理所"放管服"新政，实行免费全程代理验车服务，检测结果与北京市车管所、环保局实时联网，数据准确。

（通达公司）

【改造设备升级】 年内，北京市顺利通汽车修理厂投入120万元用于人员、技术和设备升级，新增修理设备20余部，并完成机修车间的升级改造，全年共维护、修理车辆4855部。

（通达公司）

【创新服务树品牌】 北京顺交综合性能检测站新建、改造完成2条车辆综合性能检测线，完成全市营运车辆综合性能检测招投标工作，被北京市运输管理局修理管理处指定为全市化危车专项抽检机构，全年共计检测车辆48848部。

（通达公司）

【厂区优化升级助力营商环境建设】 年内，北京顺利通汽车修理厂完成司机休息室、喷漆厂房和燃煤锅炉的改造工作，优化厂区环境的同时提高客户服务水平。新改造的喷漆房可以同时满足5部车辆的喷漆作业，提升工作效率，减少客户等待时长。

（通达公司）

【践行民生市政方便市民出行】 年内，通达公司共计投入50余万元用于完善智能化停车管理系统，实现规范管理区内停车位共计2610个。完成顺义区"两会"期间、北京国际汽车展览会P8停车场、顺义区燕京啤酒节P5停车场等重大活动的停车保障工作。

（通达公司）

【光伏项目建设】 能源科技公司全年完成光伏发电项目落地备案10个，装机容量7.27MW，完成恒峰市政及通达修理厂等5个光伏项目并实现并网发电。拓展木林镇、马坡镇、北务镇及东通集团下属马驹桥污水处理站等35个光伏项目并进行现场踏勘测量及项目设计，为后期业务推进奠定基础。

（能源科技）

【绿色照明和节能技术改造项目】 年内，能源科技公司完成马坡镇南陈路、毛洼路320盏路灯项目改造工程，同期完成排水公司4座鼓风机节能改造工程的项目编制及用电测试工作。

（能源科技）

【储备煤炭流转】 年底能源科技公司与区发改委续签的《煤炭应急储备协议》协议期满，区级3万吨煤炭储备任务结束。为减缓资金占用压力，回收流动资金，公司12月8日开始开展库存煤炭的流转工作。截至年底，流转储备煤炭1万余吨。

（能源科技）

【排水公司重点工程项目】 2018年，排水公司承接顺义区43+50污水站提标改造工程项目，共涉及改建、扩建、新建污水厂站44座，设计处理量3.5万吨/日。工程于2018年5月陆续开工建设，截至年底，43座污水厂站的建设完成，并调试运行，水质排放稳定达标。公司于2018年初完成餐厨垃圾处理厂工程建设，移交给北京顺政餐厨生物科技有限公司运行。在李桥镇排污口污水应急处理工程完成4座水站的土建工程，正在进行设备安装工作，计划2019年3月完成。此外，在农村治污（西部片区）工程建设过程中，公司配合市政控股完成工程的前期调研、招投标等工作。

（排水公司）

【排水公司经济指标】2018年，排水公司实现收入9888万元，比上年同期增加5086万元。利润总额由去年亏损2431万元扭转为盈利100.57万元，比上年增长2532万元。成本费用利润率为1.03%，超额完成公司年度0.87%的经营指标。

（排水公司）

【马坡再生水厂膜格栅改造】针对马坡水厂的生产运行中发现膜格栅间1号和2号两组设备均存在24小时运转不停歇现象。中心区水厂联合技术部门提出对膜格栅的改造方案。改造完成后，设备运转时间由原先的每日24小时缩短为每日3小时，比改造前节省运转时间21小时。延长设备的使用寿命，并节约水资源，年节约电费13.6万元。

（排水公司）

【市政设施管理公司重点工程项目】年内，市政设施管理公司重点工程一是推进积水点及雨污分流项目实施。根据区委、区政府于8月9日紧急召开的积水点治理方案专题会精神，公司与北排集团对接，完成现场实勘、三年工作任务分配、初步工作方案拟定等，并上报区领导审阅，目前项目处于发改、财政、规划等部门研提意见阶段。二是完成临空经济核心区141公里市政雨污管线移交前期现场核查工作，核查成果上报区水务局，维护资金申请工作同步进行中。三是中标并完成城区交通违法监控设施增设项目、临空核心区信号灯及违法抓拍设施安装等工程，合同价款约为800万元。四是推进城区污水截流管线改造、原汽车城林河经济开发区等管线改造工程前期工作。五是完成区奥林匹克水上公园无人驾驶试点交通设施改造、东大桥地磁感应交通智能改造等市政工程。

（市政设施）

【排水管网维护】原汽车城和林河开发区、五里仓等区域雨、污水管线普测工作完成，及时将普测勘察成果和安全隐患形成报告，上报区水务局主管科室，建议区水务局申请立项实施专项工程改造。

（市政设施）

【信号灯维护】年内，公司负责维护全区484座交通信号灯，将顺平路、白马路、城区等小部分信号灯更换为智能联网信号灯。加强巡查，确保信号灯故障，及时发现，快速维修、更换。与太阳能电源红绿灯的产权单位沟通，摸清底数建立整改台账，建议分步对太阳能电源的红绿灯实施整体改造工程，确保电源持续供电，信号灯正常工作。加强作业人员自身安全建设。在加强安全教育的基础上，要求开车巡视人员下车检查时，采取路锥警示措施，专人看护、指挥车辆；骑车巡视人员严格遵守交通规则；电工、焊工、高空作业专业人员要确保持证上岗，穿戴防护用品，严格按照操作规程作业。

（市政设施）

【地下管线综合管理信息系统】年内，通过地下管线综合管理信息系统共巡检354天，正常315天，异常39天。

（市政设施）

2018年地下管线运行情况统计表

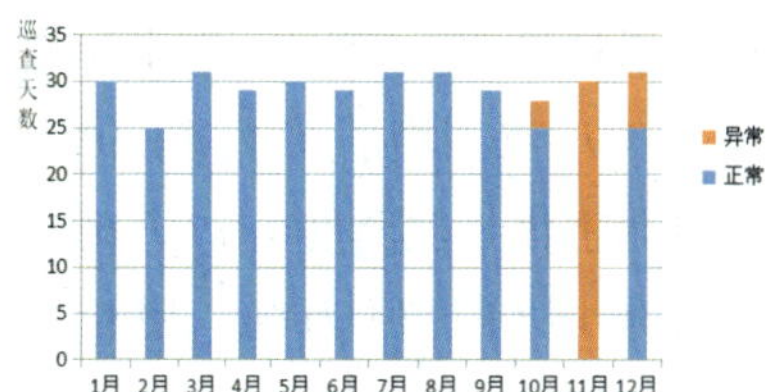

【停车诱导信息系统】年内，停车诱导信息系统项目情况为待修新建，目前主要负责停车诱导系统的外围巡查和新建报备。2018年下半年参与主管单位对顺义区停车诱导屏新增点位的现场布点工作，并根据主管单位要求报送维修方案及报价7次。外围停车诱导屏巡视为每周一次。今年共巡查54次，亮屏148个，异常152个。

（市政设施）

【汛期防汛工作】2018年汛期，共计启动预警响应20次，实施断路20次，出动人员1000人次，大型龙吸水强排机械4车次，值守和巡视车辆310车次，动用路锥60余个、疏导交通警示牌20套、断路路障20套以及发电机、水泵、雨具等防汛物资，有效处置雨中梅沟营桥下路灯断电等状况，成功应对“6.30”

"7.11""7.16""7.24""8.8"等强降雨天气，实现城区安全度汛的工作目标，保证城区防汛安全。

（市政设施）

【顺义区餐厨垃圾处理厂工程调试运行】 11月4日，顺义区餐厨垃圾处理厂工程进入调试运行阶段。

（餐厨生物科技）

【垃圾粪便处理】 全年无害化处理生活垃圾47.4万吨，较上年增加5.8万吨，增长率为13.9%。全年无害化处理粪便1.72万吨，较上年增加1.14万吨，增长率为198%。

（垃圾处理厂）

【焚烧二期工程】 10月15日，顺义区生活垃圾处理中心—焚烧二期工程正式接纳生活垃圾，10月22日带载试运行，11月20日发电并网。

（垃圾处理厂）

【单位改制】 根据2018年5月11日区政府第11号专题会纪要精神，确定将顺义区生活垃圾综合处理厂及垃圾处理厂焚烧发电项目、北京市顺义区水质净化厂整体划转至北京顺义市政控股有限责任公司，顺义区生活垃圾综合处理厂改制后更名为北京顺政环保科技有限公司。

（垃圾处理厂）

【所属企业名称变更】 12月14日上午，市政控股公司党委副书记、经理杨学文在市政控股九层大会议室主持召开经理办公会。会议听取并原则同意资产管理部报审的关于《变更所属企业名称》的请示，注销"顺政绿港"商标，6家所属公司北京顺政绿港能源科技有限公司、北京顺政绿港排水有限责任公司、北京顺政绿港市政设施管理有限责任公司、北京顺政绿港环保科技有限公司、北京顺政绿港餐厨生物科技有限公司、北京顺燃绿港投资发展有限责任公司名称分别变更为：北京顺政能源科技有限公司、北京顺政排水有限公司、北京顺政市政设施管理有限公司、北京顺政环保科技有限公司、北京顺政餐厨生物科技有限公司、北京顺燃投资发展有限公司。

（市政控股）

北京天竺空港经济开发公司

【概况】 北京天竺空港经济开发公司（简称"空港开发"）成立于2014年10月15日，由北京天竺空港工业开发公司、北京空港物流基地开发有限公司、北京国门空港经济技术开发中心3家公司整合而成，注册资本18800万元，是顺义区国资委一级监管企业。空港开发承担着北京临空经济核心区178平方公里范围内土地开发建设和企业生态环境培育的重要职能，是临空服务板块建设的重要力量。共有所属控股、分、子公司45家，业务领域涵盖土地开发、市政建设、物业服务、进出口贸易、园林绿化、再生资源、资产运营、智慧园区、跨境电商等多行业。

（空港开发）

【企业改革稳步推进】 年内，共注销清理僵尸企业4家（北京好人家生态农业发展有限公司、北京科林苗木种植园、北京国门金源广告传媒有限公司、北京友林广告有限公司）；公司改制方案获得区政府批准，后续相关变更手续待完成区国资委安排的具体实施方案后即可办理。

（空港开发）

【对口帮扶一助一工作】 年内，对接顺义区对口扶贫村西藏尼木县塔荣镇（乡镇）林岗村和内蒙科左中旗门达镇（苏木乡镇）四合村，先后到2个受援地实地对接考察5次，拨付帮扶款共60万元，购买农副产品25万元。公司派驻电商人才2人次，为地区农副产品销售拓宽渠道。在"一助一"工作方面，为助力顺义区新农村建设，给予8个镇16个村帮扶资金共计317万元，班子成员参加1.18、7.18民主日活动，与帮扶村党支部开展"结对共建"活动，将课堂带进老百姓的身边，将安全器材送到村民家中。

（空港开发）

【土地一级开发项目】 赵全营一期地块中6006-1、6006-4地块，土地性质为工业研发，全部入市前置手续完成，因政策调整暂时停止交易，等待区土储中心通知；木林工业区一期完成地块控规初稿，正在征求镇政府及相关单位意见，木林工业区二期与木林镇政府推进前期征地手续；原国门商务区6007-1地块土地性质为科研用地，拟用于航空安全技术中心（二期），取得市政咨询方案、交评、水评意见，正在进行成本审计、考古、全要素评价等；原物流基地A地块正在进行成本预审计；原物流基地B地块由区财政局抽取成本审计单位进行成本审计；原国门商务区6009地块处于成本审核初审阶段；大孙各庄镇B-01-02、B-02-04地块土地一级开发项目开具规划意见征询函及预审告知单并上报，等待审批。

（空港开发）

【土地二级开发项目】北京MAX空港研发创新园A区工程取得项目方案复函及建设工程规划许可证；北京MAX空港研发创新园B区工程于2018年8月开始施工，12月末工程完成总进度的12%；与北京诺丁山文化传播有限公司合作的“北京临空信息产业园”项目一期完成主体结构验收，二期正在办理项目建设工程规划许可证和开工证手续；与北京金隅大成开发有限公司合作的“金港嘉园共有产权房”项目，一期于2018年3月12日取得施工许可证，年底局部实现±0建设，二期正在进行总包及监理招投标；与北京电子城投资开发集团合作的“电子城·临空经济创新产业基地”项目，一期开工建设，二期完成方案设计初稿，规划手续办理中。

（空港开发）

【综合物业服务】年内，在为临空经济核心区提供市政服务的同时，承接顺义区新行政大楼综合物业服务项目；为区内12个乡镇及10个社区、4所学校、1家医院、15家委办局提供保洁服务。

（空港开发）

【新兴业务培育】以投资业务为依托的临空兴融公司团队，经过3年时间的历练，各项业务步入正轨，通过参与基金的方式投资17个项目，业绩稳定增长；按照与综保区融合发展的目标，大力推进跨境电商零售业务发展，海外猫公司作为电商业务品台完成线上业务系统平台开发。

（空港开发）

【自持物业出租率显著提升】年内，建立市场招商团队，通过加强与职能部门联系、精准筛选引入企业、提供制定服务等方式，与火凤凰、博士伦等企业客户签约，使受行业及政策影响较大的综保区三区内库房出租率由常年的30%增长至100%。

（空港开发）

【小区老旧管网免费改造】10月，公司自筹资金解决万科城市花园小区采暖问题，自行投资对该小区腐蚀程度最为严重的供热管网进行更新改造，确保小区1900户居民正常采暖，切实履行国企责任。

（空港开发）

北京顺义科技创新集团有限公司

【概况】2018年，集团紧紧围绕打造“高精尖”产业结构这一区域发展目标，推进园区建设，大力推动科技成果转化，园区产业综合承载能力不断提升，为本区创新型产业集群建设提供有力支撑。“139”运营模式的优势逐渐显现，三个平台发展成效显著。截至年底，集团资产总额108.79亿元，同比增长3.7%；净资产76.53亿元，同比增长7.8%；实现营业收入10.63亿元，上缴税金5600万元，国有资产保值增值率101.28%，同比提高2%。

（科创集团）

【增资扩股】为加快推动顺义区产业升级和战略新兴产业发展，1月和8月，科创集团公司分2次将注册资金由原来的10亿增加至13.21亿，所筹资金主要用于国投创合基金的出资。

（科创集团）

【重点工程建设推进】10月21日，顺义科创集团与北汽集团在北京市人民政府与工业和信息化部主办的“世界智能网联汽车大会”的闭幕式上，就合作共建顺义智能网联汽车试验场项目签署《谅解备忘录》。科创集团与顺义区前鲁村经济合作社共投资2000万元成立建设运营公司“北京顺创智能网联科技发展有限公司”，旨在加快和保证顺义智能网联汽车试验场项目的实施。作为本项目的开发主体，9月29日完成注册和立项，开工手续加紧办理中。

（科创集团）

【基金规模不断扩大】2018年，科创集团相继完成对4支基金的出资工作，出资总额7.4亿元。其中配合区相关单位完成国创投资引导基金（有限合伙）、国投创合国家新兴产业创业投资引导基金5亿元的出资，完成北京丰收未来股权投资基金(有限合伙)、北京顺义创新产业发展基金合伙企业(有限合伙)2.4亿元的出资。

（科创集团）

【精准帮扶】5月，科创集团与拉萨市尼木县人民政府签订《战略合作框架协议》。9月，与拉萨市尼木县续迈乡山岗村签订《对口帮扶框架协议书》。为进一步做好精准帮扶工作，科创集团公司党委书记、董事长赵洪峰带队组成考察小组赴西藏拉萨市尼木县考察，并就尼木县经济发展及帮扶工作提出三点建议：一是投资要走出去，追求投资效益的最大化，顺义科创集团愿意就投资项目做好辅导和咨询工作。二是要抓住藏鸡产业核心优势，将保种育种技术掌握在自己手里。三是充分利用好央视精准扶贫项目的产品推广，进一步拓展线上渠道，真正将自己的特色产品资源转化为促进地区经济发展的有效动能，从根本上打赢脱贫攻坚战。

（科创集团）

【科技创新项目孵化基地建设】2018年，集团持续聚焦前沿科技领域，参与设立创业投资基金，撬动社会资本共同突破技术创新与成果转化。10月9—15日，全国大众创业万众创新活动周北京会场主题展举办。顺义科创集团投资孵化的企业北京长城华冠汽车科技股份有限公司、北京镓族半导体科技有限公司、北京众绘虚拟现实技术研究院有限公司3家企业分别携前途k50电动跑车、氧化镓超宽禁带半导体、医疗仿真培训系统等创新成果亮相展会。

（科创集团）

【品牌建设助力产品竞争力提升】8月15—19日，由北京市人民政府、工业和信息化部、中国科学技术协会主办的2018世界机器人大会（WRC）在北京亦创国际会展中心举办。顺义科创集团旗下北京中技克美谐波传动股份有限公司受邀参展。此次中技克美携温控阀用谐波传动减速器及XBD系列谐波减速器参展。其中温控阀用谐波减速器已成功应用于神州系列、天宫系列飞船中。XBD系列谐波减速器是机器人末端关节的首选核心零部件，主要面向未来工业机器人市场。展会中，北京市人大副主任闫傲霜、北京市政协副主席林抚生等领导先后来到中技克美展台，听取公司及产品的介绍，对公司产品给予高度认可。

（科创集团）

【中技克美公司取得武器装备质量管理体系认证证书】1月31日，中技克美公司取得武器装备质量管理体系认证证书，标志着中技克美质量管理体系符合GJB 9001B-2009标准，有助于公司进一步完善自身质量管理体系，提升产品品质，拓宽产品应用范围，为公司进一步拓展军品领域相关市场打下基础。

（科创集团）

北京顺义建设投资服务有限公司

【概况】根据《中共北京市顺义区委专题会议纪要》（京顺专纪要〔2014〕第11期），2015年9月30日区政府常务会议议定事项及区委、区政府相关会议精神和区委区政府的决策指示，通过整合重组区住建委、区市政市容委、区规划分局所属的部分建设投资服务类企业和原北京鑫浩投资中心，成立北京顺义建设投资服务有限公司（以下简称“顺建投公司”）。顺建投公司自2015年下半年开始筹建，2016年1月正式挂牌成立，注册资本1亿元，子公司13家。

（顺建投）

【2018年主要经济指标】2018年，代理重大政府投资项目29个，总投资18.8亿元，占全区市场份额的38.1%；中标政府投资监理项目54个，占全区市场份额的39.9%。实现收入2.08亿元，近3年平均增幅为7.4%；实现利润总额3984万元，同比增长12%；上缴税金2403万元，同比增长5%。

（顺建投）

【招竣建设工程咨询分公司成立】4月，北京招竣建设工程咨询有限公司河南分公司成立。

（顺建投）

【构建市场营销体系】顺建投公司抽调业务骨干，组成以工程全过程管理为龙头的营销体系，与镇政府委办局，经济功能区签订服务框架协议，探索政府投资项目的全过程管理，实现“质量、安全、工期、功能、成本”五统一。有效降低行政运营成本，减少政府在建设工程管理和协调方面的工作量，发挥规模优势，增加质量管控环节，促进项目尽快落地，按期竣工。

（顺建投）

【一助一及对口帮扶工作深入推进】年内，顺义建投高度重视一助一及对口帮扶工作，贯彻落实“携手奔小康十二大行动”、《开展携手奔小康、助力打赢脱贫攻坚战工作开展情况表》等工作要求，结合区内赵全营镇、龙湾屯镇、南彩镇、木林镇等一助一单位情况，对接河北沽源、河南西峡等援助对象实际，深入对接资源情况，优化帮扶方案，细化工作流程，启动帮扶资金140万元，主要用于对接区域基础设施改造。

（顺建投）

北京市顺建工程有限公司

【概况】2016年，北京市顺建工程有限公司按照区委、区政府“板块战略”要求，与区属三家建筑公司（北京市顺义建筑工程公司、北京鲁班建筑工程公司、北京顺义建筑企业集团公司）合并重组为建筑板块。2017年4月，改制为国有独资公司，注册资金3亿元，拥有房屋建筑工程施工总承包、装修装饰工程专业承包双一级资质，房地产开发、钢结构及市政二级资质。

（顺义建工）

【主要指标完成情况】2018年，开复工面积176万平方米。全年完成总产值17.84亿元，完成销售收入17.88亿元，实现利润总额2835万元，上缴税金5621万元。

（顺义建工）

【重点工程建设】一是中医院迁建工程。综合楼、中医院制剂楼、液氧站、污水处理站等工程的主体结构完成100%，二次结构砌筑工程完成90%，屋面、外窗、外保温、室内隔墙安装、抹灰、幕墙、通风空调、水暖、电气等工程施工同步跟进。二是后沙峪金隅大成保障性住房工程，建筑面积8.9万平方米。2018年12月，工程主体结构按期完工。三是临河村棚改安置房工程，建筑面积6.7万平方米，护坡桩、止水帷幕、降水井完成60%，南5号楼、地下车库、人防工程区正在开槽。四是区行政中心项目。2018年，办公楼维修保障任务、人防工程验收工作、机要局区域施工资料整理等工作完成。五是区老旧小区治理二期工程（9个标段）均基本完工。

（顺义建工）

【助推疏整促工作】为贯彻落实疏解退出不符合首都城市功能战略定位和顺义区产业发展定位的一般性制造业企业的相关政策要求，公司党委将所属北京建力达水泥构件厂纳入疏解一般性制造业企业申报疏解退出，经过拆除生产型设施，安置和疏解在职职工23人，于2018年8月基本完成疏整促工作，人员疏解完成，原有土地与厂房整体出租。

（顺义建工）

【中医院项目部通过“北京市绿色安全样板工地”验收】7月22日，北京市住建委施工处副调研员刘文正带队对本公司承建的中医院项目进行“绿色安全样板工地”的检查与验收。检查组全体成员一致认为中医院项目的安全内业资料的管理、生活区的管理、施工现场的安全文明施工管理，均达到市级“绿色安全样板工地”的标准，项目通过“北京市绿色安全样板工地”验收。

（顺义建工）

【中医院项目部通过“绿色施工示范工程”首次验收】8月20日，北京市建筑业联合会专家组对顺义区中医院项目进行2018年度北京市“绿色施工示范工程”的首次检查验收。专家组全休成员一致认为中医院项目的施工场地管理和生活区管理，均体现“四节一环保”的要求，完全达到全国观摩级的标准。

（顺义建工）

北京顺义新城发展有限公司

【概况】年内，北京顺义新城发展有限公司（简称顺义城发）实现收入68723万元，净利润378.78万元，上缴税金181.6万元，成本费用利润率为0.76%，国有资产保值增值率为

102.24%，资产总额552890万元，资产增长率为4.24%。

（顺义城发）

【土地一级开发】年内，公司聚焦新城建设，完成顺义新城马坡组团三宗地块土地一级开发工作，9月底收储入库，12月初成功出让。建设用地面积合计139886.74平方米，总建筑规模21.7万平方米，土地成交金额39.94亿元。其中，顺义区新城第13街区6010地块建设用地面积41663.44平方米，建筑规模70828平方米，被绿城集团以7.79亿元竞得，溢价率1.56%；顺义新城第13街区6008、6009地块建设用地面积28367.28平方米，建筑规模42028平方米，被华润集团以8.85亿元竞得，溢价率16.45%；顺义新城第13街区6022、6023、6024、6026地块建设用地面积69856.02平方米，建筑规模104180平方米，被新城控股集团以23.3亿元竞得，溢价率达22.63%。

（顺义城发）

【马坡组团基础设施建设】年内，马坡组团各项前期手续办理工作完成。包括马坡组团6022、6023、6024、6026地块东侧地上树木清理工作，10号地联通通讯线杆迁改工程，11号地水塔拆除工程，11、12号地10千伏电力拆除迁改工程；土地一级开发项目前期手续办理工作推进中。马坡组团大营村、北上坡村、东马坡村3村拆迁结案手续办理工作完成；顺义新城第13街区剩余地块入市交易前期手续加快办理，顺义区胡各庄双限房土地一级开发项目大力推进中。

（顺义城发）

【土地招商推介工作】结合顺义区十三五发展规划及发展目标，在推进土地一级开发工作的同时努力做好招商及宣传工作。根据项目性质及地块特点编制《北京顺义新城发展有限公司项目推介手册》，并先后与北京天竺空港经济开发公司、京投发展股份有限公司展开招商项目座谈会，就未来合作领域和方向进行深入探讨与交流。

（顺义城发）

【推动顺义区现代有轨电车T2线PPP项目落地】根据区委区政府安排，公司参与顺义区重大基础设施项目——有轨电车T2线PPP项目。公司作为政府出资方代表，与社会资本方（北京城建设计发展集团股份有限公司、北京市地铁运营有限公司、北京京城地铁有限公司）共同组建项目公司——北京京建顺城建设投资有限公司，由项目公司作为项目建设主体具体负责现代有轨电车T2线的投资、融资、建设及运营维护。项目总投资31.41亿元，项目公司注册资本7亿元整。按照特许经营协议约定，公司代表政府出资3500万，投入首期注册资本金473万元，吸引社会资本达33亿元。同时公司与京投发展公司共同研究T2线车辆场站上盖开发项目相关工作，研究成果在区专题会议进行汇报。

（顺义城发）

【信访工作】年内，接待上访群众12批次，26人次，针对历史遗留信访问题，落实信访重点人管控工作，全力保障2018年“两会”、中非合作论坛等重大会议、活动期间社会稳定大局。

（顺义城发）

【环保工作不放松】年内，公司土地一级开发项目涉及地块接受大气扬尘环保巡查200余次，接受中央环保组、北京市环保组及顺义区环保检查30余次，受到市环保组和区环保部门表扬。北京银行顺义科技研发中心外电源工程电力隧道项目施工期间，施工现场所有裸露地面全部进行苫盖；作业期间，洒水车不间断进行洒水作业，建筑垃圾及时清理外运；过河段完工后，立即对潮白河两岸河堤种植草坪移栽树木，进行绿化恢复。全部工程完工后，对工程涉及的高尔夫球场内部破损路面进行善后修复，铺设柏油路面，起到降尘效果。

（顺义城发）

【国企社会责任】年内，对口支援内蒙古科左中旗开展扶贫工作。落实帮扶项目2个；拨付对口帮扶专项资金40万元，购买对口帮扶地区农副产品1万元，带动2个嘎查、195个贫困户、共计620名贫困人口。对接杨镇杜庄村，开展“一助一”帮扶工作，拨付帮扶款10万元，用于村庄消防车停放用房建设及取暖设施的安装。年内，村庄安全生产基础设备得到妥善解决，消防车停放用房全部建设完毕并投入使用。

（顺义城发）

北京市燕顺保障性住房投资有限公司

【概况】北京市燕顺保障性住房投资有限公司（以下简称：燕顺投资公司）成立于2015年11月19日，由顺义区政府与北京市保障性住房建设投资中心（以下简称：保障房中心）以股权合作方式共同出资20亿元组建成立。燕顺投资公司主要负责顺义区内的保障性住房投融资，建设收购及运营管理业务，以公租房收购建设持有运营为主线，为顺义区低收入住房困难家庭提供充足房源，为产业园区人才和党政人才提供充足租赁住房。

（燕顺投资公司）

【职住平衡建设持续推进】年内，燕顺投资公司完成筹集保障房4105套，其中，顺义新城第18街区SY00-0018-6015～6017地块自建公租房项目完成EPC招标工作并确定中标单位，完成保障房筹集3753套。为推进顺义区产城融合、职住平衡建设力度，改善顺义区业强城弱现状，燕顺投资公司利用收购持有的保障性住房房源，解决首都机场建设集团、北京宝洁技术有限公司等20家优质驻区企业的人才住房问题，共计运营管理入区企业人才用房项目3个，提供房源4329套。

（燕顺投资公司）

【区域住房保障水平提升】年内，燕顺投资公司运营公开配租公租房项目5个，房源2014套，解决顺义区1900余户住房困难家庭的住房问题。同时，本公司充分发挥政府授权保障工作职能，进一步提高顺义人民住房保障水平。一是利用收购持有的505套定向安置房房源，解决仁和镇前进村、太平村2村村民以及天竺村村民的回迁安置问题，完成村民选房253套。二是充分发挥共有产权住房代持机构职能，做好顺义区共计6269套共有产权房代持管理工作，其中，转化销售限价房转共有产权住房项目2个，房源1269套。

（燕顺投资公司）

【企业维稳】强化领导、落实责任，严格落实“一把手”负总责的责任制，主要领导亲自抓，分管领导具体抓，层层抓落实的工作格局，把问题解决在基层，着力维护好保障房社区和谐稳定。成立信访维稳领导小组，确保工作落实。进一步把信访工作列入议事范围，组织全体干部学习传达上级维稳的有关文件精神，在重要时期、重要节点安排专题会议研究部署维稳工作，严格责任落实，提高工作的针对性和实效性。强化措施、务求实效开展不稳定因素排查工作。以确保“两会”“五一”“十一”“中非论坛”“纪念改革开放40周年”等重大活动和节日期间安全稳定为目标，做到隐患排查清楚，突出问题掌握清楚，纠纷原因调查清楚，全年共开展矛盾纠纷专项排查工作及安全检查工作11次。建立回访制度，对公租房项目周边居民进行回访，深入交谈，使周边居民能够深刻了解并支持相关工作的实施，确保重大活动、节日期间的安全稳定。

（燕顺投资公司）

【服务地区人才发展战略】公司开展“梧桐工程”干部人才用房运营管理工作，同时承担区党政人才、挂职人才用房运营管理工作。截至12月底，本公司运营管理各类干部、人才用房456套，入住367套，解决党政机关、“梧桐工程”人才524人的住房需求问题。

（燕顺投资公司）

【社会责任担当】一是有效开展“一助一”帮扶对象——北小营镇仇家店村的帮扶工作，针对村民出行难、停车难的问题，投入专项帮扶资金20万元，协助仇家店村开展拓宽道路、拆除违建、平整明沟等工程。二是发挥第一书记引导、帮扶、示范、联络作用，配合疏解整治促提升工作，对李桥镇南半壁店村全面提高综合治理水平等工作提供专项资金帮扶20万元，推动该村治安综治监控设备全覆盖工程的开展。

（燕顺投资公司）

【公租房项目人脸识别系统安装工程】实施公租房项目人脸识别系统安装工程，2017年12月燕顺投资公司收到拨付的国有资本经营预算资金投资300万元，用于公租房人脸识别系统安装工程。旨在预防公租房“转租转借”，保证公租房项目人员安全及财产安全的双保险，解决“入户难和取证难”的运营管理问题。12月

10日，公租房人脸识别、监控系统安装工程完成竣工验收。

（燕顺投资公司）

【本年度投资情况】年内，燕顺投资公司共完成保障性住房项目投资11.49亿元。分别为：中海航北京后沙峪综合配建公共租赁住房项目投资，顺义M15号线后沙峪站A、C地块定向安置房项目调增公租房项目投资，金成裕雅苑（限价房）项目投资，M15号线后沙峪站A、C地块定向安置房项目剩余房源项目投资，景盛花园定向安置房剩余房源项目投资，现代花园住宅小区剩余安置房项目投资，顺义新城牛山组团定向安置房剩余房源项目投资，胡各庄A地块限价房转共有产权房项目投资。

（燕顺投资公司）

商贸服务 旅游

6月1日，以“顺义樱桃，初夏食光”为主题的第三届北京顺义樱桃采摘旅游文化节开幕。

12月15日，顺义区第四届冰雪温泉欢乐季开幕式在莲花山滑雪场举办

12月27日，顺义区政府与阿里巴巴集团战略合作备忘录签约仪式在顺义区举行

12 月 29 日，顺义区政府与京东集团签署战略合作框架协议

水上公园帆船

水上公园赛艇

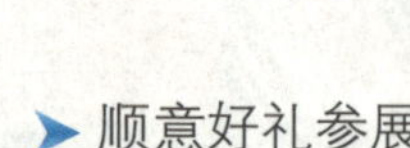
顺意好礼参展

鲜花港繁星帐篷酒店整体夜景

鲜花港跳泉菊展

商贸服务

商贸服务

【概况】2018年，区商务委坚持以习近平新时代中国特色社会主义思想为指导，充分发挥党组总览全局、协调统筹的领导核心作用，坚持党建引领，强化“四个意识”，落实全面从严治党主体责任，紧密围绕抓好“三件大事”、打好“三大攻坚战”，紧抓服务业扩大开放机遇，精准发力，推动全区商务工作平稳健康发展。全年实现社会消费品零售额478.7亿元亿元，同比增长5.2%，高于全市增速2.5个百分点。总量位于全市第六位；实现商务主管行业一般公共预算收入29.84亿元，同比增长16.5%，高于全年任务（7%）9.5个百分点，占全部主管部门 般公共预算收入总量的47.8%，成为区级财政的有力支撑点；完成进出口额163.2亿美元；实际利用外资完成16.5亿美元，同比增长78.2%。累计吸引合同外资10.8亿美元，同比增长306.4%。

（商务委）

商业流通

【强化规划引领商业发展】《顺义区商业设施专项规划》编制完成，鲁能美丽汇商业购物中心、国门一号二期等重点商业项目投入运营；沃尔玛山姆会员店、金宝天阶商业一期等重点项目预计2019年投入运营，着力构建“四圈三层级”的商业空间发展格局。编制《顺义区物流专项规划》，对全区物流企业发展重点区域进行摸排，将京北（大孙各庄）智慧物流园区纳入北京物流专项规划，成为全市智慧物流体系建设的重要组成部分，提出构建“三区一网”物流服务体系。《顺义区生活性服务业设施规划》编制完成，推进生活性服务业规范化、连锁化、便利化、品牌化、特色化、智能化发展。《顺义区促进河东地区商务发展补短板三年行动计划》编制完成，将电商培训、项目引进、资金扶持等资源向河东倾斜，助力河西河东均衡发展。

（商务委）

【“街巷吹哨、部门报道”】深入镇、街，主动服务，配合属地加快推进京北智慧物流园建设，盒马鲜生、菜鸟网络、京东“亚洲一号”、顺丰物联相继落户园区。参加石园街道关于原武警一师训练基地停偿的街乡吹哨，通过设置蔬菜直通车的方式，满足附近居民买菜需求；仁和镇关于太平、前进回迁工作的街乡吹哨，在企业提出申请新建小区配套设施确认函后，立即对项目进行核查，在一个工作日内将配套设施确认函递交到建设企业的手里，为太平、前进回迁百姓早日入住新家打下坚实基础；推进板桥地区蔬菜网点建设，与各部门沟通加快新建小区配套菜市场移交手续，板桥新苑小区鑫绿都便民超市投入运营，为满足周边社区居民多层次、高品质的消费新需求，超市搭载便民早餐、理发等服务功能，努力让百姓在“街乡吹哨、部门报到”工作中享受到实惠。

（商务委）

【“疏整促”专项行动】后沙峪裕喜发双裕市场、马坡向前木材场、南法信众合汽配市场、杨镇一街4家市级商品交易市场疏解任务提前完成，建筑面积近3万平方米，清退摊位525个。

（商务委）

【蔬菜零售网点增添新模式】为及时填补“疏整促”后便民网点的空白，切实解决百姓买菜难问题，经过与相关部门及属地沟通协调，在天竺镇天裕昕园、金宝、中晟家园、鲁能润园等小区设置蔬菜直通车，年底前在全市率先完成每个社区配备2个蔬菜网点的任务。同时按照《顺义区居住小区公共服务设施建设和管理工作规定（暂行）》（顺政发〔2011〕35号）相关要求，做好新建小区配套菜市场移交工作，年内投入运营14个，居民消费便利度进一步提升。

（商务委）

【顺义区首张生活性服务业电子地图绘制完成】以蔬菜零售（菜市场、社区菜店、直通车）、便利店（社区超市）、早餐、家政服务、洗染、美容美发、快递、便民维修、粮油店、仓储物流、加油站、500平方米以上大型餐饮、大型商超、市场等多业态采集为蓝本，摸排本区生活性服务业设施底数，共计4000余家，完成数据采集和平台管理研发工作，绘制出顺义区首张生活性服务业电子地图。

（商务委）

【生活性服务业品质持续提升】《顺义区进一步提升生活性服务业品质工作方案》制定，明确工作任务完成时限和责任部门；设立专项发展资金，为生活性服务业发展提供组织保障、资金保障和运行保障；发挥国有企业作用，培育鑫绿都、供销益家等连锁品牌，引进盒马鲜生、全家、便利蜂等品牌连锁企业入驻；截至年底，全区共有盒马鲜生1家、邮政惠民驿站1家、全家便利店9家、便利蜂9家、苏宁小店23家、小麦厢式便利店8家、鑫绿都便民连锁菜店14家、供销益家超市9家；2018年，全区新建或规范提升便民商业网点103个，其中蔬菜零售网点8个，便民商业网点连锁化率由2017年底的29.1%提高到32.9%，基本便民服务社区覆盖率达到80.3%。打造高端特色小镇，中粮祥云小镇获评全市首个生活性服务业示范街区。

（商务委）

【肉菜可追溯体系建设推进】发挥主管部门督促引导作用，不断增加可追溯体系覆盖面，强化对追溯经营企业在信息报送、追溯制度建立等方面的监督检查，推动大型连锁超市和团体消费单位等优先采购可追溯产品，增强消费者主动选购可追溯产品的意识，营造有利于可追溯产品消费的市场环境。全区共有66家企业纳入市级肉菜可追溯体系，涵盖生猪屠宰企业、批发市场、餐饮企业和连锁超市等。与食药监局共同召开顺义区餐饮行业可追溯体系建设动员培训会；牵头组织工商、食药、质监等部门完成有机蔬菜专项检查，每日编写简报及各类信息。

（商务委）

【对口帮扶农产品进京】加强与对口帮扶受援地区商务部门的联系，主要领导带队赴沽源县进行对接，畅通受帮扶地区特色农产品进京销售渠道，全方位推动当地商贸流通业发展。结合实际制定《2018年顺义区商务委开展对口帮扶工作方案》，通过组织农超对接活动、鼓励特色地区农产品专柜建设等措施，带动受援地区贫困人口增产增收，助力脱贫。与河北省张家口市沽源县政府签订《对口帮扶合作协议》，指导顺鑫石门市场建立沽源农产品展销中心；指导顺商集团、区供销社等企业设立13个受援地特色农产品销售专柜，累计销售额近160余万元；区供销社组织“共同助力、合作共赢”2019年特色农产品推介会，在14个网点进行展卖，既丰富本区百姓餐桌、又带动5个受援地区特色农产品进京。

（商务委）

【与阿里巴巴集团签订战略合作备忘录】12月27日，顺义区人民政府与阿里巴巴集团在顺义区签订战略合作备忘录，为下一步双方在政务服务、社会治理、智慧物流、传统商业转型升级等多个领域开展深入合作奠定基础。

（商务委）

【与京东集团签订战略合作框架协议】12月29日，顺义区与京东集团签订战略合作框架协议。根据框架协议，京东将在顺义投资建设“亚洲一号”绿色智能电商运营结算中心、智能网联产业基地等多个项目，促进全市物流设施、智能网联、旅游产业智能化、优质化发展。同时，双方还将在跨境电商、医疗健康等领域开展合作。

（商务委）

【新国展二三期项目规划建设加快推进】《顺义区新国展二三期项目功能定位及产业规划研究》完成，助力国际交往中心建设；加强国内知名会展项目考察学习，由区领导带队两次赴北辰集团，深入沟通场馆规划和运营模式等重大问题，为实现新国展与全市“两会一展”统一布局、错位补位发展提供决策支持。

（商务委）

【加强会展业发展情况调研分析】完成新国展33场展会服务保障工作，展览面积超过210万平方米。对新国展周边属地及10余家部门开展深入调研，全面梳理新国展一期及周边区域配套设施情况，深入分析新国展对顺义区乃至北京市经济影响，形成《新国展一期周边配套及关联产业带动情况的报告》，为会展业科学发展提供依据。

（商务委）

【第十五届北京国际车展保障】牵头制定全区车展保障工作方案，

创新设立临时党支部和党员先锋岗，协调相关部门全面做好治安安全、市场安全、交通秩序、环境整洁等现场保障工作，协调增设顺义产业展台、顺义宣传墙，本届车展展览总面积22万平方米，接待参展人数81.7万人次，展会期间市级媒体报道新闻达700余条，实现“提供一流服务保障，助推产业转型升级，树立顺义美好形象”的目标。

（商务委）

【全区机动车污染源治理】《顺义区城市轻型物流配送电动车发展实施方案》制定，《顺义区城市轻型物流配送电动车发展台账》建立，推广应用轻型物流配送电动车。2018年，区内顺丰速递、京鸿物流、世纪畅通等物流企业共置换新能源配送车1000辆，为打赢北京蓝天保卫战做出贡献。

（商务委）

【粮食安全区长责任制落实到位】全区总仓容量130余万吨，存储国家、市、区三级储备粮94余万吨。通过制定《顺义区2018年度粮食安全区长责任制监督考核工作实施方案》，层层压实各部门责任，将粮食安全区长责任制工作落细、落小、落实；2018年获评“全国粮食流通执法督查创新示范单位”“北京市粮食行业先进集体”。在北京市粮食和物资储备工作会议上作典型发言。

（商务委）

【2018年度粮食供需平衡调查工作完成】2018年度供需平衡调查报告撰写工作完成。进一步掌握区内粮食生产、消费、流通和库存情况，提高粮油市场保供稳价能力。共调查全区转化用粮企业6家，其中国有企业2家、非国有企业4家，餐饮企业和食堂40家，抽样调查记账城镇居民住户60户、乡村农民住户60户，发放台账708份。

（商务委）

【粮食质量监管 保障粮食质量安全】开展收获季粮食质量安全监测工作，对本辖区上一年度小麦和玉米的种植面积及产量进行摸底调查，并完成小麦1份、玉米2份的抽样送检工作；对全区12家收储库398个仓房开展库存检查，并指导企业建立质量监管档案373份，确保流通环节的质量安全；将米、面、食用油和豆类作为重点抽检项目，共抽检粮食样本39个，对有害物质进行检测，所检粮食样本的检测项目均合格；督促企业加强对粮食收购、储存、运输等各个环节的质量检验工作，杜绝不符合食品安全标准的粮食流入口粮市场。全年累计开展执法检查180次，开具现场处罚决定书30份。

（商务委）

【区级储备粮管理】组织召开储备粮管理暨防汛工作会，安排部署储备粮管理、存费结算及夏季粮食安全等重点工作，多次深入重点承储企业开展储备粮安全和防汛检查，着重清理安全隐患，确保储备粮安全度汛和紧急状态下高效调用。

（商务委）

【社会组织公益行活动】协调行业协会组织开展社会组织公益行活动30场。其中，为近800名老人拍摄生活肖像、生日幸福照，为30户空巢老人家庭开展保洁服务，为200余名社区居民义务理发，为200名社区居民传授生活技巧，切实提升广大社区居民的幸福感获得感。

（商务委）

【参加北京市第八届商业服务业技能大赛】第八届商业服务业技能大赛共设家政服务员、育婴员、摄影师、中式烹调师4个项目，共计151名优秀选手报名参赛。家政服务员、育婴员、摄影师、中式烹调师4个竞赛项目均获得各项赛事委员会颁发的优秀组织奖，3人获得北京市商业服务业技能大赛优胜选手称号，1人取得高级职业资格证书。

（商务委）

【大气环保相关工作】制定工作方案，建立规模以上餐饮经营单位油烟清理整治台账；开展检查，确保在账企业全部安装餐饮油烟净化设备并全部按时使用，减少餐饮行业挥发性有机污染物排放。按时报送督查检查工作情况，及时更新台账。全年累计检查餐饮油烟企业386家次，向市商务委、区大气办、区环保等部门报送各类报表共计130余份。

（商务委）

【牵头做好“双打”工作】召开专项任务动员部署会、形势分析会、阶段工作进展汇报会，按照市双打办文件要求，及时报送工作信息，累计报送信息28篇。利用农村和社区宣传点、宣传橱窗、广播、发放宣传材料、张贴宣传挂图、户外电子屏等方式广泛宣传打击侵权假冒相关知识，提高广大人民群众的防范意识。

（商务委）

【商务法规宣传教育活动】利用法制宣传教育经费，采取户外电子显示屏、展板、条幅等方式，对商务法规进行广泛宣传；组织全区规模以上商业、餐饮企业开展“用电安全”“消防疏散演练”“有限空间”等安全知识培训；组织开展以安全生产月、119消防日、12·4法制宣传日等为主题的法制宣传进社区、进企业活动；牵头属地政府集中开展商务行业企业安全培训；组织企业参加应急逃生应急演练9次；通过微信公众号、微信群发送各类法规知识及安全提示性信息400余条。

（商务委）

【商务服务保障有序推进】主动履行安全监管职责，扎实开展反恐工作，健全完善商务各行业企业台帐，持续开展专项执法检查行动，2018年共计检查餐饮、商业零售、食盐、家庭服务、家电维修、成品油经营、美容美发、汽车销售等企业699家次，出动人员1398人次，开具简易处罚189件，作出一般行政处罚6件，罚款5万元。开展商务行业企业安全培训30场，培训5600余人。受理12345热线投诉55件，办结率与满意率100%。

（商务委）

区属商业

北京顺义商业集团有限公司

【概况】年内，顺商集团不断推进企业改革、发展，创新管理方式和服务方式，不断提升现代化企业管理水平，以发展零售为主业，按业态稳步连锁化发展的中心思路，加强企业自主创新的能力，努力打造区域商业旗舰店的品牌形象。同时以保障民生、服务社会、提供公共产品和服务为责任，不断提高公共服务效率和能力，发挥国有商业企业在服务民生领域中的引导示范作用，加快实现企业持续健康发展。顺商集团以零售为主，拥有精品百货、电器家具、大卖场三种经营业态。集团总部下设11个科室，在顺义、密云及平谷地区设有10家分店，现有职工1639人，资产总额11.3亿元，2018年实现销售34.35亿元，利润5200万元，税金6463万元。

（顺商集团）

【经营管理强化】一是加强合同管理，审查合同意向2675个，有效防范与控制合同风险。二是加强卖场细节管理，规范卖场装饰、优化商品陈列，提升购物环境。三是强化库存管理，加快资金周转。四是强化营销创新，稳固和提升客流量。开拓思路，强化厂商合作，丰富产品品类，创新开展促销活动，拓宽宣传渠道，借助微信、海报等内外联动形成多渠道宣传，突出人气，提升聚客能力。

（顺商集团）

【推动布局、品牌调整，提升平效】一是针对低平效品牌、品类，制定有效整改措施及提升手段。二是通过楼层经营定位、大类移位、区域面积压缩释放、品牌汰换等手段有效推动布局、品牌调整工作。三是公司系统提升合同条件共计553家。全年完成布局品牌调整432项，完成引进品牌737个，引进供应商230个，柜台更新121个，毛利平效较同期提升1%。

（顺商集团）

【民生保障】发挥国有商业在保障民生、服务社会方面的突出作用。一是强化对民需用品的供应和保障。结合企业特点，针对百姓生活日常民需的果蔬、米面油、副食品等，深挖供货渠道，开展地头直采和早晚市特卖，打造商品鲜、价格低的良好口碑。二是成立食品安全检查领导小组，追溯有机食品渠道，强化食品安全。

（顺商集团）

【基层店办公区及附属设施改造】严格执行工程施工、预算、审核及验收管理。一是完成谊宾店、宏城店、石园店综合办公区改造。二是完成谊宾店、双兴店、宏城店停车场改造，增加停车位403个。三是完成青春馆店消防系统、监控系统、配电系统以及谊宾店配电系统改造。四是完成平谷店、顺义电器店、石园店新建食堂施工等工程项目。五是推动石园店增建2台货梯和2台观光梯工作。

（顺商集团）

【职业技能培训】各店结合本店

的经营模式与管理的实际情况，通过外聘讲师、观看管理、销售、服务礼仪培训光盘、现场实操、经验交流等各种方式，组织管理人员及员工进行培训，以提升员工的工作能力，提高员工的综合素质。本年度共有6200余人次参加100余场各种培训。在加大员工培训的同时，开展岗位练兵、技能竞赛和评优激励活动，结合实际情况，开展以一线员工为主的整装陈列竞赛、销售小能手、收款员点钞、扫码大比拼、“三八红旗手”评选等各项活动，共有1200余人次的职工参与到各种竞赛活动中，使员工队伍整体精神风貌和服务标准得到进一步提升。

（顺商集团）

【贯彻落实区委区政府部署工作】一是扎实开展“疏解整治促提升”专项行动。二是深入落实对口帮扶工作，成立帮扶领导小组，制定对口帮扶计划，签订《对口帮扶框架协议书》《党支部结对共建协议书》，开展团结互助、扶贫济困捐款捐物活动。三是贯彻落实“一助一”帮扶工作，履行社会责任，树立企业形象。

（顺商集团）

北京市顺义粮油有限公司

【概况】年内，公司拥有8家粮食仓储企业，2个自有粮源基地（分别位于山东巨野、内蒙兴安盟），1个早餐公司，1家驾校和1家教练场。“众望”早餐被顺义区指定为“早餐工程”定点单位。“京城”驾校在全市驾校中位列前五名。2018年京粮顺兴公司实现营业收入33.9亿元，利润总额3025万元。

（顺义粮油）

【储备粮管理】储备粮存储是顺义粮油公司基础性主营业务。截止2018年底，公司共存储各级储备粮47.33万吨（其中异地储备6.15万吨），库存总量基本稳定。在推进公司发展过程中，储备粮业务继续发挥压舱石作用。一是稳步推进粮库智能化升级改造，进一步提升储粮软、硬件专业化水平，不断提升储备粮管理效率。二是严格执行“包仓制”管理，建立责任明晰、奖惩结合的管理体制，降低保管费用，粮食平均损耗率比去年同期降低50%，位列集团第一。三是稳步推进科学保粮，通过采用系列科保措施，科保储存率达到100%，绿色储粮率达到74%。四是合理、高效完成出、入库和粮食移库工作，全年出、入库总量30万吨，移库（移入移出共9.7万吨）。为提升储备粮整体管理水平，组织粮油仓储管理员参加职业技能培训，不断提升管理软实力。

（顺义粮油）

【不动产经营】2018年，顺义粮油认真贯彻落实北京市和顺义区疏解整治促提升工作部署，全面梳理排查企业不动产经营业态，对不符合首都功能定位的租户进行彻底清退，对不符合安全生产要求的非阻燃彩钢板建筑进行全面拆除。在高质高效完成疏解整治任务的基础上，坚持抓重点与防风险并重，尤其处理好当前和长远的关系，将清退和挖潜有机结合，不断探索低端业态“腾龙换鸟”，实现不动产提升创效，确保不动产收益稳定。

（顺义粮油）

【粮食贸易经营】2018年，坚持“稳中有进”总基调，科学研判市场，准确把握价格走势，不断开发客户资源，在有效防控风险的前提下，坚持随购随销、以销定购的常态化经营模式，及时调整经营节奏和力度，提升盈利空间。固化“仓储—贸易”一体化经营模式，在参与顺义直属库国储轮换的同时，积极参与市级、区级储备轮换竞拍，扩大贸易规模。在挖潜现有客户的基础上，增加对饲料企业的供应力度，并集中开发中粮贸易旗下各地子公司客户，做强贸易支撑。依托锦州港基地物流优势，进一步扩大北粮南运的规模。企业粮食贸易规模和盈利能力再上台阶。

（顺义粮油）

【驾驶员培训】2018年，玉马教练场面对属地政府要求非本地注册驾校腾退和要求教练场北迁两方面的经营压力，立足企业发展实际，一方面扭住经营业务不放松，抓招生管理，抓转型发展，对接行业标准，加大基础设施投入，购置教学车辆，不断提升经营水平。另一方面主动与政府和主管部门沟通，在政府和相关管理部门的指导和支持下，驾驶员培训和教练场经营在众多困难中有序开展。

（顺义粮油）

【餐饮服务】 为贯彻落实北京市“疏整促”的工作要求，众望早餐自2017年11月开始停业整顿。2018年，众望早餐顺应市场发展趋势和民众需求，努力由单一早餐向便利店经营转变。在首农食品集团和京粮集团公司、顺义区政府、顺义区商委的大力支持下，新便利店陆续就位，信息化及系统配套设备工作也在落实和推进。

（顺义粮油）

【法务建设】 2018年，顺义粮油公司高度重视法务建设，强法务管理，尤其强化法律审核、合同管理、客户管理、外聘律师管理以及法律宣传和培训，不断提升全员法律意识和依法治企的能力。全年借助法律武器有效解决房屋租赁腾退、合同纠纷等重大诉讼案件，推进低端业态清退工作，在维护企业利益的同时，实现为企业稳健发展保驾护航。

（顺义粮油）

对外经贸

【外向型经济稳中向好】 全年实现进出口额163.2亿美元，其中：出口45.8亿美元、进口117.5亿美元；完成实际利用外资16.5亿美元，同比增长78.2%，全市排名第三；其中：第三产业14.3亿美元，第二产业2.5亿美元；增资企业实际入资3.2亿美元，新批项目入资13.6亿美元；累计吸引合同外资10.8亿美元，同比增长306.4%，其中新设立企业吸引合同外资6亿美元，服务业占比99.97%。

（商务委）

【服务业扩大开放综合试点取得显著成效】 5月，新一轮36项试点任务提前完成，示范园区、示范项目数量全市排名第一，形成一批在全市乃至全国范围可复制推广的典型经验；在推进“放管服”改革，提升贸易便利化水平，催生新兴业态等方面成效显现；天竺综保区获批开展区内企业增值税一般纳税人资格试点和全国首批国家文化出口基地；跨境电商体验中心启动运营，德国、意大利、澳大利亚等13个国家进口商品体验馆相继开业；全国率先推出关税保证保险，实现企业“先通关后缴税”；国家指定五类口岸“两场三点”建设通过验收；充分利用示范区出入境新政，出台《顺义区“梧桐工程”外籍高层次人才认定工作办法（试行）》，顺义区外国人服务大厅受理永久居留权、出入境签证、外籍人士缴税等各类业务5000余例；联合9部门印发《深化服务业开放改革促进北京天竺综合保税区文化贸易发展支持措施》，助力全国文化中心建设。示范区建设适应服务业和服务贸易开放发展的新形势，对推动本区经济提质增效起到重要的“引擎”作用。加大宣传、扩大影响，完成顺义区服务业扩大开放两周年宣传片《开放顺义》制作及《顺义区建设北京市服务业扩大开放综合试点示范区两周年成果汇编》编写工作。完成第五届京交会参展工作。2018年本区服务业产值达到1176.6亿元，较2015年同比增长39.8%，服务业占GDP比重由2015年的58.4%提高到63%。

（商务委）

【调结构促转型，进军“进博会”】 为推动本区企业扩大贸易层面、资本层面、技术层面的广泛合作，顺义区建立8个“进博会（中国国际进口博览会）”交易组，区商务委牵头组织协调，分工负责邀请企业参会，及时发布展会信息和了解企业采购需求，进行现场服务保障。全区共有52家企业、146代表到会，通过面对面的考察，促进企业了解国外企业，尤其是欧美发达国家企业，学习如何做好产品生产、品牌打造、质量提升以及社会服务等经验，助推本区企业提升核心竞争力及转型升级。

（商务委）

【外贸稳增长工作深入开展】 应对中美贸易摩擦，为49家企业申请市级资金695万元；根据重点企业走访计划，先后对36家企业进行走访，了解企业进出口情况及协调相关部门解决企业遇到的问题，并在天竺综保区管委会、临空经济核心区管委会、马坡镇等地方召开5场优化营商环境、促进跨境贸易便利等政策宣讲会和培训；协调北京海关顺义办事处实地验厂，针对企业的生产运营情况，为3家企业申请减免风险保证金，减轻企业资金负担；推荐国内外30余场展会，与中国出口信用保险公司合作，在顺义外贸群发布外贸风险提示5期，避免企业出口、收汇产生风险；

开展中美贸易摩擦调查，了解掌握辖区内企业受损情况，先后对154家进出口500万美元以上企业进行3次摸排，针对受影响较大企业进行走访，采取多途径减小影响范围，对企业提出的问题及时进行解答。

（商务委）

【外商投资企业联合年报】 从9月初到10月中旬，对全区747家外商投资企业2018年年报进行审核和催报，上报率达95%以上。

（商务委）

【开展营商环境评价工作】 发挥营商环境评价作用，全面落实区委书记高朋提出的百家企业评价要求，开展本区优化营商环境第三方评价工作，对标“世行十项”、国家发改委、北京市评价指标，现场访查办事事项120项次、面向企业走访和座谈80余家次，向2750家企业发放调查问卷，全面评价并提出进一步优化本区营商环境的针对性建议。

（商务委）

【促进总部经济发展】 审核申请新一版总部企业名单，由于从2018年起未列入名单的企业将无法申请总部奖励补助资金，与各镇及经济功能区进行沟通，筛选出未在名单中但符合条件的50家企业，向总部处反馈，在新版总部企业名单中，本区总部企业增至164家。

（商务委）

【总部奖励资金、总部中介组织初审工作】 做好北京市总部企业奖励补助延续性项目申报初审工作，有3家企业的4个项目获得奖励补助资金470.95万元。对北京市总部经济中介组织进行初审，初审上报的3家企业全部通过市商务委审核，列入北京市中介组织名录。配合区总部企业和临空经济高端人才服务中心做好顺义区第二届总部企业·高层次人才健步走活动，共组织50家总部、外资、外贸、商业企业参加。

（商务委）

【事中服务 事后监管】 加大对外资企业的服务力度，变事先审批为事中事后监管，2018年工商商务联动系统共向本委推送341条外资企业设立、变更信息，利用电话、走访等方式全部进行备案提示，企业备案率达到90%以上。对海纳川等7家外资企业设立及变更备案情况进行监督检查，促进本区外资企业发展环境更加优化。

（商务委）

【全面优化政务服务水平】 45项政务服务事项全部实现一门、一窗、一网办理。2018年，服务窗口受理并办结新备案对外贸易经营者备案登记291家、变更273家，境外企业设立备案25家，实地勘察加工贸易企业2家；备案外商投资企业385家，其中新设立项目62家，增资45家，股权转让29家，经营范围变更69家，其他变更180家。

（商务委）

旅游

综述

【概况】 2018年，区旅游委以高质量发展为导向，聚焦“转型、融合、提质、增效”发展，实现产业促进“实”、行业监管“稳”、民生服务“好”、宣传推介“新”、自身建设“硬”的既定目标。全区旅游企业518家，其中星级饭店16家、A级旅游景区（点）7家、旅行社57家、星级民俗旅游村36个、乡村民俗旅游户160户、乡村旅游特色业态34家、工业旅游示范点6家。2018年旅游接待859.22万人次，同比增长16.3%；旅游综合收入137.69亿元，同比增长14.6%。

（旅游委）

【假日旅游指标】 元旦假期，全区共接待游客34.16万人次，同比增长22.3%；实现旅游收入10206.36万元，同比增长17.9%。春节假日期间累计旅游接待游客49.70万人次，同比增长12.9%；综合收入1.56亿元，同比增长13.2%。清明假期三天，全区旅游企业共计接待游客43.82万人次，同比下降2.3%；旅游综合收入9288.59万元，同比增长3.4%。“五一”假日共接待游客117.96万人次（含参观车展的35.3万人次），同比增长112.3%（不含车展游客，同比接待增长48.8%）；实现旅游综合收入15935.04万元（不含车展收入，同比增长28.2%）。端午假期共接待游客

55.07万人次，同比减少0.03%；实现旅游综合收入13035.76万元，同比增长0.3%。“国庆、中秋”假日期间，共接待游客145万人次，实现旅游综合收入33178.64万元。

（旅游委）

【安全培训和活动】3月7日，顺鑫中盛会议中心组织企业员工开展有限空间作业培训和应急演练活动。通过文字、照片、视频等形式对有限空间作业的特点、危害、防护和急救、安全作业流程、管理规定及注意事项等进行重点讲解并开展应急演练，使从业人员更加深刻认识到安全操作的重要性。

（旅游委）

【区旅游咨询站达标评定工作】6月11日，区旅游委通过与各咨询站负责人交流咨询站经营状况，并依据《北京市旅游咨询站建设与管理规范》，对各站发现的问题提出整改、提升意见，督促各咨询站及时整改。参评咨询站最终通过市文旅局2018年咨询站达标评定。

（旅游委）

【旅游委组织行业有限空间作业演练】7月13日，区旅游委联合绿色生态管委会组织区内旅游企业在国际鲜花港开展有限空间作业演练。在下井作业演练中，参演人员严格按照《有限空间作业操作规程》，进行有限空间作业的安全技术交底、设置警示标识、作业设备检查、气体检测、通风换气、作业批准、应急救援等规定动作。

（旅游委）

【旅游市场秩序保障维护】年内，共出动检查人员2150人次，检查企业775家次；发现安全隐患225处，现场整改182处，责令限期整改43处，查处违法违规行为7起，立案7起，处罚金额4.1万元，行政执法量在全市旅游系统排名前三名，完成全年任务指标。完成“非法一日游”“扫黑除恶”、城市安全隐患三年行动、城市风险评估、反恐、有限空间等专项行动，有力保障节假日和两会、“中非论坛”、H7N9流感、夏季汛期、冬季冰雪活动、“双随机”检查等重大事件的旅游市场安全、秩序。

（旅游委）

【投诉满意率100%】年内，共接到游客有效投诉82件，全部结案，游客满意率达到100%。

（旅游委）

【优化营商环境】年内，在全市旅游系统率先完成旅行社6项业务登陆区级行政审批业务平台，共完成22个旅行社业务办理工作。

（旅游委）

【对口帮扶工作】年内，与西峡、巴林左旗、万全、尼木、科左中旗、葫芦岛6地签订《旅游合作框架协议》，建立“共塑市场、互送客源、同步宣传、协同发展”的旅游合作机制。送专家到巴林左旗为旅游从业人员现场授课，选派2名旅游骨干人才到受援地区短期挂职，邀请帮扶地区负责人参加区内旅游行业人才培训，投入26.46万元用于宣传册制作和专家对口帮扶等工作。

（旅游委）

【《顺义区旅游+产业融合发展规划》编制完成】1月4日，区旅游委《顺义区旅游+产业融合发展规划》编制完成，规划借鉴台湾旅游发展的先进经验，从旅游+产业融合示范项目、旅游+产业融合基础机制与辅助机制、行动方案等方面进行阐述，对顺义旅游产业融合发展具有指导意义。

（旅游委）

【《2018年旅游发展分析报告》发布】12月9日，顺义区旅游发展委员会发布《2018顺义旅游发展分析及招商投资报告》。报告深入分析顺义区旅游投资环境、企业画像和客户分群，企业选择顺义创业的原因，游客占比等信息，为旅游企业、旅游项目定制“服务包”提供大数据支撑。

（旅游委）

【专项规划编制完成】《顺义区旅游产业专项规划》和《顺义区旅游设施专项规划》编制完成，通过顶层设计实现产城关系科学、产业定位准确、空间布局明确，通过补齐旅游要素延伸全产业链，以“一廊、两带、三区”的空间布局打造都市型休闲旅游目的地。

（旅游委）

【《供给侧改革实施方案》出台】年内，《顺义区加快供给侧结构性改革扩大旅游消费行动计划（2018-2020年）实施方案》编制完成并以区政府文件形式印发，方案涉及全区60余家相关单位和属地政府，为本区旅游供给侧改革指明方向，为构建多部门齐抓共管的旅游大格局奠定实施基础。

（旅游委）

【《旅游市场综合治理工作方案》编制出台】年内，《顺义区进一步加强旅游市场综合治理工作方案（2018-2020年）》编制完成并以区政府办公室文件形式印发，方案旨在建立部门联动，综合治理的工作机制。

（旅游委）

【促进河东河西协同发展】《促进河东地区旅游发展补短板三年专项提升计划(2018年-2020年)》出台，通过河东河西基础设施建设和基本公共服务均等化发展模式，补齐河东地区旅游发展短板，使旅游产业成为河东地区宜居宜业发展的重要支撑。

（旅游委）

【全国文化中心建设】针对潮白河沿线的资源情况、历史文化等内容组织2次调研，实地走访潮白河辐射范围的重点旅游资源，保障《大运河文化带旅游资源普查暨旅游发展规划及实施方案》编制工作进行。

（旅游委）

【旅游调研撰写完成】年内，撰写《顺义乡村旅游在“乡村振兴”战略中的作用和推动美丽乡村建设的路径研究》在顺义调研、《当代旅游》《魅力中国》等杂志上发表，为推广顺义乡村旅游经验、振兴美丽乡村拓宽思路。《顺义“农旅融合”发展路径研究》发表在《2017北京市农村经济发展报告》。

（旅游委）

设施建设

【“厕所革命”取得实效】年内，“五化”推进旅游厕所革命，完成20座厕所提升改造工程，布设98个移动卫生间，在各区中率先完成工作任务。

（旅游委）

【旅游基础设施建设】统筹市区两级资金6600余万元用于旅游配套设施建设，石家营村、前鲁各庄村、河北村、柳庄户村、北府村、薛庄村、焦庄户村、张镇旅游特色小镇等17个镇、18个村、8个景区和38个新业态企业的旅游配套设施建设和提升改造建设完成。

（旅游委）

【产业资金落实到位】旅游产业资金按照“当年评定、次年拨付”的原则，2017年区级资金共拨付资金3380万元，涉及17个镇的88个项目；2018年区级项目征集64个，完成立项评审和实地踏勘工作。

（旅游委）

【公园建设】年内，中晟休闲公园、鲁能七号社区公园、恒华安纳湖社区公园建设完成。

（园林绿化局）

【争取北京市产业发展资金千余万元】3月6日，顺义区4个项目获批北京市旅游产业发展引导资金1535.42万元。4个项目分别是：焦庄户地道战红色旅游服务设施提升项目、张镇旅游特色小镇旅游配套设施一期项目、星级民俗村和少数民族村旅游配套设施项目、顺义区民俗旅游合作社项目。

（旅游委）

【星级民俗村旅游配套设施建设竣工】8月，区旅游委对河北村、石家营村、北府村、薛庄村、柳庄户村、前鲁各庄村等星级民俗村实施的旅游配套设施提升改造项目竣工。项目主要涉及修建石家营村河道两岸步道2000米、长廊2处及休息亭3座；河北村河黄路两侧步道改造3456米、村内卫生间改造3座及修建休息亭2座和连接长廊1处；北府村呼奴山西侧山脚到山顶步道改造3016米、修建位于呼奴山西南侧及山顶平台的休息亭3座。

（旅游委）

【星级民俗村和少数民族村旅游配套设施项目竣工】9月21日，2018年北京市旅游产业发展引导资金专项转移支付项目——顺义区星级民俗村和少数民族村旅游配套设施项目竣工。项目总投资869.2万元，主要在马坡镇石家营村、南彩镇河北村、大孙各庄镇薛庄村、龙湾屯镇柳庄户村、北小营镇前鲁各庄村及北府村共5个镇的6个星级民俗村域内建设121平方米导览标识系统、267平方米观景长廊、160平方米休息亭，提升改造8472平方米旅游休闲步道、200平方米公共厕所，以及采购安装467杆路灯、268个庭院灯、108个草坪灯、318套石材座椅、340个垃圾桶和22座生态厕所等旅游配套设施。特别是围绕北府民俗村“呼奴”文化，对呼奴山进行景观提升改造。

（旅游委）

【移动街景售卖车投放】 10月1日，区旅游委联合企业和属地政府，招募23辆街景售卖车在北京国际鲜花港、舞彩浅山鞑子沟段和木林千亩向日葵花海投放。售卖车每日可服务游客500-3000人次/辆，提供10余种快餐简餐和咖啡、奶茶、果饮等冷热饮。电子显示屏实现与景区互动式营销。

（旅游委）

【张镇旅游特色小镇旅游配套设施（一期）项目竣工完成】 11月25日，2018年北京市旅游产业发展引导资金专项转移支付项目——顺义区张镇旅游特色小镇旅游配套设施（一期）项目完工。项目投资总额480.45万元，建设内容主要在张镇金鸡河、无名河及龙凤山旁建设钢木结合材质的单臂长廊、双臂长廊及观景平台，以及张镇村级道路采购安装500平方米民俗村标识牌、560个金属垃圾桶及180组弧形座椅。

（旅游委）

【顺义区焦庄户地道战红色旅游服务设施提升项目竣工】 11月26日，2018年北京市旅游产业发展引导资金专项转移支付项目——顺义区焦庄户地道战红色旅游服务设施提升项目竣工。项目投资总额175.77万元，建设内容主要在焦庄户烈士陵园、纪念林及地道战遗址纪念馆南侧山上建设烈士生平介绍展板、抗战文化街宣传板、纪念林种植人标志牌、上下山木栈道、亭子低观景平台等；上下山木栈道及亭子、平台周围采购安装24盏太阳灯、84套座椅、51套垃圾桶及12座生态卫生间。

（旅游委）

【旅游景观厕所提升改造项目启动】 12月14日，区旅游委启动旅游景观厕所提升改造项目。对北京国际鲜花港、河北村民俗文化体验园、汉石桥湿地公园的4座老旧旅游厕所进行景观改造。改造内容包括调整男女厕位比例，增设第三卫生间、阅览区及休息区，配备节能环保设备、智能设备，并对破损设备设施、标志标识等进行更换。

（旅游委）

行业管理

【开展乡村旅游特色业态和星级民俗村（户）评定工作】 全年共征集86家待评乡村旅游特色业态、星级民俗旅游村和星级乡村民俗旅游户，最终评定乡村旅游特色业态5家、星级民俗旅游村15个、星级民俗旅游户6个。

（旅游委）

【对标复核工作】 年内，对区内157个乡村民俗旅游户、40个民俗旅游村、44个乡村旅游特色业态进行对标复核，复核不通过的启动退出机制；对3A级以上景区及三星级以上酒店进行对标复核工作，均通过复核。

（旅游委）

【公园管理】 年内，顺义区园林绿化局开展“保护绿色资源，提升公园品质”专项行动，组织公园管理工作人员、园林绿化管护人员90余人次参加公园规范管理及养护修剪技术等技能培训，提升养护管理水平。

（园林绿化局）

【京郊旅游政策性保险续保工作】 4月，顺义区民俗旅游经营者投保签约89家，其中，星级民俗旅游户56家、乡村旅游特色业态27家、旅游景区6家。

（旅游委）

【顺义新城滨河森林公园运营管理】 7月，长青林场管辖的顺义新城滨河森林公园绿地地块（面积154.75公顷）由三级绿地升级为二级绿地。为给市民提供更好的游园体验，园区内基础设施进一步完善，包括新增停车位35个、座椅37个、垃圾桶27个、避雨亭17座。同时，公园中长期建设规划方案编制完成，方案以建设精品公园、靓点公园为目标，着力营造林水相依、三季有花、四季有景、主题突出的景观特色。为提高方案编制水平，林场特聘请专业设计专家对公园进行勘查测绘。

（长青林场）

【3家景区获得首都文明风景旅游区称号】 8月9日，顺义区北京国际鲜花港、河北村民俗文化体验园、北京七彩蝶园3家A级旅游景区荣获“2015—2017年度首都文明风景旅游区”称号。

（旅游委）

【**意大利农场获评北京老年接待旅游基地**】9月12日，顺义区首个北京老年旅游接待基地项目——意大利农场通过审核。

（旅游委）

【**3家企业入选北京乡村旅游特色业态**】9月13日，市旅游委评定专家对本区申报的享筑．繁星帐篷酒店（国际驿站）、北京晋汉子庄园酒店（乡村酒店）、北京珍宝珍家居文化有限责任公司（休闲农庄）3家乡村旅游特色业态进行现场评定，均通过。

（旅游委）

【**民俗村整治工作**】9月14日，旅游委采取“一镇一村一策”措施，开展民俗村整治工作。调整民俗户申报流程，由原来的各户到旅游委直接申报审核调整为镇村初审后，达到要求的民俗户，由镇统一申报。旅游委客观分析每个民俗村现状、发展趋势及发展意愿，对发展意愿强、结合实际制定发展规划并逐步推进落实的民俗村给予工作上的指导和资金上的帮扶；对发展意愿不强、基础设施薄弱且无长远发展规划的，采取约谈镇、村领导，启动退出、撤销机制。

（旅游委）

【**牛栏山酒厂获评予中国工业旅游创新成果奖**】10月24—26日，由中国工业旅游产业发展联合体主办的第二届中国工业旅游产业联合发展大会在河北唐山举办。顺义区牛栏山酒厂作为市区旅游部门推荐的优秀工业旅游单位，获评中国工业旅游创新成果奖。

（旅游委）

宣传推广

【**《风物中国志·顺义》出版发行**】年内，由顺义区旅游委和中国国家地理出版社共同组织编写的《风物中国志·顺义》在京东、当当网发行。本书以历史为脉络、以产业发展为导航，全方位记述融合文明、集商聚义、健康宜居、产业转型等顺义区不同侧面的风貌。全书17.2万字，共选用120余幅图片，采取“半幅文字半幅图”的布局，共发行3000册。

（旅游委）

【**4部宣传片拍摄完成**】年内，完成《旅游资源推荐》《旅游人物记录》《旅游招商引资》《旅游冬季推介》4部宣传片的拍摄。成片时长平均7分钟，从不同角度记录顺义旅游产业，并在各大节庆活动、论坛中播放。

（旅游委）

【**“悠游顺义”宣传折页**】以区旅游资源为载体，通过图片加文字叙述的形式重点介绍特色旅游线路，共印制宣传折页6万份向游客免费发放，为游客出行提供全面帮助。

（旅游委）

【**亮相各大旅游博览会**】顺义区旅游委参加陕西西安、宁夏银川、福建厦门、北京、北京平谷、湖南益阳、上海、海南海口旅游博览会，宣传“品质顺义·乐享生活”的顺义，推荐品质旅游、亲子旅游、研学旅游等线路，共发放宣传资料8000余份。

（旅游委）

【**旅游咨询“五进”工作**】年内，在全区推出顺义旅游“五进”工作，即“进机关、进学校、进企业、进社区、进乡村”。通过设置宣传展架、放置旅游宣传资料的方式，宣传顺义旅游。共在48家单位设置55个宣传展架，配送资料3万余份。

（旅游委）

【**“双微”宣传平台**】年内，“顺义旅游”微信平台发布旅游资讯1077条、增长粉丝 26120人，获得政务新媒体最佳运营奖；“顺义旅游”微博平台发布旅游资讯1095条，增长粉丝53122人。“双微平台”共有粉丝22万余人。

（旅游委）

【**旅游氛围营造**】年内，在白马路主干道更换10次53块旅游企业画板以营造旅游氛围；完成区内57块旅游企业导览牌更新改版工作；大型活动现场设立20块企业展板宣传推介旅游线路、介绍旅游景区景点。

（旅游委）

【**交通广播开展宣传**】年内，通过设置为期86天的北京交通广播FM103.9电台广告，参加“1039慧旅行”节目直播4次，根据当季旅游热门给广大听众推荐旅游线路等方式，为更多游客提供出行指南，提升顺义旅游的知名度。

（旅游委）

【《北京旅游咨询榜样》摄制组完成鲜花港咨询站拍摄】鲜花港咨询站作为顺义区旅游委推荐的顺义优秀咨询站代表，以整洁齐备的硬件环境和优质的服务入选《北京旅游咨询榜样》宣传片拍摄。11月23日，北京市旅游咨询中心安排摄制组在鲜花港咨询站拍摄旅游咨询站风貌以及优秀旅游咨询员工作场景。

（旅游委）

【《顺意好礼产品目录》出版】1月30日，区旅游委出版《顺意好礼产品目录》，以图文并茂的形式，集中展示顺意好礼的4家运营商研发的旅游产品。图册用于区内外和各类旅游推介会、大型旅游活动中的宣传推介。

（旅游委）

【“新春大礼包”】2月5日，区旅游委推出“新春大礼包”并在华联商场“灶王年货街”设立专柜进行销售。大礼包内含春联福字等传统文化产品和顺顺毛绒玩具、灶王爷酒等地域特色文创产品。

（旅游委）

【顺义旅游亮相北京国际车展】4月25日—5月4日，北京国际车展在新国展举办。旅游委在南登录厅设立顺义旅游咨询台，发放旅游宣传资料、推介顺义旅游资源和线路；同时在E1展馆外顺义整体形象展示厅设立顺意礼物展示架、播放顺义旅游宣传片。

（旅游委）

【“中国旅游日”咨询活动】5月19日，顺义旅游咨询中心以“旅游让生活更美好”为主题，在舞彩浅山木林段举办主题活动，通过发放顺义旅游宣传资料、现场答疑等形式推介顺义旅游资源，宣传顺义旅游品牌，充分展示顺义旅游发展成就，让老百姓共享顺义旅游发展的成果。

（旅游委）

旅游活动

【春节旅游产品丰富】2018年春节期间，顺义区举办丰富多彩的旅游活动。河北村民俗园于腊月二十至正月初五举办新春庙会，有舞龙舞狮、传统婚礼表演、三八席等传统民俗表演；九洑地民俗园大年初一至正月十六举办新春灯光秀，同时为游客提供老北京特色小吃；北京七彩蝶园、水奥雪世界等7家旅游企业，开展亲子主题冰雪活动。

（旅游委）

【“北京顺义第三届冰雪温泉狂欢季”】“北京顺义第三届冰雪温泉狂欢季”活动自2017年12月9日至2018年2月23日举办，历时近3个月，通过一系列活动对顺义冬季优质旅游资源进行整合，将滑雪嬉雪、温泉泡汤、健康养生、休闲度假、民俗文化等特色旅游资源进行串联，借助蓝色港湾推介会、莲花山滑雪场开幕式及“走进冬天的顺义”冰雪温泉体验等多项活动，全面展示顺义冬季旅游的魅力，着力打造“过夜经济”亮点。

（旅游委）

【第九届郁金香文化节】4月1日—5月10日，以“花开盛世·一带一路”为主题的第九届北京郁金香文化节在北京国际鲜花港举办。本届郁金香文化节种植100个品种400万株早、中、晚、超晚花期的郁金香，成为我国北方地区开展最早、品种最多、花期最长、种植面积最大的郁金香花展。草裙舞、弗拉明戈舞、桑巴舞、鼓舞等多项表演丰富市民生活。

（旅游委）

【北京顺义第四届舞彩浅山旅游登山文化节】5月18日，第四届北京顺义舞彩浅山旅游登山文化节开幕，活动持续3天。此次登山文化节有两大特色，即：“一带一路”16国160名登山爱好者参加的国际城市登山对抗赛和1699名登山爱好者参与的北京顺义山地马拉松同时举办。“英雄荣耀”主题晚会及“顺意好礼”、农副产品、非遗手工艺现场展销活动同期展开。活动期间，共100余家媒体团队进行报道，其中网络直播共吸引7000万人在线观看，通过电视、网络、报纸、杂志以及新媒体等宣传渠道，有效辐射人群高达5600万人次。

（旅游委）

【第三届北京顺义樱桃采摘旅游文化节】6月4日，以“顺义樱桃 初夏食光”为主题的第三届北京顺义樱桃采摘旅游文化节开幕。本届樱桃采摘旅游文化节由北京顺义区委宣传部、顺义区旅游发展委员会、顺义区农村工作委员会、顺义区园林绿化局共同主办，顺义区文化委员会和顺义区龙湾屯镇人民政府协办。旅游文化节立足顺义绿色有机樱桃和本土文化，融合音乐、文化、非遗等多种元素，通过樱桃评选、音乐晚会、摄影大赛、文创产品展销等系列活动，让广大游客在绿色生态的山乡美景中体验采摘之乐、慢享田园生活。

（旅游委）

【第27届北京国际燕京啤酒文化节开幕】6月29日，第27届北京国际燕京啤酒文化节在顺义奥林匹克水上公园开幕。此次啤酒节持续半个月，期间汇集美食、电竞、嗨歌、汽车等多元素的娱乐形式。

（旅游委）

【教师节旅游活动丰富】9月8—10日，凭教师证可免费领取七彩蝶园入园门票1张，与教师同行来园的亲友，凭其教师证现场购成人正价门票可享每张立减30元优惠；顺鑫绿色度假村凭教师证办理入住即可免费获赠中秋月饼礼盒；鲜花港在教师节当天开展免费游园活动；和园景逸、松鹤建国等酒店开展“集赞送房券”“教师免单”等活动。

（旅游委）

【2018北京国际鲜花港菊花文化节】9月8日，2018北京国际鲜花港菊花文化节开幕。本届文化节以“盛世芳华·美满花港”为主题，持续至10月25日结束，历时48天，横跨中秋、十一两个黄金假期。园区新增国内较罕见的金丝麦浪、泉乡万盛、枫叶晚红、春日剑山等30多种特色花卉，通过增大局部种植密度，延长局部观赏区时间等方法，拼接出一幅幅色彩斑斓的大地艺术品。在节假日、周末期间，有民乐演奏、流行串烧、中国传统舞蹈、小丑表演和神奇的近景魔术等互动式表演助阵，还可观赏3D水幕音乐灯光秀和品尝国际美食。

（旅游委）

【农民丰收节活动丰富】北京首届“中国农民丰收节”顺义区系列活动从9月21日开始，持续至国庆假期结束，以“北京最美乡村”——龙湾屯镇柳庄户村为中心，形成欧菲堡、葫芦牛、巧媳、柳庄户村史馆、焦庄户地道战等近10个景点的特色农业旅游文化联合“大派对”。同时，赵全营镇兴农天力农业园开展现代化农业机械展示、特色乡村市集、观光采摘、非遗文化展示体验、拔河比赛、民俗文化演出、农业劳动体验、儿童娱乐等活动，打造国庆假期市民好去处。

（旅游委）

【首届旅游发展论坛举办】11月21日，顺义区旅游委举办以“品质顺义·乐享生活”为主题的“2018北京顺义首届旅游发展高峰论坛”，论坛涵盖主题演讲、圆桌研讨、旅游行业专家“把脉问诊”沟通交流会、顺义旅游投融资项目对接等内容，通过点对点方式对接洽谈项目34个。

（旅游委）

【第四届北京顺义冰雪温泉欢乐季开幕】12月15日，第四届北京顺义冰雪温泉欢乐季在顺义区莲花山滑雪场盛大开幕。活动横跨元旦、春节持续至2019年2月12日结束，为市民和京津冀游客冬日休闲度假提供一场旅游盛宴。

（旅游委）

【城区公园文化活动】2月10—22日，区园林服务中心在减河公园举行顺义区第十四届水仙花展，共展出水仙1100余株，其中包括自然生长400头，雕刻700头，完成作品150件。4月16日—5月2日，在减河公园举行顺义区第十一届郁金香花展，此次郁金香花展栽植面积1100平方米，10个品种，4万余株。同时配置色彩丰富的草本花卉，如矮牵牛、三色堇、串红等2万余株。4月20—30日举办第三届牡丹花展。共计展出40个品种牡丹花5500余株，面积6200平方米，本次花展新引进赵粉、豆绿、魏紫、姚黄、冠世墨玉、绿香球等名贵品种，还有近900平方米的芍药花竞相开放。同时栽种凤仙、花毛茛、南非万寿菊、木茼蒿、月季树、玫瑰等花卉共计37000盆，并在园内主要游览路线上设置彩旗、条幅以及宣传栏，倡导游客文明游园的同时普及花卉文化知识，使花展具有文明性、科普性。5月10—31日，顺义区第二届月季文化节在卧龙公园举行。本次文化节共展出月季40余个品种，15000余株，矮牵牛、四季海棠、孔雀草等时令花卉13000余盆，并引进“孔雀、扇形、瓶型、球形”等造型月季及开双色花的树型月季。通过宣传月季科普知识、月季花语、月季与诗词等，将月季花与中国诗词文化相结合，让人们在赏花中感受中国传统文化。6月20日—7月20日，顺义区第十六届荷花展在顺义公园举行，以中心荷塘为主展区，以白洋淀红莲为主打基调，并在公园各主要入口展出以“小品、花境、荷花”组成的特色节点及摄影作品展、廉政漫画等多种形式的人工布景、花境13处景观，道路展出盆养荷花600余盆。

（园林绿化局）

园林绿化

【概况】顺义区园林服务中心为顺义区城市园林绿化业务主管部门，主要职责任务是承担园林、绿化等事务性、服务性工作，职责范围包括顺义城区、顺义新城、各中心镇、市区级开发区以及区政府指定绿地。截至年底，直接管理园林绿地共计589.06万平方米。其中，特级绿地314.48万平方米，一级绿地122.67万平方米，二级绿地151.91万平方米。区属注册公园8个，面积105.52万平方米，其中，顺义公园为北京市重点公园，顺义公园、卧龙公园、减河五彩园、光明文化广场公园、仁和公园5个公园为北京市精品公园。

（园林绿化局）

【为民服务项目】年内，区园林服务中心所属公园设置志愿者服务站点8个，通过咨询宣传等方式为游客提供优质服务。5月，在顺义公园水榭建立公益“爱心书屋”对市民免费开放，同时还针对中小学生在爱心书屋组织不定期国画讲座。

（园林绿化局）

【公园设施维护】年内，区园林服务中心定期对破损设施进行维护，提高公园硬件水平，确保设施安全，正常运转。修复破损路面198平方米，更换路灯44盏，补设果皮箱58个，补设园椅7个，各公园共补设牌示671处，补设防护栏90处，补设警示标识16处，修复破损设施52处。

（园林绿化局）

【“保护绿色资源 提升公园品质”专项行动】年内，区园林服务中心按照区委区政府领导要求开展“保护绿色资源、提升公园品质”专项行动。在园林中心所属8个注册公园的管护区域内进行补植增绿护绿、清理卫生死角、开展“厕所革命”、排查安全隐患、规范服务、志愿服务、完善设施、科普教育、违法侵占行为整治等专项行动。共整治黄土露天4763平方米，清理枯死树18株，清理病虫枝、枯死枝树木1812株，补植乔、灌木4183株，补植花草5728平方米，补植竹子60平方米，补植色带124平方米。共清理卫生死角14处，清理废弃物182.5立方米，清理水面24.4万立方米。

（园林绿化局）

【环境整治】年内，区园林服务中心完成首环办组织进行的1—6月环境建设专项检查工作，重点针对地铁和公交车站周边，学校附近，自由市场和卖场周边等区域内的绿地，增加养护人员，在各单位的扎实工作和周密布置下，未出现重大扣分挂账问题。开展“百街百巷”整治提升工作，园林中心管护队伍共计出动59车次、575人次，重点对府前东街、光明街、新顺街、顺平路、通顺路、右堤路、顺平辅线、外环路、双兴北路、顺沙路、顺白路、燕京街、三中东路、医专路、拥军路、中山东街等道路实施清理枯枝落叶和垃圾、更新死株及补植缺株、粉刷行道树、修剪、灌溉等工作，切实提升街巷园林景观质量。

（园林绿化局）

【鲜花上街环境布置工程】年内，区园林中心在光明街、府前街、新顺南北大街、顺安路4条道路通过花箱、花塔、地栽形式，营造多层次的景观效果。分别于4月下旬、6月下旬、8月下旬进行3次花卉布置，采用角堇、凤仙、海棠、串红、孔雀草等应时花卉80万余盆；并于国庆期间配合庆祝十一国庆活动，再次布置鲜花50万余盆。

（园林绿化局）

【绿地景观及设施提升改造工程】集汇大街改造提升工程，位于顺义城区南部，西起顺通路，东至河南村，全长约3公里，绿化面积约2万平方米；此次改造涉及喷灌、围栏设施及提升绿化档次。裕龙三区外绿地改造提升工程，位于顺义城区中部，北起裕龙三区外，南至燕京桥，全长约1.5公里，绿化面积约3万平方米；此次工程包含绿化景观提升、铺装道路改造、新增喷灌灯光及垃圾桶座椅等。光明文化广场灯光、音响设备提升工程，位于城区中心，光明街与府前街交汇处东南角，总面积约1700平米；此次工程包含新增灯光、音响等附属设施。

（园林绿化局）

北京顺义文化旅游投资集团有限公司

【概况】 北京顺义文化旅游投资集团有限公司（简称文旅集团）下辖北京顺旅水上公园投资发展有限公司、北京鲜花港投资发展中心、北京顺旅三高文化发展有限公司、北京顺旅电子商务有限公司、北京顺旅建设投资发展有限公司、北京顺旅文化传播有限公司、北京顺旅广告有限责任公司、北京顺旅城展文化发展有限公司、北京顺旅酒店管理有限公司、北京顺旅旅游文化产业发展有限公司、北京文旅思承文化有限公司、北京奥瑞腾物业管理有限公司、北京新潮园农业技术开发中心、北京顺奥投资中心和北京福顺物流有限公司15家子公司。文旅集团贯彻落实区委、区政府总体部署，按照做本区文化旅游产业的传动器、助推器和孵化器的企业定位，打造文旅生态链，深化平台建设，打造具有市场竞争力的文化旅游投资集团。

（文旅集团）

【企业更名】 年内，北京顺义生态旅游集团有限公司更名为北京顺义文化旅游投资集团有限公司。

（文旅集团）

【企业定位进一步明确】 年内，文旅集团明确做本区文化旅游产业的传动器、助推器和孵化器的企业定位。传动器就是要做好政府与社会之间的纽带，体现政府意志，传达政府信息，做到上下同欲；助推器就是要把工作的出发点和落脚点放在带动全区文化旅游产业的发展上来，要不求短期经济显绩，但求长期产业潜绩；孵化器就是要为本区的文化旅游小微企业提供包括技术、市场在内的产业发展平台，通过一系列的服务与支持，帮助他们“站在巨人的肩膀上”，从而在本区培养一批有品位、上档次、叫得响的文化旅游企业。

（文旅集团）

【产业链条延伸】 年内，文旅集团布局文化广告、酒店餐饮等业务板块，打造“WIN在顺义”活动品牌、“漫食间”系列主题餐饮品牌、“享筑”主题民宿品牌、“味儿在顺旅”活动餐饮品牌，进一步完善集团产业结构、产品结构和产业链条，初步构建差异化的竞争优势。

（文旅集团）

【未·堂小镇】 年内，文旅集团在水上公园打造欧洲现代街区风格餐饮休闲综合体——未·堂小镇，结合超现代化的墙体涂鸦、氛围灯光、园林、雕塑景观，以及蹦蹦云等互动体验设施规划，整体展现“单调节奏的漫生活圈”核心概念。年内，整体由集装箱改造构成的一期项目完工，总建筑面积3558.2平方米。引入漫食水间·宫廷火锅、海知味道、阿卡故事等6家风格迥异的主题餐厅，德国酒馆等3家时尚酒吧，漫食水间·咖啡厅及贡茶2家饮品店，国际馆进口商品平价超市、陶艺手作馆等商业体。

（文旅集团）

【享筑·繁星十二星座主题帐篷酒店】 4月，文旅集团在北京国际鲜花港园区内打造的北京首家以十二星座为主题的帐篷酒店——享筑·繁星十二星座主题帐篷酒店完成建设。酒店共有12间主题客房、1个接待中心及星·印广场多功能餐饮休闲综合体。位于鲜花港内的星·印广场作为帐篷酒店配套餐饮服务区域距离帐篷酒店200米，集餐厅、咖啡厅、酒吧、露天影院、篮球场于一体，成为住宿客人及园区游客全天候餐饮休闲服务综合体。

（文旅集团）

【顺奥冰世界】 年内，文旅集团旗下北京顺旅旅游文化产业发展有限公司与北京冰世界体育文化发展有限公司共同出资打造顺义区首家符合国际专业冰场标准的大型室内冰上运动场馆。项目位于奥林匹克水上公园内，总投资额2200万元。项目应用国际领先的快速铺冰技术，48小时内即可完成1000平方米场地的铺设，同时坚持秉承绿色环保、节能高效的建设理念，采用模块化、可移动冰场，投入运营后比同类冰场节能30%左右。“顺奥·冰世界”

总面积4000平方米，包括国际专业冰球场地、娱乐冰场、趣味滑道，以及移动看台、服务区等。其中，1586平方米的专业冰场区域严格按照北美NHL（国家冰球联盟）冰场标准建造，两个共计750平方米的休闲娱乐冰场由趣味滑道巧妙连接，移动看台位于专业冰场与娱乐冰场之间，使观众置身于赛场中，与冰面近距离接触。冰场聘请专业教练进行教学指导，同时配备进口冰鞋、专业护具、BOBBY滑冰小助手等全套运动设备，让不同水平顾客的体验安全得到保障。

（文旅集团）

【城市生活展示体验馆】年内，根据区委、区政府关于加快建设顺义区城市生活展示体验馆的指示精神完成顺义区城市生活展示体验馆项目全过程监理的招标工作；完成顺义区城市生活展示体验馆项目第一、二轮布展资料收集工作；项目初步设计方案进一步深化，项目结构加固方案完成，并通过专家论证。

（文旅集团）

【柳庄户村民宿项目建设】年内，顺旅酒店管理有限公司与全国特色小镇龙湾屯镇柳庄户村达成合作，投资建设民宿项目，包含一期和二期共计22个民宿院落，改造总面积约为6700平方米。截至2018年12月31日，柳庄户院落设计方案通过初审，项目预计2019年12月竣工。

（文旅集团）

【北京国际燕京啤酒文化节走进海淀】8月，以“北京干杯！”为主题的第27届北京国际燕京啤酒文化节海淀专场活动在北京稻香·湖景酒店举行。活动由群众文化、商务交流以及啤酒消费季三部分组成。《北京干杯！畅游通行证》是本届啤酒节中两区的特色联谊活动，截至9月1日，海淀市民可凭身份证免费参观游览燕京啤酒总部、顺义奥林匹克水上公园、北京国际鲜花港、汉风耕读苑4地，部分游乐消费项目五折优惠；顺义市民也可以同等优惠游览稻香湖景点。此外，顺义生态旅游集团有限公司与北京文化创新工场投资管理有限公司签署《战略合作框架协议书》，建立长期稳定的战略合作伙伴关系。80家市、区两级重点企业、150位京津冀企业家参与商务交流，进行项目对接。

（文旅集团）

农业与农村建设

3月13日，联合国粮农组织成员观摩顺义区“互联网＋农民田间学校”（赵世福）

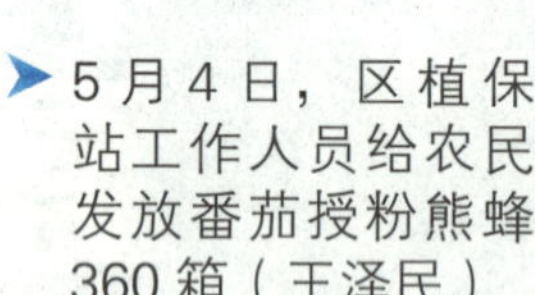
5月4日，区植保站工作人员给农民发放番茄授粉熊蜂360箱（王泽民）

北京兴农天力农机服务专业合作社无人机植保作业

区农机监理人员对拖拉机进行尾气检测

农业生态工程实验基地园区草坪树木

太阳能浴室

游客在丰收节体验农事活动

11月29日，南彩镇下营村低收入产业项目建成

沼气站

综 述

【概况】2018年，区农委按照区委五届五次和六次全会精神，围绕区政府工作报告重点任务分工，根据北京市农村工作电视电话会议精神，坚持把解决好“三农”问题作为重中之重，深刻认识农业农村工作面临的新形势，深化农业“调转节”成果，全面构建农业绿色发展体系；开展精准帮扶，打好低收入农户帮扶攻坚战；落实乡村振兴战略，大力推进美丽乡村建设。

（农委）

【美丽乡村建设全面推进】顺义区坚持以加强农村社会管理带动新农村建设、以新农村建设促进农村社会管理提升为核心，以30个环境整治示范村、120个美丽乡村创建村、全区综合环境整治为重点，统筹推进美丽乡村建设工作。以两办名义印发《顺义区“实施乡村振兴战略扎实推进美丽乡村建设”专项行动计划（2018-2020年）的实施方案》和《顺义区农村地区村庄规划编制工作实施方案》，完成《美丽乡村党建方案》《美丽乡村文化振兴方案》等9个配套专项实施方案及153个村的村庄规划和美丽乡村建设实施方案的编制工作，村庄规划均通过规土分局、农委联合审查，并获得区政府批复；美丽乡村建设实施方案全部通过区直部门联席会议审议。各成员单位全面实施“清脏、治乱、增绿、控污”农村人居环境整治工作。

（美丽乡村办）

【两气一室长效管护】本区“两气”站和太阳能公共浴室综合运行率居全市首位。对全区13座“两气”站定期不定期进行安全检查、技术培训和硬件维护，规范安全管理，保证安全稳定高效运行；对303座太阳能公共浴室制定系统化、科学化的管护制度，形成区、镇、村、维护企业四级管理机制，达到动态运行率99.3%以上。

（农委）

【一事一议财政奖补项目】按照“向河东地区倾斜、向低收入农户聚集地区倾斜、向上年度实施有力地区倾斜”的原则，本区2018年度在10个镇实施一事一议财政奖补项目13个，总投资约1900万元。通过实施村内排水设施、环卫设施和村庄绿化亮化等项目，进一步提升村庄基础设施、环境建设水平。

（农委）

【低收入农户精准帮扶】2018年，本区各职能部门、各镇扎实推进“发展产业帮扶一批、促进就业帮扶一批、生态建设帮扶一批、社会保障兜底一批、社会力量帮扶一批”的精准帮扶措施，共同促进低收入村户增收发展，低收入精准帮扶工作取得良好效果。根据区统计局抽样调查显示，2018年本区低收入农户人均可支配收入13695元，同比增长13.5%，绝对值位居全市首位。

（农委）

【“百名专家兴顺工程”】实施专家带项目、项目带产业、产业带农民的三带战略，使专家、项目与现代农业建设形成上下联动、相互依托，最终实现专家领引、科技支撑，使本区农业向高端、高效、高辐射方向发展。2018年，组织农口单位与中国农科院、中国农大、市农林科学院、市农学院等科研单位的有关专家、教授进行对接，入区指导农业种植基地、养殖基地、农业企业相关工作。共聘请专家87名，安排实验示范91项。

（农委）

【村级全科农技员队伍建设】提升顺义区基层农业技术推广综合服务能力。实施联合培养，全面提升全科农技员的综合素质，进一步增强全科农技员的业务能力，提高全科农技员业务水平和服务质量，充分发挥全科农技员在农业生产中的作用，结合产业实际和培训需求，开展各类培训。11月29日，在北京市农业农村局主办的以“提高知识技能　服务乡村振兴”为主题的2018年首届村级全科农技员知识技能大赛决赛中，顺义区代表队夺得第一名，并荣获团体一等奖和优秀组织奖。

（农委）

【新型职业农民培育】大力培育新型职业农民，推进规范化、系统化培养新型农业经营主体带头人骨干及蔬菜种植大户，提高培训的针对性、实效性和科学化水平，举办新型农业经营主体带头人、蔬菜种植大户培训。培训选拔顺义区域内具有一定文化基础和学习能力，有一定产业规模、生产经营效益较好，具有示范带动意义的现代农业生产经营者、家庭农场经营者、农民合作社骨干、农业企业负责人等120人，其中，新型农业经营主体带头人90人，蔬菜种植大户30人。

（农委）

【新型职业农民宣传推介】依据《农业部办公厅关于开展2018年度“全国十佳农民”资助项目的通知》要求，组织开展本区从事现代农业新型职业农民候选人推荐工作，北京龙湾巧嫂果品产销合作社的理事长张亚利在农业农村部办公厅关于开展2018年度“全国十佳农民”评选中获评“全国十佳农民”。宣传新型职业农民先进典型，展示新型职业农民精神风貌，组织由市农委、市农业局主办的“2018年北京市新型职业农民科技之星”评选活动。北京硕丰磊白山药产销专业合作社理事长薛新颖获评“北京市2018年新型职业农民科技之星”。

（农委）

【新型职业农民培育示范基地建设】重视技术人才队伍建设的同时，不断加强人才培训设施、设备建设，将农民集中组织起来，通过知识讲座、实习操作、技能竞赛、考察学习等方式来提高他们的技术水平。2018年，北京兴农天力农机服务专业合作社基地，被农业农村部评为全国新型职业农民培育示范基地，是北京市唯一的区县级全国新型职业农民培育示范基地。

（农委）

【政策性农业保险落到实处】完善政策性农业保险各项制度建设，《顺义区政策性农业保险工作实施意见》制定下发。扩大惠农性和覆盖面，创新险种，延长保险责任期限。全年完成总保额21.89亿元，出险农户6787户，出险赔付金额1.14亿元。

（农委）

【依法行政】2018年，农委系统共进行各类农业行政许可3050项。共进行各类执法检查2112次；执行行政处罚52起，罚没金额17309.5元。其中一般程序案件8起，执行简易程序处罚44起。

（农委）

【农民组织化程度提高】全区正常运营农民专业合作社144家，涵盖林果、瓜菜、畜牧、花卉、农机、民俗旅游等行业，入社社员1万人，带动非成员农户1.2万户。年内，本区市级以上农民专业合作社示范社23家，其中，国家级示范社9家。

（农委）

【一村一品、特色专业村工作有序开展】4月，顺义区农委按照《农业农村部办公厅关于开展全国一村一品示范村镇监测与认定的通知》（农办经〔2018〕6号）和市农委印发《北京市特色专业示范村认定管理办法》的要求，推荐龙湾屯镇焦庄户村申报第八批全国一村一品示范村和北京市特色专业示范村。龙湾屯镇焦庄户村（苹果）获评第八批全国一村一品示范村，龙湾屯镇焦庄户村获评北京市特色专业示范村。

（农委）

【美丽休闲乡村推介工作】8月，顺义区农委按照农业农村部办公厅印发的《关于开展休闲农业和乡村旅游精品推介工作的通知》（农办加〔2018〕8号）要求，推荐顺义区赵全营镇北郎中村参评“中国美丽休闲乡村”。赵全营镇北郎中村获评2018年“中国美丽休闲乡村”。

（农委）

【农业生态建设水平明显提高】在全区范围内开展种植业、地膜、畜禽养殖业、水产养殖业、秸秆5个专题的农业污染普查工作，为农业环境污染防治及农业政策的制定提供决策依据。强化落实秸秆禁烧责任，实现全年“零火点”；实施面源污染综合防治工程，全年全区化肥利用率达到38.1%，测土配方施肥技术物化落地率达到93.4%，农药利用率达到43.3%，统防统治率达到41.2%，绿色防控覆盖率达到57.2%；现有规模畜禽场粪污处理设施装备率达到100%，粪污资源化利用率达到80%以上，完成市级年初目标任务。

（农委）

【沟域景观打造】投入资金500万元，在木林、龙湾屯两镇实施舞彩浅山沟域经济项目建设。其中，木林镇实施第五期环境景观提升工程，龙湾屯镇对山里辛庄樱桃幽谷入口进行二期升级改造。

（农委）

【农业领域“留白增绿”】农业领域“留白增绿”工作是顺义区“疏解政治促提升”专项行动内

容之一。2018年，区农委组织各镇认真核实地块，制定工作计划，部署落实工作任务。全区完成任务面积40.18公顷，完成率114.8%。超额完成市级任务，并于8月10日通过市农委验收。

（农委）

【农业品牌建设】9月11日，北京市北郎中农工贸集团“北郎中”、北京龙湾巧嫂果品产销专业合作社“龙湾巧嫂”、北京兴农鼎力种植专业合作社“兴农鼎力”3个品牌获评2018年“北京农业好品牌”；北京兴农天力农机服务专业合作社陈军峰获评2018年“京郊农业好把式”。10月26日，北京朱民垂钓园、北京市后鲁养鱼场、北京梓婷佳苑垂钓园等13家基地获评“北京农业好基地”。

（农委）

【农业节庆活动带动作用突出】北京首届“中国农民丰收节”顺义区系列活动于2018年9月末开始，持续到10月上旬，活动主要包括4项，分别是第二届“欧菲堡”文化艺术节、“收获金秋·梦回田园”主题活动、“喜庆丰收·菊满花港”主题活动和意大利农场第一届农民丰收节。活动期间，共接待游客近20万人次，实现门票、采摘、农产品销售等收入500万元。

（农委）

农村经济管理

【概况】2018年，顺义区经管站认真贯彻落实党的十九大精神和中央农村工作会议及北京市农村工作会议精神，深入学习贯彻习近平总书记视察北京系列重要讲话，以“四个全面”战略布局为引领，以创新、协调、绿色、开放、共享的发展理念为指导，坚持依法履职，深化农村土地制度改革和农村产权制度改革；引导农民合作社健康发展，保障合作社成员合法权益；大力推进农村“三资”监管工作，不断发展壮大农村集体经济，实现顺义区农村经济发展，农村社会和谐稳定。

（经管站）

【土地确权登记颁证】本区共有122个村暂缓此次确权登记颁证工作，其中67个村履行暂缓启动确权登记颁证的民主程序，上交会议决议和决议结果；其中完成村庄整建制拆迁和人员农转居的村55个。进行确权登记颁证工作的村庄数量304个。截止年底，304个村土地测绘工作完成，土地测绘实测面积47400公顷，确权人口7.8万户，31.54万人。打印证书近4万份，完成10个乡镇。

（经管站）

【涉农仲裁调解】通过组织开展有关仲裁工作的培训，提高仲裁委员会及日常办事机构负责人的指导服务能力，培训人员300余人次。2018年，接到电话来访170余件，调解纠纷27件，其中因订立、履行、变更、解除和终止农村土地承包合同发生的纠纷2件，因收回调整承包地发生的纠纷6件，因确认农村土地承包经营权发生的纠纷1件，因农村土地承包经营权发生的纠纷18件。27件纠纷中，仲裁调解解决27件。

（经管站）

【农村集体经济合同管理】2018年，针对设施农业合同开展专项清查整改工作，共清查设施农业49590栋，清查合同7306份。通过指导村镇两级签订补充协议、完善审批手续等方式，整改508份合同。

（经管站）

【农村集体财务规范化建设】完善村级会计委托代理制度，规范账户设置、印鉴管理，加大对大额资金、专项资金的财务管理，特别是对征地补偿费监督管理，严格实行专户存储、专账管理、专款专用；规范农民合作社财务管理，扩大财务管理软件试点范围；针对重点工作继续做好农村财务人员培训。进一步落实《北京市农村集体经济合同管理办法》，加强对新签订农村集体经济合同的合同条款、签订程序、履行情况等环节进行规范指导；强化合同纸质档案和电子台账管理。做好“三资”管理示范创建工作和农村集体经济产权登记证年检工作。

（经管站）

【产权交易平台建设】根据《顺义区农村经济合同管理办法》的规定，发包（出租）给集体经济组织以外的单位或个人的项目，必须通过北京市农村产权交易平台进行。2018年，本区在市产权交易所挂牌项目46宗，成交39

宗；挂牌金额6176.6万元，交易总额5442.4万元，增长333%。

（经管站）

【农村集体经济审计监督】在完成常规审计的基础上，抓好农村“两委”主要负责人经济责任审计结果的整改落实，完善管理制度，规范社会审计机构参与农村审计，研究完善审计体制机制新思路。强化集体经济民主监督管理，健全农村集体经济组织民主管理制度，规范财务公开、民主理财，重点解决财务公开不及时、不真实等问题。逐步推进村干部权力清单试点工作。

（经管站）

【农民负担监督管理】顺义区经管站完成2018年农民负担执法检查工作。此次检查主要针对涉农乱收费乱摊派情况、村级公益事业专项补助资金的拨付及使用情况、村级公款订阅报刊费情况、一事一议筹资筹劳管理情况开展检查工作。

（经管站）

【农村合作经济组织登记证书变更换发】为贯彻落实市农业农村局相关文件及通知精神，配合区农委按照国家有关工作要求，原由各区政府负责发放并加盖公章的《北京市农村合作经济组织登记证书》，统一调整为由各区农委负责发放农业农村部统一监制、市农业农村局统一印制的《农村集体经济组织登记证》并加盖印章，具体工作按全市统一部署同步推进。

（经管站）

【农村“三资”管理】深化落实《顺义区关于进一步加强村集体“三资”管理工作的意见》，严格执行顺农文【2011】40号文件精神，深化农村集体资产监管平台在基层的管理应用，推进“三资”管理的制度化、规范化、信息化。推进“三资”监管平台的跨部门应用和资源共享。按时保质完成农村经济统计年报等报表的基层基础数据资料的审核上传工作。通过调查摸底、核查汇总、镇村逐级上报形式完成全区农村收益分配情况统计。

（经管站）

【农产品成本调查】对全区60个农产品成本点的成本效益进行监测，包括小麦、玉米、西瓜、白薯、苹果、葡萄、蔬菜、西瓜苗、生猪、樱桃、花卉共计11个品种，11个品种60个成本点的核算工作全部完成。成本核算仍然以及时登记、记账、审核结合实地调查等方式进行上报、汇总分析。客观反映各个经营主体在农产品生产经营、销售及效益等方面的情况，为生产经营者改善经营管理、提高效益，为各级政府研究制定产业政策提供重要依据。

（经管站）

【“三资”培训】区农委、区组织部、区经管站联合举办两期4批“三资”管理培训班。其中第一期面向全区各镇经管站、村级财务中心工作人员、各村村务监督委员会主任共计500余人展开培训。第二期举办顺义区农村党支部书记培训班，全区426个村党支部书记参加培训。授课人员均为区委组织部、区经管站业务骨干，培训内容涉及农村经济合同管理、农村财务管理、党务工作，农村审计监督、农村产权交易等。

（经管站）

新农村建设

【概况】2018年，顺义区新农村建设服务中心在上级单位的正确领导下，在市、区相关部门的指导和帮助下，以惠民工程为抓手，各项工作均保持良好发展态势，取得较好成效。

（新农村建设服务中心）

【农宅新建翻建项目推进】2018年，本区以既有农宅改造为抓手，着力提升村民生活品质，按照“宜建则建、宜改则改”的原则，通过“市里奖一部分、区里补一部分”的方法，在顺应农民意愿的基础上，继续全面推进农宅新建翻建工程，共涉及到16个镇，新建翻建约750户。

（新农村建设服务中心）

【连村节能路灯新建工程】农村连村节能路灯新建工程属于新农村“三起来”工程中让农村“亮起来”工程。2018年，为切实改善和提升本区农村居民的生产生活条件，安装连村路灯2000盏。本区农村地区现有各类节能路灯6.76万盏（灯杆数），切实解决农村居民夜间出行难的问题。

（新农村建设服务中心）

种植业

【概况】2018年，粮经类作物收获面积10133公顷，总产量5988.2万公斤，总产值1.1亿元，同比分别减少9.3%、13.2%、8.3%。蔬菜播种面积7292公顷，同比减少27.6%；上市总量58945.47万公斤，同比减少10.3%；销售收入150787.70万元，同比增加6.9%。粮经类作物中，小麦收获面积3933公顷，平均单产351.34公斤，总产2072.9万公斤，产值4767.7万元；玉米收获面积6200公顷，单产421公斤，总产3915.3万公斤，产值5873万元；经济作物类（白薯、豆类、花生）种植面积54公顷，总产45.1万公斤，产值175.7万元。

（种植中心）

【农业信息调查统计】统计上报粮经、蔬菜信息219次。包括春白地面积及播种计划统计，春耕、三夏、三秋生产进度统计，粮经作物种植档案统计，农业部农情调度数据管理系统、物价监测信息采集系统和蔬菜品种、面积、产量、价格等生产信息监测，北京市农资价格监测网和农业综合统计信息采集系统、蔬菜生产情况统计、农产品产地市场信息监测统计等。

（种植中心）

【农情监测】2018年，利用66个苗情、墒情、水肥情、病虫草鼠害、有害生物监测网络监测270余次，提出科学合理的生产管理建议及病虫草鼠害防控指导意见32篇，指导春耕、三夏、三秋等关键农时的生产。全区粮菜作物病虫草害防治面积144900公顷次；农田鼠害防治面积26667公顷次，平均防治效果达到90%以上。

（种植中心）

【蔬菜种苗产业】顺义区共有集约化育苗场16家，育苗户500余个。16家蔬菜集约化育苗场全年提供各类种苗3900余万株，育苗种类包括番茄、大椒、茄子、西瓜、甜瓜、黄瓜、生菜、菜花等。以北务、杨镇、李桥等镇为主的500余个育苗户提供嫁接西瓜、甜瓜、番茄等种苗数量达到600余万株，农民蔬菜生产用苗问题得到解决。

（种植中心）

【蔬菜产业提升】建立新品种、新技术展示基地6个，落实国内、外优质瓜菜新品种示范100余个、新型滴灌带节水灌溉等新技术10项，示范带动全区设施农业为主导的产业发展，助推农民增收。开展百名专家兴顺工程，以新科技助力顺义现代农业发展，聘请中国农业科学院、北京市农林科学院、中国农业大学等10余家单位的种植行业专家35名，落实合作项目40项，围绕新品种、基质化栽培、番茄长季节栽培、西甜瓜丰产优质、根结线虫综合防控等方面开展研究及合作。在兴农鼎力、绿富农、龙湾巧嫂3个基地实施蔬菜加工厂库建设项目，“绿奥”等19个蔬菜品牌创建项目通过专家验收；在15家园区实施万亩镇集约化育苗场建设、“七统一”园区建设以及基质化栽培示范项目；实施农业农村部全国百家“设施蔬菜有机肥替代化肥试点”—顺义区（第二年）项目。

（种植中心）

【农产品质量安全监管】年内，种植中心抽检农药样本351个、肥料样本97个、种子样本41个、农药标签178个。对88家重点蔬菜基地日常及节日期间的生产过程进行监管，检查生产基地220家次，发放田间生产档案记录1500余份；对全区种植业无公害认证企业进行质量安全检查，检查企业78家，共签订责任书74份，对存在问题的15家企业责令立即整改。组织17家基地申报无公害认证，推荐6家基地参加北京市优级标准化基地评选。全年农业部级抽检16个，合格率100%；北京市级监督抽检300个，合格率100%；区级快速抽检19216个，区级34种农药残留定量抽检485个，合格率100%。

（种植中心）

【科技培训工程】一是承担果类蔬菜、叶类蔬菜、西甜瓜、食用菌和粮经5个北京现代农业体系综合试验站建设工作。依托创新团队项目，在综合试验站的试验示范带动下，以田间学校工作站的形式，与农户面对面，现场解决实际问题，指导农业生产，培养新型农民。对接岗位专家落实试验示范项目34项，筛选出优新品种10个。组织各类生产技术培训21期1395人次，各类观摩25次630人次。二是新建植物诊所3家（顺义区达到13家植物诊所），采取坐诊和上门诊断相结合，随时提供“公益、绿色、科学、专业”诊断服务，全年累计开具处方7200条。

（种植中心）

【新品种新技术试验示范】 开展49个春大棚番茄优质品种展示示范试验和1个夏玉米新品种展示示范467公顷；开展蔬菜、西甜瓜、黄豆新品种试验示范100余个，节水、肥料、农机等实用技术试验示范10项；开展秋冬季食用菌新品种示范栽培5项。

（种植中心）

【农业面源污染控制】 一是农药减量。全面推广“常规农药替代、农药空包装回收”等化学农药减量控害措施，减少化学农药用量，降低农业面源污染。通过在37个蔬菜标准化、三品认证基地、合作社和专业村实施常规农药替代1000余公顷；发放4种生物农药、3种高效低毒低残留农药10.55吨，以点带面推进新型药剂使用；在蔬菜主产镇设施保护地推广蜂授粉82公顷，控制环境类化学品的污染，间接减少农药使用5次；通过分布全区的6个农药连锁店回收农药空包装400万个约13吨；开展吸浆虫与白粉病、蚜虫等防治融合--中后期一喷三防示范667公顷（杀虫、防病效果在95%以上）等措施全年减少化学农药用量5.635吨。二是化肥减量。重点实施农业面源污染综合防治（增施有机肥）等5个项目。建立监测点36个，开展耕地质量等级调查；推广配送有机肥31252.899吨，覆盖面积3717公顷；推广配送生物有机肥500吨，缓释肥602吨，水溶肥30吨，吊袋二氧化碳肥3000袋，配方肥1225吨。三是农业环境监测。开展长期定位监测、地膜试验、国控例行点监测、市控例行点监测、遥感设施蔬菜点位监测、农业部增项点位监测、地下水硝酸盐监测7项监测工作，开展2017年全国农业资源环境信息统计、配合市环境监测站进行安全检查、第二次全国污染源普查工作3项（检）普查统计。共建立各类监测点698个，采集、制作各类样品1252个。

（种植中心）

【农业执法】 对农药、种子、肥料等种植业投入品质量进行市场监管。开展执法检查201次，出动执法人员514人次，检查农资生产、经营、使用单位679个次。责令21个农药经营单位下架不合格农药产品39种，共计126.28公斤，货值金额13297元；对9家种子店检疫证书不齐的行为责令限期改正，对4家种子店销售无检疫证的种子的行为进行行政处罚，处罚金额250元；立案4起，罚没款16659.5元，没收假农药8.195千克，有效净化农资市场环境。

（种植中心）

【行政许可】 2018年，作为推广“农药经营许可”的第一年，区农药管理站严格按照法定程序进行许可事项的受理、审查、核发，共计对94家农药经营单位发放农药经营许可证。此外，对6家农作物种子生产、经营单位进行审核发证或注销。

（种植中心）

动物卫生监督

【畜牧生产工作】 2018年，畜牧业生产总量呈下降趋势。出栏猪54.1万头，同比减少14.8%；肉鸡48.2万只，同比减少167.6%；肉鸭115.2万只，同比减少11.9%；肉牛15003头，同比减少28.8%；肉羊71508只，同比减少8.7%；鸡蛋产量3096.5吨，同比减少54.9%；牛奶产量3.5万吨，同比减少22.7%。肉类总产量5.1万吨，同比减少27.8%。畜牧业总收入16.9亿元，同比减少2.2亿元，减少11.5%。畜禽规模养殖场81个，减少24个，同比减少22.9%。

（动监局）

【日常检查】 2018年，顺义区动物卫生监督所共出动执法人员6045次，开展专项行动28次，处理举报73起。

（动监局）

【违法行为查处立案】 2018年，顺义区动物卫生监督所查处违法行为并立案219起，罚没款38.99万元，其中万元以上案件4起，向公安机关移送行刑衔接案件3起。

（动监局）

【无害化处理】 年内，共监督无害化处理病死和死因不明的动物76.8483万头只。

（动监局）

【快速检测】 在动物源性食品源头监管中，加强快速检测工作，检测瘦肉精与药残3.95万份，委托第三方检测336份，配合上级单位采样536份。因检测不合格立案9起。

（动监局）

【重点动物疫病免疫】2018年，累计完成禽流感、口蹄疫、犬狂犬病等重点疫病免疫874.91万头只，重点疫病免疫密度均达到应免的100%。

（动监局）

【疫病监测】2018年，完成市、区两级动物疫病送检监测100821份，监测面达到100%，保证免疫实效，提高疫情预警能力。

（动监局）

【奶牛“两病”净化】顺义区动物卫生监督管理局严格按照检测、扑杀、免疫、生物安全控制等措施，完成春、秋防奶牛布病全群检测送检和奶牛结核病的监测工作。2018年，共实施奶牛布病监测12533份，奶牛布病阳性畜数量及阳性场户个数均明显下降。

（动监局）

【兽医技能竞赛】第四届兽医技能竞赛举办，来自全区12个防检站的共60余名选手参加理论测试、实际操作和论文写作3项技能竞赛。顺义区3名选手参加全国农业行业职业技能大赛市级选拔，其中2名选手代表北京参加全国比赛。

（动监局）

【H7N9禽流感专项整治行动】3月22日—4月30日，顺义区集中开展H7N9流感专项行动，全面禁止市场内外活禽交易和宰杀，加强疫情监测和路口管控等措施，检测禽类样品1428羽份，免疫抗体保护率均在70%以上；取缔9户活禽交易行为，严防发生H7N9禽流感疫情。

（动监局）

【非洲猪瘟疫情控制】自2018年8月3日我国发现第一起非洲猪瘟疫情后，顺义区成立防控工作领导小组，印发《顺义区非洲猪瘟防控应急工作方案》等文件，启动日排查日报告制度，加强养殖环节、屠宰环节、运输环节、路口等监管力度，加大泔水猪整治力度。12月5日，经中国动物卫生与流行病学中心确诊，顺义区赵全营镇六旺种猪场排查出非洲猪瘟疫情，该种猪场存栏生猪2461头，发病53头，死亡26头。疫情发生后，顺义区迅速处置，对疫区实施封锁，坚决拔点灭源，12月9日，疫区内生猪全部扑杀并无害化处理。

（动监局）

农业机械化

【概况】2018年，农业机械化事业本着调结构、促提升、保环境的工作理念，总体水平继续保持良性发展。农机购置补贴办法全面调整，重要农时季节农机作业完成，粮食和蔬菜作物秸秆禁烧及综合利用率稳步提升，农机新技术推广成功，农机手技能大赛再次成功举办，农机尾气治理提上日程，农机生产未发生重特大事故，农机合作社建设再获新成绩，首届农民丰收节顺义专场成功举办。

（农机中心）

【农业机械化总体水平】年内，依据新统计指标，顺义区农机总动力21.2万千瓦，拥有种植、养殖、农产品初加工等各业农机装备2万台（件）。拥有各级各类农机社会化服务组织及农机专业户60个，农机从业人员2400人。小麦生产全过程机械化水平继续保持100%，玉米生产全过程机械化水平为98.2%。

（闫文龙）

【农机购置补贴办法调整】根据北京市农业局和北京市财政局联合出台的农机购置补贴新方案，顺义区对原来的农机购置补贴办法进行调整。改过去由市级统一招标采购为用户先期自主采购，政府资金直补到用户账户内的方式，基本原则为“自主购机、定额补贴、先购后补、区级结算、直补到卡（户）”。年内，获中央和北京市两级补贴资金共1823.6万元，占全市补贴资金总额的10.42%。因市级新方案出台需要相关配套政策支持，具体实施环节也需要相应时间运作，故本年度内没有进行补贴机械的实物操作。

（农机中心）

【重要农时季节农机作业】春耕期间，共投入各种机具1150台（件），完成机播2267公顷（其中玉米1800公顷、其他杂粮467公顷）、机灌3867公顷、机植保

3867公顷、土壤深松200公顷。三夏期间，投入各种机具937台（件），完成机收小麦3667公顷、机播玉米5000公顷、小麦秸秆机打捆收集220公顷。三秋期间，投入各种机具1070台（件），完成机收玉米5987公顷（其中谷穗3053公顷、全株青饲2933公顷）、机播小麦3733公顷。

（农机中心）

【粮食作物秸秆禁烧及综合利用】 春季2267公顷越冬休耕地内残留玉米秸秆和根茬实施粉碎或耙碎还田。夏季产生小麦秸秆3667公顷，其中3447公顷实施机械化粉碎还田、220公顷实施机械化打捆收集。秋季产生玉米秸秆6107公顷，其中实施机械化粉碎还田3173公顷，机械化全株带穗青贮收获2933公顷。全年粮食作物秸秆继续保持全面禁烧，保持“零”火点目标，综合利用程度为100%。

（农机中心）

【蔬菜废弃物循环利用】 年内，镇、企继续加强合作，北京奥格尼克生物技术有限公司共收集区内蔬菜废弃物约3613公顷、123536吨，覆盖到全区所有瓜菜田，生产有机肥15797吨。区财政拨付补贴资金1084万元，其中补给奥格尼克公司867万元、补给园区种植户217万元。

（农机中心）

【农机新技术推广】 区农机技术推广服务站投资50万元，在北京后陆马果蔬产销专业合作社和北京绿富农果蔬产销专业合作社推广塑料冷棚加装中置式新型卷帘机，使冷棚种植变为温室种植，蔬菜生产周期由原来每年的4—10月份延长至全年，可多收获春冬两季蔬菜。年内，共示范推广中置式新型卷帘机30台。

（农机中心）

【农机手技能大赛】 11月16日，由区农业机械化学校主办，北京兴农天力农机服务专业合作社协办的“顺义区第三届农机手技能大赛”举行。比赛内容包括农机机械常识、安全生产法规、“三农”政策等理论科目和场地驾驶、田间播种等实操科目。共计85名选手参加比赛，最终，赛出一等奖1人，二等奖3人，三等奖8人。

（农机中心）

【农机尾气治理】 年内，对尾气不达标的拖拉机、农用车和收割机不予发放检验合格标识，限制出行作业。对三年以上未参加检验的拖拉机、农用车和收割机发送催检通知书。对催检之后仍未参加检验或检验不合格的机械，由市农业局在网站和《京郊日报》上进行公告注销。截至年末，对2751台不合格拖拉机、164台农用车和3台收割机进行公告注销。

（农机中心）

【农机安全生产】 年内，拖拉机保有量1171台，检验合格720台、停驶276台，折合检验率为85%；联合收割机保有量344台，检验合格255台、停驶70台，折合检验率为94%。三夏、三秋等重要农时季节，临时抽检各种农机具2000余台（次），制止不安全作业30台（次），消除安全隐患20处。共发放农机安全生产宣传材料5000余份，解答疑难160多次。全区持有有效农机驾驶证人数达2458人。年内，未发生重特大农机事故。

（农机中心）

【海昌农机合作社】 年内，北小营镇海昌农机服务专业合作社获评“北京市农民专业合作社示范社”，并被北京市农业局和北京市财政局联合设立为“田间学校工作站”。合作社承担的“现代农业种植类新业态新模式项目”获评北京市优秀农村实用人才创业奖。

（农机中心）

【农民丰收节】 9月22日—10月14日，北京市首届农民丰收节顺义专场活动在赵全营镇兴农天力农机服务专业合作社举办，顺义专场活动由顺义区农民专业合作社联合会和兴农天力农机服务专业合作社联合主办，赵全营镇政府协办，主题为“收获今秋，梦回田园”。设置花海畅游、非遗展示、乡村集市、观光采摘、农事科普、趣味体育、儿童游戏、舌尖农家等项目，活动期间共接待游人2.13万人（次）。

（农机中心）

农业生态工程

【概况】 北京农业生态工程试验基地（以下简称基地）位于顺义区后沙峪镇古城村南，紧邻温榆河畔和京承高速火沙路路段，其前身为顺义县良种场，1988年8月更名为北京农业生态工程试验基地---批准文号（京编事字181号)，是自收自支事业单位(实行企业化管理），按照成立之初的管理方式，由国家计委和顺义区政府双重领导。基地成立宗旨和业务范围是：建立种植、养殖加工业配套的经济结构、建成生态农业示范样板。保护和改善生态环境、建立良性循环的生产模式、把科技优势尽快转变为商品优势、提供名、特、优、新的农副产品。2018年，基地以园区绿化管理工作为重点，做好苗木、草坪的养护、病虫害防治等工作，加强精细化管理，改造完善区域内环境，打造精品园林。

（农业生态工程试验基地）

【基地发展情况】2000年初，基地约66.67公顷土地开展生态园林建设，经过3年的努力，千亩绿化园林建成，草坪30公顷，乔、灌木品种426种，植被数量17万余株，是华北地区树种最全的生态园林。经过多年的努力，基地将昔日的千亩沙地建成生态园林，区域环境得到彻底改善。基地被北京市人民政府、首都绿化委员会评为首都绿化先进单位、全民义务植树先进单位，被顺义区政府评定为顺义旅游最具前景项目单位，多次被国家发改委机关服务中心评为先进单位。目前，基地以千亩园区的管护、养护为主要工作。

（农业生态工程试验基地）

【河堤沿线清理整治】对园区与之相邻的东南角及东侧的河堤沿线清理整治，种植常绿树种500余株。绿化美化的同时，解决多年的消防安全问题。

（农业生态工程试验基地）

【“杭州园”景观湖水质净化修复工程】实施“杭州园”景观湖水质净化修复工程。将“杭州园”周边垃圾、灌木、杂草、落叶等清理整治，提升河道周边的整体生态环境。抽净“杭州园”内湖水，将湖内所有鱼投放到园区大湖内，全面清理湖底的淤泥、杂草。

（农业生态工程试验基地）

【园区环境整治】一是对西桥前的植物进行调整和种植、四季屋屋顶花园栽种各色草花。共栽种油松12株、北京桧柏150株、太阳李50株、绿篱植物4000株、灌木20株、栽种草坪1200平方米。二是为提高园区整体观赏性，聘请专业人员对园区重点区域的松树进行整形修剪，修剪后的油松，枝序分布更加合理、各层主枝排列错落有致、层次分明，树姿更加优美，与附近的建筑、雕塑、山石、溪瀑、小溪等形成协调之美，为园区增添新的景观效果。三是做好草坪损毁严重部分的修补工作，坚持搞好环境卫生，使园区整体环境更加靓丽。四是在高尔夫练习场南侧栽植300株12-15规格的银杏，解决高尔夫草坪南侧植物层次感不强、色彩不丰富的问题。

（农业生态工程试验基地）

【基础设施改造升级】一是在园区内安装5吨和10吨的污水处理设备，解决污水处理问题，达到环保要求。同时处理后的水用于浇灌草坪花木，节约能源。二是为加强园区安全，对园区监控设备进行整体升级改造，由原来的模拟版升级为网络版，提高清晰度，同时增加监控点位，使整个园区监控无盲区、无死角。

（农业生态工程试验基地）

长青林场

【概况】2018年，长青林场以保资源、保生态、强基础、强功能为核心，增强国有林场生态功能，提升森林健康水平，提高林场管理规范化、标准化、信息化水平，以及劳动生产机械化水平，建立健全森林资源经营和安全保障体系，为实现“业强城优生活美”，推动顺义高质量发展提供有力支撑。

（长青林场）

【林业生态建设】2018年，林场推进补植补造工作，栽植各类乔灌木26980株，面积13.43公顷。累计完成中幼林抚育76.66公顷，占国有林场改革任务的75.9%；低效林改造76.66公顷，占国有林场改革任务的76.66%，林场森林覆盖率大大提高，林分郁闭度接近科学水平，生态环境有效改善，绿化美化程度得以提升，林业生态建设成效明显。同时，林场配合区园林绿化局完成13.07公顷造林地上物清理及造林栽植工作。

（长青林场）

【林木绿地养护】2018年，林场对管辖林地进行精细化养护，高标准完成平原生态林养护及林地环境美化任务，清理枯死树木228株，完成林地内201960株落叶乔木的涂白工作。

（长青林场）

【林木绿地安全生产监管】 2018年，林场高效开展安全生产监管工作，包括及时清理林下可燃物；对变压器周边架设围挡并清理可燃物；对林地承包户送达宣传防火知识及逃生技能；进行安全用电检查，发现问题立即断电并下发整改通知书督促其立即整改，待验收合格后重新对其供电，消除火灾隐患。截至年底，林场共出动护林防火巡查人员4600人次，清理林下可燃物43000立方米；在春季杨柳飞絮集中期间，出动4台10吨的洒水车，每天对道路两侧林地采用10小时不间断高压枪冲洗加湿作业，减轻飞絮危害，实现零火情火险。林场严格管理林地有限空间，上锁加固，喷涂警示用语，强化有限空间作业管理，严格遵守双审双监制度，严格有限空间作业流程，加强监管，杜绝责任事故的发生。

（长青林场）

【森林虫害防治与火灾防范】 2018年，林场及时进行美国白蛾的防治工作，严密监控春尺蠖、介壳虫、红蛛蛛、白蜡窄吉丁等林木有害病虫的虫情，开展防治工作，共计投入周氏啮小蜂20箱、灭幼脲和苦参碱65厢等生物制剂进行防控，完成美国白蛾普防工作3次，共计防控面积592.32公顷，其它有害生物防治工作也得到及时防控，达到有虫不成灾的防治效果。同时，林场防范森林火灾火险，全年完成杂草清除工作4次；2017-2018森林防火季，林场调动一切资源加大力度进行安全隐患排查检查工作，确保防火季内无火情火警发生，年内新增消防应急水源5处，提升森林火灾处置能力，有效保护森林资源。

（长青林场）

【森林资源保护】 2018年，林场大力推进林地承包户劝退和到期不交回林地承包户诉讼工作并取得成效。按照区政府指示，林场对京密路两侧林地不再对外发包土地，原有承包地到期一户收回一户，鼓励倡导未到期承包户提前退出，由林场统一经营管理。2018年末，完成合同未到期承包户的劝退（提前解除合同）4户，合同到期收回5户，到期不交回通过法律途径起诉5户（判决胜诉收回2户，其余正在审理中）。

（长青林场）

城乡建设及管理

北京·顺义
Beijing·Shunyi

4月29日，城管执法局开展国际车展保障情况检查

2月1日，顺义区党政机关垃圾强制分类拉开序幕

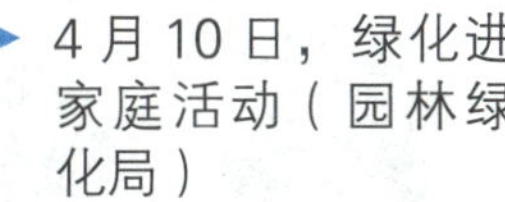
4月10日，绿化进家庭活动（园林绿化局）

1月3日，顺平路潮白河大桥西引桥滑移病害治理工程检测（王淼）

6月，北京移动顺义分公司防汛保障检查

6月，交通局在东风小学现代学院校区开展水上交通安全知识进校园活动（马友伟）

环卫工人清扫雨后积水

7 月 11 日，监测人员进行厂界大气监测

7 月 24 日，白马路沥青摊铺碾压（李玉磊）

9 月 27 日 19：00 至 23：00，京冀联合开展重型货车违法运输夜查行动。公安治安、交警、路政、运政、环保等部门执法人员冒雨展开执法检查（赵立新）

➤ 11 月 6 日，顺义区苹果气候品质认证授证仪式在北京雷子山生态农业有限公司生产基地举行

➤ 2018 年建筑行业试验员职业技能竞赛

➤ 清理打捞河面改善河道水质

➤ 世界气象日科普宣传

【概况】全区房地产开发完成投资180.2亿元，同比下降21.1%。其中，住宅完成投资93.1亿元，同比下降26.9%；办公楼完成投资51.8亿元，同比增长13.3%；商业营业用房完成投资10.6亿元，同比下降52.1%；其他完成投资24.7亿元，同比下降25.6%。房地产开发投资中，建安投资60.9亿元，同比下降24.8%，占全区房地产开发投资比重为33.8%。共完成建筑业总产值145.1亿元，完成本年度建筑业企业产值计划指标，完成区内在建工程新开工面积累计达185.42万平方米，较去年同比下降63.77%；签约合同价款累计98亿元，较去年116亿元同比下降18.36%。棚改工作超额完成市政府交办的560户及区级自定的1000户年度棚改任务，创造“临河速度”“夏县营加速度”等优异成绩，全年共完成2531户改造。保障性住房任务为建设筹集6000套，其中棚户区改造安置房4000套，其他类型保障性住房2000套，竣工保障性住房3400套。截至年底，顺义区保障性住房和定向安置房开复工188万平方米，23376套，竣工3440套。共监督建筑工程1824.27万平方米，同比减少8.90%。其中在施工程934.33万平方米，同比较少15.17；竣工312.80万平方米，同比减少18.04%；累计新开工程185.42万平方米，同比减少63.77%；竣工验收备案75项，面积270.15万平方米。下发工程安全质量《检查记录单》共计1061份，下发《限期整改通知书》15份；安全质量行政处罚决定165份，罚款金额共计47.8万元；与城管执法监察局、市政市容委等单位开展联合执法76次；受理工程质量信访203份，全部处理完毕，未发生安全质量生产事故。检查房地产销售现场及房地产经纪机构142次，约谈企业38次，立案处罚30次。共处罚金32.5万元，扣3分。

（住建委）

【房地产业发展】商品房销售方面，共新增可销售商品房10799套，建筑面积83.56万平方米；为54家房地产开发企业办理现房销售备案4305套，建筑面积31.49万平方米。共销售新建商品住宅5531套，同比减少68.54%，销售面积72.2万平方米，同比减少61.34%，销售金额196.96亿元，同比减少63.19%。存量房方面，共办理存量房业务25828件，同比减少45.03%，其中购房资格审核11304件，同比减少49.32%；房源核验7507件，同比减少19.41%；房屋核验注销业务540件，同比增加24.14%；网上签约6319件，同比减少55.02%；签约注销698件，同比减少47.20%。自住型商品房方面，重点加大自住型商品房的建设力度，全年共销售房屋2252套，同比增加395.33%，销售面积19万平方米，同比增加344.96%，销售金额34.67亿元，同比增加476.09%。“商住房”治理方面，共销售商业办公房屋1321套，同比减少90.26%，销售面积17.86万平方米，同比减少82.09%，销售金额41.82亿元，同比减少84.3%。

（住建委）

【建筑行业发展】年内，共核发《建筑工程施工许可证》84项，施工登记意见书12项，总建筑面积147万平方米，同比下降19.1%，合同价款104亿元。共办理总承包、专业分包及劳务分包招投标157项，总建筑面积270万平方米。

（住建委）

【棚改工作】幸福西街项目累计完成签约666户，对10户滞留户履行下达补偿决定程序。临河村项目（1201户）、夏县营村项目（332户）、西泗上村项目（332户）民宅拆除工作全部完成，非住宅拆迁工作筹备中，临河村对接东城区1万套安置房于年内取得施工登记意见书。全力推进将杨镇中心区、牛栏山镇中心区等10个项目纳入全市棚改实施计划。

（住建委）

【保障性安居工程】2017年顺义区建设筹集任务中，天竺苗圃职工宿舍（1300套）开工建设。顺义新城第22街区自住房项目（1300套）规划设计方案审查意见函办理中。东城区棚改定向安置房（北汽厂地块、临河村地块共计10429套）项目设计方案通过市住保办专家评审会评审，规划设计方案审查意见函办理中。北汽顺通路公租房项目（1722套）

一个地块取得施工登记意见书，实质性开工建设6.36万平方米、694套。竣工任务全部完成，金地悦景台自住房项目（583套）、福环二期东侧地块配建限价房项目（585套）、鼎顺嘉园（2272套）、板桥地块一期配建限价房项目（675套）、板桥地块三期配建限价房项目（379套）、顺义新城望泉寺公租房项目（3780套）6个项目共计8274套，均取得竣工备案手续。

（住建委）

【保障性住房销售】销售牛山17街区（悦溪汇）限价房转自住房、平各庄限价房转自住房项目、后沙峪金隅大成自住房和板桥（润景园）自住房4个项目，共计销售2252套、19万平方米，销售金额34.67亿元。

（住建委）

【住房保障】1267户公租房申请家庭资格复核、901户新申请公租房家庭、151户资格终止家庭、166户资格变更家庭完成审核工作。同时，坚决打击虚假申报行为，对12户虚假申报家庭的申请行为及时终止，并记入不良行为记录，5年内不得再申请保障性住房。共完成450户租金补贴家庭和24户市场租房补贴家庭的资格审核工作，公租房租金补贴发放329户、207.68万元，市场租金补贴31户、32.26万元，廉租补贴4户、1.2万元。

（住建委）

【“疏解整治促提升”】一是地下空间整治任务完成。顺义区后沙峪国翼中心、空港工业区A区国凤航空员工宿舍和东亚首航国际3号楼3项市、区两级地下空间重点整治折子工程全部整改完毕。二是棚户区改造人口疏解完成。截至目前临河村、幸福西街、夏县营3个棚户区改造项目共涉及居民2531户，8722人。三是商住房治理力度加大。2017年3月份北京市出台《关于进一步加强商业、办公类项目管理的公告》（京建发〔2017〕第112号），基本杜绝新增商改住房屋的可能，本委工作重点转换为加大对民众的政策宣传解读力度、密切关注“商改住”信访维稳问题以及严格检查销售现场和促销方式等方面，累计检查企业64次，约谈24次，作出行政处罚2次，处罚金额4万元。四是建筑业人口严格管控。重点检查建设项目劳务管理保障体系建设情况、是否存在使用零散民工情况，掌握现场施工人员的数量。及时更新和完善施工现场施工单位登记、从业人员和流动人口的登记。重点做好重大项目建设期间的人口规模调控工作，合理控制用工总量，掌握人员流向。工作开展以来，持续保持建筑业人口1.8万人以下。

（住建委）

【城建重点工程建设】城南体育中心竣工；劳动力实训基地和电子政务中心全部外装完成，内部装修和设备安装、调试进行中。文化中心影剧院部分完成全部工程量的70%；“三馆”部分完成全部工程量的50%。

（住建委）

【京沈客专顺义段正线征地拆迁工作】京沈客专顺义段全线共涉及拆迁246户，其中住宅34户，国有土地上非住宅11户，集体土地非住宅201户，按照倒排工期完成集体土地非住宅拆迁98%，民宅拆迁工作于第一个奖励期内全部完成，在北京市5个区中率先基本完成正线拆迁工作。

（住建委）

【拆迁腾退】上半年配合属地政府、拆迁公司、评估公司等相关单位对4户滞留民宅进行司法强制强退，签订拆迁补偿安置协议3户，并对9个拆迁项目的房屋拆迁许可证进行延期，同时为加快土地入市利用，维护区域和谐稳定，对全区拆迁项目未搬迁民宅进行全面摸底，将9户民宅申请列入司法强制腾退范围，对15户民宅开展拆迁裁决工作。

（住建委）

【老旧小区综合整治和节能改造】2015年二期老旧小区综合整治工程中，双兴南、北区环境景观恢复工程于2017年4月开工，改造面积24万平方米，铺装工作完成。双兴东区环境景观恢复工程展开招投标前期准备工作。按照市住建委老旧小区摸底调查要求，共摸排未进行综合整治的老旧小区43个，870栋楼，建筑面积384.24万平方米。其中1980年至1989年之间的小区3个，7栋楼，1.58万平方米，1990年至2004年之间的小区42个，863栋楼，382.66万平方米。有

33个老旧小区需增设电梯2558部，39个老旧小区需补建停车位18445个。

（住建委）

【物业服务改革】 年内，全区有物业企业197家，物业备案项目279个，涉及158个居住项目、121个非居住项目，管理面积3000余万平方米。全年共对116个项目进行执法检查，对61家物业公司负责人进行约谈，对30项违法违规行为进行处罚移交，不断加大对物业企业的监管力度。配合相关部门开展9次物业服务培训会，对全区所有物业企业进行业务授课和现场交流，不断提高物业企业日常管理和处理突发应急事件的能力。同时着力解决全区重点难点问题，大龙绿港物业公司正式接管双裕小区物业管理工作；妥善解决全区第一起经由市落私办同意进行补贴的落私个案，为以后的工作打下基础；严肃处理中铁花溪渡小区自来水异味问题；老旧小区救助工作启动，9个小区185部电梯维修工作启动。

（住建委）

【《北京市建设工程质量条例》贯彻落实】 按照市住建委“全面学习贯彻条例，共建和谐宜居制度”的工作要求，多次开展《条例》宣贯培训会，并接受区人大常委会对顺义区《条例》贯彻实施情况的检查，同时逐步推进“四不两直”“双随机一公开”监督执法工作，建立健全保障房工程质量共同治理的监督模式。

（住建委）

【扬尘治理和绿色施工】 按照《空气清洁行动计划》工作要求，加大对重点区域的扬尘管控，保证工程区域土方苫盖、工程现场喷水降尘、工地出入口冲洗设施100%覆盖以及建筑垃圾妥善运输管理等工作有效开展，同时贯彻落实市住建委关于施工现场实时监控要求，全区建设工程视频监控覆盖率达到92%以上。截止年底，共下发扬尘治理《检查记录单》642份，约谈企业118家，行政处理37起。

（住建委）

【普通地下室排查整治】 年内，对本行政区域内1400余处普通地下室集中进行全面摸底调查。普通地下室调查摸底台帐初步建立，共涉及1133处，面积337.66万平方米，备案70处，共59.62万平方米。对113个项目共658处普通地下室进行检查，共发现7处违规住人情况，现场下发《安全隐患告知书》，责令清理居住人员，恢复规划用途。

（住建委）

【建筑领域劳务管理】 对全区在施工程开展行政检查436次，双随机检查91次，对发现存在拖欠劳务费隐患的单位约谈36次；对存在违法行为的单位行政处理12次，行政处罚175起，共处罚金73.82万元。同时为保障社会稳定，深入开展劳务管理专项检查暨劳务费结算支付隐患排查工作，共协调处理讨薪问题23项，涉及工人1000余人，涉及金额2200余万元，提前化解拖欠隐患。

（住建委）

【非法混凝土搅拌站治理】 按照北京市2017年空气清洁行动计划工作要求，加强对无资质混凝土搅拌站巡查力度，对无资质搅拌站发现一个，上报一个，关停一个。年内，全区6个镇域内发现无资质搅拌站12个，全部关停。

（住建委）

【汛期保障】 顺义区住建委成立防汛抢险应急指挥部，上汛前召开住房城乡建设领域防汛动员部署会，要求各建筑工程、物业管理区域和办公区域深入开展自查，排除安全隐患，保证物资储备。上汛后抢修抢险队随时待命，共出动检查车辆105次，出动人员370人次，检查在建工地217项次，对工程重点区域、低洼地带和无物业管理的老旧小区进行重点巡查，汛期内未发生重大安全事故。同时，成立7支由825人，112台大型机械组成的建筑行业区级防汛应急抢险大队，不断提升建筑工程依法行政和应急保障能力。

（住建委）

【“十九大”安保维稳】 成立专项安保维稳工作领导小组，按照“统一部署，分级负责，强化巡查，确保稳定”的原则，坚持矛盾化解和隐患治理两手抓，“十九大”期间178项建筑施工、2项房屋拆除工程全部停工，有限空间作业全部停止，扬尘治理工作强度全面提升，共出动检查组410人次，共发现各类隐患60项，全部处理完毕，完成“十九大”会议安全维稳保障任务。

（住建委）

【老楼危楼安全评估】11月底，居住建筑使用满30年的义宾南区、义宾北区、建新南区和建新北区142幢楼房，共计建筑面积418961.18平方米的老楼危楼安全评估工作完成。此次房屋安全评估结果为地基基础及主体结构未发现安全隐患，满足使用要求。

（住建委）

【安全生产大检查】根据安全生产大检查工作部署，围绕建筑工程和物业管理分别开展为期4个月的安全生产大检查工作，重点检查施工项目和物业企业安全生产责任制落实、安全生产制度和有限空间作业等情况，共进行各类专项检查331次，出动检查组1173人次，发现隐患653处，基本整改完毕。

（住建委）

【装配式建筑大力发展】在市住建委的大力支持下，顺义区成功申报2017年装配式建筑示范城市，区内企业正方利民工业化建筑科技股份有限公司申报装配式建筑产业基地，并在16个在施保障房项目启用装配式建筑模式。年内，招拍挂项目实施装配式的供应面积达97.8万平方米。

（住建委）

【顺义区首个共有产权房项目申购启动】一是通过请示区政府确定燕顺公司为政府份额代持机构。二是请示区政府，确定金成雅苑二期项目的产权份额比例。三是区住建委相关科室与市住建委、燕顺投资公司及开发商等相关单位第一时间开展政策研究，制定工作方案。四是通过电视、网站、微信公众号等多种手段开展宣传，让申请人在第一时间了解政策及项目信息。在相关部门的共同努力下，金成雅苑二期项目于10月27日开始申购登记，是顺义区首个开通申购的共有产权房项目，也是全市首个以共有产权房条件申购登记的项目，共有15000余户符合配租标准参与摇号配售，最终969套住房全部配售。

（住建委）

【住建领域有限空间隐患排查和长效治理】年内，顺义区接连发生2起有限空间生产事故，住建委按照区委区政府工作部署，开展施工项目和物业管理区域有限空间排查工作，共摸排施工项目和物业管理项目332项，涉及有限空间作业队伍295个，各类有限空间96332个。有限空间台帐的建立，进一步健全住建领域安全生产监管机制，极大的减少安全生产风险点。

（住建委）

规划和国土资源管理

【概况】2018年4月3日，根据市编制办公室《关于印发北京市规划和国土资源管理委员会各区分局主要职责内设机构和人员编制规定的通知》，北京市规划和国土资源管理委员会顺义分局正式挂牌成立，履行原规划分局和原国土分局相关法定职责。

（规土委）

【规划编制】《顺义分区规划（2017年-2035年）》（以下简称《分区规划》）编制工作于2018年2月正式启动，6月22日，《分区规划》草案经区人大常委会第十三次会议审议通过。在市规划国土委技术审查并征求市级相关部门意见后，区委、区政府多次组织相关部门对分区规划草案进行修改完善，上报市政府审批，并于12月28日同步开展网上公告工作。按照市、区政府实施乡村振兴战略扎实推进美丽乡村建设专项行动计划，2018年本局与各镇政府合作完成153个村庄规划编制工作。

（规土委）

【市政交通】京沈客专顺义西站一体化方案编制完成；国展二、三期交通专项规划推进中；M15号线东延项目规划纳入分区规划，本局实施层面递进中；顺义新城地下管线基础信息系统建设基本完成。

（规土委）

【规划核验】完成规划验线5件，总建筑规模12.3万平方米，与去年同期相比，数量和规模均有所下降；规划验收98件，建筑规模约296.7万平方米，与去年同期相比，数量下降9.3%，建筑规模下降19.3%。

（规土委）

【综合审批】审批各类案卷427件，其中城镇建设项目200件、市政基础设施项目107件、乡村项目10件、规划核验105件，另有复函2件、函复3件。

（规土委）

【建设项目用地预审】建设项目用地预审共审批26件，占地面积约701.95公顷。其中棚户区改造项目7件共占地面积约507.41公顷，定向安置房项目3件共占地面积约41.87公顷，土地一级开发项目3件占地面积约45.19公顷，公共服务及配套设施建设项目6件共占地面积约73.89公顷，集体土地租赁住房项目7件共占地面积约33.59公顷。

（规土委）

【征地及农用地转用项目用地管理】2018年，市政府批准征地项目3宗，用地面积136.73公顷，办理农转用41.65公顷，补充耕地4.79公顷。这其中包含对接东城区安置房用地。办理集租房农转用项目4宗，用地面积22.3533公顷，其中农用地8.2534公顷。

（规土委）

【土地整理及耕地占补平衡】一是土地整理工作：2018年完成5个高标准基本农田建设项目立项，涉及4个镇21个村，计划建设总规模1196.6公顷，预计总投资2936.74万元。建设内容主要包括更新机井、配套水泵、配套井房；铺设地埋管道；新建变压器；改建生产路。完成土地整治项目立项3个，涉及2个镇5个村，计划建设总规模34.5公顷，预计可新增耕地总面积21.4公顷，预算总投资7138.48万元，资金来源为区财政投资，主要建设内容包括土地平整、客土回填、土壤改良、更换机井首部、铺设地埋管道、配套移动铝管、建设泄水井。二是耕地占补平衡：完成2个项目的补充耕地4.79公顷，收缴耕地开垦费129.40万元。

（规土委）

【土地市场交易】2018年，全区累计供应国有建设用地20宗，总用地面积约144.35公顷，总成交金额约229亿元，实现政府土地收益约193亿元，占年度计划的95%。其中：商品住宅用地完成供应约88.48公顷，占计划的111%；共有产权住房用地面积26.48公顷，完成比例106%；保障性安居工程用地供应2宗，土地面积19公顷，完成比例59%；工业研发用地完成供应约36.87公顷，占计划的97%。

（规土委）

【土地储备开发】2018年，完成土地一级开发面积约156.52公顷，累计实现投资10亿元，完成资金回笼51亿元。新增土地一级开发项目1个，为国展预留地剩余地块，土地面积为12.9公顷。截至年底，全区在施项目共计57个，土地总面积约2046.46公顷，其中：储备机构为主体并直接投资项目19个，总用地面积约717.71公顷，占在施项目总量35%；储备机构为主体并委托企业带资实施项目14个，总用地面积410.75公顷，占在施项目总量20%；直接授权企业为主体项目24个，总用地面积918公顷，占在施项目总量45%。

（规土委）

【地籍管理】一是土地权属审查情况。2018年，共办理土地权属审查业务90件，为90家单位和个人提供用地范围清晰、面积准确、权属无争议的《权属审查告知书》《权属审查测量成果报告》和《地籍状况表》。二是年度变更调查工作。前三季度变更调查下发图斑共计616个，实际内业分割619个，监测面积373.57公顷。其中，新增建设用地302个，占地面积105.54公顷；新增设施农用地6个，占地面积2.46公顷；新增坑塘水面3个，占地面积0.35公顷；新增农村道路4个，占地面积1.27公顷；新增沟渠4个，占地面积0.24公顷；临时用地3个，占地面积0.36公顷；维持原地类297个，占地面积263.35公顷。

（规土委）

【不动产登记业务办理】按照市规划自然委统一部署，大力推进不动产登记“互联网+”改革，通过进一步规范登记业务、优化工作流程，不断压缩登记办理时限，提升公共服务水平，其中群众需求最集中的12类登记业务实现当日办结，其余登记业务办结时限压缩至5个工作日以内，压缩幅度达50%。本局与区住建委、地税等部门密切协作，打破部门壁垒，实现房屋交易、缴税、登记“一窗式办理”，使申请人只进一扇门、只跑一次路即可实现不动产买卖和物权转移。此外还通过移动预约，将缴纳登记费同领取不动产权证书合并为同一环节，不动产权证书、证明物流递送等措施的实施，切实方便群众办理不动产登记业务，提升公共服务水平。2018年，本局共办理不动产登记53812件，土地权属审查业务90件，受理权籍调查108件。

（规土委）

【执法监察】2018年，土地变更调查监测图斑涉及顺义区457宗，占地426.53公顷，耕地185.81公顷。其中，非新增用地项目359宗，占地354.29公顷，耕地157.21公顷。新增用地项目98宗，占地72.23公顷，耕地28.61公顷。年内，共收到12336电话举报属实案件84件，全部完成反馈，反馈率100%。国土资源视频监控系统发现项目70宗，全部完成反馈。

（规土委）

【矿产资源概况】年内，全区有合法开采的矿产资源企业13家，其中固体矿产资源企业2家、矿泉水资源企业1家、地热资源开发利用企业10家。

（规土委）

【国有建设用地出让转让】2018年，共办理国有建设用地使用权协议出让合同变更11件，国有建设用地使用权招标、拍卖、挂牌出让合同变更13件，出让后国有建设用地使用权转让批准5件，国有建设用地使用权招标、拍卖、挂牌出让合同签订1件。

（规土委）

【课题调研】2018年，本局坚持问题导向，以制约土地一级开发的拆迁遗留问题为抓手，先后深入仁和镇、天竺镇、南法信镇和后沙峪镇开展调研工作，把调研中发现的问题和属地镇提出的建设性意见作为更好开展工作的发力点，同时将调研成果形成专项报告上报区政府，为全区推进在施一级开发项目，加快财政资金回笼提供路径方案。

（规土委）

【集体土地租赁房建设】6月8日，北京市规划和国土资源管理委员会与北京市发展和改革委员会联合下发《北京市2018年度建设用地供应计划》（市规划国土发[2018]190号），下达本区20公顷集体土地租赁住房供地任务；5月末，经过区政府3次专题会议审核，最终在初步选定的16个地块中确定7个项目；8月，完成项目实施方案编制，并正式以区政府名义上报市规划自然委；10月末，7个项目实施方案通过市规划自然委会议审核，涉及4个镇，总用地面积33.59公顷，初步完成选址指标任务；11月，完成项目控规方案，并报送市规划自然委；12月，完成4个项目农转用手续申报，并获市政府批准，总面积22.35公顷，完成2018年度供地任务；截止12月底，用地资料经区政府盖章同意后报送市规划自然委备案。

（规土委）

【农村集体建设用地统筹利用试点工作】2017年7月—12月，高丽营镇政府经过调查摸底、标图建库、共同研讨，确立建新区、拆旧区，形成初步的方案，2017年12月报市规土委审核。2018年4月，市规土委审核后提出修改意见，着重对“拆5建1”提出要严格按照政策规定执行。8月，本区将统筹试点方案上报市规土委，并原则通过。高丽营镇政府正在筹划组建联营公司，以该公司为主体进行方案的实施。

（规土委）

【智慧管理城市地下管线】年内，由市规土委顺义分局负责牵头建设的《顺义新城地下管线综合管理信息系统》建成，实现管线三维可视化、信息化。该系统采用国家标准，使用通用的属性字段，可实现与城市副中心、北三县系统的对接。结合地理信息系统（GIS）技术、数据库技术和三维技术，在PC、移动客户端，直观显示地下管线的空间层次和位置，以仿真方式形象展现地下管线的埋深、材质、形状、走向以及工井结构和周边环境。为今后管线资源的统筹利用和科学布局、管线占用审批等工作提供准确、直观、高效的参考。

（规土委）

【概况】2018年，顺义区城市管理委员会紧紧围绕中心工作，抓好顺义区市政工作，完成各项指标。1月29日，顺义区发展改革委的煤、电能源日常运行管理，煤炭、电力、电源点的行业管理，以及新能源汽车充电桩（站）的建设和运营管理职责划转到顺义区城市管理委员会。通过制定出台《顺义区开展生活垃圾分类联合执法检查工作方案》《关于在全市推广建立“小巷管家”队伍的指导意见》等系列文件，开展“百街千巷”环境整治提升、渣土车专项治理等活动，顺义区整体环境得到改善，群众参与环境治理的积极性不断提高，环境保护意识日益增强。

（城市管理委员会）

【“百街千巷”环境整治提升行动】 管委会开展164条街巷道路及相关道路空间专项整治行动，按照“属地主责、部门统筹、先易后难”的原则，开展“拆、清、修、整、刷、绿、管、治”八项环境综合整治措施，促进街巷道路环境提升工作。

（城市管理委员会）

【重要时间节点环境保障】 以“零问题”“零隐患”“零差错”为标准，完成春节、“两会”、车展、中高考、领导调研、重大活动等保障任务31次、127天。

（城市管理委员会）

【顺义区城市管理指挥中心正式挂牌】 3月20日，根据区委、区政府《关于调整顺义区城市管理体制推进执法重心下移的工作实施方案》的要求，北京市顺义区城市管理指挥中心正式挂牌。街镇网格化综合管理中心全部挂牌成立。在市城市管理委指导下，11月5日，顺义区网格化城市管理平台实现与市级平台对接。

（城市管理委员会）

【57条主要城市道路作业管理】 年内，城区57条主要城市道路的城市道路尘负荷平均值9.52g/㎡，城市道路机械化作业率95.8%，单日最大用水量2000吨，道路清扫保洁作业车辆上线率100%。

（城市管理委员会）

【党政机关垃圾强制分类示范片区】 年内，起草《顺义区加快推进生活垃圾分类工作方案（2018-2020年）》，推进党政机关垃圾强制分类工作，对87家党政机关开展垃圾强制分类工作，配置垃圾分类设施1732个，覆盖率达90%。“党政机关垃圾强制分类”活动启动仪式在天竺镇政府举行，并在光明街道、胜利街道、马坡镇等8个属地创建垃圾分类示范片区，覆盖率达30%。在示范片区开展“旧桶换新桶”活动，为6个街道更新塑料分类桶3750个、为19个镇配备铁质垃圾桶6250个，全区分类收集容器累计配备7.8万个。开展各党政机关垃圾分类宣传工作，发放市级统一标准海报500余张、垃圾分类宣传手册4000余本。

（城市管理委员会）

【垃圾分类宣传】 以“垃圾分类五进系列活动”为核心（即垃圾分类进社区、进家庭（入户）、进校园、进公园商场、进党政机关），开展垃圾分类宣传活动。招募垃圾分类宣传员、分拣员、监督员共1300余人，在全区125个小区宣传垃圾分类知识。开展垃圾分类宣传活动1459场，参加人员54525人。开展入户宣传375次，上报信息500余条。起草《顺义区农村地区生活垃圾分类收运实施方案》，在农村推行桶站集中，保洁员入户收集模式，为全区19个镇更新210L铁质垃圾桶6250个。

（城市管理委员会）

【餐厨垃圾和废弃油脂规范管理】 会同区城管执法局制定《顺义区开展生活垃圾分类联合执法检查工作方案》，严查餐厨垃圾非法收运处置行为，开展联合执法检查42次。制定《顺义区餐厨垃圾和废弃油脂规范管理实施方案》，各属地联合食药所建立餐厨垃圾台帐和废弃油脂台帐“两本台帐”，建立“区环卫中心为主，社会企业为辅”的餐厨垃圾清运模式，纳入台账管理餐饮单位2291家。

（城市管理委员会）

【建筑垃圾资源化再利用】 推进建筑垃圾资源化再利用设施建设，全区19个镇处置建筑垃圾共44.1万余吨，产出骨料2.7万余吨。

（城市管理委员会）

【渣土车专项治理】 年内，审批建筑垃圾运输企业经营许可18家，备案合格建筑垃圾运输车辆56辆。开展建筑垃圾道路运输联合执法检查76次，夜查37次，区领导带队13次。核实市级派发疑似乱倒乱卸点68处、疑似违法违规工地68处、违规车辆117辆。

（城市管理委员会）

【建筑垃圾消纳工作】 审批建筑垃圾消纳许可322批次；建筑垃圾、土方、砂石准运许可352批次，发证1039张；办理设置建筑垃圾消纳场所延期许可1批次；撤销企业资质许可1家；撤销车辆4辆。开展建筑垃圾运输企业经营情况大摸排66家。木林渣土消纳场联合执法12次，日常监管31次。办理消纳许可工地事后监管324次，约谈违规工地8次，联合执法4次。

（城市管理委员会）

【公厕管理】推进厕所革命，提升公厕服务品质100座（含市政府实事任务30座），公厕等级达标率不低于93%。

（城市管理委员会）

【环境卫生设施建设管理】年内，顺义区综合垃圾处理厂焚烧二期项目、顺义区餐厨垃圾处理厂项目试运行。持续加强生活垃圾处理设施运行监管工作，稳步提升本区生活垃圾粪便处理设施作业标准和环境污染控制水平。

（城市管理委员会）

【背街小巷环境整治】推进《关于在全市推广建立“小巷管家”队伍的指导意见》和《顺义区推广建立“小巷管家”队伍工作方案》，全区共设立街巷长公示牌1172块，设立“街巷长”1072人、招募“小巷管家”2318人，“街巷长”共解决街巷环境问题9000余件，“小巷管家”累计巡访138079小时，共处理各类事件3.7万余件，其中随手解决事项3.4万余件。

（城市管理委员会）

【规范户外广告设施管理】一是启动违规单立柱整治工作，共拆除违规单立柱14根。二是响应美丽乡村建设，推进农村地区老旧广告牌匾整治工作，共整治辖区村庄内老旧广告牌匾144处。三是开展建筑物屋顶广告牌匾整治工作，共整治大型建筑物屋顶广告牌匾120处。

（城市管理委员会）

【大体量城市道路公共服务设施清理】按照北京市城市管理委要求，与顺义区商务委、顺义区邮政报刊公司协同推进闲置早餐亭及报刊亭整治工作，共整治闲置早餐亭27处、报刊亭22处。

（城市管理委员会）

【公共服务设施二维码安装】复兴东街与复兴一街两条道路共计新装公共服务设施二维码铭牌110块。

（城市管理委员会）

【公共事业行业管理】一是开展顺义区燃气企业行业管理工作，顺义区燃气经营企业32家、灶具安装维修企业5家，共37家。燃气经营企业32家包括天然气2家、压缩天然气1家、液化石油气充装站13家、液化石油气瓶装站16家。二是区内供热企业5家，供热锅炉房62个。2017-2018供暖季全区供热总面积约2539万平方米，其中居民供热面积1896万平方米。三是编制《顺义区2035年电力专项规划》，顺义地区220千伏站点15个、总容量828万千伏安，110千伏站点60个、总容量895万千伏安。

（城市管理委员会）

【充电基础设施建设】充电基础设施运营企业在区内共新建电动汽车充电基础设施253台。电动汽车充电基础设施153处，共计1823台，其中直流1074台、交流749台。

（城市管理委员会）

【架空电力线路保护区内安全隐患排查】开展架空电力线路保护区内违法建筑物、构筑物确认以及断电工作。组织顺义供电公司完成区内架空电力线路保护区内建筑物、构筑物的摸底排查工作，共排查隐患412处，涉及18个镇域，完成350处隐患的确认工作，确认违建61处。

（城市管理委员会）

【市政管线设施管理】年内，一是巡查区内市政井盖设施，巡视里程63000公里。维修雨水篦子269个，维修井盖26个，处理雨水篦子安全隐患27处，处理井盖安全隐患173处。二是开展石油天然气管道保护工作，累计检查油保企业16家次，管道现场52次，出动134人次、车辆41车次，发现并整改隐患12项，消除小卫星拍摄管道占压隐患6项。管道事故应急预案备案4份，管道停用、报废备案1份。

（城市管理委员会）

【安全生产突发事件应急保障】开展安全检查评估、有限空间管理、应急抢险、宣传培训、防汛、重点时期城市运行保障工作。累计检查生产经营单位609家次，发现并整改隐患349项，出动1400余人次、车辆609辆次，发放宣传材料4200份、下发安全文件37篇，召开安全会议8次。

（城市管理委员会）

【市政基础设施建设管理】完成道路中修2万余平方米、小修10000余平方米，道路完好率超

95%。巡检区级21847基路灯，亮灯率超99%。完成景观照明一期工程。建成远程监测控制平台。

（城市管理委员会）

【324条道路有标准“身份证”】 年内，无名路清理整治工作共涉及全区324条道路，由全国第二次地名普查工作所统计，区城市管理委协调全区19个镇、6个街道办、4个功能区对324条道路的起止点、长度、宽度、产权信息等进行核实，按照责任划分清理整治台账。此次整治的324条道路中区城市管理委完成33条道路整治，安装路牌109块；公路分局完成1条道路整治，安装路牌13块；临空经济核心区管委会完成22条道路整治，安装路牌116块；科创功能区管委会完成14条道路整治，安装路牌46块；各镇、街道办完成254条道路整治，安装路牌559块。

（城市管理委员会）

【停车场规范化管理】 年内，顺义区内备案有效停车场111个，车位数44306个。停车场新增备案18个、年审85处。开展备案停车场专项检查5次。

（城市管理委员会）

【交通综合整治】 年内，交通综合整治涉及顺福路、顺泰路、石园南大街道路标线复划双组份标线，施划面积约15000平方米。顺康路、顺泰路、顺福路、石园南大街新增标志标牌及更换标志牌400余块，新建人行横道提示太阳能黄闪灯11处。石园南大街封闭原有路口4处，增加石园南大街车辆通行能力。顺福路新建中央隔离护栏约980米，石园小学新建步道护栏约160米，新顺南大街新建中央隔离护栏477米。

（城市管理委员会）

房屋管理

【概况】 2018年，房屋征收事务中心党组始终坚持以习近平新时代中国特色社会主义思想和党的十九大精神为指引，努力提高政治站位，切实强化政治担当，认真贯彻落实中央决策部署和市委、区委工作部署，主动融入区域发展大局，团结带领全体党员干部齐心协力、奋发进取，攻坚克难、拼搏实干，以钉钉子的精神，高水平高标准高质量做好各项征收工作，开创区域征收事业的新局面。

（房屋征收事务中心）

【原涤纶厂及维尼纶厂生活区棚改项目】 4月，原涤纶厂及维尼纶厂生活区棚改项目公布修改后的征收补偿方案；6月30日，预签约工作正式启动，签约首日就达到85%预签生效比例；7月20日，在签约期限内实现100%签约。该项目成为自《国有土地上房屋征收与补偿条例》颁布实施以来，本市首个在签约期内实现100%签约的国有土地上房屋征收项目，创造全市的“维尼纶征收纪录”。

（房屋征收事务中心）

【舆情引导助推棚改工作开展】 针对原涤纶厂及维尼纶厂生活区棚改项目中，居民在方案征求意见期间提出的十六类问题，逐一研究答疑口径并予以正面答复，并通过展板、微信公众号进行宣传。在4月16日公布征收补偿方案后仅用7天时间，即完成对849户居民的第一轮政策宣传和动员洽谈工作，第一时间建立起维稳舆情、遗留问题、洽谈统计等系列动态监管台账，摸排潜在问题户51个，化解潜在问题30余项。积极研判棚改工作舆情，监控负面煽动棚改群众的微信群3个；引导建立正面宣传支持棚改微信群3个，正面吸纳引导居民600余人。

（房屋征收事务中心）

【棚改项目宣传力度强势】 设立安置房展示区、安置房沙盘，公布安置房户型图，现场设置19个接待窗口，进行宣传答疑；配备宣传车2辆，循环播放宣传片，第一时间发布签约情况。在征收现场，悬挂宣传标语200余块，发放政策宣传手册2000余册。采用群众喜闻乐见的宣传形式，主导制作5集《大话西游》《房屋征收强制执行流程》2部政策宣传动画片，通过1座LED显示屏和16部电视显示屏，循环播放，用通俗易懂的语言和方式向居民宣传征收工作。邀请《北青社区报》《北京日报》《顺义时讯》、北京卫视、顺广传媒、顺义电视台、千龙网等媒体对项目征收工作进展、党建工作进行报道。针对在征收工作过程中出现的各种谣言，及时通过微信公众号、现场显示屏主动澄清，借助北青社区报等媒体力量，在其官方公众号上推送辟谣文章，一定程度上避免谣言在居民中产生的负面影响。

（房屋征收事务中心）

【党建引领征收凸显“领头羊”作用】原涤纶厂及维尼纶厂生活区棚改项目中，形成以“党的组织前置、党的资源下沉、党的队伍先行、党的制度保障”为主线的党建引领模式。指挥部成立临时党支部，将党建引领功能延伸至项目的每个环节，推动党建棚改征收引领工作向从纵深发展，打造顺义区党建引领棚改征收工作样版。临时党支部将党课开到“棚改一线”，邀请“毛泽东号”机车组司机长刘钰峰宣讲十九大精神。项目预签约之前，中心主任代表指挥部，以微信公众号推送的方式，在广大生活区党员范围内讲党课，宣传十九大精神、介绍房屋征收工作、回应群众切问题。在入户调查登记阶段，对生活区原有党员数量、组织关系隶属、失联党员情况进行摸底，同时开展“三找”活动，与生活区党员建立有效联系。向生活区每一位党员送去《党章》、党徽，在党员户单元前挂上党旗，号召生活区党员亮身份、做表率，带头支持棚改，切实做到“一管三带”，管好自己，带动家庭、带动邻居、带动楼院。实施“寻找老徒工、老技校”活动，深挖他们的故事，制作成“老徒工、老技校”访谈节目，唤醒老职工和家属们的集体记忆，切实提高生活区居民的凝聚力和向心力，凝聚支持棚改的共识。建立棚改党群议事厅，由指挥部工作人员和生活区居民推选单元长、楼长以及党员代表组成议事团，先后共召开20余次党群议事会，向广大生活区居民宣传棚改工作的公正性、惠民性，解释征收补偿政策的宗旨，解答居民关心关注问题40余个。

（房屋征收事务中心）

【其他房屋征收项目】推进幸福西街棚改项目后续征收工作，跟进遗留户司法程序。按照区委工作要求，响应《向前一步》节目录制工作，通过运用社会舆论正确导向解决4户遗留户问题。推进顺平南辅线房屋征收工作，协助推进化肥厂家属院及光明街道华夏平房棚改项目前期摸底调查、棚改实施方案修订等前期工作，为项目启动奠定良好基础。

（房屋征收事务中心）

【京沈客专顺义段实现全线交地】京沈客专顺义段总里程20.84公里，其中十一标段19.95公里、十标段0.89公里，总占地面积45.13公顷，途径后沙峪镇、高丽营镇、赵全营镇、北石槽镇、牛栏山镇5个镇，并在高丽营镇西侧建设顺义西站。截至11月底，年初剩余的高丽营中石化加油站、金银建出租汽车公司、北运河管理处及北京家禽育种公司全部完成拆迁，顺义段实现全线交地。

（房屋征收事务中心）

【高标准启动房屋拆除工作】推进幸福项目具备拆除条件房屋拆除工作，组织召开现场指挥部安全拆除工作协调会议20余次，与拆除单位签订安全生产责任书25份，研究拆除工作方案，督促拆除单位落实安全责任。按期启动项目房屋拆除一期工程，15户平房拆除工作完成，800多平方米拆除面积实现“场清地平”。科学高效推进维尼纶厂棚改项目房屋拆除工作，主动协调项目属地政府，明确房屋拆除工作责任分工，牵头建立健全房屋拆除协调推进工作机制，协调住建委、安监局、牛栏山镇政府、房地置业公司、拆除公司、监理公司等相关部门，先后召开15次拆除协调推进会议，研究制定拆除方案，组织专家科学论证，督促落实拆除责任，严守安全拆除底线。克服天气不利影响等因素，高标准实施环保降尘拆除，坚决服务保障打好大气污染防治“攻坚战”。本项目自房屋拆除实施启动，仅用9天时间就完成20栋楼房、2排平房及超高锅炉房烟囱拆除工作，拆除面积5万余平方米，创造本区异形建筑安全拆除新纪录，为顺义区今后国有土地上房屋征收拆除工作奠定基础。

（房屋征收事务中心）

空港建设管理服务

【概况】2018年，北京空港建设管理服务中心深入贯彻落实党的“十九大”精神，以习近平新时代中国特色社会主义思想为指导，充分发挥自身职能作用，凝聚力量，积极推进重点任务，较好完成空港中心各项工作。

（空港建设管理服务中心）

【樱花园小区飞机噪声治理】 2018年，区委、区政府将樱花园小区居民房屋产权置换工作纳入区政府折子工程，空港中心发挥牵头作用，加强统筹协调，全年组织召开区领导参加的樱花园工作会议共8次、相关部门会议5次，撰写督查专报、情况报告、请示文件、会议纪要等材料70件次。此外，樱花园小区房屋产权置换项目安置房地块，纳入北京市保障房“一会三函”项目审批流程，樱花园房屋产权置换项目取得突破性进展。

（空港建设管理服务中心）

【解决民生问题，缓解维稳压力】 空港中心按照区政府的工作部署，多渠道改善樱花园小区居民生活环境，缓解本区在产权置换工作推进过程中的维稳压力：一是自2017年初持续开展樱花园小区隔声窗维修工作，2018年3月—11月完成入户维修485户（其中包括更换玻璃100块，更换纱窗4190个）。二是自2017年底起协调解决小区居民生活用水问题，截止2018年11月底，机场公寓楼、樱花园六区、二区、三区先后接通市政供水管网，近3200户居民使用上水质符合标准的生活用水。

（空港建设管理服务中心）

【首都机场服务保障】 2018年，空港中心（机场保障办）保障主要领导赴首都机场、中航集团调研活动3次。组织顺义区、首都机场集团、中航集团两方或三方高层领导对接会议5次，区属部门与机场相关部门专项对接协调会2次。为区领导提供文字材料8篇；另外，每两到三周收集汇总机场建设服务保障重点工作进展情况信息并形成工作简报共22期，专报区领导审阅。

（空港建设管理服务中心）

【首都机场外围汛期安全保障】 2018年汛期较常年降雨严重偏多，空港中心坚决执行防汛预案，落实岗位责任制，通过“顺防指”“首都机场外围保障群”两个微信群，及时将最新防汛信息进行共享、沟通，进一步与各成员单位形成联动。空港中心全体干部职工严格按照24小时值守制度和领导在岗带班制度，严密监控汛情，保持通讯畅通，对积水点位及时处置。特别是7月24日中国民航华北空管局西跑道南进台出现严重积水，中心及时协调民航华北空管局、机场股份公司、天竺镇政府共同研究，采取挖渠排水，妥善解决积水问题，确保飞机起降信号的正常运行。

（空港建设管理服务中心）

新城建设

【概况】 2018年，新城办处于职能转变和调整的改革期，重点围绕承上启下开展工作。一方面在工作中始终坚持“抓好党建就是最大政绩”的工作思路，围绕落实“大党建”任务，以抓班子带队伍、深入巡察整改、落实意识形态责任为重点，全面推进党建各项工作有序开展。一方面围绕服务企业、推进遗留问题解决开展业务工作，确保马坡组团重点项目建设、招商引资等各项工作如期推进。目前，民生银行二期云计算数据中心项目立项已报待批，民生花园东园取得大产权证并启动销售工作，君康人寿保险股份有限公司总部基地项目取得建设工程规划许可证。

（新城办）

【推进遗留问题解决】 一是推进马坡组团范围内市政道路及管线移交工作。对接新城建设公司，就顺义新城（马坡组团）范围内未移交道路具体情况进行梳理，同时将梳理成果与双丰街道办事处沟通，共同联合行文，报请区政府将上述市政道路及管线移交行业主管部门进行管护。二是配合区财政局、区规土分局等部门，加快一级开发费用清算核定。

（新城办）

【项目协调服务】 一是推进北京银行科技研发中心项目，协助北京银行解决研发中心项目建设过程中市政配套问题。北京银行红线内市政配套建设和内部精装修工作进行中，西部办公楼计划2019年6月底入驻运营，东部办公楼计划2019年底入驻运营。二是推进中信银行信息技术研发基地项目，协助中信银行解决项目周边市政配套问题。2018年，本项目完成固定资产投资15497.88万元人民币，项目累计完成投资103234.88万元人民币，计划2020年运营投产。三是开展重点项目用电需求调研及征询工作。召集民生银行、北京银行、中信银行、金蝶软件、君康人寿等项目负责人召开专题协调会，会同用电部门为企业提供用电报装手续的办理服务。

（新城办）

【入区企业服务】一是服务民生银行信用卡中心报税工作，全年累计实现区级财政留成约6.89亿元。二是协调有关部门落实民生信用卡中心扶持资金，确保扶持资金足额及时到位。三是主动了解企业需求，扶持企业创新创业发展。深入企业调查研究，完成区委“百项”问题调研工作，最终形成调研成果《北京金蝶软件园创新创业发展情况调研报告》。

（新城办）

城管执法监察

【概况】2018年，顺义区城管执法监察局牢牢把握顺义区功能定位，紧紧围绕“疏整促”专项行动和大气污染防治攻坚战，推进拆违控违、扬尘治理、占道经营整治等专项行动，全面提升全区环境秩序水平。全年共立案查处各类违法行为19861起，同比上升159.76%；罚款1525.37万元，同比上升24.19%。拆除并销账各类违法建设1609宗、建设面积247.1万平方米，完成市级任务的116%；完成春节、“两会”、一带一路高峰论坛、26届燕京啤酒节、十九大等保障任务47次，147天。

（城管执法监察局）

【违法建设治理专项行动】按照定性、定量、定时、定责的原则，细化指标体系，强化效能督查，全力开展拆违控违工作。一是借力“疏整促”专项行动相关机制作用，指导属地利用棚户区改造、养殖业退出和一般性制造业退出等相关政策，先后拆除历史遗留违法建设110万平方米。二是坚持把美丽乡村计划中涉及城市副中心毗邻区域，机场、重点道路周边，农村宅基地违规加建、侵街占道、私搭乱建和存量违法建设以及安全隐患突出的违法建设列入拆除重点，先后拆除违法建设104万平方米。三是以全区拆违动员大会为契机，将后沙峪镇铁匠营村、马坡镇衙门村等多宗违法建设列为首批重点整治对象，配合属地政府强制拆除，带动全区各属地拆违工作开展。

（城管执法监察局）

【城市综合执法和重大活动保障工作】依托区级联合执法平台及区推进街镇实体化综合执法平台建设领导小组，认真组织、积极参与各类综合执法行动；加强与公安等部门协调配合，深化同步部署、同步上岗、统一调度机制，切实做好重大会议活动保障、集中整治行动等工作。共支持各街镇开展吹哨行动40余次；指导镇街综合执法指挥中心开展综合执法1117次；协调公安、住建、规划、交通等单位开展施工工地、餐厨垃圾、渣土运输、垃圾消纳、无照经游商、燃气设施等区级联合执法行动249次，其中，立案190起，罚款194.3万元。针对空气重污染、大风扬尘等特殊天气，启动应急预案、开展专项执法活动80次。

（城管执法监察局）

【扬尘治理管控加强】围绕蓝天保卫战行动计划、生态环境部强化督查、秋冬季大气污染防治等重点工作，加强统筹协调，结合大风、空气重污染等极端天气应对工作，建立健全扬尘污染源基础台账，全面压实扬尘治理管控责任。紧紧围绕施工工地扬尘、渣土运输车辆遗撒等大气类违法问题，深化与区环保局、住建委、交通支队等部门的日常联动机制，不断提升执法强度，提高扬尘类案件办理率。全年共查处施工扬尘、裸露堆放等违法行为457起，罚款646.85万元；查处渣土运输车辆违法行为1075起，罚款252.6万元；取缔非法垃圾消纳点4处；针对生态环境部强化督查通报问题，立案19起，罚款22.4万元。

（城管执法监察局）

【占道经营治理专项行动】充分发挥党委政府组织领导作用，深化落实“镇街吹哨、部门报到”工作机制，联合公安、工商、食药监等职能部门，构建市容环境秩序治理体系。加大对无照经营、店外经营等占道违法行为的巡查频次和查处力度，采取规范教育和严惩取缔相结合方式，形成齐抓共管高压整治态势，有效遏制占道经营乱象。共开展专项整治点位1123个（次），设置宣传站点411个，发放宣传材料3341份；累计查处占道经营类违法行为13084起次，罚款182.621万元。

全区 33 处重点点位全部处于销账阶段，完成全年任务量 100%。

（城管执法监察局）

【队伍建设法治化、标准化】认真贯彻市、区两级关于全面推进法治政府建设的文件和法治政府建设实施方案有关精神，以强化履职、提升效能为目标，狠抓法律法规学习培训，不断提升执法行为的规范性，提高法治政府建设、依法管理水平，围绕“疏解整治促提升”中心工作，完成城管各项工作。共组织各类法制集中培训 9 次，执法人员参与率达到 100%。完成案卷评查和文书归档 3990 卷，完成大要案备案 266 起。完成 3990 件处罚行刑衔接上报。

（城管执法监察局）

【推进执法重心下移】不断深化城市管理体制改革、扎实推进“街乡吹哨、部门报道”工作机制，配合区编办落实《关于调整北京市顺义区城市管理综合行政执法监察局镇街执法队机构编制有关事宜的批复》，按照执法力量向基层的原则，重新核定区城管执法局机关及各执法队人员编制，197 名执法队员下沉到 19 个镇、6 个街道。完成搭建区级联合执法平台各项工作，指导协助各街镇开展综合执法中心组建、运行和验收，有效促进执法资源整合，强化镇街执法效果，着力解决基层执法难的问题，有效提升城市治理整体水平。

（城管执法监察局）

交通运输

【概况】顺义区提升交通运输管理和服务保障水平，加快市、区重点工作、重要实事项目建设。推进机动车污染源治理，加快淘汰老旧柴油车，推广应用新清能源车辆。加大重型柴油车整治力度，全力应对空气重污染天气，打赢“蓝天保卫战”。年内，顺义区共有 2 家客运企业，82 条公交线路，同比增长 3.85%；新清能源公交车 756 辆，同比增长 7.08%；运营里程 2625 公里，同比增长 1.65%；公交站点 1119 个，同比增长 2.94%；公共候车亭 1003 座，同比增长 5.25%；公交场站 43 座，同比增长 7.5%；燃油出租企业 5 家，出租车 624 辆，电动出租企业 1 家，出租车 200 辆；公共自行车 10000 辆，站点 285 个；地铁 M15 号线顺义段全长 14.8 公里，设置 7 处车站，日平均发车 396 班次，日均客运量 21 万人次，同比增长 17.65%；水运游船单位 7 家，游船 278 艘；全区共有货运经营业户 5849 户，同比减少 15.8%，货运车 20065 辆，同比减少 15.8%；总吨位 13.22 万吨，同比减少 3.36%；完成货运量 4622.71 万吨，同比增长 12.13%；货物周转量 19.39 万/万吨公里，同比增长 14.48%；维修企业 284 户，从业人员 3265 人；驾培机构 21 家，教练车 1680 辆，从业人员 1671 人，全年累计培训学员 38900 余人；行政许可事项及小客车申请受理 25958 件，办结率 100%，解答来电来访咨询 3.8 万余人次。

（交通局）

【环保督察组检查重型货车管控】1 月 24 日下午，中央环保督察组环保部华北督察局处长高士媛一行到北务综合检查站进京口检查重型货运车辆管控情况并对坚守岗位的执法人员表示亲切慰问。顺义区副区长吴耀新带领相关部门负责人一同检查。在综检站卡口，督察组领导认真听取区交通、公安、环保等部门执法情况汇报，对北务综合检查站的联合执法工作给予高度肯定的同时提出三点要求：一是联合执法各部门要严防死守“卡口”，为首都“天更蓝、水更绿”做出积极贡献。二是各执法部门要协同作战，继续保持联合执法高压态势，加大对重型货运车辆管控力度。三是执法人员要规范执法行为，做到严格执法、公正执法、文明执法。

（交通局）

【顺平路 5 处公交站升级改造】顺平路望泉桥东、南法信、检测场、物流园、枯柳树 5 处公交车站的升级改造完成，1 月底投入使用。项目结合顺平路市政配套提升工程进行施工，增加公交港湾。改造后的公交车站，提高候车乘客和公交运营的安全性，扮靓城市道路景观。

（交通局）

【“两会”交通运输保障部署会召开】2 月 9 日，区交通局春节及全国“两会”期间相关工作部署会召开。会议要求各行业管理部门时刻牢记安全责任重于泰山，全方位加强安全监管，认真做到“管行业必须管安全”，压紧压实责任，严格按规定认真细致的做好每个环节，全力做好安全运营服务保障和维稳工作。会议强调：要加强对公交客运企业安全生产的检查频次和力度；加强轨道交通巡查检查和地面站外环境秩序维护；加强对辖区货物运输及汽车维修经营企业的安全生产监管巡查工作；综检站、治超办、超限检测站要加强路面联合执法检查力度，对“双超”运输等违法违规行为严厉查处；加强对外省市进京大货车的检查，严防非法运输车辆入境。

（交通局）

【“两会”维稳安保督查组莅临检查】3月1日上午，以北京市委政法委副书记张玉鲲为组长的北京市全国“两会”维稳安保第六督查组一行到北务综合检查站检查“两会”安保情况并对坚守岗位的执法人员表示亲切慰问。督查组领导在对综检站安保工作给予高度肯定的同时强调指出：希望全体执法人员一定要牢记使命，坚决守好首都东南大门，充分发挥首都“护城河”作用，为全国“两会”期间外围安全保障工作万无一失做出积极贡献。顺义区委常委、政法委书记张晓峰带领相关部门负责人一同检查。

（交通局）

【践行文明交通 共建和谐社会活动启动】3月5日下午，区交通局、公安分局交通支队、骏马客运公司在东风小学举行“践行文明交通 共建和谐社会”活动启动仪式，小学生和家长代表共计500余人参加活动。活动中，骏马客运公司安排3辆公交车开进校园，工作人员向小学生宣传绿色出行意义，在公交车上讲解文明乘车、安全乘车、应急逃生等相关知识。

（交通局）

【危化运输企业联合检查】3月6日上午，区交通局会同安监局、公安分局交通支队等部门对区内重点危险货物运输企业进行联合执法检查。检查组先后到北京奥博安气体有限公司和北京普斯派特石油制品有限公司，实地查看两家企业GPS监控系统使用、驾驶员培训教育、厂区可燃物清理、设备使用等情况，现场对驾驶员“在运输过程中发生紧急情况”应如何应对进行询问。执法人员针对检查中发现的驾驶员培训教育记录不完整、未提供专职GPS监控人员任命证明材料、氧气瓶颜色褪色及字迹标识模糊、驾驶员应对措施回答叙述不清等5项安全隐患，责令企业立即整改。

（交通局）

【“两会”期间降雪天气应对】公交客运企业重点检查城区大站候车亭、地铁站和客运场站雪天应急预案执行、场站值守以及公交车辆安全运营情况。客运企业共出动安全保障人员30人次到线路场站检查，确保雪天安全运送乘客；出租汽车行业通过电话、QQ、微信等渠道告知企业提醒驾驶员路面湿滑注意交通安全，加强应急值守，确保雨雪天气运营安全；货物运输行业通过行业监管信息群，向辖区内各危险货物运输企业及重点道路货物运输企业传达紧急通知，要求货运企业加强雨雪天气安全运输，确保行业平稳有序运行。

（交通局）

【清明节交通运输服务保障】清明节期间，区内客运企业共投放运营车辆706辆，发车18908班次，累计完成客运量89.15万人次；地铁M15号线累计发车1188班次，共计运送乘客41.84万人次；水域游船共计投入船舶275条，租赁1900船次，接待游客0.61万人次。

（交通局）

【交通运输行政处罚裁量基准培训】4月17日，为进一步规范交通运输行政处罚裁量权，树立文明规范执法理念，不断提高执法水平，区交通局举办交通运输行政处罚裁量基准专题培训班，邀请市交通执法总队法制处副处长刘红黎授课，全局191名执法人员参加培训。刘红黎从编制权力清单和责任清单、制定行政处罚裁量基准背景、公示的必要性、基本情况等方面，结合生动案例，分析和解读《北京市行政处罚裁量基准》，使全体执法人员深受教育和启发，进一步增强法制观念，正确行使手中的权力。

（交通局）

【道路货运监管工作现场会】4月19日下午，市交通委运输管理局在顺义区组织召开全市道路货运行业监管工作现场会，各区道路运输管理机构货运行业主管局（处）长、货管科（所）长50余人参加会议。会上，区交通局就9.26京港澳高速交通事故情况，以案例形式进行分析汇报，并作题为《不断深化道路货运行业事中事后监管，持续推动企业落实安全生产主体责任》的工作汇报，总结回顾在货运行业监管方面的工作举措，分析道路运输管理工作面临形势和存在问题，提出下一步重点工作举措；市交通委运输管理局货管处处长周红传达市交通委《关于宣传引导道路货运企业加快淘汰国III排放燃油车辆的通知》，督促货运企业加快淘汰高排放老旧柴油货运车辆。市交通委运输管理局副局长陶文宪强调：对顺义区交通局在行业监管所做的工作从“实、细、新”三方面给予充分肯定，并要求各区运政管理部门要立足实际完善各项监管工作。同时结合“蓝天保卫战”行动，以环保为己任，协调合作、有效作为，确保如期完成国III排放燃油车淘汰任务。

（交通局）

【区委副书记夜查重型货车治理】 4月19日21:00，区委副书记、代区长孙军民带领相关部门负责人先后来到北务综合检查站、昌金路检查点位检查重型货车治理工作，区交通局局长郭崇峰一同参加。孙军民实地查看两个站点首都外围治安查控防线和重型货车超载、尾气排放等情况。她强调，检查站是首都外围的第一道防线，也是高排放柴油车辆管控的前沿阵地，执法部门要密切协作，充分发挥联勤联动的资源集中优势，加大执法力度，提高检查频次，对尾气超标车辆，综合运用环保、交通管理等法律依据和强制手段进行高限处罚。要切实做到铁腕治污，严控污染，全力维护良好的交通运输秩序和空气环境，筑牢维护首都政治安全的铜墙铁壁，坚决打赢“蓝天保卫战”。

（交通局）

【“五一”期间交通运输环境治理】 “五一”期间，区交通局执法大队，北务、大孙各庄综合检查站，木林、赵全营超限检测站共出动执法人员157人次、45车次，检查车辆941辆，处罚车辆227辆，卸载货物共计153吨，暂扣车辆8辆、暂扣证件3个，劝返不符合进京条件车辆13辆，纠正违法行为1300余起，有效遏制重型货车超限超载、尾气排放超标等违法行为。

（交通局）

【“五一”期间交通运输服务保障】 “五一”期间，境内客运企业共投放运营车辆706辆，发车18906班次，完成客运量79.62万人次；地铁M15号线，累计发车1407列次，共计运送乘客83.51万人次；出租企业共6家（含1家电动出租），投入运营车辆824辆，完成客运量8.3万人次；旅游客运企业1家，投入运营车辆560部，完成客运量4.53万人次；水域游船单位6家，共计投入船舶234条，租赁2272船次，接待游客0.89万人次。

（交通局）

【第十五届汽车展运输服务保障】 4月25日—5月4日第十五届北京国际汽车展期间，地铁M15号线共运送观众33.7万人次，常规公交运送观众15.8万人次，自驾车接驳运送观众16.7万人次，分别占参观总人数的51%、24%和25%。

（交通局）

【出租车营运证件换发】 5月16—30日，区交通局对区内出租企业进行入户检查，检查内容包括企业规章制度建立、营运车辆的车容车貌、标志标识、设备设施及驾驶员的仪容仪表等，并及时将检查结果录入北京市行政执法信息服务平台。期间，执法人员共检查出租企业6家，检查车辆816辆、驾驶员816人。检查过程中发现有违反《北京市出租汽车管理条例》相关规定的，依法对其进行行政处罚，共计处罚175起，顺利完成2018年度出租车营运证件换发工作。

（交通局）

【水上交通安全应急演练】 6月12日上午，区交通局在汉石桥湿地开展水上交通安全应急演练。演练活动围绕公园游船运营中人员意外落水、恶劣天气紧急疏散、游船消防救援3个科目进行，此次演练共出动各类船20艘次、参加人数50人次。

（交通局）

【境内公交实现100%新清能源化】 区交通局组织区内2家公交客运企业，将区内最后55辆柴油公交车全部更新为新能源公交车，同时新增50辆新能源公交车，用于加强公交与地铁接驳换乘、增加农村地区线网密度、缩短发车间隔和延长运营时间。截至6月，境内公交车达756辆，运力同比增长7%，在全市范围内率先实现100%公交车新清能源化。

（交通局）

【水上交通安全知识进校园】6月17日，区交通局在东风小学现代学院校区3年级1班，开展水上交通安全知识进校园活动。执法人员通过PPT向同学们讲解水上交通工具种类、乘船注意事项和安全规定、水上安全标志和设备、乘船遇到危险应该怎么做等安全知识，同时以问答互动方式加深同学们对水上交通安全的印象。

（交通局）

【交通运输行业安全生产培训】6月22日，区交通局组织召开交通运输行业安全生产培训会，邀请注册安全工程师张心远老师授课，区内150家重点交通运输企业主要负责人和主管安全工作的负责人参会。培训紧紧围绕“生命至上，安全发展”的主题，重点讲解安全生产相关法律法规知识，企业如何落实安全生产主体责任以及做好安全管理工作的典型做法等内容。

（交通局）

【液化气钢瓶泄漏事故处置演练】6月25日，区交通局组织开展“道路运输车辆追尾液化气钢瓶泄漏事故处置演练”。事故模拟北京顺安奇特气体有限公司一辆装有氮气、氩气、二氧化碳钢瓶的危险品运输车辆，在正常行驶时，被小轿车突然追尾，导致钢瓶散落、有气体泄漏的场景，为防止因泄漏诱发火灾、爆炸等次生灾害，公司立即启动应急处置预案，迅速将伤者转移至安全地带，同时对泄漏钢瓶进行紧急处置，并阻止无关人员和车辆靠近事故现场。通过演练，有力提升危险品运输企业应急处置能力。

（交通局）

【机动车维修业千分制评价宣贯会】7月5日，区交通局组织辖区15家机动车维修企业负责人召开会议，专题部署机动车维修行业千分制评价工作。会议对《北京市交通行业安全生产千分制评价三年行动方案（2018年—2020年）》所涉及的相关政策、工作程序、注意事项等方面内容进行详细解读。按行动方案分配指标及规定条件，抽取一类小型车维修企业1户，二类小型车维修企业2户，一、二类大中型客货车维修企业各2户，三类涂漆作业4户等共计15户维修企业作为样本企业参评。

（交通局）

【航海日主题宣传活动开展】7月11日，区交通局围绕“航海新时代丝路再出发”的宣传主题，在顺义区卧龙公园开展“航海日”宣传活动。海事执法人员向游客发放《游客乘船安全知识》等宣传材料共150余份，宣传航海精神、船舶安全知识、水上消防救生常识。

（交通局）

【自航船舶通过检验】7月17日，市交通委运输管理局船检所对区内奥林匹克水上公园、龙禹神州北京航运旅游开发股份有限公司、汉石桥湿地3家水域游船单位自航船舶（救生艇）进行全面检验。8艘备案自航船舶（救生艇）配备的救生设施和灭火设备合格、船体无破损无锈蚀，全部符合运营要求，通过检验。

（交通局）

【机动车维修业千分制评价启动】7月30日上午，北京市交通委千分制评价工作小组一行到北京顺利通汽车修理厂进行千分制现场评价工作。千分制评价分为现场管理和安全管理体系两部分。评审组根据评审标准要求，问询企业安全负责人、安全员职责，检查作业现场设备设施的配备、使用、标识、管理制度及制度执行记录等，查找安全管理工作存在的薄弱环节及隐患问题，提出改进意见建议及防范措施，引导企业不断增强自身“造血功能”，努力实现安全生产工作良性、稳定和可持续发展。

（交通局）

【巡游出租汽车计价器调整】8月1日起，本市巡游出租汽车（不含纯电动巡游出租汽车）加收1元每运次的燃油附加费。交通局安排专人现场指导、协调区内5家出租企业和8辆个体出租共调整巡游出租车计价器624个，并按要求张贴燃油附加费价标。

（交通局）

【公交车加气站联合检查】8月

30日下午，区交通局联合区城市管理委、质监局、安监局、消防支队，李桥镇、南法信镇、后沙峪镇、北小营镇政府8家相关单位，对北京骏马客运有限公司南法信、后沙峪、东府3家客运站LNG加气站进行专项检查。检查组对LNG加气站的安全管理制度、操作规程、应急预案、消防及安全设备设施配备等进行逐一检查，未发现安全隐患。检查组要求使用单位及经营单位明确各自职责，加强安全管理，确保重大活动期间安全保障工作万无一失。

（交通局）

【2条公交线路开通】 9月5日，新开板桥临1路（解放村—板桥小学）微循环公交线路。线路设解放村、河庄、板桥西、板桥小学4个站点，方便赵全营镇解放村、联庄村、河庄村学生前往板桥小学上下学，同时满足属地居民换乘顺30路、856路前往顺义城区的出行需求；新开（北小营宏大工业区—地铁俸伯站）定制公交线路。线路设地铁俸伯站、汇源果汁、和新街、上宏东路4个站点，线路开通满足工业区职工日常出行换乘地铁的需求。

（交通局）

【微信扫码乘公交车】 9月12日起，乘客仅需通过微信小程序北京一卡通开通“电子卡”业务，采用“先乘车，后付费”模式，即可实现微信扫码乘坐区内全部82条公交线路、共计756辆公交车，并享受与一卡通普通卡相同的乘车优惠。

（交通局）

【空港3路优化调整】 9月20日，将空港3路终点站由“地铁后沙峪站”延长至“中航信产业园”，增设国门一号、绿地自由港、玉马教练场、飞训基地和中航信产业园5站。优化后的线路共设置站点25个，配车12辆，运营时间为：T2航站楼至中航信产业园5：15至20：45，中航信产业园至T2航站楼6：00至21：45，发车间隔15分钟。线路优化解决首都机场、中航产业园等高新技术企业人员通勤问题，实现地铁后沙峪站与首都机场的无缝接驳。

（交通局）

【交通部领导调研物流企业】 9月27日上午，交通部运输服务司副司长蔡团结、财政部经济建设司副司长宋秋玲分别带领各自相关职能部门负责人，调研顺义区老旧柴油货车淘汰工作。在中都物流商品车停放场地，实地查看和了解企业商品车运输情况。在随后召开的座谈会上，中都物流、顺丰速运、申通快递相关负责人分别汇报企业运营和老旧柴油货车淘汰工作进展情况。与会领导充分肯定区交通局和物流企业在积极响应政府号召、加快推进老旧柴油货车淘汰更新过程中所做出的贡献和成绩，并就企业老旧柴油货车淘汰存在的问题、下一步工作计划及柴油货车治理的其它措施进行专题研讨。市交通委副主任王兆荣、市财政局副局长王婴一同调研。

（交通局）

【重型货车管控联合夜查】 9月27日19:00—23：00，顺义区与河北省三河市联合夜查重型货车违法运输行为。顺义区主要控制境内孙三路、七大路、北木路、木燕路；三河市主要控制其境内煤矿路、迎宾路。联合行动共出动公安治安、交警、路政、运政、环保执法人员近100人（顺义区70余人）、执法车28辆（顺义区20辆），检查重型货车160辆，暂扣违法运输车19辆，环保处罚26辆，交警处罚35 起。

（交通局）

【国庆客运保障】 国庆节期间，区内客运企业共投放运营车辆756辆，发车46256班次，完成客运量161.27万人次；地铁M15号线累计发车2233列次，共计运送乘客90.23万人次；水域游船单位7家，节日期间共计投入船舶278条，租赁4051船次，接待游客1.36万人次。

（交通局）

【省际客运联合执法整治】 10月11日下午，区交通局会同区反恐巡特警支队、治安支队、高丽营派出所、城管执法局等单位对高丽营镇中心区集中开展省际客运联合执法行动，重点整治省际客运车辆非法营运、站外揽客、不按批准的线路及站点停靠等行为。执法行动共出动执法人员20余人，检查过境客运车5辆，处罚站外揽客车辆2辆。

（交通局）

【轨道控制区环境治理】 9月10日—10月5日，区交通局组织长青林场、后沙峪镇政府、市地铁运营公司等相关单位，出动人员325人次，作业车辆106车次，对辖区内轨道控制保护区357棵侵界树木进行统一修整，有力提升轨道交通安全运营保障能力。

（交通局）

【5个地区综合执法站启用】11月1日，区内5个地区综合执法站（南彩、北小营、马坡、李桥2个）正式启动运行。

（交通局）

【公共候车亭投入使用】年内，在机场东路、昌金路、裕安路、木燕路等道路新建公交站台27座、安装公共候车亭50座，全部投入使用。有效解决机场东路、昌金路等道路候车条件差、不安全等问题，同时扮靓道路两侧景观环境。

（交通局）

【营造“创城”氛围】利用公交车LED电子显示屏、车载电视、车内展板等设置“创城”宣传标语1233个，车厢内张贴“老、弱、病、残、孕”爱心专座标识1560张；在光明街、府前街、新顺街、中山街等主要大街的67个公交车站刊登“社会主义核心价值观”“讲文明树新风”“图说我们的价值观”以及文明公益广告138块；组织地铁运营公司加强地铁站点巡查，劝阻乘客在地铁站和车厢内饮食、吸烟等不文明行为。

（交通局）

【镇域微循环线路开通】12月12日，“张镇1路”（顺义区医院东院区—张镇政府）微循环公交线路开通运营。线路运营里程6.5公里，运行时间7：00—18：30，发车间隔约60分钟，设置顺义医院东院、侯庄、行宫北、行宫、大三渠、莲花山滑雪场、良山、浅山香邑、浅山香邑东、永强家园、张镇、张镇车站、张镇政府等站点，与顺19路、顺39路、顺40路实现“无缝衔接”。

（交通局）

【推动国III货车淘汰】年内，加快淘汰持有《道路运输证》国III排放标准的柴油货车。通过会议传达、发放宣传材料、入企业讲解等形式向区内货运企业宣传相关政策，并通过电视、广播、报刊、网络等渠道对国III货车淘汰政策、进度等相关信息进行报道，及时发布相关最新政策并为货运企业解答疑问。全年共淘汰国III货车3756辆，超额完成年度目标任务1600辆的135%，淘汰数量位居全市第一。

（交通局）

【新清能源货车推广】大力推进空气清洁行动计划，围绕“绿色货运”体系核心理念，引导、督促货运企业调整车辆结构，提高对新清能源车辆的应用率。向货运企业宣传推广绿色货运发展政策，引导企业利用政策资金，更新新清能源货车。年内，共推广新清能源货车810辆，有16家货运企业申报2018年度北京市“绿色货运企业”。

（交通局）

【推进区域公交服务均衡发展】落实顺义区河东河西协调发展和任务分工方案。年内河东地区新增公交车30辆、新开线路2条、新建客运站2座；延长顺23路、顺33路、顺36路、顺39路4条线路末班车运营时间，更加方便市民出行；在荆坨村、下营村和小营村3个低收入村招聘公交司机、乘务管理员29名，帮扶低收入村增收。

（交通局）

【优化营商环境】在交通局机关办公楼内悬挂“增强服务意识 优化营商环境”条幅、张贴事项办理流程图，设置宣传栏、摆放宣传手册；通过政务网、LED大屏幕宣传市、区两级优化营商环境相关政策，营造人人关心营商环境、人人维护营商环境的良好氛围；设立咨询台，对交通局工作职责职能、服务事项、事项办理、政策咨询等涉及经营者切身利益的内容进行宣传解读；组织窗口工作人员学习优化营商环境相关政策，提高办事人员政务服务水平和综合素质，切实为经营者提供优质服务。

（交通局）

【推进街乡吹哨，部门报到】5月21日始，区交通局推进“街乡吹哨，部门报到”，解决城市基层“最后一公里”治理难题。各基层执法站、行业管理部门执法人员不分昼夜，做到“哨响即报到”。截至年底，共参与报到78次，出动执法人员1240人次。

（交通局）

【空气重污染天气应对】通过短信、微信及QQ群等平台，每日向区内货运企业和机动车维修企业发送污染期间数据信息，合理调度运输车辆，减少运输频次；机动车维修企业喷烤漆房全部停用；驾培行业停驶教练车；客运企业根据客流变化及时调整运行时刻，做好环城公交夜间与轨道交通接驳，末班时间延长至23:30；加强区内7个地铁站的“人物同检”，确保地铁运营安全；局领导以“四不两直”方式带队检查区内货运企业、机动车维修企业和地区综合执法站空气污染防控工作；持续做好进京卡口和重点货运通道的执法检查，严厉打击违规上路拉运建筑垃圾、渣土、砂石运输车，混凝土罐车、危险品运输车以及其它重型柴油货车，强化24小时应急值守，对外埠重型货车一律采取劝返措施。2018年，空气重污染预警10次、29天，各部门累计出动执法人员2.6万人次，检查重型货运车14.9万辆，处罚3.15万辆，罚款645.2万元，劝返不符合进京条件货车10770辆，驾培行业停驶教练车2.8万辆次。

（交通局）

【维修企业安全生产千分制考核排名第一】年内，在市交通委组织的汽车维修行业安全生产千分制考核评价中，本区参评企业北京东解顺汽车维修中心有限公司位列综合类维修企业排名第一。

（交通局）

【申长江获优秀共产党员标兵称号】北京深顺出租汽车公司雷锋车队驾驶员申长江获评优秀共产党员标兵。

（交通局）

【邵宝顺获最美货车司机称号】顺义区货运驾驶员邵宝顺被交通运输部、公安部、全国总工会评为全国百名“最美货车司机”。

（交通局）

公路建设

【概况】2018年，顺义区公路总里程达到2955公里，其中国道68公里（含高速公路42公里）、省道327公里（含高速公路49公里）、县道504公里、乡村公路1815公里，公路路网密度达到3.02公里/平方公里。形成以高速公路为龙头、国市道干线路网为骨架、县乡公路为支脉，“六横、十四纵、六高速”“棋盘+放射”的路网体系。完成木燕路、顺密路交通综合治理工程。实施大修工程2项、中小修工程25项，里程65公里。完成70公里乡村公路大修，被北京市交通委员会、北京市农村工作委员会评为市“四好农村路”示范区。

（公路局）

【木燕路交通综合治理工程】7月15日，木燕路交通综合治理工程完工通车。工程位于木燕路与京平高速出入口桥区。本工程通过将两平交口范围内的木燕路现况路面两侧均加宽1.8米，非机动车道移至桥梁边孔下穿京平高速公路，木燕路西侧A、B匝道均向道路内侧加宽3.5米等措施，改善木燕路与京平高速交叉口交通拥堵状况，通过对交通标志、交通标线设施等方面进行完善，提高道路的综合服务水平。

（公路局）

【木燕路大修工程】7月30日，木燕路大修工程完工。工程北起规划三路（K6+500），南止顺平路（K10+850），道路长4.3公里。路面宽12.5—31.6米，路基宽18—31.6米。技术等级为二级公路，行政等级为市道。工程于5月3日开工，由北京市交通委员会路政局投资，投资总额为3092万元。设计单位为德州市公路勘察设计院，施工单位为北京鑫畅路桥建设有限公司，监理单位为北京逸群工程咨询有限公司。

（公路局）

【昌金路大修工程】8月6日，昌金路大修工程完工。工程西起顺密路（K34+100），东止后王各庄村（K39+100），道路长5公里。大修路段为二级公路，路面宽12米，路基宽13.5米，大修内容包括铣刨旧路、道路病害处理、加铺路面结构，完善排水设施及道路附属工程等。工程于5月8日开工，由北京市交通委员会路政局投资，投资总额2362万元。设计单位为北京国道通公路设计研究院股份有限公司，施工单位为北京鑫畅路桥建设有限公司，监理单位为北京逸群工程咨询有限公司。

（公路局）

【京冀路政部门跨区域联合执法】9月27日，顺义公路分局与三河市交通部门联合开展跨区域联合执法，在七大路、木北路、木燕路、煤矿路、迎宾路等所有交界道路同时布控，突击检查违法超限超载运输行为。共检查货运车辆160辆，查获超限超载车辆19辆，环保处罚违法车辆26辆，交警处罚35起。

（公路局）

【顺密路交通综合治理工程】 11月17日，顺密路交通综合治理工程竣工通车。工程南起顺平路（K0+000），北止左堤路（K2+200）。本工程通过铲除机非隔离带，同时压缩非机动车道宽度的方式，双向各增加一条机动车道，渠化改造路口、优化公交港湾和增加信号灯绿波功能等措施，改善顺密路交通拥堵状况，通过对交通标志、交通标线、慢行系统、行人过街设施等方面进行完善，提高道路的综合服务水平平。

（公路局）

【25项中小修工程】 11月13日，全区24项道路中修、小修工程和1项排水工程完工。工程包括旧路病害处理、路肩边坡整修、铣刨路面、边沟护砌、水毁设施修复等。工程于5月18日开工，由市交通委路政局顺义公路分局建设平。

（公路局）

【乡村公路大修工程】 11月15日，顺义区乡村公路大修工程完工。工程于6月20日开工，由顺义公路分局负责组织实施，包括北务路、箭河东路、宣庄户北路等66条道路，总里程约71公里，涉及后沙峪镇、北小营镇、李遂镇等17个镇平。

（公路局）

【路网管理系统外场设施建设】 年内新增视频4套，轴载2套，截至年底，路网设施建设规模达到282套，路网运行监测与数据采集能力进一步提高。全年编发提示短信4223条，收集上报雨、雪情65次，接收、传达预警等信息59次；可变情报板发布信息1万余条。

（公路局）

【路政管理】 全年办理行政许可138件，收取补偿费149.45万元。实施行政处罚84件，收取罚款2.64万元；处理赔偿案件89件，收取赔偿费19.69万元；处理一般路政案件1684件。拆除非公标327块。与公安、交通、环保、城管等部门组成联合检查组，累计检测车辆130718次，移交公安、交通等部门处罚车辆455辆，收取罚款55.95万元。

（公路局）

供电工作

【概况】 顺义区域内目前共有500千伏变电站1座（顺义站，容量390万千伏安）；220千伏变电站6座（容量288万千伏安）；110千伏变电站30座（容量284.95万千伏安），35千伏变电站9座（容量22.63万千伏安）。110千伏架空线路398公里，35千伏架空线路183公里，10千伏架空线路266条，总长度2804公里，10千伏电缆线路311条，总长度2007公里。10千伏开闭站95座，电缆分界室209座，配电变压器6143台（容量189.5万千伏安），其中柱上变压器5601台（容量155.8万千伏安）。2018年，公司完成售电量75.78亿千瓦时，同比增长14.73%；固定资产投资48557万元，完成年度计划的100%。公司实现累计安全长周期8024天，长达约22年。

（供电公司）

【安全生产】 开展安全生产攻坚，依托安全监控中心，从视频远程安全监控、移动作业管控流程执行和施工现场安全巡检3个维度入手，实现全流程、全时段安全监管，违章问题同比下降28.4%，输电线路外力故障、变电故障、配网故障同比分别下降75%、100%、30%，公司安全生产管控水平大幅提升。落实安全教育培训工作，组织541名外协施工单位关键岗位人员完成考试。开展配电自动化攻坚，由建设阶段转入实用化阶段，目前终端平均在线率94.5%，自动化功能投入率100%，均达到较好水平。精心编制调控业务优化调整方案，顺义地区共30座110千伏变电站、7座用户变电站、76条110千伏线路的调控职责调整业务交接工作完成。参与修订《北京电网调控运行管理规范》，细化制定“调控职责移交核对内容及流程”。定期召开电网运行与管理领导小组季度会议，专题解决电网度夏度冬设备重过载、敏感客户单电源、重点地区负荷接入、老旧小区等20余项问题，发布电网风险预警82项。

（供电公司）

【电网风险分析】开展全时间尺度、全电压等级、全专业范畴电网风险分析，编制各类型电网应急处置预案156项，重点完善变电站全停母线反带负荷的容量及负荷恢复方案20项。

（供电公司）

【重要时间节点用电保障】巩固党的十九大保障经验，坚持最高标准，完成两会、中非合作论坛等重大供电保障任务。高效处置“6.26”110千伏丽南双回线倒塌事故。提前组织梳理度冬保障重点难点，强化保障措施，结合“一线工作月”活动，以党政一把手为核心，做到保障调研在一线，在度冬前各类遗留问题解决到位。以13万户居民采暖用电需求为导向，全面升级保障体系，启动供电服务指挥中心建设工作，多维度提升“煤改电”度冬保障能力，确保做好2018年煤改电居民度冬保障工作。

（供电公司）

【电网规划】稳步做好顺义2035电网规划工作，将15座220千伏变电站（其中9座新增），60座110千伏变电站（其中30座新增）的全部站点、线路通道纳入到顺义区分区规划中。先后完成北务、长林增容，南法信扩建，丽南切改4项立项核准。完成东府-平谷、牛栏山T接丽坡线、顺丰110千伏输变电3项工程可研编制、评审、批复工作。以220千伏电源支撑为重点，开展英各庄220kV项目选址选线前期工作。启动顺义核心区架空入地总体规划编制，力争2020年实现核心区高端智能配电网全覆盖。

（供电公司）

【电网建设】电网建设工作完成北河、新城及板桥3座110kV变电站10kV送出工程。完成北务及郝家疃两座110kV变电站增扩容改造工程。完成牛长、牛水35kV线路迁改工程，地区累计新增变电容量30万kVA，新增35kV及以上电力线路2.4公里（含电缆），为地区电网坚强奠定基础。加快全区智能配电网建设，完成50项智能配电网建设任务，进一步提高供电可靠性。

（供电公司）

【优质服务攻坚】开展优质服务攻坚，建立“1+19+N”管理体系，汇总优质服务信息、跟进抢修进度，完成汇报、预警、联系安抚客户工作。结合全能型供电所建设，设置客户经理、台区经理、线路管家，实行一人专责、贯通管理。强化属地协同发展，与顺义区18个乡镇签订电力合作协议，促进各镇政府与公司协同做好主配网规划建设、树线矛盾治理、抢修及应急工作开展、供电服务窗口建设、优化营商环境、综合能源服务、“光伏扶贫”项目建设、充电设施建设等工作。发动各镇村电工队伍推动解决“煤改电”表下线用户产权设备隐患治理及运维保障工作，确保用户平稳度冬。实现投诉同比降低63.6%，95598业务量同比降低40.4%。

（供电公司）

【营商环境持续优化】开展优化营商环境攻坚，推进低压客户接电，完成“三零服务”10588户，容量13.0093万千伏安。不断提升高压客户接电服务，推进在途及新增工程高效运转。完成接电容量66.88万千伏安，接电完成率185.79%。开展综合能源服务攻坚，加快市场拓展以及技术实用化转换。推动兆瓦级空气源热泵技术的研究及应用，完成项目研发相关招标工作。公司“飞轮技术取代铅酸蓄电池”项目成功申报北京公司2019年科技项目。龙湾屯镇柳庄户村等2个村开展空气源热泵监测装置加装工作。6月份获得电能替代流动红旗单位。

（供电公司）

【经营管理】全面启动部署“6+1”攻坚战工作，以攻坚方式促使安全生产、配电自动化、优质服务、优化营商环境、同期线损工作、综合能源服务6项重点工作在短时间内取得显著提升，1个供电服务指挥中心建设初步成型，全面实现安全、质量、服务、效率和效益新提升。及时跟踪售电量、营业收入、线损率等关键指标变化趋势，加强对异常数据的管控，努力降本增效。稳步开展结余物资再利用工作，通过内部平衡利库及跨公司调拨的方式，全年累计完成结余物资再利用2228万元。持续实施“沃土工程”“种子工程”2项工程，努力实现人才培养在数量、质量和速度三方面突破。

（供电公司）

【法律风险防控】深入推进法律风险防范体系建设，做好应诉工作，全年共参与办理诉讼案件6起，涉案金额约703.4万元，挽回经济损失438.57万元。加强经法系统在线审核力度，实现各专业合同履约率100%。高度重视巡视巡察工作，成立由党政主要负责人为组长的配合巡察工作小组，建立现场检查快速反应机制，发现问题立即整改。

（供电公司）

【信息化建设】2018年，公司信息通信建设项目完成2项，分别为电力调度台更换项目及14个供电所通信光缆改造项目。深化信息安全技术管控工作，开展信息安全督察检查工作。编制公司信息及通信专业年度运行方式报告。完成2015-2018年度信息系统运维后评估，资料整理及评价工作。深入开展信息通信系统隐患排查与治理工作，全年共完成设备一级缺陷处理1项，三级缺陷处理8项，完成预警通知单整改任务14项，全公司信息通信设备未发生重大停役和安全事件。

（供电公司）

【科技创新】《油丝缠放平台》获国网QC小组成果一等奖。《缩短10千伏配电网调度图形日均维护时间》《新型柱上柔性电缆固定装置的研制》获北京市第七十三次QC小组成果发表会优秀奖。2018年共完成专利申请5项，其中发明申请3项；获得专利授权6项，发明授权2项；开展当年群创项目1项，完成资金18万元；完成上一年度群创项目验收2项。

（供电公司）

【农电工作】深化全能型乡镇供电所建设，编制公司《全能型供电所机构及岗位职责设置方案》《全能型乡镇供电所定编明细表》。优化各乡镇供电所人力资源情况，开展19个乡镇供电所相关岗位竞聘上岗工作，共有283人参加此次竞聘工作。楼台村“煤改电”工程完成，地区“煤改电”工作收官。

（供电公司）

环境保护

【概况】顺义区环保局认真贯彻落实习近平生态文明思想，贯彻落实北京市生态环境保护大会精神，以人民群众对优美环境的需要为目标，着力打好顺义区污染防治攻坚战，推进蓝天保卫战、碧水攻坚战、净土持久战不断向纵深发展，完成市级下达的各项指标任务，推进顺义区环境质量持续改善。

（环保局）

【环保网格化监管】建立“科技网格、行政网格、督查网格”三网融合的环保网格化监管模式，印发《顺义区环保网格化2018年工作方案》（顺环保委办字〔2018〕2号），明确各级网格架构和职责。全区共有1832名环保网格员，其中一级网格员180人，二、三级网格员1652人。建立“月例会、月报表、月通报”机制，不定期组织开展环保网格员培训，全年针对环保电子信息平台使用、环境监察执法、环保法律法规等业务开展培训80余次。

（环保局）

【智慧环保】1月31日，顺义区“智慧环保”专家委员会成立，全年组织召开专家委员会会议3次，举办首届“智慧环保技术产业协同发展高级论坛”，凝聚专家智慧、借助科技力量，制定更加精准有效的环境污染治理措施，做好“智慧环保”顶层设计。

（环保局）

【首个环保院士专家站成立】3月9日，顺义区首个环保院士专家工作站在木林镇北京潮白环保科技股份有限公司挂牌成立。美国加利福尼亚大学河滨分校终身教授、世界生态高峰论坛主席李百炼及其科研团队受聘为工作站专家。此次北京潮白环保科技股份有限公司被授牌院士专家工作站后，将依托李百炼及其科研团队在自然生态规划和治理等领域的标准战略性研究和技术研发应用的资源优势，在黑臭河道治理、污染坑塘治理、景观湖泊治理和流域生态修复等重要领域开展合作，并充分发挥院士专家工作站在技术创新、人才培养、科技转化方面的平台优势，努力打造行业内顶尖水平的智力平台，促进企业生产技术不断创新和突破，助推环保产业快速发展。

（环保局）

【空气质量】顺义区PM2.5年均浓度为50微克/立方米，低于全市1微克，同比下降12.3%，并列排名全市第7，完成市政府下达的“PM2.5年均浓度控制在55微克/立方米以内”的全年改善目标。

（环保局）

【空气重污染应急应对】《顺义区空气重污染应急预案（2018年修订）》（顺政发〔2018〕31号）修订实施，《顺义区空气重污染应急减排清单（2018年）》更新。全年共启动空气重污染预警10次，在空气重污染期间，按照市级部门统一部署，组织各成员单位按照应急预案相应级别措施开展污染物减排工作，有效减缓污染物累积程度。

（环保局）

【大气精细化管理】台账管理精细化：依据《顺义区蓝天保卫战2018年重点实施方案》（京顺办发〔2018〕10号）建立22本污染源台账，涉及各类污染源3.8万处。通过分类管理、定期更新，使大气污染防治措施的实施目标更明确，成效更显著。督查工作深度化：组织全区14家行业部门建立督查专班，监管各自部门相关涉气污染源，发现问题移交相关单位处理，同时由区环保督查事务中心对督查专班进行再督查，形成“双效管理”。全年共检查点位4500余处，发现问题870余件。属地管理精细化：下半年，顺义区正式试点实施大气环境精细化管理工作，将光明街道、双丰街道、马坡镇中心区、仁和镇中心区划定为严控区，胜利街道、石园街道、旺泉街道为管控区。区政府办印发《北京市顺义区人民政府办公室关于印发＜顺义区大气环境精细化管理工作实施方案＞的通知》（顺政办字〔2018〕28号），区大气办印发《顺义区大气污染综合治理领导小组办公室关于印发＜顺义区大气环境精细化管理标准和要求＞》（顺大气办发〔2018〕28号）。每月召开由区大气办主持、区领导参加的大气精细化管理工作调度会，不定期会同市环保督察办到属地现场指导，帮助属地在大气治理方面既做到“精”又落实“细”。顺义区本年度精细化管理工作通过市环保督察办考核评比。

（环保局）

【饮用水源保护】年初，推进7个区级、3个镇级和216个集中式、124个分散式村级饮用水水源地环境状况评估工作，完成地表水型饮用水水源地专项整治工作。针对京密引水渠（顺义段）饮用水水源保护区内旅游餐饮、交通穿越、农业、生活面源污染问题，协调相关部门和属地，有序开展整治工作。

（环保局）

【落实市级考核】本区涉及5个市级考核断面全部达到V类水体以上水质类别，完成考核任务，7个市级生态补偿断面共扣缴补偿金1597万元，同比下降73.1%。定期对主要河道进行巡查，与相关部门和属地沟通协调，加强监测监管，对违法行为严厉查处，推动水环境质量持续改善。

（环保局）

【断面水质监测】全面开展镇街跨界断面监测工作，每月对全区3大河系47个镇街重点断面进行监测，并及时向有关部门反馈监测结果。《顺义区水环境镇街跨界断面补偿金核算细则（试行）》实施，全年共计扣缴补偿金3921.5万元，通过断面上下游间的扣缴补偿完善激励机制，压实属地水环境治理责任，改善河流水质。

（环保局）

【地表水在线运维】全区4个出境断面自动在线监测设备全面运行，及时掌握有效数据，数据连接局网平台及手机系统，确保发现问题解决问题的及时性，同时要求运维单位执行月报总结制度，定期向属地通报问题并分析原因。

（环保局）

【土壤环境调查】年内，顺义区农用地216个点位的土壤污染状况详查工作完成；39家市级重点行业企业的现场踏勘、资料收集和定点采样方案编制工作完成；顺义区3个镇级集中式饮用水源地、1家重点企业周边、3个工业园区周边及38家重点行业企业用地土壤污染状况调查工作完成。全区345家关停企业土壤污染和原址用地排查工作完成。全区重点涉重金属企业排查完成，5家企业信息全部录入全国排污许可证管理系统。

（环保局）

【噪声污染防治】年内，环保局采取多方面措施开展噪声污染防治工作。依据《声环境功能区划分技术规范》，结合全区总体规划和用地现状，完成声环境功能区划调整。严格环境准入，在噪声敏感建筑集中区域禁止从事产生噪声污染的活动；以“打散治污”等专项行动为契机，狠抓餐饮业、建筑施工、工业生产、娱乐场所等噪声扰民整治，查处餐饮业噪声扰民违法案件1件，罚款0.5万元；中高考前期，联合区教育、城管、住建等部门，对考点周边区域进行检查，为考生提供良好保障。健全完善投诉统一受理、归口管理、限时办结的噪声类信访案件处理机制，全年共接到噪声污染投诉662件，占信访总量的16.9 %，投诉案件办结率为100%。

（环保局）

【辐射环境安全监管】年内，环保局按照国家推进简政放权、放管结合、优化服务改革工作的有关要求，简化审批程序，办理辐射安全许可事项45件，放射性同位素备案事项14件。全区共有辐射工作单位137家，其中放射源单位9家、在用放射源21枚，射线装置单位128家、在用射线装置768台，所有放射源和射线装置均处于安全受控状态。按照辐射安全风险大小，保质保量开展辐射安全监督检查，全年共现场检查262家次，其中放射源单位61家次，射线装置单位201家次。

（环保局）

【环境监察执法】固定源执法方面，持续开展大气污染专项执法、水和生态环境执法、土壤（固废）环境执法检查、涉污“散乱污”清理整治，保持打击各类环境违法行为的高压态势。全年共针对环境违法行为下达处罚决定书337起，移送公安案件8起，查封扣押53起，按日计罚4起，行政处罚金额2878.6294万元。移动源执法方面，累计检查货车189953笔，其中尾气不合格30182笔；入户检查重型柴油车5404辆，处罚779辆；遥感监测机动车531.61万辆，筛查超标车辆9.03万辆；检查非道路移动机械3586台，处罚超标机械454台。

（环保局）

【环境监测】年内，对顺义区酸雨、降尘、地表水、区级和镇级水源防护区、区域生态补偿断面、区域环境噪声和道路交通噪声、国控和市控土壤环境、农村环境开展环境质量监测；对污水处理厂、锅炉、典型挥发性有机物、油气排放、垃圾处理厂、医疗废水企业开展污染源监测。全年共获得监测数据20961个，累计公开127家次企业监测信息，公开数据1947个。

（环保局）

【环境统计】年内，环保局开展2017年环境统计年报和2018年环境统计季报工作，共计244家单位的相关信息纳入2017年环境统计，29家企业在4个季度进行环境统计直报。

（环保局）

【排污许可证核发】年内，顺义区继续向排污许可“一证式”管理迈进，区环保局完成对屠宰及肉类加工、淀粉、水处理行业共26家单位的排污许可证核发工作，其中重点管理企业4家，简化管理企业22家。

（环保局）

【环评文件审批审查】严格落实“放管服”改革要求，持续优化营商环境，简化审批程序，全年共审批建设项目91个，包括报告表89个、报告书2份，共完成顺义区污泥处置工程、首都医科大学附属北京友谊医院顺义院区、火沙路（京承高速－罗马环岛）周边市政配套工程等9个重点民生项目的审批工作；登记表备案1564个；区环保局获赠优质服务锦旗3面。区环保局在严格执行建设项目环境影响评价制度的前提下，深化自身改革，不断提高行政办事效能，建立提前介入机制，主动与建设单位及环评单位保持良好顺畅的沟通，及时解答各种环保问题，解决重大项目实施中遇到的问题。

（环保局）

【政府信息公开】2018年版《北京市顺义区环境保护局信息公开目录》《顺义区环境保护局政务公开工作暂行办法》印发。利用政务网站、微博微信等渠道公开政府信息2600余条，其中重点领域公开信息240条。收到政府信息公开申请18件，全部按期答复。政府信息公开的行政复议0件，行政诉讼0件，举报0件。

（环保局）

【环境保护宣传】年内，围绕2018年“六五世界环境日”主题，开展中小学生环保主题演讲比赛、环保作品征集、“走进环保了解监测”主题阳光政务开放日、15场绿色宣讲、顺义区2018年生态环保大篷车巡展等多形式、多载体的系列宣传教育活动。在《环境保护》杂志社主办的2018环境保护宣传教育“品质之星”评选活动中，顺义区环境保护局荣获单位和个人奖项各1个。

（环保局）

【街乡吹哨，部门报到】年内，环境保护局进一步探索提升环境治理现代化、科学化、精细化水平，从属地“吹哨”到区环保局主动“领哨”，分别为19个镇、6个街道、4个经济功能区开展两轮共53次环境污染“画像”溯源。帮助属地查找环境问题来源，分析污染成因，提高污染防治的针对性、科学性、时效性。累计向属地推送每日空气质量分析、高值区域分析、空气质量预报、餐饮油烟超标企业名单等各类报告1500条，发现PM2.5高值报警12.5万次，巡查反馈环境污染问题4.8万条。

（环保局）

【第二次全国污染源普查】《关于成立顺义区第二次全国污染源普查工作领导小组的通知》（顺政办字〔2018〕6号）《顺义区第二次全国污染源普查实施方案》（顺污普〔2018〕1号）制定印发。经过清查建库、全面普查，共入户调查各类污染源2247个，包括工业企业1732个、规模化畜禽养殖场174个、生活源锅炉224家465台、入河排污口39个、集中式污染治理设施78个。

（环保局）

【北京市第二次全国污染源普查专项补充调查】《顺义区第二次全国污染源普查专项补充调查工作方案》（顺污普〔2018〕3号）制定印发。经过清查建库，核定全区餐饮业挥发性有机物（VOCs）排放4265家、汽车维修业污染物排放295家。

（环保局）

【中央环保督察】按照《顺义区贯彻落实中央环保督察反馈意见整改方案》，针对中央环保督察反馈的问题，顺义区制定23项整改措施。截止到2018年底，完成22项。剩余1项完成时限为2020年。

（环保局）

【北京市环保督察】针对北京市环保督察反馈的问题，顺义区制定23项整改措施，完成22项，剩余1项未达时序进度。制定《顺义区贯彻落实北京市环保督察反馈意见整改落实工作实施方案》统筹推进各项整改措施的落实。

（环保局）

【区级环保督查】全年，区级环保督查组共出动277次，涉及25个属地，检查单位（点位）795家，发现问题187个，占比23.5%，解决环境问题114件。根据日常工作重点，有针对性地对属地高值点位、扬尘管控等开展督查检查，共检查企业150余家，共发送督查通知单271件。

（环保局）

园林管理

【概况】2018年，全区森林覆盖率30.73%，林木绿化率37.15%，人均公园绿地面积27.74平方米，绿化覆盖率57.09%。新一轮百万亩造林绿化建设任务525.27公顷完成。全区参加义务植树人数22.8万人，义务植树总株数68.3万株。全区果品产量5216万千克，产值2.2亿元；全区花卉种植面积1297.3公顷，产值4.48亿元。苗圃244个，育苗面积3619.73公顷。完善监测测报网络体系建设，在重点区域设立监测点93个，提升有害生物预测预报工作的综合水平。全年完成山区生态林林木抚育总面积200.93公顷，连续18年无森林火灾；有生态林护林员332人，人均管护面积12.3公顷。核实卫星遥感疑似图斑1731余块、湿地图斑1294块，为林地保护执法和湿地资源发展提供数据基础。

（园林绿化局）

【新一轮百万亩造林工程】年内，园林绿化局完成新一轮百万亩造林绿化建设任务525.27公顷，涉及平原地区重点区域绿化351.33公顷、浅山区造林126.2公顷、美丽乡村33.33公顷、城区绿化14.4公顷，涵盖17个镇、2个街道和长青林场，共栽植乔木313836株，花灌木255338株。

（园林绿化局）

【义务植树】年内，全区参加义务植树人数22.8万人，完成义务植树总株数68.3万株。其中新植树木19.2万株，新增绿化面积247公顷，其它形式折合株数49.1万株。开展义务植树登记考核试点，推进顺义区“互联网+

全民义务植树”基地建设，宣传推介造林绿化、抚育管护、自然保护、认种认养、设施修剪、捐资捐物、志愿服务等八大类37种尽责形式。全区义务植树尽责率达到87.9%。

（园林绿化局）

【生态文明宣传教育】年内，汉石桥湿地和北京国际鲜花港开展生态文明宣传教育活动，通过走进社区、走进学校、走进企业、走进湿地等方式，组织开展“中小学生定向科普”“北京湿地日生态文明宣传”“共建绿色生态文明，共享顺义美好未来”“为生态发声，共享生态文明”暨“爱护花草树木，维护绿色家园”等各类主题宣教和义务植树活动55场次，累计参与人数2.6万余人次。

（园林绿化局）

【林政资源管理】年内，园林绿化局办理林（树）木（郊区、城区）采伐许可证1515件，涉及林木19.8万株；林（树）木（郊区、城区）移植许可证68件，涉及林木1.4万株。绿地率审核58件，审核工程附属绿地面积442公顷；因市、区各项重点工程建设，审批临时占用林地2件，面积1.956公顷；久占用Ⅳ级林地5件，面积8.1378公顷，收缴植被恢复费1588.83万元；报上级审批核准占用林地4件，面积12.977公顷。

（园林绿化局）

【杨柳飞絮治理】年内，顺义区投入资金462.5万元治理飞絮杨、柳树8.9万余株，治理范围包括顺义城区及各镇重点地区（居民区、学校、医院、重点道路）。

（园林绿化局）

【规划编制】年内，园林绿化局投入资金45万元，委托北京清华同衡规划设计研究院有限公司开展《顺义绿地系统分区规划》编制工作。

（园林绿化局）

【顺平路绿化改造提升】年内，园林绿化局组织开展顺平路两侧绿化改造工程，总面积63.8公顷，批复总投资2383万元，五个标段主体工程建设完工。

（园林绿化局）

【代征绿地绿化工程】年内，园林绿化局对全区19个镇、6个街道办事处及4个经济功能区407块代征绿地资料进行梳理普查，完成普查及编制报告工作。完成代征地绿化一期建设，总投资2481万元，总面积8.21公顷。

（园林绿化局）

【义务植树林木养护】年内，园林绿化局完成127.94公顷义务植树纪念林和420.5公顷义务植树固定责任区的养护。

（园林绿化局）

【彩叶树种造林】年内，园林绿化局完成荒山彩色树种造林工程33.33公顷，建设地点主要位于龙湾屯镇山里辛庄北山安利隆山庄内，共栽植侧柏、油松、黄栌、元宝枫、山桃、山杏等苗木28000株，成活株数27065株，成活率96.66%。

（园林绿化局）

【绿植进家庭活动】年内，顺义区在空港、光明、胜利、旺泉、双丰、石园6个街道的14个社区，开展以“倡导环保理念、共享低碳生活”“绿植帮您传递书香”“绿植进万家 美化你我他”等为主题的绿植进家庭活动33场、专题培训12场，发放绿植7750盆，受益群众达5440人。

（园林绿化局）

【园艺驿站工作】年内，按照首绿办工作部署，打通生态惠民工程建设最后一公里，顺义区筹备开展园艺驿站试点建设，在光明街道裕龙五区、仁和镇黄氏庄园花店、顺义国际鲜花港建设3个园艺驿站试点。

（园林绿化局）

【城市绿地】年内，园林绿化局完成城区绿化建设任务14.4公顷、小微绿地1.93公顷。

（园林绿化局）

【绿地养护指导】年内，园林绿化局共核定一级绿地3块，面积56.54公顷。复核一级绿地2块、特级绿地6块，达标率100%。

（园林绿化局）

【留白增绿专项建设任务】2018年度“留白增绿”专项建设任务完成26.01公顷。

（园林绿化局）

【果品产业】年内，顺义区果品产量5216万千克，产值2.2亿元。完成北京市园林绿化局林产品抽样检测478份，区级林产品抽样检测1200份，完成食药局检测任务640份，配合食药局完成食品安全示范区创建工作。

（园林绿化局）

【花卉产业】年内，顺义区花卉

种植面积1297.3公顷，产值4.48亿元。生产鲜切花462万支，盆栽植物6746万盆，观赏苗木451万株，草坪165公顷。

（园林绿化局）

【种苗产业】年内，顺义区共有苗圃244个，育苗面积3619.73公顷，在圃苗木株数1900.36万株，实现销售产值8144万元。全年完成38处规模化苗圃建设与验收工作，总面积1945.62公顷。

（园林绿化局）

【森林火灾防控】年内，顺义区全区上下逐级签定森林防火责任书1500份，区森防办先后召开专题会议6次，下发通知15次，在文化广场、农村集贸市场等繁华地区设立固定宣传点19处，共出动宣传车730台次，入户宣传1550户，悬挂横幅88幅，张贴标语1130条，发放宣传材料、宣传品8500余份（个），深入村庄、林场、街道，开展森林防火宣传教育活动。开展防火检查260余次，填写《检查登记》18份，下达《森林火灾隐患整改通知书》6份，发现并制止野外违章用火55起，教育60人。清理林下可燃物18000余公顷。连续18年无森林火灾。

（园林绿化局）

【公安执法】年内，顺义区森林公安共接报警89起：刑事立案3起、林业行政案件31起、撤销17起（其中移交国土局10起）、查否45起、不予立案6起、其他4起。林业行政罚款344.358001万元，责令补种树木1790株。开展“春雷2018”等各项打击行动，对石门市场、花鸟鱼虫市场、全区11个镇集贸市场、重点饭店等进行集中清查，规范野生动物市场经营秩序。期间出动警力189人次，车辆60余台次，巡查辖区19个镇、420个行政村、5条河流水域、清理市场6个，收缴猎捕工具30件，行动中非法占用林地行政案件立案1件。“4.29”滥伐林木案专案组被授予集体嘉奖，秦琨荣获个人三等功，刘志刚被授予个人嘉奖。

（园林绿化局）

【检疫执法】年内，园林绿化局签发《产地检疫合格证》243份、产地检疫面积4000公顷，实地检疫苗木160万株，产地检疫率100%。签发调运《植物检疫证书》401份、《出省木材运输证》20份、《森林植物检疫要求书》755份。签发《检疫处理通知单》4份，对51株有北京市补充检疫对象白蜡窄吉丁危害症状的白蜡树进行销毁除害处理。

（园林绿化局）

【林木病虫害预测预报】年内，园林绿化局进一步完善监测测报网络体系建设，提升有害生物预测预报工作的综合水平，在重点区域设立监测点93个，其中国家级测报点1个、市级测报点38个、区级测报点55个。对美国白蛾、春尺蠖和国槐尺蠖等22个主要虫种进行监测，测报准确率达95%以上。

（园林绿化局）

【林木有害生物防治】年内，园林绿化局完成防控作业面积12.2万公顷次。组织飞机防治200架次，计2万公顷次。人工地面防治10.2万公顷次。完成美国白蛾幼虫网幕普查工作3次，普查林木5567万余株。

（园林绿化局）

【枯死树情况调查】年内，园林绿化局组织开展枯死树调查工作，共调查枯死树8100株，并出具枯死树调查报告。

（园林绿化局）

【山区生态公益林工作】年内，园林绿化局起草的《顺义区2018年度山区生态公益林生态效益促进发展机制森林健康经营项目实施方案》得到市局批复。其内容是山区生态林林木抚育总面积200.98公顷，其中木林镇126.61公顷、龙湾屯镇15.19公顷、大孙各庄镇59.19公顷。抚育措施包括割灌除草、修枝、松土扩堰。

（园林绿化局）

【林地卫星遥感疑似图斑调查工作】年内，园林绿化局调查、核实卫星遥感疑似图斑1731余块，为园林绿化资源保护执法提供大量案件线索。

（园林绿化局）

【林地保护利用规划年度林地变更工作】年内，园林绿化局根据国家林业局和北京市园林绿化局要求，对《顺义区林地保护利用规划（2010-2020）》进行变更调整，核实、调整图斑45000余块，并形成林地变更成果数据。

（园林绿化局）

【湿地调查】年内，园林绿化局对顺义区行政区域内全部湿地资源进行调查，以潮白河流域、温榆河流域和汉石桥湿地为重点调查区域，共调查湿地图斑1294块，为湿地资源发展规划及政策的制定提供基础数据资料。

（园林绿化局）

【花博会主题公园建母婴房】年内，区园林绿化局所属花博会主题公园建成顺义区公园内的首家母婴房并面向公众开放。母婴房面积约10平方米，紧邻园区儿童游艺、休憩场所，室内铺设防滑地面，设有婴儿床、护理台、小桌、座椅等基础设施，还提供温水洗手台、洗手液、充电插口等人性化设施。

（园林绿化局）

环境卫生

【概况】顺义区城镇环境卫生服务中心为区政府所属正处级全额拨款事业单位，共有干部职工约1100人，环卫车辆315余辆，负责城区总面积639.46万平方米道路清扫保洁工作、城区38个社区和230个机关企事业单位及全区12个乡镇的生活垃圾清运任务、城区63座公共卫生间的保洁维修工作。其中，车行道面积385.77万平方米，机械清扫面积376.96万平方米，车行道机扫率为97.72%。1—11月，共清运城乡居民生活垃圾152899吨，其中城区45025吨、农村107874吨，另清运餐厨垃圾582吨。

（环卫中心）

【春节期间环境卫生保障】环卫中心根据节前安排部署，结合节日情况实际，“四到位”全力保障节日期间区环境卫生整洁有序，完成春节期间环境卫生保障任务。一是责任落实到位。节前下发通知、召开会议对春节期间环境卫生保障工作进行周密部署。落实各部门主体责任，确保节日期间辖区卫生保洁质量高标准。二是清理整治到位。中心机械化作业队节日期间每天运行各类作业车35车次，日清运城区各类垃圾171余吨；镇村队每天运行各类作业车辆136车次，日清运镇村垃圾428余吨。清洁队在春节期间，每天出动道路清扫作业人员400余人，作业车辆21车次，对城区主要道路进行吸尘作业。特别是2月16日（初一）在原有车次上增加4辆清扫车、4辆压缩车，清理烟花爆竹残屑共计18吨。设施科节日期间为保障本中心负责的公厕正常运行，每天出动保洁维修人员124人，巡视人员8人，后勤保障人员2人，司机4名，抽运车辆2台。截至1日上午，设施科共出动414人次，抽运粪便12车次，保障节日期间公厕的安全平稳运行。三是应急保障到位。节前开展安全作业隐患排查，强化环境卫生突发事件应急值守，为春节期间居民的环境安全提供有力保障。四是巡查督导到位。节日期间，中心领导共对基层作业队慰问检查3次。在为一线职工带去节日问候的同时，要求中心各作业队相关业务工作要确保落到实处，对检查中存在的问题立即整改。

（环卫中心）

【元宵节期间烟花爆竹清理】一是集中组织大规模清扫活动。中心提前巡察燃放情况，合理安排作业人员及车辆，针对站前北街、顺平南线、南二环、昌金路、顺安路部分路段及城区燕京桥等重点区域进行全面清理。共调配4辆压缩车、3辆清扫车、60人，清理爆竹残屑约5吨。二是强化环卫机械化清扫作业。根据烟花爆竹实际产生量，合理调度安排清扫及运输，及时清扫节日期间烟花爆竹垃圾，确保环境整洁，道路交通畅通。三是加强环境卫生监督检查。环卫监察人员加强对燃放鞭炮的重点区域进行巡回检查，确保烟花爆竹清理工作不留死角、无盲点，切实提高环境卫生保障水平。

（环卫中心）

【“四举措”应对“两会”期间空气重污染橙色预警】一是快速部署。中心及时启动应急工作预案，召开会议部署空气重污染期间各项应对措施，明确责任分工，细化工作流程。二是持续加强道路清扫保洁及洒水降尘作业。在日常作业基础上，加大机械清扫及洒水降尘力度，每天出动清扫车3辆、水车6辆对城区重点道路进行全天候巡回作业。三是加大城区垃圾清运管理力度。做好生活、厨余垃圾收运工作，垃圾桶周边无暴露垃圾、无堆积废弃物，防止雾霾的加剧。四是网格管理无缝衔接。加大网格化管理力度，增加巡查次数，实时监控道路作业情况，确保各项应对措施落到实处。

（环卫中心）

【沙尘天气应对】为有效应对沙尘天气，环卫中心及时启动应急预案，多措并举提升环境卫生精细化程度，最大限度降低沙尘天气对空气质量的影响。一是持续加强道路清扫保洁及洒水降尘作业。在日常作业基础上，加大机械清扫及洒水降尘力度，出动清扫车4辆、水车2辆开展“冲、扫、洗、收”组合作业工艺，对城区重点道路实行不间断巡回作业，有效降低路面尘土残存量。二是延长人工保洁作业时间，增加垃圾捡拾频次。着重加大重点路段的清扫保洁力度，发挥人工保洁和电动车巡回保洁作业优势，加快保洁作业频率，彻底清除路面浮土，缩短污物滞留时间。三是加大城区垃圾清运管理力度。做好生活、厨余垃圾收运工作，垃圾桶周边无暴露垃圾、无堆积废弃物。四是网格管理无缝衔接。加大网格化管理力度，增加巡查次数，实时监控道路作业情况，确保各项应对措施落到实处。

（环卫中心）

【车展期间环境卫生保障】4月25日—5月4日，第十五届北京国际汽车展在北京国际展览中心新馆举办。根据相关部署安排，环卫中心承担新国展临时公共卫生间设置、保洁工作。中心提前开展实地调研，召开专门会议研究部署保障措施，按照场馆要求合理规划设置移动公厕摆放位置。共在新国展停车场设置移动卫生间30座，出动抽粪车1辆、水车1辆，保证展会期间环境卫生服务工作的完成。

（环卫中心）

【环卫机械化再升级】环卫中心机械化作业再升级，引入2辆纯电动自吸式清洁车，于站前东街、建辛东街、光明南街、光明南街南段试运行作业。因其造型酷似蜗牛，故俗称“城市蜗牛”。其优点主要在于：一是绿色环保。采用碳酸铁锂电池、零排放，作业时噪音低。二是采用自吸式清扫。通过变扫为吸、不扬尘，在收集垃圾的同时，杜绝环卫作业中产生的二次扬尘问题，实现绿色清扫。三是自动分离垃圾。各类垃圾吸入后，自动分类，实现道路尘土和垃圾自动分离，便于处理。

（环卫中心）

【四举措提升道路除尘作业水平】为助推顺义区蓝天保卫战2018年行动计划，有效降低道路尘土残存量，环卫中心把全面提升道路清扫保洁质量作为工作的出发点和落脚点，多措并举，加强道路除尘作业力度。一是创新作业工艺，提高作业质量。采取“冲、扫、洗、收”的作业模式，加大城区及外围道路的清扫、清洗、冲收力度，进行全面除尘作业。二是机械化再升级，开创作业新局面。针对道路死角、道路沥青缝隙及人行步道等大型机械设备不能清洗清扫的位置，投入使用30辆纯电动自吸式清洁车对城区30条主要路段进行作业。通过变扫为吸、高效滤尘，在收集垃圾的同时，杜绝环卫作业中产生的二次扬尘问题，实现绿色清扫。三是成立夜查专班，强化党员突击队模范作用。中心成立8组检查专班，每组2人，每日对凌晨3:30至7:00的夜间道路清扫作业进行巡回检查，发现问题立即处理。四是夯实精细化管理，做好道路作业监察工作。加大网格化管理力度，增加作业检查频次，实时监控道路作业情况，建立工作微信群，及时掌握反馈信息，提高工作效率，确保各项应对措施落到实处。

（环卫中心）

【厕所革命】为进一步改善城市环境卫生，方便市民入厕，环卫中心多措并举抓好城区公厕管理工作，扎实推进“厕所革命”。一是加强组织领导。结合实际，进一步健全厕所管理相关制度和规范。采取专人负责、定人定岗负责公厕的维护、保洁及管理。二是提质改造。年内，城区41座公厕的除臭装置安装完成，公厕环境指数提高的同时环卫工人的工作量也相应减少。三是强化监管。对公厕实行高标准管理，建立社会监督、专业监督和行业监督三元监管机制，进行保洁管理与监督考核，业务检查人员实行全天不间断巡查，发现问题立即整改。

（环卫中心）

【雨水天气应对及雨后恢复工作】针对强降雨情况，环卫中心迅速行动、集中部署，开展雨后道路恢复工作。一是全面排查，制定清理方案。对各道路进行全面排查，第一时间摸清各路段雨水、淤泥、树枝树叶沉积情况，制定清理方案，科学安排、合理调度，确保最短时间恢复道路干净、整洁。二是快速清理，采取人机结合的方式有序推进。为保障城区道路清理速度，及时调度、调整保洁人员、机械化作业车辆，以人工作业和机械清扫相结合的方式做好推水和路面净化作业。三是加大雨后垃圾清运力度。为确保辖区伴随雨水、淤泥涌出的垃圾不堆积、不滞留，合理增派垃圾清运车辆，延长作业时间，增加清运频次，及时转运处理，确保清运工作有序完成。汛期期间，环卫中心共出动人员300余人次，作业车辆16辆参与作业。

（环卫中心）

【充电桩升级改造】 根据顺义区2019年老旧车辆更换新能源车辆工作计划，环卫中心提前将部分垃圾清运车辆更换为电动车，并开展充电桩升级改造工作，计划安装充电桩8个。环卫中心充电桩位于顺义区南彩镇北彩村西、环卫中心车队院内，前期基础工作按期完成。按照升级改造计划和工作方案，充电桩的升级改造工作严格按要求推进中。

（环卫中心）

【多举措应对空气污染】 10月13—17日，本区经历一次较长时间的空气污染过程。环卫中心及时启动应急预案，落实空气污染保障举措，加强道路冲洗、降尘作业，切实减缓大气污染积累程度。一是及时调整优化洒水降尘路线和作业班次，增加洒水频次、扩大作业覆盖面，提高作业效率。二是对城区所有保洁范围严格落实精细化作业标准，从严要求，加大清扫冲洗除尘力度，严防尘土、树叶等垃圾滞留造成二次污染。三是及时组织清运垃圾桶垃圾，做到垃圾日产日清，并做好垃圾清运车辆保洁，严防二次污染，全面保障道路的环境整洁。

（环卫中心）

【雨后落叶清扫】 10月15日晚—16日，北京地区大面积降雨，15日夜间雨量增大，顺义城区大量树叶飘落，环卫中心迅速启动应急预案，及时采取措施，保证城区主次干道的环境卫生。一是立即调动人力和车辆，第一时间排积水、清淤泥、清树叶等垃圾，快速恢复区容区貌。二是要求全体清洁人员随时待岗，针对街道实际落叶情况，增加部分路段的保洁人数。三是加大环卫巡查清扫保洁力度，采取全天候不间断的巡查方式，实时监督落叶清扫情况，确保雨天落叶清理工作及时、快速和高效。此次行动共出动作业人次400次，清扫落叶约3.8吨。

（环卫中心）

【环卫中心捐赠作业车辆 助推对口帮扶工作】 积极响应顺义区与西峡县对口协作与精准扶贫相结合的工作，环卫中心支持南水北调水源地市容环卫事业发展，赠送总价值12万元环卫快速保洁车20辆，提高西峡县环境卫生工作的现代化、机械化、精细化水平。

（环卫中心）

【机械清扫车辆加装视频监控系统】 为提升机械清扫作业质量和加强对司机行为的管理，环卫中心为30辆大型清扫车安装车辆监控系统，位置在车辆的前部、后部及清扫刷附近。此系统可以对作业车辆进行全方位的实时监控，并将车辆的即时信息反馈至监控指挥中心及分管负责人的手机APP系统中。监控中心及分管负责人可以使用系统中的应用工具，进行与作业人员语音对讲、查询车辆作业情况的录像回放、对车辆进行实时定位、拍摄重要作业路段照片、告警信息核查处理等操作。通过视频监控系统，既可以实时监控作业车辆、又可以有效管理工作人员，避免员工消极怠工现象的发生，降低车辆行进中重大事故的发生率，提高工作效率，为职工的绩效考核提供客观依据。

（环卫中心）

【15辆餐厨垃圾运输车“上门服务”】 年内，区环卫中心清运队与高丽营镇政府合作，将镇域内423家餐饮企业及商户餐厨垃圾集中收集、消纳，实现餐厨垃圾的规范化管理。区环卫中心以高丽营镇为起点，在全区范围陆续启动餐厨垃圾的规范收集和清运工作。投入15辆餐厨垃圾运输车对餐饮企业提供“上门服务”，并免费为每家商户提供餐厨废弃物专用垃圾桶。

（于小溪）

【概况】 2018年，顺义区进一步

推进污水治理、再生水利用、河道排污口治理、农业节水示范区建设等工作，市政府下达的水务绩效考核任务保质保量完成。以“河长制”为统领，推动整体水环境治理、水污染防治和水资源管理等重点工作，推动全区水环境持续向好。全年用水总量为2.3亿立方米，地区生产总值水耗下降率为3%以上。全年万元地区生产总值水耗下降3%以上，新水用量控制在20866万立方米，污水处理率达到90.4%，再生水利用量达到2900万立方米。全区新建污水收集管线14.6公里、再生水管线18.25公里。新建污水处理设施25个，累计处理规模17660立方米/日。农村治污项目79个村进场施工，累计建设管线211.8公里。完成小中河等10条段30.65公里黑臭水体治理。

（水务局）

【水资源管理】对照市区审批受理标准，全年共完成水评、凿井、取水证行政审批616件，机井验收2件。截止12月26日，全区地下水平均水位为1.86米，同比上升1.81米。截至年底，潮白河地下水回补工程累计补水20554.11万立方米，其中2018年补水11689.11万立方米。2018年底地下水位与2015年第一次补水前的地下水位相比，地下水位平均升幅15.30米，最大升幅29.57米。编制《顺义区2017年水资源公报》，对接《北京城市总体规划》，启动水资源规划编制工作。

（水务局）

【供水排水管理】依据《关于农村居民饮用水补贴意见》（顺水发〔2012〕34号），对2017年全年农村居民饮用水计量收费情况进行核查，共8个镇66个村获供水水费补贴，补贴金额共计189.79万元。共办理行政许可172件，为168家符合条件的排水户办理城市排水许可证，对4家不符合条件的单位出具不予办理通知书。完成涉水事项论证24个项目的意见回复，水影响评价77个项目的意见回复。

（水务局）

【污水处理与再生水利用】2018年，全区污水处理量为6302.02万立方米，污水处理率为90.4%。再生水产生量为2920.24万立方米。均完成全年（污水处理率为90%，再生水利用量为2900万立方米）目标任务。《污水处理厂（站）运行达标方案》制定出台。

（水务局）

【水环境治理】一是地表水环境质量同比变化率排名上升显著。2018年，本区地表水环境质量同比变化率在全市排名第三，较2017年提高6个名次。二是6处国家和市级地表水考核断面水质全部达标，金鸡河、无名河达到Ⅳ类水质，高于考核标准一个水质类别。三是7处水环境区域补偿考核断面补偿金显著下降。2018年缴纳补偿金共计1597万元，同比下降73.1%。四是按照“一河一策”原则，完成小中河等10条段30.65公里黑臭水体治理。

（水务局）

【大气污染治理】一是《顺义区水务局空气重污染应急水务分预案》《顺义区蓝天保卫战重点工作水务分预案》《顺义区水务局蓝天保卫战2018年重点工作实施方案》《顺义区水务局2018年三季空气质改善实施方案》制定印发。二是应对预警，成立8个大气污染督查检查专班，出动人员340人次、车辆110台次，检查发现问题13处，对检查发现的问题，实行销账管理。三是建立水务部门非道路移动机械动态管理台帐，加强扬尘防治，要求各工地落实“六个百分百”和“门前三包”，对施工工地进行巡查和不定期检查。

（水务局）

【水务工程建设与管理】2018年，5项工程14个标段的招标工作完成，区污水处理厂管网工程地上物评估工作完成，牛山配套管网、牛山外电等工程地上物补偿工作完成。全年对水务在建工程进行安全生产、扬尘治理、治欠保支检查共计426家次，开具限期整改通知单219张。在建工程检查覆盖率100%，整改率100%。

（水务局）

【河长制全面推进】《顺义区2018年河长制工作实施方案》印发实施，对66项重点任务明确治理标准、责任部门和完成时限。组织区总河长与镇（街道）级河长签订《顺义区2018年镇（街道）级河长制河流管理工作任务目标责任书》。《顺义区河长办2018年预算使用方案》《顺义区2018年河长制日常考核实施细则》《顺义区跨镇（街道）河流断面考核奖励实施细则》《顺义区河道巡管员管理工作指导意见》系列文件制定出台。按照市级目标责任书和《北运河、潮白河、蓟运河等流域河长制工作实施方案》要求，完成全区31条河（渠）道及2座水库“一河一策”方案编制。对属地河长制工作进行督查13次，下发整改通知178件。开展河长制工作进镇村、进社区、进学校、进公园等宣传宣讲活动18次，发放宣传材料5000余份，受众3000余人次。对镇、村河长及河道巡管员进行培训，参训人员1030余人次。对全区54条河渠设置122处河道跨镇（街道）界断面，形成河长制月考核通报，“以奖代补”充分调动属地落实主体责任的积极性。全年印发河长制工作通报12期，完成23个属地120个河段7710万元奖励费用核算工作。

（水务局）

【节水工作】一是编制年度用水计划水量分配方案，对2100家用水单位及378个村发放计划用水指标。发放用水调查表2100份，及时更新用水信息。二是建立全区农业用水月统月报台帐和农业计量收费台帐。三是完成节水三同时、临时用水指标、免征污水处理费等审批119件。四是完成全年自备井查表及污水处理费征缴工作，征收污水处理费2250.34万元。五是超额完成节水型单位、节水型村庄创建任务，全年完成创建节水型单位50家，节水型村庄及小区7个。六是完成节水器具换装工作，共计完成5500套。七是完成雨洪利用工程6处（市级考核指标为3处）。八是对全区管水员工作情况进行现场检查，并对10个镇16个村的管水员工作情况以及工作补贴发放情况进行实际调查。

（水务局）

【农业节水】一是完成“两田一园”农业高效节水一期建设任务，建设面积6537.26公顷（含中央工程建设任务4000公顷），完成投资约3亿8247万元。二是推进“两田一园”农业高效节水二期手续办理工作。三是完成顺义区2012—2014年小型农田水利重点县项目总体验收等4个项目竣工验收工作。四是完成对PPP项目公司运行维护工作的考核工作。对本区建成的7573.33公顷高效节水设施地块进行运行维护，保障工程设施的长效运行。五是全面完成2018年低收入村扶贫工作，共计完成高效节水灌溉面积135.8公顷，总投资704.97万元。另为南彩镇小营村区扶贫项目申请更新机井，投资35万元。

（水务局）

【水库移民】10月底，284.244万元移民扶持款发放完毕，并将核定结果报市水务局。市级专项资金430万元对移民安置村进行扶持，通过村民代表“一事一议”确定项目内容为医疗扶持，扶持23766人，资金共计317.797万元，剩余资金结转到2019年度使用。非工程类项目为教育扶持，对全区79个移民安置村考入各类高等院校人员进行资金扶持，2018年共计扶持466人，其中大专生104人、本科生350人、研究生12人，发放教育扶持资金85.5万元。

（水务局）

【安全度汛】一是成立90余支抢险队伍，组织抢险队员21000余名，借助5.12防灾减灾日，发放防汛宣传材料4000余份，组织召开全区120余名防汛人员参加防汛业务培训，与各属地签订责任书，将责任落实到人。二是全区完善“1+5+30”防汛指挥体系。新增旅游委、体育局等部门，实行区、镇（街道、功能区）、村（社区、企业）三级防汛责任体系，落实防汛工作职责，完善各自预案。成立5个防汛督查组，对全区77家防汛单位工作情况进行全面督查，有效促进防汛工作的扎实开展和落实。三是提前布控，重点部位严防死守。对积水点位、危旧房屋和在建工程严防死守。

（水务局）

【水土保持】根据水影响评价文件编制相关技术规范，完成88个生产建设项目水土保持方案内容的技术审查。加强生产建设项目事中、事后监督检查，对120个生产建设项目进行施工现场跟踪检查。对全区116个疑似违法建设项目4次进行核实，逐一现场核查，收集立项资料、影像资料、填报检查表。《北京市顺义区水务局关于加强事中事后监管规范生产建设项目水土保持设施自主验收工作的通知》印发。《顺义区水土保持规划》编制印发。

（水务局）

【水政执法】全年开展水行政日常执法检查600余次，立案调查106起，作出罚款116.3万元、实际上缴罚款116.3万元，下发各类执法文书483件，配合区水务局各基层段所追缴水资源费41103.6元，下发节水宣传材料500余份。持续加大对取用水执法的检查力度，重点检查餐饮业、医疗业的排水行为，全年共执法检查150家，立案调查68起涉水违法行为。全年对空港A区、B区，临空国际，汽车城，金马工业区等90余家企业进行排水排污执法检查，立案调查38起，作出罚款60万元、实际上缴60万元，结案33起。

（水务局）

气象

【概况】顺义区气象局负责本行政区域公众气象预报、灾害性天气预警及农业气象预报、火险气象等级预报等专业气象预报的发布；负责本行政区域气象行政许可、气象行政执法；负责本行政区域气象灾害防御工作；推进气象科普宣传工作，普及气象科学知识。

（气象局）

【主要气候特征】2018年，年平均气温为13.2℃，比历年平均值12.3℃偏高0.9℃，其中春季较常年偏高1.7℃，夏季较常年明显偏高2.1℃，秋、冬季接近常年值。年降水量为749.8毫米，比历年平均值571.6毫米偏多3成，其中春季降水与常年持平，夏季偏多近6成，秋季偏少近6成，冬季无降水。年日照时数为2539.3小时，接近常年的2490.5小时，其中春、夏、秋三季接近常年，冬季偏多近2成。3月出现1次浮尘天气，5月出现1次扬沙天气，6月出现1次冰雹天气。

（气象局）

【气象服务】紧密结合气象服务需求和天气情况，全面开展公共气象服务工作，适时做好预报预警产品和气象信息发布工作。1—12月，发布决策服务产品53期、降水实况信息252期、雨情通报54期、气象信息专报2期、天气情况92期、重要天气报告14期、两会气象服务专报18期、中非气象论坛3期、啤酒节气象服务专报13期、清明节气象服务专报29期、值班快报365期、区委信息科天气预报239期、天气快报2期、空气重污染天气专报12期、环境气象快报6期，发布气象灾害预警信号132次，发送天气预警手机短信息187044条。

（气象局）

【防灾减灾】2018年，顺义区3名信息员获评北京市优秀气象信息员。参与开展区级应急综合演练工作，即“顺义区牛栏山酒厂白酒原液泄漏事故应急救援演练”和“顺义区（金刚化工）危险化学品事故应急综合演练”，负责对演练现场气象要素状况进行实时监测，提供气象保障。

（气象局）

【科普宣传】2018年，世界气象日纪念活动以“智慧气象（Weather-ready,climate-smart）”为主题，举办气象开放日活动，开展气象科普校园行和气象科普进社区活动，利用新媒体和新闻媒体大力开展气象科普宣传，发放各种宣传材料4200余册、活动纪念品700余件。参与在汉石桥湿地中小学生防灾减灾教育基地举办的2018年顺义区“5.12防灾减灾日”主题宣传活动，现场发放科普宣传书籍400余册。

（气象局）

【果品认证】作为区气象局“为农服务”的一项内容，顺义区首个果品气候品质认证工作完成。区气象局在北京市气候中心专家的指导下、在区园林绿化局的支持下，经过前期多次实地调查、在与种植人员面对面交流和对气象资料分析研判的基础上，10月底，雷子山生态农业有限公司的富士苹果气候品质认证报告正式形成，经过评定，该区域内苹果气候品质等级为特优。11月6日上午，顺义苹果气候品质认证授证仪式在北京雷子山生态农业有限公司生产基地举行。活动由区气象局组织，区农委、区园林绿化局、龙湾屯镇政府等部门领导出席。

（气象局）

【顺义国家气象观测站成为首批中国百年气象站】根据《中国气象局关于公布首批百年气象站名录的通知》（中气函〔2018〕106号），顺义国家气象观测站成为中国气象局认定的首批中国百年气象站。“中国百年气象站”是指能够长期连续开展观测的气象站，分为百年站、七十五年站和五十年站认定三类，此次顺义国家观测站获得五十年站的认定。根据规定，通过认定的气象站将被列入中国气象站重点保护名录，国务院气象主管机构对台站探测环境保护、气象基础设施建设等相关项目给予优先支持。顺义国家气象观测站始建于1959年1月，至今连续开展气象观测59年。

（气象局）

【行政执法】全年开展执法检查217次、行政处罚5次。在中非论坛期间等重点期间制定施放气球专项治理工作方案，开展日常巡查42次。

（气象局）

【行政许可】全年防雷装置设计审核10件，防雷装置竣工验收3件。

（气象局）

【概况】2018年，顺义区地震局大力加强科技投入，做好监测设备的数字化升级改造，强化监测手段，加密震情会商，提高震情预报的准确性，修订完善应急预案，督促指导各单位各部门开展疏散演练，深入开展多种形式的防灾宣传活动，完成地震安全保障工作任务。

（地震局）

【“永清4.3级地震”震情应急工作】2月12日18:31分，河北省廊坊市永清县发生4.3级地震，本局迅速启动地震应急工作。一是第一时间与市地震局核对震情有关信息无误后，上报区委办、区政府、区人大、区政协办公室、区应急委《震情简报》。二是检查局属相关台站，保证台站工作正常。三是开展震情会商，密切监视震情。四是收集地震舆情，回答社会群众咨询，防止地震谣言发生。五是保持与市地震局的网络通讯，及时掌握有关信息。六是应急工作保持与市局同步，直到市局解除应急工作状态。

（地震局）

【2018年防震减灾工作业务能力培训班】4月19日，地震局组织举办“2018年防震减灾工作业务能力培训班”。全区各乡镇、街道防震减灾助理员和应急志愿者共56人参加培训。本次培训邀请北京市地震局宣教中心专家郭心进行专题辅导，培训内容主要包括防震减灾工作的日常管理、灾情速报、突发事件与应急救护、地震应急避难常识等，会上还开展关于“公众防震减灾意识”的问卷调查工作。

（地震局）

【在牛栏山第二小学开展防震疏散演练】5月11日下午，顺义区地震局在顺义区牛栏山第二小学开展防震疏散演练。旨在让校园师生更好的掌握应急避震的正确方法，熟悉紧急疏散的程序和线路，确保在地震来临时，学校地震应急工作能快速、高效、有序地进行，此次演练活动包括应急指挥、应急避震、应急疏散等多个环节。演练结束后，地震局工作人员就本次的演练活动中师生的表现进行总结，并讲解正确的逃生方式。

（地震局）

【“5.12”防灾减灾日宣传活动】5月10日上午，地震局与光明街道办事处及其它相关单位以“行动起来，减轻身边的灾害风险”为主题，在裕龙五区广场举办“防灾减灾日”宣传演练活动。本次活动内容包括防灾减灾知识宣传、灾害模拟现场处置演练及居民参与体验。共有200余人参与，发放各类防灾减灾和地震宣传材料300余份。此次活动不仅增强居民的防震减灾意识及应对突发地震灾害的能力，而且锻炼应急救援队伍的处置救援能力，提高街道社区各相关部门在灾难发生时的迅速响应、指挥协调、协同配合能力。

（地震局）

【赴杨镇开展防震减灾宣传活动】7月28日，为纪念唐山大地震42周年，地震局赴杨镇高各庄村开展防震减灾宣传活动。区地震局会同高各庄村村委会，深入村民家中，发放《地震知识宣传手册》《公众地震应急避险要诀》《家庭地震应急三点通》等宣传材料800余份。

（地震局）

【地震监测预报】负责顺义区地震监测预报工作体系建设，组织开展地震次生灾害及其它人工诱发地震的监测和研究工作，负责全区宏微观地震监测、地震分析预报，观测点规划建设与管理、地震会商、地震信息交流、宏微观异常落实，制定顺义区地震监测预报方案并组织实施，负责对强震动观测设备的管理和维护，负责震情和灾情速报网的管理，对擅自向社会散布地震观测意见的行为提出处罚建议，通过撰文及时澄清地震发生后种种谣传，负责震情跟踪的管理。2018年，地震局共完成周会商52期，半年会商2期，季度安全形势报告4次。

（地震局）

【区内地震监测台网】 年内，全区地震监测台点共有23个。其中，前兆台点3个，分别是板桥、龙湾屯政府安利隆山庄、高丽营断层氢气观测台；测震台点2个，分别是杨镇政府、牛栏山台。强震台点13个，分别是板桥、杨镇政府、高丽营镇政府、南法信政府、赵全营镇政府、李桥政府、李遂政府、北务政府、大孙各庄政府、北小营政府、龙湾屯政府、奥林匹克水上公园、地震局机关；流动测震点5个，分别是奥林匹克水上公园、马坡镇政府、牛栏山镇政府、高丽营镇政府和杨镇一中；宏观观测点2个，分别是前鲁鸭厂、野生动物保护中心。以上台点同时兼职为本区地震速报台网，区内台点全部实现数字化。

（地震局）

【2018年地震目录】 2018年，本区地域内共发生大小地震43次。分别是：1月4日，M 0.1；2月4日，M 0.4 ；2月10日，M 0.5；2月27日，M 0.4；3月1日，M 0.2 ；3月4号，M 0.3；3月19日，M 0.5 ；3月29日，M 0.7；4月6日，M 2.0 ；4月21日，M 0.3 ；4月16日，M 1.1；5月15日，M 0.6；6月1日，M 1.3；6月2日，M 0.6 ；7月18日，M 0.9；7月25日，M 0.3；8月4日，M 0.2；8月17日，M 1.3 ；8月23日，M 2.1；9月13日，M 0.1；9月18日，M 0.2 ；9月20日，M 0.8；9月24日，M 0.3；9月28日，M 0.2、M0.4、M0.4；9月29日，M 1.4 ；10月3日，M 0.1、M0.4；10月4日，M 0.2；11月14日，M 0.4；11月18日，M 0.3 ；11月18日，M 0.5；11月27日，M 0.5；12月2日，M 0.3 ；12月9日，M 0.1；12月21日，M 0.6。

（地震局）

【示范单位创建】 与区教委协同推进本区的防震减灾科普示范学校创建活动。经过国家地震局评审，认定牛栏山第二小学为“国家级防震减灾科普示范校”；顺义区杨镇第一中学和和顺义区第五中学被顺义区专家组评定为“顺义区防震减灾科普示范校”。

（地震局）

【应急救援】 指导顺义区地震应急指挥部成员单位完成地震应急预案的修订和备案工作。推进本区“应急避难场所”建设。参加区创建首都文明示范区活动，完成有关应急避难场所材料的上报工作。对卧龙公园、减河凤凰园等绿地、公园进行实地查看，与区园林中心协调，规划设立应急避难场所标识牌等工作。定期对顺义公园、光明文化广场两处为Ⅲ类应急避难场所进行巡查。推进“顺义区1#应急取水点”项目建设，顺义区白马路与昌金路之间，潮白河至奥林匹克水上公园西侧防护林段一处（20×20）m²的绿地设立应急取水点。

（地震局）

【防震减灾科普宣传】 2018年，防震减灾宣传教育工作，贯彻“以预防为主，防御与救助相结合”的工作方针，坚持“因地制宜、因时制宜、经常持久、科学求实”的宣传原则，宣传党和国家有关防震减灾工作的方针政策，全面提高全社会的防震减灾意识和公众的自救互救能力，促进社会公众建立科学的防震减灾意识和观念，为构建和谐顺义提供地震安全保障。通过媒体播报、参观科普教育馆、专题知识讲座、现场应急演练和发放防震减灾宣传材料等形式开展防震减灾宣传活动。全年防震减灾宣传进社区、进学校、进农村10余次，发放宣传材料8000余份，并在区《顺义时讯》刊发2期防震减灾知识。

（地震局）

【“互联网+监测”创新模式推进地震监测网络化进程】 年内，地震局以新建的高丽营断层氢气监测台站为试点全面推进顺义区地震监测网络化进程。此前，顺义区地震局利用“互联网+监测”的创新思维，结合传统监测台站的相关功能，建立ATG-6118H痕量氢在线自动分析仪系统，本系统可通过互联网，实现PC端的数据接收、主动实时监测、历史数据查看和下载、设备控制等功能。年内，该系统正式上线并实现实时观测以及监测数据图表化功能的实现，更加方便该系统通过互联网端的互动操作。

（地震局）

消防

【概况】2018年，顺义消防支队共接报“119”警情2803起，其中火警1545起（火灾起数197起）、抢险救援516起、社会救助742起，共出动消防车6545次，消防人员38621人次，抢救被困人员150人，同比接警起数下降12.07%，火警起数下降29.22%、火灾起数下降17.67%，全区火警、火灾实现双下降，队伍保持高度安全稳定。

（消防支队）

【消防工作齐抓共管】区委书记高朋、代区长孙军民、副区长赵为民等区领导共主持召开消防工作会议56次，分片包干带队督导检查消防工作650余次；各镇街党委每季度专题研究消防工作1次，区镇两级值班领导每日带队夜查消防工作固化为长效机制，全区消防工作形成齐抓共管的新局面。

（消防支队）

【派出所消防执法作用突出】分局领导每周听取派出所消防工作汇报1次、部署消防重点工作1次，每周至少带队开展督导检查1次。推动相关警种、派出所履行消防工作职责，促进321工作法落地生根。对消防隐患问题实行“清单式”管理，倒逼责任落实，始终保持对消防违法违规行为从严执法，派出所罚款数和拘留数均为全市第一。

（消防支队）

【消防执法利剑作用】始终保持从严执法态势，组织专项整治行动20余个，共检查单位13048家，临时查封497家、三停166家，发现隐患10568处，罚款830万元。特别在机场周边群租公寓、出租大院、三合一场所、城乡结合部重点村整治中，充分发挥消防执法利剑作用，起到示范带动作用。

（消防支队）

【网格化群防群控机制】全面总结固化“最大化、全覆盖、实名制”网格防控机制，最大化发动群防群治力量，全覆盖看护风险部位，实名制落实防控责任。全区533个村、社区微型消防站，441部水车和调派的156部挖掘机、洒水车、铲车，按照勤务指令启动网格巡查巡控，随同消防支队前置备勤警力上勤，确保一旦发生着火冒烟事故能够快速有效处置，将影响降到最低。

（消防支队）

【机场周边消防隐患整治】以机场周边消防隐患整治为切入点，提出“公安清人、消防查封、城管拆除”联动式执法模式，在机场周边群租公寓、违法建设、三合一场所、泡沫彩钢板房、城乡结合部村庄整治中，显示出良好的整治效果。消除安全隐患和火灾风险全面下降。

（消防支队）

【重点单位灭火救援基础档案制定】对全区584家重点单位开展全覆盖调研，开展联合演练475次，进一步完善、修订支队、中队两级数字化灭火救援预案561个，重点单位灭火救援基础档案的制定完成。

（消防支队）

【火灾高发领域防控基础全面筑牢】推动区政府、相关部门出台《顺义区宅基地房屋租赁管理办法》《施工现场消防管理办法》《电动自行车充电设施建设管理办法》。对宅基地出租房、施工现场、电动自行车等火灾高发领域加强管理，明确管理标准，落实各方责任。全区共建设集中充电车棚364个、充电车位6037个，在建充电车棚139个。60岁以上户籍老人家庭独立式火灾烟感报警器安装工作全面完成，全区共安装18万个，年度工作任务超额完成。

（消防支队）

【消防基础设施建设】为加快消防水源基础设施建设，提出将消防水池与水鹤共同建设的思路。年内，全区建成消防水池184个、消防水鹤216个，农村地区消防水源不足的难题得到缓解。中央电视台、北京电视台、《人民日报》等26家媒体对此进行广泛报道，为缺水地区消防水源基础设施建设开辟新路。

（消防支队）

【**基层消防基础工作实现新跨越**】年内，占地7.73公顷，建筑面积3.1万平方米的支队级指挥中心、战勤保障基地、训练基地建成并投入使用。11个新建消防站同步推进，其中木林消防站建设完成，即将投入使用；后沙峪、北务、北小营、天竺、李桥、张镇、牛栏山消防站主体结构封顶；仁和消防站车库及外立面施工进行中；高丽营消防站开工建设；龙湾屯消防站发改委立项中。对空港、马坡、杨镇、赵全营、南彩、大孙各庄6座老旧中队升级改造。全区共建成微型消防站533个，配备消防水车441辆，在初战控火、前置备勤、消防宣传、联勤联动、洒水湿化等方面发挥重要作用。

（消防支队）

【**消防安全宣传**】以“全民大培训”为活动契机，深入开展提示性宣传和火灾案例警示宣传。年内，消防支队深入校园、社区、全区重点单位开展消防安全培训500次，进一步提升全区市民消防安全意识和防范意识。联合区融媒体中心，拓展消防宣传渠道，在电视台、广播电台开辟专栏。设计并制作11万块铝制“楼道、出口禁止电动车停放及充电”的警示牌，在全区所有公共建筑、住宅楼、农村宅基地逐层、逐点张贴。

（消防支队）

【**比武考核好成绩**】顺义消防支队在北京市消防总队举办的春季比武竞赛中获得总成绩第四。在冬季达标考核中，取得总成绩第三，其中执勤中队5000米负重第一、3项个人科目第一。

（消防支队）

【**“第二十八届119消防宣传月活动”启动仪式**】11月8日上午，顺义区“第二十八届119消防宣传月活动”启动仪式在北京中国国际展览中心新馆举行。今年的119宣传活动主题是“全民参与，防治火灾”，顺义区副区长、公安分局局长赵为民，北京市消防总队政治部副主任朱星以及顺义区各委办局领导，一线消防工作者，消防志愿者代表共计约1500余人参加活动。首先，顺义消防支队播放工作汇报片；随后，北京市消防总队政治部朱星副主任致辞，赞扬一年来顺义区消防工作所取得的成绩，并勉励消防支队指战员继续为全区消防事业贡献力量；接着，全国第四届119消防奖先进个人天竺镇武装部部长张纪海代表基层一线消防工作者发言；消防指战员先后表演《消防员故事》《烈火金刚》等节目；最后，副区长赵为民发表讲话。启动仪式后，顺义消防支队在现场设置烟雾逃生帐篷、高空缓降逃生、灭火器灭火演示、油锅火灾扑救演示、消防车展示、器材装备展示、消防宣传车体验、消防知识展板、家庭消防安全知识答题送宣传品等多个展示区域和群众体验互动科目，让市民群众有机会零距离的接触消防，提升消防意识，学习消防安全常识，掌握简单的逃生技能，从而进一步营造浓厚的119消防宣传氛围，教育和引导广大群众关爱生命，关注消防安全，保障全区经济发展与和谐稳定。

（消防支队）

邮　政

【**概况**】2018年，中国邮政集团公司北京市顺义区分公司认真贯彻落实习近平新时代中国特色社会主义思想及党的十九大精神，紧紧围绕集团公司及市分公司各项工作部署，以“优化服务、强化管理、提升效益”为主线，探索推动企业发展的有效途径，不断加快发展步伐，各项工作取得新突破、新进展。人力资源配置不断优化，财务管控水平不断提高，运营管理平稳有序，安全保障工作万无一失，基础设施建设不断增强，党风廉政建设深入开展，企业文化建设不断深化。

（邮政顺义分公司）

【**经营指标完成情况**】2018年，顺义区分公司累计实现业务收入19527.51万元，完成年计划的106.23%，同比增长1761.06万元，同比增速9.91%，收入增幅超出市公司平均增幅8.38个百分点；成本费用累计支出15909.85万元，完成年计划的108.68%，同比增长2308.21万元，同比增速16.97%；劳产率累计完成33.3万元，完成年计划的106.06%，同比增幅6.54%，列市公司首位；利润总额累计实现4501.64万元，完成年计划的100.04%，利润完成绝对值位于市公司首位。

（邮政顺义分公司）

【代理金融专业】2018年，通过与政府部门沟通，各金融网点以片区为单位，开发马坡镇西丰乐村、北石槽镇东石槽村、牛山小区棚户区改造拆迁项目补偿款13000余万元，同时对临河村、夏县营村拆迁项目进行二次维护开发，成功营销补偿款6000余万元。以金融消费者权益保护教育宣传为切入点，进驻村镇、校园、企业开展金融知识专题讲座，进一步提升邮政金融市场占有率；以节日营销活动为契机，开展客户联谊活动，通过特色活动，实现客户数量与资产双提升、资金归集款近8000万元；加快电子支付业务发展，开发电子银行客户35000余户，业务收入实现稳步增长。

（邮政顺义分公司）

【函件专业】2018年，顺义分公司大力发展商函媒体业务，初期取得一定成效。约投挂号业务深入做好客户维护工作，1—12月共计实现收入223万元，完成预算指标的203.00%，同比增长110.14%；商函媒体业务紧抓区域总部、政府经济优势，全员营销，开发朋友圈广告共计8户，实现收入6.4万元；直递广告业务继续积极走访客户，发挥业务优势，成功开发北京金玉满庭商贸有限公司和蓝色梦幻北京儿童友谊有限公司，共计开发128.5万份，实现业务收入9.25万元；发挥文化惠民优势，与顺义区东风教育集团联合举办好书信文化进校园活动，契合父亲节主题，让孩子们更多的关注邮政封片产品，封片产品的宣传从娃娃抓起；大力开发印刷品新客户，北京振宏福利印刷厂和宝垚国际货运代理有限公司，实现邮资机每月收入5万元。

（邮政顺义分公司）

【集邮专业】开发北京兆维电子有限责任公司、北京星际荣耀空间科技开发有限公司和美团点评上市纪念邮折项目，《中国水产》杂志社成立60周年个性化邮票项目，形成收入300余万元；与北京城建勘测设计研究院以及江河创建集团达成一致，分别为2家单位设计制作周年庆典定向邮品，形成收入100余万元。在邮品零售方面，本公司组织开展《己亥年》生肖邮品预定竞赛活动，形成收入300余万元；组织开展《我的小苹果》专项营销活动，形成收入64万元。

（邮政顺义分公司）

【电商专业】简易险业务在市分公司发展名列前茅，全年出单3400余单，累计完成保费35万余元；建成邮政惠民驿站1家，方便周边居民的同时提升邮政便民服务形象，得到顺义多家媒体宣传推广，同时被北京市社工委授予"北京市社会服务之家称号"。新开展的警邮交管业务，网点日均业务量居市分公司前列；与联通、电信等公司达成战略合作关系，为2019年增值业务发展开辟新的道路；推进农村电商合作关系，与龙湾巧嫂合作社签订合同，助力农产品进城。推广线上平台发展，8—12月累计分享20529次，成单1755单，实现收入5.09万元。

（邮政顺义分公司）

【运营管理平稳有序】年内，在营业窗口强化推行《北京邮政营业服务规范》，强化落实。每一名营业员都要将发自内心的微笑服务作为工作常态落实在实际行动上，切实提升客户服务体验。服务质量、综合服务能力、运营安全管理水平持续提升，荣获市公司"2018年度服务管理优胜单位"称号。

（邮政顺义分公司）

【通信生产】确保营、分、运、投四大环节紧密衔接，规范操作。普通邮件、报刊妥投率达到100%，快递包裹城市当日妥投率、农村及时妥投率均达到市公司规定要求；机要通信失密丢损为零；用户满意度稳定在90分以上，无新闻媒体曝光和用户有理由申告。

（邮政顺义分公司）

【基础设施建设】2018年，分公司自筹资金150余万元，先后修缮、改造局所28处。其中后沙峪支局大院新建200余平方米钢结构大棚，解决投递分拣场地空间狭小等问题；龙湾屯、木林等7个局所完成电力增容改造，解决用电安全隐患；马坡支行后院铺设下水管道，并对自来水管道进行更新，解决"跑冒滴漏"等问题；对大孙各庄、北小营等6个局所进行屋面防水更新、门头更新，改善用邮和办公环境，提升邮政整体形象。

（邮政顺义分公司）

北京移动顺义分公司

【概况】中国移动北京公司顺义分公司是顺义地区主导电信网络运营企业，拥有丰富的基础设施资源及强有力的服务支撑和通信保障队伍，是一家综合通信服务运营商。截至年底，顺义分公司共有员工257人，员工中本科学历占比58%，研究生学历占比7%。以“成为客户首选的数字化服务的引领者”为愿景、“追求卓越，让数字化生活更美好”为使命，为客户提供全面的通信服务。截止12月，建成4G宏基站1500余个，4G室分站800余个，实现顺义区19个镇426个行政村4G网络全覆盖，城区市政道路覆盖率达到95.09%。属地语音业务综合接通率、LTE接通率和LTE切换成功率均高达99%以上。为属地15万户家庭提供家庭宽带服务，同时承诺“即办即装”“即报即修”，通过不断创新，快速推出“移动云、云存储、SD-WAN、云安全、和对讲、物联网、云视讯、区域智信、小步外勤”等新产品、新应用，满足属地客户个性化需求。有力保障属地居民的通话及上网需求，语音及上网质量持续领先，持续为顺义区域内用户提供最优质的服务。2018年本单位荣获“北京市青年安全生产示范岗”称号。

（北京移动顺义分公司）

【经营管理】2018年，为保障地区通信用户安全，公司严格落实用户实名登记工作，加强风险防控，严格纪律约束。全年共计核查整改非实名用户2489户，治理诈骗号码31个，处罚代理商10家，并与其解除业务合作关系，共扣罚佣金11万9千元。应李克强总理提出的要求，加大力度落实“提速降费”政策，取消手机国内长途和漫游费、大幅降低中小企业互联网专线接入资费、持续下调流量国际漫游费用，移动家庭宽带全面提速。

（北京移动顺义分公司）

【窗口服务】在客户服务方面始终坚持“客户为根”的服务理念，统一服务形象、规范服务标准、持续提升服务能力，优化完善客户服务体系建设。客户服务工作更加关注细节，重点加强对营业厅环境改善、营业员规范管理，提高客户感知。利用微信社交平台、服务进社区、小小营业厅客户体验活动等，增强与客户间的沟通交流，客户服务质量得到明显提升。推出营业厅自助一体机受理渠道，为客户提供快捷业务办理；推出跨区销号业务，解决客户异地业务需求。同时响应区政府创城申报工作的实地测评考察工作部署，填报以主城区街道为主的6家自有主厅作为创城厅台，作为窗口行业在创城厅台展示公益广告的宣传片播放，配合首都文明办的三方暗访检查。按照政府各部门的号召，对创城厅台做不定期宣传展示，如学雷锋日，厅台配备“学雷锋志愿服务岗”、佩戴“学雷锋志愿服务”绶带以及摆放“学雷锋志愿服务岗”标识牌等正能量的宣传，培育文明道德风尚，提升窗口行业的服务意识，为用户提供最优质的服务。

（北京移动顺义分公司）

【网络维护】2018年，北京移动顺义分公司网络运行安全稳定，保障全区各类用户的通信畅通。出动重保人员5139人次，车辆2055车次，完成全年各项通信重保任务。家庭客户全年共装移机8万余件，装移机平均历时减少3小时；查修障碍3万余件，环比增加19.1%，障碍查修历时5.8小时。通过网优、小微场景等手段，提升4G网络覆盖，较2017年移网数据业务流量增长144.24%，其中4G数据流量占比99.63%，满足不断扩大的4G市场需求，确保2G、3G用户能够顺利迁转4G网络。

（北京移动顺义分公司）

【网络建设】2018年，4G基站建设337个，重点站建设110个。快速响应企事业单位专线需求，支撑政企部门，快速建设、筑牢基础传输网络。管道建设30余沟公里，新建传输杆路80余公里。跨省、本地传输专线开通及时率100%。为进一步促进传输网络健康度，不断精细网络建设方案管理，基于光交开通率95%，新增网元物理成环率91%。2018年，家宽建设新增覆盖标准社区、农村和聚类市场近7万户，累计覆盖达30余万户。

（北京移动顺义分公司）

【支撑属地发展】顺义移动充分利用自身品质优异的数字化业务解决方案为属地政府和企业提供便利、稳定、高效、快捷的服务。2018年，为企业及政府新增专线130余条，为首都机场提供2.5G互联网专线及运维保障，协助首都机场打造“便捷、智能、人文”

的旅客智慧WiFi网络，共同推进智慧机场建设，新增1100余条小微宽带助力中小企业发展，已建资源覆盖中小企业、临街商铺、办公楼7000余户。同时，2018年与顺义区发改委、顺义公安局、顺义区纪律检查委员会等单位共同探索和尝试大数据分析在区域人口变化趋势预警、动态人流量监测预警、交通疏导、廉政警示提醒的创新应用，提高顺义区政府在大数据领域的运用。在推进业务发展的同时，为集团企业用户设立100868专属客服热线，确保每家集团客户拥有专属客户经理提供一站式服务。

（北京移动顺义分公司）

联通顺义分公司

【**概况**】联通顺义分公司是顺义地区主导电信网络运营企业，拥有丰富的基础设施资源及强有力的服务支撑和通信保障队伍，是顺义地区一家能够提供综合通信服务的运营商。2018年，联通以“客户信赖的智慧生活创造者”为愿景、“联通世界，创享美好生活”为使命，为客户提供全面的通信服务。现顺义地区建成语音网、移动通信网、传输网、宽带接入网、IP核心骨干网等电信级专业通信网络。可为顺义地区广大用户提供全业务信息通信服务，包括高达150Mbps的移动4G网络服务、固移融合服务、数据传输服务、互联网专线及中小企业光纤宽带接入服务、IPTV互联网电视等宽带增值服务，以及创新领先的物联网、云计算、大数据等服务，并可提供与信息通信技术相关的系统集成、工程设计施工、OA办公平台、视频监控系统等全方位的综合通信服务。2018年本单位获评“北京市交通安全先进单位”。

（联通顺义分公司）

【**经营管理**】2018年，公司严格落实用户实名登记工作，加强风险防控，严格纪律约束。应李克强总理提出的要求，加大力度落实“提速降费”政策，取消手机国内长途和漫游费，大幅降低中小企业互联网专线接入资费；降低国际长途电话费，企业宽带方面， 实施“1升+1降+1拓展”的提速降费政策： 10M以下提速至10M、10M（含）至20M以下提速至20M、20M（含）至50M以下提速至50M、50M（含）至100M以下提速至100M。对于不选择提速的企业用户，带宽单价较去年底降幅不低于10%。新增拓展云化增值产品，满足客户随时随地、方便灵活的调整在用的互联网专线租用带宽。此次提速降费，共涉及顺义地区的326条企业用户互联网专线。

（联通顺义分公司）

【**窗口服务**】始终坚持“以客户为中心”的服务理念，统一服务形象、规范服务标准、持续提升服务能力，优化完善客户服务体系建设。客户服务工作更加关注细节，重点加强对营业厅、线务员等服务窗口人员的规范管理，提高专业技术水平，通过微博、微信等社交平台增强与客户间的沟通交流，客户服务质量得到明显提升。优化停机规则，由原来的“欠费默认停机”转变为“欠费默认不停机”，优化“免证”业务办理，明确换卡、宽带续费等业务不再强制要求用户提供身份证，短信提醒和多次进厅办理规则进一步优化，初步解决短信不易懂、次月生效等问题，公司服务形象和客户口碑得到提升。全年共有效处理10010级派单12203件、总经理热线255件、工信部投诉135件，接到10010级表扬38件、表扬信4封。

（联通顺义分公司）

【**网络维护**】2018年，联通顺义分公司网络运行安全稳定，保障全区各类用户的通信畅通。出动重保人员760人次，车辆248车次，完成379条电路的通信重保任务。持续推进1GPON向10GPON割接工作，为响应国务院“提速降费”要求提供网络保障。通过网优、小微场景等手段，提升4G网络覆盖，较2017年移网数据业务流量增长180%，其中4G数据流量占比98.4%，满足不断扩大的4G市场需求，确保2G、3G用户能够顺利迁转4G网络。稳步推进2G退网工作，截止年底，完成2G信源退网256个，同时也为5G发展腾出资源。顺义联通分公司做好2G设备下电的同时，做好引导2G用户转网工作，妥善处理由2G退网导致的客服投诉，保证为用户提供良好的网络服务。

（联通顺义分公司）

【**网络建设**】为快速响应市场，

满足高速数据业务需求和提高用户使用体验，加快4G网络建设、移动网络质量、宽带接入、大客户项目建设、传送网工程和光纤入户改造进度，光纤覆盖率由97%提升至98.5%。

（联通顺义分公司）

【智慧顺义】5月9日，顺义联通分公司中标“智慧顺义无线网络全覆盖购买服务项目”，主要在政府办事大厅、大型文体场馆、医疗机构、工业园区、公园及旅游景点、居委会、村委会和村内文化广场及公交车内，为市民和企事业单位提供免费无线网络。本项目覆盖范围为顺义全区的重点公共区域，共计1701家单位、机构，规划新建并改造8326个AP点。采用“光纤+4G”接入，实现顺义区重点公共区域无线网络全覆盖。为群众享有优质公共政务服务提供保障，为物联网、大数据等产业发展提供基础通道，实现“智慧顺义”惠及民生、产业升级。

（联通顺义分公司）

科教文卫体

➤ 1 月 31 日，“携手新时代 共圆中国梦”2018 年顺义区新春音乐会

➤ 4 月 9 日，法国梵高高中师生代表开展教育文化交流活动（刘峣）

4 月 27 日，流动人口国家哨点监测

6 月 9–13 日，大运河文化带非遗大展暨第四届京津冀非遗联展举办，顺义区级非遗保护项目解九连环参加互动环节

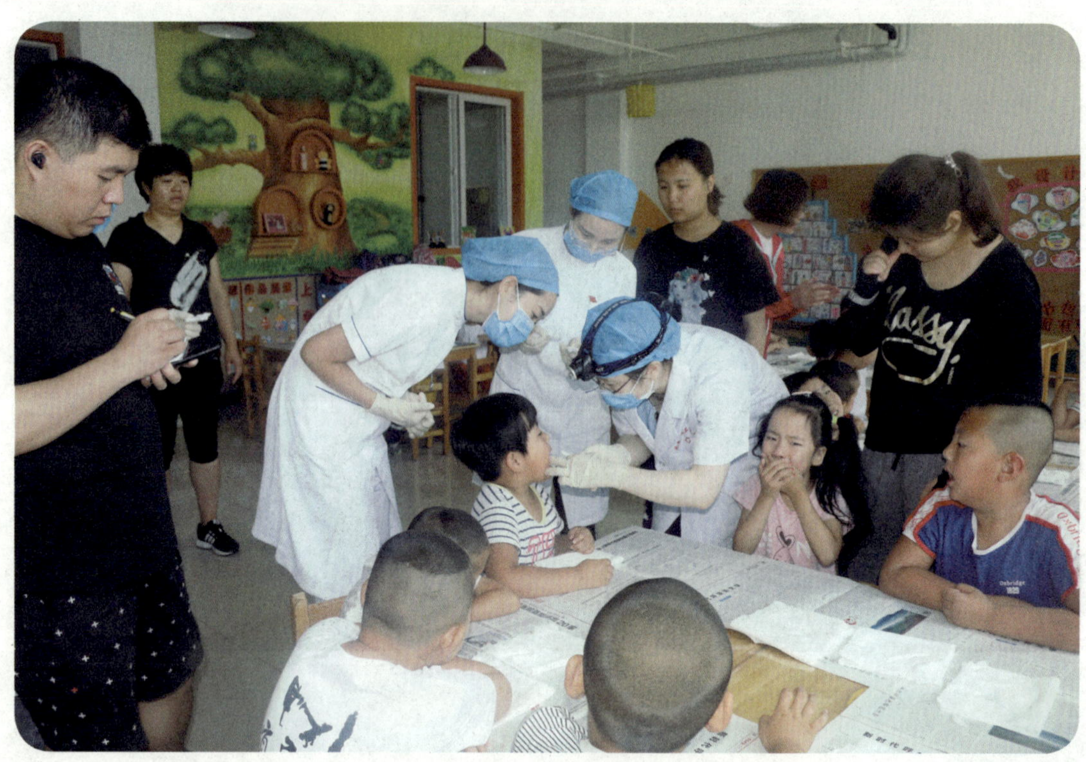

6月20日，杨镇北务卫生院到北务幼儿园开展氟化泡沫预防龋齿和口腔检查

8月2-5日，2018年暑期全国高中校长研讨会在顺义一中举行（陈慧明）

12月8日，顺义九中学生李世纪在2018年全民健身“北京纪录”挑战赛年度总决赛上，蝉联“五米折返跑”项目年度总冠军。（孙磊）

12月12日，区仁和中学23名中学生领读志愿者来到建北幼儿园，为中、大班的孩子们进行绘本讲读活动（孙红良）

8月1日–3日，北京市第十五届运动会“吉祥马业杯”乒乓球比赛在北京市海淀体育中心举行，贾子彧、林柄涵获得女子丙组双打季军

高丽营古砖窑

3月7日，在顺义区第五届迎"三八"妇女节作品展现场给获奖的女书画家颁发证书

曾庄大鼓展示

科技

科普

【概况】2018年，区科委以习近平新时代中国特色社会主义思想为指导，认真贯彻落实党的十九大精神、区委五届五次、六次全会精神，大力实施科技创新发展战略，以服务北京建设国家科技创新中心建设为核心，以建设创新型产业集群和制造业高质量发展创新引领示范区为载体，围绕“3+4+1”高精尖产业发展体系，修订有关政策，优化营商环境，在促进科技创新、促进科技成果转化、促进产业发展方面走出一条具有顺义地方特色的科技创新发展之路。

（区科委）

【2018中国天使创投潮白论坛】1月22—23日，“面向未来 坚守初心——2018中国天使创投潮白论坛暨中国青年天使会第五届年度峰会”在顺义举办，对优化区内营商环境、加快构建“高精尖”经济结构、创新型产业集群和“2025”示范区建设具有重要推动作用。本届峰会由顺义区人民政府和中国青年天使会主办，区科委、区经信委、区金融办、区投促局承办。区委副书记、区长高朋出席开幕式并致辞。

（区科委）

【2017年度科普总结会】1月25—26日，顺义区2017年科普工作总结会暨2018年科普工作培训会在北京顺鑫中盛国际会议中心召开，会议总结交流2017年科普工作，部署2018年科普任务。北京市科委科宣处副处长龙华东，顺义区政协副主席、科委主任、知识产权局局长金泰希，区科委主管科普工作副处级调研员孙彦海出席。来自全区相关委办局、镇、街道、市级社区科普体验厅、市级科普教育基地90家单位参会。北京市3位知名科普专家分别从科普活动开展、科普场馆运营管理、全民素质提升解读3个专题开展科普培训。

（区科委）

【市级科普专项为提升区域科普能力发挥作用】3月，2017年3个市级科普体验厅经市科委组织专家对项目考核指标进行审核，完成任务书规定的各项工作，通过市级专家验收。3个专项分别是以“增绿减霾”为主题的《胜利街道华玺瀚榑社区科普体验厅建设》、以“生命科学”为主题的《石园街道五里仓一社区科普体验厅建设》、以“现代农业”为主题的《顺义区北郎中村科普体验厅建设》。4月，《双丰街道花溪渡社区科普体验厅建设》《空港街道裕祥花园社区科普体验厅建设》被市科委立项为市级社区科普体验厅专项。此外，区科委完成2018年中小学科学探索实验室课题《北务小学科学探索实验室》的申报和立项工作。

（区科委）

【“科技运动嘉年华”】5月21日上午，由区科委主办、北京生产力促进中心承办的“2018年顺义区科技周暨顺义科技运动嘉年华”活动在顺义区科委数字科普展示馆开幕。本届顺义科技周以“科技创新，强国富民”为主题，由展示、互动、竞赛、演出四个功能模块组成。以助力科技教育、引领智能运动、感受智慧生活、融合科普文创做为核心理念，打造机器人舞蹈团的太极、街舞、千手观音等表演，机器人与智能钢琴合奏，独轮车与平衡车的花式技巧表演，脑波发带之最强大脑对抗赛等众多精彩的科技体验式互动节目。此外，机械狗、拳击机器人、太空微植物、国家地理科技文创品等科技新产品体验项目也精彩呈现。“科技运动嘉年华”共吸引各类参观者近2000人次。

（区科委）

【“科普进校园”活动】“科技周”期间，区科委选取石园小学和杨镇小学2所小学开展“科普进校园”活动，受众学生达到2000人次以上。结合去年“科普进校园”的成效和存在的问题，今年的“科普进校园”改变运作模式。选取对象有所缩减，区科委要求科普公司既要提高科普活动质量，又要优化科普服务对象。在学校选取上也有所考量，选取地处城区的北京市中小学科技教育示范校石园小学和位于顺义镇域面积最大的杨镇的杨镇小学，对农村起到辐射带动作用。既满足城市小学的学生需求，科普工作又向农村地区延伸，助力河东地区科技发展的作用，做到城区、乡镇教育均衡发展，缩小城乡教育差距。

（区科委）

【“科普大篷车”节能环保宣传】 10月22日，由区科委、科协、城市管理委、环保局、水务局5家单位联合主办的“保护生态环境 建设宜居顺义—2018顺义区生态环境保护在行动生态环保大篷车”巡展活动在大孙各庄镇落下帷幕。科普大篷车巡展活动旨在践行《顺义区全民科学素质行动计划纲要实施方案（2016-2020年）》，推动基层科普活动经常化、群众化和社会化，打通“科普工作最后一公里”。活动在仁和镇正式启动，历时13天，设25个站点，覆盖全区19个镇、6个街道。活动共发放环保科普宣传材料20000多份，发放科普图书2000余册，受众人群达3500人次，同时指导参与活动百姓参加“北京市公民科学素质大赛”网上答题达1000人以上。

（区科委）

【软科学研究项目征集、立项】 3月份，经过集体研究和决策，按照市科委征集软科学的项目范围、区域经济和社会发展实际，确定顺义区科委征集2018年软科学征集重点领域。围绕聚焦“3+4”、推进全国科技创新中心建设重大问题、区域创新发展重大问题和科学普及产业发展4大领域，重点支持24个发展方向。区科委创新评审方式，采取聘请第三方机构全程监督、邀请市级行业专家进行评审等方式。2018年，在公开征集到的49个软科学研究项目中，最终20个软科学研究项目得到经费支持。

（区科委）

【优化营商环境政策培训会】 4月26日，区科委联合区国税局、地税局在金潮玉玛大酒店为全区近700家高新技术企业和科技型中小企业举办“优化营商环境 助力高新企业发展政策培训会”。区科委、市国税局针对高新技术企业、研究开发费用加计扣除等税收优惠政策进行详细讲解。

（区科委）

【参展中国第21届科博会】 5月17—20日，第21届科博会在中国国际展览中心开幕，顺义区以“创新发展，美好顺义”为主题，组织区内24家企业参展。顺义区重点项目和最新科技成果——紫丁香二号卫星、AELOS专业版机器人、前途K50纯电动跑车、履带式爬楼轮椅、智能家居系统和小工匠一体机等亮相科博会。科博会期间，顺义展区共接待参观群众1.5万余人，解答各类询问8000余次，接待媒体44家，现场互动环节接待观众929人次，对接洽谈企业301家，发放各类宣传资料3000余份。

（区科委）

【暑期科普季活动】 7月19日下午，以“科技领航教育 创新伴我成长”为主题的2018年顺义区暑期科普季活动在区科委数字科普展示馆开幕。7月16—19日，为期4天的精彩课程包括侏罗纪世界、乐高机器人搭建、创意七巧板、4D空间逻辑思维结构、瓦楞纸创意城堡搭建、多米诺骨牌等，通过全新的“stem”课程体系，将科学（science）、技术（technology）、工程（engineering）、数学（mathematics）融为一体，达到寓教于乐的效果，今年参加暑期科普季活动的小学生达500人次，创历届最高。今年的科普季活动借鉴往届活动所取得的成效，同时针对存在的不足，创新活动方式，丰富活动内容，注重活动实效。首次采取微信报名方式，增加科普良性互动课程，强化立体科普教育手段，不断增强广大学生的参与意识。

（区科委）

【智能新能源汽车高研班】 8月15—17日，区科委主办以“提质增效 科技创新”为主题的顺义区智能新能源汽车高研班，邀请国家新能源汽车技术创新中心、市科委相关处室专家及北京汽车研究院总院、长城华冠等业界专家到场授课，研修内容主要聚焦智能新能源汽车基本知识、历史沿革、发展方向及本区智能新能源汽车发展现状和未来发展前景。区部分职能单位主管领导参加培训，为推动智能新能源汽车企业在顺义落地发展凝聚各方力量，为进一步提升本区新能源智能汽车创新能力和产业化水平奠定良好的基础。

（区科委）

【“顺义区2018年‘全国科普日’科普嘉年华暨第三十六届学生科技节”活动】 9月15日，以“创新引领时代 智慧点亮生活”为主题的“顺义区2018年‘全国科普日’科普嘉年华暨第三十六届学生科技节”活动在七彩蝶园正式启动。区委常委、副区长支现伟，市科委科宣处副处长等领导出席启动仪式。来自全区中小学校300余名师生代表参加启动仪式。活动由区科协主席鲍晓芹主持。

（区科委）

【“北京湿地日”宣传活动】9月16日，在第六个“北京湿地日”来临之际，由市园林局、区园林局、区湿地办联合主办，区科委、区科协、区社区教育中心、杨镇一中参与的2018年“北京湿地日”宣传活动在汉石桥湿地举行。活动共分为三个部分，包括湿地功能模具演示、成果展览、科普游艺互动体验。通过开展“北京湿地日”宣传活动，向游客科普湿地动、植物的生态圈和湿地作为地球之肾的功能，展示本区湿地保护的成果，提高公众保护绿色湿地、构建生态文明的意识，从而提高全民科学素质。

（区科委）

【《中华人民共和国促进科技成果转化法》执行情况检查】9月27日，区人大常委会组织部分区人大代表对区科委《中华人民共和国促进科技成果转化法》的执行情况进行检查。区人大教科文卫体专委会主任高学通对《中华人民共和国促进科技成果转化法》进行解读，人大代表们实地查看中煤电器有限公司、正元地理信息有限责任公司的科技成果转化情况。区政协副主席、科委主任、知识产权局局长金泰希对本区贯彻执行《中华人民共和国促进科技成果转化法》的情况做汇报，回答人大代表在科技宣传、教育、应用方面的具体问题，采纳代表们的意见建议。区人大常委会副主任赵殿江出席会议并讲话。

（区科委）

【“2018年顺义区健康科普讲座”】9月27日，由区科委、区卫计委、区科协主办，区疾控中心承办的“2018年顺义区健康科普讲座”在区科委数字科普展示馆开讲。小汤山医院有氧运动中心主任牛国卫为大家做健康科普讲座，胜利、光明、石园、旺泉4个街道130余名社区居民到场参加。

（区科委）

【科普进社区活动】9月27日下午，由顺义区科委主办、光明街道办事处协办的“2018顺义区生态环境保护在行动——生态环保大篷车巡展活动”在光明街道裕龙五社区广场拉开帷幕。活动通过在广场展出展板，向社区居民宣传普及生态环境保护知识，吸引百余名社区居民驻足观看。此次巡展活动中的“主力军”——科普大篷车，利用无人机和机器人等科技产品，为现场居民们带来一场生动有趣的表演，向社区居民展示科学魅力，吸引众多居民参与体验。

（区科委）

【推进低收入科技帮扶工作】联系市科委农村处等处室，多次实地调研低收入农户及低收入村的具体科技需求，部门联动，利用科普大篷车开进低收入村活动，宣传空气污染和预防雾霾知识；开展遥控飞机编队小实验，发放蔬菜种植、预防虫害等与农业相关的科技知识宣传册等。同时，经过与低收入村所在镇政府的沟通交流，划拨20万元，用于低收入村的科技建设。

（区科委）

【着力培养带头作用农企及人才】围绕顺义区农业科技的发展特色，深入探索顺义区合作社、农业企业现状，认真对待各级农业科技相关的评选认定工作，成功推荐获评国家星创天地1个（北京市顺义区美好生活星创天地），北京市农村实用人才项目1个（现代农业新业态新模式），顺义区农村实训基地2个（北京世外苑农场、北京硕丰磊白山药产销专业合作社）。

（区科委）

【“不忘初心，牢记使命，精心打造顺义科技服务品牌”专题培训活动】10月17—19日，区科委举办“不忘初心，牢记使命，精心打造顺义科技服务品牌”专题培训活动。顺义区100名小微科技企业负责人参加。百迈客生物科技有限公司、众汇虚拟现实技术研究院有限公司、电王精密电气（北京）有限公司做交流发言，活动重点安排专家讲座和政策解读环节。2018年，区科委共组织政策宣讲、工作研讨、专题培训、需求对接、专题调研等各类科技服务活动26次，服务企业1700家，集聚科技需求616项。

（区科委）

【区域科技创新】一是加强高新技术企业培育，通过政策宣传、上门辅导、专题培训等多种方式，激发企业申报热情，2018年新认定国家级高新技术企业312家，全区高新技术企业数量达到674家，同比增长36.1%。二是深入企业，问需于企，精准服务，支持企业技术研发，自主创新，培训并组织11家企业网上申报北京市知识产权试点单位，4家企业申报北京市知识产权示范单位。区内2家企业获批国家知识产权优势企业，3家企业获批北京市知识产权示范企业。目前，顺义区有国家知识产权示范企业3家，国家知识产权优势企业4家，北京市知识产权示范企业13家，北京市知识产权试点企业105家。北京市众创空间3家，北京市科学技术奖6项。三是营造良好政策环境，参与制定出台《顺义区促进高精尖产业发展实施意见》和《顺义区实施"梧桐工程"促进高精尖产业引才聚才的若干举措》。

（区科委）

科技成果

【**科技成果转化**】一是主动服务全国科技创新中心建设，立足区域发展定位和产业优势，对接三大科学城，探索建立科技成果转化收益共享机制。二是依托北京市科技成果转化统筹协调与服务平台，开展校地对接工作，与清华大学、中国科学院空天信息研究院、北京理工大学、北京航空航天大学、北京师范大学、首都医科大学6家在京高校院所共同签署《共建北京市科技成果转化统筹协调与服务平台合作协议》，共建科技成果转化基地。三是运用首都科技条件平台，鼓励小微企业充分利用国家级、市级重点实验室、工程技术研究中心以及北京市设计创新中心的资源开展研发活动和成果转化，并依据政策给予企业相应资金支持。四是与功能区和各镇互联互通，为科技成果落地，促进中科院联动创新产业园等创新基地建设打通快速通道。

（区科委）

【**区科委与中关村顺义园签署合作协议**】1月，区科委与中关村顺义园签署合作协议，发挥各自优势，共同优化区域营商环境，服务企业创新发展。中关村顺义园所属企业与区科委链接首都科技条件平台27家重点高校及897家重点实验室实现精准对接，为本区科技企业实现产学研深度融合发展奠定基础。

（区科委）

【**顺义区7家企业荣获北京市科学技术奖**】2月2日，2018年北京市科委系统工作会议召开。顺义区有7家科技企业获得北京市科学技术奖。其中，康仁堂药业有限公司参与的"中药生产过程可靠性工程理论与关键技术应用"获2017年北京市科学技术奖一等奖。北京牵手果蔬饮品股份有限公司、北京新源国能科技集团有限公司等6家企业分获二、三等奖。

（区科委）

【**北京众绘公司摘得首届虚拟现实创新创业大赛桂冠**】3月21—23日，"首届中国虚拟现实创新创业大赛全国总决赛"在江西南昌举行，来自北京市顺义区的北京众绘虚拟现实技术研究院有限公司凭借具有国际领先水平的医学手术模拟器研发及产业化项目，摘得首届中国虚拟现实创新创业大赛桂冠。

（区科委）

【**北京汽车股份有限公司认定为国家级企业技术中心**】北京汽车股份有限公司国家企业技术中心在2017—2018年1331家企业评价中获得92.5分，全国排名第18位。中心是经国家发展改革委、科技部、财政部、海关总署、国家税务总局认定的国家级企业技术中心。截止到2018年底，顺义区共有企业技术中心42家，其中国家级企业技术中心7家、市级企业技术中心35家。

（区科委）

【**《共建北京市科技成果转化统筹协调与服务平台合作协议》签署**】11月15日，市科委、顺义区政府与中国科学院空天信息研究院、北京理工大学、北京航空航天大学、北京师范大学、首都医科大学5家在京高校院所共同签署《共建北京市科技成果转化统筹协调与服务平台合作协议》，北京市科委副巡视员刘晖，区委副书记、代区长孙军民与高校院所代表出席会议并现场签约。

（区科委）

【**市领导调研科技成果转化工作**】

10月25日，市科委党组书记、主任许强一行到顺义调研科技成果转化等工作，区委副书记、代区长孙军民等参加。市科委领导现场查看第三代半导体材料及应用联合创新基地和哈工大军民融合技术创新成果展厅，听取顺义区科技发展情况以及创新型产业集群和制造业高质量发展创新引领示范区产业发展规划的汇报。

（区科委）

【技术合同成交额快速增长】 2018年，顺义区认定技术合同389项，技术合同成交额36.8亿元，同比增长117.8%。

（区科委）

【首都科技平台工作】 首都科技条件平台顺义工作站新增成员单位49家，新增科技人才16位，聚集需求55项，组织“百家实验室进千家企业”专场对接会2场，发放有效创新券总金额256.5万元，服务企业26家。

（区科委）

知识产权

【概况】 2018年，顺义区知识产权局认真贯彻落实习近平新时代中国特色社会主义思想和党的十九大精神，牢固树立“四个意识”，不断增强“四个自信”，坚持“四个服从”，做到“两个维护”，紧紧围绕全国科技创新中心建设，认真落实区委五届六次、七次全会精神，持续优化首都营商环境，扎实推进北京知识产权试点城市建设，全区知识产权事业取得显著成效。

（知识产权局）

【试点城区工作方案正式发布】 顺义区知识产权局按照国家知识产权试点城区建设总体思路，围绕“专利质量提升”这个特色主题，立足首都城市战略定位，聚焦“高精尖”产业发展，制定《顺义区建设知识产权试点城区工作方案》，此方案经第71次区政府常务会议审议通过，于2018年9月6日印发实施。

（知识产权局）

【提高知识产权保护效能】 协助北京市知识产权局执法处、北京12330，开展展会专利行政执法工作7次，包括：北京国际汽车展览会、中国国际钓具展、汽车用品展等，共处理展会专利侵权案件41件。开展专利行政日常执法检查活动4次，涵盖医疗仪器、药品、日用品、家电产品等领域，包括在中非论坛期间联合区双打办检查区内2家大型超市，共查处涉嫌假冒专利商品6件。

（知识产权局）

【顺义多家科技型企业获得北京知识产权示范企业称号】 3月13日，“2018年北京市企业和产业知识产权工作会暨知识产权军民融合推进会”在京召开。北京东方雨虹防水技术股份有限公司、北京汽车股份有限公司获评2017年度国家知识产权示范企业，北京北广科技股份有限公司获评第八批北京市专利示范单位，北京东方雨虹防水技术股份有限公司孔虹获评2016年度企业知识产权工作先进个人。

（知识产权局）

【“倡导创新文化 尊重知识产权”2018徒步大会】 4月22日，由北京市顺义区人民政府主办，区知识产权局、区经信委、区商务委、区外事办、区投促局、区体育局、区总部高管中心联合承办的“倡导创新文化 尊重知识产权”2018徒步大会在顺义区奥林匹克水上公园举行。活动旨在学习贯彻习近平新时代中国特色社会主义思想和党的十九大精神，纪念改革开放40周年。迎接第十八个世界知识产权日，打造优质营商环境，助力产业发展，展示顺义区在科技、产业、商业、人才和知识产权领域工作成果。市区两级领导，及相关单位、企业、服务机构以及大学生志愿者750余人参加徒步活动。活动分为顺义区纪念改革开放40周年成果展示、徒步大会启动仪式、知识产权海报创意设计大赛发布及现场长走4个环节。

（知识产权局）

【“顺义区知识产权产业化高峰论坛”】 4月23日，围绕“4·26第十八个世界知识产权日”，区知识产权局举办“顺义区知识产权产业化高峰论坛”。论坛以“倡导创新文化 尊重知识产权”为主题，聚焦知识产权产业化进程中的问题与前景，开展为期1天的讨论交流。顺义区知识产权局局长金泰希出席活动并致辞。中国工程院院士、国家信息化专家咨询委员会委员、国家三网融合专家组成员、国家集成电路产业发展咨询委员会委员沈昌祥院士做“用可信计算筑牢网络安全防线”主题演讲。

（知识产权局）

【知识产权校园教育推进落实】 顺义区知识产权局联合区教委制定《顺义区中小学知识产权校园教育工作方案》。

（知识产权局）

【“2018涉外知识产权实务及风险防控培训会”】 10月31日，区知识产权局在北京金潮玉玛国际酒店紫金厅举办“2018涉外知识产权实务及风险防控培训会”。区内37家知名企业50余人参加培训。此次培训会，旨在使区内涉外企业适应国际贸易形势新变化，降低国际贸易风险，增强知识产权保护意识，以此为企业“走出去”保驾护航。

（知识产权局）

【专利申请授权量提升】 截止2018年12月，本区专利申请量为7143件，同比提高17.8%，全市排名第八，其中发明2026件，实用新型4186件，外观设计931件；专利授权量为5436件，同比提高49.5%，全市排名第八，其中发明528件，实用新型4101件，外观设计807件；PCT专利申请量为77件，全市排名第九；有效发明专利拥有量为2074件，全市排名第九。

（知识产权局）

【知识产权公共服务平台搭建】 平台系统方面，中华文化数据及文化知识产权公共服务线上平台和应用系统完成需求分析，软件开发进行中，其基本功能进入后期阶段，核心功能开始内部测试。在技术搭建、评估模型的开发与迭代、大数据采集及对接、网络安全保障等技术层面推进顺利。相应配套的大规模计算、存储服务器，系统软数、网络安全设备、数据库、视频识别软件完成公开招标。平台合作方面，成为俄罗斯冬宫馆藏展览与衍生品授权交易平台、美国Viacom集团Nickelodeon频道主题体验及衍生品授权平台、东方时代网络传媒股份有限公司影视、动漫、游戏内容交易平台。

（知识产权局）

【知识产权服务业三年工作方案制定】 为贯彻落实《北京市促进知识产权服务业发展行动计划（2018年-2020年）的通知》精神，全面提升顺义区知识产权服务业的发展水平，促进“高精尖”产业发展，助推北京市科技创新中心建设，结合区域实际，起草制订《顺义区促进知识产权服务业发展实施方案（初稿）》。

（知识产权局）

【知识产权专业化服务加强】 一是深入企业调研，切实问需企业。赴仁和镇、南法信镇和后沙峪镇实地走访8家企业，落实知识产权服务到镇，精准对接企业的创新需求。二是与北京青松知识产权代理事务所开展对接交流。了解事务所对日、韩国际专利申请情况。瞄准本区产业“高精尖”结构定位，精准对接企业创新需求，发挥知识产权服务机构专家团队的优质资源和优势特长，推动知识产权服务业发展，营造良好的营商环境。三是召开知识产权质押融资工作对接会。与中国建设银行顺义支行、北京银行顺义支行和北京知识产权运营管理公司共同探讨如何为本区科技企业打通融资渠道，推进知识产权质押融资服务开展。

（知识产权局）

【高精尖产业专利政策制定】 根据《顺义区专利资助及奖励(暂行)办法》实施以来总结出的经验，参与制定《顺义区促进高精尖产业发展实施意见》，围绕“专利质量提升工作”重点任务，制定“专利授权奖励、专利质押融资、企业知识产权制度完善及知识产权服务业发展”等专利政策条款及细则。

（知识产权局）

【试点示范企业数量持续增长】 依托知识产权提升企业市场竞争力，借助试点示范企业引领全区企业知识产权创造、保护、运用能力提升。年内，培训并组织11家企业网上申报北京市知识产权试点单位，4家企业申报北京市知识产权示范单位。区内2家企业获批国家知识产权优势企业，3家企业获批北京市知识产权示范企业。目前，顺义区有国家知识产权示范企业3家，国家知识产权优势企业4家，北京市知识产权示范企业13家，北京市知识产权试点企业105家。

（知识产权局）

【知识产权产业化高峰论坛】 4

月23日，主题为“倡导创新文化尊重知识产权”的知识产权产业化高峰论坛举办，汇集行业、技术、文化、商业、平台等诸多方学者、业内专家。以中国工程院院士沈昌祥为代表的专家学者们，从不同侧面聚焦知识产权产业化进程中的问题与前景，探讨知识产权+技术+金融发展模式，共同助力知识产权强国建设。

（知识产权局）

【第二届知识产权宣传海报大赛】 为提升全区的知识产权保护意识，营造良好的知识产权宣传和普及教育氛围，推动知识产权保护和教育工作的纵深发展，顺义知识产权局联合区委宣传部和区教委举办“第二届知识产权宣传海报创意设计大赛”。4月22日，大赛启动，作品征集历时6个月，收到参赛作品126件。大赛特邀请设计界及知识产权界的6位专家代表进行专业评审，最终评选出成人组、学生组、教师组的一、二、三等奖及成人组优秀奖共计33名，并于“专利周”期间在顺义九中举办颁奖仪式。

（知识产权局）

【知识产权学习及交流】 组织知识产权联席会部分成员单位相关人员分别赴昌平区、丰台区、北京经济技术开发区调研。就未来科学城、腾讯孵化器、国家知识产权运营平台和亦庄开发区的科技创新奖励政策、知识产权布局、企业知识产权成果转化和保护等问题进行交流讨论。

（知识产权局）

教育

综述

【概况】 2018年，顺义区教委辖属教育单位209个，幼儿园105所（教育部门办园54所、集体办园29所、部队办园1所、民办园21所）；小学49所（教育部门办校46所、民办校3所）；九年一贯制学校3 所（教育部门办校2所、民办校 1所），十二年一贯制学校7所，均为民办校；初级中学17所，均为教育部门办校；高级中学4所，均为教育部门办校，完全中学2所，均为教育部门办校，中等职业学校6所（教育部门办校2 所、民办校4所）；特殊教育学校2所（教育部门办校1所、其他部门办校1所）；其他法人单位14个。招生29292人（幼儿园10469人、小学9839人、初中5808人、普通高中3099人、特殊教育学校70人、中等职业学校7人）；毕业22208人，（幼儿园7850人、小学6560人、初中4300人、普通高中3316人、特殊教育学校71人、中等职业学校111人）；在校生104188人，（幼儿园29234人、小学48882人、初中16234人、普通高中9593人、特殊教育学校213人、中等职业学校32人）；教职工总数12166人（幼儿园2921人、小学3779人、初中1731人、九年一贯制学校181人、完全中学495人、高级中学1309人、十二年一贯制学校1447人、中等职业学校172人、特殊教育131人），在职教师中，正高级职称10人、高级职称1953人，一级职称3971人。北京市特级教师36人、北京市学科教学带头人17人、北京市骨干教师102人。全年教育总投入59.85亿元。中小学固定资产总值27.1511亿元，中等职业学校固定资产总值0.453亿元。驻区高等学校6所，成人学历学校4所，社区学校6所，农村成人教育学校（乡校及村校）445所，乡镇成人学校486所，教育培训机构63所。年内新建幼儿园6所，撤并幼儿园2所。

（区教委）

【中小学生冰雪嘉年华活动】 1月11—12日，第三届“舞彩顺义冰雪运动欢乐季”启动仪式暨顺义区中小学生冰雪嘉年华活动在张镇莲花山滑雪场举行。市教委委员、巡视员王定东宣布启动仪式开始，与会领导为比赛鸣笛。首师大顺义附小、牛栏山三小、马坡中小、张镇中小、牛栏山一中实验学校、顺义九中等70余名师生组成雪上联合表演队，展示坡道直滑、大回转滑行、队列组合等表演。活动设置“双板坡道直滑计时赛”“双板平地滑行迎面接力赛”“雪地拔河”和“雪地足球比赛”4个比赛项目，同时设有“校园雪合战”“双板滑雪”2个体验项目。区内70余所中小学3000名学生参加活动。

（区教委）

【校长高研班论坛暨结业典礼举行】 1月16日，顺义区教委与北京教育学院联合举办的小学校长“实学实用校长专业标准”高研班论坛暨结业典礼在区研修中心举行。6位校长在论坛上作专题发言，分别从课程建设、教师专业发展、学校管理等方面展示交流所学所获、实践中的思考与行动。北京教育学院教育管理与心理学院副院长孟瑜、许甜博士围绕校长们的发言作现场点评。点评后分别作《教师专业发展阶段及其支持策略》《论文写作中的实证意识》主题微讲座。北京教育学院教育管理系主任王淑娟作项目总结并宣布优秀学员名单。区研修中心副主任李树栋出席并讲话。北京教育学院、区研修中心有关负责人及全区26名中小学校长参加。

（区教委）

【青年拔尖人才决赛举行】 3月27日，区教育系统90后青年拔尖人才大赛决赛在空港二小举行。通过前期海选，从100余名选手中脱颖而出的25位青年教师逐一上台展示个人优秀事迹，评委根据选手展示内容、仪容姿态、语言表达、提问互动现场打分。最终产生一等奖3名，二等奖5名，三等奖7名，参与奖10名。获得一等奖的3名青年教师将被推荐参加顺义区90后青年拔尖人才大赛。团区委领导及全区中小学幼儿园团组织干部130余人参加。

（区教委）

【“基础教育内在质量提升”项目大会】 3月30日，北师大与顺义区“基础教育内在质量提升”项目一期总结暨二期启动会在顺义一中附属小学举行。区教委副主任孟朝晖充分肯定各校在研究中取得的新发展、新进步，并对二期项目6所成员校提出三点希望。一要抓住机遇，借势发展。二要打开思路，勇于创新。三要注重成果转化，引领学校发展。活动中，8所一期项目学校教师分别作课堂教学展示，体现项目实施效果。项目负责人、北师大教育学部副部长毛亚庆就项目背景与意义、实施路径、效果评估几方面作重点分析。一期8所项目学校的教师围绕学校整体推进、学校管理制度、学校文化、家校合作等方面的实施经验展开交流分享，以真实的案例、亲身的体验讲述“基础教育内在质量提升”项目故事。会上，第二期项目同时启动，项目主题为 “学生社会情感能力发展的学校管理综合变革”。区教育研究和教师研修中心相关领导，各项目学校校长以及北师大课题项目相关干部教师80余人参加。

（区教委）

【艺术节集体项目展演】 3月31日—4月1日，顺义区第十七届中小学生艺术节集体项目展演在牛栏山一中举行。全区共有40支合唱团、29支戏剧队伍参加展演。西辛小学教育集团等6所学校及杨镇一中等4所学校分获合唱组及戏剧组展演一等奖。牛栏山二小、顺义八中等学校分获二、三等奖及优秀奖。牛栏山一中等6所学校被推荐参加市级展演。各参赛单位教师、学生及家长共计2500余人参加。

（区教委）

【中法教育文化交流活动】 4月9日，法国梵高高中师生代表到顺义区开展教育文化交流活动。他们先后走进李各庄学校、顺义九中等学校。在李各庄学校，来访师生一行首先参观校园环境，了解校园文化。李各庄学校校长张忠为法方师生介绍学校办学理念和教学特色。随后，法国师生走进剪纸课堂，与李各庄学校师生共同体验学校特色课程“剪纸”。在顺义九中，法方师生体验学唱中国民歌。中方教师通过标注汉语拼音读词读句、演示、领唱等方式，教会法国学生独立完成演唱。同时，法国师生还体验中国书法，听取九中教师介绍纸墨笔砚等书法文化知识，以“中法友好　上善若水”为题进行篆书书法创作。随后，中法学生互赠礼物，法方教师向学校赠送法国国家地理及风景图册，顺义九中以学生两幅书法作品作为回赠。交流活动持续两周，顺义区教委以“一对一”对接方式，安排法国学生入住中方学生家中，体验中国家庭生活。活动进一步促进双方师生对两国文化特色的了解，开拓师生的国际视野，提高学生多元文化下合作沟通能力，展示出顺义区师生良好的精神风貌。

（区教委）

【顺义区教育研究和教师研修中心附属实验小学挂牌】 4月12日，顺义区教育研究和教师研修中心附属实验小学挂牌仪式在杨镇中小举行。区教委相关科室负责人、属地领导、区教育研究和教师研修中心部分教研员、附属实验小学师生及家长代表共计1800余人参加。

（区教委）

【人民政府教育督导委员会成立】 4月18日，顺义区人民政府教育督导委员会成立大会在牛栏山一中召开。区委教工委书记、区教委主任武捷宣读顺义区政府《关于设立顺义区人民政府教育督导委员会的通知》，对教育督导委员会职能、组成人员等提出具体要求。区政府教育督导室主任张海东从机制改革、落实工作、队伍建设等方面，作顺义区教育督导工作回顾与展望。区人力资源和社会保障局、天竺镇、督学代表分别从人才保障、政府扶持、督学修养等方面作主题发言。成立大会召开后，顺义区人民政府教育督导委员会第一次全体会议召开，会议由区委常委、副区长初军威主持。会议审议并通过《顺义区人民政府教育督导委员会工作规则》《顺义区教育督导报告发布管理暂行办法》，要求教育督导委员会办公室对文件进行审核印发。教委机关各科室负责人，顺义区全体督学，教育系统各学校、幼儿园、直属单位党政一把手、评价代表及业务干部等600余人参加。

（区教委）

【中俄青少年舞蹈杂技艺术节】 4月23日，中俄青少年舞蹈杂技艺术节在牛栏山一中举行。为打造此次演出，中俄两国青少年艺术团在国内优秀舞蹈作品中优中选优，在艺术和作品形式上严格把关，充分展现两国不同的文化魅力。本次活动，为两国青少年提供深入了解、增进友谊的文化交流契机。区教委有关科室部门负责人、区内中小学师生代表1000余人现场观看演出。

（区教委）

【融合教育推进会】 4月25日，围绕“拥抱差异成就梦想”这一主题，顺义区融合教育推进会在牛栏山三小召开。与会干部教师首先观看融合教育宣传片，回顾近年来顺义融合教育发展及取得的成绩。区特殊支持教育中心主任张晓宪作“探索适切措施 践行融合教育”主题汇报，全面总结全区融合教育工作的进展情况和主要成就。顺义十三中及牛栏山三小作为中小学代表和送教上门的融合教育团队，分别展示学校关注学生的实际获得全方位推进融合教育的经验。随后，大会表彰顺义十三中、南彩学校、牛栏山三小、西辛小学等12所融合教育先进校，并现场聘请市4位特教专家为顺义区融合教育工作指导专家。区教委副主任孟朝晖发表讲话。北京教科院特殊教育研究指导中心主任孙颖对本次活动给予充分肯定，并对今后工作提出希望和建议。区教委小教科、区特殊支持教育中心、各中小学主管干部及骨干教师150余人参加。

（区教委）

【生本大讲堂活动】 4月26日，顺义区第二届生本大讲堂活动在高丽营学校举行。本次活动的主题为《指向学生学习的课堂活动设计》。语文、数学、英语、科学4个学科的10位来自不同学校的中小学教师分别进行课程展示。课堂上，师生、生生互动教学，激发学生学习新知的兴趣，教师引导学生通过探究、小组合作、师生交流的方式解决学习中的问题，促进学生勤观察、乐思考、爱学习。学习过程从被动转化为主动，提升学生发现问题的能力。评课、经验分享环节，教师代表结合自身课程建设与开展情况，对课程进行反思，听课教师围绕课程进行深入研讨，在肯定课程的同时也提出不足。随后，高丽营学校教科室负责人结合学校生本教育开展情况作工作汇报。区研修中心中学语文教研员为听课教师作《基于语文核心素养的生本课堂活动设计》专题讲座。区研修中心主任张海对活动进行整体点评。区研修中心相关负责人，区内40余所中小学校有关教师共200余人参加。

（区教委）

【北京小作协顺义分会阅读与写作专题讲座】 4月27日，北京小作协顺义分会阅读与写作专题讲座分别在顺义区石园教育集团石园校区和顺义二中举行。顺义二中校区，北京作协驻会副主席兼秘书长王升山为全区中学小作协会员及该校初一学生作《读书方法》讲座。王升山以独特的视角，生动的案例分析阅读的方法、碎片阅读与系统阅读的整合，为学生课内外阅读及终身阅读思维打开一扇窗。在石园教育集团石园校区，北京小作协主席周敏为孩子们带来《童话与想象力》主题讲座。顺义区小作家协会会员和石园教育集团石园校区的孩子现场聆听，并与作家互动交流。石园教育集团石园校区和顺义二中共计1500余名师生参加。

（区教委）

【第二届经典诵读展演活动】 5月5日，顺义区小学阶段第二届“诵读经典·诗意流芳”展演活动在牛栏山一中举行。活动主题是“同读一本书”，活动邀请演员朱琳示范朗诵《春江花月夜》，电影《摔跤吧爸爸》中配音演员张震朗诵《面朝大海春暖花开》。随后，孩子们以咏诵、情景剧、音乐剧等多种方式展现出文学意境。全区各小学校均开展家校同读、师生同读，让学生细读经典。区教委小教科相关负责人，各学校干部教师、家长代表500余人参加。

（区教委）

【中小学生定向越野活动暨京津冀邀请赛】 5月5日，“京津冀携手共筑中国梦”2018年顺义区中小学生定向越野活动暨京津冀邀请赛在北京国际鲜花港举行。本次比赛设置学生组和教师组，分A 、B 两条路线。最终，顺义十二中、杨镇二中、保定市沈庄小学等分别获得高中、初中、小学男子组、女子组金银铜奖，后沙峪中小、杨镇一中等学校分别获得各组别的团体奖。区学生活动管理中心有关负责人，天津、河北地区师生代表及区内各中小学校参赛选手400余人参加。

（区教委）

【国家义务教育质量监测】 5月24日，2018年国家义务教育质量监测在顺义区举行。监测主要针对义务教育阶段学生数学学业质量、体育与健康状况，以及课程开设、条件保障、教师配备、学科教学和学校管理等相关影响因素进行。义务教育质量监测为客观反映学生学业质量、身心健康及其变化情况提供科学、真实、有效的监测数据，为教育决策提供科学依据和支撑，对转变教育管理方式和改进学校教育教学具有重要的参考价值和指导意义。区内600名四年级和八年级学生及265名教师参加。

（区教委）

【巴林左旗对口支援活动】 5月27—30日，顺义区教委、教育研究和教师研修中心考察团一行6人赴内蒙古自治区巴林左旗进行对接教育帮扶援助工作。结对帮扶座谈会上，巴林左旗教育局负责人作教育工作情况介绍，内容包括巴林左旗教育基本情况、发展现状、存在问题及对口帮扶意向，并对顺义区教委大力开展对口帮扶巴林左旗教育工作表示感谢。考察团负责人顺义区研修中心副主任李广生表示，顺义教委相关科室和各教育单位要认真做好对接工作，把教育对口帮扶巴林左旗工作落到实处，做出实效。考察团一行随后参观林东第七中学、哈达英格寄宿制学校、林东第四小学等学校，与学校干部教师就帮扶工作进行深入交流，详细了解当地教育教学情况及学生学习状况。通过实地考察，考察团一行全面了解当地教育状况，为今后做好两地对口帮扶工作打下良好基础。

（区教委）

【第四届中学生中华传统文化知识大赛】 5月29日，顺义区第四届中学生优学派中华传统文化知识大赛在杨镇一中举行。本次竞赛题目的设计，在考查学生对中华传统文化知识理解的同时，也注重培养学生语言积累习惯，提高学生语言实践运用能力。来自牛栏山一中、顺义一中、杨镇一中、顺义二中、北京四中顺义分校及牛栏山一中实验学校的6支代表队共18位选手参赛。最终，牛栏山一中、杨镇一中、顺义一中代表队获一等奖，顺义二中、北京四中顺义分校、牛栏山一中实验学校代表队获二等奖。

（区教委）

【冰雪体验活动】 6月9日，顺义天竺地区青少年冰雪体验活动在空港二小启动。全区首家镇级青少年滑雪体验中心同期投入运行。体验中心创新推出“滑雪训练器＋规范教学＋安全有效”科学实践教学新模式，通过还原真实滑雪场景，让同学们近距离感受冰雪运动的独特魅力，实现冰雪运动进校园，调动青少年参与冰雪运动的积极性，以实际行动弘扬奥林匹克精神，为2022北京冬奥会营造良好氛围。启动仪式上，与会人员观看冰雪运动宣传片。与会领导与奥运冠军叶乔波共同按下“雪花”按钮，正式启动天竺地区青少年冰雪体验活动。滑雪技能展示环节，培训教师介绍滑雪设备的使用原理和先进设计理念。嘉宾观摩空港二小参训学员的阶段性滑雪训练成果展示。区人大、区政府、区政协及区教委、区体育局和属地有关领导，天竺地区兄弟校干部、空港二小师生家长代表共80余人参加。

（区教委）

【“最佳中学生主持人”风采大赛决赛】6月13日，顺义区第三届“蝶砚杯”中学生主持人风采大赛决赛在顺义九中举行。本次比赛分为初中和高中两个组别，经过初赛和复赛的比拼，初中组和高中组分别有27名同学和14名同学进入总决赛。经过激烈角逐，来自顺义三中的丁平泰、杨镇二中的郑惠林、仁和中学的祖士祎、牛一实验学校的朱玺润以及顺义十三中的常悦5名同学获得初中组一等奖。牛栏山一中吕佳慧、顺义九中冷鑫强和杨镇一中迪丽妮尕尔3名同学获得高中组一等奖。区教委相关科室负责人、首都师范大学科德学院教师、区语文教研员、顺义九中学生代表参加。

（区教委）

【综合实践课程展示活动】6月20日，北京市“以实践活动促学习力提升，深入推进全人教育”课程展示活动在李遂小学举行。此次展示由服务型实践活动、个性发展型实践活动、实践型课堂展示三部分组成。在小志愿者的引领下，来宾们参观学校校园环境，体验学校全人教育文化。学校分别展示小歌手演唱会、英语PK情景剧、个人画展、悠悠球表演等实践活动。在实践型课堂展示环节中，数学、语文、英语、体育、音乐、美术等不同学科共21节实践课同时展开。“毽子设计师”“与字为友”“寻找校园美景”“顽皮的图形”等课程创意新颖，构思独特，教师充分发挥学生自主意识，努力使学生达到自主、自信、自强的统一。校长姚磊介绍学校综合实践活动的设计与实施情况，并向来宾分享教育成果与教育理念。学科教师阐述实践课堂的开展情况，并针对活动内容同与会来宾进行交流。经中国教育学会教育管理分会综合实践管理与研究学术委员会专家团评审，认定李遂小学为北京市综合实践活动特色学校。北京市教育学会专家，区教育研究和教师研修中心相关负责人、各校综合实践活动主管领导50余人参加。

（区教委）

【庆夏奥迎冬奥启动仪式】6月28日，顺义区中小学生“双奥之城 激情冰雪”庆夏奥迎冬奥启动仪式在奥林匹克水上公园举行。区委常委、宣传部长贺亚兰出席。启动仪式上，仇店中小孩子们表演安塞腰鼓。启动会上，举行捐赠冰鞋仪式，与会领导向热爱冰上运动的中小学生赠送1000双冰鞋，场上领导和学生代表共同触动大屏，启动“双奥之城 激情冰雪”顺义区中小学生庆夏奥迎冬奥活动。顺义区冰上运动队为现场观众带来冰球运动展示、花样滑冰表演和速滑表演，来自俄罗斯普希金文化艺术院校的专业冰上芭蕾舞演员表演花样滑冰。区教委、体育局有关领导，区学生活动管理中心负责人及各冰雪项目校师生和家长代表参加。

（区教委）

【北京城市学院沙岭实验学校挂牌】7月3日，北京城市学院沙岭实验学校挂牌仪式举行。区政府教育督导室主任张海东宣读北京城市学院沙岭实验学校挂牌决定，区委常委、副区长支现伟，北京城市学院党委书记、校长刘林，区委教工委书记、教委主任武捷为学校揭牌。区教委相关科室负责人、属地领导、部分杨镇人大代表、沙岭实验学校师生及家长代表共计400余人参加。

（区教委）

【小天使文学院开班仪式】7月14日，顺义区小作家协会挂牌暨小天使文学院开班仪式在少年宫举行。开班仪式后，北京老舍文学院副院长、北京作协儿童创作委员会副主任周敏作关于“童话与想象力”的首场主题讲座。首批学员和家长共计百余人聆听讲座，区教委体卫艺科、教育宣传中心负责人、少年宫有关干部教师参加，《北京晨报》、区电视台、区教育宣传中心等媒体作采访报道。

（区教委）

【一键报警系统布置会暨反恐培训会】10月9日，顺义区教育系统一键报警系统布置会暨反恐培训会在顺义五中召开。会议对全区教育系统各单位提出六点要求：一是建立校园安全管理队伍；二是加强管理机制体系建设；三是加强安全教育宣传体系建设；四是加强“三防”建设；五是加强安全隐患排查整治工作力度；六是加强安全突发事件应急体系建设。区教委综治科负责人及全区中小学、幼儿园主管安全干部共计120余人参加。

（区教委）

【赴扶贫协作地区支教活动】10月18日，区教委选派57名教师赴扶贫协作地区开展支教活动。区教委结合受援地教育需求，在教育系统内选派长期在一线从事教育教学工作、具有丰富教学和管理经验的优秀教师承担本次支教任务。其中，8名教师分赴河北省沽源县、河北省万全区、内蒙古巴林左旗、内蒙古科左中旗进行为期1年的长期支教，选派49名教师分赴河北省沽源县、河北省万全区、内蒙古巴林左旗、内蒙古科左中旗、西藏尼木县五地开展为期1个月的支教活动。

（区教委）

【建筑模型竞赛】10月27日，顺义区中小学生“改革开放40年·最美新顺义”主题建筑模型竞赛在南彩二小举行。比赛共设置个人和集体两大类10个项目，个人项目包括“缤纷童年”涂装木屋赛、“绿野春天”花园别墅赛、“梦想家园”小筑创意赛、“锦绣江南”古典园林创意赛、“夏日奇缘”安娜小屋场景模型、“城市梦想”区域规划赛城市梦想、“中华庭院”古典民居创意模型、“阳光海岸”创意建筑模型、“天空之城”创意城堡设计。集体项目为“桥梁规划师”创意场景模型。来自全区44所中小学校近1200名学生参加本次竞赛。

（区教委）

【教学艺术大赛获奖】11月21日，第四十九届“创新杯”全国优秀青年教师教学艺术大赛在深圳举行。西辛教育集团纪莉莉、许慧两位老师参赛。许慧老师展示《商量》一课的现场教学。纪莉莉老师从教材分析、学情分析、教学目标、教学重难点及教学过程五方面，作《望庐山瀑布》说课展示。最终，许慧和纪莉莉老师均获本次全国大赛一等奖。

（区教委）

【学生纪录片获全国大奖】11月29日—12月2日，第十五届全国中小学校园影视教育成果展示活动暨校园影视媒体应用研讨会在黄河科技学院举行。顺义二中学生任毅制作的校园影视作品《中巴友谊之路》荣获“金犊奖”“最佳电视片奖”两项大奖，成为历届北京市参赛作品中获得的最高奖项。该片是任毅同学独自骑行喀喇昆仑公路即中巴友谊公路，历时40天，行程2500km，穿越塔利班控制区，横跨帕米尔高原，历经艰险自制的纪录片，此片曾入围中欧国际电影节纪录片单元。

（区教委）

【中学生时事辩论赛】11月30日，顺义区首届“言道杯”中学生时事辩论赛决赛在仁和中学举办。初中组杨镇二中、仁和中学和高中组杨镇一中、新英才学校4支队伍参加决赛。最终杨镇二中和仁和中学分获初中组冠亚军，杨镇一中和新英才学校分获高中组冠亚军。本届辩论赛从9月份开始筹备，历时三个月，共组建26支辩论队，组织开展36场以“时事”为主题的对决。中学生时事报、区教委中教科相关负责人，全区各中学干部教师及学生共计500余人参加。

（区教委）

【移动终端课堂教学应用现场会】12月5日，“聚焦智慧课堂，推进深度融合”移动终端课堂教学应用现场会在石园教育集团石园校区召开。石园小学7名教师为来宾展示数学、科学等学科技术与教学融合研讨课，教师们借助PAD等移动终端教学工具，突破传统课堂限制，以学习小组、讨论区、群组，游戏、问答、情境再现、案例分析等教学形式，精准把握学生对知识的掌握与运用情况，并借助网络信息技术引入丰富的教学资源，提高教学实效。首都师范大学教授樊磊对授课教师驾驭课堂的能力，教师对移动终端的使用程度给予肯定，并对课堂生成过程中出现的不足提出改进建议。区教委相关负责人宣布移动终端互动教学实践成果征集评选活动获奖名单，并向获奖教师颁发证书。教委相关科室负责人，教育信息中心、PAD教学联盟校干部教师，中小学信息技术教育杂志社有关负责人共计100余人参加。

（区教委）

【冬季项目进校园活动】12月12日，北京市中小学冬季项目普及推广系列活动在天竺一小举行。

首都体育学院教师王浩为五、六年级师生作《走进冬奥会的“冰雪奇缘”》专题讲座，从冬奥会项目认知到奥林匹克人文价值，从冬奥项目创新到中国健儿勇夺冬奥冠军，细致讲解中国与冬奥会的冰雪奇缘。讲座结束后，同学们纷纷进入到旱地冰壶、旱地冰球等活动场地亲身体验。

（区教委）

【违规校外培训机构清理整顿】12月12日，区教委联合工商、消防等多部门针对辖区内违规校外培训机构集中区域进行清理整顿。检查利用“街乡吹哨 部门报道”联动工作机制，对辖区内集中办学点进行全面规范、治理、整改。联合执法检查人员一行来到怡馨家园附近，检查学大教育、环球雅思教育、卓越培优英语、环美教育等10家培训机构。检查过程中，工作人员当面约谈办学者，各部门实地查看，现场办公，分别从教育教学、消防、安全等方面进行全方位细致检查。要求已经取得工商营业执照的培训机构要在经营（业务）范围内开展业务；没有办学许可证，不得再举办面向中小学生的学科类培训。责令这些机构必须在规定时间内停止学科类办学行为，不得继续招生，停止相关广告宣传。对存在消防、安全隐患的4家培训机构当场指出存在问题，限期整改。区教委、属地派出所、工商所、安监科、消防等部门组成的执法人员20余人参与。

（区教委）

【字源识字资源应用与创新的研究阶段成果推进会】12月25日，顺义区“小学语文‘字源识字资源’应用与创新的研究”阶段成果推进会在天竺一小召开。校内2名教师分别展示《狐假虎威》《有趣的偏旁部首》校本课程，学生使用《字源识字教学手册》和《我喜欢字源识字》校本教材进行自主识字、合作探究、共议交流。天竺一小教学干部作课题阶段性成果汇报，从教师培训、手册应用、课堂实践、微课研发等方面作总结。市基教研中心小语教研员结合怎样把资料转化成资源，如何与学生加强真实联系等方面与嘉宾分享交流。市基教研中心小语教研室、区教委小教科、区教育研究和教师研修中心、区教育宣传中心相关负责人，区内部分小学干部教师80余人参加。

（区教委）

学前教育

【概况】2018年，顺义区共有幼儿园105所，其中教育部门办园54所、集体办园29所、民办园21所、部队办园1所；其中北京市示范园9所，其它教育部门办园全部达到北京市一级以上水平。在园幼儿29234人（教育部门办园27580人）；入园幼儿10469人（教育部门办园7659人）；离园幼儿7850人（教育部门办园6126人）；幼儿园教职工总数 2921人（教育部门办园1700人），其中，专任教师1517人（教育部门办园977人）；幼儿教师学历合格率100%。幼儿园有特级教师2人；市级骨干教师5名，区级教育专家1名，区级特级教师4名，区级学科带头人12名，区级骨干教师150名，区级园丁新星20名，区级教坛新秀35名，各级各类骨干教师占专任教师总数的23.4%；幼儿园总占地面积520117.2平方米（教育部门办园占地面积374641.15平方米），总建筑面积273225.13平方米（教育部门办园建筑面积188390.81平方米）；全区3—6岁幼儿的入园率为95%，学前三年教育普及率92%；年内新建幼儿园6所，撤并幼儿园2所。

（区教委）

【科学规划园所考核办法】4月，学前科出台《顺义区幼儿园年度考核工作方案》。将教办园、部门办园和村办园的考核工作分为上、下两个学期进行。通过重点考核园所文化建设、队伍建设等九个方面工作内容，结合11个工具量表分组打分，最终评选出贯彻《指南》优秀园所17个，保教工作突出教师96人，新教师家园沟通优秀指导者55人，有效促进园所健康发展。

（区教委）

【6所教办园通过北京市升级升类验收】5月9—16日，区教委学前科组织市级专家验收组，完成6所教办园的升级升类验收工作。其中，张镇中心幼儿园、牛栏山第二幼儿园、澜西园二区幼儿园、顺和幼儿园、东兴五所幼儿园升级为一级一类，香悦四季

幼儿园为一级二类幼儿园。

（区教委）

【幼儿园“小学化”专项治理工作部署会】9月17日，幼儿园“小学化”专项治理工作部署会在仁和中学会议室召开。会上，区教委相关科室从办园理念、园所发展、教师培训、幼儿成长等角度解读《顺义区关于开展幼儿园“小学化”专项治理工作的方案》。根据方案要求，对全区幼儿园、小学和校外培训机构通过自查摸排、全面整改和监督检查等步骤全面落实幼儿园“小学化”专项治理工作。区政府教育督导室主任张海东从呵护幼儿健康成长的角度，对此项工作提出具体要求。区教委、区教育研究和教师研修中相关科室负责人参加。

（区教委）

【全年新增1680个学位】9月，顺义区通过新建、改扩建等方式，共有4所公办幼儿园和7所村办园新开园，共增加1680个学位，有效缓解部分区域入园难问题，完成北京市重要民生实事任务。

（区教委）

【公招编外教师理论考核】10月20日，公招编外教师理论考核在北京市顺义区教育研究和教师研修中心举办。本次考核由区教委学前科、区学前教研室联合自主命题、评阅，考试科目分为教师岗和保育员岗，采取闭卷方式考察《3-6岁儿童学习与发展指南》《幼儿园教育指导纲要（试行）》中幼儿年龄特点及目标要求、教师及保育员日常工作要点，幼儿常见伤害及疾病处理预防和措施以及通识性知识及家园沟通能力。全区2016年—2018年公开招聘（编外）及特招共计595名教师参与考核。

（区教委）

【首届幼儿足球交流赛】10月22日，顺义区首届“传递爱之意 点燃足球梦”幼儿足球园级交流赛在杨镇中心幼儿园举行。顺和花园幼儿园、赵全营中心幼儿园、杨镇中心幼儿园3所幼儿园通过园内淘汰赛，竞选出6支队伍参赛。活动特别邀请北京国安俱乐部前主力队员南方进行现场解说。经过6轮激烈角逐，最终，杨镇中心幼儿园获得冠军、赵全营中心幼儿园获得亚军、顺和花园幼儿园获得季军。区教委体卫艺科负责人、3所幼儿园园长及部分教师、幼儿及家长参加。

（区教委）

【园长工作室主题成果汇报活动】10月29日，“燃课程之光 悟管理之美”——张宝兰园长工作室“课程领导力”主题成果汇报活动在木林中心幼儿园举行。来自木林中心幼儿园、高丽营一幼、澜西园四区幼儿园、南法信中心幼儿园的幼儿们为专家及教师带来儿童剧《化茧成蝶》《小蝌蚪找妈妈》、轮滑、多米诺表演及民间体育游戏展示。木林中心幼儿园园长吴克艳及馨港幼儿园园长郭立春分别作课程建设汇报，从不同角度诠释“燃课程之光 悟管理之美”内涵。北京师范大学教育学院教授霍力岩对活动特色、成果多样化及游戏趣味性给予充分肯定。区教委、区研修中心相关负责人，北师大教育学院专家团队，通州区、朝阳区工作室及全区幼儿园园长、业务园长共计180余人参加。

（区教委）

【芬兰凯拉瓦市代表团一行参观交流】11月1日，芬兰凯拉瓦市代表团一行到顺和花园幼儿园参观交流。园长向芬兰客人介绍幼儿园的历史、校园文化、幼儿园特色课程及办学理念。代表团一行观看该园的宣传片，并参观艺术教室、图书馆等设备设施，园所丰富多彩的户外自主活动给代表团留下深刻的印象。此次参观交流活动，全面展示顺义区各学校的风采与先进的办学理念，促进中芬双方在教育观念、教育方式上的学习与借鉴，对今后双方进一步的合作与交流打下良好的基础。区外事办、区教委有关科室负责人及相关单位干部教师参加。

（区教委）

【顺义区保育教师岗位培训】12月8—26日，教委学前科邀请首都师范大学幼教师资培训部周梅林老师等专家为顺义区105名保育教师进行岗位培训。主要内容涵盖职业道德、婴幼儿教育基本知识、婴幼儿卫生保健及常见预防、幼儿心理学、幼儿教育学、幼儿卫生学以及保育员职业理念等。

（区教委）

基础教育

【概况】2018年，顺义区小学49所（不含一贯制学校小学部），其中教育部门办学46所，民办小学3所；九年一贯制学校3所（教育部门办校2所、民办校1所），教学班1435个（一贯制学校小学部203个班），其中教育部门公办1214个（教育部门公办一贯制学校小学部21个班）；毕业6560人（教育部门公办5994人），招生9839人（教育部门公办9257人），在校生48882人（教育部门公办44717人）；教职工5047人（教育部门公办3823人），其中，专任教师4254人（教育部门公办3135人）；小学入学率100%，巩固率100%，毕业率100%，及格率100%。小学特级教师4人，小学教师具有高级专业技术职称236人，市级学科带头人8名，市级骨干教师44名，区级名誉教育专家1名，区级教育专家1名，区级特级教师13名，区级学科带头人57名，区级骨干教师361名，区级园丁新星32名，区级教坛新秀45名，各级各类骨干教师占专任教师总数17.9%。

顺义区中学33所（其中职高附设班不计入中学数），其中教育部门公办25所（初中18所、完中2所、高中4所、九年一贯制1所），民办8所（九年一贯制学校1所、十二年一贯制学校7所），教学班696个（教育部门公办558个），初中489个（教育部门公办353个）、高中274个（教育部门公办245个）；毕业7616人（教育部门公办6472人），初中4300（教育部门公办3501）人、高中3316人（教育部门公办2971人），招生8907（教育部门公办8127人），初中5808人（教育部门公办5149人）、高中3099人（教育部门公办2978人），在校学生25827人（教育部门公办21869人），初中16234人（教育部门公办12796人）、高中9593人（教育部门公办9073人）；初中入学率100%，巩固率100%，毕业率100%，及格率100%；普通高中入学率60%，应届毕业生高考录取率95.8%。学校教职工7105人（教育部门公办4171人），其中，专任教师5135人（教育部门公办3091人），初中2796人（教育部门公办1760人）、高中2339人（教育部门公办1322人）。中学特级教师31人，市级学科带头人9名，市级骨干教师53名，区级名誉教育专家1名，区级教育专家8名，区级特级教师43名，区级学科带头人80名，区级骨干教师408名，区级园丁新星48名，区级教坛新秀36名，各级各类骨干教师占专任教师总数23.2%。

全区教育部门公办中小学专任教师学历合格率100%，北京市特级教师49人（小学7人、中学42人），其中在职35人（小学4人、中学31人）。教育部门公办学校总占地面积2674975.5平方米，其中小学1121613平方米，中学1553362.5平方米；教育部门公办学校固定资产总值168670.526万元，其中小学61453.145万元，中学107217.381万元。

（区教委）

【“小种子 大智慧”主题实践活动展示会】1月12日，顺义区东风教育集团裕龙校区召开“北京市植物栽培大赛顺义区表彰总结会”暨“小种子 大智慧”主题实践活动展示会。与会专家向教师介绍活动目的及意义，分享近年来学校植物栽培活动开展情况和相关信息。并为本次参赛获奖学生、教师代表颁奖。经验交流环节，多位教师分别从《团队协同合作 栽培喜获硕果》《坚持功到自然成》《食农校本课程》《学科整合助力“植物栽培”活动》《新教师栽培问题的有效策略研究》《谈跨学段、跨校址的活动衔接策略》等多维度向大家介绍日常开展此项活动的重要性，展示研究中使用的方法与策略。获得本次北京市植物栽培活动最佳表现奖的学生和家长分别与大家分享参赛历程和收获，以及孩子参赛前后的变化等。区教育研究和教师研修中心有关学科教研员、东风教育集团干部教师和学生参加。

（区教委）

【家教名师校园行讲座】2月7日，“家教名师校园行”首场讲座在杨镇一中举行。活动邀请中国协和医科大学副研究员、北京协和启迪咨询中心主任杨霞为家长作“如何帮助高三学生应对高考挑战”主题讲座。杨老师针对面临高考孩子容易出现的十大心理问题列举症状，通过大量鲜活案例，从专业埋论层面分析原因，为家长廾出行之有效的家庭教育处方，并提出高考前基本学习法和心理放松法等建议供家长和高三学生参考。区社教中心相关负责人，全区600余名家长现场聆听讲座。

（区教委）

【中小学生武术大赛】3月22日，顺义区中小学生武术比赛在东风教育集团裕龙校区举行。比赛分为小学和中学2个组别，分别进行拳术、器械、初级套路3个项目的比拼。最终沿河中学等6所学校荣获中学组团体总分前六名，杨镇中小等6所学校荣获小学组团体总分前六名。全区20所中小学校282名选手参加比赛。

（区教委）

【“教与学能力提升”项目启动会】3月30日，小学“教与学能力提升”项目启动仪式在东风教育集团建新校区举行。区教委副主任孟朝晖阐述项目实施的背景、意义。东风教育集团建新校区孔玉会老师利用“优教学云平台”进行课堂展示。项目方对平台进行详细介绍，实验校代表发言。项目是顺义区与北京执象科技发展有限公司合作，利用信息化手段，建设数字化教育环境，推动信息技术与课程、作业的有机整合。旨在实现教育资源共享，促进教与学方式的变革，将“教学减负”落到实处。区教委小教科、区研修中心小学教研室负责人，相关教研员，项目方代表以及10所实验校校长、项目负责人参加。

（区教委）

【“寻找最美乡村学校”主题采访走进顺义】4月10日，《北京教育》杂志社来到李各庄学校和北务中学，开展“寻找最美乡村学校”主题采访报道活动。杂志社编辑一行首先来到李各庄学校，在校长张忠陪同下参观校园，了解学校校园文化建设情况。随后，听取张忠校长工作汇报。李各庄学校以“剪纸”和“长跑”为教育载体，通过一静一动特色课程建设，着力培养学生自信心，促进学校教育教学质量的提升。杂志社各位编辑走进剪纸课堂和剪纸作品展室，观看学生剪纸过程、欣赏剪纸作品。下午，各位编辑记者来到北务中学，与校长张宇做互动采访，详细了解北务中学立足农村教育教学实际，广泛调动社会资源，深化课程改革的创业过程。随后，对顺义区正高级教师孔凡艳进行专访。

（区教委）

【顺义二中获北京市“锦绣中华-纸梦霓裳”纸服装展示活动一等奖】5月19日，顺义二中纸模服装社团参加第六届北京市普通高中通用技术服装及其设计“锦绣中华-纸梦霓裳”纸服装展示活动获设计一等奖、团体一等奖，并受文化部恭王府博物馆邀请参加“锦绣中华——2018中国非物质文化遗产服饰秀”展演。

（区教委）

【创新课堂观摩获奖】5月28日，“新媒体新技术教学应用研讨会暨第十一届全国中小学创新课堂教学实践观摩活动”在广州举行。顺义区东风教育集团裕龙校区许雅丽、李桥中小王丽丽、石园教育集团石园校区王男3位教师获一等奖，另有17名教师分获二三等奖。本次活动集聚全国各地代表共3000余人，现场参与展示的观摩课共计93节。

（区教委）

【“六一”国际儿童节游园活动】6月1日，庆祝“六一”国际儿童节大型游园活动在鲜花港举行。本次游园活动展示现场分为“童年不同样”“风采我展示”“看看我能行”“炫动绿茵场”“欢乐向前冲”5个区域，集中展示顺义区各小学、幼儿园的非遗项目、中华传统文化特色课程成果。特色项目学校、幼儿园九大共同体等61家单位的近千名学生参与展示互动和才艺表演。区教委相关科室负责人、属地领导和来自全区小学、幼儿园近5000名师生代表、家长代表参加活动。

（区教委）

【李各庄学校多篇剪纸作品获奖】6月1日，“第四届全国儿童剪纸作品展”在中国妇女儿童博物馆隆重召开。顺义区李各庄学校多篇剪纸作品获奖，其中，刘长森同学的《中国海域》和张秋垚同学的《立体车道》荣获一等奖；《中国海域》被选为《童心的视界》剪纸作品集的封面。另外还有6名同学作品获二等奖，5名同学作品获三等奖，11名同学作品获优秀奖。刘长森、张秋垚、高子萱3位同学分别受邀在颁奖和开幕式上发言。本次作品展由中国艺术教育促进会、全国妇联家庭和儿童工作部、北京市教育委员会、中国妇女儿童博物馆共同主办，展示活动以十九大精神和习近平总书记的重要讲话为指导思想，通过剪纸作品的创作，来展现改革开放40年中国的新变化、新面貌。来自全国31个省份以及台湾地区近万幅作品参展。

（区教委）

【艺术研学夏令营】7月16—20日，顺义区举办中小学生“研学徽州 厚重人生”艺术研学夏令营活动。营员们聆听、学唱徽派戏曲，参观徽州文化博物馆；亲手采茶、制茶、泡茶，体验学习茶文化；在老街上浏览徽派建筑，感受当地风土人情；参观歙县古城，探寻徽州人文历史脉络；观看大型绘画歌舞史诗《徽韵》，感受艺术徽州；走进宏村，切身体验江南水乡魅力。具有深厚文化内涵的活动让学生们全面了解徽州独特的历史文化特色，感受厚重的中华传统人文精神滋养。来自区内12所艺术特色校师生参与活动。

（区教委）

【足球特色校夏令营开营】7月23日，顺义区2018年足球特色校夏令营在大连市体育中心开营。本次夏令营共有来自区内11所小学近百名优秀足球运动员参加，为期14天。活动聘请亚足联B级教练为首的大连市优秀青少年足球训练团队执教，训练分为高级组、中级组、初级组和守门员组，分别进行技能、体能、战术等方面的训练。训练之余，营员们观看大连一方球队主场比赛、参观东北路小学，体验大连浓厚的足球氛围。

（区教委）

【女生自护知识大课堂活动】9月13日，“青春顺义·阳光伴我行”女生自护知识大课堂活动在区法院青少年法治教育实践基地举办。活动邀请“星光自护学校志愿者讲授团”讲师郭宝宁，就女生自护知识及两性交往等内容进行授课。郭老师利用图文并茂的多媒体课件，从“认识我们的身体”“如何分辨和防范性侵害”等方面进行讲解。对女生遭受侵害的犯罪形式，易受侵害的时间、地点，以及何种类型的女生更容易遭遇侵害等问题进行深入分析，提醒女同学要树立防范意识，强化自我保护。同时，针对女生自护的实际问题提出对策和建议。活动现场，郭老师还与同学们进行互动模拟表演，并向同学们发放《青少年普法维权教育案例选编》。顺义十一中、十三中、南法信中学300余名初一女生参加。

（区教委）

【接待沽源教师学习交流】11月14日，河北沽源县平定堡镇寄宿制学校教师一行12人来到顺义五中进行为期1天的参观、学习、交流活动。顺义五中校本课程负责人向来宾们介绍学校校本课程开发实施情况。平定堡学校干部教师走进课堂，听3个学科6位教师的常态课，并参加生物教研组备课活动，观摩五中利用集体教研提高教学质量的教科研模式。随后，平定堡学校干部教师参观五中校本课程活动。随后，大家参加数学教研组活动。

（区教委）

【创新创意实践展示活动】11月23日，顺义区中小学生创新创意实践展示活动在仁和中学举行。设立科学幻想画、研究论文、工程作品、创客秀场等展示项目。321件学生作品参展，涉及智能生活、地球与空间科学、生命科学、环境科学、机器人等领域。

（区教委）

【青少年机器人大赛】12月1日，顺义区青少年机器人竞赛在仁和中学举行。本次竞赛共分为区级特色竞赛和市级选拔赛2个板块，其中区级特色竞赛包括“城市建设”赛、“创意搭建”赛、“一带一路”赛和“太空挑战”赛4个项目；市级选拔赛包括机器人创意赛、FLL机器人工程挑战赛、机器人智能工程挑战赛、VEX机器人工程挑战赛、教育机器人工程挑战赛5个项目。区教委体卫艺科、区学管中心负责人及全区20余所中小学校106支参赛队近300人参加。

（区教委）

【中学生绘本领读】12月12日，仁和中学23名学生领读志愿者来到建北幼儿园，为中、大班的孩子们进行绘本讲读活动。本次志愿者行动是区社教中心“绘本领读者”项目活动内容之一，该项目荣获首都未成年人思想道德建设创新案例提名奖。2018年下半年，社区教育中心与仁和中学合作开发《绘本领读与实践活动》校本课程，招募初二学生23名，并组建领读者讲师团，选拔能力与素质突出的老师参与备课，精心设置《绘本概论》《绘本领读技巧》《绘本与家庭教育》《绘本美育》《绘本电影欣赏》等8门课程。

（区教委）

【成语大赛】12月25日，顺义区第五届高中生成语知识大赛在牛栏山一中举行。大赛设计包括成语文化知识考察、由典故写成语、飞花令等竞赛题目，着重考查学生对成语文化知识的理解，培养学生积累语言的习惯，提高学生语言运用实践能力。最终顺义一中、杨镇一中、牛栏山一中3所学校夺得比赛一等奖。区内7所高中校参加。

（区教委）

职成教育

【概况】2018年，顺义区职业学校6所，其中，教办职高2所（已经于2015年整体划转至北京城市学院），民办职高4所；在校生32人，均为民办职业学校；教职工共计172人，均为民办职业学校。社区教育中心，学校占地面积48435.57平方米，建筑面积50502.66平方米。体育场（体育馆）面积共8000平方米。图书馆藏书总数2万册，全年订阅杂志、报刊104种。固定资产总值7799.45万元。全年教育经费投入1124.09万元，均为国家拨款。拥有计算机972台，多媒体教室座位2750个（指学校所有配备多媒体教室座位总数），普通教室42个，专用教室10个；有教职工总数121名，其中，副高级职称25名，中级职称40名；开设138个教学班；招生3793名（农广校475人，成人教育学校1149人，北京开放大学顺义分校2169人）；中高等学历教育在校生10603人（农广校758人，成人教育学校3214人，北京开放大学顺义分校6631人）；开展各级各类培训30项，培训各级各类人员16600人次。

（区教委）

【终身学习示范基地工作研讨会召开】3月23日，顺义区市民终身学习示范基地工作研讨会在区社区教育中心召开。区老年大学、北京三高奥圣农业技术开发中心作典型经验介绍，社区教育中心工作人员讲解基地职责。基地代表就职责及今后工作方向进行交流研讨。年内，顺义区共有汉石桥湿地自然保护区、三高奥圣农业技术开发中心、北京国际鲜花港、北京罗红艺术摄影馆等16家区级以上市民终身学习示范基地。社区教育中心编写顺义区市民终身学习示范基地培训手册，绘制学习地图，开列学习菜单，让更多市民参与到基地活动中来。获得市、区级市民终身学习示范基地称号的16家单位代表参加会议。

（区教委）

【现代农艺技能培训】4月12日，顺义农广校在杨镇双阳社区开展“现代农艺技能培训”。培训内容包括服装搭配常识和多肉植物盆景组培讲座。活动聘请北京永兴科技有限公司老师为大家作详细讲解。现代农艺技能培训，是顺义农广校依托“兴农讲堂”学习品牌开展的系列活动之一。培训活动倡导居民低碳环保、绿色生活的新理念，传授学员现代农艺新技能，促进和谐社区、美丽乡村和家庭建设。双阳社区100余名学员参加此次培训。

（区教委）

【学习型城市建设高级研讨班参观调研】5月11日，第二届全国学习型城市建设高级研讨班学员一行到顺义区参观调研。研讨班成员首先观看顺义区学习型城市建设工作和顺鑫控股集团宣传片。区社区教育中心主任李建军就顺义区建设学习型城市工作作主题汇报，从“持续推进学习型顺义建设是区域转型升级的必然要求”“学习型顺义建设的实践历程”“学习型顺义建设的经验与特色”三方面详细介绍全区开展建设学习型城市的方法和思路。随后，顺鑫大学常务副校长杨勇汇报学习型企业创建工作。研讨班学员一行来到马坡镇石家营村参观新农村建设风貌，听取石家营村支书相关工作汇报。区社教中心负责人，相关属地领导及区内外教育同仁共130余人参加。

（区教委）

【家长教育大讲堂第三场讲座】5月26日，区教委、区社区教育中心主办的家长大讲堂第三场讲座在区教育研究和教师研修中心报告厅举行，活动邀请知名媒体人、教育人“第一训练营”创始人王芳为家长作“最高的情商给孩子”主题讲座。讲座主要围绕孩子的情商为什么重要和怎样培养情商两个方面展开。王芳老师寄语家长们，应该牢记培养孩子情商的9字箴言：“管住嘴，迈开腿，别后悔”，即让孩子学会说话，学会行动，学会担责。互动环节中，王芳老师对现场观众提出的问题一一解答。此次讲座开通学校和微信朋友圈两种报名方式，全区400余名家长现场聆听讲座。同时还开通网络直播平台，未能到场的家长们通过网络直播实现同步观看。

（区教委）

【家长教育大讲堂第四场讲座】 6月25日，顺义家长教育大讲堂第四场讲座在北京开放大学顺义分校报告厅举行。活动邀请美国东卡大学教育学院终身教授、博士生导师张桂莉教授，为家长们作“中美教育的对比实践”主题讲座。讲座围绕中美教育的优势与劣势进行对比和讲解，张桂莉教授通过大量的案例分析中美学校教育、社区教育和家庭教育的不同。区内小学、幼儿园家长代表400余人现场聆听。

（区教委）

【家校社合作育人经验分享】 6月27日，区教委参加“北京市家庭教育与家风建设项目2018年启动仪式暨海淀区家校社协同育人研讨会”，与来自全国10个省市的600余名代表分享顺义区家校社合作育人实践探索经验。区教委副主任张军堂作《共谋 共建 共育 共生——顺义区家校社合作育人体制机制建设》主题汇报。区社区教育中心主任李建军作为第一分论坛发言嘉宾，以《大力实施家庭教育与家风建设工程，全面提升社区教育精准化服务水平》为题，向分论坛嘉宾们系统阐述社区教育中心作为主责部门开展家校社合作育人工作的原因与认识、实践与探索，并具体介绍顺义区家校社合作育人十大行动。研讨会为“伴随成长公益项目（北京）家校协同基地校”代表授牌，顺义区仁和中学作为代表出席授牌仪式。年内，顺义区有18所学校成为基地校，规模在全市领先。来自全国10个省市600余名校长、德育干部、家庭教育管理者、志愿者、社区教育工作者参加。

（区教委）

【“兴农讲堂”美丽乡村行启动仪式】 7月2日，顺义农广校“兴农讲堂”之美丽乡村行启动仪式暨北石槽镇马克思主义革命理论和党员年度培训大会在北石槽镇镇政府举行。顺义农广校校长邓应强首先宣读《兴农讲堂——美丽乡村行培训方案》。启动仪式后，北石槽镇百余名党员现场聆听“没有共产党，你的生活会怎么样”主题讲座。专家围绕没有共产党我们的生活会怎么样、共产党带我们走向幸福生活及作为新时期的共产党员应该怎样做等方面，作详细讲解。市农广校、区社区教育中心、顺义农广校及属地有关领导，北石槽镇村书记、党员100余人参加。

（区教委）

【首场“顺义朗读者”沙龙活动】 7月21日，顺义区社区教育中心和顺义区作家协会联合举办的首场“顺义朗读者”沙龙活动在市民学习中心大厅举行。来自各行业的35位朗读爱好者展示自己的风采。展示活动根据作品内容划分为“古韵”“毕业季”“四季”“家庭”4个环节。活动特邀中央人民广播电台嘉宾、播音朗诵者、诗人雪石先生现场示范朗诵，并点评朗诵作品。顺义作家协会会员李保忠、著名诗人冯连才分别饱含深情朗诵诗歌《我永远是年轻》《祖国啊，我亲爱的祖国》，把现场氛围推向高潮。区社区教育中心、顺义作家协会负责人，著名诗人、中国作协会员出席活动。

（区教委）

【朗读者“对秋当歌”诵读活动】 9月16日，顺义朗读者沙龙在区社区教育中心举办“对秋当歌”诵读活动。活动以“对秋当歌”为主题，来自各行各业的32位朗读者，通过“近秋、颂秋、知秋、叙秋、古秋、悟秋、庆秋、留秋”8个环节，演绎自己眼中的“秋”。顺义亲子朗读艺术团20多名父母和孩子也展示精彩的诗歌朗诵。著名诗人、青年朗诵家雪石现场朗诵《陋室铭》《山行》等作品。

（区教委）

【家长教育大讲堂第五场讲座】 10月26日，2018年家长教育大讲堂讲座在北京开放大学顺义分校报告厅举行。活动邀请医学博士、知名心理医生严虎老师为家长们作题为“如何看懂孩子的第三种语言（儿童绘画）”讲座，从孩子们绘画入手，深入剖析，为家长展示应该如何看懂孩子的画，解读绘画在孩子成长过程中的重要性及成人在儿童绘画中的角色等问题。本次讲座报名、线上直播均通过“顺义家长在线”微信公众号实现。全区300余名家长在现场聆听讲座，8000余名家长通过微信直播间一同收看。

（区教委）

【全民终身学习获得多项荣誉】 11月8日，北京市第十四届全民终身学习活动周在石景山区首钢冬奥体育中心开幕，本届活动周由北京市学习型城市建设领导小组举办，主题为“城教融合谋发展，全民学习促提升”。顺义区教委副主任张军堂作《城教融合又一春》主题汇报，围绕学习指导洒春风、基地建设播春种、老年好学如春暖、家庭教育育春芽、职工培训添春景、新型农民耕春田、组织学习增春色和网络学习结春华8个专题介绍顺义区自2014年成为北京市建设学习型城市工作示范区以来的工作成果。经过专家组成员对16个区及燕山地区汇报工作进行考评和打分，顺义区荣获北京市学习型城市建设行动计划（2016-2020年）中期评估及汇报展示活动一等奖。此外，顺义区有8人获得“首都市民学习之星”的称号，七彩蝶园等3家单位获得北京市民终身学习示范基地称号，顺鑫大学等2家单位获得北京市职工继续教育基地称号。

（区教委）

【全民终身学习活动周启动仪式】 11月20日，第十四届全民终身学习活动周启动仪式暨2018年社区教育文化节举行。本次启动仪式分为主会场和分会场两场活动。主会场活动中，对获得首都市民学习之星、北京市民终身学习示范基地、北京市职工继续教育基地的个人及单位进行授牌，对顺义区学习之星、“爱家乡 书香满顺义”纪念改革开放四十周年原创诗歌征文活动和“好家规 好家训”“优秀家风故事”评选活动的获奖者进行表彰。分会场共分为10个展厅，包括礼仪展示、朗读者沙龙、亲子互动活动、插花、书画展示、茶艺与香道、家庭教育、传统文化、农民教育、安全教育十大主题活动。

（区教委）

民办教育

【概况】 2018年，顺义区共有各级各类民办学校和教育机构99所，民办幼儿园21所，民办小学3所，民办完全学校8所（其中九年一贯制学校1所，十二年一贯制学校4所，十五年一贯制学校3所），民办职业高中4所；培训机构63所，主要培训内容为文化补习、外语、计算机、文体、艺术、汽车驾驶等。2018—2019学年度共培训各级各类人员34708人，固定资产28636万元，教学实习仪器设备资产值达到36235万元，教学用计算机4666台，多媒体教室座位数16377个，占地面积1104306平方米，教学行政用房建筑面积319.36万平方米，体育场（馆）14.9万平方米，图书藏量54.18万册。

（区教委）

【民办教育机构年审工作】 3—5月，民办科完成民办教育机构的年检工作。年审合格的各级各类学校共83所，其中，中小学11所、职业学校4 所、幼儿园17所、各类培训机构51所；学历教育在校生11988人，幼儿教育在园儿童3100人，培训学校在校学生19620人；学历教育和幼儿园专兼职教师1857人，培训学校专兼教师2563人。

（区教委）

【校外培训机构暑期专项治理行动推进会召开】 8月2日，顺义区校外培训机构暑期专项治理行动推进会在区政府会议中心召开。工商管理局顺义分局、马坡镇等6家校外培训机构专项治理工作小组成员单位，汇报交流第一阶段摸排工作情况。区委教工委书记、教委主任武捷传达北京市校外培训机构专项治理办公室“暑期校外培训机构治理推进会”精神，重点解读专项治理的核心目标“治乱、规范、治患”；代表区治理工作小组，总结第一阶段工作，部署近期9项重点工作任务。各成员单位、镇（街道）主管教育领导及教育助理共70余人参加。同日上午，区教委召开校外培训机构专项治理行动暑期推进会。总结校外培训机构专项治理行动摸底排查阶段工作成效，部署下一阶段工作要求；结合《国家课程标准》《顺义区校外培训机构治理专项行动实施方案》，针对“超标教学”“提前教学”“强化应试”作专业解读和界定，建议校外培训要关注学生兴趣点，培养孩子运用知识解决问题的能力，课程设置、内容学习必须建立在培养儿童兴趣上。区治理工作小组重点成员单位主管领导，文化补习类培训机构学校举办者、校长150余人参加。

（区教委）

【联合检查部分校外培训机构】 8月3日，由区教委、顺义工商分局、区人力社保局、顺义公安消防支队、区城管执法监察局、区食品药品监管局等多家单位组成的顺义区校外培训机构专项治理工作小组会同胜利街道联合检查辖区内部分校外培训机构。此次联合检查的3家校外培训机构分别为瑞思学科英语、巅峰教育和英博教育。区校外培训机构专项治理工作小组成员单位对培训机构的安全通道设置、课程安排、营业执照、办学资质、消防设施等情况进行检查，并就消防安全隐患和学科类培训情况进行重点检查。检查组对校外培训机构存在的问题当即提出整改要求，对证照不符合要求的培训机构采取引导办证措施，对无证无照、存在重大安全隐患的培训机构坚决取缔。

（区教委）

【师德演讲比赛】 12月5日，顺义区民办教育工会联合会举行“爱岗敬业比奉献 潜心育人做模范”师德演讲比赛。最终9名教师在比赛中脱颖而出，晋级决赛。区教委有关科室负责人，区民办中小学、幼儿园相关干部及教师代表参加。

（区教委）

【民办教育工会联合会行业工资集体协商签约仪式】 12月25日，顺义区民办教育工会联合会行业工资集体协商签约仪式在区教委会议室举行。区民办教育工会联合会、裕龙双语艺术幼儿园分别作为行政方、职工方首席代表出席签约仪式。自10月份开始，区民办教育工会联合会历时两个月，先后进行《2018年度顺义区民办学校和幼儿园集体协商职工问卷调查》，召开2018年度顺义区民办学校和幼儿园工资集体协商代表协商工作会议及2018年度顺义区民办学校、幼儿园集体协商教职工代表大会，就顺义区民办学校和幼儿园月最低工资标准、教师岗位月最低工资标准、班主任岗位最低月平均标准3个议题展开协商讨论，并达成共识。最终，顺义区36家民办学校、幼儿园成功签约。行政方、职工方各7名代表参加本次会议。

（区教委）

【2019“中国范儿”迎新专场演出】 12月29日，民办教育工会联合会与北京市新英才学校联合举办2019“中国范儿”迎新专场演出。演出以戏剧为主线，串联起记忆、成长、改变、团聚4个篇章。北京市新英才学校、北京国际标准舞研修学院、空港第一幼儿园、空港第二小学等6家单位参与演出。

（区教委）

特殊教育

【概况】 2018年，特殊教育学校2所（教育部门公办1所，其他部门办1所），开设教学班26个（教育部门公办23个），毕业71人（教育部门公办30人），招生70人（教育部门公办32人），在校生213人（教育部门公办175人），小学115人，均为教育部门公办；教职工131人（教育部门公办75人），专任教师71人（教育部门公办56人）；残疾儿童入学率100%、巩固率100%。

（区教委）

【“北京市小学现代教育研发交流学习汇报”会】 4月13日，顺义区特殊教育学校召开“北京市小学现代教育研发交流学习汇报”会，张宏巍老师作参加“北京市优质教育资源统筹教师专业发展体验培训暨北京市小学现代教育研发交流成长中心第五期”培训汇报。在汇报中，张老师通过现场手工制作、PPT、视频等方式为大家介绍在4个月的时间里听课、观摩、参与活动的经历和感悟，为老师们介绍她将所学应用于培智教学的实践。校长李明伟在讲话中充分肯定张宏巍老师的成长，并勉励年轻教师抓住学习机会，进一步强调团队的重要性，希望老师们心往一处想，劲往一处使，把特教学校越办越好。特教学校领导教师40余人参加此次活动。

（区教委）

【融合教育推进会】 4月25日，顺义区融合教育推进会在牛栏山三小召开。会议围绕“拥抱差异成就梦想”主题进行。与会干部教师首先观看融合教育宣传片，回顾近年来顺义融合教育发展及取得成绩。区特殊支持教育中心主任张晓宪作“探索适切措施 践行融合教育”主题汇报，全面总结全区融合教育工作的进展情况和主要成就。顺义十三中及牛栏山三小作为中小学代表和送教上门融合教育团队，分别展示学校关注学生的实际获得全方位推进融合教育经验。大会表彰顺义十三中、南彩学校、牛栏山三小、西辛小学等12所融合教育先进校，并聘请4位市特教专家作为顺义区融合教育工作指导专家。区教委小教科、区特殊支持教育中心、各中小学主管干部及骨干教师150余人参加。

（区教委）

【“教育戏剧基础知识汇报”会】5月4日，顺义区特殊教育学校举行“教育戏剧基础知识汇报”会，由瓮立、贾阿赛两位老师汇报。瓮立老师介绍戏剧游戏的发展过程、戏剧游戏的核心、“六大原型游戏”的情境表现和游戏方式，并带领老师体验不同类型的游戏。贾阿赛老师汇报的主要内容是“教育戏剧”，阐述教育戏剧的作用、定义及教育戏剧设计流程，并通过实例《小驼背》介绍教育戏剧设计过程、意义以及随着活动的开展情节、人物心理的变化等。顺义特教关注教师专业发展，本着“走出去”的原则组织老师到特教专业院校学习，同时搭建平台，组织老师学习后汇报交流，输出学习成果。

（区教委）

【北京市影随活动研讨会】5月8—10日，顺义区特殊教育学校举行“北京市影随活动研讨会”。活动邀请西城培智学校副校长程文杰以及4位骨干教师来校指导新课标落实和IEP（IEP是指特殊教育老师和家长对每一个需要特殊教育的孩子制定的教学计划）制定。活动内容一是听课评课。学校青年党员、积极分子承担研究课展示研讨任务，授课后以“教学目标的制定与落实”为切入点进行评课交流。二是交流研讨。结合《培智学校义务教育课程标准（2016年版）》研讨新课标在课堂教学中的落实和学生IEP的制定。通过三天的活动，老师们初步厘清新课标中核心目标、长期目标、短期目标的内在联系。学校课改中梳理的“四级编码目标”体系和教学中使用的“结构化”教学模式得到肯定，同时明确制定IEP的流程和重点内容，IEP进一步规范化。

（区教委）

【第六届体育艺术节】5月25日，顺义区特殊教育学校举行“舞动激情 玩转篮球——第六届体育艺术节”。在体艺展示环节，学生们展示篮球韵律操、轮滑、非洲鼓，男教师们举行篮球对抗赛；融合单位顺义九中和张镇中小的学生们分别展示花样篮球和乒乓球操。在游艺活动环节，主要是以班级为单位开展篮球游艺赛，包括“抱球跑、双人夹球跑、篮球套圈”等体育活动和篮球机、篮球气球、国旗贴等艺术活动。区教委相关科室负责人、融合单位校长、特教学校领导、师生、家长200余人参加此次活动。

（区教委）

【班级主题教学成果汇报】6月28—29日，顺义区特殊教育学校举行“2017-2018学年班级主题教学成果汇报”。汇报历时一天半，分为学前组、学龄低、中、高年级组4个级别，师生全员参与。本次展示结合教学主题和学生特点，任课教师自创展示形式，通过“情景剧、游戏、现场绘画”等形式让在场的师生家长看到学生的进步和发展。特教学校师生、家长150多人参加此次展示活动。

（区教委）

【促进区域融合教育工作】8月30日，顺义区特殊支持教育中心与牛栏山二小资源中心共同举办“发挥资源中心职能，促进区域融合教育工作”培训活动。此次培训围绕教育理念、教育方法、施教途径展开，聘请4位专家级老师从不同角度、不同侧面诠释教育的本真，讲授教育的真谛，介绍教育的方法，同时结合具体、生动、真实的案例，立足生态系统建构的高度，在尊重儿童、尊重生命的差异性、多样性的视角下，探讨如何利用相关理论读懂孩子，处理好日常教育问题，做好老师、家长、学生的沟通，明确“融合教育”要面向全体学生，针对不同特质的学生，不放弃任何一个学生。区教委小教科、区特殊支持教育中心负责人及部分学校78名干部教师参加。

（区教委）

【中秋主题活动】9月20—21日，顺义区特殊教育学校举行“巧手做月饼 浓情话中秋”主题系列活动。一是巧手做月饼。学生们以班级为单位，在老师的辅导下开展做月饼的活动。二是浓情话中秋。各班召开中秋主题班会，以“学、画、做、说、尝”等多种方式了解中国传统习俗，弘扬民族优秀文化。

（区教委）

【整体改造装修一期工程竣工】 10月19日，北京市顺义区特殊教育学校整体装修改造工程（一期）竣工。工程历时30天，总投资额1400万元，主要工作内容包括7#、8#、9#、11#、12#、13#、14#、20#、21#平房进行整体装修改造。外墙粉刷、更换门窗、室内外水电暖改造、室内装修、网络以及室外铺装、室外电气管线、室外设备管线及配电室、天然气管线及室内燃气工程等。本次装修改造工程包括屋面工程防水1900㎡；室外粉刷2500㎡；室内粉刷2200㎡；室内铺装1800㎡；室外电缆4500m；给水管道1000m；排水管道1000m；雨水管道1200m；暖气管道1850m；更换门窗750㎡；燃气管道800m 。

（区教委）

【融合教育课堂教学基本功培训】 11月2日，区特殊支持教育中心、北京城市学院沙岭实验学校联合举办顺义区融合教育课堂教学基本功培训。活动邀请专家作“随班就读课堂教学设计及说课答辩”专题讲座，从融合性教学背景认识与设计、目标设计、人际关系设计等方面，系统讲解随班就读课堂教学设计的撰写及说课、答辩中的注意事项。

（区教委）

【与沽源特教举行教育交流活动】 11月12—15日，顺义区特殊教育学校与沽源特教学校开展“特殊教育合作交流”活动。一是随堂听课。现场观摩生活数学、生活语文现场课；二是评课讲座。聘请教授为授课教师进行一对一评课，并详细解读“全人疗育评估表”的测评与使用，培训课堂教学结构调整、教学常规建立等内容；三是实地参观。实地参观学校社团、生活管理等具体活动，感受学校校本课程建设情况；四是参观资源教室。到西辛小学参观资源教室建设，领略顺义融合教育的优质成果；五是深度交流。就主题教学、个别化教育计划的制定、康复训练等内容进行深度交流，共谋两地特殊教育专业发展。顺义特教领导、教师及沽源特教教师40余人参加此次活动。

（区教委）

【课程展示活动】 12月28日，顺义区特殊教育学校举行“多彩课程 绽放童心——第五届太阳花杯课程展示”活动。17个班级及学校组建的8个社团共表演28个节目，通过舞蹈、情景剧、演唱、轮滑、书法等多种表现形式汇报展示出特教学校实施多彩课程以来取得的成果；学校市级骨干教师、市级教研员、百优班主任、教坛新秀等教师的风采展示，从不同层面展示出学校骨干力量在多彩课程实施过程中的示范引领作用。

（区教委）

教育督导

【概况】 2018年，顺义区人民政府教育督导室继续创新工作模式，全体督学秉承“发挥督导职能，服务顺义教育”工作宗旨，不断优化督导行为，提升督导品质，为顺义教育的发展保驾护航。成立区教育督导委员会，起草《顺义区学科督导实施意见》，修订《顺义区兼职督学管理办法》。实施增值评价促进学校（幼儿园）发展行动计划。扩大宣传渠道，开通“顺义教育督导”公众号。开展民办幼儿园办园行为回访督导，调研65所义务教育学校优质均衡发展基础数据并撰写分析报告。专项督导18所中小学培育和践行社会主义核心价值观教育、基础教育部分学科教学改进工作。完成中小学生校园欺凌防治落实等专项督导。督导监测66所学校义务教育阶段学校减负情况。综合督导26所幼儿园全面实施素质教育情况。每月深入185所中小学、幼儿园开展责任督学挂牌督导工作，被纳入市区折子工程，顺利通过第三方中期验收。督学科进行督学，其中，中学25所，小学46所，幼儿园115所；督政科进行督政，其中镇街道25个、委办局12个。督导室立足服务，创新模式，周密部署，聚焦重点，缜密安排，传经送宝，推进教育督导工作稳步健康发展。

（教育督导室）

【《养成教育三年行动计划》落实情况调研】4月11日，市教委基础教育一处副处长陈德时一行先后到南法信中心小学、顺义五中，对顺义区“养成教育”工作情况进行调研。陈德时一行首先来到南法信中心小学，参观学校校园环境，了解校园文化，考察专业教室。之后，来到顺义五中，实地察看学校文体楼、室内体育馆等各功能教育区，详细询问学校整体办学情况、办学理念。座谈会上，区教委副主任孟朝晖作工作汇报。两校校长结合养成教育工作开展情况分别进行汇报。陈德时对全区养成教育工作开展情况表示充分肯定，同时提出宝贵意见。市教委、市政府教育督导处、市教科院，区教委、区政府教育督导室有关领导，相关学校负责人共30余人参加。

（教育督导室）

【人民政府教育督导委员会成立】4月18日，顺义区人民政府教育督导委员会成立大会在牛栏山一中召开。区委教工委书记、区教委主任武捷宣读顺义区政府《关于设立顺义区人民政府教育督导委员会的通知》，对教育督导委员会职能、组成人员等提出具体要求。成立大会后，顺义区人民政府教育督导委员会第一次全体会议召开，会议由区委常委、副区长初军威主持。会议审议并通过《顺义区人民政府教育督导委员会工作规则》《顺义区教育督导报告发布管理暂行办法》，要求教育督导委员会办公室对文件进行审核印发。教委机关各科室负责人，顺义区全体督学，教育系统各学校、幼儿园、直属单位党政一把手、评价代表及业务干部等600余人参加。

（教育督导室）

【迎接北京市教育系统安全稳定专项督查】5月2日，北京市政府教育督导室副主任刘莉率队，对顺义区教育系统安全稳定工作进行专项督查。督查组一行先后来到石园教育集团石园校区、顺义五中，实地查看专业教室、化学实验室、化学贮藏室、食堂等场所，全面了解学校教育教学特色，并听取相关学校负责人工作汇报。检查中，区教委调研员刘忠广汇报整体安全工作情况，内容包括安全稳定动员部署、师生思想教育引导、师德师风建设、网络舆情应对、意识形态领域工作、校园综合防控和“五一”假期校园安全等7个方面。武捷补充发言。刘莉对全区校园各项安全工作给予充分肯定，教委和各学校要以更高的政治站位，对校园安全进行全面排查，各级领导部门要高度重视安全工作，按照北京市委和市教委的有关要求，扎实推进各项安全工作的落实，绷紧安全之弦。同时加强师德师风建设，凝聚广大师生之力，坚决遏制各类安全事故发生，确保学校安全稳定。为建设平安校园，维护首都安全和良好风貌作出新贡献。区教委办公室、综治科，区政府教育督导室及区教育宣传中心负责人和相关学校领导参加。

（教育督导室）

【落实校园欺凌防治工作】6月27日，高丽营学校接待校园欺凌防治工作专项督导。顺义区行政督学付军、业务督学荣淑印到学校督导。督导以学生问卷、档案查阅两种形式进行。五年级、八年级各一个班的学生在计算机教室参与问卷调查。并依据市教委、市督导室《关于开展中小学生欺凌防治落实年行动的通知》涉及到的督导内容和督导要点，细致检查学校档案，同时针对学校职责、制度建设及具体措施等方面提出相关建议。本次督导工作，旨在以查促改，加强学校法制教育，严肃校规校纪，规范学生行为，促进学生身心健康发展；培养学生团结友爱、互帮互助的友善意识，为建设平安、和谐校园营造良好氛围。

（教育督导室）

【幼儿园素质教育综合督导】11月7—29日，顺义区人民政府教育督导室组织26名专兼职督学分3组分别对顺和花园幼儿园、空港一幼、马坡二幼等11所幼儿园进行“全面实施素质教育”工作综合督导。督导组一行通过听取园长汇报、实地查看园所环境、观看半日教育活动、深入食堂监控室等重点位置检查巡视、查阅档案资料以及与幼儿家长、教师和管理人员座谈交流等方式，全方位了解幼儿园全面实施素质教育有关情况。督导组经过梳理汇总，肯定各园取得的成功经验及有效做法，并将发现的园所亮点及特色梳理形成经验，在区级层面进行分享交流。针对存在问题，给出合理改进建议，下发综合督导回复意见书。同时，将问题反馈给挂牌督导责任督学，与经常性督导结合，一并推进问题整改。

（教育督导室）

【学前教育督查】11 月 23 日，顺义区教委成立学前教育督查专班。进一步推动全区学前教育持续健康发展，落实市政府市教委文件要求，在原有工作基础上，加大学前教育督查力度，全面规范幼儿园办园行为，推进学前教育更好发展，全力办好人民满意的学前教育。11 月 28 日起，8 名专职督查人员每两人为一组，对 160 余所幼儿园（点）展开全面实地督查。督查人员通过园所巡查、随机抽查、查阅资料、座谈走访等方式，对区内各类幼儿园（点）的安全保卫、卫生保健、小学化专项治理、园所用书及家园纠纷等工作进行全方位摸底检查，真实掌握各园所管理现状。针对督查过程中发现的问题，全部建立问题台账，各园所对照督查指标细则进行整改，并开展违规风险点自查工作，强化园所主体责任，提高日常工作监管效能。督查结束后，各督查小组对照指标，对发现的问题进行数据统计、分析，及时向北京市学前教育规范监督管理办公室报送本区学前督查情况，并完成督查幼儿园（点）在线数据填报和执法平台的信息录入工作。

（教育督导室）

文 化

综 述

【概况】2018 年，顺义区文化委适应新形势新任务新要求，不断增强“四个意识”，牢牢把握顺义发展功能定位，聚焦全国文化中心建设，加快推动公共文化工作，大力促进精品艺术创作，着力传承优秀传统文化，增强文化服务能力，扎实做好各项文化工作。政策体系逐步健全，《顺义区加快推进公共文化服务体系示范区三年行动计划2018-2020年》制定；公共文化服务体系建设不断完善，镇（街道）级文化中心建有率 96%，村（社区）级综合文化室建有率 87.6%；加快建设公共文化服务平台，推进文、图两馆“总分馆制”建设，“潮白书苑”24 小时自助图书馆、5 家图书馆分馆建成并投入使用；制定文化设施专项规划；丰富群众文化生活，打造群众文化活动品牌；推动文化精品创作，保护传承顺义文化遗产；强化服务监督管理，优化文化市场营商运营环境；开展文化对口帮扶工作，推动当地文化事业发展。

（区文委）

【推进全国文化中心建设，搭建公共文化服务平台】一是政策体系逐步健全。制定出台《顺义区加快推进公共文化服务体系示范区三年行动计划（2018-2020 年）》（顺文件组发〔2018〕1 号）《顺义区人民政府关于进一步加强文物工作的实施意见》，顺义区文化委员会与顺义区财政局、顺义区体育局联合制定出台《政府向社会力量购买公共文化服务实施细则》（京顺文字〔2018〕65 号）。二是公共文化服务体系不断完善。年内，区文化中心影剧院装修工程量完成 95%，文化馆等 3 馆装修工程量完成 90%，19 个镇、5 个街道的镇（街道）级文化中心建有率为 96%，建筑面积达标率为 60%；全区 534 个村（社区）级综合文化室 468 个，建有率为 87.6%，建筑面积达标率为 54.3%。三是加快建设公共文化服务平台，推进文、图两馆“总分馆制”建设。全区首批建成 5 家图书馆分馆，并分别配送图书 1.5 万册、电脑 11 台等相关配套设施；全市领先投入使用“潮白书苑”24 小时自助图书馆，共接待读者 50000 余人次，新办理读者卡 500 余张；区图书馆 2018 年被文化部授予国家“一级图书馆”称号。起草《顺义区文化馆总分馆制实施意见》《顺义区文化馆总分馆制管理制度汇编》，建立文化培训“点单式”配送模式，共举办书法、舞蹈等多种培训 514 次，受众达 2.9 万余人次。新华书店共销售 4179 万码洋，相比去年同期增长 24%。四是与市规划国土委顺义分局、25 个镇街建立高效沟通机制，对全区公共文化设施现状进行摸底调查，先后多次召开专题会进行研讨，制定《北京市顺义区文化设施专项规划》，并向顺义分区规划编制专班提供文化委意见建议，等待市级部门审核。

（区文委）

【丰富群众文化生活，打造群众文化活动品牌】 一是推进文化惠民活动，开展“星火工程演出”“周末场演出计划”“周末大舞台”等惠民演出1145场；向基层输送优质电影资源，全年放映电影16544场，吸引观众315000余人次，其中利用空闲文化广场试点放映公益电影600余场，观看群众达120000余人。二是打造文化活动品牌，在举办“二月新春”“五月的鲜花”“十月金秋”三大系列群众文化活动的基础上，创新开展首届顺义区朗诵大赛等各类群众文化活动18项，举办喜迎中秋系列文化活动23项45场次，参与群众27780人次。全面深化全民阅读活动，开展“书香顺义”系列读书活动100余场，参与人次达5万余人。

（区文委）

【推动文化精品创作，保护传承顺义文化遗产】 一是复排原创评剧《潮白人家》，作为北京市唯一入选剧目参加2018年度全国基层和院团戏曲会演；评剧《李昆》《潮白人家》和折子戏《良心果》3部本区原创剧目代表北京市参加第十一届中国评剧艺术展演。二是妥善保护全区32处文化保护单位，完成开元寺护坡等4家文保单位修缮工程；考古勘探面积20余万平方米，挖掘面积2000平方米；编撰《藏贞委祉》丛书共九本。做好焦庄户地道战遗址纪念馆提升改造修缮工作，争取到北京市第二批政府引导资金176万；发挥爱国主义教育示范基地职能，共接待中外游客32万人次。

（区文委）

【强化服务监督管理，优化文化市场营商运营环境】 一是开展辖区文化行业安全全覆盖检查4次，开展专项治理行动9个，检查文化生产经营单位836家次，维护文化企业安全生产形势平稳可控；检查文化市场重点部位1100余个次，立案87件，结案79件，同比分别增长15.8%和23%；坚持依法行政，压缩审批时限到2—10个工作日，共开展许可项目109项；深入推进“黑开”场所的查处力度，在全市文化市场管理“扫黄打非”考核中排名第五。二是稳步推进全区86家党政机关和115家国有企业软件正版化工作；对全区30余家实体书店全面调研。

（区文委）

【开展文化对口帮扶工作，推动当地文化事业发展】 区文化委主任带队先后赴河北省张家口市沽源县、万全区就文化帮扶协作工作进行对接，促进对口帮扶工作落地。向沽源县50个贫困村、10支秧歌队、10支乡村演艺队，捐赠价值30万元的吹打响器、音响、乐器等文化设备，并进行文化设备使用培训；向万全区赠送图书、北京市公共图书馆网络联合读者卡、光盘等400余件，并签订对口帮扶框架协议。同时实地考察当地的文化设施、图书馆、文化馆等文化活动场地，详细了解当地文化建设情况。

（区文委）

【《政府向社会力量购买公共文化服务实施细则》审议通过】 8月29日，《政府向社会力量购买公共文化服务实施细则》在顺义区政府召开的第71次常务会议上审议通过。

（区文委）

【《顺义区关于进一步加强文物工作的实施意见》审议通过】 9月12日，《顺义区关于进一步加强文物工作的实施意见》在顺义区政府召开的第72次常务会议上审议通过。

（区文委）

【《顺义区加快推进公共文化服务体系示范区三年行动计划（2018-2020年》审议通过】 9月30日，顺义区推进全国文化中心建设领导小组第二次会议召开。会议审议通过《顺义区加快推进公共文化服务体系示范区三年行动计划2018-2020年》。

（区文委）

【镇（街道）综合文化中心专项治理工作部署视频会召开】 9月30日，顺义区召开镇（街道）综合文化中心专项治理工作部署视频会。副区长李向英主持会议，区委副书记、代区长孙军民参加。区文化委党组书记、主任田庆江部署专项治理工作，从全区总体情况、工作指导思想、工作目标、督查范围、督查重点、工作措施、工作要求等方面作出具体要求。政府办、区委组织部、区文化委、区监察委、区编办、区财政局、区审计局、区政府督查室，25个镇（街道）行政正职、主管领导参加。

（区文委）

文化创意产业

【概况】2018年，顺义区文化及相关产业总体运行健康平稳，营业收入保持较快增长。全区文化产业实现收入166.6亿元，占全市文化产业收入的1.6%，同比增长12.5%，高于全市平均增速0.6个百分点；总量居全市第八位、城市发展新区首位；增速居全市第五位、城市发展新区第二位；实现利润总额7.9亿元，比去年同期增加0.3亿元，同比增长3.6%。

（文创中心）

【全国文化中心建设】2018年，组织召开顺义区推进全国文化中心建设领导小组第二次会议，领导小组办公室例会4次，办公室专题会2次，研究大运河（潮白河）文化带保护建设规划及五年行动计划、公共文化服务体系示范区创建三年行动计划等规划文件，讨论2019年报市重点项目预算、2018-2035年重点任务重大工程重点项目情况。

（文创中心）

【文化产业促进】《顺义区文化产业发展规划（2018-2035年）》初稿编制完成，正处于修改完善阶段。在企业需求调研基础上形成《关于顺义区文化产业发展情况的报告》。顺义区文化产业联盟工作推进会召开，联合联盟成员单位研究文化产业联盟2019年工作计划，并实时跟进工作开展进度。

（文创中心）

【创新制定文化产业融资服务资金政策】4月，《顺义区文化创意产业融资服务资金管理实施细则（试行）》（顺宣发〔2018〕5号）正式出台，创新本区文化产业专项资金使用方式，并于12月25日举办融资服务资金政策宣讲会，面向全区文化企业就资金申报标准、流程等进行宣讲解读。

（文创中心）

【文化产业5000万政策资金扶持工作】年内，扶持资金分成两部分使用，其中设置文创项目补助资金2000万元，通过项目补助支持企业的传统方式，引导扶持区内优质项目发展。设置文化产业融资服务资金3000万元；与文化租赁公司合作，文化租赁公司配套资金3000万元，形成总共6000万元的融资服务资金盘子，帮助区内文创企业解决融资难、融资贵、融资慢等问题。

（文创中心）

【搭建文化产业服务平台】举办2018年北京文创大赛初赛活动，并向市级推荐项目8个，其中北京华夏五五网络科技有限公司参赛的有品位旅游项目获得全国总决赛创新类三等奖和最佳贡献奖，金蝶软件园获评“最具人气赛场”。借助2018年北京第十三届文博会，举办顺义主会场、分会场活动，搭建企业展示交流平台，组织企业参展。在顺义分会场活动中，举办顺义文化产业联盟成立仪式，通过组建文化产业联盟，进一步加强与企业的沟通，提升服务企业的质量。借助北京惠民文化消费季，组织开展以“惠文化 惠民生”为主题的第六届顺义区惠民文化消费季活动，实现消费总额2564.4余万元，现场活动参与次数154余万人，产生意向性合同签约3000余万元。组织区内文化企业开展春日徒步活动，搭建政企沟通、企企沟通的桥梁。

（文创中心）

【文化企业调研走访】2018年，委托北京城市学院围绕企业政策需求开展全区文化产业调研工作，通过课题形式摸清企业基本情况和需要，并在调研的基础上，制作全区文创企业地图。区委常委、宣传部部长贺亚兰先后带队到北京雅昌艺术印刷有限公司、北京品众互动网络营销技术有限公司、北京演艺小镇文化发展有限公司走访，了解企业发展情况及存在问题，帮助企业解决实际困难。同时，带队到朝阳区学习调研，学习先进地区工作经验。组织召开2次产业发展座谈会，听取经信委、投促局、统计局等职能部门以及文化企业对全区文化产业发展的意见建议。

（文创中心）

【文化产业宣传】通过中央、市、区媒体加大对全区文化产业发展情况、重点活动的宣传力度。文博会期间，人民网、北京电视台、

《北京日报》等市区媒体对本区文化产业联盟成立、文博会主会场活动进行宣传报道，有效展示本区文化产业发展成效。充分利用“顺义文化创意”官方微信公众号等宣传平台，实时向文化企业推送最新产业政策、产业动态、企业信息及重要活动等内容，取得良好宣传效果。

（文创中心）

文化活动

【概况】顺义区文化委印发实施《关于举办顺义区第二十五届“二月新春”“五月的鲜花”“十月金秋”群众文化活动的通知》，开展“星火工程演出”“周末场演出计划”“百姓周末大舞台”、农村电影公益放映等惠民演出17693场，累计吸引31.5万余人次；潮白之声合唱团获2018“歌唱北京”全市合唱大赛中青年组金奖，原创评剧《潮白人家》入选由中宣部办公厅、文化部办公厅举办的全国基层院团戏曲会演，评剧《李昆》《潮白人家》和折子戏《良心果》代表北京市参加文化和旅游部艺术司、河北省文化厅和唐山市人民政府主办的第十一届中国评剧艺术节展演。

（区文委）

【2018年顺义区新春音乐会】1月31日晚，“携手新时代 共圆中国梦”2018年顺义区新春音乐会在区委党校举办，全区相关单位领导及道德模范、劳动模范、优秀企业家、人大代表、政协委员、党代表等800余人观看本次音乐会。新春音乐会上，东方交响乐团和顺义区艺术家们共同表演二胡协奏曲《顺心·顺义》、京胡协奏曲《琴缘》《我的祖国》、《蓝色多瑙河圆舞曲》等11首精彩的曲目。本次活动由中共顺义区委宣传部、顺义区文明办、顺义区文化委、顺义区文联、顺义区广电中心联合主办，北京麦芒文化传媒有限公司承办。

（区文委）

【第十六届“赵全营杯”民间花会大赛暨京津冀三地民间花会展演活动】2月28日下午，第十六届“赵全营杯”民间花会大赛暨京津冀三地民间花会展演活动在赵全营镇空港C区求搏馆广场上举行。朝阳区、天津武清区、河北省吴桥县的民间花会及从顺义区300多支花会队伍中选拔出的25支优胜队同台竞技，同时台湾团队为百姓献上“空竹表演”，为首都市民奉献民间传统文化饕餮盛宴。本次比赛特邀请天津武清青年高跷艺术团、河北省吴桥县开路飞叉表演队及北京盛兴永乐小车会做表演展示，促进三地文化交流与提升，使顺义参赛队在观摩学习中查找自己的不足，相互学习、相互提高。

（区文委）

【顺义区首届朗诵大赛颁奖仪式举行】7月26日下午，由中共顺义区委宣传部、区文化委、胜利街道工委等单位联合主办的“我的中国梦 魅力新顺义”“胜利杯”顺义区首届朗诵大赛颁奖仪式在顺义区影剧院举行，来自全区各单位、社区的500余人参与活动。活动邀请国家一级演员瞿弦和、著名译制片配音演员曲敬国以及原中央电视台《旋转舞台》栏目主持人司晓红作为出席嘉宾。活动期间共收到全区549件作品，共计877人参加作品的演绎。

（区文委）

【第三届“牛栏山杯”群众广场舞大赛】9月14日上午，“辉煌四十年，舞韵中国梦”北京市顺义区第三届“牛栏山杯”群众广场舞大赛在金牛山公园举行，整个活动包括海选、初赛、复赛、决赛4个赛程，为期5个月，各镇、街道分别组织群众参与比赛，最终有6支舞蹈队获金奖，10支舞蹈队获银奖，10支舞蹈队获得铜奖。

（区文委）

【“京蒙文化交流——走进顺义”美术作品展活动】10月28日上午，“京蒙文化交流——走进顺义”美术作品展活动在北京国际鲜花港开幕。顺义区委常委、宣传部部长贺亚兰，顺义区副区长岳艳美，内蒙古乌兰察布市委常委、宣传部部长王登华等领导及两地著名画家共同参加开幕式活动。本次活动邀请来自北京和内蒙古的杨沛璋、满维起、李晓柱、唐辉、董从民、王永鑫、赵福、何军委、孙玉宝9位著名画家的90幅油画、国画精品佳作参展。活动由中共北京市顺义区委宣传部、中共内蒙古乌兰察布市委宣传部联合主办，北京市顺义区文化委员会、内蒙古乌兰察布市文新广局共同承办，顺义区绿色生态产业功能区管委会、内蒙古美术家协会、内蒙古乌兰察布市书画院（美术馆）、朗弗国际广告（北京）有限公司具体协办。

（区文委）

【京津冀传统民俗文化展示与交流活动】11月10日，由顺义区文化委员会、马坡镇人民政府联合主办的“舞动传统文化 共筑中国梦想”——京津冀传统民俗文化展示与交流活动在马坡镇千亩森林公园开幕，活动吸引400余名群众参与。本次活动邀请天津的鼓手、河北的高跷演员、顺义区非物质文化遗产马坡镇马卷村五虎棍等艺人、团体参与演出。活动当天，10项非遗文化项目同步进行展示，包括中国结、景泰蓝、金漆镶嵌、郝氏水纹剪纸、押花葫芦、九连环、糕点模具、骨雕、根雕和火绘葫芦。

（区文委）

【顺义区第二十五届“十月金秋”群众书法、美术、摄影优秀作品展】12月6日，“改革开放四十周年”暨“我的中国梦 魅力新顺义”顺义区第二十五届“十月金秋”群众书法、美术、摄影优秀作品展在区文化馆开幕。区委常委、宣传部部长贺亚兰，主办单位领导及来自全区相关委办局领导，各镇的宣传部长、文化站长，各街道主管领导及文化科长、获奖代表参加开幕式。活动期间，全区19个镇、6个街道办共举办32场基层书法、美术、摄影作品展。基层参加比赛作品约6400件，展出作品3846件，参加本次活动群众作者2700余人，参观群众约4.8万人次。其中上报区组委会优秀艺术作品206件，经有关专家评比，评出书法、美术、摄影一、二、三等奖共90件。本次活动由区委宣传部、区文明办、区文化委、区农委、区总工会、团区委、区妇联、区文联、区融媒体中心共同主办，区文化馆承办。

（区文委）

文化市场监管

【概况】一是文化市场管理和“扫黄打非”工作始终以维护“意识形态安全和生产安全”为工作主线，以规范市场为重要保障，紧紧抓住群众反映较多、社会影响较大的问题开展专项整治，严厉打击各类违法经营行为，着力构建和谐有序的文化市场经营秩序，全区文化环境安全稳定。全年共出动执法人员2300余人次，执法车辆700余台次，检查各类文化经营单位以及农村集贸市场、书报刊亭等重点部位1000余个次，录入北京市法制办信息平台检查记录单945份，立案调查109件，结案111件，罚没款13.6万元；没收电脑、卫星地面接收设施、图书、光盘等非法物品8000余件，取缔黑电台4处、黑网吧1处、黑印厂3处。二是有序开展文化市场行政审批和文化行业安全生产管理工作。通过开展优化营商、“放管服”、对外服务业开放等工作，推进行政审批规范化建设，全年共开展许可项目160项，其中娱乐场所设立、变更、延续57家，网吧筹建、设立、变更8家，演出团体设立、变更、延续69家，艺术品经营单位备案5家，营业性演出20家122场，电影院设立1家；通过加强安全生产、消防安全、行业法规培训和主题活动，开展专项治理工作和重大活动期间保障工作，推动全区文化行业安全形势稳定，全年共召开行业部署培训会25次，培训企业负责和管理人员1550人次；下发方案文件1599份，与文化生产经营单位签订责任书471份，发放宣传品1770份，组织应急演练示范观摩活动2次；开展专项治理行动9个，检查文化生产经营单位899家次，完成4次全覆盖，出动执法人员1037人次，发现安全隐患423处，均督促整改落实，完成闭环管理。

（区文委）

【基层文化市场管理】全力推进“扫黄打非”进基层工作，保障进基层工作“六有标准”落实到位。2018年，本区共投入“扫黄打非”进基层专项经费43万元，用于基层工作站建设、运行以及宣传发动等工作。各镇、街道办利用电子滚动屏、社区公益窗、社区图书室等开展“扫黄打非”领域知识、重点工作的宣传。

（区文委）

【多方开展宣传营造齐抓共管氛围】紧紧把握行业管理、教育、培训、宣传等关键环节，认真履行行业管理职能，切实营造稳定有序的文化市场环境，形成“检查宣传并重、打击宣传并举”良好工作格局，营造“扫黄打非”人人参与的工作氛围。2018年，本区在保证行业大会培训、专家授课讲解等培训教育工作基础上，协调教委、商委、园林以及属地等部门，共开展“扫黄打非”进基层宣传活动5次，发放水杯、雨伞、手提袋等各类宣传品2000余件，现场解答、受理群众咨询等事项300余次，切实形成“以点带面、点面结合”宣传模式，全面营造“扫黄打非”人人参与氛围。

（区文委）

【出版物市场清理整治】结合市级年度文化市场管理以及“扫黄打非”工作方案和计划，分阶段、分步骤开展出版物市场整治工作，打击各类非法经营行为，坚决维护辖区出版物市场秩序稳定。全年分别开展印刷企业非法印刷、农村集贸市场非法出版物售卖、街面游商非法兜售、网络出版物专项清查、书报刊亭专项治理等大规模专项行动5次，有效维护出版物市场秩序规范有序，保障出版物市场安全稳定。

（区文委）

【文化娱乐经营单位安全治理】始终咬定安全生产工作不放松，严查、严排文化经营单位安全生产基础工作不落实、规章制度不建立、硬件设施不配备、消防安全技能不掌握、消防通道不畅通以及人员教育不到位、应急演练不规范等问题，强化联合执法、高限处罚，认真履行行业监管职责，全面督促、指导辖区文化经营单位落实安全生产主体责任，确保安全。在文化市场专职安全员配合下，文化市场安全整治工作效果明显，共督促整改文化经营单位各类安全隐患300余处，办理安全生产违法案件4件，罚款2万元，全年辖区文化经营单位未发生安全生产事故。

（区文委）

【网络有害信息防范】在开展网下专项整治、重点治理工作基础上，狠抓网络有害信息的防范和处置工作，努力确保意识形态安全和文化安全。工作中，结合辖区网络文化环境的整体特点和形式，采取会同公安网安部门联合执法、联合监管模式，加强对辖区互联网上网经营单位以及交互式论坛、贴吧有害信息屏蔽等工作的检查和监管，及时屏蔽、删除有害信息，确保本区网络文化环境文明规范，全年共屏蔽、删除各类有害信息、敏感字词3000余个。

（区文委）

【优化营商环境】在行政审批过程中，进一步压缩审批承诺时限至2—10个工作日，始终做到职权法授、程序法定、行为法限、责任法究，通过文化委网站推行政务公开，按照要求对办理结果进行公示，实现审批事项网上办理机制，使文化市场行政审批统一化、规范化、信息化。

（区文委）

【“放管服”稳步推进】为网吧、游艺厅行业“松绑”，落实取消最低注册资本限制，工作在试点范围积极推进“证照分离”。

（区文委）

【对外服务业开放落实到位】根据《北京市服务业扩大开放综合试点新一轮开放措施》中文化教育服务文化艺术业中“选择文化娱乐业聚集的特定区域，允许外商投资设立演出场所经营单位，不设投资比例的限制”的规定，完成对外服务业开放工作任务。

（区文委）

【安全生产部署会议定期召开】1月12日、3月1日、4月11日、5月11日、8月17日、9月29日、12月7日，联合顺义公安分局消防支队、治安支队、区安监局，分别组织召开娱乐场所和印刷企业安全生产及消防安全工作部署会，全区文化生产经营单位主要负责人参会，通过观看近期发生的安全事故案例视频，通报近期安全形势，部署阶段安全生产工作，要求落实企业主体责任，强化企业宣传教育，健全完善应急预案。

（区文委）

【全民安全主题教育贯穿全年】3月29日，顺义区文化委系统全民消防安全培训会组织召开，邀请北京京安晟辉注册安全工程师事务所的陈旭老师讲授消防安全知识；5月10日，春夏季火灾防控工作部署培训会组织召开，全区印刷企业、文物保护单位负责人参加；5月17日，文娱场所风险评估和控烟培训会召开，使文娱场所进一步了解风险评估工作，掌握基础的填报内容和方法，对于公共场所的控烟工作做出宣传和指导；6月7日，组织全区印刷企业开展有限空间作业的培训，由此拉开文化行业“安全生产月”活动的序幕；7月31日，组织开展顺义区文化娱乐场所大型公开课暨电气火灾知识专项培训，宣传认识电气安全知识的重要性，学习实用的安全管理知识；11月8日，围绕“全民参与，防治火灾”的主题组织召开“119消防宣传月”消防安全培训会。

（区文委）

【双百工程对话谈心】 6月13—14日，区文化委主任田庆江、区文化委执法队队长张永山分别与30家文化生产经营单位的主要负责人开展“双百工程”对话谈心活动，座谈会上组织观看《安全生产事故典型案例》视频，敲响企业安全生产管理工作的警钟。

（区文委）

【文化行业开展有限空间大比武】 8月14日下午，组织开展文化行业有限空间大比武预赛，有限空间作业的文化经营单位以及文化委专职安全员共16支队伍35人参加；11月2日，组织专职安全员队伍参加顺义区有限空间大比武，获得“顺义区2018 年有限空间大比武优秀组织奖”。

（区文委）

【应急演练示范观摩活动】 6月22日下午，在北京雅昌艺术印刷有限公司开展2018年印刷企业消防应急演练示范观摩活动，区文化行政执法队长张永山，区安监局副局长周靖慧，顺义公安分局治安支队副支队长贾丹丹，顺义公安分局消防支队工程师孙刚，区应急办应急演练组韩新秋等领导同志和全区66家文化生产营单位负责人参加，获得“2018年北京市安全生产月最佳实践活动奖”；11月16日上午，在北京橙天嘉禾祥云影城管理有限公司组织开展2018年文娱企业消防应急演练活动，区文化委工会主席杭志强，区安监局副局长李建军，顺义公安分局治安支队行业队长王学君，应急指挥中心办公室刘铁军，消防支队防火委办公室副主任曹潢等和全区77家文化生产营单位负责人参加活动。

（区文委）

【安全生产基础性工作】 2018年安全生产标准化创建、安责险投保、防控体系建设和有限空间治理等基础性工作有序开展。全年开展标准化创建企业11家，完成安责险投保企业32家，聘请第三方专业机构进行安全风险评估和风险分级管控，建立机制并督促企业规范填报数据、完善有限空间制度。

（区文委）

【专职安全员队伍建设】 全年严格按照“四统一、六规范”要求做好专职安全员队伍规范化管理，督促全员履行岗位职责，落实内部管理事务；注重学习提升，队伍实行主讲人制度，不断提高综合能力，完成内部轮训12次，3名队员考取注册安全工程师；推进专职安全员规范化建设达标创建工作，获“区级优秀安全生产督查检查队”称号。

（区文委）

【专项治理行动】 全年持续开展“三大行动”、挂账隐患“回头看”核查、城市安全隐患治理三年行动计划、有限空间等专项治理工作；2月3日—3月20日在春节及全国“两会”期间，开展全行业的隐患排查治理工作；4月3日—10月31日，进行本年度文化行业安全生产主体责任落实评估工作；5月2日—9月30日，开展文化行业春夏季火灾防控专项治理工作；8月8日—9月4日“中非论坛”期间，开展安全保障工作；8月24日—10月31日，针对大型商业综合体内文娱企业开展消防安全治理。

（区文委）

文化遗产保护

【概况】 一是遵循文物修缮规律，做好重要历史文化印记再现工程，有序开展顺义区不可移动文物修缮项目5个，分别为：北石槽凤凰山潮源洞修缮工程、回民营清真寺二期修缮工程、高丽营清真寺修缮工程、高丽营镇古砖窑加固和遗址保护工程及后沙峪镇安乐古城遗址保护工程。二是开展非遗文化展示活动，截至年底，顺义区级非遗名录项目共计32项，其中市级名录6项，国家级名录1项（其中：市级名录有：曾庄大鼓、张镇灶王爷传说、杨镇龙灯会、孙氏祖传糕点模具制作技艺、牛栏山二锅头酒传统酿制技艺、大胡营高跷秧歌；国家级名录：牛栏山二锅头酒传统酿制技艺）。三是挖掘潮白河文化带沿线文化内涵，推动顺义地区对非物质文化遗产的保护、传承与发展。全区拥有10个非物质文化遗产保护传承示范基地，其中5个为村落示范点、5个为学校传承基地；区文化馆非物质文化遗产保护展厅、谢兰香中国结实物展馆、火绘葫芦实物展馆、孙氏糕点模具实物展馆、牛栏山酒厂文化小院5个非物质文化遗产项目展示厅先后建立。

（区文委）

【北石槽凤凰山潮源洞修缮工程】顺义区凤凰山潮源洞位于北京市顺义区北石槽良善庄村西北的凤凰山上，潮源洞在凤凰山东北腰间，明代修建。民国十一年良善庄李雅泉与僧人募资重修，洞内佛殿两层，前为关帝后供释迦南有禅室三间，洞内西北渐狭距洞口约三十余丈，上多居蝙蝠。因现在洞已荒废、年久失修，洞内仅存山门及残破的释迦牟尼殿，关公殿及南侧禅房现仅存台明。2018年的修缮工程范围包括：山门及院墙、关公殿、东配殿、释迦牟尼殿、山洞门、院内地面等。建筑面积96.24平方米，项目占地面积389.4平方米。

（区文委）

【高丽营清真寺修缮工程】顺义区高丽营清真寺位于顺义区高丽营镇七村。礼拜殿，东向，面阔三间勾连搭式，前后均为箍头脊，砖仿木檐，硬山筒瓦。门窗均为拱券式。高丽营镇是顺义主要的穆斯林聚居村，七村内清真寺历史悠久，据有关记载建于清康熙年间，现建筑老化严重，需进行修缮。2018年的修缮工程范围包括：正殿及南耳房、北配殿及东耳房，南配殿及东耳房、门楼。院落地面铺装：院落散水：所有建筑均做二城样一顺出散水，院落地面铺装：地趴砖海墁地面。院墙修缮：闭合院落，恢复传统院墙。

（区文委）

【回民营清真寺修缮工程】顺义回民营清真寺，位于顺义枯柳树环岛旁。鉴于北京首都机场的飞机噪音污染，顺义区政府对附近三个村落进行拆迁，拆迁完毕后，仅保留回民营清真寺一座，周边作为首都机场的物流仓库使用。2018年对此项目的修缮，旨在彻底解决文物建筑及院落存在的隐患与险情；解决对古建筑危害较大的地面积水、屋面渗漏。去除近现代的不合理人工干预，维持古建筑的真实性；通过研究与试验，利用最合理的科技手段解决古建筑保护的难题，以确保文物建筑的安全。并在充分掌握第一手资料的基础上，初步拟定出科学、可行的设计方案。使其建筑恢复历史时期原貌，达到和谐统一的效果。维修建筑面积181.71平方米，铺装面积710平方米。

（区文委）

【高丽营古砖窑修缮工程】顺义区高丽营镇古砖窑位于顺义区高丽营镇四村村内，砖窑为双孔连体结构，马蹄窑两窑南北相连为一体，因年久失修及人为破坏，古砖窑建筑老化严重，局部坍塌、开裂及酥碱，古砖窑杂草丛生、树木扎根，需进行修缮。2018年的修缮工程范围包括：清理地被植物427.90平方米、剔补墙体31.3平方米、新建围栏289.44平方米。

（区文委）

【后沙峪古城遗址保护工程】顺义区后沙峪镇安乐古城遗址位于顺义区后沙峪镇古城村北、温榆河东岸，属秦汉时期建筑，原有秦汉时期大量的砖瓦和陶器碎片。2018年修缮主体为：安乐古城遗址高土岗。建筑面积约：828平方米，项目占地面积约：4108平方米。由于高土岗年久失修及人为破坏，局部坍塌残损严重，仅存清晰轮廓，急需修缮。本次工程项目内容主要包括：清理地被植物6389.97平方米、砍伐野树100株、新建围栏545.70平方米。

（区文委）

【《藏贞委祉》出版】《藏贞委祉》一书记录在顺义区出土的元、明、清至民国的墓碑、墓志和文物管理所近年从顺义各地统一征集管理的石碑。《藏贞委祉》一函九册（分别为《高其卓碑》《高其卓墓志》（及夫人）《蔡夫人墓志》《马负书碑文》《新修白云观碑记》《顺义慈善事业碑》《施粥善会碑》《马应元母碑》《和硕和勤亲王碑文》）。文物管理所完成以下工作：1、对石碑进行拓片整理；2、对拓片进行专业拍照；3、对碑文誊录考释；4、对碑刻考证介绍；5、对拓片剪裱装册；6、对裱册装订印刷。此书被首都图书馆收藏。

（区文委）

【**大运河文化带非遗大展暨第四届京津冀非遗联展**】6月9—13日，《大运河文化带非遗大展暨第四届京津冀非遗联展》在北京农业展览馆1号馆和11号馆同时展出，顺义区级非遗保护项目《解九连环》参加非遗大展的互动环节。

（区文委）

【**张镇灶王文化节**】2月8—11日，2018年第二届顺义张镇灶王文化节在顺义张镇莲花山滑雪场举办。灶王文化节活动现场推出“非遗互动体验区”，邀请近20余名北京市及顺义区非遗手工艺传承人进行现场技艺展示，包括刺绣、脸谱、面塑人、鼻烟壶、冰糖葫芦、风车、活版印刷、刘氏风筝、景泰蓝制作技艺、张镇民歌、赵全营水纹雨点剪纸、年画、曹氏糖画、草编、顺义九连环、毛猴等18项区、市级非遗手工技艺。与去年不同的是，今年的文化节还增加DIY活动，参与者可以通过与传承人的现场互动，增加对顺义本土、北京非物质文化遗产的深层次认识，将文化遗产融入现代生活，推动顺义地区及北京市对非物质文化遗产的保护、传承与发展。受众人群达到5万余人次。

（区文委）

【**北石槽镇民俗文化节**】3月18日，2018年第三届北石槽镇民俗文化节在北石槽镇寺上村举行。共计10个手工技艺类非遗项目参加此次展演展示。受众人群达到1万余人次。

（区文委）

【**樱桃采摘旅游文化节**】5月19日—6月30日，顺义区文化馆非遗保护工作办公室组织区内漆器、景泰蓝、押花葫芦、火绘葫芦等5个项目参加第三届北京顺义樱桃采摘旅游文化节。受众人群达到1万余人次。

（区文委）

【**葫芦文化艺术节**】8月8日，首届葫芦文化艺术节在顺义区龙湾屯镇柳庄户村北京葫芦艺术庄园内举办。此次活动汇集10个手工技艺类区级非遗项目。受众人群达到5000余人次。

（区文委）

【**非遗申报**】2018年，共有7个资源项目向顺义区文化馆非遗保护工作办公室提出申请。分别是：龙狮舞、龙湾屯中幡、雕漆技艺、篆刻、糖画、相声、玉雕技艺、老北京毛猴、武氏太极。申请项目应在2019年专家评审会上进行论证评估，以最终确定是否进入区级非物质文化遗产名录。

（区文委）

【**概况**】2018年，顺义区融媒体中心坚持以习近平新时代中国特色社会主义思想为指导，深入贯彻落实党的十九大精神，牢固树立“四个意识”，坚定“四个自信”，坚决做到“两个维护”，持续推动媒体融合发展，壮大主流思想舆论阵地，牢牢把握意识形态工作的主动权，为全区经济和社会发展营造良好舆论氛围。

（区融媒体中心）

【**区融媒体中心成立，构建“3+8”主流媒体传播矩阵**】6月23日，顺义区融媒体中心揭牌成立。按照“坚定一个决心、做强两个平台、实现三步走目标、把握四个原则、实现五个融合、抓好六个环节”的发展思路，顺义区加快推进媒体融合改革。融合顺义电视台、顺义人民广播电台、顺义时讯报社3大传统媒体，北京顺义APP移动客户端、北京顺义官方微信公众号、北京顺义官方微博、北京顺义今日头条号、北京顺义抖音号、顺义网城新闻栏目等8家优质新媒体，构建起移动媒体传播矩阵。

（区融媒体中心）

【**“中央厨房”建成，构建“策采编发评用”全新的融媒业务模式**】借助“中央厨房”项目及“北京·顺义”APP两大技术平台，顺义区融媒体中心形成“策采编发评用”的全新融媒业务模式。“策”即定期开展对重大新闻选题的统一策划。“采”即优化整合队伍资源，实现新闻信息的一次采集、资源共享。“编”即各新闻媒体结合自身特点对采集信息进行分头编辑制作。“发”即各新闻媒体各自发布，同时利用“3+8”的传媒矩阵发布。“评”即对新闻宣传效果及社会舆情进行评估分析。“用”即为区委区政府决策和新闻宣传提供智库支持。“策采编发评用”全新融媒业务模式的构建形成新闻舆论宣传闭环工作机制及“党管媒体”

闭环工作机制。

（区融媒体中心）

【“三步走”战略目标实施，区域大合唱初步形成】在推进媒体融合的进程中坚持大融合理念，通过“三步走”战略目标，形成主流媒体引领体制内宣传平台、区域社会媒体、自媒体融合发展的生动局面，使得媒体“个唱”更加精彩，区域“合唱”更加有力。第一步完成区属主流媒体深度融合，基本建成主流媒体的“中央厨房”，实现区域主流媒体“大合唱”。第二步完成区属主流媒体资源和体制内宣传平台的深度融合，将主流媒体“中央厨房”打造成为体制内“中央厨房”，构建“新闻舆论宣传＋政务信息服务＋社会信息服务”的宣传格局，实现体制内舆论宣传“大合唱”。第三步升级建成区域“中央厨房”，发挥主流媒体引领作用，实现区级主流媒体、体制内宣传平台、社会媒体、自媒体融合发展，最终实现区域“大合唱”。

（区融媒体中心）

【传统媒体转型升级加快，融媒产品成为新亮点】通过完善内部管理体制，建立“策采编发评用”的工作机制和符合媒体融合发展的绩效考评机制，工作活力明显增强，产品生产力和传播力、影响力明显提升。与往年相比，产品生产量相比提高20%，新媒体产品量提高30%；产品质量不断提升，推出一批有影响力的融媒产品。开办《法治顺义》栏目、开设《新时代新作为新篇章》《优化营商环境 助力经济发展》《疏解整治促提升》《党建之声》《年轮——我与改革开放40周年》等专题。推出135集短音频《习近平用典》、广播小说《大江东去》、系列短音频《致敬改革开放40周年》，受到社会广泛关注。围绕庆祝改革开放40周年推出16集专题片、30期新闻系列报道，全面反映40年来顺义区取得的辉煌成就。推出评论员文章27篇，成为宣传推介顺义的一张靓丽名片。推出宣传道德模范、基层党组织和支部书记、人大代表、政协委员等典型人物短视频、微视频56个，引起热烈反响。深入开展线上线下活动，仅“我为妈妈献才艺”活动，就吸引近44万人次参与点赞。顺义官方微信粉丝量近30万，新上线的北京顺义APP粉丝量近10万人。重大专题宣传片、总结片制作量大幅增加，成为展示顺义形象的重要平台，制作《顺义力量—全国“两会”顺义区服务保障总结片》《北京车展 顺义形象—2018（第十五届）北京国际汽车展览会顺义区服务保障工作总结》、《顺义脊梁》等77部。举办顺义区第七届道德模范颁奖典礼、“我为妈妈献才艺”少儿才艺大赛和顺义人民广播电台第六届听众节等活动。

（区融媒体中心）

【坚持守正创新，意识形态和党风廉政责任制工作全面落实】宣传思想战线进入“守正创新”阶段，面对新形势新任务新要求，中心始终坚持以党建为引领，坚持“党管媒体”原则，严格落实意识形态工作责任制，制定意识形态工作责任制实施方案，层层签订意识形态责任书，压紧压实责任。确保责任到岗、到人、到具体环节，形成意识形态闭环工作机制。加强重大选题统一策划，确保舆论导向正确。坚持新闻宣传层级审核，确保播出安全。强化媒资管理。加强所属户外媒体管理，守好每一块宣传阵地。不断推进全面从严治党向纵深发展，严格落实党风廉政建设责任制，层层传导压力，层层落实责任，不断完善工作机制和各项制度，通过签订责任书，开展廉政教育活动，谈心谈话等形式，确保党风廉政建设安全，着力打造思想政治过硬、能力水平过硬的传媒队伍。

（区融媒体中心）

地方志

【概况】年内，区史志办公室主要工作是第二轮《顺义区志（1996—2010）》复审稿评审、《顺义区地名志》的编纂和《顺义年鉴》的编辑出版工作。

（史志办）

【《顺义年鉴》编写工作会暨发行会】3月6日、7日，党史区志办公室在档案局5层会议室，分两批次召开2018年《顺义年鉴》编写工作会暨2017年《顺义年鉴》发行会。会上，史志办副主任刘阿娜做上年度工作总结并就今年编写工作做动员；区志科兰岚就年鉴编写问题做培训。会后为全区参编单位发放《顺义年鉴（2017）》。工作会共有全区参编单位的年鉴编写人员140余人参加。《顺义年鉴（2018卷）》总计完成25个类目70.6万字编写，选用照片120张，全方位反映顺义区2017年国民经济与社会各个方面的发展情况。相较于2017卷《北京顺义年鉴》，2018年的年鉴做如下改进：一是在附录部分增设“勘误”。二是采用类目前照片彩插。三是增设撰稿人名录。

（史志办）

【《顺义区志（1996—2010）》复审稿评议会】3月22日，党史区志办公室在顺义宾馆会议中心召开《顺义区志（1996—2010）》复审稿评议会。与会的评审专家有《北京志》副主编谢荫明、北京市地方志编纂委员会办公室副主任张恒彬、市地方志办公室区县处处长王鹏、北京市方志馆副馆长刘宗永和市志办工作人员郝若婷，区史志办主任梁军、副主任刘阿娜、原主管区志工作的副主任费连荣及编辑们同听取评审专家针对《顺义区志》复审稿提出的意见和建议。

（史志办）

【《顺义区志（1996—2010）》通过复审】4月26日，《顺义区志（1996-2010）》复审会议在区政府会议中心召开。北京市地方志办公室副主任张恒彬、顺义区志编委会委员、区志编辑部和区史志办人员参加。区史志办主任梁军汇报《顺义区志(1996-2010)》复审稿形成过程，区法制办、统计局、教委和卫计委4家编委会成员单位作发言，对《顺义区志（1996-2010）》提出审读意见。张恒彬同志代表北京市地方志办公室对《顺义区志（1996-2010）》提出复审建议，认为：《顺义区志（1996-2010）》观点正确、体例合理、内容全面、资料真实准确、行文严谨，建议通过复审。在听取汇报和评议之后，区政府办公室副主任李敬宣布：《顺义区志（1996-2010）》通过复审。

（史志办）

【北京市地方志办公室主任一行调研顺义区地名志工作】9月12日，北京市地方志办公室党组书记、主任陈玲带队北京市地方志办公室、北京市规土委和北京出版集团相关工作人员一行9人到顺义区调研地名志、典工作开展情况。调研座谈会在顺义宾馆会议中心迎宾厅举行。顺义区代区长孙军民、主管副区长李向英与陈玲主任就顺义区地方志工作交换意见。顺义区史志办主任梁军汇报顺义区《国家地名词典》顺义部分、《北京市地名志》《顺义区地名志》《顺义区志》《顺义年鉴》《焦庄户村志》《北府村志》等志、鉴的编纂情况。市规划国土委郭健处长通报地名志工作并介绍第二次全国地名普查资料的相关情况。市地方志办研究室主任赵鹏、区县处处长王鹏结合各自处室职责交流、沟通市地方志办的相关工作。双方就地名志典编纂遇到的问题、加强地方志工作和政务服务事项等进行深入讨论。

（史志办）

【《顺义区志》二轮编修有创新】年内，在《顺义区志（1996-2010）》编修过程中，史志办编辑们对志稿做如下创新：一是篇目设置上更加突出顺义地方特色。将原《顺义县志》中“林牧渔业”和“乡镇企业”相关内容列入“农业和工业”编；在原工业编基础上增加现代制造业内容；新增加“临空经济”和“城乡管理”编，将邮电和环保内容列入“城乡管理”编；取消原志“交通邮电”编，增加物流项，变为“交通运输 物流”编；增加旅游内容，与商贸、金融并列成编。二是政治色彩更加突出。为突出区委、政府、人大、政协对顺义区各项事业的领导，将原县志中“党派团体”“政权政协”两编拆分，使区委、政府、人大、政协独立成编；原民主党派与人民团体独立成编。

（史志办）

【名村志《焦庄户村志》正式出版】年内，《焦庄户村志》正式出版。在编修过程中，史志办编辑们与中国地方志指导小组、北京市地方志编纂委员会办公室、方志出版社等单位反复沟通，对《焦庄户村志》的体例、框架、内容、语言、插图等多方面进行修改和补充，先后送审7稿。

（史志办）

【《地名志》和《国家地名词典》编纂】年内，一是先后组织召开5次与地名志相关的会议，安排部署沟通相关工作。二是按要求撰写《国家地名词典》的顺义政区聚落部分和顺义自然地理实体部分，上交稿件6万多字。三是按要求撰写《北京市地名志》顺义政区聚落部分和顺义自然地理实体部分，上交稿件5万多字。四是对照93年《顺义县地名志》、“二普资料”和2014年顺义民政局资料，整理顺义区所有村、镇、乡、街道、社区的资料。整理出顺义区消失的6个历史村名，整理出25个自然村名，9个消失的历史乡镇名和1个历史地名。对照“二普资料”整理出顺义的道路名、自然实体名等；初步整理出145个不在民政局资料中的社区名。五是按照《顺义区地名志》要求编写顺义区426个政区聚落的词条、69个自然地理实体词条。

（史志办）

【《北府村志》出版发行】年内，《北府村志》出版发行工作完成。在编修过程中，史志办编辑们多次深入到北府村，就如何写好村志对3位编写人员进行业务指导，并对志稿进行多次审阅和修改，

（史志办）

【市“鉴”顺义区情部分撰写】年内，《北京年鉴》顺义区情部分、《京津冀概况》顺义区部分和《北京农村年鉴》顺义区情部分撰写均按时保质、保量完成。按照《北京年鉴》改版的要求，提供顺义区情部分稿件3900字。为北京年鉴社新承接的《京津冀概况》提供区情概览和2017年顺义区国民经济与社会发展两部分稿件共计15700字、京津冀协同发展相关照片1张。按照《北京农村年鉴》编辑方案的要求，提供稿件11955字。

（史志办）

顺义区文学艺术界联合会

【概况】2018年，顺义区文联紧紧围绕深入贯彻落实党的十九大精神，不断落实习近平总书记文艺座谈会讲话精神和第十次文代会、第九次作代会、以及市、区宣传工作会议精神，从基本的“联络、协调、服务”职能深化转变为“团结引领、联络协调、服务管理、自律维权”，从“桥梁、纽带”的作用深入向“桥梁、纽带+枢纽”的职能转变，在行业服务、行业管理、行业自律等领域全面发挥文艺阵地的作用。加强对各文艺协会的指导和管理，坚持以人民为中心的创作导向，在深入生活、扎根人民中进行无愧于时代的文艺创造，不断推出讴歌党、讴歌祖国、讴歌人民的精品力作。年内，区文联以庆祝改革开放40年为主线，加强爱国主义题材、中华优秀传统文化题材、重大历史和现实题材作品的创作。

（区文联）

作家协会

【南彩镇2018年“二月新春”系列文化启动】2月9日，由顺义区南彩镇委员会，顺义区南彩镇人民政府主办，顺义区文联、顺义区作协协办，小营村村委会、星空文化传媒承办的2018年“二月新春”系列文化启动仪式暨小营村“迎新春 贺新年”群众文艺汇演在小营村举办。本次活动遵循“群众自娱自乐”的原则，参演节目绝大部分是小营村村民自导自演。顺义作协为村民奉上瑜伽舞蹈《阿妈佛心头上一朵莲》，诗朗诵《龙之梦》《八一军旗红》等原创节目，北小营村委会捐赠顺义作家近几年出版的书籍。顺义书法家为观众现场书写春联、“福”字，给大家送上新春的祝福。

（区文联）

【顺义作家协会朗诵团成立】2月10号，顺义作家协会朗诵团成立，对作家作品进行二度创作，宣传推广顺义作家和书写潮白文化和人物的作品，推动潮白文化项目发展。

（区文联）

【“作家在我身边”系列讲座活动】3月17日上午，区作协、区图书馆、区小作家协会联合开展的“作家在我身边”系列讲座活动在区图书馆报告厅举行。首场讲座由区作家协会理事、区知名作文辅导员刘杰东老师为学生做《素材的搜集——观察生活》讲座。刘老师用生动的语言，以互动的方式讲解如何有效收集生活素材为作文写作服务，讲座后针对学生和家长作文中存在的问题现场答疑。

（区文联）

【学生公益文学讲座】4月14日，顺义区作协主席岩焱以《阅读与写作，让梦想无限接近》为题讲解阅读的意义、方法，用生动的实例分析好作文的标准、相关技巧以及家长如何在引导

孩子读书和写作。讲座分为上、下午两场，180名学生家长通过图书馆公众微信平台报名现场收听。5月，刘飞鹭讲解《给想象插上隐形的翅膀》教孩子从生活中提炼素材。

（区文联）

【2018年顺义朗读者首场沙龙活动】7月21日下午，由顺义区社区教育中心和顺义区作家协会联合举办的首场“顺义朗读者”沙龙活动在市民学习中心大厅举行，现场共有60多位朗读爱好者参加。以此为契机，区社区教育中心和顺义作家协会联手定期开展各类沙龙、培训、创诗歌征集等活动，在激发全民学习和阅读的兴趣，弘扬中华优秀传统文化的同时，带动更多原创佳作不断涌现，助推潮白文化。活动特邀中央人民广播电台嘉宾、播音朗诵者、诗人雪石先生现场示范朗诵，并对朗诵作品进行点评。

（区文联）

【《我的诗歌创作生涯》文学讲座】11月25日，顺义区作家协会举办的潮白讲坛第8期文学讲座《我的诗歌创作生涯》在顺义区图书馆报告厅举行。中国作协会员、诗人冯连才结合自身诗歌创作经历讲解对新诗的理解、探索和实践，以互动的方式就文学爱好者现场提出的投稿、诗歌语言、意境、技巧等问题做探讨和解答。中国作协会员、顺义区作家王克臣就顺义区文学发展做展望，激励文学爱好者坚持创作，再上新台阶。活动中，冯连才现场为文学爱好者签名赠书，顺义作协向每位与会者赠送《顺义文艺》《北京作家》。讲座结束后读者纷纷和作家诗人合影留念。

（区文联）

【文学创作硕果累累】刘振华出版散文集《三春堂诗草》，徐希敏出版散文集《梦里乡愁》，廖松涛出版诗集《美若初见》，杨宪出版《杨宪诗文集》；高国镜的中篇小说集《唐朝瓜》入选鲁院丛书、散文《采半山红叶与红孩分享》刊登在《岁月》第1期、电影剧本《门神》刊登在《中国作家》第三期；许福元的散文《学之所求与学之所得》刊登在《工人日报》、散文《槐树伴我远行》刊登在《天津文学》第6期、散文《温暖一生》刊登在《慈善北京》、散文《每棵树都张灯结彩》刊登在《东方文苑》、散文《站在高处的小女孩》刊登在《南风》；冯连才的诗歌《九十九岁的父亲》刊登在《民族文学》第5期；张艳小说《我才是船长》刊登在《中国校园文学》第2期；赵敬东的诗歌《心归何处》刊登在《后花园诗刊》（第47期）、诗歌《鸟的心事》刊登《诗歌选刊》；田也作词的歌曲《我多想握住你的手》刊登在《中国乐坛》第5期、诗歌《你可知道》获得“第十三届陶然亭诗会”二等奖；岩颜的《援藏——致首都援藏教师》刊登在《现代教育报》；胡广星编创的《潮白人家》在梅兰芳大剧场参加全国基层院团优秀剧目展演。

（区文联）

【邀请名家为北京小作协顺义分会阅读与写作专题讲座】4月27日，北京小作协顺义分会阅读与写作专题讲座分别在顺义区石园教育集团石园校区和顺义二中举行。顺义二中校区，北京作协驻会副主席兼秘书长王升山为本区中学生小作协会员及二中初一学生做《读书方法》讲座；在顺义区石园教育集团石园校区，北京小作协主席周敏老师为孩子们带来《童话与想象力》主题讲座。

（区文联）

音乐家协会

【音乐家协会举办新春慰问演出走基层活动】顺义区音乐家协会组织艺术家走进木林蒋各庄村、马坡镇庙卷村、李遂葛代子村、李桥镇王家场村、凯昆制热有限公司、旺泉街道澜西园社区进行新春慰问流动演出，为一线煤改电职工、安监员、社区义工和村民送去欢声笑语。

（区文联）

【2018年第二十七届北京国际燕京啤酒节通州专场文艺演出】9月21日晚，为喜迎中秋，宣传顺义文化，顺义区音乐家协会在通州运河文化广场参加2018年第二十七届北京国际燕京啤酒节通州专场文艺演出，为通州观众奉献一台优秀的文艺节目。

（区文联）

【“潮白合唱团”和“顺义区室内乐团”分获金奖和银奖】10月，顺义区音协组织“潮白合唱团”

和“顺义区室内乐团”参加“歌唱北京”2018首都市民系列文化活动合唱比赛和器乐大赛，分别获得合唱中青年组金奖和器乐大赛重奏组银奖。

（区文联）

【音乐家协会主席屈涛获评2018年度北京市文化志愿服务优秀组织者】12月3日上午，2018北京市文化志愿者颁奖仪式在中华世纪坛举办，顺义区音乐家协会主席屈涛获评“2018年度北京市文化志愿服务优秀组织者”。

（区文联）

舞蹈家协会

【严继芳老师编导组舞《红色记忆》】5月，顺义区舞蹈家协会名誉主席严继芳老师编导组舞《红色记忆》向建党97周年献礼。组舞包含《江姐》《刘胡兰》《赵一曼》《八女投江》《没有共产党就没有新中国》《血染的风采》等舞蹈。

（区文联）

【顺义区舞蹈家协会参与执导非遗·中国——2018全国民族文艺汇演】6月14—18日，来自全国近二十个少数民族的数百名民间艺术家参加在内蒙古自治区呼伦贝尔市大剧院举办的“非遗·中国——2018全国民族文艺汇演”活动。顺义区文联副主席、顺义区舞蹈家协会主席王玉玺，顺义区舞蹈家协会副主席杨华担任此次汇演的总导演和艺术总监。

（区文联）

【《为党旗增辉》大型文艺演出】6月26日，由顺义区舞蹈家协会承办的《为党旗增辉》大型文艺演出活动在万科城市花园举行。

（区文联）

【顺义区舞蹈家协会参加第七届北京国际标准舞大赛】9月9日，第七届北京国际标准舞大赛在怀柔区体育馆举行。来自北京16个区和北京大专院校、产业文联的近千名国标舞选手参加比赛。顺义区舞蹈家协会组织50名选手参赛，取得1个第一名、1个第三名、2个第五名、1个第六名和优秀组织奖的好成绩。

（区文联）

美术家协会

【书画家孙月海老师书画作品展】1月19日上午，由顺义区文化委员会、顺义区文学艺术届联合会、顺义区北小营镇人民政府主办，北京君德益红木艺术馆、顺义区文化馆、北京三一堂国际文化传媒联合承办的——书画家孙月海老师书画作品展在君德益艺术馆拉开帷幕。100余名书画爱好者和相关嘉宾领导出席活动。

（区文联）

【《顺义古县衙形胜图》正式移交胜利街道龙府社区】4月27日，由顺义美协副主席万宝江原创的绘画作品《顺义古县衙形胜图》正式移交胜利街道龙府社区。顺义书协副主席张冬峰、顺义作家协会名誉副主席林馨分别为《顺义古县衙形胜图》作赋，并由张冬峰老师书写。

（区文联）

【“爱心居然 艺术之家”文化惠民公益活动】4月29日上午，由顺义区美术家协会主办，居然之家顺义分店和北京市顺义区小康社会工作事务所承办的“爱心居然 艺术之家”文化惠民公益活动在居然之家顺义分店拉开帷幕。活动期间展出44位顺义美协会员的国画、油画、剪纸共51幅作品。

（区文联）

【“月圆京城 情系中华”纪念改革开放40周年惠民书画展】9月22日，由中国残疾人事业新闻宣传促进会、北京市文学艺术界联合会、中共北京市顺义区委宣传部指导，北京顺义绿色生态产业功能区管理委员会、北京顺义生态旅游集团有限公司、北京市顺义区文学艺术界联合会、北京市顺义区残疾人联合会共同主办，北京鲜花港投资发展中心、北京市顺义区燕山文化协会等单位承办的“月圆京城 情系中华”纪念改革开放40周年惠民书画展在北京国际鲜花港开幕。本届汇展得到顺义区书协美协、大兴区书协美协以及仁和中老年书画院、北京五百亿书画院等文艺社团组织的大力响应与支持，共同协办。共展出书法、国画、油画等不同艺术形式作品500余幅。

（区文联）

【杨岩个人油画展】3-6月，杨岩个人油画展在北京顺义杨镇一中举办。

（区文联）

【《最美是果实》入选北京市“最

美乡村”书法、绘画、摄影展】1月，侯深创作的美术作品《最美是果实》入选北京市“最美乡村”书法、绘画、摄影展。

（区文联）

【张建亮创作的美术作品多次入选中国美协主办画展】张建亮创作的美术作品多次入选中国美协主办画展。3月，《清溪润苍峦》入选“墨香诏安全国中国画展”；4月，《一抹家山紫气来》作入选“入蜀方知画意浓全国中国画展”；6月，《山村雪霁》入选“神圣长白全国中国画展”；9月，《灵境天成》入选“翰墨神木全国中国画展”，《家山黎明》入选“美丽中国－纪念改革开放40周年全国中国画展”，《爨岭印象》入选“赞华杯魅力平谷京津冀联展”。

（区文联）

【崔纪松创作的美术作品刊登在《首都建设报》】2月5日，崔纪松创作的美术作品《五福吉祥图》刊登在《首都建设报》；6月8日，《太行风骨》等作品刊登在“搜狐中国百佳书画名人作品展”。

（区文联）

【杜玉山创作的美术作品多次入选中国美协主办画展】3月，杜玉山创作的作品《欢乐芭莎》入围“墨香招安全国中国画展”；6月，作品《敢问路在何方》入围“中国梦 燕赵雄风全国美展”。

（区文联）

【牛成选创作的美术作品多次入选中国美协主办画展】牛成选创作的美术作品多次入选中国美协主办画展，3月中国画《绿阴》入评“江海门户通天下”全国中国画作品展，中国画《声雨图》入评“水墨融情海丝梦”首届全国中国画作品展，中国画《芭蕉》入评“墨香诏安·中国画作品展”；5月中国画《雨林絮语》入展第六届全国青年美术作品展览，中国画《闻风听雨》入评纪念何香凝先生诞辰140周年暨首届“香凝如故”全国美术作品展；6月中国画《黑白韬略水墨西域》入围“国风盛典”首届全国中国画作品展，《多姿芭蕉》入围神圣长白全国中国画作品展。

（区文联）

【邓一文创作的油画作品入选大展】邓一文创作的油画作品《驼铃声远野茫茫》入选2018年“劳动颂首都书画大展”，《关爱》《影子》入选“中国铁建成立七十周年美术作品展”。

（区文联）

【左晓茹创作的美术作品入选大展】左晓茹创作的美术作品《童趣》入选“环渤海风采——2018京津冀鲁辽水彩粉版画作品邀请展”；创作的作品《寻找家园》入选“2018首都市民系列文化活动之影像北京——全市书法美术摄影展”并荣获绘画类二等奖。

（区文联）

【刘海辉创作的美术作品入选大展】刘海辉创作的美术作品《北京的回忆》入选“环渤海风采——2018京津冀鲁辽水彩粉版画作品邀请展”。

（区文联）

【蒋淑梅创作的美术作品入选大展】蒋淑梅创作的美术作品《红烛》入选“2018首都市民系列文化活动之影像北京——全市书法美术摄影展”并获绘画类二等奖。

（区文联）

【林凤梅创作的美术工艺作品荣获优秀奖】林凤梅创作的美术工艺作品烙画葫芦香筒《竹林七贤、持莲观音》、毛猴《家和万事兴》荣获“2018第十五届北京礼物旅游商品大赛” 经典系列主题类优秀奖。

（区文联）

【邬瑞之创作的美术作品入选中国美协主办画展】11月，邬瑞之创作的美术作品工笔人物《素年锦时》入选中国美协主办第三届民族美术双年展。

（区文联）

摄影家协会

【摄影家协会走进杨镇举办摄影展览】3月22日，顺义区摄影家协会在杨镇大集举办迎新春“送福下乡”“杨各庄药王庙会暨年货大集”“歌舞庆新春”等“二月新春”系列群众文化活动摄影展览。100多张摄影作品展现春节期间人民群众逛民俗庙会、赶年货大集、拍摄全家福、歌舞庆新春等节日活动、烘托出喜庆气氛、展现顺义地区繁荣发展的景象，1000多人观看展览。

（区文联）

【《这里是顺义》摄影作品大展】9月19日，顺义区摄影家协会在平遥国际摄影节举办《这里是顺义》摄影作品大展。本次展览共展出顺义摄影家协会25名会员创作的70余幅作品，共有3000余人次观看摄影展览。

（区文联）

书法家协会

【书法艺术家走基层送春联“福”字活动】春节前夕，顺义区书法家协会分别组织书法家280人次到李桥、高丽营、木林、南彩、杨镇、裕龙社区、万科花园等6个镇街，60多个村、社区为群众书写春联万余幅，“福”字4千余个，为市民送去新春的祝福。

（区文联）

【挥毫泼墨庆八一 军民共建文明城活动】7月30日在庆祝建军91周年之际，由顺义区委宣传部、区武装部、区文明办、区文联和中国人民解放军93682部队在93682部队文体活动中心举办“挥毫泼墨庆八一 军民共建文明城 -- 顺义区2018年建军节军（警）民共建活动”，区委常委、区武装部部长王子利及顺义区军（警）民共建工作领导小组成员和12家驻顺部队代表等应邀出席本次活动。活动旨在深入学习贯彻新时期中国特色社会主义思想，进一步巩固和发展军政、军民关系，丰富各部队的文化生活，增进军民情感，凝聚力量，助力顺义区全国文明城区创建工作。

（区文联）

【“中秋运河文化书画笔会”】9月21日，“中秋运河文化书画笔会”在通州运河文化广场举行。本次书画交流作为第27届北京国际燕京啤酒文化节通州专场文化体验活动部分的重要一环，以“燕京啤酒文化”和“通州运河文化”为主题，颂扬中秋为主旋律，邀请顺义书协主席、中国书法家协会会员贾文龙，中国书法家协会会员张振峰等20名书画家现场创作。书画家们以两区文化为媒，精心创作近百幅书画作品，并深入交流艺术心得。

（区文联）

【“12.4”国家宪法日主题法治宣传书画展】12月4日，由北京市顺义区人大、顺义区文联、顺义区司法局、顺义区马坡镇政府联合主办的“12.4”国家宪法日主题法治宣传书画展在顺义马坡镇庙卷村文化中心举办。此次书画作品以“尊崇宪法、学习宪法、遵守宪法、维护宪法、运用宪法”为主题，是区2018年“12·4”国家宪法日及宪法宣传周“六个一”系列活动之一。法治书画作品展活动，把我国传统的书画文化与法治宣传有效结合，从多个角度展现宪法精神和法治思想，以书画艺术为载体传播宪法精神，以宪法信仰为内核彰显书画艺术魅力。此次展览共展出40名书画家创作100幅主题法治宣传书画作品，同时向现场参与活动的裙子发放书写法治内容的书法楹联200余幅。

（区文联）

戏剧曲艺家协会

【“铭记党恩不忘初心”暨原创大型评剧《李昆》演出活动】7月3—5日，顺义区文联戏剧曲艺家协会先后在高丽营一村、龙湾屯镇山里辛庄村、大孙各庄镇大孙各庄村演出3场原创大型评剧《李昆》，向建党97周年献礼。本剧以顺义第一位共产党员李昆的真实事迹改编，演绎他为革命献身、短暂而光辉的一生。

（区文联）

【现代评剧《李昆》《良心果》荣获原创优秀节目展演奖】9月，大型原创现代评剧《李昆》《良心果》，在由中华人民共和国文化和旅游部艺术司、河北省文化厅、唐山市政府举办的“第十一届中国评剧艺术节”中获得原创优秀节目展演奖。

（区文联）

【“孝满京城、德润人心”敬老梨园慰问演出】10月11—15日，顺义区戏剧曲艺家协会先后走进南彩敬老院、区老年公寓、裕龙花园一区、石园东区、以及龙湾屯山里辛庄开展6场“迎重阳敬老慰问演出”。戏剧曲艺艺术家以“孝满京城、德润人心”为主题提前两个月就开始从老年人的喜好出发，精心安排各种节目，演出包含评剧、相声、快板、双簧、魔术、二人转还有川剧变脸等多种形式。

（区文联）

文艺类社会组织

【顺义区广场文化艺术协会组织迎新春文艺大汇演】1月27日，

由顺义区文委、顺义区文联、顺义区马坡镇政府、顺义区广场文化艺术协会主办，顺义文协优贝特舞蹈培训中心承办的“不忘初心 迈进新时代”迎新春文艺大汇演在马坡镇石家营村举行。本次活动以“开创文化建设新局面、高举旗帜走进新时代”为主题，整台演出全部由农民们自导自演，文艺节目充满乡土味道、体现农村特色。活动现场，书法家还为获得美丽乡村的石家营村赠送“美丽乡村”“砥砺奋进”等书法作品。

（区文联）

【尊老敬老喜迎新春顺义区文艺轻骑兵艺术模特协会专场慰问演出】 2月13日，顺义区艺术模特协会全体会员在会长贾冰的带领下，到顺义区第一社会福利院开展专场慰问演出。艺术家向前来观看演出的老年朋友、孤残儿童拜年、赠送新年礼物，为他们专场表演古筝、男生独唱、旗袍走秀、京剧选段、民族舞、童声独唱、豫剧唱段、歌伴模特秀等12个节目。

（区文联）

【顺义区第五届迎“三八”女书画家作品展开幕】 3月7日，为贯彻落实十九大精神，展示顺义区广大女书画家的风采，由区委老干部局、区妇联、区文联共同主办，区老干部书画协会承办的顺义区第五届迎“三八”女书画家作品展在区委老干部局开展。展览共展出60余件获奖书画作品，充分展示本区新时代女性不断积极进取、奋发有为的精神风貌。

（区文联）

【惠民书画民俗展会】 4月1日，由北京顺义绿色生态产业功能区管理委员会、北京顺义生态旅游集团有限公司、顺义区文联主办的，由北京鲜花港投资有限公司、北京市顺义区燕山文化协会承办的“纪念改革开放40年讴歌新时代”鲜花港第九届郁金香文化节暨惠民书画民俗展会在北京国际鲜花港开幕。本届展会分两大部分：一层展厅是惠民书画民俗展，300多张惠民书画作品来自于顺义书协、美协和潮白书画院以及燕山文化协会等社团组织，还有书画家个人板块；二层展厅的展览由顺义老干部书画协会组织的61件女书画家的创作、残疾人书画爱好者的作品和书画家吴山个展3部分组成。

（区文联）

【北小营镇第二届廉政书画展】 4月12日，由北小营镇党委主办、顺义区文联指导、燕山文化协会承办、顺义区与大兴区书协、美协共同协办的第二届“清风小营”廉政书画展在北小营镇文化中心拉开帷幕，百余名党员群众现场写“廉”字、画“荷花”，用书画形式展现廉洁文化内涵。此次活动征集百余幅廉政主题书画作品，以扩大廉政文化的宣传和影响力为宗旨，以加强纪律教育和提高廉洁意识为内容，主要围绕十九大精神、党风廉政文化、纪念改革开放40周年等主题内容进行主题创作，展览精选出50幅作品进行展出。

（区文联）

【顺义元祥龙狮团参加中国第十四届中国民间文艺山花奖·优秀民间艺术表演活动】 4月16—19日，中国（南宁·武鸣）第十四届中国民间文艺山花奖·优秀民间艺术表演作品初评活动在广西南宁市武鸣区举办。此次活动，由中国民协活动管理处大赛组委会，组织专家精心选拔来自全国各省、市、自治区15支各具特色的舞龙团队，参加现场表演和山花奖初评。顺义区文联组织的北京顺义元祥龙狮团舞龙参赛队伍，是唯一一支代表北京市竞逐山花奖的队伍。大赛期间，北京顺义元祥龙狮团舞龙队代表北京市，参加2018年“壮族三月三”中国（南宁·武鸣）南宁主会场舞龙大展演；2018年中国壮乡·武鸣“壮族三月三”歌圩暨骆越文化旅游节中国（南宁·武鸣）舞龙大赛暨第十四届中国民间文艺山花奖·优秀民间艺术表演作品初评活动节目展演开幕式展演。

（区文联）

【靳宝忠、靳宝刚兄弟书画展在顺义区老干部活动中心举办】 5月21日，由顺义区老干部局、顺义区文联主办，区老干部书画协会承办的“践行新思想，踏上新征程”——靳宝忠、靳宝刚兄弟书画作品展在顺义区老干部活动中心举办开幕仪式。相关领导、艺术家和艺术爱好者100余人参加。此次展览共展出书画精品60幅。此次展览时间自5月21日持续到6月10日。

（区文联）

【“传承优良家风，共享快乐阅读”亲子讲故事活动】 7月7日上午，顺义区文联所属顺义区青少年阅读协会与顺义人民广播电台依托《读书品人生》栏目联合举办“传承优良家风，共享快乐阅读”亲子讲故事活动开播。以“亲子讲故事”活动为依托，通过绘本剧、诗歌、朗诵、音乐剧等形式，展示家风、家训，突出爱党、爱国、爱家乡的情怀，突出家庭教育的重要性。经过海选、复选环节，有35组家庭入选；最终，优秀家庭的展演由顺义人民广播电台推荐到北京文艺广播《诵读小站》栏目中播出。

（区文联）

【我们在一起“阅”来越好】10月11日，顺义区青少年阅读协会在巴林左旗图书馆举办“北京阅读公益之行——有爱，有阅读”捐书仪式。活动中，顺义区青少年阅读协会联合石园东社区党支部及爱阅读文化传媒有限公司等爱心团体及个人为巴林左旗图书馆捐赠1200余册图书。巴林左旗人民政府副旗长周国忠等相关部门领导出席捐书仪式。

（区文联）

【顺义区艺术模特协会在第一社会福利院开展慰问演出】10月12日上午，在“九九”重阳节来临之际，顺义区艺术模特协会会长贾冰带领会员们来到顺义区第一社会福利院，以“孝满京城、德润人心”为主题开展文艺慰问演出活动。

（区文联）

【诗词楹联学会举办九九重阳节敬老孝老诗歌朗诵会】10月15日上午，在顺义区光明街道裕龙三区居委会举办“孝满京城，德润人心”裕龙三区九九重阳节敬老孝老诗歌朗诵会。本次活动由北京市顺义区诗词楹联学会联合裕龙三区居委会共同举办，除社区居民以外，特别参加的组织有裕龙三区悦读会、裕龙三区党总支、裕龙三区老干部党支部、裕龙三区非公企业联合党支部、裕龙三区诗词楹联分会以及顺义区诗词楹联学会。20余名会员参与作品创作，创作重阳节相关主题的原创作品40余首（篇），10余人参与朗诵。

（区文联）

文艺志愿服务队

【“到人民中去”中国文联文艺志愿服务队慰问演出】5月23日，由中国文联、中国文艺志愿者协会主办，中国文联文艺志愿服务中心和顺义区天竺镇人民政府承办，北京市文联、顺义区文联协办的“到人民中去”中国文联文艺志愿服务队慰问演出分别在顺义区南法信镇和天竺镇举行。本次活动旨在深入学习贯彻习近平新时代中国特色社会主义思想和党的十九大精神，坚持以人民为中心的工作导向，大力弘扬乌兰牧骑精神，隆重纪念毛泽东《在延安文艺座谈会上的讲话》发表76周年。中国文联文艺志愿服务中心特邀于兰、杜鹏、黄华丽、原瑞伦、钟丽燕、刘睿、张羽、何鹏、万雪莹等多位知名艺术家，为两镇居民带来精彩纷呈的演出。

（区文联）

社会生活

4 月 7 日，人才引进政策宣讲会举办

1 月 25 日，区 2018 年度“枢纽型”社会组织工作会召开

5月16日，顺义区2018年残疾人职业技能选拔赛启动仪式举行

5月12日，防灾减灾日宣传活动在汉石桥湿地开展

5 月 17 日，助残日活动

6 月 1 日，公服中心 优化办公环境新增自助服务设备

8 月 28 日，老旧小区改造（电力改造）工程建设电力井施工

9 月 30 日，顺义区举办烈士纪念日公祭活动

10 月，区儿童福利院投入使用

区人力社保局举办人才引进相关政策培训会

劳动和社会保障

【概况】2018年，区人力社保局认真学习贯彻习近平新时代中国特色社会主义思想和党的十九大精神，全面落实区委区政府和市局决策部署，紧紧围绕打好“三大攻坚战”、抓好“三件大事”、推进“三大任务”，坚持“民生为本、人才优先”工作主线，稳步推进就业、社保、人事人才、劳动关系、优化营商环境等各项工作，为全区高质量发展提供坚实保障。本局被北京市人民政府评为“北京市就业创业工作先进集体”，被北京市委评为“第十四届北京市思想政治工作优秀单位”。

（人力社保局）

【就业扶贫】全区城镇新增就业24022人，完成全年指标的141.31%，城乡劳动力二三产业就业率保持95%以上，城镇登记失业率1.46%；扶持创业481人、带动就业2013人，分别完成全年指标的185%和252%；高校毕业生就业率98.3%，困难家庭毕业生就业率100%；顺义区连续7年获评北京市充分就业区。加强重点群体帮扶，动态掌握全区低收入农户劳动力和退出企业分流职工状况，建立帮扶台账，开展“一对一”就业援助，有就业意愿的低收入农户劳动力100%实现就业、分流职工就业率达99.4%。促进河东河西均衡发展，深入河东各镇调研，制定《促进河东地区人力资源和社会保障补短板三年专项提升计划》。加大对口帮扶力度，与5个受援地签订劳务协作扶贫行动协议，分期分批组织企业赴受援地举办专场招聘会，累计提供就业岗位8518个，达成就业意向1145人，为建档立卡贫困劳动力开展技能培训306人，全力帮助受援地劳动力就业脱贫。

（人力社保局）

【专场招聘会】北京临空国际经济技术开发中心联手区人力公共服务中心举办北京临空经济核心区企业专场招聘会。共24家企业提供339余个就业岗位。参会单位累计收到求职简历295余份，现场118余人达成初步就业意向。以“精准帮扶对接，促进河东就业”为主题的专场招聘会。共提供40个岗位，吸引木林、北小营、龙湾屯等河东地区共计112名求职者参加，当场录用44人。以“精准扶贫，携手攻坚”为主题在内蒙古巴林左旗举办专场招聘洽谈会，顺义区共组织10家重点企业，提供860个就业岗位，促成72名求职者当场达成赴京就业意向。以“搭建就业平台 助力精准帮扶”为主题在顺义区人力资源市场举办专场招聘会。共52家企业参会，提供各类岗位共计1138个。现场共有600余名求职者参会，达成就业意向393人。天竺地区党委、镇政府以及机场劳动（人才）服务中心一起主办“金秋就业招聘会”。参加企业47家，提供岗位1000余个，最终350人达成就业意向。

（人力社保局）

【公共就业服务】深化公共就业服务体系整合，人力资源公共服务中心正式运行，各项业务有序推进。动态保持用人需求档案2170户，用人单位档案跟踪服务率100%；采集空岗信息41475个，完成全年指标的133.8%。加强“互联网+人力资源公共服务”平台建设，完善微信公众号功能，实现主要业务100%掌上查询、智能客服24小时在线答疑，公众号关注人数达5.2万余人。在公服大厅引入人工智能机器人“小帅”提供智能化便捷服务。推进基层公共就业服务地方标准贯标工作，基层公共就业服务机构软硬件条件明显改善。

（人力社保局）

【职业技能培训】完成首批顺义区优秀高技能人才认定工作，10名优秀高技能人才每人获得奖励2万元。做好高技能人才推选工作，全区5人获评“享受北京市政府技师特殊津贴人员”，3人获评“北京市有突出贡献的高技能人才”。在全区开展IT互联网行业高质量就业技能提升、企业高级人力资源管理师专项培训招募活动，298人参加培训。完成人社部主办的“技能中国行2018—走进北京”顺义分会场系列活动。高级技工学校顺利申评为北京市社会消防安全培训机构，成为东五区唯一一所消防安全培训定点机构。全区共培训城乡劳动力12340人，完成全年指标的102.83%。

（人力社保局）

【社会保障水平提升】完成城乡居民医疗保险整合，26.08万城乡居民实现持卡就医、公平享有医保权益。加大扩面征缴力度，职工五项社会保险平均参保人数达55.06万人，同比增长4.7%。提高6项社保待遇标准，其中城乡居民基本养老保险基础养老金和老年人福利养老金人均每月分别达到770元和690元，继续高于全市标准水平。完成城乡居民养老保险缴费补贴、基础养老金补贴等工作。做好城镇特困职工一次性医疗救助和城乡居民大病保险工作，为70名特困职工申请救助金115万元，为1659名城乡居民大病“二次报销”1271.77万元，有效缓解因病致贫、因病返贫问题。

（人力社保局）

【经办服务便利度提高】 围绕营商环境建设，更换社保服务大厅视觉识别标志，增加大厅便民服务设施。对照《北京市30项社会保险主要业务统一经办指南》，规范业务事项，优化服务流程，印制宣传折页、业务流程图12.8万余份。推进社保自助服务，增加自助服务终端、打印机、高拍仪等设备，自助服务终端出具权益记录8万余份。将劳动能力鉴定时限由60天缩短至20天，组织鉴定155次共计1533人。推进城乡居民个人基本信息变更、定点医疗机构变更、社保卡同步等业务继续下沉到街镇社保所，切实解决联系服务群众“最后一公里”问题。认真做好异地就医住院费用实时结算工作，审核跨省异地就医住院费用627人次、基金支付764.12万元。办理养老保险关系转移接续4316人次、医疗保险关系转移接续2901人次。与区税务局对接沟通，做好社会保险费用征收改革对接工作，机关事业单位社会保险费和城乡居民社会保险费征管职责如期划转。

（人力社保局）

【基金安全监管】 对18351家未按时足额缴纳社会保险费的单位开展追缴工作，追缴到帐率93.43%。开展打击欺诈骗取医疗保障基金专项检查行动，严控不合理费用支出，共检查定点医药机构55家次，追回医疗机构及个人违规费用30万余元。3家医疗机构和19家零售药店正式纳入医保定点，方便更多百姓就近就医。加强内控监督管理，进一步完善内控体系，经办风险防控能力有效提升。全区社保基金总收入144.50亿元、总支出73.65亿元，其中职工五险基金收入118.63亿元、支出52.37亿元，基金运行安全平稳。

（人力社保局）

【引才聚才】 大力宣传落实市区两级人才新政，结合部门职责，研究制定《顺义区引进人才工作实施细则》《顺义区关于扶持人力资源服务机构发展的实施细则》等系列配套措施，开展科技创新中心建设人才引进、文化中心建设人才引进、支持创新型企业人才引进3个专项计划申报工作，共引进国内外各类高层次紧缺人才88人，引进非京生源高校毕业生（含公务员等）360人，解决夫妻两地分居12人，为817人办理《北京市工作居住证》。启动北京市积分落户工作，通过配备工作专班、开通24小时服务专线、加强政策宣传等多种手段，确保此项工作平稳落实，全区申报通过4281人，146人进入全市拟落户人员公示名单。配合区委组织部全力做好第二期“梧桐工程——干部人才引进计划”，为全区经济社会发展引进、储备优秀年轻干部。

（人力社保局）

【人才发展环境优化】 加强人才载体建设，新增6家博士后科研工作站，全区博士后科研工作站达29家，行业涉及新能源、智能制造、信息技术等高新技术领域，建站数量全市第四、郊区第一。《顺义区博士后科研资金补贴管理实施细则》《顺义区“博士后科研工作站重大科技成果转化”专项资助实施细则》研究制定，进一步加大博士后工作专项资助。完成享受政府特殊津贴专家推选和百千万人才工程市级人选推选申报工作，举办第四届高级专家培训班。加强引智工作，2个引智项目获得市级专项经费资助65万元，《顺义区引智项目配套资金补贴管理实施细则》研究制定，加强区级资金配套资助。作为全市三个试点区之一，办理外国人外国人来华工作许可。

（人力社保局）

【机关事业单位管理】 平稳推进机关事业单位考录工作，全年录用公务员173人、大学生村官（选调生）25人、事业单位人员498人。全面启动全区公务员平时考核工作，实现全区公务员网上考核全覆盖。严格机关事业单位工资管理，完成机关事业单位工作人员基本工资和离休人员离休费调整工作，稳步落实公立医院薪酬制度改革试点工作。安全有序做好人事考试工作，共承接组织考试13项，48259科次，服务考生22021人。做好军转安置和企业军转干部维稳工作，全年安置营连职及专业技术干部44人，接收自主择业军转干部13名。

（人力社保局）

【劳动合同制度】宣传落实《劳动合同法》，加强企业实行劳动合同制度的监督和指导，提高劳动合同签订率和履行质量，监控企业劳动合同签订率和城镇职工劳动合同续订率分别达到99.82%、99.39%。加强企业工资宏观调控管理，完成薪酬调查，上报调查数据265户，完成任务指标的353%。出台全区物流业、汽车零部件制造业、建筑业行业工资指导线及工资指导价位。依法依规做好劳务派遣和特殊工时行政许可工作，许可劳务派遣企业396户、实行特殊工时制企业377户。

（人力社保局）

【规范劳动用工】规范用人单位439家，完成全年任务的134.7%，实现“检查一批、规范一批、提升一批”的目标。进一步提高全区劳动监察“两网化”管理水平，“顺义区劳动保障监察执法平台及网上办公系统”平台上线运行。以人力资源中介机构、建筑业为重点，组织6次劳动用工专项执法大检查。加强保障农民工工资支付工作，全力做好治欠保支工作。全年共检查各类用人单位2990家次，涉及职工人数12.16万人次；受理举报、投诉案件462起，结案率达到100%；处理集体讨薪突发事件27起，涉及农民工355人，追讨工资327万元。

（人力社保局）

【劳动者合法权益维护】推进劳动仲裁案件处理流程、文书、尺度、管辖标准化建设，与区法院建立案卷信息共享、疑难案件共商等工作机制，落实京津冀三地劳动人事争议协同处理工作，进一步提高仲裁效能。加强基层调解组织建设，不断提高基层化解能力。全年受理全区劳动争议案件5500件，结案率99.35%、调解率42.37%、终局裁决率36.1%。全面落实矛盾排查调处、整体联动和应急处置机制，畅通信访渠道，解决群众合理诉求，接待处理来访和办理群众来信、电子邮件、便民电话等2156件次，办结率100%。

（人力社保局）

民政工作

【概况】2018年，顺义区民政局深入贯彻落实习近平新时代中国特色社会主义思想和党的十九大精神，坚持“民政为民、民政爱民”的理念，准确把握“民政事业社会化、民政服务产业化、民政业务体系化、民政工作信息化”的要求，围绕“平安、法治、诚信、精准、高效”的工作目标，深化改革，开拓创新，推进民政事业健康发展，被确定为全国社会救助综合改革试点区、全市民政基层能力建设创新示范试点区。

（民政局）

【首次获评综合减灾示范街道】顺义区光明街道获评市级综合减灾示范街道，为全区首家，标志着本区镇街级防灾减灾工作达到示范标准。年内，顺义区共有1个街道被命名为“北京市综合减灾示范街道”、24个社区被命名为“全国综合减灾示范社区”、17个社区被命名为“北京市综合减灾示范社区”。

（民政局）

【优抚对象抚恤补助标准上调】伤残人员残疾抚恤金标准提高约10%；在乡残疾军人、在乡老复员军人、烈士遗属、因公牺牲军人遗属、病故军人遗属、部分烈士子女生活补助金标准提高4.4%；带病回乡退伍军人定期生活补助标准提高5.6%；参战参试军队退役人员定期抚恤金标准提高5.1%；60周岁以上农村籍退役士兵老年生活补助每服一年义务兵役每人每月由25元提高到30元。

（民政局）

【清明群众祭扫服务保障】清明期间，民政局牵头召开协调会议，明确各部门职责任务，将祭扫点防火、车辆管控、安全维稳、大气污染防控等工作落实落细；大力宣传殡葬法规及“限烧令”，在潮白陵园设置“烧纸换鲜花”兑换点，免费提供电瓶车接送、描字工具、轮椅等10余项服务。全区共接待祭扫群众29.8万人次，7.2万车次，其中：潮白陵园接待8.9万人次，1.9万车次；各镇接待20.9万人次，5.3万车次，连续11年实现“安全无事故、服务零投诉”的目标。

（民政局）

【社会组织管理】要求正在办理成立登记和变更登记的社会组织将党的建设和社会主义核心价值观有关内容写入章程，逐步引导所有的社会组织完成章程变更，从源头上确保社会组织管理的正确政治方向和价值导向；清理23家“僵尸”“失联”型社会组织，通过邮寄《列入活动异常名录事先告知书》、联合业务主管部门执法、提供审计服务等方式，撤销登记7家，警告处罚2家，注销登记14家。

（民政局）

【散埋乱葬治理】4月，在对全区散埋乱葬情况进行摸排的基础上，建立台帐，绘制版图，做出明确标识。拟定《散埋乱葬治理工作实施方案》，确定治理范围和重点。5月4日，全区散埋乱葬治理工作会议召开，全面部署2018年散埋乱葬治理工作。全年共治理坟墓1329座，其中迁移平掉坟墓33座、遮挡746座，遮挡面积22010平方米，共投资175.4万元，区域整体环境水平得到提升。

（民政局）

【社区应急救援队培训班】5月8—11日，顺义区民政局举办2018年社区应急救援队培训班，旨在提升社区应急救援能力和水平，形成群策、群力、群防、群治的社区基层防灾减灾氛围，完善全区防灾减灾救灾体系。来自20个镇街的120名社区工作人员参加培训。

（民政局）

【行政区域界线联合检查】5月9日，顺义区民政局启动河西6街道、10镇行政区域界线联合检查工作。对潮白河以西6街道10镇的40条界线和总长度约180公里行政区域界线进行检查修测。采取修测一条确认一条的工作方式，制定界线协议书和附图，由相邻镇政府、街道办事处主要负责人签字盖章确认，帮助属地认清行政区域界线，避免边界纠纷。

（民政局）

【防灾减灾日宣传活动】5月11日，区地震局、民防局、园林绿化局、消防支队、红十字会、燃气公司等20个部门在顺义区中小学防灾减灾教育基地，以“行动起来，减轻身边的灾害风险”为主题开展全国第十个防灾减灾日宣传活动。通过现场发放材料、消防装备展示、应急抢险装备展示、防灾减灾知识讲解等方式进行宣传。现场共设置展板40块、发放宣传材料5000册。

（民政局）

【“八型社区”建设】5月18日，顺义区2018年“八型社区”建设工作部署会暨新闻发布会召开，印发的《2018年“八型社区”建设工作实施方案》《2018年“八型社区”建设工作部署会材料》和《“八型社区”建设成果巡礼画册》向大家展示3年来顺义区开展“八型社区”建设成果。年内，对30家新申报社区和60家复核社区进行评估，全区共有90家社区达到“干净、规范、服务、安全、健康、文化、诚信、智慧”的“八型社区”建设标准，形成“居民提需求、职能部门具体负责、第三方组织居民代表评估”的多方共建格局。

（民政局）

【社区减负】落实“街乡吹哨、部门报到”的改革，坚持“有所为、有所不为”的原则，减轻街乡负担，推动部门力量下沉。取消155项行政事务工作，77项创建达标评比，71项组织机构台账，梳理社区证明、介绍信、加盖印章等行为15项，推动社区减负增效。5月25日，北京日报刊登信息《顺义取消300余项社区事务》，得到中央政治局委员、北京市委书记蔡奇同志的批示和肯定。

（民政局）

【社会工作者继续教育培训班】5月23日，顺义区民政局举办为期三天的社会工作者继续教育培训班，85名社会工作者参加培训。培训课程包括政府购买服务项目计划、社区服务项目设计、个案社会工作通用过程模式及技巧等经过权威认证的内容，社区工作者的综合能力进一步提升。

（民政局）

【“煤改清洁能源”分户自采暖救助】5月29日，顺义区民政局与区财政局、区新农办、区城管委联合下发《关于农村地区低保、低收入和分散供养特困人员“煤改清洁能源”分户自采暖救助有关问题的通知》，为全区1500个煤改清洁能源低保、特困家庭低收入户进行补贴。

（民政局）

【慈善文化宣传】6—9月，顺义

区在祥云小镇、光明广场、北务村广场、七彩蝶园，开展以“惠民慈善”为主题的第五届“慈善北京”公益慈善图片巡展活动。活动现场共设立展板25个、展出慈善图片65张、发放宣传册2000份、宣传品1500个、张贴点赞贴600个。9月10日，在滨河森林公园举办“快乐慈善，爱满顺义”慈善+健步走活动，各镇街、社会团体、爱心企业共180名工作人员和观众参加，进一步弘扬慈善文化，传播“五大慈善”理念，宣传慈善事业发展成果。

（民政局）

【民政基层基础能力建设培训班】 6月13日，顺义区2018年民政基层基础能力建设培训班在区委党校开班。副区长郑晓博作开班动员。培训班采用理论学习与外出学习、政策解读与实务教授、工作研讨与经验交流相结合的方式，系统讲解社会救助、社区治理、养老等重点民政基层基础业务，进一步提高全区民政基层基础工作能力和水平。相关委办局主管领导，区民政局全体局领导、各科室负责人、局属单位党政一把手，各镇街主管副职、民政科长，养老机构、社会组织负责人约280人参加培训。6月19日、25日，培训班部分学员分两批赴上海、海门、徐州、沂水三省四市县进行为期5天的调研，学习养老、社区建设、殡葬改革等方面先进经验做法。

（民政局）

【灾害信息员培训班】 6月13日，顺义区民政局在北京松鹤建国培训中心举办为期2天的灾害信息员培训班，来自民政部国家减灾中心和北京市民政教育管理学院的老师就自然灾害救助基础理论、识别与预警、灾情报送等科目进行讲解，各镇（街）和村（居）的280名灾害信息员参加培训。

（民政局）

【弃婴救治工作】 6月19日，顺义区民政局组织区卫计委、顺义公安分局、顺义妇儿医院、区儿童福利院主要负责人召开弃婴救治工作联席会，对《北京市弃婴救治工作的实施意见》进行研读，形成顺义区弃婴救治工作流程。

（民政局）

【流浪乞讨救助工作“开放日”宣传活动】 6月29日，顺义区民政局开展以“推进阳光救助、履行兜底职责”为主题的“公众开放日”宣传活动。综治、公安、城管、财政、卫计等部门相关领导出席活动，数十名社会爱心人士、热心市民走进区救助管理站，实地参观值班大厅、受助人员生活区、未成年人保护区等区域。救助站通过设立宣传点，向市民发放宣传手册，开展现场咨询等方式让大家了解救助管理工作。

（民政局）

【社会工作者职业水平证书网上登记】 6月，顺义区民政局作为首批网上登记试点单位，完成184名社会工作者职业水平证书网上登记工作。

（民政局）

【捐献活动】 4月23日，顺义区启动历时一个月的“春风送暖”主题社会捐助活动。共160余家单位参与募捐，募集善款共计2891631.21元，衣物共计19835件。7月2日，顺义区开展2018年“共产党员献爱心”捐献活动，共募集资金13.8万元，用于全区范围的助医、助学、助老等救助项目。11月5日，顺义区启动“爱心暖阳”主题社会捐助活动。活动历时20余天，全区160余家单位和广大干部群众参与募捐，共募集善款1733055元，衣物3.6万件。

（民政局）

【两个社区居委会获批复成立】 7月11日，顺义区政府批复成立仁和镇鼎顺嘉园社区居民委员会。9月4日，顺义区政府批复成立后沙峪镇蓝尚家园社区居民委员会。

（民政局）

【社区养老服务驿站建设】 2018年，顺义区全面开展养老服务驿站建设，承办市政府建设任务12家，由镇、街道统一管理，提供短期照料、助餐服务、健康护理、文化娱乐、精神关怀等10余项服务，努力打造老年人家门口的“服务管家”。年内，顺义区正式运营34家养老服务驿站，为社区居民提供便捷的服务。

（民政局）

【烈士公祭活动】 9月30日，顺义区在潮白烈士陵园举行烈士纪念日公祭活动，全区各界代表300余人参加活动。

（民政局）

【为部队办实事】 完善《为部队办实事工作暂行办法》，按照“紧贴官兵需求、突出重点项目、切实保质见效”的原则，会同相关单位和设计公司进行实地调研，区财政安排资金1300万元，实施双拥实事项目7项，采取招投标的方式，精准解决部队市政配套建设、营区绿化美化、官兵文化生活等方面的实际问题。

（民政局）

【第二届“银发达人”暨“双星”表彰活动】10月16日，顺义区老龄工作委员会在区第一社会福利院举办“孝满京城，德润人心”顺义区第二届“银发达人”暨“双星”表彰活动。10组选手成为2018年顺义区十佳达人。现场同时揭晓10家“敬老突出贡献奖”单位、200位“孝星”和500位“寿星”。

（民政局）

【退役军人及其他优抚对象信息采集】10月18日，顺义区民政局启动退役军人及其他优抚对象信息采集工作。截至12月底，共采集信息27656人，为推进“互联网+退役军人管理、服务、保障”等体系建设奠定基础。

（民政局）

【第二届相亲交友活动】10月20日，顺义区民政局在国际鲜花港举办“爱在一起，缘来是你”第二届大型相亲交友节活动，400名单身人士参加。活动现场分为爱情大道、浪漫相约区、游戏互动区、婚恋咨询区、相亲大会服务区5个区域，婚恋专家还对参与者进行性格及择偶观点评指导，帮助适龄青年提供交流展示的平台，寻找合适伴侣。

（民政局）

【儿童福利院投入使用】10月26日，顺义区儿童福利院搬入新址马坡镇西马坡村，并投入使用。本院总投资8200万元，建筑面积9600平方米，床位248张。11月9日，西城区生活无着儿童托管项目专题会召开，顺义区和西城区民政局签订《共同推进两区加快建设现代民政发展战略合作框架协议》《西城区生活无着儿童托管协议》，顺义区儿童福利院承接非首都功能疏解任务，接纳西城区51名生活无着儿童。

（民政局）

【安全生产培训班】10月30—31日，顺义区民政局举办安全生产培训班，提高民政系统安全管理人员的安全意识和管理水平。党组成员、副局长殷万军作开班动员。局属单位安全负责人、安全员和食堂管理员，老年驿站安全管理人员，养老机构、儿童福利机构负责人和食堂管理员、福利彩票销售点、公益性公墓、民办非企业单位负责人等300余人参加培训。

（民政局）

【第二届“社工知识进万家”知识竞赛活动】11月2日，顺义区举办第二届“社工知识进万家”知识竞赛活动，双丰街道代表队获冠军，光明街道和马坡镇代表队获亚军，仁和镇、北石槽镇和睿智社会工作代表队获季军。北京社会工作者协会副会长、秘书长沈小平，区民政局党组成员、区社会福利慈善协会常务副会长李玉峰出席。

（民政局）

【首家四星级养老服务机构】11月8日，顺义区第一社会福利院通过北京市养老服务机构星级评定委员会专家组的评估，成为全区首家四星级养老服务机构。

（民政局）

【村和社区“两委”换届选举工作】8月20日，顺义区村和社区“两委”换届选举工作专班成立，正式入驻民政局办公。11月9日，顺义区大部分社区召开第十届社区居民选举委员会大会，推选产生选举委员会成员，主持社区选举工作，全区村和社区“两委”换届选举工作全面启动。截至年底，社区居委会换届选举全部完成，全区134个社区全部参加选举，参选率100%，选举实现“三个100%、两个优化、四个提高”的工作目标，即一次性选举成功率、预测人选吻合度、“一肩挑”比例100%，年龄、文化结构实现“双优化”，两委交叉任职率、党员居民代表比例、直接选举（户代表选举）比例、本地化率“同步提高”。

（民政局）

【农村社区建设试点验收评估】11月30日，顺义区民政局开展农村社区建设试点验收评估工作。通过农村社区自评、第三方机构评估、区农村社区建设试点工作领导小组审核和确认的评估方式，对北石槽镇寺上村、牛栏山镇金牛村等10个农村社区建设试点进行评估考核。评估认为，每个试点在社区治理体制机制、法治建设、文化认同、社区服务体系、基础设施建设、社区工作队伍建设等方面均有所提高。

（民政局）

社会工作

【概况】2018年，区委社会工委在党的十九大精神和习近平新时代中国特色社会主义思想的指引下，认真贯彻落实区委五届六次全会精神，以破解社会建设重点难点问题为导向，加强和创新社会治理，各项工作取得新的进展和成效。注重需求导向，推进老旧小区治理工程，全力加强社区建设，不断提升社区建设水平。注重培育发展，推进“枢纽型”社会组织专业建设，激发社区社会组织参与治理积极性，促进政府购买社会组织服务提质增效，广泛开展顺义区公益行活动，加强社会心理服务体系建设，进一步激发社会组织活力。注重夯实基础，深入落实“街乡吹哨、部门报到”改革任务，协调推进网格化“多网”融合发展。注重能力培养，着力加强社区工作培训，强化专业社工人才作用发挥，不断提升社会工作队伍职业化专业化水平。注重党建引领，建强党务工作队伍，规范党建活动阵地，创建党建工作品牌，构建区域化党建工作格局，抓好社会领域党建“两个覆盖”。

（社工委）

【老旧小区治理二期（电力工程）项目启动会】1月10日，区社会办在顺力成公司二楼会议室召开老旧小区治理二期（电力工程）项目启动会。电力工程管理单位、施工单位、监理单位、设计单位、勘测单位相关负责人参加会议。区社会办提出要加强施工安全的重视度；各部门、单位相互协调沟通；把控时间节点、工期尽量提前；作为惠民工程，施工中要减少对居民的影响。随后工程参与方介绍近期工作进展并做表态发言。

（社工委）

【顺义区城市基层党建工作座谈会暨区委党的建设工作领导小组会议】1月18日，顺义区城市基层党建工作座谈会暨区委党的建设工作领导小组会议在旺泉街道宏城花园社区召开，会上通过由区委社会工委制定的《关于加强和改进顺义区城市基层党建工作的实施方案》。《实施方案》共4个部分内容，阐明当前城市基层党建工作的目标和重点任务，注明主责单位和完成时限。

（社工委）

【2018年“枢纽型”社会组织工作大会】1月25日，顺义区2018年“枢纽型”社会组织工作大会在顺义宾馆召开，各“枢纽型”社会组织主管领导及负责人、各镇社会组织联合会负责人近60人参加。会议总结2017年全区“枢纽型”社会组织工作取得的成绩，并就2018年整体工作安排进行部署。

（社工委）

【2018年顺义区公益行活动】3月20日，“2018年顺义区公益行活动”部署启动，面向全区19家“枢纽型”社会组织、19个镇社会组织联合会、16家专业社工事务所及其他社会组织广泛征集公益服务活动。经过为期一周征集，共征集到713项公益服务活动，按照有特色、有效果、有影响的原则，经过严格筛选，共筛选出全年拟开展公益服务活动118项，全年重点跟踪28项，活动内容涵盖志愿服务、法制宣传、科学普及、扶老助残、环保宣传、心理关怀、传统节日文化宣传等领域。

（社工委）

【非公企业党建工作座谈会】3月29日，为进一步梳理和掌握全区非公有制企业党建工作基本情况，区委社会工委组织召开非公企业党建工作座谈会，区统计局、区工商分局相关负责人参会。会上研讨全区非公有制企业党建工作形势和全区非公有制企业台账摸底办法，更好地掌握全区非公企业党建工作的实际情况。

（社工委）

【“微网格”微信公众号推广工作部署会】4月12日，顺义区“微网格”微信公众号推广工作部署会召开。会上，区社会办介绍“微网格”微信公众号试点建设经验，并结合各社区微信公众号建设情况部署下一阶段工作，为26个已建试点社区升级微信管理平台，对54个自建微信公众号社区进行管理平台的整合对接，在44个未建公众号社区推广“微网格”微信管理平台。通过“规范+特色”的建设模式，年底前基本实现街镇社区“微网格”微信公众号的全覆盖。

（社工委）

【《关于选聘“两新”组织党建

工作指导员的通知》下发】5月10日，为进一步有效推进全区“两新”组织“两个覆盖”工作，切实提高“两新”组织党建工作水平，根据《顺义区“两新”组织党建工作指导员聘用管理办法（征求意见稿）》，顺义区委社会工委下发《关于选聘“两新”组织党建工作指导员的通知》，在全区范围选聘一批“两新”组织党建工作指导员，派驻到“两新”组织指导帮助开展党建工作。

（社工委）

【“社会领域党建信息管理系统”专题培训班举办】6月12日，为切实推进顺义区社会领域党建工作信息化建设，提高“社会领域党建信息管理系统”的运用能力，顺义区委社会工委举办“社会领域党建信息管理系统”专题培训班，通过专题授课、现场交流等方式为全区各镇、街道、功能园区、“枢纽型”社会组织和其他“两新”组织业务主管单位的相关工作人员进行专题培训。

（社工委）

【“多网”融合专项工作培训会】6月28日，顺义区“街乡吹哨、部门报到”多网融合专项工作培训会举办，相关委、办、局、中心以及各街道、镇主管领导参加。市委社会工委综合处副处长杨国林授课，介绍网格化体系建设的时代内涵和地位作用，分析网格化体系建设的推进态势和难点问题，明确多网融合内容及要求，提出推进多网融合的具体举措。

（社工委）

【顺义区协管员队伍工作会】7月9日，区委社会工委、区社会办组织召开顺义区协管员队伍工作会，区编办、区财政局、区人力社保局的主要领导或主管领导参加。会上对本区协管员工作的进展情况进行总结，对下一步工作进行研究。

（社工委）

【对老旧小区治理二期（电力工程）相关单位进行约谈】8月27日，区委社会工委、区社会办领导对老旧小区治理二期（电力工程）施工单位、管理单位进行约谈。要求在9月重大会议召开期间做好施工工地安全保障工作，加强人员职守，对工地环境问题进行清理，尤其注意居民出行道路的恢复和整修，配合街道及时应对各类社区舆情。

（社工委）

【“两新”组织党组织书记示范培训班】9月17—19日，顺义区举办“两新”组织党组织书记示范培训班。各领域的“两新”组织党组织书记共计76人参加培训。此次为期3天培训安排5次专题授课和1次现场教学，内容涵盖习近平新时代中国特色社会主义思想、十九大精神解读、全面从严治党基本方略、基层党组织规范化建设、“两新”组织党建工作实务等方面内容。

（社工委）

【顺义区“两新”组织党建指导员专题培训班】9月20—21日，顺义区“两新”组织党建指导员专题培训班在区委党校组织进行。各镇、街道、功能区的28名党建科长，2018年聘任的186名“两新”组织党建工作指导员参加培训。此次专题培训主要围绕习近平新时代中国特色社会主义思想、新时代加强基层党组织建设、加强“两新”组织党建工作等方面内容学习，采取集中授课、分组讨论、经验交流等方式进行开展。

（社工委）

【《关于建立顺义区党建工作协调委员会的实施方案》下发】9月21日，区委常委会审议通过《关于建立顺义区党建工作协调委员会的实施方案》，并以区委组织部、区委社会工委联合发文形式印发施行。《实施方案》共五部分，分别是工作目标、组织设置、工作职能、工作机制和区党建工作协调委员会成员名单。

（社工委）

【社区工作者待遇调整工作会】9月26日，区委社会工委、区社会办组织召开社区工作者待遇调整工作会。区财政局、区民政局、区人力社保局参加。会议对《顺义区关于调整社区工作者待遇保障实施方案》进行讨论和研究，对下一步工作进行安排。

（社工委）

【社会工作事务所党支部发展党员工作培训】11月5日，区委社会工委组织召开社会工作事务所党支部发展党员工作培训会，区委社会工委主管领导和6家社会工作事务所党支部书记及组织委员参会。会上学习传达《中国共产党发展党员工作细则》，对发展党员工作的4个重要程序、25个步骤进行详实地讲解和部署；对各支部党员E先锋使用情况进行通报，并做进一步要求；对本区“梧桐工程”相关人才政策进行宣讲。

（社工委）

【《社会组织案例成果汇编》正式印刷出版】 12月4日，《社会组织案例成果汇编》正式印刷出版，集中收集整理18家“枢纽型”社会组织、10家社会工作事务所、14家特色社会组织、6家社区社会组织在探索参与社会治理、提供社会服务、解决社会问题上取得的经验。

（社工委）

【2018年全区社会组织现场教学活动】 12月5日，社工委组织2018年全区社会组织现场教学活动，各社工事务所、各街道联合会负责人共40余人参加，本次教学活动以第三方形式委托中建教育培训学校负责实施。组织全体学员到东城区建国门街道社区社会组织联合会参观，听取负责人所做的社会组织管理服务经验分享；到朝阳区八里庄街道“地瓜社区”参观，听取负责人关于共享空间运行介绍；到中北华宇党群活动中心参观学习，对全体学员开展党性教育。

（社工委）

【老旧小区治理二期（电力工程）年终工作会】 12月10日，区委社会工委、区社会办召开老旧小区治理二期（电力工程）年终工作会。项目管理单位、施工单位、监理单位参加。会议要求在冬季临时停工期间做好人员职守、施工现场清理等工作。谋划好明年施工工作，切实做好2019年复工相关准备工作。

（社工委）

【2018年政府购买社会组织服务项目结项绩效评估会】 12月20日，2018年政府购买社会组织服务项目结项绩效评估会召开，由第三方监管机构绿港社工事务所组织项目管理、财务等领域的4名专家进行评审。各项目承接单位逐一汇报项目实施、资金使用、取得效果等情况，项目管理和财务专家在听取汇报的基础上，结合查看项目结项资料，对项目实施存在的问题进行点评和提问，项目汇报人结合实施情况回答专家质询。

（社工委）

【《顺义区关于调整社区工作者待遇保障实施方案》印发】 12月20日，由区委组织部、区委社会工委、区社会办、区民政局、区财政局、区人力社保局等六部门联合制定的《顺义区关于调整社区工作者待遇保障实施方案》下发。《实施方案》主要将本区社区工作者总体平均工资水平调整为“根据全市职工平均工资的100%进行动态调整”。同时根据市级文件规定的新的工资结构对本区社区工作者工资结构进行相应调整，明确本区社区工作者绩效工资的具体标准。

（社工委）

【顺义区党建工作协调委员会第一次全体会议】 12月26日，顺义区党建工作协调委员会第一次全体会议召开。会议通报顺义区党建工作协调委员会工作推进情况并部署下一步重点工作，中国人民解放军警卫第3师、北京城市学院、北京汽车集团有限公司做表态发言，最后，区委书记、区党建工作协调委员会主任高朋强调：要提高站位，进一步认识推进区域化党建的重要意义、把握方向，扎实推进区域化党建进程、加强组织，确保区域化党建取得实效。

（社工委）

【《北京市顺义区社会建设发展报告（2018）》印刷出版】 年内，区社会建设工作领导小组办公室组织相关专家力量编写《北京市顺义区社会建设发展报告（2018）》，旨在全面反映区委社会工委、区社会办成立以来社会建设各项工作的进展情况，全书分为总报告、分报告、专题篇、附录四个部分。总报告概括顺义区委社会工委、区社会办成立十年来顺义区社会建设的历程，分报告从社会治理体制机制、社区治理、社会组织、社会领域党建4个方面详述全区10年来的社会建设工作，比较全面地反映顺义区10年来社会建设的情况。

（社工委）

精神文明建设

【概况】 2018年，顺义区精神文明建设办公室以培育和践行社会主义核心价值观为根本任务，全力创建全国文明城区，持续推进市民素质教育、文明创建、公共文明引导、“学雷锋”志愿服务和未成年人思想教育等多项工作，精神文明建设工作成效显著。

（文明办）

【创建全国文明城区】2月14日，顺义区入选2018—2020年创建周期全国文明城区提名城区。7月6日，顺义区委组织召开“顺义区2018年精神文明建设暨全国文明城区创建动员大会”，结合《全国文明城区创建测评体系（2017版）》，按照全区工作职能，把188项指标任务分解到110家牵头单位和责任单位，形成有顺义特色的《顺义区创建全国文明城区测评体系指标任务分解操作手册》，拟定《顺义区创建全国文明城区工作实施方案》，从指导思想、目的意义、重点任务、组织机构、工作要求等多个方面，对创城工作进行科学谋划。9月，全区以顺义城市核心区的316个迎检点位为重点，制定《顺义区迎接文明城区测评检查工作方案》《顺义区迎接文明城区测评检查实地考察点位任务分解汇总表》，有序组织和指导全区110家职能单位按照指标任务和迎检要求进行全面整改，完成迎检任务。

（文明办）

【社会主义核心价值观建设】顺义区将培育和践行社会主义核心价值观作为群众性精神文明创建活动的根本任务，协调顺鑫农业、顺商集团、顺广传媒等多家单位，采取购买服务与公益广告免费宣传相结合的方式，利用城市核心区主要干线公路两侧商业广告、高杆广告和电子宣传屏等136个宣传点位，全方位宣传社会主义核心价值观和“讲文明树新风”公益广告，利用城区和主要支线20辆公交车车身进行流动宣传，打造一批城乡“流动宣传栏”，为创城工作营造浓厚的宣传氛围。

（文明办）

【典型选树建设】4—10月，顺义区共推荐50名具有优秀品格的典型人物参加市级北京榜样人物评选。在顺义公园和卧龙公园设计制作5期举荐榜，集中宣传典型人物事迹。2018年，顺义区共有3人获得北京榜样周榜样荣誉称号；有2人获得月榜样荣誉称号；有3人被首都文明办推荐至中央文明办参加中国好人评选，有6人获得首都精神文明建设奖章。

（文明办）

【道德模范】3月，区委宣传部、区文明办、区文化委、区融媒体中心启动顺义区第七届道德模范主题活动，组织镇街、工委、功能区推荐343名具有助人为乐、见义勇为、诚实守信、敬业奉献、孝老爱亲等优秀品格的先进人物。在资格审核、入户考察、征求意见、认真讨论、集体研究的基础上，最终推选出顺义区第七届道德模范候选人20名，接受万名公众代表投票，并组织微信投票和评委会投票。11月22日，全区组织完成道德模范主题活动颁奖典礼，面向社会公开命名和表彰于淑琴、李晓康、谢立波、李连珍、陈其泽、胡玉江、石嫣、张茂、韩颖娜、郑交良10名道德模范。

（文明办）

【“我们的节日”主题活动】围绕首都公共文化服务体系示范区创建，顺义区在水上公园承办北京市第十届端午节暨全国龙舟邀请赛，市属11家主流媒体和新媒体聚焦并报道，为增强本区的文化底蕴做出贡献。2018年，全区研究制定“我们的节日”主题活动实施方案，进一步提升顺义市民对中华民族传统节日文化的认知和认同。

（文明办）

【乡情村史陈列室建设】2018年，顺义区持续加强对22个村史馆建设提升工作的指导。6月26日，顺义区承接北京市乡情村史陈列室现场会工作。北京市委常委、宣传部部长杜飞进、北京市副市长卢彦充分肯定顺义区村史馆建设工作。为贯彻落实全市现场会精神，顺义区进一步加大资金帮扶力度，采取以奖代补的政策，配套107万元鼓励和指导5个村史馆进行升级改造。

（文明办）

【公共文明引导】2018年，顺义区202名引导员在顺义城铁站台和城区主要公交站台开展志愿服务工作，服务时长达16万小时。此外，不断拓展公共文明引导服务领域，主动服务全市和全区重大活动，在医院、校园、商场开展控烟宣传18次；到敬老院、孤儿院、社区开展志愿服务165次；走进各镇、街道开展绿色出行、礼让斑马线等主题宣讲86次；走进第十五届北京国际汽车展、北京国际鲜花港、北京工人体育场，开展文明出行、文明旅游、文明观赛宣传引导15次。

（文明办）

民族宗教

【概况】顺义区共有满、回、蒙古等45个少数民族，人口总数约3.2万人，其中具有清真饮食习惯的少数民族6000人。民族村5个，其中有回族村3个，即：后沙峪镇回民营村、牛栏山镇安乐村、高丽营镇七村；满族村2个，即：北石槽镇寺上村和天竺镇杨二营村。清真饮副食网点和生产加工企业100余家。在杨镇一中设有内地新疆班，现有新疆籍学生900名。杨镇一中、牛栏山一中和后沙峪中心小学3所学校是北京市民族团结教育示范校。我国承认的佛教、道教、伊斯兰教、天主教、基督教5大宗教，除道教外，在本区均有宗教活动。登记的宗教活动场所4个，即回民营清真寺、高丽营清真寺、牛栏山清真寺和杨镇清真寺。年内，本区各宗教活动有序，宗教活动场所和谐稳定。

（民族宗教局）

【民族村经济发展工作获表彰】6月5日，北京市召开少数民族乡村经济工作会议，会上对全市少数民族乡村经济发展工作的获奖单位进行表彰。顺义区政府获得区级政府主体作用发挥二等奖，后沙峪镇政府获得乡镇政府主体作用发挥三等奖，北石槽镇寺上村获得精准帮扶优秀奖。

（民族宗教局）

【穆斯林群众欢庆“开斋”节】6月16日，穆斯林传统节日“开斋”节当天，顺义区有1400余名穆斯林群众进寺会礼，欢庆“开斋”节。

（民族宗教局）

【参加市民族健身操舞大赛获奖】6月28日，北京市第十三届民族健身操舞大赛总决赛在地坛体育馆举行，顺义区组织4支队伍100余人参加，获得银奖2个、铜奖1个。

（民族宗教局）

【参加北京市知识竞赛取得第一名】7月19日，由北京市伊协组织开展的“弘扬法治精神、树立法治思维——北京市伊斯兰教界‘四进’清真寺活动之宪法、法律法规知识竞赛”活动在中国伊斯兰教经学院大礼堂举行。全市有6支代表队从15支参赛队伍中脱颖而出，经过必答题、抢答题、风险题3个环节后，顺义区代表队以总分260分的成绩取得决赛第一名。

（民族宗教局）

【参加北京市民族运动会获优秀成绩】8月18—23日，北京市第十届民族传统体育运动会在石景山区召开，顺义区参赛代表团总人数320人，运动员分别来自区内10所中、小学校、3个协会、2个民族村及2个社区。报名参加珍珠球、蹴球、陀螺等11个竞赛项目和健身秧歌、花样跳绳等4个表演项目比赛。此外，按照大赛筹委会要求，顺义区结合实际情况组建由5个学校100余人参与的开、闭幕式表演队伍。在本届运动会上，本区共获得一等奖9个，二等奖32个，三等奖18个，被大会组委会评为“优秀组织奖”，杨镇一中刘永凤、杨镇小学刘斌和赵全营小学刘冰3位老师被市组委会评为“优秀教练员”。

（民族宗教局）

【穆斯林群众共度“古尔邦节”】8月22日，穆斯林传统节日“古尔邦节”当天，顺义区有1200余名穆斯林群众进寺参加节日会礼，共宰牛5头、宰羊9只，各寺欢乐祥和、宗教活动安全有序。

（民族宗教局）

【组织参加小学绫球比赛】10月13日，区民族宗教局会同区教委组织9所学校14支队近200名学生参加小学绫球比赛。

（民族宗教局）

【首都民族团结进步奖评选】10月23日上午，第八届首都民族团结进步表彰大会召开。本区推荐的北石槽镇寺上村等3个集体和后沙峪镇政府蔡长山、区教委张克深等5名个人在大会上获得表彰。

（民族宗教局）

【“儿童节”“教师节”慰问师生】在“儿童节”和“教师节”期间，本局领导分别到开展民族文化教育和体育活动丰富的学校进行走访慰问，向小学生们致以节日问候，向教职员表达节日祝福，并送去12万元慰问金。

（民族宗教局）

【“四进”活动深入宗教场所】区民族宗教事务局结合工作实际，

开展国旗、宪法和法律法规、社会主义核心价值观、中华民族优秀传统文化进宗教活动场所活动，研究制定“四进”实施方案，组织各宗教代表人士参观学习，帮助各宗教场所建立图书室，组织教职人员学习《宪法》和法律法规，各宗教场所全部悬挂国旗，并在节假日组织升国旗仪式。

（民族宗教局）

残疾人事业

【概况】顺义区残疾人工作坚持以党的十九大精神和习近平新时代中国特色社会主义思想为指引，以党建工作为引领，以加快推进残疾人小康进程为主题，攻坚残疾人民生重点难点问题，抓好充分就业、精准帮扶、社会融合“三件大事”，织密织牢残疾人基本服务保障网。

（区残联）

【康复工作】落实政府实事工程，开展白内障复明手术240例，报销200例。依托重要节日开展辅具捐赠活动，为20名家庭困难有需求的残疾人免费发放助听器，为45名肢体困难残疾人免费配发假肢和轮椅；为101名残疾儿童申请儿童康复治疗，开展“2018年度台湾明门儿童轮椅项目”，为15名肢体残疾儿童免费发放轮椅。完成市级肢体居家康复服务项目，为110名肢体残疾人开展居家康复服务3335次。完成区级稳定期精神残疾人日间照料项目，为50名有需求的稳定期精神残疾人开展日间照料服务。

（区残联）

【教育与就业】年内为27名残疾儿童提供送教上门服务，发放学费补贴10.857万元。顺义区一名残疾学生参加“2018全球残疾青少年IT挑战赛”获单项冠军。为20名符合条件的残疾儿童申请彩票公益金助学项目。开办残疾人扫盲培训班，共培训青壮年残疾人30名。举办4场残疾人专场招聘会，共有85名残疾人参加，40家用人单位提供100多个岗位。建成6个残疾人帮扶性就业基地，解决存量未就业残疾劳动力技能低、渠道少和企业招聘难等问题，建立4家助残增收基地，为179名残疾人提供帮扶服务。为426名残疾人提供职业康复，投入经费113.784万元。组织残疾人参加职业技能培训，累计举办培训8场，涉及14个培训项目，培训残疾人365人次。

（区残联）

【扶贫与助残】按照区委、区政府部署，为河北省张家口市沽源县残疾人提供辅具服务，包括升降坐便椅30台，伸缩手杖30把，软、硬座轮椅60台，助听器30台，折合资金共计9.984万元；为沽源县233个村和8个社区的康复协调员，开展为期2天的康复基本知识与技能培训，培训经费共2.116万元；针对当地残疾人温馨家园软件设施不完善的问题，给予价值20万元的设备帮扶。与天津南开区残联达成长期协作协议。贯彻落实《北京市市民居家养老（助残）服务（“九养”）办法》的意见，为8350名残疾人发放助残券1040.03万元，为42名残疾人发放保险补贴38.7388万元，为84名残疾人发放临时救助资金30.02万元。确定122户残疾人户改造对象，完成城乡居民养老保险补贴工作，实现参保率100%。

（区残联）

【无障碍改造】年内，完成1879户残疾人家庭无障碍改造施工和审计工作，为残疾人的生活起居创造良好条件。开展无障碍体验活动3次，选培18名无障碍监督员，服务无障碍环境建设。

（区残联）

【残疾人法律服务】开展“庭院式”残疾人法律知识讲座60场，惠及3500余名残疾人。依托29个温馨家园设立法律服务工作站，为残疾人提供法律服务，利用远程维权服务平台，向残疾人普及法律知识。

（区残联）

【残疾人职业康复中心】顺义区残疾人职业康复中心总建筑面积16744平方米，分为地上10层和地下2层，总投资1.3亿元。内设职业康复项目、职业培训教室、辅具中心、儿童康复园、家长培训学校等专业机构。

（区残联）

【首场残疾人招聘会】1月26日，顺义区残联与顺义区人保局共同举办“就业帮扶，真情相助，不让一个困难群众掉队”2018年顺义区就业援助月主题招聘洽谈会。共有8家用工单位参加，提供服务员、保洁、技术工人等就业岗位。50余名残疾人到场求职，13人初步达成就业意向。

（区残联）

【新春联欢会】1月31日，由顺义区残联主办，各专门协会协办的顺义区残疾人新春联欢活动举行。社会各界残疾人及志愿者共150余人参加联欢活动。此次活动旨在为残疾人提供展示平台，营造社会理解、关心、帮助残疾人的舆论氛围。

（区残联）

【“爱耳日”活动】3月2日，由顺义区残联、顺义区卫计委主办，顺义区妇幼保健院承办，顺义区教委等11家单位协办的“听见未来，从预防开始”爱耳日活动在顺义区妇幼保健院举行。活动现场，为全区20名听力困难且有助听器需求的残疾人免费验配并发放助听器20台，解决听力残疾人实际问题。

（区残联）

【婚姻辅导活动】5月9日，由顺义区残联和顺义区民政局主办，区肢协、区婚姻家庭建设协会及北京市顺义区国际鲜花港协办的“爱在花港，共鉴风雨情”婚姻辅导活动举办。10对残疾人夫妻及亲属共计40余人参加。

（区残联）

【残疾人职业技能选拔赛】5月16日，北京市顺义区残疾人职业技能选拔赛在顺义区金潮玉玛国际酒店展开，比赛项目包括剪纸、手工布艺、盘扣、计算机文本处理。来自顺义区25个街镇的108名选手参加比赛。

（区残联）

【助残日活动】5月17日，由北京市残疾人福利基金会和顺义区残疾人联合会主办，顺义区燕山文化协会、北京七彩蝶创意文化有限公司、顺义区上禾助残服务中心、顺义区和谐心理咨询中心共同承办的“共享小康　爱在顺义”第二十八次全国助残日主题庆祝活动在顺义区七彩蝶园举行。来自顺义区残工委成员单位的领导、各界助残公益人士、残疾人工作者和残疾人代表150余人参与活动。

（区残联）

【首家温馨家园改革试点启动】7月4日，顺义区首家温馨家园改革试点项目正式落地，仁和镇残联牵手立德社工事务所，于河南村温馨家园举办仁和镇温馨家园托管项目签约仪式。

（区残联）

【“扶残助残牢记使命，为民爱民不忘初心”活动】7月5日，由顺义区残工委办公室主办的“扶残助残牢记使命，为民爱民不忘初心”主题活动在北京继民启智康复中心举行，拉开顺义区残工委庆祝中国共产党建党97周年系列活动的序幕。

（区残联）

【残疾预防活动】8月24日，由顺义区残疾人联合会、顺义区卫生计生委、顺义区社会工委主办，顺义区和谐心理咨询中心承办，顺义区园林中心、顺义区精神病医院、北京儿童医院顺义妇儿医院协办的顺义区第二次全国残疾预防日暨心理嘉年华活动在顺义区人民公园举行。共150名残疾人代表参加此次活动。

（区残联）

【无障碍设施监督体验活动】9月7—11日，顺义区残联组织18位无障碍监督员开展考察点位无障碍设施监督体验活动。无障碍监督员共体验新建小区、小学、中学、大学、宾馆、饭店、火车站、大型商场、超市、政务大厅、公共文化设施、公厕等60个点位。活动为创建全国文明城区，方便残疾人出行提供保障。

（区残联）

【“助力脱低增收 共享小康社会”攻坚行动】9月29日，由北京市残疾人福利基金会、顺义区残疾人联合会主办的“助力脱低增收 共享小康社会”攻坚行动暨沃德·溢成助残捐赠活动在南彩镇杜刘庄村举行。残疾人专职委员、残疾人工作者党员代表、低收入残疾人代表50余人参加活动。

（区残联）

【残疾人冬残奥会冰雪知识普及】11月30日，顺义区残疾人冬残奥会冰雪知识普及暨冬季趣味项目体验活动在顺义区仁和镇“温馨家园”举行。仁和镇周边200余名残障人士参与。作为全市首个在“温馨家园”开展的冰雪体验活动，顺义区残疾人联合会为残疾人就近参与冰雪体验进行有益探索，积累实践经验。

（区残联）

【“2018全球残疾青少年IT挑

战赛”赛后座谈会】 12月25日，顺义区残联、顺义区教委、顺义区特教中心共同举办“2018全球残疾青少年IT挑战赛”赛后座谈会，对GITC办公工具挑战赛冠军及优秀奖获得者进行表彰。此次我国获得GITC办公工具挑战赛冠军，创国家队该项赛事境外比赛最佳成绩。

（区残联）

人民生活

城镇居民收入支出情况

【概况】 2018年，顺义区城镇居民人均可支配收入43437元，同比增长9.3%，增速较上年同期提高0.3个百分点，自2012年以来连续7年保持9.0%以上的增长速度。

（统计局）

【城镇居民收入稳步增长】 2018年，顺义区城镇居民人均可支配收入继续保持较快增长态势，达到43437元，同比增长9.3%，高于全市增速0.4个百分点，增速位居全市第1位。1. 工资性收入是增收主动力。2018年，顺义区城镇居民人均工资性收入31239元，比上年同期增长16.9%，拉动可支配收入增长11.4个百分点，占可支配收入的比重为71.9%，较上年同期提高4.7个百分点，是城镇居民收入的最主要来源。机关事业单位综治和绩效奖金以及职工最低工资标准连年提高，带动居民工资性收入增长。2. 经营净收入大幅下降。2018年，顺义区城镇居民人均经营净收入1063元，占城镇居民可支配收入的2.4%，同比下降45.6%，拉动可支配收入降低2.3个百分点，经营净收入大幅下降，成为城镇居民可支配收入增长的绊脚石。经营户减少，加上用工成本的不断提高，经营成本水涨船高，利润降低，从而使得本区城镇居民经营净收入不断下降。3. 财产净收入略有增长。2018年，顺义区城镇居民人均财产净收入5120元，同比增长1.2%，主要得益于居民出租房屋收入的增长。2018年，本区城镇居民人均出租房屋财产性收入2004元，同比增长28.9%，是带动居民财产净收入增长的主要收入来源。4. 转移净收入稳中略增。2018年，顺义区城镇居民人均转移净收入6015元，同比增长0.2%，占城镇居民可支配收入的13.9%。转移净收入的增长受政策影响显著，北京市民生政策以及社会保障体制的不断完善，带动转移净收入一直处于稳中有增的态势。

（统计局）

【居民消费结构日趋优化】 2018年，顺义区城镇居民消费水平稳步提高，增速位居全市第1位，高于全市平均水平2.8个百分点，消费结构不断优化。2018年，顺义区城镇居民人均消费支出28301元，比上年同期增长9.2%，增速位居全市第1位。在消费支出构成中，八大类消费呈现“七升一降”的态势。增速在10%以上的支出分别为其他用品和服务、衣着、教育文化娱乐、医疗保健及交通通信支出，居民用于购买享受型商品和服务的购买力不断提升，用于购买基本生活用品的支出在逐渐减弱。1. 恩格尔系数下降，生活水平提高。恩格尔系数是指食品烟酒支出占消费支出的比重，它是衡量居民生活质量的一个重要指标，在一般情况下，恩格尔系数下降表明居民生活水平的提高。2018年，本区城镇居民人均食品烟酒支出6307元，比上年同期下降1.0%，恩格尔系数为22.3%。自2015年以来，顺义区城镇居民恩格尔系数连续4年下降，2018年比2015年下降了5.4个百分点，居民生活水平显著提高。2. 消费水平提高，改善生活能力增强。人均其他用品和服务支出661元，同比增长28.1%，在八大类消费中增长最快，占城镇居民消费支出的比重为2.3%，居民用于购买享受型商品（首饰、手表、箱包等）和服务（美容美发、旅馆住宿等）的需求日趋提高，消费增长快速，生活水平持续改善。3. 人均衣着支出2054元，同比增长21.3%，占城镇居民消费支出的比重为7.3%。2018年，本区城镇居民用于购买千元以上服装的消费金额占居民购买服装总金额的比重为13.3%，上年同期此项比重为11.9%，较上年提高1.4个百分点，城镇居民对于中高档服饰的消费能力不断提高，消费档次有所提升。

（统计局）

街道镇

4 月 12 日，顺义区教育研究和教师研修中心附属实验小学挂牌仪式在杨镇中心小学举行

6 月 30 日，旺泉街道综合执法指挥中心揭牌成立

5 月 5 日，仁和镇临河棚改回迁安置房项目启动仪式举行。

8 月 24 日，沃尔玛山姆会员店竣工

9月26日，空港街道联合顺义区外事侨务办、顺义区体育局举办第二届“空港杯”国际化社区中外篮球友谊赛（王刚）

5月，第四届北京顺义舞彩浅山旅游登山文化节举办

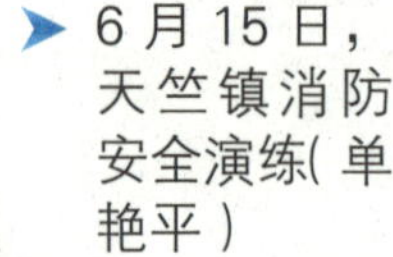

6月15日，天竺镇消防安全演练(单艳平）

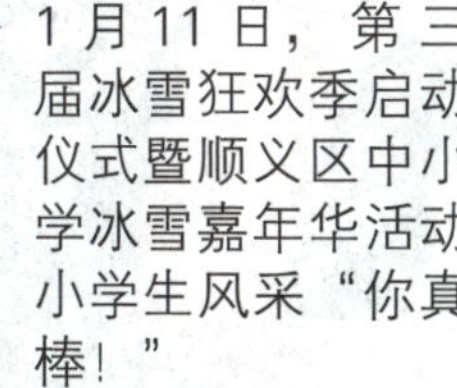

1月11日，第三届冰雪狂欢季启动仪式暨顺义区中小学冰雪嘉年华活动小学生风采“你真棒！”

7月3日，高丽营镇一村戏曲专场演出

2018年，光明街道打造光明+@空间共享阵地

双丰街道——“稻花香里说丰年”活动

老旧小区改造二期工程——前进花园改造后

柳各庄棚改村民签约

街 道

光明街道办事处

【概况】2018年，光明街道坚持党建引领，精心谋划，周密部署，各项事业都取得较好得发展。聚变创新强化党建工作，建章立制规范街居管理，稳步推进"疏整促"工作，持续改善环保工作，继续加强公共服务，推进社区平安建设，推动社区精细管理，街居联动繁荣文化。

（光明街道）

【2个新居委会成立】社区服务站职数为3人，全面负责社区居民的服务管理工作。

（光明街道）

【辖区环境保护】一是大力推进大气污染防治，建立老旧小区改造工地"日检查"机制，更新整理辖区内63家餐饮企业、57家机关企事业食堂台账信息，统一下发《餐饮企业油烟设施清洗档案记录本》，实现油烟净化设施安装率100%。光明辖区1—10月份PM2.5均值46微克/立方米（全区排名位居第一），降尘量均值6.8，环保巡查APP反馈率100%。二是全面落实河长制工作，年内，深度排查污水源河道排水口3处、排水沟1处、餐饮街1处，治埋污水源截流改排1处，督促整改1处；跨属地断面考核全部达标。三是严格推行街巷长工作，截至11月，共计发现背街小巷问题257件，处置问题257件，处理率100%。招募"小巷管家"112名，累计巡访2648小时，共处理各类事件165件。截至11月，实现市、区、街三级环境问题台账销账率100%。

（光明街道）

【三项措施推动垃圾分类工作】一是摸底排查辖区机关、企事业单位、学校，配合城市管理委完成61家单位分类垃圾桶配送工作。二是组织召开《餐厨垃圾收集清运合同》签约会，协调辖区97个机关、企事业及餐饮单位与环卫中心签订清运合同，为签约企业和单位配送餐厨垃圾桶1100个。三是在18个社区开展入户宣传活动，通过张贴海报、赠送垃圾袋等小礼品的方式鼓励居民在家进行垃圾分类。

（光明街道）

【三项措施推进街巷长工作开展】一是落"实"职责，成立领导小组。58条街巷划定31名街巷长，将街巷名称、起止点、长度，街巷长姓名、联系方式、职责，"十无"管理标准等内容全部上墙公示，方便居民反馈问题及监督。二是落"细"治理，完善工作机制。建立"双闭环"工作机制，不涉及执法问题的由小巷管家发现—街巷长协调上报—街巷长办公室网格派发相关业务科室或"吹哨"进行处理；涉及执法问题的由小巷管家发现问题—街巷长协调上报—街道综合执法中心"吹哨"相关成员单位，进行综合执法，直至问题解决。三是落"严"管理，严格考核机制。街巷长办公室每周采取抽查机制，对街巷长履职情况进行监督检查。重点抽查街巷长日志中未发现问题的街巷，以及商户多、人车流量较大的街巷，发现问题及时通知街巷长进行处理，并在《光明街道街巷长专刊》中进行通报。

（光明街道）

【疏整促创佳绩】截至8月底，10项区级"疏整促"年度工作任务提前完成。其中，组织拆除违法建设12处，面积5970.59平方米，超额完成5000平方米的区级年度任务，销账率119%。2018年区级占道经营重点点位博联正门门口的销账任务完成。累计封堵开墙打洞16户，完成区级年度任务的130%；取缔无证经营10户，完成区级年度任务的125%。排查培训点121个，无证无照黑培训部5家、有照无证2家，2018年计划关停2家，实际关停9家，超额完成区级年度任务。关停未审批幼儿园1家，100%完成任务。规范劳动用工10家，10家建筑工地实现100%"实名制"。建立22家生活性服务业网点，完成区级年度任务的240%。

（光明街道）

【社区平安建设】加强安全服务保障，在社区内和主要街面设置防控点位122个，动员群防群治力量2814人。加强辖区食药安全检查，1—11月，联合执法46次，行政处罚28起，罚款44万余元。强化辖区安全生产、消防安全，检查社会单位3626家次，企业覆盖率100%，组织消防知识讲座及消防培训演练100场，参加培训人员1万人次。全面开展电动自行车智能充电设施安装工作，实现社区全覆盖。建立综合执法中心，按照“五实”标准坚持实体化运行。“问题收集梳理—主体责任指定—开展综合执法—任务完成反馈—绩效考核确认”5个流程实现从问题发现到任务完成反馈，同时进行绩效考核确认，实现综合执法平台的全过程闭环管理。结合综合执法中心建设，安装5路天眼通高空监控摄像头，同时开发配套天眼通手机APP，实现对辖区治安、交通、环保等情况的24小时全天候监测。群众信访工作规范化开展。

（光明街道）

【“光明+”共享阵地建设】打造以“光明+”为logo的裕龙五区水上庭院、幸福N次方、滨河共享客厅等7个特色共享阵地。开展传统节日文化活动和富有光明特色的“三大系列”群众文化活动，举办各类活动81场，覆盖居民11088人次。为辖区居民提供文教娱乐、便民服务，向有需求的党组织和社会组织开放使用场地、设施等资源，使辖区资源活起来。

（光明街道）

【全国文明城区创建工作扎实推进】举办街道全国文明城区创建启动仪式、开展百姓宣讲等活动，在辖区主次干道等重要路段和社区、政务大厅、文体广场等显著位置张贴公益广告和宣传标语400余处、遵德守礼提示牌240余个、创城宣传海报2843张。向辖区门店发放“门前三包”责任牌682个，向辖区居民发放宣传手提袋2800余个，发放《一封信》30000张。包括裕龙五区在内的6个社区完成健康社区创建工作，双拥健康步道、东兴一区等市级健康社区验收工作完成。净化文化市场，街道及裕龙六社区荣获第二批全国“扫黄打非”进基层示范点。持续开展“礼让斑马线”等主题教育活动，进一步健全和完善社区基础设施建设，不断提升城市管理和为民服务水平，以扎实创建成效赢得群众的支持和信任，提升辖区整体风貌。

（光明街道）

【便民电话】街道共接办便民电话1500余件，按期办结率达到100%，满意度在街道中位居第一。

（光明街道）

【社区理长制创新社区治理】一是明职定责亮身份。社区理长由街道处级领导担任，全面指导、协调、监督社区工作。街道工委与社区理长签订责任书，明确11项职责，在社区明显位置亮明身份、公布联系方式，向党员干部群众作出承诺，实行挂牌上岗制度。二是多措并举汇民意。建立社区理长接待日制度，与群众面对面交流；设立社区理长信箱，收集处理群众反馈意见；在街道网站设立理长信箱，拓宽群众反馈渠道。三是三个“会议”解难题。建立社区理长工作社区周例会制度，了解社区工作情况并根据问题提出解决措施；建立街道社区理长工作专题会制度，各理长汇报负责社区当月工作情况并交流，促进社区工作中重点难点问题解决；建立社区理长工作工委专题会制度，在街道社区理长专题会上未能解决的难题，定期召开工委专题会进行分析研判，集体研究解决思路、办法，并将需要区有关部门协助解决的问题整理成文后报送到区相关部门。四是共建共治助共享。社区理长定期走访辖区单位，加强同辖区单位的联系沟通，调动辖区单位主动参与社区事务管理，形成共驻共建的良好氛围，推进社区工作发展。

（光明街道）

【社区精细管理】一是老旧小区治理一期工程方面，幸福东社区完成监控设施改造、电梯改造等工程；二期工程方面，工程进度完成70%。二是网格化管理，18个社区318名网格员累计巡查58375人次，共发现问题19961件，及时解决各类问题19838件，问题处理率99%。同时网格员队伍规范化，街道为社区网格员配备移动终端318部。三是顺义区首个“北京市综合减灾示范街道”年内创建完成。四是“八型社区”建设顺利进行。推荐东兴一区、东兴二区、东兴三区、双拥社区、滨河一区5个社区开展2018年“八型社区”创建工作；裕龙三区、裕龙五区、裕龙六区、绿港家园、双兴东区、幸福东区、金汉绿港、裕龙花园、裕龙四区9个社区完成“八型社区”评估复检验收工作。

（光明街道）

【3家养老驿站新建】街道利用社区腾退空间通过招商引资方式，新建成双兴东区、裕龙三区和裕龙五区3家养老驿站，面积

共640平方米。第一个出台全区镇街级社区养老服务驿站运营扶持办法，鼓励和引导社会力量参与社区养老服务驿站建设；此外，光明街道出台《光明街道办事处社区养老驿站运营扶持管理办法》，为社区养老驿站运营提供房租补贴、建设补贴、运行补贴、助餐补贴、项目补贴及奖励补贴等内容，养老驿站由第三方公司运营管理，提供日间照料、呼叫服务、健康指导等6类服务。双兴东区养老驿站于10月中旬试运营，裕龙三区和裕龙五区养老驿站于12月底试运营。

（光明街道）

【公共服务】为辖区60岁以上独居、失能、行动不便的老年人安装新型联网式独立烟感报警器750个。推进城镇居民养老保险全覆盖，累计为512人发放城乡居民无保障福利养老金；社会保障工作有序开展，新增640人办理“一老一小”参保手续；社会化管理人数逐年递增，实行社会化退休管理人员3410人，社保卡申领、补办3546张。辖区医保实现全覆盖。搭建平台促进就业，采集空岗924个，2018年新增就业713人；同时加强就业培训，截止11月底累计培训547人。年内，光明街道获评“北京市就业创业先进集体”“顺义区年度职业技能培训工作先进街道”。营商环境持续优化，在政务大厅设立便民自助服务专区，在街道网站设立优化营商环境专栏，利用微信公众号等平台发布亮点工作。

（光明街道）

【四经普单位清查工作完成】针对第四次全国经济普查单位清查工作，光明街道对辖区内所有法人单位、产业活动单位以及从事第二、三产业的个体经营户开展“地毯式”入户清查。经过清查摸底和数据审核，光明街道共清查出单位数825家，个体数427家，单位清查工作的完成为正式普查登记工作奠定基础。

（光明街道）

空港街道办事处

【概况】空港街道辖区面积27.38平方公里，常住人口约6.3万，东临北京首都国际机场，西临温榆河畔生态走廊，毗邻朝阳、昌平，地铁、国道贯通，交通便利。空港街道下辖20个社区，38个居住小区，有来自60余个不同国家和地区的常住外籍人士8000余人。新国际展览中心坐落于此，辖区内共有学校21所，其中包括英国学校、德威国际学校、新英才学校、顺义国际学校等多所国际学校，教育资源丰富，公共服务完善；辖区内有中粮祥云小镇、龙湾七街、欧陆等7个中高端商圈，涉外商业服务聚集，生活便利，城市业态活力十足，经济投资潜力巨大。街道紧紧围绕建设港城融合的国际航空中心核心区，打造国际空港；紧紧围绕建设创新引领的区域经济提升发展先行区，建设活力街区；紧紧围绕建设城乡协调的首都和谐宜居示范区，共筑幸福社区。

（空港街道）

【重要活动服务保障】一是空港街道开展全国“两会”服务保障工作，累计上岗39800余人次，出动检查车辆197车次，出动检查人员906人次，检查商圈、工地325次，查处隐患297处。二是针对北京国际图书节服务保障工作，成立本届书展临时党支部，设立党员志愿服务岗12个，广泛发动社区党员、在职回社区报到党员、流动党员110余人为游客提供服务500余次；服务保障过程中，累计上岗5000余人次，出动检查136车次，出动检查人员680余人次，检查商户、企业125家，查出隐患22处、消除隐患22处，发放整改通知书17份、限期整改中5处。三是中非合作论坛期间，组织辖区20个社区2715名志愿者上岗执勤，同时设立党员志愿服务岗位30个，广泛发动社区党员、在职回社区报到党员、流动党员20余人提供志愿服务38次；服务保障过程中，共计出动检查车辆14车次、检查人员255人次开展违建管控、河道清理、综合治理等工作，检查企业、商户、工地82家，发现隐患18处，均责令相关负责人进行整改。

（空港街道）

【区域经济企稳向好】空港街道全力优化营商环境，与辖区重点企业建立月沟通机制，共开展企业座谈会12次，解决企业问题20余项。引入中粮地产（北京）投资有限公司、北京英才房地产开发有限公司、中粮地产集团深圳物业管理有限公司北京顺义分公司、北京中展商务服务公司等6家企业。全年属地财税收入21625万元，同比增加8341万元，增长62.8%；一般公共预算7770万元，同比增加2562万元，增长49.2%。

（空港街道）

【国际安全社区网络成员单位】 空港街道全力开展消隐患保安全工作。全年签订安全及消防责任书1300余份，开展“企业双百谈心”活动52家次，完成检查任务2206次，完成率110.3%；发现并整改安全隐患1398处，整改率100%；开展联合执法、专项检查等360余次，检查辖区商圈、商户2000余家次，消除各类安全隐患1661处；完成20个社区59组集中充电桩安装工作，重新施画20个社区的消防通道；推广灶台燃气灭火装置，4家企业完成安装；为辖区60岁以上老年人及鳏寡孤独、老弱病残等特殊群体家庭安装具有群发短信功能的独立感烟报警装置850个。累计推送微信公众号信息2000余条；开展志愿者活动1000余次，志愿者参与数量8万余人次；发放安全手册2.5万份，印制各类宣传材料15万余份；举办各类安全教育活动400余次，参与人数5万余人次，安全社区建设知晓率90%以上，切实形成“安全社区连万家，人人参与人人抓”的良好氛围。11月底，国际安全社区认证中心总干事古尔邦·斯琼博格莅临空港街道进行国际安全社区创建现场认证工作，并向国际安全社区支持中心推荐空港街道成为国际安全社区网格成员单位。

（空港街道）

【违建管控】 共拆除违法建设25856.91平方米，区级任务完成率517%。共召开违法建设主任调度会15次，巡查456次，出动6520人次，703车次。制止违法施工情况656次，暂扣施工工具585车，拆除钢架830余组、钢管3600余根，悬挂违建举报电话横幅80个。协同城管、规土等部门冻结违建房屋产权交易244户，立案143宗，发限拆59宗、催告56宗、公告10宗、下达强制拆除违法建筑告知书31份。全年共接收违建告知书62个，同比降低327%。55户提交自拆申请，39户自拆完毕、16户自拆中。拆除私搭乱建116宗，腾退土地81428平方米。

（空港街道）

【全市首个生活性服务业示范街区】 空港街道着力优化营商环境，通过三种方式成功将中粮祥云小镇打造成全市首个生活性服务业示范街区。一是创新党建工作模式，增强中粮祥云小镇文化凝聚力。以党建工作模式创新为引领，通过党员商户亮身份、e心益意商户挂牌、党员驿站建设、党建文化中心阵地建设等多种形式，扩大先进文化影响力，提升商业服务公信力，党建文化与商圈文化相融合，充分营造商圈经营正能量，为祥云小镇打造全市首个生活性服务业示范街区奠定基础。二是文化融合，建立高效便捷的政企联席机制。加强小镇内企业的文化打造和交流沟通，为企业建立问题台账，第一时间分析、解决企业面临的困难、问题。中粮祥云小镇建立企业注册绿色通道，为小镇注册商户105家。规划1400个车位，帮助解决小镇周边停车难问题，缓解交通压力。三是互帮互助，助推辖区企业跨越发展。通过政企联席机制，建立企业问题台账，以企业座谈会方式帮助企业拓宽服务领域，更好地融入街道乃至全区的资源环境。

（空港街道）

【碧水攻坚战】 空港街道坚决贯彻落实河长制要求，持续加强水生态环境治理。一是严禁污水入河，聘请专业机构查污溯源，所有建成区污水都经市政管线排入天房污水处理厂进行处理，封堵排污口9个，查处非法排污行为1起。二是参与流域治理，配合区水务局完成对龙道河河底清淤工程，主动完成花马沟老沟、铁吉沟清淤1万余方。三是加强沿河环境整治，主要领导巡河里程167公里，安排20人巡河护河队伍不间断巡查和清理；投入50余万元对多年未清理的温榆河旁防护林带和花马沟下游大面积垃圾进行专项整治，清理各类垃圾120余车；清理非法垦殖600余平方米。四是全力确保安全度汛，提前预判风险点，建立23处易积水点位工作台账。强化基础排水设施建设，在裕丰路、莫奈花园修建11条应急排水管线。组织120人的应急抢险队，各社区联合物业公司建立实名制联勤联动力量。储备强排水泵188台，获评北京市防汛抗旱先进集体。

（空港街道）

【蓝天保卫战】 2018年，空港街道辖区PM2.5均值为51微克/立方米，同比下降20.3%，完成指标任务。科技助力求实效，街道在32个小微站点的基础上，开发应用分钟级预警环保巡查平台，增设10个分钟级监测点位，排查高值点位、解决问题215次。台账管理抓攻坚，严控餐饮油烟、施工工地和裸露地块扬尘，建立涉及150家餐饮企业、14家施工工地、7辆重型柴油车、9处裸露空地、6处土储地块、33条道路、45台燃气锅炉和36处生活垃圾收运的8本环保台账，14家施工工地严格落实“六个百分百”管控措施，215万平方米裸露地块苫盖并种草。网格化管理强基础，完成市、区台账和环境整治任务1543处，清理“黑广告”1120余处、软硬质广告条幅32处。生活垃圾日产日清，建筑垃圾规范管理，探索建筑垃圾规范化管理模式，资源化利用建筑垃圾5000吨。

（空港街道）

【精准脱贫】 空港街道与沽源县小厂镇椴木梁村确定结对关系，深入沽源县小厂镇椴木梁村了解基本情况并签订《对口帮扶框架协议书》《党支部共建协议》，给予扶贫资金共计25万元；探索长效协作机制，加大特色产业项目扶持力度，打造“商圈+社区”的宣传销售模式，通过在中粮祥云小镇商圈设置沽源农产品和手工艺术品展销点，深入社区宣传推介等方式，带动沽源农产品销售，促进村民增收。

（空港街道）

【“八型社区”和“一区一品”建设】 空港街道深入推进八型社区建设，10个社区完成八型社区创建，6个社区达到验收标准。翠竹新村社区养老助残驿站按照A型建设标准投入运营；建立空港街道困难群众救助服务所，建成裕祥、蓝星2个社区心理驿站，为街道所有残疾人建立心理健康档案；为老旧小区配发灭火器4000具；为辖区独居、空巢、行动不便及75岁以上家庭免费安装独立群发信息功能的烟感报警器850个；建立居民健康档案，建设完成健康主题公园1个，组织开展文化活动123场、开展慢病宣传系列活动及各类健康知识讲座216次；完成辖区300人的抽样体质监测工作，对辖区1.9万余人提供健康素养检测；依托社区安全体验馆，开展学习体验活动40余次，服务2200余人；设置56组集中充电桩共643个电动自行车充电点位；新建便民网点22家，协调引进蔬菜直通车服务1处。裕祥花园社区坚持党建引领思想文化，获评第十四届北京市思想政治工作优秀单位，中粮祥云小镇将党建文化与商圈文化相融合，被认定为全市首个生活性服务业示范街区，香蜜湾社区组织党员广泛开展志愿服务活动，获评2018北京市志愿服务“五个100”先进典型单位之最美志愿服务社区。

（空港街道）

【助力顺义区创建全国文明城区】 空港街道制定《中共北京市顺义区委空港街道工作委员会创建全国文明城区工作实施方案》，多次召开动员会、部署会、推进会等推进创城工作。共计开展创城宣传座谈会以及各类宣传活动40余场，发放“致全区广大市民朋友的一封信”、市民文明手册、创城脚垫等宣传品2万余件，制作带有创城标语及口号的保温杯、收纳袋、文具等创城宣传品3万份，实现创城入户宣传率100%。

（空港街道）

【特色活动纪念改革开放40周年】 一是参观大型展览。街居干部、居民等300余人分3批参观“伟大的变革——庆祝改革开放40周年大型展览”，通过观看实物模型、电子屏播放图片视频、交互体验等多种方式让大家重温历史、展望未来。二是举办“留住乡愁、新旧对比”——暨“纪念改革开放40周年”“顺义区撤县设区20年”老物件、摄影作品展。从收集来的150余件老物件、400余幅摄影作品中评选出老物件130余件、摄影作品100余幅参展。展品包括生活票证、装饰品、奖状奖章、家具家电等，展现老百姓衣、食、住、行、用等日常生活的变迁以及社会环境发生的深刻变化。三是开展改革开放四十周年文章及视频征集活动。文章《油菜花，家乡的最美》刊登在北京青年报，文章《炖肉！炖肉？》刊登在顺义时讯，视频《我与改革开放的故事》荣获顺义区“我与改革开放”故事征集活动优秀作品。

（空港街道）

【中外友人共享对话式音乐会】 10月24日，空港街道联合北京德威英国国际学校，组织辖区公办园校师生及家长等400余人参加在北京德威英国国际学校举行的古典音乐通识课创新实验暨纪念伯恩斯坦诞辰100周年交响音乐会。音乐会分为中文和英文两场，由音乐艺术总监保罗·韦斯特、音乐教师周庭宇带领北京德威英国国际学校学生交响乐团演出。音乐会通过讲解并演奏圣·桑歌剧《参孙与达利拉》选段与伯恩斯坦《西区故事》交响组曲选段，带领现场观众思考并理解“音乐的旋律是什么”。以对话式音乐会的形式向年轻人传播古典音乐精神价值，巧妙地将乐团与观众融为一体，激发同学们学习音乐的热情，增强社区间来自不同国家孩子们之间的交流与融合，是空港街道践行中西结合、资源共享理念，打造国际化空港的有力尝试。

（空港街道）

【“空港杯”国际化社区中外篮球友谊赛】 9月26日，空港街道联合顺义区外事侨务办、顺义区体育局举办第二届“空港杯”国际化社区中外篮球友谊赛。本次比赛为期2天，采取单循环赛制，顺义国际学校队、德威英国国际学校队、海嘉双语学校队、空港街道队4支队伍的40余名队员参与，其中前三支队伍队员均为外籍。区外事办副主任李进、办事处副主任郭金生、顺义国际学校行政运营校长孟凯睿等200余名观众观赛。比赛丰富辖区外籍友人文化体育生活，促进中外友谊，助推国际化社区建设迈上新台阶。

（空港街道）

【百姓宣讲顺利开展】 空港街道制定《空港街道工委关于党的十九大精神宣讲活动实施方案》，组建38人的“空港街道百姓宣讲团”，以十九大精神、践行十九大精神的故事、圆梦空港的故事、初心故事为主题，在街道和社区层面广泛开展巡回宣讲，传播党的十九大精神和社会主义核心价值观。在裕祥花园社区、中粮祥云社区、三山新新社区等社区共计举办巡回宣讲16场，覆盖人群达2500余人，其中2名宣讲员获评区级2018年优秀百姓宣讲员。

（空港街道）

胜利街道办事处

【概况】 胜利街道办事处成立于1998年7月，位于顺义城区中心地带，辖区范围东起光明街，西达京承铁路，南到顺平路，北至减河，辖区总面积约3 平方公里。辖区内有居住小区13个，设19个社区居委会，共约2万户，总人口近6万人。顺义区政府坐落在辖区内，还有区教委、区检察院、区财政局、仁和地区办事处等一批重要的行政事业单位。胜利街道辖区内商业、服务业、企业发达，云集顺义鑫海韵通商场、国泰广场等大型商场和华联超市、家乐福超市等超市，以及金百万、眉州东坡等餐饮行业，同时还聚集着中国工商银行、中国建设银行、中国农业银行、太平洋保险公司等多家金融企业。胜利街道辖区内有东风小学西校区、建南幼儿园、义宾幼儿园、幸福幼儿园等一批重点学校；顺义区医院、北京市中医院顺义分院等医疗机构。

（胜利街道）

【环境秩序整体规范】 胜利街道针对辖区商圈周边、重点街路等区域推行日巡查机制，由年初开始增设专人值守，坚持夜间巡查执法。全年查抄流动商贩476家涉及1132人，集中治理占道经营违法摊位480个，消除环境秩序问题5300余处。首环办和区级环境问题销账1379余件，核实处理监管通知单、违建告知书及政府便民电话工作交办单问题344件，问题复查整改率达到100%。

（胜利街道）

【为民服务贴心便利】 胜利社区和龙府花园社区养老驿站投入运营，开启智能居家养老“医养结合”新模式。以政府购买服务的方式，为辖区60周岁以上独居老年人（381人）、90周岁以上老年人（62人）提供上门清洁服务410次，累计开展生日会等各类服务5000余人次。

（胜利街道）

【公共服务保障】 胜利街道加强基层社会救助经办服务能力，严格落实就业失业登记制度，逐步推进就业管理和服务精细化，保证充分就业社区动态保持。常态化开展劳动监察，多举措推动地区就业，实现就业人数379人，完成率110%。“一老一小”办理673人次，城乡居民养老保险、“一老一小大病医保”等参保、续保率实现100%。持续做好对低保、低收入、困难群众的救助工作，争取资金，落实老年人、残疾人、在职职工、流动人口等各类群体社会福利保障政策，申请精神障碍病人看护补贴金48户、96156受理居民求助220多件。受理保障性住房申请48人。新建会及百人以上企业实现工会组建率100%。认真落实“三农普”、年度人口抽样调查、全面抓好“两孩”、非京籍适龄儿童入学、计划生育、“一助一”等各项工作。推进龙府社区健康步道建设，推动公共卫生服务均等化。

（胜利街道）

【社区建设】 投入3555万元用于老旧小区改造，投入48万元用于智慧社区安全管理平台建设。八型社区创建、社区示范点、全国文明城区创建、“示范妇女之家”建设高效开展。开发龙府“古县衙”文化资源，投入50万元，打造“精神、制度、环境、活动”四位一体的文化龙府服务体系。持续深化妇女儿童之家建设等的试点效应，打造文化胜利精品街区，居民安全感、幸福感、获得感进一步提升。

（胜利街道）

【安全生产、消防安全保障工作】 18个智能充电车棚累计服务居民2000人次。投入80万元为6000户居民家庭安装感烟型报警器，投入50余万元为307户老人家庭安装五方报警的“联网式烟感报警器”。投入161万元购置19辆消防环保水车。按要求拆除违规彩钢板建筑3000平方米，停产停业5家、关闭取缔12家，140处上账隐患全部整改完毕。取缔无证经营餐饮商户41家，线上关停500家网络餐饮商户。

（胜利街道）

【生态环境秩序持续向好】 城市管理日趋精细化，选派12名街巷长及174名“小巷管家”及法律顾问。按要求拆除违规设置户外广告牌匾50块，查处占道经营违法行为330余起，“开墙打洞”完成率达到500%。打好污染防治攻坚战，建设2个小时级、14个分钟级PM2.5监控子站，精准监测区域空气质量；建立“一户一档”制度，严格管控餐饮油烟；利用19辆消防环保水车每日两次降尘作业。严格落实河长制，推动治水机制常态化长效化。

（胜利街道）

【社会治安综合治理】 加强社会面防控，重要时期落实一级超常、二级加强等级防控34天；为19个社区配备电动巡逻车；深入开展禁毒、文明养犬、流动人口和出租房屋政策宣传，发放宣传材料1万余份；有效化解各类矛盾纠纷404件，北京市网上信访信息系统受理办结案件18件，满意率达100%。

（胜利街道）

【集中精力“疏整促”】 落实好“街乡吹哨、部门报到”重点任务，投入51万元开展各类联合执法，各项考核指标均按要求落实。加强对腾退空间的综合规划，注重发挥人大代表、政协委员等联系群众的作用，依托4个社区人大代表联络站和77个社情民意收集箱深度了解民意，将建北三杂物间、建北一废旧泡沫彩钢板房分别改造成为“国学书香驿站”和党员活动中心；将龙府原有出租大院腾退改造成养老驿站；将建南一、建南二、胜利社区3处腾退空间改建成京蒙爱心超市，精准提升助力精准帮扶。

（胜利街道）

【增强民生服务精准度】 立足做好群众家门口的服务，抓住便民利民这个核心，坚持连锁化、规范化、品牌化、服务多样化，利用一刻钟社区服务圈，不断完善便民服务体系。成立由城市学院大学生志愿者组成的“孝老暖心社”，为辖区老年人提供家庭保洁、精神慰藉和心理疏导等志愿服务，为辖区空巢老人、重残老人家庭等群体安装联网式一键呼叫智能设备。推进社区社会组织孵化中心建设，进一步深化创意、孵化、培训等交流活动、完善政策咨询、资源对接、考核评估、典型推广等系列配套功能，不断激发社区服务的活力。

（胜利街道）

【专项治理破难题】 11月20日起至年底，胜利街道全面开展“大排查大清理大整治”专项行动。街道、社区联合胜利派出所、城管执法队多方力量分班分组，常态化实施日巡查、晚夜查工作模式，整改消防安全隐患658处，重点整治辖区安全四大隐患拆除更换泡沫彩钢板35处，17000平方米；排查“三合一”“高风险密集场所”38处，整改25处，疏解人员240余人；清退辖区胶囊公寓和地下室员工宿舍共120

间使用房，疏解居住人员179人。

（胜利街道）

【妇女儿童之家】胜利街道妇女儿童活动中心位于建新北区甲44号楼、建筑面积约138平方米，为辖区单位、非公企业和社区各阶段妇女儿童提供教育培训、素质提升、维权庇护、心理疏导等服务。中心有儿童阅览室、多功能室、绿萝小屋、办公区、茶水间、监控室等功能分区。其中，儿童阅览室兼做妇女书吧和妇女儿童手工作品展示区，配备书架、儿童桌椅、储物坐凳；多功能室配备投影和会议设备、65寸多功能液晶电视，以及折叠桌椅，可容纳30人，用于培训、讲座、会议、宣传教学、座谈等活动，桌椅收起后，该区域可用于儿童游艺、舞蹈瑜伽、家庭亲子等活动；绿萝小屋配备沙发茶几等，用于心理咨询、妇女维权、家庭纠纷调解等工作。

（胜利街道）

石园街道办事处

【概况】石园街道办事处下辖15个社区（目前轻汽社区已拆迁），面积9.6平方公里，共有居民楼354栋，单元门数1619个，总户数25708户，常住人口6.9万人；街道工委下设党总支9个，支部42个，共有党员2392名，回社区报到在职党员4565名。石园街道区域内集党政办公、工业基地、为老服务、生活休闲于一体，既有顺义区民政局、食品药品监督管理局、老干部局、人力资源和社会保障局等行政事业单位；还有燕京啤酒集团、现代汽车生产基地等大型企业；更聚集着餐饮娱乐、银行、邮局、社区卫生服务中心、中小学幼儿园、大型商市场、公园等一大批配套服务机构；新建成的顺义文化中心、体育中心也坐落于此。

（石园街道）

【全市首个智慧养老服务驿站亮相】全市首个智慧养老服务驿站——利都养老驿站配有新风系统、环形鱼池、绿植墙，在满足一年四季恒温恒氧恒湿环境的条件下，实现节能环保。驿站功能设计，除涵盖日间照料、呼叫服务、助餐服务、健康指导、文化娱乐以及心理慰藉6项基本功能外，还引进多种国内外先进的健康管理设备，可实现无创亚健康体检、中医理疗、慢性病管理、睡眠监测治疗、潜在疾病风险预测等功能。同时，还可以为老人提供多种多样的上门服务，帮助老年人家庭进行适老化改造以及搭建可实现远程监护的智慧居家养老环境。

（石园街道）

【城区大宗违法建设拆除】4月11日上午，石园街道联合顺义区城市管理执法局，依法对辖区内两处共计4000余平方米违法建设进行拆除。共出动执法人员50余人、执法车辆11辆、消防车2辆、洒水车1辆，拆除彩钢结构房屋2处。此次拆除区域将用于建设公共停车位，缓解周边地区停车难问题。

（石园街道）

【便民“蔬菜直通车”开进石园街道】街道联系区商务委、区市场中心、区城管执法局等部门，经过实地调研与沟通协调，在港馨家园西区东门北侧设立鑫绿都“蔬菜直通车”，以解决港馨家园西社区、仁和花园社区因周边配套设施不完善，导致的买菜难的问题。

（石园街道）

【多措并举治理辖区占道经营】一是周密部署，细致研讨。召开协调会，从人员配备、职能分工、重点点位措施等方面深入探讨如何高效治理占道经营现象，并制定专项行动方案及应急预案。二是联勤联动，集中整治。自6月6日起，联合城管、食药等部门，每天早晚2次开展联合执法整治行动，采取人盯车巡的方式，对辖区占道经营集中点位逐个整治，尤其针对集汇大街、石园北区市场、石园东区南门等重点点位采取专人专岗盯守措施。对屡教不改、不听劝阻的商户坚决立案查处。三是持续从严执法，“回头看”不停歇。在持续一周坚决从严联合执法的基础上，石园街道不间断开展“回头看”行动，坚决遏制占道经营现象反弹。

（石园街道）

【街道工委党校正式揭牌】7月4日，石园街道工委举办党校揭牌暨工委书记讲党课活动。区委党校副校长、行政学院副院长龚学伟和石园街道工委书记徐志国共同为街道工委党校揭牌。与会人员集体观看宣传片《顺义脊梁（八）》；街道城建科负责人杨娜以《吹响“集合哨” 凝聚基层治理合力》为题进行宣讲。街道工委书记徐志国讲党课，与百余名党员干部共同探讨如何做一名勇于担当作为的基层党员干部。

（石园街道）

【军、民、企三方共建】“八一”前夕，本着共驻共建原则，石园街道与燕京啤酒集团协商一致，共同出资为武警某部礼堂安装LED电子显示屏，提升部队基础设施建设水平，密切军民鱼水情谊，巩固军地共建基础。

（石园街道）

【“逃生体验进校园”活动】为普及消防知识，石园街道自筹资金3.7万元购置模拟火灾逃生帐篷。帐篷为迷宫形式，内设有隔断墙，将空间分隔成迂回曲折的走道空间，设有入口和出口各1个，进出口上设有遮光门帘，可以较为真实地模拟火灾发生时建筑物走廊、房间充满黑暗烟气的状态。通过现场工作人员讲解逃生体验动作要领及注意事项，体验者分批次进入帐篷，在帐篷内感受火灾发生时的模拟状态，提升辖区师生应对突发事件能力。“逃生体验进校园”活动开展以来，共有1000余名师生、家长参与。

（石园街道）

【五里仓一社区“四色马甲”开启“小巷管家”新局面】9月26日，五里仓一社区举办小巷管家启动仪式。社区党员、在职党员、团员、志愿者们在社区小广场现场认领责任街巷楼门、签订责任书，领取红、橙、粉、蓝“四色马甲”。“四色马甲”队伍按照分组，开展规范商铺经营、处理无主废品、清理小广告及捡拾白色垃圾、排查车棚隐患及监督老旧小区改造施工安全等活动。

（石园街道）

【第二届敬老文化节】重阳节期间，街居两级共举办文艺汇演、趣味运动会等活动19场，实施为老服务体检项目11个，走访慰问高龄老人412人，辖区共计8693人次享受到敬老服务。

（石园街道）

【“彩虹之光”残疾人趣味运动会】10月27日，石园街道残联携手80后义工社举办第三届“彩虹之光”残疾人趣味运动会。辖区100余名残疾人朋友参加包括不倒森林、定点投篮在内的12个比赛项目，运动会还将居家安全、体育安全、涉水安全、防灾减灾与环境安全等知识融入其中。

（石园街道）

【再推环境精细化建设新举措】《石园街道网格员日常监管手册》编辑印发实施，明确4大类环境问题、40余项环境问题的整治标准及属地管理要求，将查什么、怎么查及整改标准是什么等内容逐一明晰，既是石园网格员的口袋书，也是网格员的日常监管笔记，记录日常巡查中的问题及建议，做到随时查、随手记、周总结、月汇报，推进辖区环境建设精细化。从2017年10月起，石园街道开展智慧网格平台研发，完善辖区环境保护工作监管机制，建立发现问题—整改问题长效机制，实现环境治理工作闭环式管理。街道网格员发现问题后如果能解决，立即整改，并上传整改后的照片，形成小问题小闭环；如果解决不了，会通过智慧网格平台的“事件上报”功能“向上反映”，由居委会或街道层面协调解决，形成大问题大闭环。

（石园街道）

【第一届消防主题趣味游园会】11月9日，由石园街道主办的2018年“119”消防宣传月启动仪式暨第一届消防主题趣味游园会活动在港馨西区小广场举行，300余名辖区居民群众、企业职工参加。活动共设置穿越火线、消防圈圈看等6个游戏，宣传展板15块、咨询区1处，向居民发放《安全社区知识手册》等宣传材料600余本，并提供消防安全咨询等服务。

（石园街道）

【“暖心驿站”开辟职工服务新途径】充分发挥工会组织服务职能，探索职工服务新途径，在金诚立信造价咨询有限公司、协众国际酒店管理有限公司、街道工会服务站、五里仓二社区、石园东区和石园北二社区的临街位置建立6家“暖心驿站”，并配备饮水机、微波炉、休息椅等设施。各站点还在醒目位置悬挂“北京工会职工暖心驿站”标识，公布北京12351职工服务热线电话、北京工会12351手机APP二维码等，宣传工会组织，公示单位工会主席姓名、联系方式等，便于职工与工会组织取得联系。

（石园街道）

【“北京市综合减灾示范街道”创建】11月30日，石园街道获评“北京市综合减灾示范街道”。2010年以来，石园街道高度重视防灾减灾工作，不断加大创建和投入力度，采取街居联手、共驻共建等多项举措，充分调动社区居民、企、事业单位共同参与，强化宣传引导，提升防灾减灾能力，拓宽工作覆盖面。石园北三社区、石园北一社区、五里仓一社区、石园东区、石园西区5个社区成功创建“全国防灾减灾示范社区”；五里仓二社区、石园北三社区、石园东苑社区、五里仓一社区、石园南区5个社区成功创建“北京市防灾减灾示范社区”，街道防灾减灾示范社区创建率达到67%。

（石园街道）

【综合应急救援队成立】12月5日，石园街道综合应急救援队成立仪式举办。仪式上宣读《石园街道综合应急救援队章程》，为应急救援队授旗、为队员配戴胸牌。后续综合应急救援队开展防暴处突、水上救援、野外求生、心理支持技术、医疗卫生等多类专业培训课程，提升队员综合应急能力。

（石园街道）

【五里仓二社区获评“北京阅读示范社区”】12月5日，石园街道五里仓第二社区在“第八届书香中国·北京阅读季”活动中获评“北京阅读示范社区”。五里仓二社区“爱阅堂”儿童之家依托“国学书香驿站”，通过开展形式多样的阅读活动，与读者面对面互动，为读者提供高品质服务。尤其是“四点半课堂”活动，利用每天放学以后的时间，组织孩子们阅读课外读本，为社区儿童、青少年提供良好的阅读环境，增强孩子们的阅读兴趣。

（石园街道）

【大型创城主题宣传活动】12月8日，石园街道“共创全国文明城区、共享和谐宜居家园”主题宣传活动在石园东西区之间的健身小广场展开，旨在传递“创城为民、利民、惠民”理念，凝聚百姓力量。街道领导班子成员、机关党员、各社区党组织书记、在职党员300余人参加。活动中宣读《共创全国文明城区 共享和谐宜居家园——致全区广大市民朋友的一封信》，特别提出“文明出行‘四个不’”要求，并专门定制印有“幸福石园 文明出行”的挪车卡，呼吁广大居民文明出行，不加塞、不抢行、不闯灯、不乱停。与会人员在活动背景板上签名承诺，文艺队带来快板《共同创建文明城》。向居民群众发放《顺义区市民文明手册》、“文明礼让”手帕巾、环保袋等宣传物品，共计1500余份。机关党员、部分在职党员代表分别开展捡拾白色垃圾和“礼让斑马线”志愿服务项目。

（石园街道）

【主题微视频《80后义工社党支部》获一等奖】2018年，《80后义工社党支部》在市委组织部组织的“不忘初心、牢记使命”主题微视频观摩交流活动中，从评选出的96部优秀作品中脱颖而出，获得一等奖。微视频讲述80后义工社党支部党员张梅投身公益的心路历程，歌颂这个充满爱心的年轻人用实际行动谱写的一名合格党员的青春篇章。

（石园街道）

【一次性拆违34处】12月13日，石园街道一次性拆除石园南大街18号院违法建设34处。本次拆除的34处违法建设均属于避风阁式，位于居民楼和商场之间，涉及人员众多，给附近居民造成生活困扰，存在极大的安全隐患。石园街道对34家商户逐一摸底，走访156家次，撰写违建调查笔录及各项情况说明书120余份。最终，各商户均同意拆除违法建设。经沟通协调，对不能自行拆除或需要帮助的商户，给予协助拆除。并与仁和商厦物业公司达成一致意见，在违建全部拆除后，由物业公司统一为34家商户制作广告牌匾、修整店前台阶、安装排烟管道，确保环境干净、整洁、有序。

（石园街道）

【“专职安全员上讲台”网上开播】12月14日，利用街道安全教育展厅资源，街道安全生产检查队副队长结合有限空间作业事故案例，讲解有限空间作业的相关法律法规。活动通过直播的形式进行，共吸引1006人次观看，打破以往宣传仅针对本辖区居民群众的局限性，引导专职安全员由“要我学”变为“我要学”、由“我听讲”变为“我要讲”，增强专职安全员主动学习的意识，提高专职安全员的综合业务能力。

（石园街道）

【超50万观众在线收看“党课直播”】“党课直播”是石园街道“党建e站”系列活动的重要形式之一，采取“党建+互联网”新模式，邀请专家教授面向全网进行现场直播，让党课贴近所有人，也让更多人关注和参与街道工委开展的学习教育，有效增强党员教育的覆盖面和渗透力。“党课直播”自开播以来，累计开展直播3次，受教育群众突破50万人。

（石园街道）

【2680封《感谢信》】高度重视“双报到”工作，通过双向沟通、资源整合、激励引导等多个途径，探索“在职党员回社区”长效机制，打造“特色”服务品牌。全年共接收报到在职党员4565人，开展活动265次，参与党员14472人次；一大批优秀党员脱颖而出，在文化教育、健康帮扶等多个志愿岗位上奉献自我、服务社区。石园街道工委特发出《感谢信》2680封，向2680名表现优秀、担当作为的在职党员及其所在单位党组织表示最诚挚的感谢！

（石园街道）

双丰街道办事处

【概况】双丰街道办事处位于顺义新城马坡组团核心区，区域原为“都市里的乡村”马坡镇，辖区面积29.49平方公里。双丰街道下辖马坡花园一区、二区、富力湾、泰和宜园、新马家园、顺悦家园、顺兴家园、香悦西区、鲁能润园、金宝北区、香悦东区、花溪渡、鲁能溪园、中晟馨苑、北辰花园15个社区居委会，辖区共有常住户15553户、常住人口43074人，流动人口10421人，户籍人口32594人，外籍人口234人。

（肖怡乐）

【“疏整促”工作任务提前完成】在辖区内完成治理违法建设、整治占道经营、开墙打洞、规范劳动用工、治理未经审批幼儿园、新增便民服务网点等专项行动。清除建筑垃圾518余吨，拆除违法建设及私搭乱建7400平方米，整治裸露土地及未硬化道路等应急点位8处、6000余平方米。截至11月底，辖区PM2.5平均浓度为50微克/立方米，大气污染治理工作成效良好。安装43块街巷长公示牌，招募小巷管家271人。投入640万元，完成辖区29条主要道路环境维护工作。2018年11月19—22日，拆除私搭乱建1700平方米，涉及22栋楼、55个点位，全过程无信访、无负面舆情、被拆除人无过激行为。

（双丰街道）

【民生服务项目】辖区2家养老服务驿站、残疾人温馨家园、96156为民服务平台实现运营。养老服务驿站提供日间照料、助餐等服务内容。截至11月底，养老服务驿站累计服务1879人，39350人次。便民网点新建9家、提升2家，优化经营面积共计1772.66平方米，居民基本生活性服务需求得到满足。

（双丰街道）

【“五月的鲜花”群众文化演出】5月16日，双丰街道工委、办事处在北京国际鲜花港举办“建设新环境·筑梦新时代”暨“亮诺践诺树先锋·凝心聚力惠民生”“五月的鲜花”群众文化演出。活动现场，回社区报到的在职党员、对接党支部代表、辖区15个社区居民、志愿者代表、首师大附小师生、马坡卫生院、物业代表、街居工作人员1200余人参与活动。本次文化演出的节目类型丰富多样，编排精致，“再唱山歌给党听”歌伴舞抒发对党的无限热爱，居民自编自导的“志愿者的一天”情景剧弘扬社会主义核心价值观，传承国学经典的舞蹈、动感十足的爵士舞、街居大合唱等节目充分展现丰辖区居民和街居工作人员良好的精神状态。

（双丰街道）

【打造优读空间 享受阅读快乐】双丰街道打造辖区内第一家500平方米的免费阅读空间，旨在引领广大居民爱阅读、增才情、懂荣辱，满足辖区居民精神文化需求。顺义区图书馆双丰街道分馆设有借阅室、报刊阅览室、青少年活动室、电子阅览室、多媒体功能室、心灵驿站等多个活动室，是一座综合性藏书的图书馆，可同时接待读者100余人。馆内现有期刊100多种、报纸20种，专职图书管理人员2名。图书馆实行开架式阅览，电子借还书系统可提供首都图书馆及所有分馆的“通借通还”业务。11月28日，顺义区图书馆双丰街道分馆在由北京市文化和旅游局主办，首都图书馆筹办的“第三届阅读北京·十佳优读空间—百姓身边的基层图书室”推优活动中，获评“十佳优读空间—百姓身边的基层图书馆”。

（双丰街道）

【“双丰重阳颂党恩，街里街坊幸福长”系列活动】重阳节期间，双丰街道工委紧扣市、区两级“孝满京城 德润人心”活动主题，面向辖区15个社区、5900余名老年群众，围绕“感受党恩、感受乡愁、感受文化、感受生活、感受服务、感受科技、感受心灵”7个方面，陆续开展26项活动。活动直接惠及老年居民1530名，系列活动从10月10日持续到10月23日。

（双丰街道）

【美丽汇购物中心正式营业】双丰街道办会同区商务委加快推进顺义区鲁能美丽汇购物中心（美丽汇）建设步伐，以解决辖区居民对大型综合性购买场所的服务需求。美丽汇位于新城泰和宜园1号，于2018年5月完成竣备。卖场定位为中高端社区型购物中心，提供超市、餐饮、生活服务等便民项目。购物中心共6层，地上地下各3层，共签约物美超市、华为、阿迪达斯、星巴克、好利来、热风等企业共计93家，签约率100%。9月30日，美丽汇物美超市投入试运营，经营商品近8000种。11月11日，确保安全运行的情况下，除大地影院外，其他商户全面正式营业。

（双丰街道）

旺泉街道办事处

【概况】2018年，旺泉街道深入学习宣传贯彻落实党的十九大精神，制定党建工作责任清单，组建百姓宣讲团，开展4场党的十九大精神和改革开放40周年主题宣讲活动，率先挂牌成立街道工委党校；疏解整治与提升同步推进，规范辖区劳动用工，加大违法建设拆除力度并实现拆后利用，扎实开展安全生产、综治维稳、环境保护等综合治理工作；开展多种形式的文化交流活动，落实减证便民改革措施，优化营商环境，稳步推进老旧小区改造工程，多次利用“街乡吹哨、部门报道”机制，解决街道面临的实际问题。旺泉街道获得国际安全社区、北京市安全生产先进单位、首都环境保护先进集体、先进基层武装部、“2018歌唱北京”全市群众性音乐展示活动合唱大赛三等奖等荣誉。

（旺泉街道）

【守护百姓健康】1月4日，旺泉街道食品药品监督管理所对位于澜西园三区的医学检验所进行检查。检查项目包括：营业执照、医疗机构执业许可证等资质情况，免疫室医疗器械储存条件、生产日期、保质期，大型医疗设备的注册证，小型医疗耗材的供货商资质、注册证、检验报告。经检查发现，该单位免疫室试验台存放的一盒试剂存在过期现象，经核实该试剂为未使用且未及时销毁，当场销毁。执法人员责令该单位完善医疗器械管理制度。

（旺泉街道）

【调查研究】1月15—19日，旺泉街道社区建设科联合旺泉社区卫生服务中心开展“顺义区空气污染与人群健康队列研究”现场调查工作，辖区内包括职业人群及非职业人群共计250余人参与活动。现场由旺泉社区卫生服务中心医务人员对被调查居民进行身份信息核实、登记，开展采血、尿样采集、测量血压、心脏听诊、肺通气功能检测等检查项目及问卷调查。市CDC信息中心专家及区疾控中心相关人员对现场调查各环节进行质量控制，并为辖区居民宣传雾霾防护知识和技能。此次工作的开展为建立空气污染高危人群预警适宜技术，开展空气污染防护措施评估，制定空气污染防治政策和采取干预措施提供科学依据。

（旺泉街道）

【立身为旗 不忘初心】1月，旺泉街道制定出台《关于开展党员“立身为旗”活动的实施方案》，开展“共产党员户”挂牌活动。旨在深入学习贯彻党的十九大精神，进一步教育引导广大党员不忘初心、牢记使命，自觉自动发挥示范引领作用。活动共评选出社区“示范党员户”10个，为辖区594户党员户挂上“共产党员户”的标牌。通过挂牌亮户，各支部党员进一步强化党员身份意识，做好表率，自觉接受群众监督，增强党员家庭的荣誉感和责任感，真正做到以党员带动周边群众，以党建引领服务保障街道中心工作开展。

（旺泉街道）

【逛民俗庙会 忆传统文化】2月7日，旺泉街道在西辛第一社区举办“逛民俗庙会 忆传统文化”大集活动。区委宣传部常务副部长黄海厚、区文明办主任皮志杰、旺泉街道工委书记黄学英及领导班子成员参加活动。活动集糖葫芦、彩蛋制作、拨浪鼓等传统手工艺展示，中华老字号全聚德现场制作的传统小吃，游戏区和书写家风家训活动为一体，让居民感受中华民族悠久的民俗文化。并向居民赠送春联、福字，让大家在新春来临之际感受浓浓的年味。

（旺泉街道）

【环保工作坚持不懈】3月8日，旺泉街道共出动环保网格员48人，发现整改各类大气污染问题8处，上交《环保巡查日志》9篇；更新企业环保公示牌，现场制止露天加工点位1处；对各社区主干道路、裸地绿地采取洒水降尘措施7次，用水13吨。此外，旺泉街道组织街道相关职能部门，对龙腾跃、刘记羊杂等11家餐饮企业开展油烟及设备检查工作，检查发现清洗记录全部合格。

（旺泉街道）

【教育机构安全检查】3月6—9日，旺泉街道社区建设科和安全科对辖区内26家教育培训机构开展安全检查行动。检查发现：3家教育培训机构超范围经营，2家异地经营，7家教育培训机构存在消防设施不合格、无消防安全培训记录、消防通道堵塞和堆积杂物、防火门不合规等10余处安全隐患。对于发现的问题，检查组均现场开具整改通知单，督促限期内整改，并实时监督、复查。

（旺泉街道）

【河道治理】3月28日上午，旺泉街道接到居民举报，反映七分干渠河冰融化，河面漂浮垃圾。对此，旺泉街道办事处主任、旺泉街道河长于宝鑫带队，组织澜西园三区、四区社区居委会工作人员共计24人，捞取河面漂浮物并捡拾绿化带中各种生活垃圾，共清理垃圾11袋。

（旺泉街道）

【蓝天保卫战】4月19日，旺泉街道充分利用环保网格员力量，检查位于隆华奥莱、西辛北区餐饮街的餐饮企业13家，出动洒水车对辖区19条社区道路进行洒水降尘作业，并利用微型消防车湿化辖区绿地、裸地，利用环保APP反馈工作26条。在巡查过程中加大对出租大院、环境死角的检查力度，并及时拍照取证，发现问题立即整改。

（旺泉街道）

【养老服务】4月24日上午，旺泉街道联合易来福居家养老服务中心筹办的顺义区首家医养结合物联网养老驿站正式揭牌启用。该养老服务驿站总面积100余平方米，以医养结合为特色，利用物联网技术服务240余位独居老人、高龄老人和残疾人。

（旺泉街道）

【街乡吹哨，部门报到】5月16日下午，针对北京城建亚泰建设集团第五工程管理公司施工工地噪音扰民和扬尘问题，旺泉街道启用“街乡吹哨，部门报到”工作机制，联合区环保局、区交通支队、仁和派出所等部门约谈北京城建亚泰建设集团第五工程管理公司的相关负责人。办事处主任于宝鑫向该项目负责人出示部分辖区居民在网上反映的该集团负责建设的施工工地出现的噪音扰民和施工扬尘等问题的视频和图片。随后，公安、交通、城管、环保等执法人员组成联合检查组，来到施工工地现场开展联合执法检查，要求该项目负责人要高度重视社区居民所反映的问题，立即整改。

（旺泉街道）

【书香驿站】5月24日，由旺泉街道工委、北青社区报、顺义社教中心共同打造的“国学书香驿站”正式启用。驿站位于西辛南区42号楼2单元101室，内设驿站学堂、新华阅读空间、直播区、图书区、茶道区、书法区等10个功能区，所有服务免费向居民提供。

（旺泉街道）

【应急物资保障体系建设】为全面提升旺泉街道灾害应急处置能

力，加强应急物资保障体系建设，根据市民政局关于救灾物资储备库建设相关文件精神，结合街道辖区人口数量、居民分布、地形结构等实际情况，按照保障安全、迅速救援的原则，在辖区中心位置建立旺泉街道救灾物资储备库。救灾物资储备库共有2个库房，总面积达100余平方米。6月20日，首批救援物资储备完成，包含帐篷、折叠床、棉被、雨衣、雨鞋、应急灯等救援物资千余件，可满足受灾后24小时内紧急转移安置100人的物资需求。

（旺泉街道）

【综合执法中心揭牌成立】6月30日，旺泉街道综合执法中心正式揭牌成立。

（旺泉街道）

【健康大讲堂】7月12日，旺泉街道协同顺义区疾控中心邀请北京老年康复学科主任陈雪丽，在旺泉街道举办题为“腰腿疼病的预防和康复”的讲座，共有200余名居民参加。讲座中，陈医生围绕腰腿疼痛不同的发病原因一一进行分析，讲解预防措施和日常康复注意事项，并现场教给大家一些简单的锻炼动作。讲座后，陈医生与在场的居民开展答疑互动，针对居民提出的健康问题，给出相应的意见和建议。

（旺泉街道）

【促进就业】7月23日，为提升辖区失业人员再就业的竞争优势，由旺泉街道社保所、区顺鑫职业技能培训学校联合举办的创意葫芦培训班开班，辖区内失业人员共60名学员参加。为期4天培训期间，老师向学员教授讲解葫芦烫画、亚腰葫芦制作和鸡蛋葫芦制作等技艺。

（旺泉街道）

【为学生保驾护航】9月3日，为保障旺泉街道辖区公立学校学生新学期伊始安全有序入学，旺泉街道社区建设科工作人员到辖区学校进行值守，对校园周边交通、入校秩序等方面进行督导。早上7:30，街道工作人员按照分工到辖区各学校进行值守，对学生入校情况进行了解，及时发现并解决问题。

（旺泉街道）

【应急演练】9月4日，旺泉街道安全专班联合区消防支队对辖区重点企业消防站进行拉动演练。对顺义油库、居然之家、益麒麟、全聚德和京顺医院5家单位的微型消防站进行突击拉动检查，现场检查微型消防站队员个人防护装备穿戴及携带的装备器材是否完整好用，单位内部固定消防设施是否齐备、安全通道是否畅通。

（旺泉街道）

【重阳节主题活动】10月16日，旺泉街道举办2018年“孝满京城德润人心”重阳节主题活动，旨在弘扬中华民族敬老爱老的优良传统，丰富辖区老年人文化生活，促进辖区精神文明建设。区委宣传部、区委组织部、区民政局等相关部门领导，旺泉街道领导班子成员及150名社区居民参加此次活动。活动中，旺泉街道工委书记黄学英宣布旺泉街道老干部志愿服务联合会正式成立，参加活动人员一起观看辖区优秀老党员宣传片《不忘初心·榜样传承》，并为老干部们颁发荣誉证书，并观看舞台表演。此外，活动现场还设置重阳糕制作、免费理发、义诊等服务老人的暖心活动以及金婚婚纱走秀、舞蹈、魔术等互动节目。

（旺泉街道）

【群租房安全隐患政治】11月22日，为确保辖区秩序良好，消除违法群租房带来的各种安全隐患，旺泉街道综治办启动“街乡吹哨部门报到”机制，针对宏城花园社区群租房问题，联合区建委、区流管中心、消防支队（宏城花园管片负责人）、仁和派出所、胜利派出所等相关职能部门召开座谈会，共同制定解决方案。随后，区建委、区流管中心、消防支队（宏城花园管片负责人）、仁和派出所、胜利派出所、街道综治办工作人员实地检查宏城花园社区违法群租房，并约谈链家自如中介负责人，对中介公司负责人进行现场教育，告知其违法群租房所带来的安全隐患，要求限期内将违法搭建的隔断墙进行拆除。

（旺泉街道）

【蓝天守卫战】针对11月24日12时—11月26日24时顺义区启动空气重污染黄色预警，为应对污染天气，落实环境治理，11月27日，旺泉街道及时启动“街乡吹哨 部门报到”工作机制，旺泉街道联合区环保局、区交通局、区公安分局交通支队共计17人开展联合执法，严厉打击机动车超标排放违法行为。联合检查组在卧龙环岛至外环路交叉路口开展机动车辆超标排放的执法检查，由区环保局进行尾气监测，交通支队负责对违反禁行车辆进行处罚，区交通局进行货物混装等违规行为检查。检查中共计检查机动车辆29辆，其中区环保局处罚2辆，区交通支队处罚11辆、劝返4辆。

（旺泉街道）

【首都环境保护先进集体】 11月13日上午，北京市政府召开北京市第二届“首都环境保护奖”表彰大会，对过去三年中在保护和改善生态环境方面有显著成绩的先进集体和先进个人予以表彰，旺泉街道获评“首都环境保护先进集体”。

（旺泉街道）

【国际安全社区命名仪式】 12月3日上午，由中国职业安全健康协会主办，北京市顺义区旺泉街道办事处承办的“2018年国际安全社区命名仪式”在旺泉街道办事处多功能厅举行。国际安全社区认证中心主席戴尔、总干事古尔邦、市应急管理局副局长阎军、顺义区副区长郑晓博、中国职业安全健康协会副理事长伊烈、16家已命名国际安全社区的单位和5家新命名单位的领导及相关人员共计100余人参会。国际安全社区认证中心主席戴尔及国际安全社区认证中心总干事古尔邦与旺泉街道等16家已命名单位和5家新命名单位签约，并进行授牌。

（旺泉街道）

【前进花园老旧小区改造】 12月24日，旺泉街道办事处主任于宝鑫带领主要负责人、前进花园社区主任与项目管理公司、监理公司组成验收工作组对前进花园老旧小区改造工程进行检查验收。老旧小区改造工程于2018年5月启动，包括楼内墙面粉刷、道路改造、市政雨污水管线改造、室外照明、绿化改造等项目，改造后新增规范车位813个。

（旺泉街道）

镇

北石槽镇

【概况】 北石槽镇位于顺义区西北部，是顺义、怀柔与昌平三区的交界处。镇域面积32平方公里，下辖16个行政村，常住人口1.4万人，京密引水渠东西横贯全境9.2公里。2018年属地财税收入3.71亿元，同比增长40%；一般公共预算收入6801万元，同比增长25.7%；农民人均可支配现金收入25642元，同比增长9.7%。

（北石槽镇）

【北石槽镇中心小学翻建项目】 北石槽镇中心小学翻建项目主体工程完工。项目总投资5941万元，占地2万平方米，新建1座4层7006平方米的教学楼和1座3层5035平方米的综合楼；同步实施室外运动设施、综合管线、道路及绿化等工程。

（北石槽镇）

【下西市幼儿园项目】 北石槽镇下西市幼儿园项目主体工程完工。项目总投资1792.38万元，总占地面积3442.52平方米，总建筑面积3051.05平方米，新建1座3层2797.27平方米的教学楼和503平方米的室外活动场地；同步实施消防、电梯、道路绿化等工程。

（北石槽镇）

【污水处理工程】 北石槽镇农村污水处理项目涉及13个村，重点治理黑臭水体河流、畜禽养殖地污水以及生活污水、粪污等。建设内容包括新建检查井5164座、化粪池4423座、污水处理站1座，铺设管线11万余米。南石槽村、北石槽村、寺上村、西范各庄村4个村污水治理工程完工，包括管线铺设2.6万米，建设检查井1358座。

（北石槽镇）

【养老驿站】 北石槽镇2家养老驿站正式运营。首家养老驿站位于寺上村，投资200万元，建筑面积1000平方米。设活动室15个、床位18个，提供日间照料、呼叫服务、助餐服务、健康指导、文化娱乐、心理慰藉6类服务，并可为本村65周岁以上老年人提供“送餐到家”服务。驿站的建立，同时为本村10名4050就业困难人员提供就业岗位。第二家养老驿站位于下西市村，投资200余万元，建筑面积459平方米，为二层建筑，经营模式为第三方运营。驿站设立活动室8间、床位15个，提供入户送餐、理发等服务。开辟特色医养结合养老新模式，每个工作日为老人提供理疗服务，每周三上午专业医师驻站为老人提供中医义诊、开药等健康管理服务。

（北石槽镇）

【中国农业大学教学科研示范基地落户】 中国农业大学有机农业技术研究中心教学科研示范基地落户北石槽镇。基地位于镇域企业安妮农庄内，主要研究生物有机碳肥在改善土壤环境、提高种子抗病能力、增加产量等方面的作用。

（北石槽镇）

【党建文化广场建设】 镇村两级投资70余万元，将南石槽村南荒地打造成4000平方米党建文化广场。修建60平方米荷花池1座、种植荷花300株，修建党旗塑雕1座、宣传栏4个，中国结路灯9盏。

（北石槽镇）

【就业形势】 全年开展招聘会3次，实现城镇新增就业人数504人、城乡劳动力就业人数334人，城乡劳动力二三产业就业率98.6%。对低收入农户、困难家庭高校毕业生、清退企业分流职工等重点群体开展“一对一”就业帮扶，实现100%就业。开展各类就业培训5场，参与人员447人。动态掌握企业用工状态，建立企业服务档案70份，采集岗位信息数2344个。

（北石槽镇）

【规范用工】 年内，北石槽镇规范企业6家，补签劳动合同6份，涉及劳动者221人；完成信息采集15家；完成建档备案15家。解决工资拖欠纠纷5起，涉及劳动者17人、金额123200元。规范劳动用工全年任务量完成120%。

（北石槽镇）

【社会保障】 全镇城乡居民医疗保险参保人数6600人，参保率99%；城乡居民养老保险缴费3133人，参保率98%；领取城乡居民养老金3743人。全年发放各类救助金、慰问金、补贴、奖励金、保险共计989万元，惠及6000余人。全年新增办理低保手续家庭4户。为78户独居户、46位高龄失能老人建立健全安全台账，强化日问候、周走访制度。干部群众、企业通过慈善救助、捐款活动，共捐款35.6万元。

（北石槽镇）

【东石槽村棚户区改造】 7月12日，东石槽村棚户区改造项目正式获市政府立项批复。项目涉及东石槽村宅基地312宗、1031人，总用地面积72.45公顷。项目实施主体是北京首创中北基础设施投资有限公司。依据顺义区政府批复实施方案，宅基地拆迁补偿费预计14.34亿元，安置地点在北石槽镇中心区北侧地块，房屋安置方式为期房。

（北石槽镇）

【西下路通车】 11月，北石槽镇西下路正式通车。工程总投资约1.45亿元。西起范良路、东至北武路，全长2.88公里，主路面宽12米。

（北石槽镇）

【京沈客专三电迁改工程】 京沈客专三电迁改工程35kV线路迁改建设完工。工程对京沈客专铁路桥梁与电力管线交叉处高度小于安全距离的电力管线进行迁改。京沈客专（顺义段）共涉及8条电力管线迁改，其中北石槽镇涉及7条电力管线，包括2条10kV电力管线，2条35kV电力管线，3条500kV电力管线。

（北石槽镇）

【满族风情园民俗旅游】 北石槽镇打造的满族风情园民俗旅游项目位于顺义区五个少数民族村之一的寺上村，本村的满族人口占35%。项目总投资390万元，建设内容主要包括进村路改造提升、满族风情休闲区建设和儿童娱乐区建设3部分。通过新建满族风情进村牌楼、镶八旗中式景观灯、文化长廊、垂钓园、滑雪场、水上乐园等设施，发扬与传承满族文化，推动民俗旅游业的发展。

（北石槽镇）

【“非洲猪瘟”防控】 北石槽镇以“泔水猪”整治为抓手，加大“非洲猪瘟”防控力度。一是成立疫情防控领导小组，会同城管等部门逐一排查镇域22户养猪场户泔水养殖情况，结合违规农业设施专项整治，依法清退泔水猪养殖户4户泔水猪1534头。二是建立清查台账，20名保安员24小时蹲守，严查上路泔水车。同时，加大镇域餐厨垃圾排查力度，严禁流向养殖户。三是积极引导，入户宣传“非洲猪瘟”防控知识，发放注意事项清单500余份；采取政府补贴的形式，引导养殖户自行清理泔水猪。

（北石槽镇）

【低收入农户帮扶】《北石槽镇低收入农户持续增收帮扶工作方案》制定出台，从就业、医疗、教育、生活保障等方面强化镇级托底帮扶政策，46户低收入农户全部实现“脱低”，脱低率100%。

（北石槽镇）

【吊炕拆除】北石槽镇通过各村入户摸查、各户上报的方式，统计全镇吊炕铺数。拆除工作通过“以奖代补”方式，对拆除吊炕并验收合格农户，每个吊炕予以1000元奖励；对吊炕拆除有困难、只能进行改造的农户，改造验收合格后，每个吊炕予以500元奖励。同时，各村根据实际情况为农户补助200—600元。

（北石槽镇）

【饮用水水源地环境管理】北石槽镇严格做好集中式饮用水水源地环境管理。一是镇域8座穿越京密引水渠桥梁安装禁止危险化学品车辆通行道路标识和在线监控设备，全时监控桥梁运行情况。二是根据桥梁级别，对天北桥、寺上桥、下西市桥3座县级以上桥梁实施道路运输突发环境事故应急防范工程，即桥梁两侧路沿石每间隔3米建立1个泄水口，泄水口下方铺设泄水管线，并修建临时应急池1座；对东石槽桥、南石槽桥、良善庄桥、西范各庄桥、李家史山桥5座县级以下桥梁建设桥头“八字”围挡，有效阻挡对饮用水源的污染。

（北石槽镇）

【林业工程建设】北石槽镇平原造林工程涉及北石槽村，二张营村、东辛庄村、武各庄村、营尔村和西赵各庄村6个村共计10.61公顷土地。留白增绿项目涉及东石槽村，东辛庄村、二张营村、武各庄村、营尔村和刘各庄村6个村15.11公顷土地。浅山绿化项目涉及良善庄村29.07公顷土地。

（北石槽镇）

【病虫害防治】严密监控美国白蛾情况，配合各村对美国白蛾虫害严重区域进行防治，出动施药机械80余台次，使用农药3吨，防治面积达200余公顷。

（北石槽镇）

【河长制工程】北石槽镇对村排水沟工程和村河道两岸绿化投入共计207.6477万元，共完成河长制工程3项，包括：赵各庄小沙河京引南侧清淤工程、寺上村牤牛河排水沟工程和白浪河涵洞清淤工程。

（北石槽镇）

【“疏整促”专项行动】通过“疏整促”专项行动，共计拆除违法建设2.1万平方米；疏解一般制造业企业3家；规范劳动用工9家，完成进度全区第1；占道经营整治1处，新建、规范基本便民商业网点任务2家；建筑物屋顶牌匾标识整治8块；无证无照经营整治实现动态清零。抓好留白增绿、“腾笼换鸟”，合理规划疏解整治腾退土地20余公顷，用于园林绿化、种植农作物、新建主题公园、停车场等。留白增绿工作中园林绿化完成量占到全区总量的一半以上。大棚类设施农业整治工作中共整治大棚1342栋，市级验收100%通过。

（北石槽镇）

【美丽乡村建设工作调研】11月20日，市委副秘书长孙文锴到北石槽镇调研并召开座谈会。他强调：一是市规委等部门抓紧时间开展进一步的调研，充分听取区相关部门意见，尤其是镇、村两级意见，修改完善村庄规划政策和宅基地建房管理办法，尽快出台政策，确保年底前下发。二是相关部门尽快出台宅基地建房补充细则，明确容积率、宅基地面积、层高等硬性指标以及风貌、节能等引导性指标，同时确保政策能落到实处。三是村庄规划导则要明确、具体，充分考究宅基地建房审批程序，并尝试审批权逐步、有序下放到乡镇。

（北石槽镇）

北务镇

【概况】北务镇位于顺义区东南部，首都机场东侧。下辖15个行政村，镇域面积32平方公里，耕地面积1870公顷。2018年，北务镇立足“大党建”格局，将党的建设和镇核心职能与重点工作相结合，做到党的建设和地区社会经济发展“两手抓、两手促”，镇域各项事业均保持稳健发展的良好态势。属地财税收入81737.68万元，同比增长11.4%；一般公共预算收入完成

14085.75万元，同比增长11%。

（北务镇）

【北京市优秀群众品牌文化活动奖】 1月16日，北务镇凭借“迎新年 贺新春”舞龙大赛荣获2015—2016年度北京市优秀群众品牌文化活动奖。

（北务镇）

【内蒙古赤峰市巴林左旗领导到北务镇考察】 1月29日上午，内蒙古赤峰市巴林左旗副旗长周国忠、碧流台镇镇长杨志敏等一行到北务镇考察。考察组先后到北京隆盛昊然养殖场、北京康一品农产品物流有限公司、北京三分地农业科技有限公司进行实地考察。在随后召开的座谈会上，碧流台镇镇长对2017年北务镇给予的30万元帮扶资金的具体使用情况进行说明，对2018年碧流台镇的重点项目进行讲解；巴林左旗副旗长代表巴林左旗以及碧流台镇对北务镇的各项支持表示感谢。北务镇镇长马占磊代表北务镇政府表示，将全力以赴帮助碧流台镇发展各项产业，为京蒙两地友好往来、对口帮扶项目发展等作出应有的贡献。

（北务镇）

【舞龙大赛】 3月1日，北务镇龙腾狮舞闹元宵舞龙大赛正式开赛。全镇共16支参赛，最终陈辛庄村、庄子村等7个村获最佳表演奖，马庄村、林上村等9个村获优秀表演奖。

（北务镇）

【消防洒水车发放仪式】 4月18日上午，北务镇举行“铁腕治霾，保卫蓝天”消防洒水车发放仪式，镇长马占磊、武装部长张晓晖、各村党支部书记等工作人员参加。武装部长张晓晖宣读《北务镇村级消防洒水车管理办法》，要求各村严格按照《办法》做好车辆的维护保养和管理工作。为提升全镇大气污染防治水平和消防应急反应能力，北务镇投资120余万元，为全镇15个村及中心区配备5吨级和3吨级消防洒水车共计17辆，实现消防洒水车全镇覆盖。

（北务镇）

【“农社对接”】 5月20日，来自西城等区40余个社区居委会工作人员和社区工作者到北务顺康益品农业有限公司进行考察。北务镇协助镇内北京顺康益品农业有限公司建立“农社对接”的农产品销售模式，将优质农产品直接从田间地头引入社区，实现“菜园子”与“菜篮子”的精准对接。顺康益品农业有限公司购置20台新能源直通车，以车代店建立40个“社区直销店”，发展会员8000余人。

（北务镇）

【宏达电力与小珠宝村开展支部共建活动】 5月23日，北京市仁和宏达电力设备安装有限公司到北务镇小珠宝村开展支部共建活动。小珠宝村书记何海燕说明帮扶款使用和路灯安装工程情况，并表达感谢。双方支部书记签订《支部共建协议书》。

（北务镇）

【“五月的鲜花”群众文艺汇演】 6月29日，北务镇举办“五月的鲜花”群众文艺汇演。本次汇演以“我的中国梦 绿色新北务”为主题，表演中学生舞龙、大合唱、花扇舞、吉他弹唱、二重唱、唐诗联唱等22个节目。

（北务镇）

【纪念建党97周年大会】 6月30日，北务镇举行纪念建党97周年大会，机关党支部全体党员、各村两委班子成员及企事业单位党支部书记参加。首先全体党员面向党旗重温入党誓词，随后镇党委书记陈红为全体与会党员讲主题党课，最后与会党员干部集体观看党建工作专题片《顺义脊梁》。

（北务镇）

【北务镇行政调解工作室挂牌成立】 8月1日，“北务镇行政调解工作室”挂牌成立。工作室的建立旨在健全行政调解工作体制，规范行政调解行为，充分发挥行政调解在预防和化解争议纠纷，维护社会和谐稳定。

（北务镇）

【纪念改革开放40周年宣讲活动】 9月14日，北务镇在东大会议室举办“踏上新征程 筑梦新时代”纪念改革开放40周年首场宣讲活动。本镇6名宣讲员讲述改革开放给他们的工作和生活带来的变化。镇党委书记陈红、区委宣传部宣传教育科科长马千里、机关干部及各村代表参加活动。

（北务镇）

【大气污染防治】 建立“日常巡查高密度、联合执法管重点”的环保监管模式，加大扬尘管控力度，确保裸露地块动态清零，做到“六个百分之百”。PM2.5全年平均自测浓度降低到57微克/立方米，优于区政府年初下达的任务指标；出资230余万元兑现禁烧奖励政策，巩固“无煤化”工作成果；完成2家砂石料场的清理整治工作，实现场清地平；53家“散乱污”企业全部清退；主动对接“吹哨报到”制度改革，联合区环保、交通等部门，共检查重型柴油车600余辆，累计处罚排放不达标车辆258辆，移动污染源管控成效显著；建立全域巡查机制，重点企业实现跟踪管控，全年开展环保检查工作400余次，全镇降尘量以及粗颗粒物等空气指标持续向好。

（北务镇）

【水污染治理】开展水管员巡查工作，整改水污染隐患问题56处，全面落实“河长制”责任，确保河道巡查全覆盖；争取上级资金355万元，推进鲍丘河老道治理工作；推进5个村级污水处理站新建和2个村级污水处理站提升工程；累计清理河道垃圾杂草15500余立方米，并进行无害化处理。

（北务镇）

【土壤污染防治】以农业面源污染防治为重点，推进化肥、农药减量工作，严厉打击高毒、高残留农药流入农业生产领域，全镇15个主要农业生产园区均实现绿色生产。全年开展土壤污染防治相关培训4次、累计培训400余人次。

（北务镇）

【优化营商环境】建立镇内企业领导包联制度，班子成员分片联系服务镇内规模以上企业，每月最少走访2次，协助企业拓展电子商务，解决问题。印制“9+N”系列政策文件口袋书300余份；投入40余万元，实现经济发展办公室与全镇其他便民服务科室集中办公，打通优化营商环境的“最后一公里”。

（北务镇）

【经济结构】对二三产业基地现有企业实行分类管理，鼓励重点企业推进技术升级，实现转型发展，加大对落后产能和“僵尸企业”的清退力度，推进土地集约化利用。对接分区规划发展要求，利用区位优势，引进优质企业，构建多点支撑的产业格局。2018年共引进企业31家、注册资金6.09亿元，其中，实地建厂企业11家，注册资金8281万元；注册型企业20家，注册资金5.26亿元。二三产业营业收入15.7亿元，税金7664万元。

（北务镇）

【重点工程】占地面积5835平方米的消防站建设工程有序推进，综合业务楼基本完工，室外工程建设进行中。再生水厂管线工程完工，市政配套工程通过专家评审。务兴街、务实街和府前街3条道路2.5千米天然气管网铺设完成。中心区1座次高压调压站建成。在河东地区率先实现镇中心区天然气稳定供气。青年路、北务路大修工程完工通车，累计硬化32176平方米。

（北务镇）

【农业发展基础夯实】累计完成425.47公顷“两田一园”农业高效节水工程，全镇基本实现钢架大棚和节水灌溉全覆盖。在全区率先开展农药减量项目，农民购买生物农药每亩综合优惠750元。对7499个农业大棚建立“一棚一档”，115宗图斑全部提前完成市级实地验收，彻底铲除“大棚房”滋生土壤。完成种植业中心品牌创建项目申报和北京市“七统一”生态标准园区创建项目、蔬菜基质化生产基地创建项目申报。

（北务镇）

【产销体系双升级】通过推进规模化种植经营，发展无公害种植、农产品鲜切配送，实现生产体系升级。推广“农社对接”“农超对接”的新销售模式，20辆新能源蔬菜便民直通车对接朝阳区、海淀区和东城区的25个社区，直接服务社区居民超30万人。同时，与盒马鲜生等知名餐饮企业实现“农企对接”，每日可配送蔬菜5000余公斤，通过生产体系和销售体系的双升级，打造北京东北部高端蔬菜直供地。

（北务镇）

【疏解整治促提升】累计拆除违法建设2万余平方米，整治占道经营1处，规范用工单位13家，清退一般性制造业企业2家，提升便民服务商业网点2处，整治街巷14条，年度任务全部提前完成。设施农业违建累计清理拆除4.5万余平方米。整治年度卫片8宗，实现腾退土地3.2万平方米。

（北务镇）

【乡村规划及基础设施建设】推进农村人居环境百日攻坚，完成小珠宝村、庄子村等5个村的美丽乡村规划编制工作，突出龙狮舞民间艺术以及西瓜采摘等村庄特色。全面核查15个村的公共设施，实现台账式管理，新安装节能路灯70盏、提升改造635盏，优化镇域道路通行条件。

（北务镇）

【营造良好镇域环境】精准对接分区规划中的南部生态走廊建设，累计投入1100余万元，打造生态田园化的绿色人居环境。扎实做好生活垃圾入户分类收集工作，市级环境曝光台账100%结案，累计清理消纳5200余吨，清理乱堆乱放4000余处，清运瓜菜废弃物11000余吨，实施绿化3万余平方米，完成6.42公顷秋季平原造林。完成闫家渠填埋场垃圾筛分工程，筛分垃圾25000余立方米，并完成绿化修复。鼓励各村将腾退空间用于建设便民停车场、文化活动广场等公共服务设施。自筹资金300余万元，对林上村、庄子村、马庄村的环境整治项目进行扶持，全镇综合环境水平全面优化。

（北务镇）

【安全风险隐患化解】加大安全生产检查工作力度，共检查各类生产经营场所2262家次，发现隐患1837项，检查覆盖率100%，各类隐患全部整改到位。加大食品药品检测和动物疫病防控工作，完成食品快速检测284件次，严守人民群众食品安全关。成立30人的村级安全生产巡查员队伍，新建消防水鹤12座，集中充电车棚18处，为全镇70岁以上老人家庭安装短信群发报警器970个，自筹资金为全镇94户低保家庭免费进行隐患线路改造，镇域消防安全保障能力得到有效提升。

（北务镇）

【安保维稳】镇级综治维稳中心和综合执法中心的建成，进一步完善昼夜联合检查机制，实现隐患问题闭环式管理。共开展各类联合执法检查400余次，为镇域和谐稳定奠定基础。持续加大矛盾隐患化解力度，采取联合办访化解矛盾纠纷8件。完成全国“两会”、中非合作论坛等重大活动服务保障工作和非洲猪瘟疫情防控工作。

（北务镇）

【脱贫攻坚】扎实推进精准帮扶工作，通过产业帮扶、就业帮扶等方式，分户施策、动态管理，实现“造血”“输血”相结合，全镇实现100%脱低。对口帮扶工作组赴内蒙古自治区赤峰市巴林左旗碧流台镇进行对口帮扶，与漫撒子沟村结成帮扶对子，对接牛羊畜牧饲料厂等帮扶项目，给予资金和技术支持。

（北务镇）

【文体事业】闫家渠村、王各庄村等9个村的文体设施升级改造工程项目进场施工，改造完成后全镇15个村全部达到北京市公共文化服务示范区标准。由闲置厂房改造的镇级舞龙训练基地投入使用，兼顾羽毛球、乒乓球、篮球场地以及舞蹈训练等多种功能。北务龙狮舞民间艺术传承有序，中学、小学、幼儿园均开设适合各年龄段的龙狮舞特色课程，2018年龙狮舞荣获顺义区“赵全营杯”花会大赛金奖。全镇广泛开展龙狮舞、风筝大赛、趣味运动会和广场舞大赛等文体活动，丰富群众精神文化生活。

（北务镇）

【公共服务】加大“煤改电”设备维护工作力度，确保群众冬季顺利取暖。完成职业技能培训244人，发放稳定就业奖励14.16万元。组织参加全国残疾人岗位精英职业技能竞赛，并获得电子商务组全国第六名的好成绩。解决拖欠工资案件7起，追讨工资12.53万元。发放奖扶特扶金共计26.65万元，出资146万元进行捐资助教，出资40万元为中学、小学和幼儿园解决实际困难。

（北务镇）

北小营镇

【概况】2018年，北小营镇牢牢把握“智能新能源新城 生态宜居北小营”的镇域发展目标，以“智能网联汽车特色小镇”建设为出发点，以实现项目集聚为着眼点，以生态环境改善为立足点，以“疏整促”推进为切入点，以保障改善民生为落脚点，凝心聚力，务实创新，较好地完成区委、区政府交办的各项任务。2018年，完成属地财税收入5.17亿元，完成一般公共预算收入1.22亿元。年内获得北京市安全生产先进单位、首都环境建设样板单位、首都森林城镇、首都绿化美化先进单位、首都文明乡镇等荣誉称号。

（北小营镇）

【村庄规划】保留街区外15个村庄，围绕村庄历史文化、群众实际需求和发展愿景，对接专业设计院，打造“一村一品”。年内，前鲁各庄村、榆林村、东乌鸡村、仇家店村、后鲁各庄村、牛富屯村、北府村的规划编制获得区政府批复。

（北小营镇）

【疏解整治促提升】拆除违法建设12.49万平方米，完成率149%，实现全年新生违法建设“零增长”，市级台账“零挂账”的目标；疏解一般制造业企业34家，取缔市级“散乱污”企业143家，实现“散乱污”企业“动态摸排、动态清零”。坚持全镇治理，整治占道经营重点点位3处、整治出租房229处；全力开展大棚房整改，一次性100%通过市级验收。突出优化提升，新建基本便民商业网点4处，涵盖快递、便民超市、新鲜蔬果店等领域，辐射周围社区及村庄；前鲁各庄村引进“供销益家”社区便利店；规范学前教育社区办园点5所；规范劳动用工单位11家，涉及用工人员750余名。

（北小营镇）

【智能新能源项目集聚】实行拆后土地落图落点管理，集约高效利用零散土地资源，推动闲置土地“腾笼换鸟”。全封闭无人驾驶测试场规划获得区发改委批复，物华新能源动力电池正极材料、松下光储能新技术研究、智能网联汽车测试场路网提升等项目有序推进。与蔚来智能电动汽车、北京海纳川汽车部件等企业积极对接。北京顺义协同创新项目正式落户，高科技企业同步引进。全年注册智能新能源相关企业16家，注册资金约7亿元，产业集聚效应初步显现。

（北小营镇）

【优化营商环境】落实“9+N”政策，完成区营商环境政策清单任务，健全服务体系，推进惠企政策，宏大工业区至俸伯地铁站直通班车开通，为实现高质量发展注入新动力。推进《北小营镇招商宣传片》拍摄。

（北小营镇）

【大气污染治理】创新环保工作机制，聘请“环保管家”，全面梳理污染物排放及分布情况。推进大气粗颗粒物监测网格建设，持续开展机动车排放、大货车违法、扬尘污染等重点领域执法检查，加强空气重污染应急保障。PM2.5年均浓度为48微克/立方米，全区排名第三，年降尘量5.8吨/平方公里，全区排名第四。

（北小营镇）

【水环境治理】全面落实“河长制”，扎实推进污水治理。日处理能力1万吨的再生水厂正式投入使用，后鲁各庄村居民小区、永利社区、水色时光花园社区、宏大工业区及镇街面商户污水管道全部接入再生水厂管网，实现污水进厂处理；有序实施马辛庄村、牛富屯村、榆林村3个村庄5座污水处理站升级改造，封堵河道排污口100余处，禁止污水直排入河。统筹推进前鲁各庄村、后鲁各庄村、仇家店村、东乌鸡村4个村庄农村污水治理工程。完成榆林村“一事一议”排水工程和后鲁各庄村820米黑臭水体整治任务。

（北小营镇）

【绿色空间扩大】完成平原造林29公顷，新增北小营村、小胡营村、后鲁各庄村3处健身公园。加大拆违腾退与增绿衔接，完成大胡营村、牛富屯村6.7公顷环村森林绿化带建设。

（北小营镇）

【村域环境】深入开展农村人居环境整治，集中拆除私搭乱建550余处、3.4万平方米。开展生活垃圾分类示范片区创建工作，规范垃圾收运工作，实现垃圾入户收集、专业运输、集中消纳全程管控，确保垃圾日产日清。开展“道路两侧”“养殖场周边”等8项环境综合整治工作，清理边沟2.2万余延米、杂草1600公斤、粉碎废旧木柴1.94万立方米、垃圾渣土1.7万余吨。

（北小营镇）

【社会治理】镇综合执法指挥中心试运营，全镇视频监控资源实现汇总整合，基层维稳中心与流管站建设实现全覆盖，综合执法效能进一步增强。成立工作专班，健全工作机制，扫黑除恶各项工作扎实推进。完善档案、保密等相关制度。在重大活动期间，19个村（居）监控室24小时实时监控，20辆巡逻车进行巡逻值守，构建“人防、物防、技防”三位一体安全保障体系。通过国际安全社区现场认证，获评“北京市安全生产先进单位”。消防站主体及25个企业微型消防站建设完成，新增消防水池、水鹤14座，购置专用消防车，19个村（居）实现消防应急设施全覆盖。加强食品安全监管力度，镇规模以上餐饮单位“阳光餐饮”工程建设全部完成，10家餐饮单位获得品质餐饮称号。北京市农产品质量安全监管示范镇创建完成。全国“两会”、中非合作论坛北京峰会等重大活动安保维稳任务完成，汛期全镇运行突发问题得到妥善处置，非洲猪瘟防控重点工作稳步推进。

（北小营镇）

【社会保障】新增就业972人，城镇二三产业就业率96%。多措并举搭建就业平台，200余名求职者与用工单位达成就业意向。全年参加农村合作医疗保险1.4万余人，发放社保卡1万余张。为残疾人等各类民政对象发放救助金1108万元。制定《2018年北小营镇低收入精准帮扶工作全部脱低实施方案》、“一户一策”帮扶计划，组织党员干部开展帮扶慰问，为低收入农户缴纳家财保险、人身意外保险，全年实现100%低收入农户脱低。

（北小营镇）

【公共服务】提升学前教育水平，大胡营幼儿园被评为北京市二级二类幼儿园。购入医疗车，筹建卫生室，缓解4个医疗空白村群众就医难问题。完成东府村、仇家店村、马辛庄村、北小营第二幼儿园健康社区（单位）创建工作。后鲁各庄村老年驿站投入使用，敬老院天然气改造工程完工，55户农宅抗震节能新建翻建完成验收。北韩路、昌顺路等120余盏路灯新装、修复工程，全长2.99公里小马环路大修工程均竣工验收。19个村（居）政务服务站投入使用。

（北小营镇）

【文化建设】以大运河文化带建设为契机发展民俗旅游，张堪农耕文化园一期项目、呼奴山景区登山步道完工，东乌鸡国学讲堂、前鲁各庄村水稻插秧、收割节、“新时代新作为”百姓宣讲等品牌活动深入人心。拍摄完成历史文化宣传片《寻根之旅》、微视频《爱上东乌鸡》、北京电视台专题片《美丽乡村之京郊又闻稻花香》。“二月新春”“五月鲜花”“十月金秋”三大系列活动、群众广场舞大赛常态化开展。广场舞“等灯等灯”在“北京市市民礼让斑马线”活动中，荣获二等奖。

（北小营镇）

大孙各庄镇

【概况】2018年，全镇党员干部群众，紧紧围绕区委的总要求，牢固树立“四个意识”，坚定“四个自信”，坚决做到“两个维护”，打好“三大攻坚战”，抓好“三件大事”，对标对表、主动融入“港城融合的国际航空中心核心区、创新引领的区域经济提升发展先行区、城乡协调的首都和谐宜居示范区”建设，统筹推进全镇各项工作，不断将全面从严治党引向深入。大孙各庄镇总面积74.3平方公里，辖区东西长12公里，南北宽9.5公里，其中农业用地5112.84公顷，工业用地1270.67公顷，下辖39个行政村，户籍人口2.3万。2018年，本镇完成属地财税收入2.49亿元，同比增长20.8%；实现公共财政预算收入4796万元，同比增长4.6%；完成公共财政预算支出2.68亿元，同比增长23.6%；全年人均所得2.26万元，同比增长10%。

（大孙各庄镇）

【多措并举开展精准脱贫脱低工作】多措并举开展精准脱贫脱低工作，通过研究制定低收入农户大病、教育救助方案，纳入社会保障兜底范围，创造公益岗位实现灵活就业等一系列措施，全镇低收入农户298户607人全部实现脱低，脱低率100%；主动作为扛起对口帮扶责任，实地调研4次，合作交流2次，共建支部2个，提供财政援助资金23.15万元，通过“送项目、送经验、送技术”等方式，为河北省万全区高庙堡乡争取扶贫资金122万元。

（大孙各庄镇）

【“吹哨报到”助力污染防治】全力做好污染防治，守护碧水蓝天净土。充分发挥综合执法中心作用，运用“吹哨报到”机制，夯实联合自查力量，开展扬尘管控、空气污染防控、重型柴油车检查、重点企业巡查等行动，执行夜间值班检查常态化和环保监管网格化，PM2.5年均浓度达到52微克/立方米，年均浓度同比降低22.4%，封堵5处排污口，水环境有效改善，森林覆盖率达到51.4%。

（大孙各庄镇）

【美丽乡村建设】依托北京市城市总体规划，配合做好分区规划，制定美丽乡村规划。充分发挥镇党委领导核心作用，成立大孙各庄镇2018年“实施乡村振兴战略，推进美丽乡村建设”专项行动计划（2018-2020年）领导小组。重点做好实施方案制定、发展定位确定、用地性质核实、资金合理管控和工程推进等工作。年内，第一批17个村全部获得区政府批复并完成规划方案的公示。

（大孙各庄镇）

【“疏整促”行动】开展“疏整促”专项行动，提高社会治理水平，涉及本镇的5大项、7小项“疏整促”任务100%完成，违法建设治理完成进度102.2%，疏解一般制造业完成进度200%。落实属地责任，高标准整治设施农业，历经5个多月，对29个村131个图斑4979个大棚展开“一棚一档”、逐一清查，规范农业合同826份，全部通过市级验收。

（大孙各庄镇）

【镇村空间布局进一步优化】镇域台帐内83家“散乱污”企业整改超额完成，建立联合检查长效机制，加强闲置地块的巡查、检查，29家新增“散乱污”企业整改完成，实现动态“清零”。超额完成查违办全年指标，拆除完成建筑面积5.47万平方米，腾退土地面积8.9万平方米。

（大孙各庄镇）

【基础建设夯实助力综合承载能力提升】2018年，“绿道工程”总用地规模8.4公顷，建设慢行道路、绿化景观以及配套服务设施，满足百姓休闲健身需求，提高林地使用率，打造景观效果，增加社会效益；“农村污水改造”解决农村污水横流问题，年内完成10个村近万米管道铺设；“尹家府中心小学室内外工程”建设加快推进，建成后将提供960个学位，有效提升本镇以及河东地区的教育资源服务能力和水平；编制设计“大孙各庄镇卫生院改扩建工程”方案，完成4个村级卫生室装修、3个村级卫生室立项，解决百姓就医问题，惠及39个村，2.7万余常住人口；为12个村安装233盏连村路灯，21个消防水池招投标工作完成，总投资近800万元完成4条道路大修工程完工，总里程达5.56公里。

（大孙各庄镇）

【稳步增长优结构】2018年，顺义区分区规划确定“京北智慧物流集聚区”建设，盒马鲜生华北运营中心、菜鸟北京顺义未来园、京东“亚洲一号”绿色智能电商运营中心、顺丰生态物联基地等区级重大项目落户本镇。根据《顺义区人民政府与阿里巴巴（中国）有限公司战略合作备忘录》《顺义区人民政府与京东世纪贸易有限公司战略合作框架协议》的精神，本镇按照区政府要求，制定《倒排工期表》，协调14个区级相关单位全力配合，确保区重大项目如期投入运营。1月4日，本镇与阿里巴巴（中国）有限公司正式签订项目合作协议。盒马鲜生华北运营中心、菜鸟北京顺义未来园项目规划建筑面积约26万平方米，总投资约16亿元，项目涵盖高端物流制造、新零售产业链及三产服务企业与电子商务企业。京东“亚洲一号”项目商讨制定中。

（大孙各庄镇）

【社会保障】强化就业保障力度，挖掘就业岗位1337个，对接重点企业、新建项目实施定向培训549人，完成企业日常巡查267家次，规范违规用工12家。“合作医疗”“一老一小”双统并轨完成，城乡居民基本医疗保险、城乡居民基本养老保险工作稳步推进，惠及2.7万余人。细化关爱老人行动，为1415名65岁以上老年人进行健康体检，为30名失能老人入户体检，1794人签约家庭医生。加强社会救助、优抚安置、养老、助残、慈善等工作力度，完善“政府主导、民政主管、部门联动、社会参加”的救助机制，进一步夯实城乡居民最低生活保障制度、大病救助和教育救助工作，全年累计走访慰问困难、低保、残疾群众1500余户，累计发放各类补贴及扶助金520余万元。

（大孙各庄镇）

【文体活动充实群众业余生活】践行全民健康生活方式，先后荣获“万步有约”健步走大赛全国优秀团队、2018年顺义区健康单位等称号。建设13处村级体育场所，组织参加区、镇、村三级各类文体活动50余次，群众业余文化生活不断充实。

（大孙各庄镇）

【简政放权与平安建设】 梳理98项行政审批和公共服务事项，精简流程、提高效率，17个政务服务站累计办理各类事项23100件，办结率达100%。受理区政府便民电话3380件，信访接待来信来访、转发交办件430余次，做到及时受理率100%，按时办结率100%。持续深化平安大孙各庄镇建设，着力提升安全生产、消防、卫生防疫、食药安全等领域工作，妥善处理汛期出行、城市运行、非洲猪瘟防控等突发问题，稳固维护群众生命财产安全。

（大孙各庄镇）

【“五项举措”护航美丽乡村建设】 创新“五项举措”，护航美丽乡村建设。一是深化村级环境治理。村级环境治理层次由主要街道向背街小巷延伸，实行两委干部包户、包街、包点位制度，实现背街小巷无死角。二是细化闲置场地管理。通过开展日检查、周巡查、月清查，逐户排查核实等方式，加强对闲置厂房、库房和场地的管理，发现问题及时采取“两断三清”措施。三是强化长效管控机制。引入第三方，助力垃圾清理、河道治理、环保管护等重点领域工作，实施三方分管、常态巡查、即时整治等措施。四是“值班夜查”机制常态化。每晚由班子领导带队，根据重点时期、重要节点、日常重点工作分两组开展巡查，及时掌握基层一手情况。五是创新公共法律服务平台建设，创建1站39室，实行“1+1+1”模式，镇级站配备“法律援助小助手”交互式机器人，完善法制宣传、矛盾调解、法律服务等职能。

（大孙各庄镇）

高丽营镇

【概况】 高丽营镇是《北京城市总体规划》《顺义新城规划》确定的重点镇，位于顺义西部，处于临空经济区和温榆河绿色生态走廊的延展区域。镇域面积61.1平方公里，下辖25个村和1个居委会。高丽营镇着力构建“一区、两河、五圈层、多点位”（一区：中心区，打造基础配套、功能齐全的新型城镇；两河：将方氏渠、牤牛河进行科学规划、系统升级，使之成为衔接高丽营复合型小城市不同片区的天然链条；五圈层：即金马工业区、高铁商务核心片区、副中心回迁商住片区、中央绿地主题公园片区、于庄休闲商住综合片区；多点位：将方氏渠两岸的一村、水坡、羊房及南郎中，打造成点状的美丽乡村、民俗村落，形成多点的风貌景观带）的空间布局，围绕“区域经济发展新的增长极、新型城镇化建设的重要引擎、科技创新和文化创意特色城镇、社会协同共治的典范”四个功能定位，抓好推动转型升级、改善生态环境、优化民生保障、维护和谐稳定等各项工作落实。2018年，属地财税收入14.9亿元，同比增长25.1%；公共财政收入3.61亿元，同比增长19.4%。

（高丽营镇）

【“疏整促”专项行动】 深刻把握“舍”与“得”的关系，紧紧抓住疏解非首都功能这个“牛鼻子”，有力开展“疏解整治促提升”专项行动，8项任务提前超额完成，其中拆除违法建设23.89万平方米。坚持破立并举，充分利用腾退土地建成南郎中休闲公园、水坡环湖公园、一村公园、五村公园、西王路公园等绿色景观，转型发展成果惠及于民。

（高丽营镇）

【综合治理】 坚持总体国家安全观，完成“两会”、中非论坛等重大国事活动服务保障工作。开展扫黑除恶专项行动，严厉打击各类违法犯罪，有效侦破关系到人民群众切身利益的案件。市级社会治安重点地区挂牌督办镇完成验收，社会治安和环境秩序持续改善。稳字当头引导群众依法依规、合情合理上访，依法及时就地解决群众诉求，受理各类来信来访量同比减少19%。高效实施城乡结合部重点村整治，以整治消防安全隐患和违法违规经营及排污行为为抓手，人口过快增长趋势得到有效控制，社会治安和环境秩序持续改善。

（高丽营镇）

【城镇建设】 以北京城市总体规划为纲领，紧紧围绕城镇空间布局和功能定位，在顺义分区规划中，高丽营镇被确定为“城市功能组团”。棚户区改造有序推进，夏县营回迁安置房开工建设，唐自头棚户区改造安置房地块有效落实，京沈客专沿线征地拆迁全部完成，张喜庄、四村集体土地租赁房项目进展顺利。主动落实减量发展要求，统筹利用集体经营性建设用地试点，谋划建设商业综合体项目。

（高丽营镇）

【公共设施】丽喜花园（A/B）区环境综合提升工程、污水处理站、乡情村史馆、村级停车场等投入使用，消防队站及供水设施、副中心区路网及市政配套设施加紧施工，文体中心、副中心外围配套市政管道项目稳步推进，为地区经济发展提供有力的支撑。完成张喜庄、羊房4条3.25公里乡村公路大修，群众出行条件更加安全便捷。

（高丽营镇）

【美丽乡村建设】贯彻落实乡村振兴战略，坚持规划先行，9个村美丽乡村规划编制完成并获得批复，4个村特色村庄规划获批。深入推进农村清脏、治乱、控污、增绿工作，美丽乡村“百日攻坚战”收官。扎实推进八村村级公益事业一事一议财政补贴项目建设，农村土地承包经营权确认颁证工作完成。农村旅游业有序发展，民俗旅游、休闲采摘、主题公园收入加速增长，富民效果显现。筛选闲散、腾退可用地块，在9个村内规划建设村级停车场31个，解决村民停车难问题。

（高丽营镇）

【安全监管】以首善标准开展大排查、大清理、大整治专项行动，强化重点场所、重点领域排查整治，检查各类单位5300余家次，消除安全隐患7700余条，检查覆盖率99%以上。对923家“多合一”“高风险人员居住场所”上账单位“再回头、再核查”，整改率100%。引导企业参与安全生产标准化评审工作，691家企业实现标准化。以专项整治为抓手，扎实开展各领域和重要节点的食品药品安全监管，食品安全示范区创建成果日益巩固。

（高丽营镇）

【大气治理】聚焦大气污染防治，落实“日常态巡查、周联合检查”的长效管控机制，散乱污企业、施工工地扬尘、重型柴油机遗撒及尾气等污染源得到有效遏制，PM2.5年均浓度低于全年任务目标。分类整治758家在册散乱污企业，实现动态清零目标。落实空气重污染预警预案，狠抓大气污染精细化治理，充分发挥62个小微子站和4个大气粗颗粒物基础点位的监测作用，大气环境实时监测、实时治理。

（高丽营镇）

【水环境治理】以“河长制”为统领，巡河、管河、护河职责全面落实，按照“三查、三清、三制、三管”要求，扎实推进排污口治理、清淤疏浚、环境整治和水系连通，河湖生态功能得到有效恢复和保护。完成方氏渠、西牤牛河、西北沟6处排污口治理及清淤工程，基本实现河岸无垃圾、水面无漂浮物、河中无淤泥，河渠考核断面全部达标。建立污水专业化处理体系，8家污水处理站全部实行专业化托管运营，污水处理方式更加规范。扎实开展汛前检查，有效整改安全隐患，平稳度过汛期。开展饮用水源地水质监测、评估，农村饮水安全保障水平切实提升。

（高丽营镇）

【土壤治理】全面打响净土攻坚战，深入开展垃圾乱倒、道路清洁等重点领域整治，健全垃圾处理长效机制，实行生活垃圾入户集中清运，切实达到“村收集、镇运输、区处理”的体系要求。通过重点道路景观提升、植树造林等方式，扩大绿色生态空间，让群众享受到更多的绿意。

（高丽营镇）

【民生保障】从精准调查、精准培训、精准介绍3个维度，优化就业服务体系，城乡劳动力就业指标超额完成，连续7年获评“充分就业镇”；新型农村合作医疗向城乡居民基本医疗保险转接全面完成，城乡居民养老保险应保尽保；完善城乡低保、医疗救助、教育救助、临时救治等社会救助体系，困难群体得到及时救助；坚持“一人一策、一户多策”，叠加落实14项镇级帮扶举措，低收入农户全部实现脱低；加大鳏寡孤独帮扶力度，落实镇级生活补贴政策，老年人生活权益得到保障；持续优化教育资源配置，未经审批幼儿园整治归零，第五幼儿园顺利开园，适龄儿童“幼有所教”的目标切实保障；倡导新型生育理念，各项生育奖励扶持政策全部兑现；持续巩固慢病示范社区建设成果，全民健身运动会以及各类体育赛事圆满举办，群众身体素质不断提高。

（高丽营镇）

【产业建设】牢牢把握高质量发展要求，严把新增项目准入关，全年注册企业82家，其中注册资本5000万以上的企业6家，涵盖金融服务、文化创意、软件应用等新业态。持续壮大实体经济，陆道培医院、2049云计算中心等产业项目投入运营在即，催生医疗健康、信息技术等新业态，战略性新兴产业发展态势愈加明显。优化存量资源配置，推进产业结构调整，恒坤混凝土、通捷水务等企业转型发展，成为经济增长新增量。进一步优化产业发展环境，金马工业区基础设施提级改造完工、绿化恢复工程加紧实施，为项目引进注入更强的承载力和竞争力。

（高丽营镇）

【精准帮扶】落实牵头单位对口帮扶责任，深入研究受援地区的资源禀赋、产业基础和脱贫需求，与河北万全区、河南西峡双阳镇确定产业帮扶项目，构筑起“输血”与“造血”并行的帮扶格局。

（高丽营镇）

【意识形态】坚持党对意识形态工作的领导，深化落实意识形态工作责任制，坚守“人文高丽营”微信公众号等意识形态阵地，稳妥处理热点问题和突发事件舆论引导。坚持以文化人、以文育人，加大基层公共文化服务设施建设力度，规范村级文化设施建设完善服务功能，打造一村、南郎中村、羊房村3个文化驿站示范村；开展文化室改扩建工程，完善村级图书室、文化室、数字电影厅等活动场所设备设施，完成二村、北王路村、南王路村改建和三村、西王路村、后渠河村等10个村文化非工程类申报工作和后续沟通协调工作。鼓励基层特色文化品牌活动开展，“二月新春”“五月鲜花”“十月金秋”等文化活动有声有色。深化精神文明建设，开展传统节日文化活动，组织“新时代 新担当 新作为”百姓宣讲，用身边好人好事教育人、感染人、激励人，在全镇形成崇德向善、见贤思齐、德行天下的浓厚氛围。全面推进全国文明城区创建，群众文明素质、城乡治理水平和城镇文明程度实现新突破。完善“妇女之家”和“儿童之家”建设，提供关爱服务。深入推进依法行政，司法援助成效明显。工会、共青团等群团组织桥梁纽带作用凸显，形成推动发展的强大合力。

（高丽营镇）

后沙峪镇

【概况】后沙峪镇位于顺义区西南部，东临首都国际机场，南接朝阳区，西部与昌平区接壤，是首都国际航空中心核心区的重要组成部分。镇域总面积42.6平方公里，下辖16个行政村（其中11个已拆迁），5个社区居委会。2018年，后沙峪镇政府坚持以习近平新时代中国特色社会主义思想为指引，不折不扣落实中央和市、区各项决策部署，始终坚持稳中求进工作总基调，积极应对宏观经济整体下行压力不断加大、结构性减税、人口资源环境矛盾日益凸显等复杂形势，全力以赴稳增长，主动作为促转型，多措并举优环境，尽心尽力惠民生，全镇经济社会保持平稳健康发展的良好态势。全年完成属地财税收入17.27亿元；完成一般公共预算收入3.57亿元，同比增长24.1%，较好地完成镇十七届人大五次会议确定的各项任务。

（后沙峪镇）

【高精尖经济结构加快构建】认真落实后沙峪总部经济特色小镇和金融商务区功能定位，大力发展战略性新兴产业和现代服务业。后沙峪金融商务区规划建设全面启动，依托国门一号转型升级整合周边楼宇资源，加速引进基金、外资、金融科技、财富管理等特色金融机构。2018年，金融商务区先后亮相第五届中国（北京）服务贸易交易会和第十四届北京国际金融博览会，对外知名度和影响力进一步提升。全年新引进企业18家、注册资金39亿元，其中金融类企业13家、注册资金37.7亿元。全镇金融类企业达51家，注册资金157.7亿元，产业集聚效应初步显现。

（后沙峪镇）

【重点项目扎实推进】按照“在建项目抓进度、筹建项目抓落地”

的要求，推进重点产业项目建设，力争早日投入使用，形成新的经济增长点。工业互联网标识解析国家顶级节点（北京）项目落户中航信产业园，金盛顺鑫国门1号商业综合体正式开业，联东U谷、博润科技园投入使用，沃尔玛山姆店装修手续办理中，美驰低碳科技产业园、金隅大成等在建项目进展顺利，中航信二期等筹建项目加速推进。

（后沙峪镇）

【营商环境全面优化】落实市、区两级要求，《落实本市营商环境改革任务实施方案》《优化营商环境服务企业工作方案》制定出台，集中开展窗口人员培训，设置政务窗口引导员，严格落实“首问责任制”，做到“一次性告知”，为“最多跑一次”改革助力。争取相关部门支持，“点对点”解决中航信产业园“吃住行”难题，为职工提供配套公租房220套，协调办理食堂开设手续，并推动园区通勤区间车开通。良好的营商环境吸引注册资金28.6亿元的北京人寿保险有限公司落户并正式入驻开展业务。

（后沙峪镇）

【“疏整促”专项行动纵深推进】精准精细落实疏解整治促提升三年行动计划，继续执行联合执法常态化机制，在“减存、控增”上狠下功夫，区级6大项9小项任务全年目标均提前完成，清理取缔无证无照经营、疏解提升市场、治理未经审批幼儿园任务完成情况均位列全区前三名，拆除销账违法建设23.9万平方米，金地中央世家别墅3处偷挖扩建问题整改完成。在“提质、增效”上持续发力，利用腾退土地为古城村和罗各庄村建成共计980个车位的便民停车场，并引进专业设备对拆违产生的建筑垃圾进行资源化处理，全部用于村级停车场建设，实现镇内二次利用；在双裕北街违建拆除地块上规划建设卫生服务站。全面启动农村宅基地房屋翻建和出租房屋治理工作，摸排上账农村宅基地自建房违法出租291户。设施农业清查专项行动持续开展，227个违法违规“大棚房”全部整改完成，并通过市级验收。人口调控力度持续加大，截至年底，全镇常住人口同比减少10%。

（后沙峪镇）

【大气污染防治效果凸显】高标准完成大气治理重点任务，PM2.5年均浓度保持在53微克/立方米，完成区级任务指标。关停家具、汽修、印染、建材加工、洗车等各类污染源610家，其中罗各庄家具厂从2017年初的13家实现“清零”，镇办企业京顺驾校、活动房厂平稳有序关停，切实减少污染源存量。扬尘治理力度持续加大，建立建筑工地、大型裸露空地两类工作台账，对砂石苫盖、洒水降尘、施工遗撒实现常态化管理，清理砂石暂存点6处。增加镇域主要道路清扫、捡拾和洒水频次，全天候保持干净整洁。加强空气指标数据监测，做好23处PM2.5高值点位周边情况检查及问题整改，4个大气粗颗粒物自动监测点位投入使用。古城村、董各庄村、罗各庄村和马头庄村“煤改气”工程通气运行，农村能源结构发生根本性转变。

（后沙峪镇）

【水环境治理全面推进】认真落实“河长制”工作要求，与空港街道建立管水治水联动机制。强化源头治理和日常监管，严查污水直排入河，封堵龙道河沿线排污口10处、抽运污水4.4万吨。加强河道生态治理，清理河道垃圾9000余立方米、沿线非法垦植4万平方米，完成龙道河、十三支、罗田排干等河道清淤6.8公里，种植水生植物1000平方米。坚持岸下与岸上同步治理，实施温榆河周边环境整治工程，封闭围挡西泗上村拆迁场地1.4万平方米，拆除河东岸违法建设150平方米。全面启动罗马湖水体综合治理工程，水体质量及周边环境持续改善。罗田排干污水临时处理站建成运行，实现沿线村庄污水处理达标排放。

（后沙峪镇）

【城乡环境质量明显改善】高标准完成环境治理台账2272处，完成美丽乡村“百日攻坚战”和第15届北京国际车展环境保障工作。垃圾综合治理水平进一步提高，生活垃圾基本实现日产日清。清理镇域主要道路两侧垃圾渣土13万立方米，清除粉刷小广告2万余条。加强对董各庄村渣土消纳场的日常监管，杜绝非本地区渣土及生活垃圾入场倾倒。强化林木资源管理，完成72.69公顷平原造林任务，补植苗木4000余株。开展城乡结合部集中环境整治，古城村11.8公顷闲置土地绿化美化和火沙路1.27公顷绿化带升级改造完成。董各庄村美丽乡村创建和西田各庄村人居环境整治加快推进，《董各庄村村庄规划及建设实施方案》编制完成，维修翻新公厕8座、新建1座，均通过验收并投入使用。

（后沙峪镇）

【地区承载能力进一步增强】裕庆路、安宁大街正式竣工通车，裕丰路市政管线铺设完成，双裕大街西延工程项目施工和监理招标进行中，双裕北街西段和裕航路工程取得规划方案批复。友谊医院顺义院区基础施工基本完工，北师大附中顺义分校、国家残疾人冰上运动比赛训练馆开工建设。后沙峪镇第19街区、第21街区共4个地块成功入市，竞拍资金132.99亿元。金隅大成共有产权房完成主体结构施工，博裕雅苑、祥云赋顺利开盘，中建一局、金地首开、北建工等保障房项目加快推进。

（后沙峪镇）

【城乡管理水平日臻精细】认真落实“街乡吹哨、部门报到”工作机制，确定16项需求清单，将“煤改气”工程和马头庄村回迁安置房建设纳入绩效清单，破解基层治理难题。组建镇级综合执法中心，推动工作重心前移、管理力量下沉，实现“人员、职责”双整合。成立后沙峪镇街巷长和“小巷管家”队伍，覆盖全镇32条街道，做到“每日巡、经常访、实时报、及时记”。切实提高食品安全水平，裕曦路餐饮一条街获评市级“阳光餐饮示范街”。

（后沙峪镇）

【历史遗留问题化解】全力解决涉及村民利益的重大问题，99天之内相继完成西白辛庄村已拆迁村民和后沙峪村整建制回迁，847户3961人从中受益。推动西白辛庄村剩余户动迁，36户村民签订拆迁补偿协议，未拆迁仅剩80户。西泗上村棚改非宅拆迁全部完成，实现住宅与非宅签约“两个100%”。西白辛庄已拆迁村民和西泗上村转非安置基本完成，一次性就业补助费发放完毕。马头庄村回迁房建设开工前期准备工作抓紧推进。

（后沙峪镇）

【社会保障】继续落实镇级保险补贴政策，提高劳动力就业主动性，城乡劳动力二三产业就业率97%，城镇新增就业人员835人，调解劳动纠纷76件，为519人追回拖欠工资385万元。高标准做好社会救助、优抚、老龄、慈善和残疾人等工作，累计发放各类救助资金355万余元。《农村居民医疗保险参保缴费补贴及镇级再报销实施办法》制定出台，投入镇级资金627.1万元，2017年和2018年区、镇两级门诊、住院、特殊病报销及医疗救助工作完成，惠及居民6.6万人。

（后沙峪镇）

【公共事业均衡发展】组队参加各类区级文化活动，配合专业演出团体开展星火工程文化下乡演出30场。“后沙峪金融商务区杯”羽毛球比赛、第九届“和谐社区杯”乒乓球比赛以及第五届广场舞比赛等多项文体活动的举办，丰富居民业余精神文化生活。医疗卫生服务水平进一步提升，罗各庄村卫生室建成并投入使用、西田各庄村卫生室装修改造完成，镇村两级医疗和就诊条件得到切实改善。优化镇域发展环境，落实精准扶贫要求，牵头组织11家区级单位赴内蒙古巴林左旗开展对口帮扶工作，从资金和项目上予以支持，帮助受援地区尽快脱贫。

（后沙峪镇）

【平安和谐局面更加稳固】从保障群众生命财产和首都机场周边安全的高度出发，加强重点隐患管控，提高排查治理强度，开展安全隐患大排查大清理大整治工作“回头看”，对在施工地、种养殖地、“三合一”场所等存在安全隐患的点位“反复查，查反复”，促进地区安全形势总体平稳。持续开展金融风险防范，针对高风险注册地址及办公经营场所，坚持日常巡检和联合执法，坚决打击非法集资行为，保护人民群众财产不受损失。加强消防基础设施建设，总建筑面积3765平方米的后沙峪消防站主楼外部装修完成，为5个未拆迁村配备微型消防车并对相关人员加强业务培训。城市运行平稳有序，做好非法教会组织清理取缔以及重点人员教育转化，全国“两会”和“中非论坛北京峰会”服务保障按要求完成，日夜值守确保安全度汛，全力开展扫黑除恶专项斗争。2018年，全镇治安警情、消防警情同比分别下降15%和18%，北京市安全社区创建成功。

（后沙峪镇）

李桥镇

【**概况**】2018年，李桥镇完成属地财税收入213112万元，同比增长2.9%，全区排名第4；一般公共预算收入18647万元，同比增长16.3%，全区排名第10。获得“2018年北京市安全社区”“首都环境保护先进集体”“首都环境建设样板单位”“北京市2018年职业人群健走激励大赛优秀单位”等称号，南庄头环境整治工程成绩突出，形成“南庄头模式”。

（李桥镇）

【**便民工程**】3月16日—12月30日，李桥镇对樱花园小区实施供电设施改造和自来水置换工程，以保障小区居民用电安全和用水需求。本次供电设施改造包括樱花园开闭站改造、新建樱花园开闭站外电源线路、二区配电室改造和新建樱花园电缆分界室4部分。市政自来水置换工程中新建市政主管道约3千米，同步实施小区内部自来水管线更新和户表更换工作。

（李桥镇）

【**环境保护建设**】4—12月，李桥镇开展第二次污染源普查工作，清查符合生活源锅炉44台、集中式污染治理设施7家、清查工业企业619家、餐饮企业299家、汽修32家、动物医院1家。6月，完成一般制造业退出工作任务，共协助6家企业办理退出；9月，建立2个综合执法站，并投入使用；同月，被北京市人民政府授予“首都环境保护先进集体”称号；12月，实现全镇散乱污动态清零，无新增复产现象。全年治理PM2.5高值点位1500余处，PM2.5明显下降，年均浓度为53微克/立方米，比去年下降22.24%；检测柴油车辆906辆，开展土壤污染防治专项工作，督促协助4家企业完成土壤监测和对外公示工作。

（李桥镇）

【**《韶年遗珍——李桥故事辑》编辑工作启动**】5—12月，《李桥故事辑》编撰工作启动，旨在进一步挖掘李桥镇优秀历史文化，加深群众对镇域的了解，做好“传帮带”工作。镇政府会同第三方公司以在各村采访收集到的各位老人家的回忆讲述为基础，以史料文献和编修人员实地采风为补充，以老百姓的微观视角再现各村村史风貌、民间活动、习俗讲究、村民生活，以及流传下来的歌谣、俗语、俏皮话、歇后语、地方话、谚语，还有出土文物、非物质文化遗产项目等内容。

（李桥镇）

【**农村合作经济**】6月，李桥镇土地确权登记颁证工作中107户非农业户的户代表变更手续完成；9月，26个村的二轮公示完成，北河近897户申请表的签订工作完成；12月，6713户的户级申请材料的审核完善完成。9月，李桥镇3034个大棚类农业设施全部上账，在市、区大棚房验收工作中全部合格。结合大棚房整治，开展设施农业用地合同清查，共收集用地合同665份、其中问题合同281份，于12月全部完成整改。后桥村和西树行村一事一议项目验收工作于10月完成，项目总投资278.34万元。10月20日，31个村农村“两委”主要负责人经济责任审计工作完成。李桥镇村级“账款双托管”工作于12月完成。12月，李桥镇23户低收入农户全部实现脱低，脱低率100%。

（李桥镇）

【**“读书中百味 忆改革光阴”诵读活动**】8月28日，李桥镇在全镇各村、社区、中小学校、机关、企事业单位中开展“读书中百味，忆改革光明”纪念改革开放40周年诵读活动。

（李桥镇）

【**北京市第十三届“舞动北京—群众舞蹈大赛”广场舞大赛**】9月22日，李桥镇樱花园舞蹈队荣获由中共北京市委宣传部、北京市文化局主办，北京文化艺术活动中心、石景山区委宣传部、石景山区文化委员会、北京舞蹈家协会承办的北京市第十三届“舞动北京—群众舞蹈大赛”广场舞大赛创作三等奖。

（李桥镇）

【**“最美夕阳红”重阳拍照留念活动**】10月，李桥镇开展“最美夕阳红”重阳拍照留念活动，为镇内90岁以上老人拍摄个人照、全家福照片，并将制作精美的照片送到老人手中，献上一份暖心的礼物。

（李桥镇）

【公共法律服务中心成立】10月，李桥镇公共法律服务中心挂牌成立。随后，各村、社区相继成立公共法律服务室。

（李桥镇）

【促进工群沟通】年内，共开展职工沟通会6场、企业沟通会12场，参与企业共计21家，现场咨询300余人次，达成5家企业建会意向，新增会员600人。

（李桥镇）

【救灾物资储备库】李桥镇投资4万余元建立救灾物资储备库，救灾物资储备种类14种，建立健全运行机制，明确救助职责，规范救助行为，确保突发性自然灾害发生后受灾群众能够得到及时、有效的救助。

（李桥镇）

【“八型社区”创建】李桥镇馨港庄园开展“八型社区”创建工作，对照“八型”创建指标，社区进行认真梳理，对照各项指标进行规范和完善，顺利通过“八型社区”的创建验收工作。

（李桥镇）

【“万步有约”活动】李桥镇首次组织参与北京市职业人群“万步有约”活动，内容涵盖日走万步、健康知识答题、体质检测、减重行动等，活动历时4个月。1人获得“北京市月度满分奖”、3人获得“优秀传播信使”称号、3人获得“减重达人”称号、11人获得万步有约“健走激励大赛优秀个人”称号，李桥镇获得“北京市2018年职业人群健走激励大赛优秀单位奖”。

（李桥镇）

【政府办医助医惠民生】李桥镇投入30万元聘请中日友好医院、北京中医院等市三甲医院专家来院坐诊。投入100万元对2家老旧社区卫生服务站进行装修改造，同时新购置牙椅、血常规仪、尿常规仪、心电图机、疼痛冲击波治疗仪等医疗设备，做到优质医疗，让百姓触手可及。

（李桥镇）

【服务群众】李桥镇团委助力青年就业创业，推荐优秀青年参与创业沙龙，镇域内企业的优秀青年参与顺义区90后拔尖大赛，并获得二等奖。为20名精准帮扶对象提供心理援助、就业、医疗、法律等方面的资源信息及链接，在重要节点为每个精准帮扶家庭送去的基本生活用品、学习文具、书籍，并对成绩优异的考学人员进行每人1000元现金奖励。

（李桥镇）

【美丽乡村建设】《李桥镇2018年“实施乡村振兴战略，推进美丽乡村建设”专项行动计划实施方案》制定出台，南庄头、沮沟、堡子、沙浮、南桃园、北桃园、安里、西大坨、永青、张辛、临清、南河、芦各庄13个村美丽乡村创建工作完成，形成一村一档的格局。

（李桥镇）

【土地执法】李桥镇拆除市专指办台账9万平方米销账任务超额提前完成，停车场、砂场整治，100%复耕见绿，验收100%合格，顺义电视台先后两次报道。

（李桥镇）

【消防安全】李桥镇累计投入399.7万元，修建消防水池水鹤8座，累计建成14座，确保镇域内消防灭火用水储备。

（李桥镇）

【北京市安全社区】李桥镇经过市级安全社区创建评审专家的报告评审、现场评审、综合评审，被北京市应急管理局正式命名为“2018年北京市安全社区”。

（李桥镇）

【平原造林】李桥镇新增平原造林60.71公顷平方米，完成留白增绿100平方米。

（李桥镇）

【劳动保障监察】李桥镇劳动保障监察工作共检查企业120家，规范企业33家，涉及劳动者人数1147，处理投诉举报256人，涉及金额185万余元。

（李桥镇）

【食品药品安全】李桥镇食品药品监督管理所对98件食品样本，24件药品样本开展监督抽样检测，全部合格；全年立案查处食品药品违法违规行为案件25件，罚没款42.59万元。年内，北京艳春林江酒家等15件餐饮单位被中国烹饪协会评为“品质餐饮示范店”。

（李桥镇）

【疏解整治促提升】李桥镇查封、关停各类无照出租画室、改造车间等31个，关停出租房屋2.1万平方米；开展社区违法出租群租专项治理工作，共出动2.35万人次、6800余车次，下发《致广大农民朋友一封信》1.9万份，宣传彩页、挂图等1.3万份，印发专刊27期，制作宣传及执法视频纪实2期；全面排查检查涉及出租房屋的农村宅基地共1745宗，检查各类承租户2.92万户、涉及总房间3.31万间，总建筑面积118.6万平方米，查封违法出租房1.23万间、查封总面积约16.06万平方米；联合执法共查处“三合一”“多合一”及消防安全隐患突出等场所共864处，检查生产经营单位663家，查处取缔非法违法生产经营单位共345家，拆除私搭乱建和违法建设约6500余平方米，暂扣违法违规经营工具及物品88车，清理乱堆乱放、建筑垃圾等320余车，拆除违规户外广告牌117块，清理户外违规水龙头等77处，拆除私装地锁266个，联合执法共约谈房东、“二房东”、承租人、有关单位法人等212人，依法传唤84人、行政及刑事拘留共16人，警告71起、治安处罚19起，罚款9500元，消防立案77起，全镇流动人口净疏解1.3万余人。取缔未审批幼儿园3所，疏解314名幼儿，取缔无证照校外培训机构7家。

（李桥镇）

【城管执法】李桥镇建立完善日常巡查、违法建设、市政基础设施、无照经营、市容环境卫生、施工工地、砂石企业料场、大型商品车物流停车场等20多项基础台账，做到辖区内各项数据情况清，底数明。全年，共出动执法人员6900余人次、执法车辆200余车次，规范、纠正各类违法行为1600余起；立案查处各类违法案件1225起，共计罚款647700元。针对国有土地违法建设立案19起，申请冻结产权交易13起。以4处市区两级挂账点位为重点，严格整治街头无照经营、店外经营等占道经营问题，实现违法行为“动态清零”，重点挂账点位100%销账。

（李桥镇）

【“争当李桥旗帜，奉献美丽乡村”活动】7月，李桥镇在全镇基层党组织和党员中开展“争当李桥旗帜，奉献美丽乡村”主题实践活动。活动围绕“建强一个班子、打造一支队伍、做出一份承诺、开展一次研讨、落实一份责任、带动一个家庭、打造一批典型”的“七个一”将党建工作与美丽乡村建设的各项工作紧密结合。

（李桥镇）

【建立健全党建工作协调委员会】搭建李桥镇党建工作平台，完善“四个双向”工作机制，建立完善“三个清单”机制引领镇域内单位党组织和在职党员共同参与镇村基层治理和公共服务水平提升，解决关系群众切身利益的问题，实现共建、共治、共享。2018年，达成服务项目15个。

（李桥镇）

李遂镇

【概况】2018年，李遂镇坚持以习近平新时代中国特色社会主义思想为指导，深入学习贯彻党的十九大精神，坚持以习近平总书记对北京重要讲话精神为根本遵循，不折不扣落实区委、区政府决策部署，始终坚持稳中求进的工作总基调，自觉提高“四个服务”水平，坚决打赢“三大攻坚战”，认真抓好“三件大事”，高效推进三大重点任务，全镇经济发展质效提升，城镇管理日益精细，社会民生持续改善，为完成全年目标任务奠定良好基础。

（李遂镇）

【经济发展】全年完成属地财税收入3.48亿元，同比增长20%；一般公共预算收入7938万元，同比增长17.9%。引进注册资金3000万元以上环保、文旅类企业4家，千万元以上实体企业3家；新华联丽景温泉酒店、易郡三期项目、棚改项目实施主体公司等税收补位效果初显。促进医疗健康、文创旅游等产业集中发展，打造新华联创新旅游产业总部基地，2家企业完成签约、4家企业签订合作意向。

（李遂镇）

【脱低脱贫稳步推进】通过落实党员干部“一对五”帮扶、公益岗就业等措施，100%完成低收入户脱低任务。坚持精准帮扶、精准施策，多角度开展对口扶贫，组织柳各庄村与万全吴家庄村党支部合作共建，动员3家社会企业结对帮扶，认购农产品及落实帮扶款物近30万元。

（李遂镇）

【意识形态工作持之有力】完善意识形态责任制体系，强化网络管理和舆情研判应对，坚决守好意识形态主阵地。突出正面发声与正面引导，累计刊发信息1970篇，妥善处置舆情29件。弘扬主旋律，传播正能量，聚焦“我的中国梦、健康新李遂”主题，组织群众性文艺汇演及文体活动14场。

（李遂镇）

【新农村建设扎实推进】15个村的农村土地确权登记颁证工作完成。精准扶贫落实到位，通过开展低收入户精准识别“三个帮扶”工作，聚焦群众就业、医疗、教学等重点困难，落实低保生活补助款7.26万元，发放助学生活补贴1.3万元，安排低收入户就业26人，低收入户由2016年的273户616人，减至2018年的2户6人。重拳出击农村“大棚房”及违规设施农业整治工作，发现并整改拆除违规大棚15处，涉及面积390平方米。

（李遂镇）

【美丽乡村建设加快】坚持规划先行。加快完成各村村庄规划编制工作，先后召开4次村庄规划编制汇报会，14个村的村庄规划编制完成，并通过区规土委审查，原则同意进行公示工作。15个村庄基础设施的入村实测工作完成。将各村资料汇编成册、存档。聚焦人居环境综合整治，15个村全面开展农村人居环境“清脏治乱”工作，投入资金340余万元，累计清理街道200余条，重点点位800余处；规范农村垃圾治理，8个村实行垃圾入户收集制度，农村环境得到显著提升。生态环境建设持续加强。围绕新农村“五边”绿化工作和新增平原造林工程，着力提升镇域重点部位生态环境品质，累计新增林地23.87公顷；镇域内500公顷平原造林的养护及招投标工作完成，城镇绿色空间管护进一步加强。

（李遂镇）

【环保责任落地有声】严格落实河长制工作，共投入治理资金850万元，封堵大小排污口58个，实现镇域河道排污口全治理；高标准治理河道垃圾，累计清运垃圾950车次，清理垃圾6520吨，水面漂浮物近70万平方米；严厉打击河道周边垃圾乱堆乱放、污水乱排、违法涉水建设，累计查处河道内各类违法违规行为5起，处理涉事单位1家。加大区级台账任务整治力度，1467处区级问题整改完成，整改率100%。加大路面扬尘管控治理，实现日洒水降尘7次，覆盖镇内路网11条515公里。

（李遂镇）

【大气污染防治】严格落实顺义区蓝天保卫战2018年行动计划，完成3个PM2.5高值点位及周边区域治理，全年PM2.5累计浓度52微克，同比下降16微克，镇域空气质量明显改善。强化空气污染源头治理，完成300余家工业企业及5家集中式污染设施治理的清查。加大移动污染源整治，成立镇交通执法队，对镇内企业移动机械及货运车辆进行集中检查，共检查各型运输车辆3615辆，合格率97%；加大扬尘管控，完成苫盖降尘81处170余万平方米。

（李遂镇）

【市政基础设施建设不断加强】重点推进镇村污水处理站建设。结合区重点工程，镇中心区污水、中水24公里污水中水管网建设进展迅速，污水管线接入率达到51%；新建污水处理站2座，2座村级污水处理站改造工程完成，镇村污水处理能力进一步改善。东营110千伏安输变电站投入使用。切实改善群众出行条件，修缮全部道路故障路灯570盏，完成乡村公路路面修缮2.2万平方米，1条0.6公里的乡村公路建设全面进场施工。

（李遂镇）

【就业服务和社会保障不断加强】加大就业创业帮扶力度，开展大型招聘活动3次，实现城镇新增就业951人，城乡劳动力二三产业就业率保持在95%以上；开展规范劳动用工专项行动，规范劳动用工企业10家，完成年度任务量120%，补签劳动合同企业2家，涉及人数3人。协调化解劳资纠纷17起，涉及人员140名，资金85万元，职工合法权益得到切实保障。累计发放救助款物156万余元，低困群体生活保障水平得到切实提升；加大困难家庭扶持力度，拨付扶助金60.12万元，对计生家庭奖扶、死亡特扶、伤残特扶进行精准帮扶。医疗保险完成整合，辖区群众实现持卡就医、实时结算。关心关注困难群众生活，累计发放优抚救助款物200余万元，落实残疾人生活护理补贴305万元。

（李遂镇）

【公共服务持续改善】加快完成乡村卫生室建设工作。累计投资48.4万元，加强医疗卫生服务设施的建设，新建乡村卫生室4个。开展公共卫生防控宣传教育工作，在全镇范围开展慢性病防治以及妇幼保健知识讲座48场，技能培训2场。

（李遂镇）

【城镇综合治理能力稳步提升】加大违建查处力度。累计拆除违法建设27宗、17.89万平方米，腾退土地共计35万平方米。其中，2017年度卫片新增违法用地和永久基本农田违法建设治理工作全部完成。共整治无证无照经营户8户，完成任务100%。疏解一般制造业2家，完成指标任务的100%，地毯式排查整治“散乱污”企业238家，达到动态清零。联合执法86次，排查企业和商户600余家，约谈排污企业1家，3个PM2.5高值点位及周边片区全部完成整治。加强流动人口及出租房屋排查工作，累计排查宅基地出租户529户，检查共发现安全隐患1235处，消除隐患1203处规范出租房屋814间，关停出租房屋367间，疏解流动人口480人。

（李遂镇）

【社会安全稳定】完善社会治安防控体系。强化治安巡防队伍建设与规范管理，全镇治安形势总体平稳。成立李遂镇综治维稳中心，各村下设综治维稳分中心，定期组织群防群治队伍教育培训。强化技防水平，进京卡口技术防控建设完成，全镇新增高清探头16处，同时督促各村、各单位完善本区域内的技防设施的使用和维护。严格落实重点时期安保维稳责任，深入开展社会矛盾和信访问题排查治理，确保全镇社会和谐稳定。

（李遂镇）

【安全形势总体平稳】持续开展安全隐患大排查大清理大整治。紧盯辖区内薄弱环节和有限空间、建筑施工、人员密集场所等重点领域，抓好城市运行领域风险点和危险源排查整治，全力消除各类生产安全隐患。累计排查企业526家，整改消除隐患2441个，整改率100%，更换企业泡沫彩钢板1.2万平方米。加强对电动自行车的规范管理，投入资金30万元，在全镇重点地段设置电动车充电桩15处。

（李遂镇）

【风险隐患防范化解】强化金融风险防范，围绕重点行业、棚改项目等投融资行为开展监管，先后组织专题讲座、宣传活动5场，累计排查相关企业26家，辖区金融秩序总体良好。加强生产、消防、用电等安全管理，检查企业1982家次、整改消隐2536处。

（李遂镇）

【柳各庄村棚改】李遂镇牢固树立为人民服务的宗旨意识，坚持“ 面党旗迎风飘”，以“党建+”为引领，实现柳各庄村棚改项目农宅100%签约、拆除。通过成立柳各庄村棚改指挥部临时党总支、重温入党誓词、在全村126名党员家门口悬挂党旗等途径，时刻提醒党员不忘身份，带头支持、配合棚改工作。在入户调查登记中，村内党员带队入户。坚持“一片真心为群众”设立政策咨询组，并通过广播、条幅、LED屏与公众号等形式，解答村民疑惑，大力宣传棚改政策，保证全体村民心中“政策清、底数明”。在工作中，指挥部工作人员坚守“一切为了群众”的理念，坚持用贴心、细心、耐心、恒心、诚心的“五心”工作法，做好村民服务工作。棚改指挥部准备60台电暖器供老弱病幼家庭或其他取暖困难家庭使用，并在村委会设置复印室，为百姓提供免费复印服务。同时，棚改指挥部特聘请专业摄影师为村民在老宅前拍摄全家福，还通过制作纪录片、VR全景、延时拍摄、收集老物件、追踪拍摄4户村民棚改全过程的生活变迁、举办《柳各庄村的变迁》主题摄影活动和筹建村史馆等工作多种方式，全力为村民留住“乡音、乡情、乡愁”。为充分保障每一位村民的合法权益，柳各庄村棚改项目全过程坚持“一把尺子量到底，一个政策贯始终”的工作原则，切实做到操作公平、程序公开、步骤规范，使每一个环节、每一道程序的执行都在公开透明的环境下开展，整个棚改过程让村民安心、放心、舒心。项目引入专业的管理公司、拆迁公司、评估公司、测绘公司与审计公司，为村民服务提供坚实的服务保障。

（李遂镇）

龙湾屯镇

【概况】2018年，龙湾屯镇紧紧围绕“清岚龙湾·红色小镇”功能定位，全力以赴谋发展，持之以恒补短板，坚定不移办实事，全镇经济社会呈现良好发展态势。年内，完成属地财税收入13922万元，完成一般公共预算收入2617万元，农村居民人均收入达到21362元。

（龙湾屯镇）

【顶层谋划镇域总体规划】坚持以北京城市总体规划、顺义分区规划为引领，加强顶层设计，谋划镇域发展，明确“清岚龙湾·红色小镇”功能定位以及 “一园两带四区”空间布局，着力建设红色引领的文化旅游特色小镇、绿色驱动的都市田园休闲小镇、山水相依的生态宜居示范小镇。

（龙湾屯镇）

【重大风险防范化解】开展线上线下“立体化”金融知识普及，引导群众增强风险防范意识，自觉抵制e租宝等非法集资活动；狠抓安全生产，聚焦电动车充电、有限空间、建筑施工、人员密集场所等重点领域，常态化开展排查清理整治行动，确保安全隐患整改率100%；抓好消防安全，建设消防水池、水鹤2处，新建、改建消火栓87处，为321户鳏寡孤独特殊群体家庭安装独立感烟报警装置。

（龙湾屯镇）

【生态污染防治】累计为5789户村民安装煤改电设备8644台，拆除吊炕3989铺，回收木柴1450万斤。完成小北坞村、焦庄户村等6个村大气污染物监测点位建设。PM2.5年均浓度为50微克/立方米，完成年初任务指标。落实“河长制”，治理金鸡河、麻河、东一干渠和龙湾屯水库周边环境，清理面积5000余平方米。开展“月末清洁日”“环境整治月”“百日攻坚”等行动，清运渣土、垃圾3000余方，完成区级环境台账销账1629处。建立垃圾分类运行管理体系，治理15.6万吨建筑垃圾。年内新增平原造林791公顷，累计拨付市区级养护资金3290万余元，苗木成活率达到98%以上。

（龙湾屯镇）

【“疏整促”专项行动】年内拆除违法建设4.5万平方米，新增基本便民商业网点2家，整治占道经营1处，整治开墙打洞7条街巷，疏解一般制造业企业2家，规范劳动用工企业8家。

（龙湾屯镇）

【优化营商环境】严格落实《顺义区优化营商环境服务企业工作方案》，综合线上线下平台，加大“9+N”政策宣传推广力度，营造重商、安商的投资环境。推动亲商助企活动开展，定期开展企业座谈会，协调项目在签约落地、开工建设等方面存在的问题，为企业排忧解难，全年“点对点”服务企业24家。

（龙湾屯镇）

【招商引资】镇级招商引资奖励政策制定出台，瞄准“重点领域、重点项目”，实施精准招商，完成招商引资注册企业193家，注册资金总额31.8亿元，其中注册资金达千万元以上企业34家。

（龙湾屯镇）

【产业转型升级】构建现代农业产业体系，完成10个村“两田一园”高效节水工程。推进畜禽养殖退出，清退生猪散养户103户。建立农产品质量安全监管台账，完成4800个农产品抽样检测，保障绿色优质农产品供给。开展设施农业集中清理整治，累计排查设施农业大棚434栋，拆除地面硬化4000平方米，市级验收合格率100%。加快旅游配套设施建设，焦庄户红色旅游景观配置项目验收成功，舞彩浅山规模化种植管护用房项目全部竣工。发展特色民俗旅游，全镇星级民俗村达到9个、星级民俗户达到51户，旅游业态管理更加规范。相继举办樱桃采摘文化节、中国农民丰收节等大型活动，累计接待游客100万人次，有效带动群众增收致富。

（龙湾屯镇）

【美丽乡村建设】对照26项创建指标，制定工作实施方案，第一批6个村庄规划编制完成并获得批复。13个村公共基础设施入村实测工作完成，路灯、浴室、公厕等公共设施管护制度不断完善，为全镇33个公厕统一安装空气源热泵，保障冬季正常运转。13个村的农村饮用水消毒处理设施安装工作完成后，各村饮用水检测全部达标。

（龙湾屯镇）

【基础设施建设】树行村、张中坞村、史中坞村、小北坞村4个村污水治理工程启动，升级改造兵营污水处理站，聘请第三方公司进行专业管护运维，确保污水达标排放。累计投资700余万元修建龙林路等4条公路，修补破损路面725平方米，及时消除公路安全隐患。节能路灯新安装150盏，确保村民夜间出行安全。

（龙湾屯镇）

【社会保障】2018年，坚持“应保尽保、应退则退”动态管理模式，新审批低保对象11户，撤销15户。落实困难群众基本保障，发放救助金90万余元。加大就业扶持力度，完成9000余名劳动力就业情况入户调查，城乡劳动力二三产业就业率达到96%。推进社会保险全覆盖，完成1.3万余人次城乡养老保险、医疗保险参保缴费手续。

（龙湾屯镇）

【改善民生】《宅基地新（翻）建房屋管理办法》制定出台，137户农村宅基地“一户一档”备案完成，69户农户实施农宅抗震节能新建翻建，村民合法建房需求得到满足。保障特殊群体家庭住房安全，推进低保、低收入、优抚家庭危房改造4户，完成6类人群危房等级鉴定110户。加快公共租赁房源“快速配租”工作，完成公租房、公租补贴申请82户，新增复核家庭申报9户，完成市级备案19户。

（龙湾屯镇）

【公共服务】本着教育、医疗优先发展的原则，龙湾屯九年一贯制学校教学楼土建工程完工、卫生院中医特色诊室建设全部竣工。举办群众文体活动，组织镇村两级文化演出64场次、放映电影630场次、参加区级体育比赛4次。推进镇村综合文化服务中心建设，唐洞村文化中心主体结构竣工，南坞村文化中心项目完成方案设计。新建6处电动车充电桩，满足群众充电需求。

（龙湾屯镇）

【社会治理】落实“街乡吹哨、部门报到”工作机制，联合多部门开展综合执法工作，累计查处企业违规行为30余起，处罚违规车辆74台。畅通群众诉求办理渠道，累计受理市区级群众信访事项31件，全部办结；接待本镇群众来访168次，按期结案率100%。全力开展扫黑除恶专项斗争，完成全国“两会”“中非论坛”北京峰会等重大活动服务保障任务，村党组织换届选举工作按期完成，全镇运行平稳有序。

（龙湾屯镇）

木林镇

【概况】2018年，木林镇党委紧紧团结和依靠全镇人民，深入贯彻落实习近平新时代中国特色社会主义思想和党的十九大精神，以乡村振兴战略和北京城市总规为引领，努力壮大经济实力、促进转型发展、积极改善民生、维护社会稳定，全镇经济社会保持健康发展的良好态势，较好的完成年度目标任务。全年完成属地财税税收4.81亿元，同比增收6859万元，增加16.6%，在全区收入总量排名14位；一般公共预算收入9276万元，均位列生态发展镇第2位；实现农民人均劳动所得20078元，同比增长10.2%，较好地完成年度目标任务。新引进注册项目32家，注册资金5.84亿元，其中千万元以上项目9家，发展后劲持续增强。

（木林镇）

【重点项目】茶棚村等11个村的村庄规划编制完成，木林镇卫生院升级改造工程、木林镇敬老院原址改扩建工程、木孙路和通怀路等路网建设、集体土地租赁住房项目、浅山百草湖生态景观提升工程、镇级湿地公园建设等项目有序推进。木孙路拆迁工作涉及农户193户，自10月26日启动，涉及193户，截至年底，完成签约181户，签约率94%；通怀路道路建设项目地上物评估工作基本完成，拆迁工作计划于2019年年初启动。空港木林高端制造业基地一期项目土地一级开发手续全部完成，达到上市条件；二、三期项目协调推进。全区首家环保类院士专家工作站落户木林，助推绿色产业体系健康发展。

（木林镇）

【“疏整促”强势发力】综合执法常态化，年内开展联合执法1100余次，实现“散乱污”企业动态清零。疏解一般制造业企业8家，规范用工单位14家，拆除违法建设7.7万平方米，恢复违法用地17.8公顷，收回镇域全部砂坑共81.22公顷，腾退砂石料场进行生态整治绿化，新增绿化植被60余公顷，完成留白增绿10.5公顷，年度各项任务均提前或超额完成。全面排查镇域175个农业大棚项目1678栋大棚，完成4000余平方米问题大棚整改，通过市级验收。加强与区有关职能部门和司法机关的沟通协调，对盗采加工囤积砂石行为保持“零容忍”的态度和从严执法态势，镇域内砂石料厂、水泥构件厂、非法搅拌站土地解除工作全部梳理完毕，解除合同36宗，收回土地83.38公顷。统筹利用土地资源，盘活闲置资产，实现产业优化升级，将本镇集体资产情况进行梳理，分阶段对不良资产和闲置资产进行整体盘活，实现“腾笼换鸟”。

（木林镇）

【大气环境治理】严格落实扬尘管控措施，提高道路清扫、保洁频次，苫盖和湿化裸露地块及渣土，区蓝天保卫战重点任务台账涉及71处点位全部整改完成。煤改电售后工作有序开展，发放电价补贴404.3万元，确保村民清洁过冬。2018年，镇域PM2.5年均浓度为 50微克／立方米，较2017年年均60微克／立方米的PM2.5值明显下降；全镇平均降尘量6.6吨／平方公里·月，全部达到区级考核标准。充分发挥网格化管理优势，镇村两级环保网格员年内共完成环保巡查16386次，情况反馈9805次，以灵活机动的环保检查模式促进高值点位周边污染源的精准打击。

（木林镇）

【水环境治理深入开展】持续深入推进镇、村两级河长制工作，制定并签订《木林镇2018年村级河长河流管理工作任务目标责任书》《木林镇河道巡管员管护责任书》，完成“春季行动”“百街百巷”整治、“清河行动”“清四乱”等重点工作，集中对河道管理范围的内垦植、河道垃圾等行为进行整治。严格落实河长制巡查、信息报送、信息共享等配套制度，镇、村两级河长坚持北京河长APP手机巡河，将“三查、三清、三治、三管”落到实处，取得实效，完成区河长制验收工作。开展综合治理，完成安辛庄村、大韩庄村等4个村的农村饮水健康行动项目。配合农村治污工程的开展，协助完成管线路由及站址的选择，确保工程顺利实施。

（木林镇）

【林业养护协调有序】完成81.89公顷的平原造林工程、11.2公顷的浅山区荒山造林和4.58公顷的五边绿化工程，绿色生态景观进一步呈现。森林防火关口前移，森林消防队驻守浅山区，24小时巡逻值守，木林镇连续18年未发生森林火灾，被评为区级森林防火先进单位。完成全镇1367.8公顷的平原造林管护工作，做好树木采伐审批办理，实现树木良好生长，采伐有序，全镇森林覆盖率稳中有增。

（木林镇）

【村居环境日益改善】美丽乡村“百日攻坚战”全面开展，木邵路王泮庄段环境提升、垃圾分类示范片区创建和“月末清洁日”活动有序推进，“月考核、季评审”的环境拉练常态机制坚决落实，市区镇三级环境台账销账率达100%。新建建筑垃圾消纳循环场站和园林废弃物垃圾消纳场，助力垃圾减量排放和资源化利用。实施属地一河一策，健全镇、村河长体系，深入落实巡河工作，村级河长巡河次数全区排名第一，通过市级督查。开展河道清理整治，清除河道垃圾1.96万立方米。为5村架设连村路灯100盏；完成孝德村、木林村、陈家坨村、大韩庄村、后王各庄村近1.03万平方米的街坊路修缮工作；协调开通顺41路公交车，出行环境更加便宜。完成113户抗震节能新建翻建房屋申请工作，提高农村住房防灾减灾能力。为荣各庄村、后王各庄村争取村级公益事业一事一议财政奖补项目奖金130余万元，受益人口达3400人。

（木林镇）

【农业管理】完成“三夏三秋”小麦和玉米的收种任务。建立农产品质量安全生产主体台账，检测农产品样品4800余个，合格率100%。做好设施农业监管工作，签订镇村责任书26份，村户责任书206份。稳步推进农业高效节水示范区建设、协助开展6个村农村治污工程。完成王泮庄村、荣各庄村等14个村的顺义区2016年农业高效节水示范区项目，完成前王各庄村、茶棚村等20个村的顺义区2017年中央财政小型农田水利项目县工程，全力改善全镇农业生产条件。完成猪散户生猪清退和清退后消毒工作，并加强对规模备案猪场巡查。

（木林镇）

【浅山开发深入 品牌效应凸显】 依托浅山资源禀赋和优势特色，举办第四届北京顺义舞彩浅山旅游登山文化节等大型活动，舞彩浅山旅游登山文化节和大地花海品牌效应日渐凸显。全年累计举办各类登山活动30余次，年均接待游客超过20万人次。舞彩浅山郊野公园一期工程，包括长寿龟、观佛台、十二涧、望幽廊和左练台5个新景点有序推进。唐指山星级民俗村旅游环境提升工程、舞彩浅山登山步道（木林段）维修工程完成建设，为构建完整的浅山生态景观体系打下坚实基础。借助浅山活动和休闲农业双势发力，推动融合观光体验、农产品采摘于一体的旅游产业成长，助推浅山综合发展不断提升。

（木林镇）

【劳动就业扎实推进】 认真落实各项就业政策，全方位、多渠道为镇域剩余劳动力寻找就业机会，建立就业供求信息登记制度，与镇域及周边乡镇企业联合搭建就业平台，及时对接就业供求。全年新增城镇劳动力就业1366人、城乡劳动力就业1091人，解决城乡就业困难人员就业638人；扎实做好城乡劳动力技能培训，举办各类职业技能培训5场次、培训738人次，超额完成全年指标任务。

（木林镇）

【社会保障愈加完备】 专项救助与临时救助齐发力，努力构建全覆盖的救助体系，全年救助8183人次，发放救助金1148.64万元。二次报销94.94万元，减轻病患医疗负担。为老服务日益完善，镇养老照料中心服务向居家养老辐射，东沿头村、马坊村幸福晚年驿站正式运营。加大脱低攻坚力度，“造血”“输血”相结合，提升脱低致富能力。经动态调整，2018年底全镇低收入448户、979人全部脱低。

（木林镇）

【公共事业】 教育事业全面开展，落实校园周边安全保卫和校车安全工作，确保辖区内师生人身安全；协调4所村办园安装空气源热泵20个、摄像头296个，学前教育环境进一步改善；表彰师德群体4个、师德标兵28名、优秀高考学生141名，营造良好师风学风。计生优质服务稳步开展，依法实施全面两孩政策，政策符合率98.31%；完成妇女病普查、两癌筛查、孕前优生检查，做好流动人口计生服务。卫生工作再上新台阶，创建陈家坨村、前王各庄村、小韩庄村3个健康村和木林幼儿园1个健康单位，东沿头等6所村级卫生室立项手续办理完成；镇域200余人参与无偿献血，献血量29000毫升；高标准完成城乡居民医疗保险门诊、住院报销工作，报销7871人次、237万余元。住房保障服务进一步完善，市备案通过268户，领取公租房补贴46户，群众住房压力进一步减轻。加强基层民兵组织建设，12名优秀青年光荣入伍。

（木林镇）

【文化阵地基础夯实】 “和谐木林展梦想”系列文体活动火热开展，全年组织各类活动70余次，放映公益电影1189场次，开展“二月新春”“五月的鲜花”“十月金秋”主题系列活动，组织开展拔河比赛、篮球比赛、演讲比赛、象棋比赛等文体赛事，丰富群众精神文化生活。改扩建业兴庄等村级文体活动中心4个，在陈各庄等村新建标准篮球场、羽毛球场、乒乓球长廊共8处，满足周边居民文体需求。规范26个村级图书室，下发制度展板182块，开展暑期少儿阅读活动，400余人参与其中。开展群众性精神文明创建工作，51户家庭获评区优秀家庭。农村妇代会改建妇联工作全面完成，打通服务妇女“最后一公里”。完成11个村级“儿童之家”建设工作，马坊村获得区级示范“儿童之家”称号，并建立“公益童书馆”。成立木林镇青年工作共建委员会，完成367名团员回社区报到工作，镇团委及各团支部开展志愿活动99次，累计时长489.5小时。新建百人企业职工之家3家、暖心驿站3家。

（木林镇）

【安全环境持续优化】 排查镇域生产加工企业、出租房屋、有限空间等重点领域2629家次，整改各类安全隐患1031项，全年任务超额完成。木林消防站按期竣工，唐指山村等9个村的消防水池、水鹤完成验收。辖区“四品一械”

监督工作有序开展，累计办理食品经营许可事项106件，抽样快检食品样品182件、快速筛查药品样本20件，合格率100%，全年未出现食品药品大案要案和安全事故。

（木林镇）

【社会治安平稳可控】网格化管理加强社会面群防群治，实现全国两会、中非合作论坛北京峰会等重要活动期间“零治安事件”。结合“七五”普法日、禁毒宣传日等特殊节点，开展法制、平安创建、反邪教等宣传。加强流动人口和出租房屋规范化管理，加大预防煤气中毒工作力度，人民群众生命财产安全得到保障。调解民间纠纷86件，构筑社会稳定坚实防线。按照“谁主管谁负责”原则开展信访工作，及时受理率、办结率达100%。畅通信访渠道，依托镇领导每周接待日工作机制，开展信访接待43次，接待来访群众168批次，及时做好来访群众政策解释及思想疏导，有效化解突出信访矛盾22起。深入开展矛盾排查化解工作18次，做到源头预防。

（木林镇）

【党性修养不断提升】成立镇级党校，通过制定详细教学计划、邀请党校老师授课、参观党风廉政教育基地等方式，实现党员学习“零距离”。内容丰富、形式多样的纪念建党97周年系列活动，开展主题宣讲，支部书记带头讲党课，在镇域范围内掀起纪念热潮。开展“七一评比”活动，对5个先进基层党组织、6名优秀党支部书记、7名优秀党务工作者、6个党员先锋岗和51名优秀共产党员进行表彰。

（木林镇）

【基层组织能力显著提升】对全镇26个村、1300余名党员进行两轮谈心谈话，开展领导干部入村现场办公活动，帮助村级党支部解决党员群众反映的实际问题，村级治理水平有效提升。严格选人用人标准，对26个村“两委”进行资格审核，调整6名村书记，完成26个村党支部换届任务。制定软弱涣散村整治工作方案，市派、区派“第一书记”和镇党委驻村工作队分别驻村指导工作；认真落实“街乡吹哨、部门报到”要求，基层治理能力显著提升；成立镇、村党建协调委员会，报到党组织8个，在职党员492人，累计开展志愿服务90余次。

（木林镇）

【党风廉政建设】全面落实党委主体责任和纪委监督责任，从严从实落实“四风”专项巡察反馈整改意见；从细从小抓廉政，举办廉政文化进家庭活动，营造勤政、廉政的浓厚氛围；坚持正风肃纪，全年共接到反映问题线索55件，其中函询了结3件、初核了结31件，立案4人次共计7件，正在调查处置中14件，给予开除党籍处分2人，筑起坚强有力纪律保障。

（木林镇）

马坡镇

【概况】马坡镇地处顺义新城核心区，顺义区行政中心北侧。镇域面积35.1平方公里。下辖21个行政村（已拆迁9个村），全镇常住人口3.7万，其中户籍人口2.3万。2018年，全镇完成属地财税收入11.12亿元；一般公共预算收入2.97亿元，增长7.3%，农民人均所得3.03万元，增长9.8%。

（马坡镇）

【地区营商环境】2018年，北京马坡聚园工业开发中心园区电力开闭站、维护道路、养护绿化、扩建污水处理站等工程启动施工，为入驻企业提供更加完善的基础设施。

（马坡镇）

【在建项目】北京马坡聚园工业开发中心园区内有在建项目8个，总投资约21亿元，总建筑面积约46万平方米。其中，“联东产业园”一期项目招商引资工作进展顺利，年内引进企业10余家，主要涉及医疗器械、新型材料等高端装备产业。

（马坡镇）

【招商引资有序推进】2018年，共引进40余家企业入驻，其中5000万以上注册资金企业8家，亿元以上注册资金企业3家；全镇共有国家高新企业27家，中国驰名商标企业1家，北京市著名商标企业2家，上市企业2家，绿色制造工厂1家 。

（马坡镇）

【西丰乐村棚改项目】西丰乐村棚户区改造项目，共涉及宅基地面积7.08公顷，拆迁民宅191宗，需安置人员1157人，项目总投资45亿元。民宅拆除工作按期完成，非宅拆迁启动，截至年底，累计签约146户、交房110户，拆除房屋109户。

（马坡镇）

【新城建设】佳和宜园回迁社区维修改造二期工程进展顺利，项目总投资3500万元，建成后将新增地下车位240个、地上车位331个、自行车棚2000平方米。中晟新城小区跨顺白路人行过街天桥项目初设方案完成，天桥全长50.75米，投资1500万元。

（马坡镇）

【美丽乡村建设】美丽乡村规划编制工作进展顺利，石家营村、毛家营村、姚店村设计方案获区政府批复，白各庄村接受区政府审批中。南陈路道路两侧市政提升工程总投资约3200万元，主要涉及良正卷村、毛家营村、姚店村3个村庄的道路硬化和铺装、墙面粉刷、景观照明和绿化、文化健身广场等工程，截至年底，完成工程量的80%。全镇12个村及公共服务设施全部完成“煤改清洁能源”工程，全镇实现100%“无煤化”。

（马坡镇）

【环境整治】镇域建筑垃圾渣土集中清运消纳工程启动，集中清运消纳处理建筑垃圾渣土15万立方米。认真开展垃圾分类工作，本镇获评北京市第二批垃圾分类示范片区创建单位。疏解退出“散乱污”企业33家，整治污染源80余处，苫盖村民自建房施工原材料、裸露土地等525处，清退养殖户4家。新建农村消火栓73个，投资600余万元建立微型消防站16个，覆盖镇域12个村和3个社区。

（马坡镇）

【水环境治理】落实黑臭水体治理工作，开展排污口截污工程，共新建污水管线7081米，年内完工6881米，从源头解决污水入河问题。

（马坡镇）

【“疏整促”专项行动】2018年，共查处242宗违法建设，拆除违法建设面积101万平方米，腾退土地100.93公顷。在全区大棚房整改工作中一次性通过验收，涉及的7个村共29宗图斑、362栋超标准大棚全部整改完毕，拆除违建房屋面积1.15万平方米，路面硬化面积1.3万平方米。治理非法盗采加工砂石土方，目前本镇10家砂石厂全部实现两断三清、场清地平。群租房“清零”工作成效显著，共清理群租房31户，拆除隔断15处，疏解人口400余人。打击非法劳务市场，累计疏导、规劝人员2万余人，现场查处违章车辆1000余辆。

（马坡镇）

【社会保障】城乡劳动力二三产业就业率97.99%，采集空岗信息1616个，实现城乡劳动力就业552人，城乡就业困难人员就业267人，完成城镇新增就业人数739人。落实城乡居民养老保险、新型农村合作医疗等惠民政策，申请、管理、发放各类民政事业资金3600余万元，镇、村两级投入养老资金633.9万元。

（马坡镇）

【文化建设】2018年，共放映电影500余场，组织星火工程下乡演出24场；打造贯穿全年的马坡镇“四季文化”品牌，先后主办、承办市、区、镇三级大型专题文艺汇演近20场；马坡二小舞龙舞狮队的演出荣登中央电视台，并在2018年第六届全国中小学舞龙舞狮锦标赛中荣获小学组舞龙第一名；完善公共文化服务设施建设，全镇共有文化中心13个，益民书屋14处、藏书12万余册，村史陈列室2个。

（马坡镇）

【石家营率先建成网上乡情村史陈列室】4月26日，马坡镇石家营的全市首家在线乡情村史陈列室上线。陈列室采用360度全景观展技术，对乡情村史陈列室进行全方位的数字化呈现，场馆分区、展示内容等都得到全面展示。利用虚拟现实技术，实现线上线下体验相融合的教育模式。市民可关注“顺义农工”微信公众号，通过“聚焦三农－文化田园”栏目中找到“村史民俗”，了解石家营村乡情村史陈列室的详情。

（许金星）

南彩镇

【概况】年内，南彩镇全力以赴稳增长、保平安、惠民生、促改革，全镇经济社会保持平稳健康的良好态势，实现属地税收9.2亿元，同比增长6.2%；一般公共预算收入2.06亿元，同比增长5.8%。大力提升综合承载力，稳步推进重点工程建设，完成南彩一小、一幼主体建设以及南彩体育公园、商业服务中心等重点工程；全面打响“蓝天保卫战”，落实“河长制”，推进美丽乡村建设，细化农村环境卫生治理，强化公共设施管护，促进镇域环境提升。强化民生保障，持续增进民生福祉，脱低成果持续稳固，重点提升低收入户自我发展能力，确保脱低不返低；社会保障体系完善，完成7800人城乡居民养老保险参保及1.45万人城乡居民医疗保险参保工作；全年医疗救助23人，慈善救助153人，落实救助金157万元；充分就业工作成效显著，城镇新增劳动力就业1299人、城乡劳动力技能培训858人、职业介绍采集空岗信息1907个，26个村全部为“充分就业村”。

（南彩镇）

【财政收入执行情况】 2018年，共组织属地财税收入91992万元，同比增加5404万元，增长6.2%。实现一般公共预算收入20593万元，同比增加1120万元，增长5.8%。完成调整预算20835万元的98.84%。

（南彩镇）

【非公企业党建工作】 加强对非公企业党支部党建指导，对茂华工场建立联合党支部给予充分指导，长久物流、路星沥青、宏发化纤等企业党支部的到期换届工作如期完成。曲美家居党支部被区委社会工委评为两新组织党建工作示范点，成为区级非公党建的典型。

（南彩镇）

【党组织、党员双报到】 有序接收报到党员1384人，报到党组织44个。各基层党支部以“月末清洁日”“党员志愿岗”为载体，组织报到党员和支部党员共同参与村镇建设，一年来共组织各类活动160场次，参与党员7200人次。成立党建工作协调委员会，制定共建帮扶机制，促成68个党支部结对共建。

（南彩镇）

【社会救助精准高效】 加强动态管理，及时关注低保户家庭情况，做到“应保尽保、应退尽退”，撤销不符合条件低保户30户48人，新增低保户12户26人；城乡低保户、城乡特困户、因病致贫患大病家庭、三属，总计发放慰问金23.25万元；低保药费二次报销428人次，共计88.01万元；优抚对象药费报销79人次，共计17.80万元；救助大学二至四年级学生6人，共计1.62万元；31名低保家庭子女接受慈善助学3.55万元。

（南彩镇）

【社会福利适度普惠】 为全镇80岁以上老年人充值养老助残卡130.46万元；为105名90—94周岁老年人申请高龄医疗费，报销药费14万元；为20名95周岁以上老年人申请高龄医疗费，报销药费3万元。彩丰小区养老驿站和老年餐桌运行平稳。河北村养老驿站与第三方洽谈中，达成初步合作意向。南彩敬老院完成公建民营工作，进入试运行阶段。选定东江头、洼里、大兴庄托老所原址建设老年活动站，配备文体活动室、日间照料室、心理慰籍室。

（南彩镇）

【村务公开】 《南彩镇关于进一步规范和加强村务公开工作通知》《关于落实村务公开工作的补充通知》制定，举办村务公开培训班，开展定期巡查、及时督查通报，使村务公开工作得到贯彻落实。

（南彩镇）

【农村生活饮用水设备改造】 协调区农村改水领导小组办公室争取资金及设备支持，为坞里村建设新饮水井井房并加装重金属过滤设备，项目总价近90万元。11月5日，项目通过市级专家考核组验收并投入使用。自筹资金为“美丽乡村”建设涉及的前薛各庄村和于辛庄村进行饮用水消毒设备升级改造，淘汰二氧化氯消毒设备，更新升级紫外线消毒设备。

（南彩镇）

【招商引资】 年内，共有17家企业办理工商注册手续，注册资金16.54亿元，投资总额5.48亿元。

（南彩镇）

【营商环境持续优化】 《关于经贸领域落实顺义区营商环境改革任务分工的工作方案》制定出台；组织镇域内规模以上工业企业参加由区经信委牵头，财政局、金融办、工商等协同组织的优化营商环境政策解读会，学习9+N及其他企业扶持政策；《南彩镇产业审批管理办法》修改完善，精简企业地址核查流程及审批时间。“点对点”走访服务企业200余家，解决企业问题93件，切实促进镇域营商环境良性发展。

（南彩镇）

【疏解整治促提升效果明显】为进一步落实疏解整治促提升工作，维护南彩镇市场经济秩序，组织执法人员结合系统中无证无照台账到实地进行全覆盖式的走访、检查、核实确定数据的准确性，取缔无证无照商户36户。同时进一步加大力度疏解非首都功能，深入做好一般性制造业企业疏解退出工作。年内，北京飞箭机车车辆配件厂、北京新兴宏利钢管有限公司、北京南海汇川饲料有限公司等18家企业设备全部拆除，退出工作完成。

（南彩镇）

【对口帮扶】年内，拨付帮扶资金40万元，与中国银行河北分行、沽源县共同投资200万元建设500平方米恒温库一座，实施产业帮扶。响应帮扶政策采购沽源县农产品用于机关食堂，并与供销益家签订6万元采购协议。动员镇域内260余人参加注册“中国社会扶贫网”及爱心捐赠活动，共筹集资金5000余元。

（南彩镇）

【农村基础设施建设】实施小营村、西江头村、坞里村、杜刘庄村级公益事业一事一议项目，争取上级财政奖补资金677万元，用以修建盖板涵排水沟3225米、沟渠护坡499米、安装护栏860米、铺设沥青道路9936平方米。争取财政资金1414万元加快村周边田间设施整修工作。2018年农业综合开发项目建设基本完成，疏挖砌石排水沟1512米、方砖护坡排水沟4263米、绿化植树1500株、中型桥3座、平整土地37000平方米。

（南彩镇）

【城乡居民医疗保险】全镇共参保14507人，手工报销461人次，添加支付账号318人，修改个人信息453人，定点医院修改5120人次，社保卡同步1303人，挂失换卡及申领4287人次。

（南彩镇）

【就业培训】城镇新增劳动力就业1299人，完成全年任务的111%；城乡劳动力参加技能培训858人，完成任务的112.16%。职业介绍采集空岗信息1907个，完成全年任务指标120%。对低收入农户劳动力和退出分流企业职工制定专项帮扶方案，100%建立帮扶台账，帮扶低收入农户劳动力和疏解企业分流职工等重点群体就业。有就业意愿的低收入农户劳动力就业率达到100%。

（南彩镇）

【惠民工程】完成180盏连村路灯安装工作，其中东江头37盏、坞里11盏、洼里10盏、九王庄59盏、于辛庄11盏、河北村32盏、双营20盏；投资28.8万元，完成2018年于辛庄、西江头、后疃路灯安装工程，共安装路灯78盏；建立南彩镇煤改清洁能源售后服务中心，加强煤改电设备日常维护，及时处理机器和线路故障，确保采暖季正常使用。自2018年采暖季开始以来，处理来电和现场报修共计208件，处理便民电话464件。完成2017年节能抗震房改造工程的33户的审核、验收工作，拨付资金191.07万元。结合2018年煤改电设备订购政策，审核通过32户，其中20户设备安装工作完成。完成东江头、后薛各庄、前薛各庄、双营、水屯、太平庄、洼里、于辛庄、大兴庄、小营村10个村美丽乡村创建工作。

（南彩镇）

【惠农政策落实】完成2017年北京市耕地力保护补贴统计工作，补贴资金65.3万元，涉及农户258户；完成2018年度菜田补贴数据统计汇总工作，补贴资金177809元，涉及农户91户；完成2018年度水库移民核定工作，符合补贴政策农业户口人数279人、非农业户口人数90人，共计补贴21.78万元；完成移民接收村60岁以上老人情况统计工作，符合补贴政策人员2158人，共计补贴30.212万元；完成移民接收村升学人员统计工作，符合补贴政策人员52人，共计补贴9.7万元；发放2017年采暖季煤改电平段电价补贴资金，惠及24个村、7726户，共发放补贴资金386.3万元。

（南彩镇）

【“河长制”】《南彩镇2018年河长制工作实施方案》《南彩镇河长制工作相关考核细则》等相关制度修订，《南彩镇2018年村级河长河流管理工作任务目标责任书》签订，完善南彩镇2018年村级河道巡管员信息台账，与全镇29名村级河道巡管员签定聘用书。按照“三查、三清、三治、三管”的工作原则，对潮白河、箭杆河、江南渠、六眼涵沟、顺密路西边沟、三支沟总长46725米河道出动人力10120人次，车次10896车次，挖掘机105个台班，动用船只339次开展工作。

（南彩镇）

【妇女儿童之家建设】投入80余万元建成规范化运营的“妇女儿童之家”16个。以项目运作模式，将110余场妇女和亲子活动充实到基层，使“妇女儿童之家”逐步成为百姓身边的“温暖之家”。

（南彩镇）

【家庭文明建设】对全镇“最美家庭”户、“和谐街巷”统一挂牌，实现典型带动、示范引领作用。结合传统节日，开展“晒幸福、晒全家福”“晒妈妈笑脸”“我和玉兔过中秋”“秀出心中的国旗”等系列活动，收到良好的效果。

（南彩镇）

【公共文化服务】推进全国公共文化服务示范区创建工作，后疃村文化中心升级改造工程完成总工程量的80%；河北村乡情村史陈列室及17个村级文化活动室提升改造项目申报成功，全镇文体设施硬件水平显著提升。开展文体活动。举办“五月的鲜花”文艺汇演、第二届廉政书画展、拔河比赛等多项镇级活动，参与人数千余人；全年组织星火工程演出68场、数字电影放映1096场，组织冰雪项目体验300人。

（南彩镇）

【社会维稳】2018年，全镇总投资588万元为16个村新建高清监控探头437个。做好城乡结合部重点村整治工作，从宅基地自建房违法出租整治、消防安监隐患整治、社会治安秩序整治、违法违规经营整治、交通秩序整治、环境问题秩序整治7个方面对2个村进行集中整治。

（南彩镇）

【健康服务】各村居统一建立标准档案模版，规范辖区村居健康档案。开展“三减三健”、艾滋病防控、慢病防控以及精神卫生等健康生活方式和可干预危险因素的健康教育。由教科文体办组织开展健康教育讲座16场，户外宣传活动20场次，健康文体活动18次。各村居按照年初计划，全年开展健康知识讲座162场次。后薛各庄村、道仙庄村2个村完成120户北京地区全国第六次卫生服务统计调查。太平庄村、前俸伯村、西江头村成功申报顺义区2018年健康示范村，河北村幼儿园成功申报顺义区健康示范单位。

（南彩镇）

【土地确权工作】在本镇26个村中，除去5个暂缓颁证村外，21个村进行确权颁证工作，涉及6017户20857人，确地面积1602.37公顷，确利面积1091.28公顷。只登记不颁证的914户1659人，其中整户转非的379户956人、整户去世的535户703人。

（南彩镇）

【低收入工作】由镇党委、政府领导牵头，联合镇域内结对帮扶企业，对核准的8户特困低收入农户进行走访慰问；为考入大学的2名学生享受各项补贴的同时每人再补助1000元。启动入户再核查机制，《南彩镇2018年低收入农户持续动态监测工作方案》制定，对全镇222户低收入农户进行全覆盖再次入户。通过金诚立信、镇、村的三方精准识别再次进行入户调查、走访、识别，全镇222户低收入农户年人均收入全部超过11160元，均达到脱低标准，实现全部脱低。

（南彩镇）

南法信镇

【概况】南法信镇位于首都临空经济高端产业功能区的核心区，镇域总面积20.6平方公里，下辖16个行政村，其中整建制村9个，拆迁村7个，7个村完成回迁。全镇总人口51253人，其中户籍人口16800人，流动人口34453人。2018年，地区属地税收实现41.42亿元，同比增长1.2%，全区排名第1；一般公共预算收入实现2.96亿元，同比增长14.4%。地区承载能力不断提升。全年共引进注册项目607家，其中注册资金500万元以上的项目247个，总注册资金72.03亿元。

顺捷大厦、宏远·航城广场、道桥总部基地等13座建成楼宇，总建筑面积200余万平方米，入驻企业3000余家；中博海、大数据软件研发基地等12个在建项目，总投资66亿元，总建筑规模92万平方米，为产业发展提供有力的承载空间。

（南法信镇）

【“二月新春”文化系列活动】2月8日，“不忘初心 砥砺前行”系列之迎新春文化汇演在北法信剧场举办，汇演包含有舞蹈、歌曲、杂技、戏剧、相声、马头琴演奏等15个节目，拉开“二月新春”文化系列活动序幕。2月20日，“不忘初心 砥砺前行”系列之聚新春百姓大舞台优秀节目展演活动在北法信剧场举办，各村、社区精心准备舞蹈、歌曲、相声、小品、杂技等节目，为全镇百姓送上丰盛的文化大餐和新春祝福。

（南法信镇）

【小中河南法信段河道巡查】3月1日，地区党委书记、总河长黄永志对小中河南法信段河道进行巡查。镇河长制办公室、相关村级河长、河道巡查队等10余人参加。巡查发现小中河流经本镇河道、水岸线环境总体情况良好，镇级“河长制”河道均设立“河长制”公示牌，河道保洁责任制严格落实，各项工作均有序开展。现场巡河检查后，黄书记要求：一是继续做好河长制宣传工作，进一步引导群众积极参与，树立群众的环保观念。二是各企业单位要切实落实好主体责任，积极配合河长制工作。三是村级河长要履职尽责，做好分管片区的监督管理工作。

（南法信镇）

【“北京最美的乡村”专家督导组到南卷村实地督导测评】3月20日，由中国社科院教授翁鸣、市农委宣传处处长陈立玺、市农委宣传处干部王楠以及顺义区农委“美丽乡村”办公室主任李岩、科长李文波等人组成的专家督导组对本镇南卷村开展实地督导测评。镇长王民、副处级调研员陈善真、农业服务中心主任贠振刚等人陪同。南卷村党支部书记曹长平从生产、生活、环境、人文4个方面汇报村内情况。督导组对南卷村的相关材料逐项审核并到村内进行实地考察，对南卷村给予高度评价。

（南法信镇）

【“春风行动”专场招聘会】3月23日，南法信镇“春风行动”专场招聘会在北法信村召开。此次招聘会，有30余家企业提供空岗1000余个，约有400名求职者到场。现场发放宣传材料200余份，156名求职者达成初步就业意愿。镇社保所建立“南法信企业招聘群”，推广招聘信息、就业相关政策等。

（南法信镇）

【区纪委执纪审查基础工作进行检查】4月10日，区纪委对本镇执纪审查基础工作进行检查，检查组查看谈话室的建设使用情况及谈话审批手续，查阅案卷及文书资料，对2017—2018年市、区纪委监委交办件办理情况进行督办。检查组对本镇执纪审查基础工作给予高度评价，认为文书、案卷等工作有序规范，能够确保依纪依法、安全文明办案。

（南法信镇）

【“儿童之家”规范化建设工作推进会】4月11日，本镇“儿童之家”规范化建设工作推进会召开。地区党委副书记杨进军，党委组织委员、妇联主席刘宏迪，9个未拆迁村党支部书记，妇代会主任，村务工作者参加会议。妇联工作人员介绍儿童之家规划与选址、基本设施配备等要求。杨书记、刘部长分别对重点工作进行整体部署，要求以2018年大党建工作绩效考核任务指标为导向，明确工作目标和重点，统筹协调资源，全力完成此项工作。

（南法信镇）

【中国文联文艺志愿服务队走进南法信】5月23—26日，本镇举办“到人民中去”中国文联文艺志愿服务队走进北京顺义南法信暨“五月的鲜花”群众文化系列活动。启动仪式上，地区党委书记黄永志、镇基层文艺工作者代表胡亚微、中国文联艺术家代表于兰分别致辞，中国文联文艺志愿服务中心副主任邵志军做活动动员讲话。最后各位领导与艺术家们共同触动启动球。随后，中国文联文艺志愿服务中心的艺术家们为镇域文艺骨干开展为期2天的舞蹈、合唱、戏曲、摄影艺术相关辅导培训，通过面对面交流，基础知识讲解，基本技巧教授，培训成果点评，为文艺爱好者搭建一个学习、交流、提高、展示的平台。5月26日，

"到人民中去"中国文联文艺志愿服务队走进南法信镇慰问演出中，文联艺术家与基层群众同台表演，展示培训成果，为全镇献上一场视听盛宴，促进基层群众文化生活的繁荣发展，掀起本镇基层文化活动的热潮。

（南法信镇）

【区委常委、组织部部长走访北京航空食品有限公司】5月24日，区委常委、组织部部长禹学垠，副部长王彦利等人到本镇北京航空食品有限公司针对"督促营商环境政策落实、扩大稳增长成效"开展调研，地区党委书记黄永志、镇长王民等班子成员及顺义区政协委员、北京航空食品有限公司总经理布赫参加调研会。座谈会上，副镇长章洪汇报本镇优化营商环境整体落实情况及下一步努力方向，北京航空食品有限公司副总经理汪峻峰介绍公司基本情况、重点领域工作开展情况、党建工作开展情况等，总经理布赫汇报目前企业面临的人员招聘、人才培养、道路安全等困难。

（南法信镇）

【宅基地自建房违法出租整治】6月5日，本镇开展宅基地自建房违法出租整治工作。地区党委书记黄永志、镇长王民带队，联合顺义区消防支队及镇城管、工商、派出所、安全科等相关部门检查大江洼村宅基地出租房屋安全隐患问题。检查之后及时召开"南法信镇宅基地自建房违法出租整治工作推进会"，顺义区消防支队科长崔广从将检查中发现的建房结构、设施、出口、通道、护栏、穿管、电动车七个方面的问题由难到简进行分析归纳，并提出整改意见。

（南法信镇）

【区委书记走访北京百迈客生物科技有限公司】6月20日，区委书记高朋到本镇北京百迈客生物科技有限公司走访调研。实地考察企业发展、非公企业党建及政协委员发挥作用助推区域发展情况。区政协主席周颖博、区委副书记于庆丰、区政协副主席闫志广等陪同。一行人查看北京百迈客生物科技有限公司标准化实验室和党员活动室，了解公司科研合作、人才联合培养、主营业务和党建工作开展情况。地区党委书记黄永志从党组织建设、党支部班子建设、党建制度建设、人才队伍建设四个方面介绍南法信地区非公企业党建工作开展情况及百迈客生物科技有限公司党支部党建特色亮点工作。

（南法信镇）

【区委常委、副区长调研】8月4日，区委常委、副区长支现伟到本镇调研产业疏解退出工作。支现伟一行首先来到京奥兴国际钢结构工程（北京）有限公司实地查看退出情况。他表示，要统筹做好疏解腾退空间的再利用，根据产业定位，严格准入标准，管住、用好腾退空间；同时要做好"回头看"工作，严防反弹。随后，支现伟一行实地检查北京和泰诚铝材有限公司，了解企业生产经营情况。他强调，要认识到环境保护是大势所趋，企业要严格落实各项环保要求，把污染防治要求当成转型提升的契机，促进企业向更高水平发展。

（南法信镇）

【青年交友联谊活动】8月11日，本镇举办"相约青春·缘聚临空智谷"青年交友联谊活动。活动由镇团委及社区青年汇主办，镇总工会、赵全营镇团委、北汽集团越野车生产基地协办。最终现场有3对青年男女牵手成功。社区青年汇为青年朋友们建立交友微信群，为今后交流沟通搭建桥梁。

（南法信镇）

【区委书记到南法信镇拉练检查】9月1日，区委书记高朋到本镇拉练检查城市运行工作。在东杜兰村村庄出入口，高朋详细了解村内志愿者、小红帽、保安上岗情况，现场查看车辆出入情况登记表，叮嘱大家要加强巡查和值守。并对一线工作人员的辛苦付出表示慰问，勉励大家保持最佳精神状态，坚持精益求精、从严从细原则，认真落实责任，加强巡检排查，加强人防和技防体系建设，以最严标准、最高要求落实好各项工作，确保万无一失。高朋还仔细询问东杜兰村村域结构、人口数量、出租房屋管理和整治等相关情况。他强调，要严格落实责任，充分发挥群防群治力量的作用，做好城市运行服务保障工作。地区党委书记黄永志、镇长王民、党委副书记杨进军陪同。

（南法信镇）

【"榜样的力量"颁奖仪式】9

月27日，南法信镇“榜样的力量”颁奖仪式在同心广场举办。2018年3月，南法信镇“南法信榜样”优秀人物大型主题评选活动启动。活动最终评出“杰出青年”“敬业奉献”“党员先锋”“家风传承”榜样人物8名。活动现场，观众通过视频短片逐一了解8名榜样人物的事迹，一个个敬业奉献、助人为乐、孝老爱亲的“身边故事”收获现场观众的阵阵掌声。区委宣传部副部长、区文明办主任皮志杰，区委宣传部副处级调研员张自富，南法信地区党委书记黄永志，镇长王民等领导班子成员，各村（居）、非公企业党支部书记，机关科室负责人，村民代表共180余人参加活动。

（南法信镇）

【健康知识讲座】10月12日，教科文体办联合北法信村开展“全国高血压日”和“世界卒中日”健康知识讲座活动，共120余人参加。此次讲座，邀请顺义区中医院医生牛志伟讲解睡眠呼吸暂停综合征概述、病因和主要危险因素等内容。讲座后，镇卫生院医护人员为参加活动人员进行义诊。现场共发放健康生活方式宣传手册200余份、宣传品130份。

（南法信镇）

【纪念改革开放40周年宣讲比赛】10月15日，南法信镇“奋进新时代 筑梦新征程”纪念改革开放40周年宣讲比赛举办。地区党委副书记杨进军、党委组织委员刘宏迪、党委宣传委员杨荣、各科室、村（居）代表80余人参加。比赛现场，9名宣讲员真情讲述改革开放以来，工作和生活发生的翻天覆地的变化，用最质朴的语言，诠释基层干部群众对党忠诚、奋斗奉献的真实情怀。

（南法信镇）

【组织退休老干部开展志愿服务活动】11月20日，本镇组织退休老干部在同心文化广场开展捡拾白色垃圾、擦拭宣传栏的志愿服务活动。随后老干部们到本镇商务楼宇党群活动服务中心实地参观智谷办公、智谷沙龙、智谷展示等8个功能区并观看宣传片。

（南法信镇）

【消防安全专项整治行动】12月5日，本镇开展消防安全专项整治夜查行动。地区党委书记黄永志，党委副书记、镇长王民等领导班子成员带队，组织消防支队、派出所、安全科、综治办、流管办、食药所、城管及值班人员参加。此次夜查，执法组共出动执法人员60人，车辆15辆，检查危险化学品、出租房屋、仓储物流、建材市场、“三合一”等45家重点场所消防安全工作。共发现安全隐患32处，现场立即整改17处、下达整改通知书责令限期整改15处。

（南法信镇）

【经济普查培训会】12月19日，本镇开展第四次全国经济普查非一套表布置培训会，全镇普查指导员和普查员共计70余人参加。会上，工作人员为大家讲解“登记表式”“表样及指标”和“重点指标”的填报方法。副镇长章洪强调：本镇第四次全国经济普查进入正式登记阶段在即，全体普查一线工作人员要再接再厉，尽职尽责，抓住重点环节，严控数据质量，高质量完成普查登记任务。

（南法信镇）

牛栏山镇

【概况】2018年，牛栏山镇政府紧紧围绕顺义区“港城融合的国际航空中心核心区、创新引领的区域经济提升发展先行区、城乡协调的首都和谐宜居示范区”的功能定位，持续推进产业转型升级，抓重大项目建设，保障和改善民生，促进社会和谐稳定，推动全镇经济社会各项事业再上新水平。年内，全镇实现属地财税收入20.65亿元，同比增长23.7%；一般公共预算收入3.58亿元，同比增长8.7%。

（牛栏山镇）

【产业结构优化升级】牛栏山镇招商引资工作加快构建高精尖产业结构。年内引进17家企业，注册资本共计4.7亿元，其中2家注册资金亿元以上，主要涉及融资租赁、云计算、科技研发、文化旅游等5类政策鼓励发展的高质量公司。嘉顺物联网、星汉防伪科技等重点产业项目进展顺利。《牛栏山镇优化企业营商环境政策汇编》印发，以联访和巡访相结合的方式，加强政企沟通，帮助企业化解企业员工子女入学和环保等方面困难和需求。助力嘉寓、江河幕墙等企业转型发展，协助镇域内企业进行闲置资产盘活，申报各类企业扶持资金1500余万元。

（牛栏山镇）

【社会治理精细化】一是建立联络员报告机制，对镇域内村、社区、商务楼宇和集中办公区进行地毯式摸排，组织综合执法行动，有效防范打击非法集资行为。二是切实做好安全生产、消防安全工作，购置4吨消防车4辆，建设消防水池4个和消防栓132个，消防基础设施建设得到提升。三是为全镇70岁以上老人免费安装自动报警烟感报警器1000个。四是新建40处电动车充电装置，电动车充电装置基本覆盖镇域。年内荣获评“北京市先进安全生产检查队”。

（牛栏山镇）

【大气污染防治】全面打响蓝天保卫战，加大餐饮油烟、扬尘管控等重点领域执法检查督查力度。按照环保标准对7家大型物流停车场进行绿化、苫盖，腾退面积5万余平方米。PM2.5年均浓度下降到50微克/立方米，同比下降18%。被北京市人民政府授予“首都环境保护先进集体”荣誉称号。

（牛栏山镇）

【水环境治理】落实“河长制”，小中河牛栏山段实施河道原位微生物处理工程，河道断面水质达到地面水环境质量标准五类水体。顺义新城牛栏山段污水临时应急调水工程完成，解决多年来生活污水不达标排放问题。对产业园区内企业安装污水排放在线监测设备，实现对重点企业的定点、准确、实时监测，促进企业排污排放达标。

（牛栏山镇）

【精准脱贫脱低】实行“一户一策”帮扶，通过“入户调查核实、了解需求、宣传政策、职业指导、岗位对接”的方式，促进低收入群体的转岗就业。落实社保政策，确保低收入农户城乡居民医疗保险和养老保险应保尽保。发挥全镇53家“一助一”工作队作用，多渠道筹集款物、多形式开展结对帮扶。全镇276户低收入户实现脱低，脱低率达到100%。牛栏山镇作为精准扶贫内蒙古科左中旗牵头镇，统筹协调各成员单位开展结对帮扶工作，累计拨付资金290万元。

（牛栏山镇）

【疏解整治促提升】违法建设拆除任务完成14.54万平方米，并完成大棚类农业设施项目的拆除、整改、验收任务。加快产业疏解退出，疏解一般制造业4家。开展规范劳动用工专项执法检查，规范劳动用工27家。提升生活性服务业品质，引入社区小厨等便民商业网点4个。进一步拓展绿色空间，留白增绿1.09公顷。整治占道经营2处，取缔无证无照经营商户10家，“散乱污”实现动态清零。腾退5.67公顷垃圾渣土堆放点土地，建设下坡屯村西休闲公园，被顺义区发改委认定为2018年疏解整治促提升亮点工作。对全镇各村宅基地出租房屋进行拉网式安全隐患大排查，整治存在安全隐患的宅基地出租房屋76户，疏解非法租住人员241人。

（牛栏山镇）

【城市管理精细化】稳步推进“街乡吹哨、部门报到”工作，完成综合执法中心“实体建设”，并充实执法力量，整合公安系统治安探头以及消防部门安全探头等公共数据资源。建立街巷长制和“小巷管家”队伍，设置街巷长138人。推进智慧顺义建设，基本实现无线网络信号全覆盖，3个村“智慧社区”建设完成。

（牛栏山镇）

【城市承载力加强】市政重点工程牛栏山再生水厂调试运行，二三产业基地部分企业污水通入主管网。牛栏山集中供热中心全部建设完成。牛山三路地上物腾退工作完成。投资1800余万元改善康乐小区、市场小区和居民区基础设施，涉及电力改造、供暖并网改造、路面改造等，规划停车位700余个，消除安全隐患，居民生活品质得到提升。

（牛栏山镇）

【美丽乡村建设】北孙各庄村、龙王头村等7个村的村庄规划编制完成。北军营村、芦正卷村等5条总长度7千米的乡村公路大修工程完工。围绕“清脏、治乱、控污、增绿”，推进农村环境整治，实施后晏子村、官志卷村、兰家营村等5个村的污水处理工程，总体施工进度完成80%。设立专项资金2000万元，在前晏子村、相各庄村、金牛村等10个村实施环境提升、雨污分排等村级民生实事工程，共硬化路面39000平方米、绿化5.86公顷，新增停车位300个。

（牛栏山镇）

【社会保障】一是《牛栏山镇低保、低收入和分散供养特困人员"煤改清洁能源"分户自采暖补贴实施办法》出台扩大社保覆盖面。二是牛栏山镇首家幸福晚年驿站正式投入使用，日均为老服务145人次。三是全面落实老年人优待服务政策，累计发放高龄津贴、无保障老年人补贴、重阳节慰问金265万元，惠及2.5万人次。四是1250名退役军人的信息采集及录入工作完成。五是搭建求职招聘和技能培训2个平台，开展"优环境稳就业送服务"活动，促进劳动力就业，全年完成城乡就业523人、困难人员就业317人、新增就业784人，二三产业就业率达97%，获评"北京市就业创业先进集体"。

（牛栏山镇）

【特色文化品牌打造】1月8日，在中国共产党牛栏山地区第五届代表大会第二次会议上，提出要着力打造本土特色文化品牌---"七子镜"文化铸魂工程（"七子镜"分镜中游即游山水、忆古今，镜中文即惟书学、人共尊，镜中品即声影乐、品有道，镜中玉即久雕琢、方成器，镜中鉴即正品行、知得失，镜中秀即兴礼乐、立德行，镜中媒即内百川、行致远）。将传统美德、社会主义核心价值观与当今牛栏山镇倡导的精神文明相结合，有"正品行，传良善，倡新风"之意，所倡导的精神内容为镇域居民提出具象化的行为准则。年内共举办"品读经典名著 书写魅力人生"全民阅读、"翰墨飘香歌伟业•丹青溢彩颂党恩"书画展、"共绘生命之源 同享水韵牛山"少儿创意绘画、"快乐相'缝'爱'尚'生活" 缝艺技能大赛、"不忘初心，牢记使命，清风相伴，一路廉行"党风廉政活动、"我的中国梦 魅力牛栏山"秧歌大赛等一系列特色活动。同时，发挥榜样示范带动作用，选树一批先进典型人物，在镇域内形成"比""学""赶""超"的良好社会氛围。

（牛栏山镇）

【农村"会改联"完成】5月17日，牛栏山镇20个村妇代会完成"会改联"工作。产生村妇联主席20名，兼职副主席40名，新增执委300名。村妇联主席平均年龄为52周岁，300名执委中，其中45周岁以下的65人，占21.7%，文化程度大专以上39人，占13%，党员92名，占31.7%。20名妇联主席进"两委"率为100%。

（牛栏山镇）

【第一届"金牛杯"有限空间大比武】8月，牛栏山镇举办第一届"金牛杯"有限空间大比武活动。辖区25个村（居）治保主任、涉及有限空间作业单位的负责人等80余人现场观摩学习。北京顺鑫农业股份有限公司牛栏山酒厂、北京市桃李食品有限公司、北京江河幕墙系统工程有限公司、北京雅士白家食品有限公司、北京京日东大食品有限公司5支参赛队伍的30余名专业作业人员进行比试。最终北京顺鑫农业股份有限公司牛栏山酒厂获得第一名。

（牛栏山镇）

【棚改项目有序推进】作为全市首个在签约期限内实现100%签约的国有土地上房屋征收项目——原涤纶厂及维尼纶厂生活区棚户区改造项目，位于顺义新城第16街区，涉及住宅房屋868户，总建筑面积约46245.69平方米。签约工作于2018年6月30日开始，7月20日签约工作全部完成。10月30日，拆除工作启动；11月9日上午，拆除工作完成，共拆除楼房20栋，平房两排以及活动中心、锅炉房等配套公建，拆除面积共计5万余平方米。

（牛栏山镇）

【概况】仁和镇位于顺义新城中心区的主城区组团，与首都国际机场零距离对接，101国道、六环路、地铁M15号线、京平（谷）快速路和京承铁路穿境而过，镇域面积54平方公里，辖23个行政村、2个社区，户籍人口4.02万人。2018年，仁和镇围绕"抓规范、促创新，克难点、聚焦点，补短板、拉长板"的工作思路，完成各项任务，实现属地财税收入36.2亿元，同比增长1.6%；实现一般公共预算收入6.5亿元，同比增长13.9%，位于全区各镇第一；全镇三次产业税收比优化为0.1:15.6:84.3。

（仁和镇）

【经济工作】营商环境持续优化，建立“引商、惠商、亲商、安商”多项机制，访问调研重点企业100余次，协调解决问题54件。依托高顺科技园、联东U谷等优质资源，强化招商选资，以总部、金融、科技、文创等现代服务业为主导，全年共引进企业79家，注册资金总额9亿元。

（仁和镇）

【发展动能】2018年，空港日住、顺美服装等6个项目全部实现主体封顶，仁和二三产业基地占地近26.7公顷的C5地块上市，借力棚改拆迁、规划调整腾退出约66.7公顷产业用地为仁和发展提供支撑。

（仁和镇）

【企业发展】坚持规范管理和扶持引导并重，通过捋顺股权、收回人权、监管财权、掌控事权等措施实施资产资源重组，完成顺美服装公司股权收购工作，确保集体资产保值增值。2018年，镇属企业纳税总额约2亿元，成为全镇经济的重要支柱。

（仁和镇）

【回迁成效】探索利用“街乡吹哨、部门报到”工作机制，解决前进、太平2村回迁问题，两村合计696户认购仁和花园、澜西园现有房源1043套，占民宅认购总数的70%。解决塔河村回迁房产权证问题，155户村民完成产权证办理。

（仁和镇）

【重点工程】一批重点工程取得显著进展，二三产业基地2号开闭站通电运行，城西架空线迁改入地工程、城南高压线入地工程完工，港馨西区1号公建开工建设，仁和第一人民医院开工在即，利用澜西园周边腾退土地建设绿色休闲公园项目获批，东城区保障房、临河村回迁安置房开工建设，平各庄村回迁房主体完工、二期一级开发项目顺利推进，沙坨村回迁房启动建设。

（仁和镇）

【生态环境】全面开展污染源普查工作，建立14本污染源台账，实现全覆盖。全年PM2.5浓度均值为50微克/立方米，完成区级下达的指标任务。招募253名“小巷管家”参与环境治理，完成6个村、7公里的村级公路大修工程。统筹镇级资金3500余万元，改造提升石门苑、石景苑2个回迁社区环境。推进农村治污工作，整治小散排污口25个，4座污水处理站启动建设。

（仁和镇）

【民生保障】2018年，新增就业2586人，获评“北京市充分就业镇”。农民人均所得超过29000元，同比增长10%。梳理完善15项镇级惠民政策，新增覆盖对象近1000人。建立镇级惠民专项基金，投资8000余万元用于生态环境、食药安全、社保民政等基础民生项目。全镇43户低收入农户100%实现脱低。开展对口帮扶工作，牵头协调各单位拨付资金320万元，助力西藏尼木县脱贫摘帽。

（仁和镇）

【文化强镇】坚持“文化强镇”的发展目标，开展“党建领航·文化铸魂”系列活动，全年投资1000万元组织文体活动200余场，参与人数超过3万人次。助力全国文明城区创建，挖掘全镇23位新“乡贤”事迹，出版发布文化新书《文化铸魂》《文化仁和》。投资200万元提升镇域宣传环境，其中建筑围挡19429平方米、宣传栏28块、指示牌66块、宣传墙板50块，2名候选人当选区级道德模范。

（仁和镇）

【疏解整治】扎实推进疏解整治促提升专项行动，拆除违法建设60.28万平方米，疏解一般制造业企业5家，依法取缔无证无照商户72户，组织针对“散乱污”企业专项检查582次，经营性燃煤锅炉实现“清零”，规范劳动用工企业20家，取缔非法幼儿园5个，提前4个月完成年度各项任务。坚守农地农用，推进整治，全镇10宗28个大棚类农业设施100%通过市级验收。

（仁和镇）

【安全责任】建立健全食品药品监管体系，推动企业安全主体责任落实，荣获“北京市安全社区”称号。开展仓储物流企业消防安全整治工作，加强消防基础设施建设，建消防站4座，组建专职消防队3支，新建水池、水鹤5个。

（仁和镇）

【社会治理】建设镇级综合执法指挥平台，实现解决问题有平台、有机制、有资源。将河南村村、窑坡村、米各庄村、庄头村4个未拆迁村纳入重点整治村范围，投资1400余万元实施米各庄美丽乡村建设。镇、村干部履职尽责，实现平安度汛，完成全国“两会”、中非论坛等安全保障工作。开展扫黑除恶专项斗争，实现“四个不发生”目标。全镇信访总量和便民电话投诉总量实现大幅下降。

（仁和镇）

【意识形态】落实意识形态工作责任制，建立意识形态会商报告等8项制度，与35家基层单位签订意识形态责任书。2018年，在市、区两级媒体发表新闻类稿件500余篇，在仁和网站、《仁和视野》刊发稿件600余篇，《顺义区情》刊登信息92条。

（仁和镇）

天竺镇

【概况】2018年，天竺镇有10个行政村，其中4个自然村、6个拆迁村，另有3个社区居委会。户籍人口14189人，其中农业人口2422人、非农业人口11767人；流动人口19697人，常住人口33886人。牢固树立“四个意识”，坚定“四个自信”，坚决做到“两个维护”，始终坚持从讲政治高度统领全镇工作，团结带领全镇人民，坚持稳中求进，以“全域提升”为主线，统筹做好改革发展稳定各项工作，巩固稳中有进的良好发展态势。全镇实现国内生产总值47.67亿元，同比减少4.79%；全年实现属地财税收入31.04亿元，同比下降7.6%，位居全区各镇第三；完成一般公共预算收入4.66亿元，同比下降7.7%，位居全区各镇第二；农民人均现金收入23846.46元，同比增长8.68%。

（天竺镇）

【“疏整促”专项行动】区级任务整体完成100%，其中无证照经营整治、城乡结合部整治、群租房整治等6项任务超额完成。依法拆违5.59万平方米，实现新生违建零增长。腾空房屋3000余间，消除隐患1570余处。对疏解整治出来的空白用地，优先用于绿化美化、安装路灯和修建停车场、文化墙、消防设施等，人居环境持续改善。北京电视台、《北京日报》等媒体多次报道先进经验，荣获北京市“疏解整治促提升”专项行动先进集体。

（天竺镇）

【街巷吹哨 部门报道】在全区率先探索“两吹两不吹”模式，实行“网格员办、业务科室办、部门协调办、区级合力办”4种办理方式，全年采集办理案件2.4万件。全年共接收处置12345便民电话反映问题1410个，总成绩在各镇街排名第一。

（天竺镇）

【对口帮扶】履行对口帮扶牵头职责，统筹协调7个镇、1个街道和7家国企，实施产业帮扶项目13个，惠及建档立卡贫困人口1.85万人。动员社会各界向沽源县捐款171.6万元，捐赠物品折款163.53万元，资助学生1128名，引导企业或个人到沽源投资草原神画等项目4个，完成投资8420万元。开辟顺商集团超市、顺义供销益家便利店等7个渠道售卖沽源农产品6344万元；探索沽源农产品认购行动，提取爱心基金8.4万元帮扶沽源县建档立卡人；带动成员单位16个村居与受援地9个村签署党支部共建协议；举办顺义区对口帮扶沽源县党支部书记培训交流会，培训村级致富带头人45名。通过两地共同努力，2018年沽源县1.61万人实现脱贫。

（天竺镇）

【优化营商环境】天竺镇坚持党建引领经济发展，党政“一把手”带队走访企业，帮助新华航空集团先期获得100套望泉寺公租房，为新华航空公司和首航直升机公司申请后沙峪中铁顺兴共有产权住房9套；举办“优化营商环境，我们在行动”—2018“融创天竺”第二届银企对接会及投资分享沙龙，搭建银企沟通合作平台，解读项目扶持、人才引进等政策，实行“面对面”告知、“多对一”综合服务，营造亲商、重商、安商氛围。

（天竺镇）

【构建新经济结构】天竺镇招商引资重点在文创、医疗、金融等项目，实现产业重塑。临空国际免税城落户天竺，土地一级开发前期工作进行中；北大资源双创园入驻发展；万宝航汽车文化展示中心开业在即；慈铭体检总部房屋产权登记手续办理中。全镇“新三板”挂牌企业达到11家。

（天竺镇）

【基层党建】 坚持正确舆论导向，加强舆情监测，强化微信公众号、微信交流群、微信朋友圈管理。“国门天竺”微信平台开辟党旗耀国门、全域促提升、对口帮扶等专栏，全年编发信息近千条，单条点击率最高达3万人次。累计开展基层党建活动122次。签订《换届纪律承诺书》783份，开展监督检查26次，实现村、社区党组织一次性选举成功率100%。党建带群团激发新活力，开展“青年服务国家·奋斗就是幸福”主题宣讲和思想教育活动49次；开展“冬送温暖，夏送清凉”等活动48项，惠及服务对象4500人次。

（天竺镇）

【城乡发展和管理】 天竺镇启动实施府前二街水电气暖、污水处理等市政基础设施工程；完成南岗路、格拉斯路等13条道路提质改造工程，增设停车位2000余个，更新和新设路灯200余盏；完成天柱东路东侧、南竺园南侧等地块环境整治以及府前二街休闲步道园、街心公园建设工程，“绿网苫盖”变“绿化覆盖”，呈现出82公顷绿化空间；完成府前一街亮化美化工程，彻底整治小天竺拆迁地块。实施夜景照明工程。深入推进乡村振兴战略，启动楼台村治污工程，村南垃圾堆放点变身市民休闲之地，举办“温榆河畔·美丽楼台千亩花海”油菜花节和“秋韵楼台”十月葵花节。推行街巷长制，38名街巷长上岗履职，发现处置问题1113件。100名小巷管家“每日巡、经常访、实时报、及时记”，累计处理事件2233件，非法小广告、乱堆乱放、占道经营、公共设施破损等城市管理问题得到有效处置。

（天竺镇）

【重大风险防范化解】 防范金融风险，持续打击非法集资，建立村居、商务楼宇物业报告机制。紧盯属地及机场周边等重点区域和有限空间等重点领域，切实抓好宅基地出租房屋整治、小王辛庄社区集中整治等工作，收缴不合格液化气罐4000余个，取缔复开无证照经营13户，消除隐患1087项，建成电动自行车集中充电车棚14处。全面开展“安全生产月、烟花爆竹禁放”主题宣传活动和“双百工程”安全生产工作谈心会等活动，近万人次参与。投入使用微型消防站9个，消防水源实现各村全覆盖；投入4000余万元建设天竺消防站，大大提高消防应急处突能力。受理群众来信来访35件次，办结率100%，确保信访工作平稳可控。圆满完成“全国两会”“中非论坛”等重大活动服务保障工作。获评北京市安全生产先进单位。

（天竺镇）

【生态污染防治】 天竺镇落实“蓝天保卫战”各项措施。5个“散乱污”企业片区清理整治完成。新增4处大气粗颗粒物监测设备，PM2.5年均浓度52微克每立方米。楼台村“煤改电”工程共签售411户，完成安装235户，拆除燃煤锅炉425户。天竺村西小桥等3处污水处理站建成投入运营；整治温榆河及5条排水沟河道113.8公里，封堵天馨公寓等3个新增排污口，对已封堵的26个排污口不定期“回头看”。开发运营“掌上巡河”系统APP。实施农村建筑垃圾集中清运和生活垃圾日产日清，市区两级2370处环境台账销账率100%。天竺镇选用移动式资源化处置模式，在二十里堡村东侧设置处置场地，占地面积56844平方米，进行建筑垃圾资源化处理，年处理能力150万吨。

（天竺镇）

【助力冬奥】 深入落实区委、区政府关于全力服务保障冬奥会筹办和推广冰雪运动的要求，以实际行动助力冬奥建成全区首个镇级青少年滑雪体验中心，2000余名师生来此体验冰雪运动，实现冰雪运动进校园。

（天竺镇）

【就业培训】 天竺镇举办2018顺义河东地区、河北省沽源县“金秋就业”等5场精品招聘会，采集空岗信息1653个，开展技能培训296人次，促进就业800人。同时，规范15家单位劳动用工行为，受益劳动者500人。

（天竺镇）

【社区建设】 围绕“五性”需求，改善希望家园、南竺园、天竺家园、天裕昕园、蓝天、埃力生等社区环境，翻修路面、粉刷墙体、拆除违建、屋顶平改坡、设置智能门禁、改造消防设施、修建健身步道、绿化美化等一系列环境整治工程完工；南竺园、蓝天社区“八型社区”评估复核完成；希望家园社区居委会搬迁至新址办公，外围增建停车场，补齐充电桩、治安岗亭等公共服务设施，宜居环境持续改善。

（天竺镇）

【智慧天竺】全区首个镇级公共服务平台正式上线运行，为百姓提供“一站式”服务。“智慧天竺”平台增加网上信访办理、项目通报管理、无保障农保福利、老龄残疾福利、党建管理和食品药品监管等模块。“城市网格化管理”平台新增智能视频分析上报功能，实现随截随传视频立案，新接入油烟监测系统，提高统筹监管能力。“网格天竺”APP上线运行，实现城市管理案件“随手拍、随时报”。固定资产管理系统平台正式运行，严把固定资产调拨及闲置资产处置关。

（天竺镇）

【北大资源双创园天竺园区落户】6月4日，北大资源集团分别与北京鑫谷物流有限公司和北京永利隆经济技术开发有限公司签订战略合作协议，北大资源双创园天竺园区落户天竺镇。园区主要划分为北大资源众创空间、北大资源艺创中心、北大资源商业中心及文创产业集群办公区4个区域，占地面积4万余平方米，项目计划投资5.5亿元。年内，天竺镇主打提升牌，利用腾退出来的空间促产业转型。北大资源双创园天竺园区利用天竺镇府前二街南北两侧腾退的库房改建而成。

（天竺镇）

杨镇

【概况】杨镇位于北京市顺义区潮白河以东，是顺义东部九镇中心，镇域面积96平方公里，下辖42个行政村和4个居委会；顺平路、白马路、木燕路纵贯杨镇区域。2018年，杨镇聚焦全区“港城融合的国际航空中心核心区、创新引领的区域经济提升发展先行区、城乡协调的首都和谐宜居示范区”功能定位，充分立足杨镇河东中心镇职能定位，全力完成非首都核心区功能疏解任务，做好大棚房整治、美丽乡村建设、与北京城市学院协同发展、“疏解整治促提升”专项行动、环境治理与保护等中心工作，经济、政治、文化、社会、生态文明各项工作呈现稳中有进的良好态势。

（杨镇）

【首都师范大学附属杨镇实验幼儿园揭牌】1月5日，首都师范大学附属杨镇实验幼儿园揭牌仪式在杨镇中心幼儿园举行。区教委、首都师范大学和杨镇政府领导共同为首师大附属杨镇实验幼儿园揭牌。首都师范大学学前教育学院院长和顺义区人民政府教育督导室主任签署首都师范大学和顺义区教育委员会战略合作项目协议。

（杨镇）

【第八届杨各庄“药王”庙会暨年货大集】2月11日，杨镇迎来一年一度的杨各庄“药王”庙会暨年货大集。今年杨各庄“药王”庙会仍以“赏民俗文化，购实惠年货”为主题。活动分为主会场与分会场同时举行，主会场设在杨镇大市场内，主要以逛大集置办年货为主；分会场设在双阳广场，主要以传统民间花会演出和民间手工艺品展示为主。本届杨各庄“药王”庙会暨年货大集，演职人员200余人，群众参与人数1万余人。

（杨镇）

【北京城市学院杨镇校区举办纪念周恩来总理诞辰120周年主题音乐会】3月5日，北京城市学院杨镇校区和顺义区委宣传部联合举办纪念周恩来总理诞辰120周年主题音乐会，区人大常委会主任车克欣，区委常委、组织部部长禹学垠，区委常委、宣传部部长贺亚兰，区人大常委会副主任吴建国等领导及相关委办局、各镇街道宣传部长、政工副职，区老干部局老同志代表，杨镇辖区企事业单位和各村优秀党员干部代表及北京城市学院师生代表近700人共同观看演出。来自表演学部和教育学部的百余名师生表演独唱《忘不了》、合唱《永远》、琵琶书法《琵琶语中忆总理》、钢琴独奏《黄河颂》、配乐诗朗诵《盛世如愿梦如初》、小号长号钢琴三重奏《人民万岁》、歌曲《我的祖国》等12个节目，表达对周恩来总理的缅怀之意、崇敬之情。

（杨镇）

【**顺义区2018年度大型招聘洽谈会在杨镇举行**】3月30日，顺义区2018年度“春风行动”就业促增收大型招聘洽谈会在杨镇大市场举办。来自全区60余家招聘单位共提供就业岗位2083个，涉及会计、文员、司机等百余工种。本镇及周边镇的2000余名求职者闻讯前来，最终有1500余人次与企业达成初步用工意向。招聘会现场还设置就业、创业、培训咨询，现场职业指导、职业测评，用工维权咨询等服务窗口，为用人单位和求职者提供全方位、一站式服务。

（杨镇）

【**顺义区教育研究和教师研修中心附属实验小学在杨镇挂牌**】4月12日，顺义区教育研究和教师研修中心附属实验小学挂牌仪式在杨镇中心小学举行。区委常委、副区长初军威，区委教工委书记、教委主任武捷，杨镇党委书记赵志勇等领导出席，全校师生及学生家长共计1800人参加。会上，区政府教育督导室主任张海东宣读《区委教工委、区教委关于顺义区教育研究和教师研修中心附属实验小学挂牌的决定》；区委常委、副区长初军威与校长孙海霞共同为学校揭牌。

（杨镇）

【**杨镇地区基层党支部书记培训班正式开班**】4月16日，杨镇召开村党组织书记培训班开班动员会，会议由镇党委副书记李宝利主持，镇党委书记赵志勇进行开班动员。本次培训班为期5天，培训内容涉及党性教育、法律知识等方面。区委党校教授赵红霞上第一课，培训主题为“深刻领会习近平新时代中国特色社会主义思想”。全镇42个村党组织书记、5位第一书记参加。

（杨镇）

【**安全消防车配发**】为提升杨镇各村微型消防站工作能力，保障消防联勤工作有效开展，杨镇政府为镇中心区之外的36个行政村每村配备一台4吨的消防水车，并与各村签订《消防车辆安全用车责任书》《消防车辆使用协议》，以确保车辆的高效使用和安全运行。5月24日上午，先行为镇域内9个村配发消防车并对消防车使用进行现场培训。此次配发消防车辆为实现“小火不出村”提供有力保障。

（杨镇）

【**庆祝中国共产党成立97周年表彰大会暨“五月的鲜花”文艺汇演**】6月28日上午，杨镇举行中国共产党成立97周年表彰大会暨“五月的鲜花”文艺汇演。镇党委、政府领导班子成员，镇党委所属67个基层党组织班子成员、受表彰的优秀基层党组织负责人、优秀党务工作者、优秀共产党员等共400余人参加会议。会上，党委副书记、镇长何长华宣读《中共杨镇地区委员会关于表彰先进基层党组织、优秀党务工作者和优秀共产党员的决定》，组织委员张炳静带领全体党员重温入党誓词，镇党委书记赵志勇以《强化党建意识，引领区域发展，扎实推进基层党建工作再上新台阶》为题给全体党员上党课。随后，与会人员观看杨镇群众自编自演的节目，活动在大合唱《没有共产党就没有新中国》的歌声中闭幕。

（杨镇）

【**北京城市学院沙岭实验学校挂牌成立**】7月3日，北京城市学院沙岭实验学校挂牌仪式在沙岭学校举行。区委常委、副区长支现伟，北京城市学院党委书记、校长刘林，区委教工委书记、教委主任武捷，杨镇党委书记赵志勇，镇长何长华，副镇长张慧芳出席揭牌仪式，部分杨镇人大代表、沙岭实验学校师生及家长代表共计400余人参加。区政府教育督导室主任张海东宣读《北京城市学院沙岭实验学校挂牌的决定》；支现伟、刘林、武捷、赵志勇为学校揭牌。

（杨镇）

【**“古镇·国韵”诗词艺术节**】7月11日，“古镇·国韵”诗词艺术节在杨镇一中举行，吸引幼儿园的小朋友、小学生以及部分教师和家长800余人参加活动，杨镇副镇长张慧芳、宣传委员郭海霞出席活动。活动特别邀请到来自北大中文系副教授柳春蕊、儿童教育领域资深媒体人柳佳，以及中央音乐学院《同唱古诗词》作曲管慧丹共同担任本次诗词趣味竞赛的专家评委。活动采用“表演+趣味竞赛+深度点评”的形式，在每部分的趣味竞赛问答前后都安排古诗词原创歌舞表演，幼儿园的小朋友以画与乐的艺术方式展现古诗词最美的一面；小学生们以抽题和抢答的形式展现古诗词里的那些有关地理、历史以及人文情怀的另一面。评委专家们通过诙谐、拓展式的点评，不仅让参赛的孩子们觉得趣味实足，更是激发他们对古诗词更多维度的提问和思考。“古镇·国韵”诗词艺术节作为杨镇文化活动体系建设的系列活动之一，旨在让孩子们进一步感受诗词艺术的多维度魅力，从而更加热爱传统文化。

（杨镇）

【古镇新城共贺重阳暨文化交流主题活动】10月11日，由杨镇人民政府、马坡镇人民政府和北京城市学院三方联合主办的“孝满京城 德润人心”古镇新城共贺重阳暨文化交流主题活动在北京城市学院举行。顺义区文明办主任皮志杰，区文化委副主任王辉，杨镇地区党委书记李莉，马坡镇党委书记贾睿，北京城市学院党委副书记、副校长秦士友等领导出席活动，来自杨镇马坡的约400名居民观看节目。本场活动由杨镇沙岭小学的同学们表演的曾庄大鼓《鼓震神州》开场，随后献上儿童舞蹈《拉丁舞串烧》《广场舞大妈》，评剧《南泥湾》选段，歌曲《孝敬父母》《母亲》，老年人表演的集体舞蹈《欢庆秧歌》《走江南》等节目。在活动现场，来自两个镇的3位老人走上舞台，分享他们幸福的晚年生活。此次参演的所有节目均由杨镇及马坡镇百姓自编自导自演，为九九重阳节献上一份暖心的文化盛宴。

（杨镇）

【杨镇派出所会同分局职能部门捣毁特大聚众赌博窝点】11月12日，杨镇派出所会同分局职能部门打掉一处隐藏在村庄内的特大聚众赌博窝点，当场抓获涉赌人员51人，收缴赌资50余万元，有力打击赌博违法犯罪人员的嚣张气焰，进一步净化辖区社会治安环境。

（杨镇）

【第三幼儿园沙岭分园取得立项批复】为缓解杨镇地区幼儿园学位紧缺压力，杨镇大力推进第三幼儿园沙岭分园规划建设工作。在区发改委等部门支持配合下，11月29日，该项目取得立项批复，预计2019年开工建设。第三幼儿园沙岭分园位于沙岭中学西南部，总建筑面积4640平方米。坚持高起点设计、高标准规划，新园配备幼儿活动用房、办公用房、生活用房及辅助用房、室外活动场地。建成后可容纳12个班、提供300个学位，为孩子们提供更优越的教育环境。

（杨镇）

【“疏整促”年度任务完成】2018年，疏解一般制造业企业5家，腾退厂房12400余平方米，疏解人口126人；整治占道经营重点点位1处；治理和保持街巷数37个；新增便民商业网点3处；关停无照培训机构1家，取缔非法幼儿园6家；规范劳动用工单位24家；完成留白增绿农田耕地任务25.11公顷；拆除违法建设11.17万平方米。

（杨镇）

【生态污染防治】2018年，杨镇认真落实北京市环保督查反馈意见，扎实开展整改，建立污染源台账5本，坚持“周通报、月调度”，整治各类“散乱污”企业12家，保持动态清零。持续加强对过境大货车和重型柴油车尾气排放等重点领域的检查。全面落实“河长制”，开展河湖违法种植清理行动及河道周边垃圾清理工作。完成2个临时污水处理站建设，配合区水务局开展34个村污水治理工程，开工建设8个村。对36个村13190铺吊炕进行整治，累计拆除封堵吊炕、土炕11490铺。完成19个村的村庄规划和美丽乡村创建工作，新建、大修乡村公路7条6.7公里。集中开展美丽乡村建设“百日攻坚战”及农村人居环境整治工作，完成清脏治乱8435户，清理柴草及建筑垃圾11794处，清理混合垃圾13万方、建筑渣土15万方、瓜菜秧约6万吨。

（杨镇）

【违法大棚房整治】2018年，杨镇共完成镇域内13335座大棚房整治任务并通过验收，实现完成率和合格率两个100%。拆除违法建设面积6.5万平方米，恢复土地面积近7.3公顷。

（杨镇）

【精准脱贫】杨镇有荆坨村、下营村2个低收入村和25个村的1074个低收入户，确立“引智帮扶”方向，入户进行精准识别，形成“一户一策”。截至12月底，1074个低收入户中有1064户脱低，脱低率99%；用“造血”的方式为2个低收入村建设蔬菜标准化基地，建成后强力带动村域经济发展。

（杨镇）

【安全管理工作全面提档升级】 2018年，杨镇坚持不懈狠抓安全生产，全面夯实火灾防控基础。全力推进消防设施建设，完成7个村的消防水池水鹤建设；为37村（居）建设电动自行车集中充电车棚，可供约900辆电动车充电；为镇域内36个村配备储水量4吨的消防水车；为辖区内每户家庭免费发放独立式烟感报警器17323个，灭火器20579个，达到烟感报警器和灭火器配发全覆盖。

（杨镇）

【“非洲猪瘟”疫情防控】 2018年，杨镇层层落实防控责任，书记李莉、镇长何长华带头入村到户检查防控措施落实情况，镇党委班子其他成员包村负责到底，相关职能部门和科室昼夜不停检查，共清退散养户92户、减栏7717头，清退率99%。主动退出规模化养殖场4个，减栏2万余头。

（杨镇）

张镇

【概况】 张镇辖区总面积53.45平方公里，下辖29个行政村、2个社区，常住人口23109人、户籍人口24024人。2018年，张镇实现属地财税收入9661万元；实现一般公共预算收入2226万元；农户人均所得23145元，同比增长10%。

（张镇）

【兵役登记】 2月2日，2018年兵役登记工作动员部署会召开。会上，组织学习相关文件、研究部署本年度兵役登记具体实施计划和保障措施。全镇兵役登记58人，兵役登记率100%，在全区率先完成任务。2018年，张镇共有12名优秀青年（含1名女兵）被批准入伍，超额完成上级下达的任务指标，获评全区征兵工作先进单位。

（张镇）

【第二届灶王文化节】 2月8日，由中共北京市顺义区委宣传部等单位主办的第二届“北京·顺义张镇灶王文化节”在顺义区张镇莲花山滑雪场开幕。本届文化节以“顺义过大年，灶福满京城”为主题，共推出祭灶仪式、首届灶王文学作品颁奖典礼、非遗手工艺展示、顺意好礼及灶王文化衍生品展示、美食年货大集、顺义《张镇民歌》发布会及传统文化进校园启动仪式、张镇少年滑雪队成立仪式、民间花会展演、“灶王”主题微电影征集九大主题板块，通过中华传统民俗文化的传承与创新，彰显“家和睦，爱传承”的中华新春文化。为期4天的活动共吸引约11000人次参与现场活动，通过各种媒体宣传覆盖受众达1600万人次，为广大游客和北京市民带来别具一格的“京味年”体验。

（张镇）

【文体教育】 5月9日，张镇中心幼儿园通过北京市一级一类幼儿园验收；依托莲花山滑雪场等镇内资源，大力宣传普及冬奥知识，开展“助力冬奥”冰雪公益体验课、第三届北京顺义冰雪温泉狂欢季开幕式等活动；成立张镇莲花山少年滑雪队，并赴亚布力交流学习，1人入选中国国家高山集训队，进行双板组训练；张镇中学在顺义区第二届中小学生冰雪嘉年华比赛中获得第1名，张镇小学取得团体总分第2名的成绩。

（张镇）

【“全国助残日”活动】 5月20日，根据第28次“全国助残日”活动要求，结合张镇实际开展免费口腔义诊活动，张镇残联聘请博爱口腔医院医务人员为本镇70余名残疾人开展免费口腔义诊，活动当日发放宣传材料200余份；同时，张镇残联为全镇残疾人发放“爱在鑫海韵通”惠民卡1600余张，可用于购买美的品牌的电视、冰箱、洗衣机及空调，凭惠民卡可在市场价的基础上优惠400元，镇内持证残疾人或残疾人家属可持此卡以惠民价购买到所需商品。

（张镇）

【道德模范】 11月22日，张镇良山珐琅厂厂长胡玉江在顺义区举办的“感动顺义——顺义区第七届道德模范”评选中，当选为顺义区诚实守信道德模范。胡玉江，45岁，中共党员，顺义区非物质文化遗产“良山景泰蓝制作技艺”第四代传承人。

（张镇）

【基层党建】 年内，拨付党建经

费820万元，新建三务公开栏29组，培育党建创新案例4个，选树非公党建示范点1个；组织中心组学习18次，“两学一做”学习教育34次，镇村干部培训46次；细化88项镇级党建重点任务，出台27项规范性制度文件，编发《规范性制度文件汇编》31册，签订意识形态工作责任书54份；新发展党员25人，核查近三年发展的50名党员入党过程，确保程序合规；签订党风廉政建设承诺书及责任书各135份，受理举报案件46件，初核办结25件，函询办结2件，给予党纪处分5人；成立党建工作协调委员会，建立支部带支部、书记教书记的党建联建机制，定期召开工作例会，开展活动。

（张镇）

【政策宣讲“大篷车”】年内，张镇政策宣讲“大篷车”就重大创新成果、市区重点工作、重要决策部署在张镇各村和社区开展宣讲解读57场，活动共发放各类宣传品1500余份，参加人数累计达3000人次。政策宣讲“大篷车”作为一个流动宣传阵地，功能多样，车身外挂宣传条幅，车身内装饰有宣传展板、宣讲材料，配备环保袋等小礼品，车上的大喇叭滚动播放党的十九大精神、消防安全、环保等政策。开展包括发放宣传材料、设置宣传展板、人员现场讲解、群众有奖问答等多种形式的活动。

（张镇）

【环保工作】年内，充分利用36个趋势设备及环保巡查APP，查看PM2.5数值及报警情况，妥善应对重污染天气，切实达到“削峰”目标，全年PM2.5数值累计浓度为51微克/立方米，完成54微克/立方米的年度任务；全年开展河道专项整治工作8次，出动镇村两级河道巡查员5868人次、巡查1.9万次，清理河道周边和水面枯枝杂物132吨，河道生态环境达到“五无”目标；市级考核断面金鸡河圪塔头、无名河西双营断面水质均达到Ⅳ类水标准，行宫、张镇闸南污水处理站出水稳定水质达标；张镇再生水厂主体建设完工。

（张镇）

【就业服务】年内，城镇新增就业人数774人，完成全年指标的153%；城乡劳动力就业人数425人，完成全年指标的120%；城乡就业困难人员就业人数288人，完成全年指标的163%；银发人员就业80人，绿色就业人数90人；农村劳动力技能等级培训人数476人，完成全年指标的101%；对系统反馈的98名就业困难人员进行100%摸查，有就业意愿的就业困难人员实现就业比例60%；建立一对一求职人员服务档案数30份，动态保持建立企业用人需求档案数60份，对建立的用人需求档案企业提供跟踪服务76次；采集招聘单位40户，采集空岗信息1322个，对招聘单位进行跟踪服务102次；应届高校毕业生143人，就业率95.1%；小额担保贷款累计申请17笔，累计发放贷款128万元；接收失业人员档案117人次，办理各类就业转出手续 122人次；累计发放失业金311人次；共为66人次办理申请享受灵活就业保险补贴手续；完成前王会村、虫王庙村、北营村等6个村40名劳动力、24名超转白马路东延长线征地转非安置工作。

（张镇）

【民生保障】年内，城乡居民养老保险参保6249人，为175人办理给付申请手续，为43人办理清算手续，福利养老金待遇终止79人，为139人申请办理丧葬费，发放金额69.5万元；城乡居民医疗保险参保人员共计10993人，新参保752人；灵活就业的农村劳动力参保人员共计137人，新增99人；社会化退休人员共计799人，死亡清算手续3人；办理卡申领手续361人，补（换）卡手续861人，为1934人办理定点医疗机构变更工作；按月完成45名社会公益性人员的管理工作，本年度新增各类协管员3人，完成虫王庙就业服务站建设工作。

（张镇）

【消防安全】年内，完成301个消火栓的建设工作，其中新建254个、改造47个；完成28个消防水池的选址工作，完成19个消防水池、水鹤的建设工作；消防站主体工程封顶；全镇31辆治安巡逻车在辖区24小时巡逻防控；29辆微型消防车全天候满水备勤；微型消防站消防队员24小时备勤，值班座机、手机24小时保持畅通，确保第一时间发现并消除各类动态隐患，实现突发情况“1分钟响应、3分钟到场处置”；

部署4部专业消防车、2部挖掘机、铲车在镇域重点部位前置备勤，做到即调即动；重点时期本镇共出动检查人员1000余人次，消除安全隐患500余处。

（张镇）

【**安全生产工作**】年内，组织开展包括有限空间、用电安全、职业卫生、电动车安全充电等方面宣传教育培训6次，参与人数1500人次；累计向企业职工、在校学生、社区居民、农村群众、农村家庭发放宣传材料1万余份，悬挂横幅120条，张贴安全海报2000张，发放电动车充电警示牌500余个，张镇安监微信平台推送安全工作信息200条；共检查生产经营单位2155家次，覆盖率为100%，下达现场检查记录2155份，下达责令改正通知书718份，发现隐患2876处、整改2856处，剩余隐患整改中，超额完成顺义区安监局下达的安全检查指标。

（张镇）

【**大棚房清理工作**】年内，为贯彻落实大棚房清理整治工作，共出动包片领导、包村干部以及村"两委"人员1238人次，对张镇114户农业设施生产主体，746栋农业设施，按照顺义区国土资源局12号文件检查标准，进行逐一入户清查，共排查29个村，114户农业设施主体，签订责任书134份，制作警示标牌30块，做到镇域范围全覆盖，经过排查发现36户农业设施主体存在隐患，督促其完成整改工作；29个村配备农技员一名，每周对村域内设施农业是否存在改变土地用途、超过用地标准、改变设施性质等行为进行巡查，填写巡查记录单，避免出现违法行为；经过市规土委验收组逐棚核查，张镇70宗图斑114户746栋大棚全部通过验收，合格率100%。

（张镇）

【**非洲猪瘟防控**】年内，根据顺义区重大动植物疫情应急指挥部办公室《顺义区非洲猪瘟疫情应急工作方案》的通知（顺动植疫指办发〔2018〕12号），对张镇143户生猪养殖散户共8341头生猪进行退出工作，其中销售1006头、无害化处理7129头、自宰自食206头，张镇生猪养殖散户（500头以下）退出工作全部完成，各规模场户运行平稳，全镇无疫情出现；制定张镇非洲猪瘟疫情路面执法检查工作方案，把执法人员进行分组，确保白马路张镇与平谷交界处24小时有人员盯守，对运输饲料、生猪制品等车辆进行劝返，同时开展餐厨垃圾专项执法工作，杜绝餐饮服务单位和个人将餐厨垃圾交由未经许可或备案的单位或个人进行处置等违法行为的发生。

（张镇）

【**疏解整治促提升**】年内，通过"疏整促"专项行动，拆除违法建设5.53万平方米，完成率为110.6%；疏解一般制造业5家，完成率为166.7%；规范劳动用工企业5家，完成率为125%；街巷保持36条，完成率为189.5%；新建或规范便民网点2家、整治占道经营1处、留白增绿3.67公顷，三项任务完成率为100%；整治连村路90余条，整治村内街道乱堆乱放400余处，对1790条区级环境台账进行销账处理；实施村级保洁、镇域道路保洁、连村路保洁、公厕保洁、建筑垃圾清运项目5个，平均每月清运建筑垃圾5900余吨、清除小广告2轮，共计修整主干路、连村路路肩、路边沟120余公里，春、秋季分别粉刷修剪树木36000余棵，并定期对各村边沟、花墙、路边杂草等进行清理；规范建设29个建筑垃圾堆放点和2座再生资源回收站及17万吨建筑垃圾筛分处置工作；完成54.88公顷平原造林和6.27公顷森林绿化带建设工作。

（张镇）

【**旅游产业稳步推进**】年内，全域旅游示范镇和全国运动休闲特色小镇建设全面展开。3家企业成功纳入乡村旅游特色业态名录；完成舞彩浅山滨水国家登山健身步道公园张镇一期工程及6个民俗村整体环境提升项目方案设计工作；投资900万元、占地1800平方米的室内冰场和与西城区园林绿化中心合作，占地26.7公顷的珍稀苗木基地项目落户张镇；利用获批的北京市旅游产业引导资金480.45万元，在张镇金鸡河、无名河两侧及各村域范围内，共建设单臂长廊270平方米、双臂长廊456平方米，观景平台2750平方米，指示牌、警示牌500平方米，垃圾桶560个，弧形座椅180组，完成竣工验收并投入使用。

（张镇）

【**社会救助**】年内，完成城乡低

保医疗救助325人次，发放救助金39.71万元；开展各类教育救助67人次，发放救助金11.1万元；完成因病致贫医疗救助工作，救助36人，发放救助金67.16万元；开展临时救助工作，救助10户困难家庭，累计发放临时救助金2.3万元；发放残疾人两项补贴7823人次、累计发放补贴261.55万元，发放精神障碍看护补贴369人次、累计发放补贴22.14万元；完成城乡低保家庭煤改清洁能源补贴申请及发放工作；细致排查存在安全隐患的老旧房屋，形成台账，对11户低保、优抚群众进行危房改造工作。

（张镇）

赵全营镇

【概况】2018年，按照镇党委部署要求，围绕建设高质量重点镇这个奋斗目标，全面落实稳增长、促转型，抓治理、补短板，治环境、惠民生的工作思路。完成属地税收19.3亿元，同比增长40.6%；一般公共预算收入3.3亿元，同比增长58.5%，属地税收和一般公共预算收入实现全区双增速第一；农民人均可支配收入2.7万元，同比增长10%。超额完成镇十七届人代会三次会议确定的各项任务，为全镇在新时期乘势而上奠定坚实基础。

（赵全营镇）

【新三板加速器】通过提供政策支持，30家企业挂牌上板，9家企业股改完成。另外，正在筹备上板的企业13家，储备项目26家，提前超额完成三年前预定目标。举办“寻找鲨鱼苗”2018（第二届）新三板品牌峰会，加速器被北京市金融工作局和顺义区政府共同授予“北京市上市挂牌企业总部基地”称号。

（赵全营镇）

【招商引资】2018年，全镇新引进注册资金100万元以上项目131个，注册资金500万元以上项目60个。以新能源汽车为代表的先进智能制造、互联网+、科技医疗为主的产业集群初步形成。奔驰新能源、北医三院项目签约落地，奔驰新能源汽车将于2019年10月正式下线；北医三院顺义院区项目进入控规调整方案编制阶段。北汽越野车有限公司正式成立，力达康、连山管控等项目顺利推进。

（赵全营镇）

【营商环境持续优化】镇领导班子带队到企业开展“一对一”走访服务，累计走访企业70家，开展企业座谈会和培训29场，切实解决企业实际困难。建立完善“总管家”“服务生”体系，优化“点对点”服务重点企业机制。空港C区新建赵全营税务所和工商注册一站式办结窗口，着力提升入园前“一站式”服务和入园后“管家式”服务水平。

（赵全营镇）

【安全管理】狠抓安全生产和消防安全，紧盯有限空间、建筑施工、人员密集场所等重点领域安全隐患，检查各类生产经营单位2386家次，开展宅基地出租房隐患治理、预防煤气中毒专项整治行动16次，消除安全隐患2229处，确保地区安全稳定。深化开展无证无照餐饮整治，开展各类打击食品药品违法经营专项执法36次，全年未发生重大食品药品安全事故。

（赵全营镇）

【生态建设】全面落实河长制，投入资金1300万元加大黑臭水体治理，开展水道清淤和污水处理工作，全镇水环境总体向好。有序推进垃圾入户收集工作，西小营村、忻州营村垃圾收集试点工作成效显著，村内暴露生活垃圾、建筑垃圾现象明显改善。

（赵全营镇）

【环境保护】投入空气污染治理专项资金180万元，对“散乱污”企业、扬尘污染、渣土运输、餐饮油烟等重点领域进行执法检查，扎实做好镇村主要道路路面湿化工作，PM2.5年均浓度降为53微克/立方米。

（赵全营镇）

【美丽乡村建设】聘请德国特里尔研究院开展镇域整体规划编制工作，按照“提高品质、提升品味、塑造品格”三个层次不断深化美丽乡村建设。“中国有个北郎中”美丽乡村建设项目进入收尾阶段，“水泉新村”建设项目完成规划编制，忻州营村、豹房村等11个村完成美丽乡村规划编制，其余村庄正在推进中。连片美丽乡村建设初具规模，北郎中村获评“2018年中国美丽休闲乡村”“中国美丽乡村百佳范例”。

（赵全营镇）

【社会保障】 2018年，全镇二三产业就业率97%，实际开发就业岗位2019个，同比增长10%，超额完成各项就业任务目标。群众意外保障制度不断完善，投入125万元为全镇2.7万人购买集大病、意外、住院、致残为一体的新型保险。持续开展煤改电用户补贴，在市区财政补贴基础上，镇财政额外为每户补贴5000度电。扎实开展三级医疗报销制度，惠及97名患大病人员，最大限度解除群众后顾之忧。

（赵全营镇）

【精准帮扶】 关注弱势群体。为低收入家庭、残疾人、超转人员发放各项资金2800万元，全镇61户低收入户共计129人全部脱低。扎实开展对口帮扶。为4个对口帮扶地区提供帮扶资金750万元，助力受援地区持续稳定脱贫。为老服务不断加强，镇财政出资为全镇287名70岁以上老人发放生活补贴380万元，为独居老人安装独立烟感报警器。不断夯实居民养老基础，投入400余万元修缮北郎中养老驿站，完成赵全营敬老院公办民营改制。

（赵全营镇）

【“问需于民”】 “医疗大篷车”深度落实，2018年，新增移动诊疗车1辆，实现全镇25个村全覆盖，全镇百姓家门口的医疗服务水平不断提升。“安全校车”服务持续延伸，目前开通的12条线路惠及学生452名，成为本镇品牌民生工程并辐射到周边乡镇。“登门道贺”工作内涵进一步丰富，为77名考入大学的优秀学子送去鼓励和祝福。

（赵全营镇）

【智慧化网格员管理新模式】 11月16日，赵全营镇党建引领基层治理体系化建设暨网格员队伍成立大会召开。将143名网格员组成的队伍分为8个小队展开全覆盖式镇域综合巡查。通过手持APP、执法记录仪将发现的问题、图像、突发事件的影像记录反馈至指挥中心，再由指挥中心按问题所属派发到职能科室，或协调相关部门进行联合执法。

（赵全营镇）

人 物

全国先进人物

霍岗伟

近年来，霍岗伟在“集中打击交通肇事逃逸违法犯罪破案追逃”行动中，积极探索、忘我工作。侦破交通肇事逃逸案件227起（共发229起），破案率高达99%，破案抓逃率在全市郊区交管系统排名第一（发案量和侦破量）。其中：受理重大逃逸事故89起，侦破89起，抓获犯罪嫌疑人97人，侦破率达100%；一般类逃逸案件97起，侦破95起，侦破率达99%；财损逃逸案件43起，侦破43起，侦破率达100%。为人民群众直接挽回经济损失上千万元。2013年、2014年、2015年、2016年连续四年破案抓逃率名列全市郊区县交管系统第一名。2018年，获评“全国五一劳动奖章”。

市级先进人物

丁小松

丁小松，中共党员，现任顺义区环保局工会副主席、大气科负责人。“改善空气质量，给广大市民更多的蓝天获得感”，是丁小松和他所在科室的奋斗目标，也是他身上最重的责任。2018年，顺义区PM2.5年均浓度为50微克/立方米，连续5年持续下降，改善幅度居全市前列。2018年，北京市总工会特授予丁小松同志“北京市五一劳动奖章”。

韩颖娜

韩颖娜，中共党员，现任北京市顺义区仁和地区党委委员、拆迁办主任。2015年，仁和镇沙坨村棚户区改造和环境整治项目成为顺义区第一个棚户区改造项目。韩颖娜带领工作人员研究出全新版本的《沙坨村棚户区改造和环境整治项目拆迁实施方案》，该方案作为全区范本被广为学习。2017年，顺义区最大的棚户区改造项目--临河村棚户区改造工程，韩颖娜始终工作在一线，为创造北京市的拆迁典范“临河速度”作出贡献。2018年，北京市总工会授予“首都劳动奖章”。

李　毅

李毅，中共党员，主任医师，北京市顺义区妇幼保健院乳腺中心主任。中国妇幼保健协会乳腺保健专家委员会委员，中国医药教育协会乳腺疾病专业委员会委员，北京医学会乳腺疾病分会委员，北京中西医慢病防治促进会乳腺癌防治全国专家委员会常务委员，北京乳腺病防治学会预防与保健专业委员会常务委员，北京乳腺病防治学会外科专业委员会委员，《中华乳腺病》杂志中青年编委。从事基层乳腺癌预防筛查、临床医疗、教学科研工作23年。2004年，当选为市级服务满意明星，多次被评为区级先进个人和优秀共产党员。2018年5月，获得“首都劳动奖章”荣誉称号。

王　娟

王娟，现任北京市顺义区财政局企业科科长。参加工作以来，王娟始终在工作岗位上辛勤奉献，每天处理工作上百件，常常加班到深夜。高强度的忘我工作，使她患上头疼的恶疾，发作时头疼欲裂，但她一直坚守岗位，从未因此请过一天病假。工作十余年来，曾3次立三等功，2次被授予嘉奖，并连续多年在公务员年度考核中被评为优秀。2018年3月，被北京市妇女联合会、北京市总工会、北京市人力资源和社会保障局授予“北京市三八红旗奖章”。

赵　华

赵华，裕祥花园社区党支部书记、社区居委主任，她始终坚持“以人为本、服务居民”的工作理念，把社区当做自己的家，居民当做自家人，不计得失，全心全意为人民服务，带领团队以居民需求为导向，创新“三度、四民、五色管理”，增强居民对社区的认同感和归属感。2018年，获评“北京市三八红旗奖章”。

组织机构负责人名单

一、区委机关

（一）中国共产党北京市顺义区委员会

书　记：王　刚（2月免）　高　朋（4月任）
副书记：高　朋（4月免）　孙军民（女，4月任）
于庆丰（11月免）
常　委：宋建明　初军威（6月免）
张　良　肖承继（11月免）
霍光峰　禹学垠
支现伟（6月任）　贺亚兰（女）
张晓峰　王子利（2月任）

（二）中国共产党北京市顺义区纪律检查委员会（北京市顺义区监察委员会）

书　记：张　良
副书记：史卫东　王文荣（女）
邱兆锐（4月免）　荫春涛（5月任）
常　委：芦　超　赵前程
王海涛　张海涛
李德亮
主　任：张　良
副主任：史卫东　王文荣（女）
邱兆锐（4月免）　荫春涛（5月任）
委　员：芦　超　王海涛
张海涛　杨立平
张　霞（女）
巡察办主任：张瑞英（女）

（三）区委工作部门

办公室主任：李　衍
组织部部长：禹学垠
常务副部长（正处级）：张友生
宣传部部长：贺亚兰（女）
常务副部长（正处级）：黄海厚
精神文明建设委员会办公室主任：皮志杰（女）
网信办（互联网信息办）**主任**：张　晖
政法委书记：张晓峰
常务副书记（正处级）：姜　蒙
统战部部长：肖承继（12月免）
常务副部长（正处级）：王振林
研究室主任：张小军
社会管理综合治理委员会办公室主任：姜　蒙
流动人口和出租房屋管理委员会办公室主任：
姜　蒙
维护稳定工作领导小组办公室主任：张　峰
防范和处理邪教问题领导小组办公室
（政府防范和处理邪教问题办公室）**主任**：李剑文
直属机关工作委员会书记：李　衍
常务副书记（正处级）：赵金明
台湾工作办公室主任
（政府台湾事务办公室主任）：皮志杰（女）
保密委员会办公室主任（保密局局长）：李　衍
老干部局局长：赵庆江
社会工作委员会书记
（社会建设工作办公室主任）：马朝龙
机构编制委员会办公室主任：贾文禹

二、人大机关

北京市顺义区人大常委会

主　任：车克欣（女）
副主任：吴建国　盛德利　赵殿江
丁文强　白丽洁（女，不驻会）
办公室主任：田法德
研究室主任：田晓丹（女）
代表联络室主任（市人大代表联络处处长）：
杨卫民（女）

教科文卫体办公室主任：高学通
农村办公室主任：孙书林
城建环保办公室主任：洪　全（6月免）
财政经济办公室（预算审查办公室）**主任**：周振涛
法制办公室（备案审查办公室）**主任**：吕海燕（女）
信访接待室主任：李赛楠（女）

三、政府机构

（一）顺义区人民政府

区　长：高　朋（4月免）
代区长：孙军民（女，4月任）
副区长：霍光峰　初军威（6月免）　支现伟（7月任）　赵为民　李向英（女）　吴耀新　郑晓博

（二）区政府工作部门

办公室主任：王　颖（6月免）　张尚强（6月任）
政务信息化办公室（在区政府办挂牌子）
　主　任：王　颖（6月免）
政府外事侨务办公室主任：梁志刚
政府对外联络办公室（在政府外事侨务办加挂牌子）
　主　任：梁志刚
突发公共事件应急委员会办公室（副处级）
　主　任：（应急指挥中心主任）李正义
发展和改革委员会主任：于长雷
临空经济办公室主任：柳亚辉
教育委员会主任：武　捷
政府教育督导室（在区教委挂牌子）
　主　任：张海东
科学技术委员会党组书记：范玉岭
　主　任：金泰希（女，朝鲜族）
知识产权局（在区科学技术委员会挂牌子）
　局　长：金泰希（女，朝鲜族）
民政局局长：聂燕山
民族宗教事务局局长：赵金荣（女）
政府法制办公室主任：王英华
财政局局长：范学智
人力资源和社会保障局局长：张尚强
住房和城乡建设委员会主任：赵洪涛
政府住房保障和改革办公室（在区住建委挂牌子）
　主　任：赵洪涛
政府房屋征收办公室（在区住建委挂牌子）
　主　任：赵洪涛
城市管理委员会主任：赵振英（11月免）　郝蔚泉（11月任）
城乡环境建设委员会办公室（在区城管委挂牌子）
　主　任：赵振英（11月免）　郝蔚泉（11月任）
交通局局长：郭崇峰
农村工作委员会主任：刘振河
农业局局长：刘振河
动物卫生监督管理局局长：赵桂清（女）
商务委员会主任：袁日晨（满族）
粮食局（在区商务委员会挂牌子）
　局　长：袁日晨（满族）
文化委员会主任：田庆江
卫生和计划生育委员会主任：董杰昌
审计局局长：范士永
环境保护局局长：张乙铭（女，土家族）
统计局局长：岳彩华（女）
水务局局长：王　江
经济和信息化委员会主任：胡小兵
司法局党组书记：董国林
　局　长：管学文
旅游发展委员会主任：申志红（女）
体育局局长：李　成
园林绿化局局长：李长勇
绿化委员会办公室（在区园林绿化局挂牌子）
　主　任：李长勇
安全生产监督管理局局长：单增友
信访办公室主任：王　辉
民防局局长：张文生
政府国有资产监督管理委员会党委书记：刘庆顺（6月免）　耿　超（6月任）
　主　任：耿　超
金融服务办公室主任：周继武

城市管理综合行政执法监察局党委书记：韩　静
局　长：宋　鹏
政务服务管理办公室主任：王　卿（女）
北京临空经济核心区管委会主任：初军威（6月免）
工委副书记、副主任（正处级）：马　强
北京顺义绿色生态产业功能区管理委员会（推进浅山区建设办公室）主　任：秦拥军（满族）
中关村科技园区顺义园管理委员会（科技创新产业功能区管委会）主　任：初军威（6月免）
工委副书记、副主任（正处级）：张建国

四、政协机关

政协北京市顺义区委员会

主　席：周颖博
副主席：闫志广　单成刚　郭振江
刘　静（女，不驻会）金泰希（女，不驻会）
杨凤辉（不驻会）
秘书长：张希德
办公室主任：王学武
专委会工作一室主任：单晓梅（女）
专委会工作二室主任：刘　峰
专委会工作三室主任：徐晓武
专委会工作四室主任：李国印
专委会工作五室主任：张存忠
专委会工作六室主任：王海荣（女）
研究室主任：解长春

五、综保区机关

北京天竺综合保税区管理委员会

主　任：高　朋（4月免）　孙军民（女，4月任）
常务副主任：宋建明
副主任：李燕凌（女）　杭金亮（5月免）
办公室主任：李宝东
政策法规处处长：张廷军
规划建设处处长：赵志齐
经贸发展处处长：王兆宇（女）
保障处处长：赵习文
信息处处长：王永宝
党群工作处处长：刘相宏（1月任）

六、群众团体

总工会主席：李国新（4月退休）丁文强（6月任）
共青团顺义区委员会书记：梁志刚（1月免）
刘　琳（女，6月任）
妇女联合会主席：王新兵（女）
残疾人联合会理事长：王晓东
工商业联合会主席：王庆国
党组书记、常务副主席：王　颀
红十字会会长：李向英（女）
党组书记、常务副会长：张立新（女）
文学艺术界联合会主席：袁树旺
科学技术协会主席：鲍晓芹（女）

七、政法军事

北京市公安局顺义分局局长：赵为民
政委：沈仲岳
检察院检察长：张　豫
法院院长：李旭辉
武装部部长：王子利
政委：陈　新

八、镇、街道办事处

（一）街道办事处

光明街道　工委书记：姜惠琴（女）
办事处主任：陈志勇
胜利街道　工委书记：张　洁（女）
办事处主任：王洪涛
石园街道　工委书记：徐志国
办事处主任：衣　晶（女，11月免）
饶党辉（11月任）
旺泉街道　工委书记：黄学英（女）
办事处主任：于宝鑫

双丰街道　工委书记：赵靖宇
办事处主任：乔　龙（9月免）
任海军（9月任）
空港街道　工委书记：李　莉（女，11月免）
衣　晶（女，11月任）
办事处主任：张　敬

（二）镇（地区）

仁和镇（地区办事处）
党委书记：刘　洋　　**镇长（主任）**：李光明

马坡镇（地区办事处）
党委书记：贾　睿
镇长（主任）：贾　睿（1月免）高福良（1月任）
牛栏山镇（地区办事处）
党委书记：**郝蔚泉**　　**镇　长**（主任）：王永生
赵全营镇
党委书记：李在东　　**镇　长**：李志刚

高丽营镇
党委书记：王海松　　**镇　长**：王秀刚

北石槽镇
党委书记：王鉴远　　**镇　长**：胡小刚

南法信镇（地区办事处）
党委书记：黄永志　　**镇　长**（主任）：王　民

后沙峪镇（地区办事处）
党委书记：冯江全　　**镇　长**（主任）：李　强

天竺镇（地区办事处）
党委书记：李子腾　　**镇　长**（主任）：杨登科

李桥镇
党委书记：黄海鹏（9月免）　张春和（9月任）
镇　长：张春和（9月免）　乔　龙（9月任）

南彩镇
党委书记：赵海波　　**镇　长**：刘海丰

杨镇（地区办事处）
党委书记：赵志勇（9月免）李　莉（女，9月任）
镇　长（主任）：
陈向东（6月免）何长华（6月任）

张镇
党委书记：刘晨光　　**镇　长**：张　涛

北小营镇
党委书记：欧阳华洲　　**镇　长**：孙海江

木林镇
党委书记：李　刚　　**镇　长**：李　浩

龙湾屯镇
党委书记：闫　岩（女）　**镇　长**：张　伟

李遂镇
党委书记：朱新生　　**镇　长**：李　黎（土家族）

北务镇
党委书记：陈　红　　**镇　长**：马占磊

大孙各庄镇
党委书记：马卫国　　**镇　长**：陶黎黎（女）

九、事业单位

区委党校　校　　长：于庆丰（11月免）
常务副校长：闫连恒
行政学院　院　　长：霍光峰
常务副院长：闫连恒
档案局局长
（档案馆馆长、党史区志办公室主任）：梁　军
农村合作经济经营管理站站长：焦庆海
地震局局长：　田福贵
投资服务中心主任：（未任，政务服务管理办公室主任代管）
汉石桥湿地自然保护区管理办公室主任：牛玉江
机关事务管理服务中心主任：韩立稳
政府招待所所长：蒲朝夕（女，苗族）
长青林场党组书记：张海泉
场　长：李瑞军
市场经营管理中心主任：　申志勇
房屋征收事务中心主任：　张香东
北京天竺保税区综合服务中心主任：　陈　光
投资促进局党组书记：　李晓军（女）
局　长：　杨凤辉

新城建设管理委员会办公室主任：
杜井龙（6月免） 陈向东（6月任）
北京空港建设管理服务中心主任：魏 伟
政府驻海南办事处主任：于泉海
广播电视中心主任：宋 森
园林服务中心主任：王振军
种植业服务中心主任：史长生
农机服务中心主任：冉京山
城镇环境卫生服务中心主任：王华雄
教育研究和教师研修中心主任：张 海
牛栏山第一中学校长：张华礼
总部企业和临空经济高端人才服务中心主任：
董敬红（女）
信息中心主任（副处级）：韩瑞军
住房保障事务中心主任（副处级）：张存江
社会福利事务管理中心主任(副处级)：李 静(女)
城市管理指挥中心主任（副处级）：彭荣强
社区教育中心主任（副处级）：李建军
卫生监督所所长（副处级）：侯 宁
疾病预防控制中心主任（副处级）：李印东
区医院院长（副处级）：王 飞
中医院党委书记（副处级）：魏 青
妇幼保健院党委书记（副处级）：张树海
人才服务中心主任（副处级）：郭有斌（2月免）
人力资源公共服务中心主任（副处级）：
陈静华(女，2月任）
劳动服务管理中心主任（副处级）：梁 勇
社会保险事业管理中心主任（副处级）：解锡海
劳动人事争议仲裁院院长（副处级）：李 栋
物价检查所所长（副处级）：王玉红（女）
新农村建设服务中心主任（副处级）：刘 琪

十、企业单位

北京燕京啤酒集团公司党委书记、董事长：赵晓东
北京顺义市政控股有限责任公司党委书记、
董事长：李守义 经 理：杨学文
北京市顺建工程有限公司党委书记、
董事长：张殿友 经 理：郭舫军
北京市顺义区供销合作社党委书记、
主 任：李 奇
北京市顺义区商业企业整合筹备组
组 长：方建华（11月免）
北京顺义商业集团有限公司党委书记、
董事长：张福海（11月任）
北京顺鑫控股集团有限公司党委书记、
董事长：王 泽 经 理：李颖林
顺义区国有资本经营管理中心党委书记、
经 理：赵柏青
北京顺义金融控股有限责任公司
董事长：赵柏青 经 理：董文利
北京综合保税区开发管理有限公司党委书记、
董事长：杨文科 经 理：杨继军
北京天竺空港经济开发公司党委书记、
董事长：卞云鹏 经 理：石振东
北京顺义生态旅游集团有限公司党委书记、
董事长：任建军(11月免） 经 理：王 振(11月免）
北京顺义文化旅游投资集团有限公司党委书记、
董事长：任建军(11月任） 经 理：王 振(11月任）
北京顺义科技创新集团有限公司党委书记、
董事长：赵洪峰 经 理：蒙连胜
北京大龙控股有限公司党委书记、
董事长：马云虎 经 理：杨祥方
北京顺义建设投资服务有限公司党委书记、
董事长：刘福海 经 理：姚仕松
北京市燕顺保障性住房投资有限公司
经 理：李文江
北京顺义新城发展有限公司党委书记、
董事长：宋学农 经 理：纪品良

十一、双管单位

北京市国土资源局顺义分局党组
书 记：孟庆秋(3月免） 局 长：张守旺(3月免）
北京市规划委员会顺义分局党组书记、
局 长：杨卫东（3月免）
北京市规划国土委顺义分局
局 长：杜井龙（3月任）

北京市顺义区食品药品监督管理局

局　　长：陈福刚

北京市路政局顺义公路分局

党委书记：赵兴利　　**局　　长**：李泽钧

北京市顺义区国家税务局

局　　长：胡永进（满族，6月免）

北京市顺义区地方税务局

局　　长：李志刚（6月免）

国家税务总局北京市顺义区税务局联合党委书记、

局　　长：胡永进（满族，6月任）

北京市顺义区质量技术监督局

局　　长：茹立新（女）

北京市工商行政管理局顺义分局

局　　长：杨　鸣

国家统计局顺义调查队队长：孙洪博

北京市顺义区经济社会调查队队长：石凤银

北京市顺义区烟草专卖局局长：刘向宇

北京市共青林场党委书记：张海泉

场　　长：律　江

北京市顺义区气象局局长：韩晓峰

北京市顺义区邮政局局长：李　勇（8月免）

贾小燕（8月任）

北京农业生态工程试验基地党委书记：

胡荣海（5月退休）　张　涛（女，12月任）

主　　任：张　涛（女）

十二、临时机构

新国际展览中心项目领导小组办公室主任：李晓勇

创新型产业集群和“2025”示范区领导小组办公室主任：兰雄景

“实施乡村振兴战略推进美丽乡村建设”工作领导小组办公室主任：李　岩

樱花园置换工作领导小组办公室主任：魏　伟

2018 年顺义区国民经济和社会发展主要指标统计表

项　目	计量单位	2018 年	2017 年	2018 年为 2017 年 %
基本情况				
土地面积	平方公里	1019.89	1019.89	100.0
街道办事处	个	6	6	100.0
建制镇	个	19	19	100.0
村民委员会	个	426	426	100.0
社区居委会	个	134	127	105.5
总户数	户	279142	274369	101.7
农业户	户	102968	104289	98.7
总人口	人	644919	635415	101.5
农业人口	人	244084	250505	97.4
非农业人口	人	400835	384910	104.1
常住人口	万人	116.9	112.8	103.6
地区生产总值	万元	18640244	17158726	108.6
第一产业	万元	172698	183979	93.9
第二产业	万元	6701682	6427047	104.3
第三产业	万元	11765864	10547700	111.5
地区生产总值构成				
第一产业	%	0.9	1.1	83.9
第二产业	%	36.0	37.4	96.3
第三产业	%	63.1	61.5	102.6
农业				
农林牧渔业总产值（现价）	万元	463118.5	483405.8	95.8
主要农副产品产量				
粮食	万吨	5.4	6.1	88.5
夏粮	万吨	2.2	2.3	95.7
秋粮	万吨	3.2	3.8	84.2
蔬菜	万吨	23.6	25.9	91.1
干鲜果	万吨	3.4	5.0	68.0
出栏猪	万头	54.1	63.5	85.2
出栏牛	万头	1.5	2.1	71.4
出栏羊	万只	7.2	7.8	92.3
出栏鸡	万只	48.2	215.8	22.3
出栏鸭	万只	115.2	127.1	90.6
鲜蛋	吨	3122.2	6876.3	45.4
#鸡蛋	吨	3096.5	6865.9	45.1
鲜鱼	吨	5174.0	7164.0	72.2
牛奶	吨	35102.7	45386.6	77.3
工业（规模以上）				
工业总产值	万元	18070629.8	20544684.5	88.0
工业主营业务收入	万元	21197534.6	22867140.0	92.7
工业利润总额	万元	1220088.0	1292114.8	94.4

外经．外贸				
三资企业签约项目	个	62.0	37	167.6
合同外资额	万美元	59556.4	15735.3	378.5
实际利用外资额	万美元	165242.1	92709.5	178.2
注册资本	万美元	74960.9	30645.5	244.6
投资总额	万美元	123099.1	40778.0	301.9
固定资产投资				
全社会固定资产投资	万元	-	-	89.7
#房地产开发投资	万元	-	-	137.1
批发零售．住宿餐饮				
社会消费品零售额	万元	4786635.6	4549691.6	105.2
财政．金融				
财政总收入	万元	7543568	7870413	95.8
地方财政收入	万元	3017306	3508792	86.0
#一般公共预算收入	万元	1593016	1488802	107.0
地方财政支出	万元	3829055	3380510	113.3
#一般公共预算支出	万元	3150116	2431006	129.6
各项税收	万元	5827143	5586371	104.3
地税	万元	1645752	1536273	107.1
国税	万元	4181391	4050098	103.2
各项存款余额	万元	22559773.3	21334337.8	105.7
#城乡居民储蓄余额	万元	8141687.1	7882523.0	103.3
各项贷款余额	万元	14310543.3	12773587.6	112.0
劳动工资				
年末从业人员人数	人	441806	471885	93.6
第一产业	人	2919	3421	85.3
第二产业	人	146491	170388	86.0
第三产业	人	292396	298076	98.1
全年工资总额	万元	5774300.4	5490069.3	105.2
第一产业	万元	16450.9	19125.2	86.0
第二产业	万元	1641495.3	1682683.9	97.6
第三产业	万元	4116354.2	3788260.2	108.7
教育				
学校数				
普通中学	个	33	33	100.0
职业中学	个	6	6	100.0
小学	个	49	49	100.0
在校学生数				
普通中学	人	25827	25904	99.7
职业中学	人	32	137	23.4
小学	人	48882	46444	105.2
毕业生数				
普通中学	人	7616	8555	89.0
职业中学	人	111	488	22.7
小学	人	6560	6599	99.4

文化体育				
文化馆．站	个	26	26	100.0
公共图书馆	个	1	1	100.0
公共图书馆藏书	万册	113.7	101	112.6
电影放映单位	个	9	5	180.0
农村放映单位	个	422	416	101.4
区级以上重点文物保护单位	个	3	3	100.0
卫生				
医疗卫生机构数	个	742	702	105.7
#医院及卫生院	个	216	218	99.1
医疗卫生机构实有床位数	张	3988	3573	111.6
#医院及卫生院实有床位数	张	3598	3279	109.7
卫生技术人员	人	9230	8317	111.0
#执业（助理）医师	人	3911	3420	114.4
每千人口拥有执业（助理）医师数	人	3.3	3.0	111.5
每千人口拥有医院及卫生院床位数	张	3.1	2.9	106.1
人民生活（抽样调查资料）				
全区居民人均可支配收入	元	36575	33568	109.0
城镇居民人均可支配收入	元	43437	39736	109.3
低收入农户人均可支配收入	元	13695	12071	113.5
全区居民人均消费支出	元	23118	21371	108.2
城镇居民人均消费支出	元	28301	25928	109.2
城市建设与环境				
全区公路总里程	公里	2948.9	2955.8	99.8
天然气管道供应	万户	24.4	22.8	107.0
天然气供应量	万立方米	57355.0	52003.1	110.3
林木绿化率	%	37.15	37.02	100.4
城区生活污水集中处理率	%	98.9	98.8	100.1
能源消耗				
能源消费总量	万吨标煤	-	-	104.6
全区用电总量	万千瓦时	760620.9	660480.0	115.2
城乡居民生活用电	万千瓦时	205417.0	131217.9	156.5

注：1. 地区生产总值增速为现价增速，2018 年不变价增速为 6.1%；

2. 每千人口拥有执业（助理）医师数和拥有医院及卫生院床位数，人口按常住人口计算；

3. 工业（规模以上）、固定资产投资和批发零售．住宿餐饮部分的 2018 年及 2017 年数据均为 1-12 月定报数据；

4. 按照市局工作规定，全社会固定资产投资及其相关指标和能源消费总量的绝对量数据不予对外公布。

附　录

顺义区教育机构名录

幼儿园名录

学校名称	办学性质	学校地址	办公电话
中国人民解放军 66055 部队幼儿园	部队	北京市顺义区拥军路 5 号家属院	81492550
北京市顺义区龙湾屯镇丁甲庄村幼儿园	集体	北京市顺义区龙湾屯镇丁甲庄村	60463227
北京市顺义区高丽营镇张喜庄村幼儿园	集体	北京市顺义区高丽营镇张喜庄村北环村路南侧	69492195
北京市顺义区南彩镇河北村幼儿园	集体	北京市顺义区河北村东路 16 号	81460246
北京市顺义区李桥镇王家场村幼儿园	集体	北京市顺义区李桥镇王家场村文明大街 17 号	69439840
北京市顺义区李桥镇后桥幼儿园	集体	北京市顺义区李桥镇后桥村新明斜街 9 号	89410838
北京市顺义区牛栏山镇龙王头幼儿园	集体	北京市顺义区牛栏山镇龙王头村	61427235
北京市顺义区李桥镇北河幼儿园	集体	北京市顺义区李桥镇北河村中街西一巷 135 号	13716607511
北京市顺义区杨镇三街村幼儿园	集体	北京市顺义区杨镇三街村路段 153 号	61459722
北京市顺义区木林镇大韩庄幼儿园	集体	北京市顺义区木林镇大韩庄村东路 98 号	60467830
北京市顺义区木林镇王泮庄幼儿园	集体	北京市顺义区木林镇王泮庄中街 53 号	60456013
北京市顺义区牛栏山镇芦正卷幼儿园	集体	北京市顺义区牛栏山镇芦正卷村	69411989
北京市顺义区赵全营镇去碑营村幼儿园	集体	北京市顺义区赵全营镇去碑营村新建路 38 号	60438029
北京市顺义区龙湾屯镇山里辛庄村幼儿园	集体	北京市顺义区龙湾屯镇山里辛庄村委会	60463227
北京市顺义区后沙峪镇董各庄村幼儿园	集体	北京市顺义区后沙峪镇董各庄村中街 13 号	80478590
北京市顺义区赵全营镇西小营村幼儿园	集体	北京市顺义区赵全营镇西小营村复康街 60 号	60438002
北京市顺义区赵全营镇解放村幼儿园	集体	北京市顺义区赵全营镇解放村	60432871
北京市顺义区南彩镇后俸伯幼儿园	集体	北京市顺义区南彩镇后俸伯村吉祥路北二巷 14 号	60400296
北京市顺义区南彩镇小营村幼儿园	集体	北京市顺义区南彩镇小营村东西大街 240 号	89469065
北京市顺义区北小营镇大胡营幼儿园	集体	北京市顺义区北小营镇大胡营村永安大街 2 号	60428761
北京市顺义区李桥镇头二营幼儿园	集体	北京市顺义区李桥镇头二营村中心东街 70 号	61497481
北京市顺义区南彩镇前俸伯幼儿园	集体	北京市顺义区南彩镇前俸伯村拥军路 3 号	69408089
北京市顺义区木林镇贾山村幼儿园	集体	北京市顺义区木林镇贾山村英顺路	60493720
北京市顺义区李桥镇李桥幼儿园	集体	北京市顺义区李桥镇李家桥村北一街	89410199

学校名称	办学性质	学校地址	办公电话
北京市顺义区木林镇马坊村幼儿园	集体	北京市顺义区木林镇马坊村	60448401
北京市顺义区赵全营镇燕华营村幼儿园	集体	北京市顺义区赵全营镇燕华营村委会	60426820
北京市顺义区张镇驻马庄村幼儿园	集体	北京市顺义区张镇驻马庄村	61454660
北京市顺义区李遂镇葛代子村幼儿园	集体	北京市顺义区李遂镇葛代子村葛幼路 1 号	89447720
北京市顺义区天竺镇薛大人庄村幼儿园	集体	北京市顺义区翠竹小区 20 号楼（金安大厦）	84167383
北京市顺义区南彩镇前郝家疃村幼儿园	集体	北京市顺义区南彩镇前郝家疃村普光路 69 号	89477243
北京市顺义区高丽营第五幼儿园	集体	北京市顺义区高丽营镇五村	69452960
北京市顺义区顺和花园幼儿园	教育部门	北京市顺义区仁和镇顺和花园一区 7 号楼	89419951
北京市顺义区港馨东区幼儿园	教育部门	北京市顺义区港馨东区 17 号楼	89457897
北京市顺义区澜西园四区幼儿园	教育部门	北京市顺义区澜西园四区 4 号楼	60496218
北京市顺义区马坡第二幼儿园	教育部门	北京市顺义区马坡镇马卷村西侧	69407480
北京市顺义区建南幼儿园	教育部门	北京市顺义区建新南区 36 号楼	52945217
北京市顺义区裕龙幼儿园	教育部门	北京市顺义区裕龙四区 13 号	89406136
北京市顺义区西辛幼儿园	教育部门	北京市顺义区顺西路 12 号西辛南区西辛幼儿园	61408620
北京市顺义区馨港幼儿园	教育部门	北京市顺义区李桥镇馨港庄园二区 2 号	81477269
北京市顺义区杨镇中心幼儿园	教育部门	北京市顺义区杨镇地区一街村府右街 4 号	61419144
北京市顺义区仁和中心幼儿园	教育部门	北京市顺义区石园南区 4 号楼北侧	89446064
北京市顺义区义宾幼儿园	教育部门	北京市顺义区义宾南区甲 10 号楼	69422956
北京市顺义区港馨幼儿园	教育部门	北京市顺义区港馨家园港馨西区院内	89448913
北京市顺义区北小营中心幼儿园	教育部门	北京市顺义区永利小区北侧	60483603
北京市顺义区金汉绿港幼儿园	教育部门	北京市顺义区金汉绿港三区	60417288
北京市顺义区怡馨幼儿园	教育部门	北京市顺义区怡馨家园 2 号楼	69421015
北京市顺义区南法信中心幼儿园	教育部门	北京市顺义区南法信政府北顺余西路 3 号	69473313
北京市顺义区石园幼儿园	教育部门	北京市顺义区石园西区 20 号	89444844
北京市顺义区滨河幼儿园	教育部门	北京市顺义区滨河小区 14 号楼前	69426048
北京市顺义区后沙峪第一幼儿园	教育部门	北京市顺义区后沙峪镇双裕街 31 号	61438058
北京市顺义区牛栏山第一幼儿园	教育部门	北京市顺义区牛栏山龙湖香醍漫步三区 6 号	60439589
北京市顺义区北务中心幼儿园	教育部门	北京市顺义区北务镇政府街 4 号	61421717
北京市顺义区赵全营中心幼儿园	教育部门	北京市顺义区赵全营镇牛板路乙 123 号	60431157
北京市顺义区南彩第二幼儿园	教育部门	北京市顺义区南彩镇政府东侧	89477876
北京市顺义区天竺中心幼儿园	教育部门	北京市顺义区天竺镇府前一街 20 号	64568509

学校名称	办学性质	学校地址	办公电话
北京市顺义区幸福幼儿园	教育部门	北京市顺义区幸福西街六号	69424380
北京市顺义区尹家府中心幼儿园	教育部门	北京市顺义区大孙各庄镇四福通大街 82 号	61474200
北京市顺义区南彩第一幼儿园	教育部门	北京市顺义区南彩镇南彩第一幼儿园	89469256
北京市顺义区马坡第一幼儿园	教育部门	北京市顺义区马坡政府西侧	60401653
北京市顺义区木林中心幼儿园	教育部门	北京市顺义区顺焦路木林段 83 号	60459100
北京市顺义区李桥中心幼儿园	教育部门	北京市顺义区李桥镇沿河村任李路沿河段 17 号	69485882
北京市顺义区双兴幼儿园	教育部门	北京市顺义区双兴南区 26 号楼东双兴幼儿园	81491161-8006
北京市顺义区北石槽中心幼儿园	教育部门	北京市顺义区北石槽府前西街 2 号	60422127
北京市顺义区龙湾屯中心幼儿园	教育部门	北京市顺义区龙湾屯镇政府前街路南东侧 4 号	60461747
北京市顺义区张镇中心幼儿园	教育部门	北京市顺义区张镇浅山香邑二区林秀西路 1 号院 15 号楼	61483868
北京市顺义区李遂中心幼儿园	教育部门	北京市顺义区李遂镇政府街南孙路李遂段 5 号	89481707
北京市顺义区宏城幼儿园	教育部门	北京市顺义区旺泉街道办事处石门村委会	89423320
北京市顺义区高丽营第一幼儿园	教育部门	北京市顺义区高丽营镇张喜庄村拓新小区 14 号	69492195
北京市顺义区高丽营第二幼儿园	教育部门	北京市顺义区高丽营镇四村村委会	69455943
北京市顺义区建北幼儿园	教育部门	北京市顺义区建新北区 建北幼儿园	69442746
北京市顺义区石园北区幼儿园	教育部门	北京市顺义区石园北区 20 号楼南	69443353
北京市顺义区吉祥幼儿园	教育部门	北京市顺义区空港 B 区吉祥花园小区 13 号楼	60401940
北京市顺义区杨镇第三幼儿园	教育部门	北京市顺义区杨镇双阳东区 13 号楼	61419380
北京市顺义区马坡第三幼儿园	教育部门	北京市顺义区马坡镇佳和宜园 29 号楼	57620103
北京市顺义区澜西园二区幼儿园	教育部门	北京市顺义区仁和镇澜西园二区住宅小区	60496355
北京市顺义区高丽营第三幼儿园	教育部门	北京市顺义区新于庄园小区 17 号楼	69451968
北京市顺义区牛栏山第二幼儿园	教育部门	北京市顺义区牛栏山镇下坡屯家园三区甲 6 号	61427684
北京市顺义区空港第一幼儿园	教育部门	北京市顺义区三山新新家园 1 区 15 号楼	61468902
北京市顺义区仁和花园幼儿园	教育部门	北京市顺义区仁和花园一区 22 号楼	61496758
北京市顺义区旺泉幼儿园	教育部门	北京市顺义区贯通东路西侧电大院内	81493699
北京市顺义区香悦四季幼儿园	教育部门	北京市顺义区马坡地区乾安路三号院（二区）17 号	52808933
北京市顺义区裕龙二区幼儿园	教育部门	北京市顺义区裕龙二区 4 号楼	61490046
北京市顺义区北小营第二幼儿园	教育部门	北京市顺义区北小营镇仇家店村环村西路 2 号	60482724
北京市顺义区东兴幼儿园	教育部门	北京市顺义区光明北街东侧	81460560
北京市顺义区双丰第一幼儿园	教育部门	北京市顺义区顺兴街 11 号院 12 号楼	61409251
北京市顺义区裕龙双语艺术幼儿园	民办	北京市顺义区裕龙花园三区甲 19 号楼	61400648

学校名称	办学性质	学校地址	办公电话
北京市顺义区温莎双语幼儿园	民办	北京市顺义区首都机场路 89 号	64560020
北京市顺义区采风幼儿园	民办	北京市顺义区南彩镇前俸伯村	89477510
北京市顺义区泛美幼儿园	民办	北京市顺义区顺通路 29 号	89497758
北京市顺义区长颈鹿幼儿园	民办	北京市顺义区毓秀园别墅区南园 A 区 25 号楼	81482222
北京市顺义区红黄蓝城市花园幼儿园	民办	北京市顺义区后沙峪空港B区万科城市花园梅花园	80414412
北京市顺义区伊顿幼儿园	民办	北京市顺义区后沙峪罗马环岛北 1000 米阿凯笛亚庄园 43 号楼	80472983
北京市顺义区嘉德蒙台梭利双语幼儿园	民办	北京市顺义区顺福路 2 号	89488867
北京市顺义区汇佳东方幼儿园	民办	北京市顺义区东方太阳城万晴园 54 号	89471740
北京市顺义区丽思嘉洛德双语幼儿园	民办	北京市顺义区天竺镇府前一街 58 号水木兰亭花园 2 号楼	58101708
北京市顺义区金翼德懿双语幼儿园	民办	北京市顺义区天竺丽苑路 6 号美林别墅会所	64509713
北京市顺义区启明七号幼儿园	民办	北京市顺义区顺兴街 7 号院 37 号楼 1 至 3 层 101	60428517
北京市顺义区睿德双语幼儿园	民办	北京市顺义区后沙峪镇天北路名都园 8208 栋	13693612872
北京市顺义区培德书院幼儿园	民办	北京市顺义区后沙峪镇罗各庄村罗中路甲 1 号	80476088
北京市顺义区艾德森双语幼儿园	民办	北京市顺义区马坡镇白马路65号艾德森双语幼儿园	13070126691
北京市顺义区艾德双语幼儿园	民办	北京市顺义区空港 A 区天纬五街蓝庭苑 6 号楼	80427630
北京市顺义区翊帆幼儿园	民办	北京市顺义区后沙峪镇西白辛庄榆阳路 5 号	69490008
北京市顺义区博雅书院双语幼儿园	民办	北京市顺义区后沙峪西白辛庄嘉浩别墅 3025	57029328
北京市顺义区大风车启贝双语幼儿园	民办	北京市顺义区旺泉街道府前西街南侧	80405255
北京市顺义区青青藤幼儿园	民办	北京市顺义区仁和镇绿港家园四区 1 号楼 1-3 层 1888 室	69470598
北京市顺义区耿丹克丽斯幼儿园	民办	北京市顺义区牛栏山镇供销社胡同 6 号院	60411283
北京市海嘉双语学校	民办	北京市顺义区后沙峪裕民大街 1 号 9#、10#、11#、12#	80410390
北京市顺义区青苗学校	民办	北京市顺义区天竺镇丽苑街 15 号	64560618
北京市顺义区君诚学校	民办	北京市顺义区后沙峪镇火沙路古城段 15 号	80490302
北京市新英才学校	民办	北京市顺义区安华街 9 号	80413968
艾德双语幼儿园	事业单位	北京市顺义区天竺空港工业 A 区天纬五街蓝庭苑 6 号楼	80427630

小学名录

学校名称	办学性质	学校地址	办公电话
北京市顺义区牛栏山第二小学	教育部门	北京市顺义区牛栏山镇下坡屯家园三区甲十号	61427791
北京市顺义区裕达隆小学	教育部门	北京市顺义区空港工业A区天柱西路28号	80489121-116
北京市顺义区第一中学附属小学	教育部门	北京市顺义区澜西园二区1号	60496230
北京市顺义区沙岭学校	教育部门	北京市顺义区杨镇沙岭村西青年路5号	61443818
北京市顺义区天竺第二小学	教育部门	北京市顺义区天竺地区翠竹新村31号楼	81466224
首都师范大学附属顺义实验小学	教育部门	北京市顺义区双丰街道顺兴街11号院21号楼	69443014
北京市顺义区南彩第一小学	教育部门	北京市顺义区南彩镇南彩村东	89469285
北京市顺义区空港第二小学	教育部门	北京市顺义区空港地区天裕昕园西区	80460160
北京市顺义区建新小学	教育部门	北京市顺义区建新南区38号楼	69433973
北京市顺义区北小营中心小学校	教育部门	北京市顺义区北小营镇北小营村平安路47号	60483734
北京市顺义区龙湾屯中心小学校	教育部门	北京市顺义区龙湾屯镇府南路8号	60461289
北京市顺义区仁和中心小学校	教育部门	北京市顺义区旺泉街道办事处望泉寺村委会	69447725
北京市顺义区沿河中心小学校	教育部门	北京市顺义区李桥镇任李路115号	69486021
北京市顺义区南法信中心小学校	教育部门	北京市顺义区南法信地区办事处西海洪村委会	69473552
北京市顺义区张镇中心小学校	教育部门	北京市顺义区张镇张各庄村西	61480604
北京市顺义区板桥中心小学校	教育部门	北京市顺义区赵全营镇板桥村牛板路板桥段1号	60442174
北京市顺义区石园小学	教育部门	北京市顺义区石园北区石园小学	69425729
北京市顺义区李各庄学校	教育部门	北京市顺义区木林镇李各庄村育才路1号	60493367
北京市顺义区赵全营中心小学校	教育部门	北京市顺义区赵全营镇牛板路赵全营段92号	60431160
北京市顺义区马坡中心小学校	教育部门	北京市顺义区马坡镇政府西侧	69402868
北京市顺义区木林中心小学校	教育部门	北京市顺义区木林镇木林村东	60456039-8004
北京市顺义区仇家店中心小学校	教育部门	北京市顺义区北小营镇仇家店村环村北路25号	60483729
北京市顺义区明德小学	教育部门	北京市顺义区木林镇马坊村中心街5号	60448505
北京市顺义区大孙各庄中心小学校	教育部门	北京市顺义区大孙各庄镇大孙各庄村	61432073
北京市顺义区东风小学	教育部门	北京市顺义区光明南街拥军路9号	69445326
北京市顺义区牛栏山第一小学	教育部门	北京市顺义区牛栏山镇牛富路2号	69411083
北京市顺义区河南村中心小学校	教育部门	北京市顺义区仁和地区河南村幸福路3号	89492187-8023
北京市顺义区李桥中心小学校	教育部门	北京市顺义区李桥镇馨港庄园38号	81478405
北京市顺义区港馨小学	教育部门	北京市顺义区石园街道办事处港馨家园第一社区居委会	89449872

学校名称	办学性质	学校地址	办公电话
北京市顺义区双兴小学	教育部门	北京市顺义区光明北街 22 号	81493907
北京市顺义区空港小学	教育部门	北京市顺义区空港 B 区三山新新家园南侧	80477519
北京市顺义区裕龙小学	教育部门	北京市顺义区拥军路 1 号	81493065
北京市顺义区高丽营第二小学	教育部门	北京市顺义区高丽营镇张喜庄村拓新区 13 号	69491856
北京市顺义区南彩第二小学	教育部门	北京市顺义区顺平路俸伯段 4 号	89477267
北京市顺义区马坡第二小学	教育部门	北京市顺义区马坡镇马卷村西	69409805
北京市顺义区西辛小学	教育部门	北京市顺义区旺泉街道办事处西辛社区居委会	61408163
北京市顺义区仓上小学	教育部门	北京市顺义区石园街道办事处五里仓第二社区居委会	69441134
北京市顺义区光明小学	教育部门	北京市顺义区金汉绿港三区 4 号楼前	69422329
北京市顺义区北石槽中心小学校	教育部门	北京市顺义区北石槽镇府前街 11 号	60422512
北京市顺义区杨镇中心小学校	教育部门	北京市顺义区杨镇环镇东路 12 号	61451244
北京市顺义区小店中心小学校	教育部门	北京市顺义区杨镇地区辛庄子村小学路 4 号	61412824
北京市顺义区后沙峪中心小学校	教育部门	北京市顺义区后沙峪镇玉马教练场内	80416782
北京市顺义区北务中心小学校	教育部门	北京市顺义区北务镇商业街 17 号	61424311
北京市顺义区天竺第一小学	教育部门	北京市顺义区天竺地区府右街 7 号	80467236-8017
北京市顺义区李遂中心小学校	教育部门	北京市顺义区李遂镇南孙路李遂段 17 号	89484220
北京市顺义区牛栏山第三小学	教育部门	北京市顺义区牛栏山镇龙湖香堤漫步庄园 3 区 16 号楼	60428973
北京市顺义区高丽营学校	教育部门	北京市顺义区高丽营镇四村南	13910987954
北京市顺义区第四学校	教育部门	北京市顺义区光明南街 2 号	61403933
北京市顺义区李桥半壁店学校	民办	北京市顺义区李桥镇半壁店村东一街 65 号	81466388
北京市顺义区芳草外国语学校	民办	北京市顺义区马坡镇马卷村西文采街 8 号院	81489189
北京市顺义区南彩实验学校	民办	北京市顺义区南彩镇柳行村东	60418001
北京市顺义区海德京华双语学校	民办	北京市顺义区后沙峪镇万科城市花园北侧	61460176
北京市海嘉双语学校	民办	北京市顺义区后沙峪裕民大街 1 号 9#、10#、11#、12#	80410390
北京市鼎石学校	民办	北京市顺义区后沙峪镇安富街 11 号	80496008
北京市顺义区青苗学校	民办	北京市顺义区天竺镇丽苑街 15 号	64560618
北京市顺义区君诚学校	民办	北京市顺义区后沙峪镇火沙路古城段 15 号	80490302
北京市牛栏山一中实验学校	民办	北京市顺义区顺安路 99 号	81480932
北京市新英才学校	民办	北京市顺义区安华街 9 号	80413968
北京市新府学外国语学校	民办	北京市顺义区京顺路 99 号	89420199

初中名录

学校名称	办学性质	学校地址	办公电话
北京市顺义区天竺中学	教育部门	北京市顺义区天竺镇府前一街 29 号	80467213-8018
北京市顺义区南法信中学	教育部门	北京市顺义区南法信镇西海洪村	69476574
北京市顺义区第三中学	教育部门	北京市顺义区府前东街 27 号	69422509
北京市顺义区李桥中学	教育部门	北京市顺义区李桥镇李桥村顺通路 26 号	81473876
北京市顺义区杨镇第二中学	教育部门	北京市顺义区杨镇三街村西	61451155
北京市顺义区北务中学	教育部门	北京市顺义区北务镇商业街 15 号	61421946
北京市顺义区第十一中学	教育部门	北京市顺义区顺平路俸伯段 2 号	89477257
北京市顺义区张镇中学	教育部门	北京市顺义区张孙路张镇段 5 号	61480865
北京市顺义区第八中学	教育部门	北京市顺义区光明北街 18 号	69429480
北京市顺义区沿河中学	教育部门	北京市顺义区李桥镇平沿路北河段 137 号	69480315
北京市顺义区第十五中学	教育部门	北京市顺义区马坡地区泰和宜园第一社区临 3 号	57056628
北京市顺义区牛山第二中学	教育部门	北京市顺义区牛栏山镇府前街 26 号	69412537
北京市顺义区仁和中学	教育部门	北京市顺义区站前东街 6 号	89493698
北京市顺义区赵全营中学	教育部门	北京市顺义区牛板路赵全营段 129	60431128
北京市顺义区第五中学	教育部门	北京市顺义区石园西区	89441490
北京市顺义区第十三中学	教育部门	北京市顺义区北小营镇府西路 1 号	60499118
北京市顺义区第十二中学	教育部门	北京市顺义区南彩镇南彩村东	89469285
北京市顺义区高丽营学校	教育部门	北京市顺义区高丽营镇四村南	13910987954
北京市顺义区第四学校(体育运动学校)	教育部门	北京市顺义区光明南街 2 号	61403933
北京市第四中学顺义分校（北京市顺义区第十中学）	教育部门	北京市顺义区后沙峪镇安富街 5 号	80416138
北京市顺义区第二中学	教育部门	北京市顺义区西二环北路	69421643
北京市海嘉双语学校	民办	北京市顺义区后沙峪裕民大街 1 号 9#、10#、11#、12#	80410390
北京市鼎石学校	民办	北京市顺义区后沙峪镇安富街 11 号	80496008
北京市顺义区青苗学校	民办	北京市顺义区天竺镇丽苑街 15 号	64560618
北京市顺义区君诚学校	民办	北京市顺义区后沙峪镇火沙路古城段 15 号	80490302
北京市牛栏山一中实验学校	民办	北京市顺义区顺安路 99 号	81480932
北京市新英才学校	民办	北京市顺义区安华街 9 号	80413968
北京市新府学外国语学校	民办	北京市顺义区京顺路 99 号	89420199
北京市顺义区海德京华双语学校	民办	北京市顺义区后沙峪镇万科城市花园北侧	61460176

高中名录

学校名称	办学性质	学校地址	办公电话
北京市第四中学顺义分校（北京市顺义区第十中学）	教育部门	北京市顺义区后沙峪镇安富街 5 号	80416138
北京市顺义区第二中学	教育部门	北京市顺义区西二环北路	69421643
北京市顺义牛栏山第一中学	教育部门	北京市顺义区牛栏山镇育才大街 1 号	69411142
北京市顺义区杨镇第一中学	教育部门	北京市顺义区杨镇三街村仿古商业街 43 号	61451055
北京市顺义区第一中学	教育部门	北京市顺义区双河大街 15 号	69444448
北京市顺义区第九中学	教育部门	北京市顺义区仁和镇河南村北	89498802
北京市海嘉双语学校	民办	北京市顺义区后沙峪裕民大街 1 号 9#、10#、11#、12#	80410390
北京市鼎石学校	民办	北京市顺义区后沙峪镇安富街 11 号	80496008
北京市顺义区青苗学校	民办	北京市顺义区天竺镇丽苑街 15 号	64560618
北京市顺义区君诚学校	民办	北京市顺义区后沙峪镇火沙路古城段 15 号	80490302
北京市牛栏山一中实验学校	民办	北京市顺义区顺安路 99 号	81480932
北京市新英才学校	民办	北京市顺义区安华街 9 号	80413968
北京市新府学外国语学校	民办	北京市顺义区京顺路 99 号	89420199

特殊教育名录

学校名称	办学性质	学校地址	办公电话
北京市第二儿童福利院自强学校	其他部门	北京市顺义区高丽营镇张喜庄村拓新区 15 号	69491330
北京市顺义区特殊教育学校	教育部门	北京市顺义区仁和镇河南村 10 号	69423095

民 办

民办幼儿园名称	地址	电话
北京市顺义区艾德双语幼儿园	空港工业 A 区蓝庭苑 6 号	80427630
北京市新英才幼儿园（附属幼儿园）	顺义区天竺镇安华街 9 号	80463005
北京市顺义区红黄蓝城市花园幼儿园	北京市顺义区天竺空港开发区 B 万科城市花园	80414353
北京市顺义长颈鹿幼儿园	顺义区毓秀园别墅区	69443333
北京市顺义区泛美幼儿园	北京市顺义区林河开发区顺通路 29 号	89497758
北京顺义区市伊顿幼儿园	顺义区后沙峪罗马环岛北 1000 米阿凯笛亚庄	65397171—1303
北京市海嘉双语幼儿园（附属幼儿园）	北京市顺义区后沙峪裕民大街 5 号 11 楼	80410390
北京市顺义区采风幼儿园	北京市顺义区南彩镇前俸伯村	89477510
北京市顺义区嘉德蒙台梭利双语幼儿园	顺义区仁和镇顺福路 2 号金碧湖畔花园南区 47 号楼	89452492

民办幼儿园名称	地址	电话
北京市顺义区汇佳东方幼儿园	顺义区东方太阳城万晴园 54 号楼	89431740
北京市顺义区温莎双语幼儿园	顺义区首都机场 89 号丽京花园	64560020
北京市顺义区启明七号幼儿园	顺义区顺兴街 7 号院 37 号楼 1 至 3 层 101	60428197
北京市顺义区君诚双语幼儿园（附属幼儿园）	顺义区后沙峪镇火沙路古城段 15 号	80490302
北京市顺义区金翼德懿双语幼儿园	顺义区天竺丽苑街 6 号美林别墅会所	64508384
北京市顺义区丽思嘉洛德双语幼儿园	顺义区天竺镇府前一街 58 号水木兰亭花园 2 号商业楼	58101709
北京市顺义区裕龙双语艺术幼儿园	顺义区拥军路裕龙花园三区甲 19 号	61400648
北京市顺义区睿德双语幼儿园	北京市顺义区后沙镇天北路名都园 8208 栋	80474372
北京市顺义区培德书院幼儿园	北京市顺义区后沙峪罗马湖中路甲 1 号	80476088
北京市顺义区艾德森双语幼儿园	顺义区马坡聚源工业园区富华科技创业园（白马路马坡段 65 号）	69408230
北京市顺义区博雅书院双语幼儿园	顺义区后沙峪西白辛庄榆阳路 5 号 A3025 幢	57029328
北京市顺义区翊帆幼儿园	顺义区后沙峪西白辛压榆阳路 5 号	69490008
北京市顺义区大风车启贝双语幼儿园	顺义区京顺公路北侧	60405255
北京京顺青青藤教育科技有限公司	顺义区绿港家园四区 1 号楼 1 至 3 层 1888 室	89436718
北京市顺义区益民顺德双语幼儿园	北京市顺义区石园北区 67 号楼	89457300
北京市顺义区耿丹克丽斯幼儿园	北京市顺义区牛栏山镇供销社胡同 6 号院	60411756

民办中小学名称	地址	电话
北京市鼎石学校	顺义区后沙峪镇安富街 11 号	80496008
北京国际标准舞研修学院	顺义区后沙峪镇裕民大街 16 号	13601354564
北京市顺义区海德京华双语学校	顺义区后沙峪安富街 9 号	13001069199
北京市海嘉双语学校	北京市顺义区后沙峪裕民大街 5 号 11 楼	80462036
北京市牛栏山一中实验学校	顺义顺安路 99 号	81480932
北京市新府学外国语学校	顺义区京顺路 99 号	13601127271
北京市新英才学校	顺义区天竺镇安华街 9 号	80467115
北京市音乐舞蹈学校	顺义区后沙峪镇枯柳树村环 1 号	51679555
北京市顺义区博华外国语学校	顺义区京顺路 99 号	81489300
北京市顺义区君诚学校	顺义区后沙峪火沙路古城段 15 号	13911026223
北京市顺义区李桥半壁店学校	顺义区李桥镇半壁店村	81466388
北京市顺义区南彩实验学校	顺义区南彩镇柳行村	60418001
北京市顺义区青苗学校	顺义区天竺镇丽苑街 15 号	64560618

民办中小学名称	地址	电话
北京市顺义区民办大方职业学校	顺义县杨镇曾庄村	13426463942
顺义区水木年华艺术学校	顺义县杨镇曾庄村	13426463942

培训机构名称	地址	电话
北京市顺义区爱嘉励儿童双语培训学校	顺义区裕龙花园三区 7 号楼 6、7 号楼	80466026
北京市顺义区百华文化培训学校	北京市顺义区杨镇双阳南区办公楼	13520169301
北京市顺义区本先教育培训学校	顺义区站前东街 2 号商业楼 123 甲	69428207
北京博识培训中心	北京市顺义区府前东街 6 号	69433320
北京市顺义区博文鸿智文化艺术培训学校	北京市顺义区西辛南区 16 楼 4 号	69460687
北京市顺义区朝阳英语培训学校	北京市顺义区石园北区 68 楼 4 门 402 号	69463856
北京市顺义区酬勤文化培训中心	北京市顺义区杨镇燕雄大厦	13371685988
北京市顺义区春蕾文化艺术培训学校	北京市顺义区石园东区居委会院内	89498534
北京市顺义区东方金子塔儿童潜能培训学校	北京市顺义区农机公司院内	81674163
北京市顺义区东方太阳城文体培训学校	北京市顺义区东方太阳城中心会所	89431700
北京市顺义区东方英才培训学校	顺义区北小营镇前礼务村建业路 37 号	60488078
北京市顺义区方村文化培训学校	北京市顺义区杨镇	61458869
北京市顺义区海澄文化培训学校	北京市顺义区幸福东区丁 19 号 202 室	69426723
北京市顺义区惠邦外国语培训学校	顺义区高丽营镇高泗路 20 号	69451810
北京市顺义区金诚立信培训学校	顺义区新顺南大街 39 号	13910848680
北京市顺义区津桥培训中心	北京市顺义区赵全营镇河庄村北	60441289
北京市顺义区精灵花雨文化艺术培训中心	北京市顺义区幸福西街甲 1-2 号	69463345
北京市顺义区九方教育培训学校	顺义区府前东街金汉绿港二区 12 号楼 301 室	69476852
北京市顺义区九日外国语培训学校	北京市顺义区西辛南区甲 62 楼 2 层	81498943
北京市顺义区巨人金色湖畔培训学校	北京启迪巨人教育科技有限公司	13801000111
北京市顺义区君诚领科培训学校	顺义区后沙峪镇火沙路古城段 19 号	13691299961
北京市顺义区科华培训学校	顺义区南法信大街 118 号院天博中心 C 座 301 室	81481215
北京市顺义区蓝天空港职业文化培训学校	北京市顺义区张喜庄村商业街西区 90 号	69493872
北京市顺义区绿港培训学校	北京市顺义区站前东街商业 2 号楼 318	69468518
北京市顺义区明星文化艺术培训学校	顺义区绿家园一区 9 号楼 2 层 215	89484999
北京市顺义区启航信息化培训学校	北京市顺义区北小营镇永利小区商业楼	60488111
北京市顺义区启明星文化培训学校	北京市顺义区区双兴南区 12-1-102；12-2-402	89408397

培训机构名称	地址	电话
北京市顺义区启智文化艺术中心	北京市顺义区怡园公园管理外南楼	81494168
北京市顺义区求实外语培训学校	北京市顺义区站前东街商业楼 2 栋 409 室	69433605
北京顺义群星乒乓球培训学校	顺义区后沙峪镇峪民路 1 号	80482538
北京市顺义区数圣财会培训学校	顺义区府前东街 2 号 1 号楼	69433669
北京市顺义区顺发实用技术培训学校	北京市顺义区新顺大街电影院院内	69425003
北京市顺义区童馨诚文化培训学校	北京市顺义区后沙峪段 17 号	62075288
北京市顺义区维拉文化教育培训学校	顺义区绿港家园一区 9 号楼 2 层 218 室	69443263
北京市顺义区伟宁文化艺术培训中心	北京市顺义区双兴东区 10 楼 5 号	69467266
北京市顺义区现代电脑培训学校	北京市顺义区光明南街（文化馆内）	69447255
北京市顺义区兴华职业技术培训学校	北京市顺义区南彩后俸伯村北	81499014
北京市顺义区燕雄建筑职工教育培训学校	顺义区顺平路北侧杨镇三街段大厦	61455890
北京市顺义区杨名教育培训部	北京市顺义区杨镇三街	61451055
北京市顺义区益民培训学校	顺义区拥军路 5 号	69421055
北京市顺义区慧海英才培训学校	顺义区空港开发区 A 区莲竺小区甲 6 号楼	69420766
北京市顺义区优邦培训学校	顺义区大龙城东供热办公楼 2 层	81493342
北京市顺义区育林外语培训学校	北京市顺义区石园北区 68 号楼四门 202 室	69446117
北京市顺义区育圣源培训学校	北京市顺义区中山北路太平小区	69466352
北京市顺义区智慧城市建设培训学校	顺义区李桥镇半壁店村北京住总产业化基地院内	67129883
北京市顺义县旺泉培训学校	顺义区府前西街成人学校院内	60416659
北京市顺义中建教育培训学校	顺义区顺通路 38 号	89407065
北京市顺义区思洋文化艺术培训学	北京市顺义区宏城花园 19 号楼 -01-02	
北京市顺义区博雅书院培训学校	顺义区后沙峪西白辛庄榆阳路 5 号 A3025 幢	57029328
北京市顺义区育人成才培训学校	北京市顺义区木林镇木林村	60451588
顺义区捷创网苑计算机培训学校	顺义区怡馨家园商业步行街 37 楼 5 门	69464500
顺义区勤力富昌外语培训学校	顺义区北务镇	85838556
北京恒通汽车摩托车驾驶培训学校	北京市顺义区后沙峪镇西泗上村	13601149399
北京市安立汽车驾驶学校	北京市顺义区后沙峪镇西泗上村	69454563
北京市京城汽车驾驶技工学校	北京市顺义区后沙峪镇政府北侧玉马教练场	80416389
北京市京顺汽车驾驶学校	北京市顺义区后沙峪镇泗上村西	69454692
北京顺交通达汽车驾驶员培训中心	顺义县南法信政府西	69447733
北京顺一汽车驾驶员培训学校	北京市顺义区农机局院内	69444415
北京市顺义区飞天汽车驾驶学校	北京市顺义区天竺镇府前西街	80416379

培训机构名称	地址	电话
北京市顺义区交通培训学校	北京市顺义区南法信京顺检测场院内	69478911
顺义区农机汽车驾校	顺义区南彩镇后俸伯村	80416125
北京市顺义区平安驾驶学校	北京市顺义区顺平路南侧	69472690
北京时星宇汽车驾驶学校	北京市顺义区后沙峪泗上村	80416126
北京市五环汽车摩托车驾驶员培训学校	北京市顺义区后沙峪泗上村	84913806

职业学校名录

学校名称	地址	联系电话
北京市广播电视中等专业学校顺义分校	顺义区府前西街南侧	69421270
北京开放大学顺义分校	顺义区府前西街南侧	81484548

教育机构名录

单位名称	地址	联系电话
顺义区少年宫	顺义区府前东街	69436835
顺义区退休教师服务在中心	顺义区光明南街	69443059
顺义区中小学卫生保健所	顺义区幸福西街	81493237
顺义区教育资产管理服务中心	顺义区仁和镇庄头村南	69433295
顺义区教育研究和教师研修中心	顺义区裕龙三街 1 号	69443837
顺义区社区教育中心	顺义区贯通路	69443449
顺义区教育宣传中心	顺义区裕龙三街 1 号	69430929
顺义区学生活动管理中心	顺义区裕龙三街 1 号	69431976
顺义区评价中心	顺义区裕龙三街 1 号	69431081
顺义区特殊支持教育中心	顺义区裕龙三街 1 号	81487566
顺义区考试中心	顺义区裕龙三街 1 号	81490749
顺义区教育财务管理服务中心	顺义区建新西街 1 号	69422308
顺义区少年之家	顺义区光明南街建新北区 15 号	81495686-802
北京市顺义区特殊教育学校	顺义区仁和镇河南村西	69423095

驻顺高校名录

高校名称	学校地址	联系电话
北京工业大学耿丹学院	顺义区牛栏山镇牛富路牛山段 3 号	60411788
中央美术学院城市设计学院	顺义区后沙峪裕民大街 1 号	80410801
首都医科大学燕京医学院	顺义大东路 4 号	69443147
北京国家会计学院	顺义天竺开发区	64505101

顺义区卫生计生委单位机构名录

单　位	负责人	单位电话	地　址
顺义区医院	王　飞	69444548 69423220	北京市顺义区光明南街3号
顺义区中医院	杨国旺	69469671 69465025	北京市顺义区站前东街5号
顺义区妇幼保健院	李　巍	89449208 89449002	北京市顺义区顺康路1号
顺义区结核病防治中心	何　伟	69443478	北京市顺义区府前东街大东路
顺义区传染病院	王　飞	61491609	北京市顺义区张镇侯庄村
顺义区卫生和计划生育监督所	侯　宁	69439356 81494422	北京市顺义区卫生局卫生监督所
顺义区疾控中心	李印东	69420876 69443268	北京市顺义区光明南街1号
顺义区应急物资储备中心	孔凡岳	69421653	北京市顺义区府前中街8号
顺义区改水办	赵　志	69441897 69428009	北京市顺义区幸福东区19#-1-201
顺义区继教中心	赵跃华	89470940	北京市顺义区潮白河大桥东卫生学校
顺义区储血站	苏占峰	89470804	北京市顺义潮白河东
顺义区人才中心卫生分中心	李　辉	89453181	北京市顺义区顺康路1号
顺义区卫生信息中心	付海浩	89453307	北京市顺义区顺康路1号
顺义区社管卫生管理中心	何海涛	89452030	顺义区仓上街2号AMB大厦A座318
顺义区第二医院	王晓敏	61458894 (执行院长)	北京市顺义区杨镇环镇东街临2号
顺义区第三医院	刘文广	52135333	北京市顺义区牛栏山镇
北务镇卫生院	蔡其冲	61421715 -8015	北京市顺义区北务镇政府东侧
大孙各庄镇卫生院	陈惠娟	61432117	北京市顺义区大孙各庄镇府前东街4号
李遂镇卫生院	李　娟	89481582	北京市顺义区李遂镇
顺义区精神病医院	高　为	61455997	北京市顺义区杨镇小学东
顺义区空港医院	王晓敏	80496842 (执行院长)	北京市顺义区后沙峪镇
天竺镇卫生院	冯善军	64566232	北京市顺义区天竺镇府前街27号
高丽营镇卫生院	赵文芝 2018.01.01-10.31 李红新 2018.11.01-12.31	69456699	北京市顺义区高丽营镇
杨镇沙岭卫生院	李　颖	61444966	北京市顺义区杨镇沙岭
高丽营镇张喜庄卫生院	张宏宇	69491442	北京市顺义区高丽营镇张喜庄村南
李桥镇卫生院	赵雪田	69485961	北京市顺义区李桥镇沿河村西

单 位	负责人	单位电话	地 址
木林镇卫生院	王加强	60457195	北京市顺义区木林镇村西
张镇卫生院	陈学志 2018.01.01-10.31 聂玉龙 2018.11.01-12.31	61480647	北京市顺义区张镇大街5号
仁和镇卫生院	古学军	89442940	北京市顺义区石园南区东侧
南法信镇卫生院	陈丙利	69478565	北京市顺义区南法信镇顺榆路9号
马坡镇卫生院	杨志刚	69404194	北京市顺义区马坡镇政府北侧
赵全营镇板桥卫生院	牛东军 2018.01.01-12.28 张瑞涛 2018.12.28-12.31	60441203	北京市顺义区赵全营镇板桥村
北石槽镇卫生院	李彦生	60422508	北京市顺义区北石槽镇北石槽村
赵全营镇卫生院	李 欣 牛东军	60431136	北京市顺义区赵全营镇中板路119号
南彩镇俸伯卫生院	栾福军	89477261－8019	北京市顺义区南彩镇俸伯村东
南彩镇卫生院	高效国	89469280	北京市顺义区南彩镇
龙湾屯镇卫生院	王新田	60462200	北京市顺义区龙湾屯镇
北小营镇卫生院	段新刚	60483645	北京市顺义区北小营镇
杨镇小店卫生院	管忠杰	61412835	北京市顺义区杨镇小店村
城区社区卫生服务中心	陈四光	69448469	北京市顺义区胜利街办事处建新南街
旺泉社区卫生服务中心	李红新 2018.01.01-10.31 陈学志 2018.11.01-12.31	61426001	北京市顺义区望泉街道梅香街10号院
卫计宣传教育中心	王海英	89445631	北京市顺义区顺康路1号
卫计健康发展中心	杜文宝	89446703	北京市顺义区顺康路1号

顺义区律师事务所

序	律所名称	地址	电话
1	北京市青天律师事务所	顺义区北京市顺义区马坡镇复兴四街 3 号金蝶软件园 A 座 7 层 706 室	010-81483264；69449549（内勤）
2	北京市扶正律师事务所	顺义区府前东街 9 号鲁班大厦 7 层 707-708 房间	010-69432033；010-69441887
3	北京市顺新律师事务所	顺义区光明南街	010-69441913
4	北京市狄克律师事务所	顺义区双兴南区 22 栋 11 单元 102 室	010-81492373
5	北京市律港律师事务所	顺义区林河南大街 9 号院 25 号楼 3 层 302 室	010-81496318
6	北京扬智勇律师事务所	顺义区空港 B 区双裕大街后沙峪火神营双裕小区 8 号楼 2 门 301	010-52361101 571369378 13021229667
7	北京市玖典律师事务所	顺义区府前东街东兴路 9 号	010-52137927
8	北京智勇律师事务所	顺义区 府前街	010-89492751--809
9	北京卞志忠律师事务所	顺义区新顺北大街路西影剧院 10 幢 102 室	13910601028
10	北京市致知律师事务所	顺义区仓上街 8 号（顺义区工商局院内）	010-89453862
11	北京刘明哲律师事务所	顺义区胜利小区物美超市北	010-69462821
12	北京朗泰律师事务所	顺义区光明北街甲 1 号 403、404 室	010-69446092
13	北京道盛律师事务所	顺义区新顺南大街 8 号院 2 幢 9 层 1 单元 906 室	010-81487767
14	北京盛堂律师事务所	顺义区石园南大街 18 号院 3 号楼 3 层 302	010-89453888
15	北京顺东律师事务所	顺义区毓秀园南园 B—19 号	13901142701；89498839.
16	北京冉午宁律师事务所	顺义区顺安路 33 号院 16 号楼 207 室	13910418143
17	北京朗空律师事务所	顺义区仓上小区 37 号楼 4 层 1 单元 402	13810083380
18	北京陆源律师事务所	北京市顺义区仓上小区乙 33-2-102	13810606891
19	北京首润律师事务所	顺义区仓上街 2 号 AMB 大厦 B 区 6 层 601	13701376786
20	北京盛友律师事务所	顺义区顺安路 33 号院 16 号楼 3 层 302	13911770695
21	北京格竹律师事务所	顺义区府前东街 2 号顺建大厦六层 614 室	13910383601
22	北京扬轩律师事务所	顺义区新顺南大街 8 号院 2 幢 3 单元 1007 室	13701066092
23	北京顺林律师事务所	顺义区府前东街 2 号 1 号楼顺建大厦 1106 室	13911223335
24	北京顺腾律师事务所	顺义区新顺南大街 8 号院 2 幢 1 单元 506	15810596995
25	北京昶盛律师事务所	顺义区赵全营镇兆丰产业基地园盈路 16 号二幢二层 212 室	15811224011
26	北京双法律师事务所	顺义区南法信镇金穗路 2 号院 3 号楼 207 室	13381016388
27	北京科英律师事务所	北京市顺义区裕庆路 20 号院 2 号楼 311 室	13911669255

序	律所名称	地址	电话
28	北京天初律师事务所	北京市顺义区金关北二街3号院1号楼3层301	15901151271
29	北京瑞克丽尔律师事务所	北京市顺义区焦各庄街2号院3号楼6层3单元603	13910160357
30	北京允能律师事务所	北京市顺义区天竺空港工业区B区6#办公楼3层310	13691568068
31	北京允宏律师事务所	北京市顺义区金关北二街3号院2号楼4层423	13601246697
32	北京润松律师事务所	北京市顺义区金关北二街3号院3号楼10层1008室	13391771700
33	北京景铄律师事务所	北京市顺义区裕龙花园六区37号楼一单元101	18600181518
34	北京市义信律师事务所	北京市顺义区金穗路2号院1号楼5层511	62901638
35	北京澜宁律师事务所	北京市顺义区裕安路18号院观林阁商业楼312室	13801019980 85802449
36	北京嘉品律师事务所	北京市顺义区汇海南路1号院9号楼-1层-109	13601227782
37	北京昭和堂律师事务所	北京市顺义区空港融慧园26号楼2层（26-1之跃层）	13810041381
38	湖北广众（北京）律师事务所	顺义区南法信镇十里堡村北D座商业办公楼3层309	18132075913

顺义区法律服务所

序号	名　称	地　址	联系电话
1	顺义区杨镇第二法律服务所	杨镇府政府街三号	13311289554
2	顺义区北务镇法律服务所	北务镇政府街1号	13641164936
3	顺义区光明街道法律服务所	顺义区光明东街小东庄340号公路局西侧	13381080386

北京市龙诚公证处

名称	地址	电话
北京市龙诚公证处	北京市顺义区南法信大街118号院天博中心C座一层	69441820

顺义区旅游企业名录

类别	序号	名称	地址	电话	星级 质量等级
星级饭店16家（五星2家，四星6家，三星7家，二星1家）	1	瑞麟湾温泉度假酒店	顺义区南彩镇顺平铺路39号	89468899	五星级
	2	新华联丽景温泉酒店	李遂镇宣庄户村中街111号	52806699	五星级
	3	国都大酒店	首都机场小天竺路	64565588（总机）	四星级
	4	北京中盛国际会议中心	顺义区李隧镇西	89485588（总机）	四星级
	5	北京春晖园温泉度假酒店	顺义区高丽营镇于庄村西侧	69454433（总机）	四星级
	6	金宝花园酒店	顺义区马坡顺安北路	69406060	四星级
	7	嘉宾国际	顺义区仁和镇东方太阳城社区	89431700	四星级
	8	北京京林大厦	首都机场生活区南平东里乙1号	64572626（总机）	四星级
	9	北京顺义宾馆	顺义城区府前中街3号	69444815	三星级
	10	东航大酒店	天竺镇小天竺路1号	64575588（总机）	三星级
	11	望潮苑民俗度假村	北京市顺义区河南村村东	89491980	三星级
	12	安利隆生态农业旅游山庄	顺义区龙湾屯镇山里辛庄村东石门	60463603	三星级
	13	东竹园宾馆	顺义区顺平东路3号	69448440（总机）	三星级
	14	北京豪雅商务宾馆	顺义区天竺镇府前二街1号	64533388	三星级
	15	金航线国际大酒店	顺义区四纬路8号	52139999	三星级
	16	裕龙花园大酒店	顺义区裕龙花园2区甲9号	69445678	二星级
A级景区7家（4A2家，3A5家）非A景区3家	17	北京奥林匹克水上公园	顺义区白马路19号	69405821	AAAA级
	18	北京国际鲜花港	顺义区杨镇红寺村北1000米	61417100	AAAA级
	19	顺鑫绿色度假村	顺义区李隧镇西	89485588（总机）	AAA级
	20	焦庄户地道战遗址纪念馆	龙湾屯镇焦庄户村内	60461906	AAA级
	21	北京汉石桥湿地	北京市顺义区杨镇	61456099	AAA级
	22	河北村民俗体验园	南彩镇河北村	60418580	AAA级
	23	意大利农场	顺义区马坡镇白各庄村委会南300米	69409408	AAA级
	24	舞彩浅山国家登山步道	龙湾屯镇（浅山办）	60466366	非A景区
	25	乔波室内滑雪馆	顺义区顺安路	69419999	非A景区
	26	莲花山滑雪场	顺义区张镇良山	61488111	非A景区

类别	序号	名称	地址	电话	星级 质量等级
旅行社57（独立社16，分社5，门市部36）	27	易道（北京）国际旅行社有限公司	北京市顺义区天柱路28号1号楼10层10-A	53215888	独立社
	28	好易行（北京）旅行社有限公司	北京市顺义区天竺地区小天竺路一号院1号楼1层102室	81466028	独立社
	29	银建国际旅行社有限公司	北京市顺义区后沙峪地区火沙路后沙峪地段28号	69457127 69457634	独立社
	30	北京众恒旅游股份有限公司	北京市顺义区后沙峪镇绿地起航国际4号楼411	89440013	独立社
	31	坚果研学国际旅行社（北京）有限公司	北京市顺义区临空经济核心区融慧园15-2号楼2-01	64313881	独立社
	32	北京春畅旅行社有限责任公司	北京市顺义区拥军路2号	69445677	独立社
	33	北京阳光假日国际旅行社有限公司	北京市顺义区站前东街商业2号楼316室	81498700 81499700	独立社
	34	北京北旅假日国际旅行社有限公司	北京市顺义区府前西街12号	81498801	独立社
	35	北京华信旅行社有限公司	北京市顺义区仓上小区33号楼底商	89496181	独立社
	36	北京新洲旅行社有限公司	北京市顺义区新顺北大街16号林吉东风商厦2层	89430654	独立社
	37	北青（北京）国际旅行社有限公司	北京市顺义区仁和镇石园西区甲7号楼一单元101	53632134 53313982	独立社
	38	北京圣地之约国际旅行社有限公司	北京市顺义区临河北大街21号鹭峰国际1号楼1单位308	51280380	独立社
	39	中鸿国际旅行社（北京）有限公司	北京市顺义区仁和镇石园西区1号楼3单元102室	89457816	独立社
	40	易旅同行（北京）国际旅行社有限公司	北京市顺义区南法信镇机场北街8号院2幢E616室	69450517	独立社
	41	北京纳承国际旅行社有限公司	北京市顺义区金关北二街3号院1号楼10层1011	53357883	独立社
	42	北京天益游国际旅行社有限公司	北京市顺义区李桥镇新港庄园2区23号楼5门102	81475231 81475516	独立社
	43	中国铁道旅行社北京顺义分社	北京市顺义区新顺南大街路西（顺义电信局）8号楼301	69439525	分社
	44	天马国际旅行社有限责任公司北京顺义分社	北京市顺义区裕龙花园六区20楼二单元102室	89497800	分社
	45	大通旅游（北京）有限公司顺义营业部	北京市顺义区石园南区33号楼10层4单元1003	58480725	分社
	46	威海市金建旅行社有限公司北京分社	北京市顺义区仁和镇石园南大街18号院3号楼6层608	4008799321	分社
	47	中国职工国际旅行社总社后沙峪分社	北京市顺义区天竺地区安华大街1号2幢一层	80496699	分社
	48	北京市首都旅行社有限公司空港营业部	北京市顺义区天竺镇二十里堡村天柱东路1号	64503351	门市部
	49	环境国际旅行社有限公司北京顺义后沙峪营业部	北京市顺义区后沙峪镇裕安路18号院2号楼203室	80476782	门市部
	50	北京携程国际旅行社有限公司顺义后沙峪门市部	北京市顺义区裕庆路20号院7号楼2层203	64181616	门市部
	51	中国康辉旅行社集团有限责任公司北京顺义门市部	北京市顺义区府前中街3号18幢（顺义宾馆b座）	56139125	门市部

类别	序号	名称	地址	电话	星级 质量等级
旅行社57（独立社16，分社5，门市部36）	52	海洋国际旅行社有限责任公司北京顺义门市部	北京市顺义区新顺北大街16号	57412173	门市部
	53	北京凯撒国际旅行社有限责任公司顺义新顺街门市部	北京市顺义区仁和镇新顺南大街8号院1幢三层F3-38（华联商厦）	61490661	门市部
	54	众信旅游集团股份有限公司北京顺义营业部	北京市顺义区仁和镇新顺南大街8号院1幢B1层B1-ZD-26（华联商厦）	64489696转60068	门市部
	55	北京神舟国际旅行社集团有限公司顺义门市部	北京市顺义区拥军路2号	69421682	门市部
	56	北京携程国际旅行社有限公司新顺南大街门市部	北京市顺义区仁和镇怡馨家园13号楼215	69447231	门市部
	57	北京携程国际旅行社有限公司顺义双兴门市部	北京市顺义区仁和镇胜利小区19号楼1层四单元101室	64181616	门市部
	58	易游天下国际旅行社（北京）有限公司顺义门市部	北京市顺义区宏城花园21号楼1单元102室	56051665	门市部
	59	北京途牛国际旅行社有限公司顺义营业部	北京市顺义区仁和镇新顺南大街11号1幢3层307	85910779	门市部
	60	北京市中西国际旅行社有限公司顺义营业部	北京市顺义区仁和地区双兴南区京客隆店内	56228915	门市部
	61	北京市首都国际旅行社有限公司第二十七营业部	北京市顺义区仁和镇站前街8号院5号楼1层105	57130113	门市部
	62	北京市首都国际旅行社有限公司顺义门市部	北京市顺义区绿港家园一区9号楼1层106	18210293039	门市部
	63	北京和平天下国际旅行社有限公司顺义第一门市部	北京市顺义区仁和镇裕龙花园四区16号楼16-06	89437556	门市部
	64	盈科美辰国际旅行社有限公司北京顺义仁和营业部	北京市顺义区仁和镇前景路2号院7号楼1层112	61493189	门市部
	65	环境在线（北京）国际旅行社有限公司顺义营业部	北京市顺义区顺仁路57号院2号楼6层614	18611225522	门市部
	66	北京森林国际旅行社顺义门市部	北京市顺义区仁和镇石园南大街18号院3号楼6层605室	89465620	门市部
	67	北青（北京）国际旅行社有限公司顺义第二营业部	北京市顺义区仁和镇新顺南大街11号1幢1层	53319022	门市部
	68	北青（北京）国际旅行社有限公司第四分社	北京市顺义区仁和镇贯通路东侧18号（土产公司）	53632134	门市部
	69	北青（北京）国际旅行社有限公司顺义第五营业部	北京市顺义区仁和镇裕龙花园四区24号楼1层24-11室	53632134	门市部
	70	北青（北京）国际旅行社有限公司便民街分社	北京市顺义区仁和镇胜利小区19号楼1层四单元101室	53632134	门市部
	71	北青（北京）国际旅行社有限公司第六营业部	北京市顺义区双兴东区21号楼1层103	53632134	门市部
	72	北青（北京）国际旅行社有限公司石园第二营业部	北京市顺义区仁和地区集汇大街28号1幢1层A05号	53632134	门市部
	73	中商国际旅行社有限公司北京顺义营业部	北京市顺义区南法信镇顺畅大道14号院1号楼3单元118室	50934028	门市部
	74	北京和平天下国际旅行社有限公司马坡门市部	北京市顺义区马坡地区佳和宜园1号楼1层106	58467189	门市部
	75	北京春畅旅行社有限责任公司马坡门市部	北京市顺义区马坡镇香悦四季西区底商11号	81495116	门市部

类别	序号	名称	地址	电话	星级 质量等级
旅行社57（独立社16，分社5，门市部36）	76	北京乐启国际旅游有限公司顺义区门市部	北京市顺义区佳和宜园31号楼1层106	18911548829	门市部
	77	北京臻途国际旅行社有限公司顺义区第一营业部	北京市顺义区仁和镇裕龙花园六区19号楼1层四单元101	13671177571	门市部
	78	北京和平天下国际旅行社有限公司顺义顺平路门市部	北京市顺义区双兴南区21号楼一单元101	13701055794	门市部
	79	北京纳承国际旅行社有限公司顺义分公司	北京市顺义区马坡地区泰和宜园23号楼1层105	53357883	门市部
	80	北京青年旅行社股份有限公司顺义营业部	北京市顺义区绿港家园一区9号楼2层204	15810504157	门市部
	81	北京途牛国际旅行社有限公司天竺营业部	北京市顺义区空港街道水木兰亭花园30幢-1层B104内-115号	85910779	门市部
	82	北青（北京）国际旅行社有限公司马坡营业部	北京市顺义区马坡镇泰和宜园1号楼-3至3层01内-1层113	53632134	门市部
	83	一起玩国际旅行社（北京）有限公司顺义区门市部	北京市顺义区顺仁路66号院3号楼1层3-9室	52852791	门市部
星级民俗旅游村36个（五星2个，，四星1个，三星33个）	84	柳庄户民俗旅游村	龙湾屯镇柳庄户村	60461100	五星级
	85	石家营民俗旅游村	马坡镇石家营村	69409915	五星级
	86	焦庄户民俗旅游村	龙湾屯镇焦庄户村	60461100	四星级
	87	田家营民俗旅游村	杨镇田家营村	61451810	三星级
	88	沙子营民俗旅游村	杨镇沙子营村	61451810	三星级
	89	北郎中民俗旅游村	赵全营镇北郎中村	60435920	三星级
	90	大北坞民俗旅游村	龙湾屯镇大北坞村	60461277	三星级
	91	七连庄民俗旅游村	龙湾屯镇七连庄村	60461318	三星级
	92	安辛庄民俗旅游村	木林镇安辛庄村	60456092	三星级
	93	贾山民俗旅游村	木林镇贾山村	60456139	三星级
	94	茶棚民俗旅游村	木林镇茶棚村	60456123	三星级
	95	河北村民俗旅游村	南彩镇河北村	89477690	三星级
	96	前鲁各庄民俗旅游村	北小营镇前鲁各庄村	60483657	三星级
	97	北府民俗旅游村	北小营镇北府村	60483166	三星级
	98	薛庄民俗旅游村	大村各庄镇薛庄村	61432145	三星级
	99	南石槽民俗旅游村	北石槽镇南石槽村	60424263	三星级
	100	山里辛庄民俗旅游村	龙湾屯镇山里辛庄村	13716701531	三星级
	101	唐指山民俗旅游村	木林镇唐指山村	18301084325	三星级
	102	赵各庄民俗旅游村	张镇赵各庄村	13581712136	三星级
	103	寺上民俗旅游村	北石槽镇寺上村	13683128066	三星级
	104	下西市民俗旅游村	北石槽镇下西市村	60422531	三星级

类别	序号	名称	地址	电话	星级质量等级
星级民俗旅游村36个（五星2个，，四星1个，三星33个）	105	忻州营民俗旅游村	赵全营镇忻州营村	13811023832	三星级
	106	良山民俗旅游村	张镇良山村	61480697	三星级
	107	西营民俗旅游村	张镇西营村	61482872	三星级
	108	行宫民俗旅游村	张镇行宫村	61493792	三星级
	109	柏树庄民俗旅游村	张镇柏树庄村	61443108	三星级
	110	张各庄民俗旅游村	张镇张各庄村	61480695	三星级
	111	大故现民俗旅游村	张镇大故现村	61480715	三星级
	112	前王各庄民俗旅游村	木林镇前王各庄村	60492702	三星级
	113	荣各庄民俗旅游村	木林镇荣格庄村	60492706	三星级
	114	东江头民俗旅游村	南彩镇东江头村	13911173285	三星级
	115	水屯民俗旅游村	南彩镇水屯村	13601003042	三星级
	116	洼里民俗旅游村	南彩镇洼里村	13683691392	三星级
	117	榆林民俗旅游村	北小营镇榆林村	13810073980	三星级
	118	唐洞民俗旅游村	龙湾屯镇唐洞村	13811026998	三星级
	119	史中坞民俗旅游村	龙湾屯镇史中坞村	13910632637	三星级
星级民俗旅游户78户（五星4个，四星34个，三星38个，二星2个	120	尺木无山	顺义区杨镇地区沙子营村村委会西北侧1000米（果园内西北侧）	61451300	五星级
	121	开心庄园	顺义区杨镇地区沙子营村委会1000米	61412772	五星级
	122	贵彬苑农家院	顺义区杨镇田家营村环村东路66号	61411929	五星级
	123	北京巧嫂餐饮有限公司	顺义区北小营镇仇家店村村委会东侧1000米	69419898	五星级
	124	徐爱兵民俗旅游户	龙湾屯镇山里辛庄村南横街25号	13910691889	四星级
	125	马茜茜民俗旅游户	龙湾屯镇大北坞村东大路71号	13716406187	四星级
	126	李春艳民俗户	杨镇地区田家营村环东路9号	13436804860	四星级
	127	邓惠玲民俗户	杨镇田家营村环村东路34号	13801107546	四星级
	128	邓定兰民俗户	木林镇茶棚村东街78号	13810925207	四星级
	129	北京田家营小吃店	顺义区杨镇地区田家营村环村路73号	61411258	四星级
	130	北京绿墅缘小吃店	顺义区杨镇地区田家营村环村北街4号	61412340	四星级
	131	北京自家田地小吃店	顺义区杨镇地区田家营村环村东路58号	89433866	四星级
	132	王凤兰农家院	顺义区龙湾屯镇焦庄户村大胡同22号	60461205	四星级
	133	顺义区龙湾屯镇岳瑞武民俗旅游户	顺义区龙湾屯史中坞北横街2号	13701158227	四星级
	134	北京永林桂花香农家院餐厅	顺义区龙湾屯镇焦庄户村焦庄街70号	13120147076	四星级
	135	北京尚岩红农家院餐厅	顺义区龙湾屯镇焦庄户村新民路42号	60461813	四星级

类别	序号	名称	地址	电话	星级 质量等级
星级民俗旅游户78户（五星4个，四星34个，三星38个，二星2个	136	龙湾屯镇焦荣庆民俗旅游户	顺义区龙湾屯镇焦庄户村焦庄街74号	18611039590	四星级
	137	顺义区龙湾屯镇寇焕英农家院餐厅	顺义区龙湾屯镇焦庄户村新民街133号	13716038802	四星级
	138	顺义区龙湾屯镇焦春芹农家院餐厅	顺义区龙湾屯镇焦庄户村西四条19号	13716669407	四星级
	139	北京田淑兰农家院餐厅	顺义区龙湾屯镇焦庄户村焦庄街86号	13436827724	四星级
	140	顺义区龙湾屯镇于美霞农家院餐厅	顺义区龙湾屯镇焦庄户村委会西300米	13501301032	四星级
	141	北京桂清农家院餐厅	顺义区龙湾屯镇焦庄户村焦庄街28号	13718855290	四星级
	142	顺义区北石槽镇刘志强民俗旅游户	顺义区北石槽镇南石槽村幸福北街4号	18510386960	四星级
	143	顺义区北石槽镇彭凤侠民俗旅游户	顺义区北石槽镇南石槽村南斜街37号	13716880287	四星级
	144	顺义区北石槽镇李凤荣民俗旅游户	顺义区北石槽镇南石槽村光明胡同6号	15811244268	四星级
	145	顺义区北石槽镇高云东民俗旅游户	顺义区北石槽镇南石槽村幸福北街11号	15601059527	四星级
	146	顺义区北石槽镇徐美媛民俗旅游户	顺义区北石槽镇南石槽村西南街25号内1号	13021019630	四星级
	147	北京寺上餐饮管理有限公司	顺义区北石槽镇寺上村农贸市场	13693388033	四星级
	148	顺义区北石槽镇梁飞民俗旅游户	顺义区北石槽镇下西市村南高下路西9号	13716229543	四星级
	149	保华农家院	顺义区北石槽镇南石槽村场院街8号	13716251455	四星级
	150	桂香农家院	顺义区北石槽镇南石槽村南斜街6号	13716927746	四星级
	151	秀海农家院	顺义区北石槽镇南石槽村兴旺胡同3号内1号	13439739992	四星级
	152	张淑伶民俗旅游户	顺义区北石槽镇寺上村西大街23号	13436845658	四星级
	153	张桂芹民俗旅游户	顺义区北石槽镇寺上村西大街四条27号	18600428701	四星级
	154	杨秉金民俗旅游户	顺义区北石槽镇寺上村北大街四巷2号	13701387015	四星级
	155	刘春静民俗旅游户	顺义区龙湾屯镇柳庄户村北大街6号	13466577834	四星级
	156	张雨霞民俗旅游户	顺义区龙湾屯镇柳庄户村东三条2号	13716187085	四星级
	157	顺义区北石槽镇曹洪伶民俗旅游户	顺义区北石槽镇南石槽村幸福北街15号	13716229329	四星级
	158	进财农家院	顺义区杨镇田家营村环村北街27号	13681092392	三星级
	159	张春英农家院	顺义区焦庄户村焦庄街4号	13716949046	三星级
	160	焦秀云农家院	焦庄户村抗战纪念林西（近抗战纪念馆）	13718551073	三星级
	161	北京金权顺农家院餐厅	顺义区龙湾屯镇七连庄村后大街62号	13161917518	三星级
	162	北京冬暖农家院餐厅	顺义区龙湾屯镇七连庄村中学路3号	15910258500	三星级
	163	北京兆芹农家院餐厅	顺义区龙湾屯镇焦庄户村西一条24号	13436809038	三星级
	164	龙湾屯镇陈玉萍农家院餐厅	顺义区龙湾屯镇焦庄户村焦庄街92号	13522691350	三星级
	165	龙湾屯镇孔玉静农家院餐厅	顺义区龙湾屯镇焦庄户村新民路32号	13269050728	三星级
	166	北京朱敬红农家院餐厅	顺义区龙湾屯镇焦庄户村新民路113号	13716593690	三星级

类别	序号	名称	地址	电话	星级质量等级
星级民俗旅游户78户（五星4个，四星34个，三星38个，二星2个	167	北京绿野飘香农家院餐厅	顺义区龙湾屯镇七连庄村小前街1号	13716811779	三星级
	168	北京家鑫农家院餐厅	顺义区龙湾屯镇七连庄村后大街74号	13716187015	三星级
	169	龙湾屯镇马九会农家院餐厅	顺义区龙湾屯镇焦庄户村西四条45号	13436859595	三星级
	170	龙湾屯镇彭海艳农家院餐厅	顺义区龙湾屯镇焦庄户村新民街51号	13693077861	三星级
	171	龙湾屯镇关凤华农家院餐厅	顺义区龙湾屯镇焦庄户村新民路108号	15611350709	三星级
	172	龙湾屯镇韩淑明农家院餐厅	顺义区龙湾屯镇焦庄户村焦庄户街17号	13716966003	三星级
	173	龙湾屯镇刘伟农家院餐厅	顺义区龙湾屯镇焦庄户村焦庄街88号	13520680530	三星级
	174	龙湾屯镇杨玉荣农家院餐厅	顺义区龙湾屯镇焦庄户村北小巷20号	13716086264	三星级
	175	龙湾屯镇韩秀华农家院餐厅	顺义区龙湾屯镇焦庄户村大胡同4号	13716811754	三星级
	176	北京立荣农家院餐厅	顺义区龙湾屯镇焦庄户村大胡同34号	15010024388	三星级
	177	龙湾屯镇高玉芝农家院餐厅	顺义区龙湾屯镇焦庄户村新民路123号	13716610602	三星级
	178	顺义区北石槽镇李印梅民俗旅游户	顺义区北石槽镇南石槽村春意胡同9号内2号	18701116108	三星级
	179	北京金府四季餐饮有限公司	顺义区南彩镇河北村东路9号	13718647925	三星级
	180	北京顺香府餐饮有限公司	顺义区南彩镇河北村村委会东北1000米	13716600866	三星级
	181	北京冉云汆花鲢饭庄	顺义区南彩镇河北村东路2号	13716087789	三星级
	182	北京荀冬明饭庄	顺义区南彩镇河北村老顺平路甲3号	13601056041	三星级
	183	顺义区南彩镇李昌军小吃店	顺义区南彩镇河北村双河果园	13910445660	三星级
	184	北京稻香来餐厅	顺义区李遂镇李遂村东来顺胡同15号	15910394658	三星级
	185	陈国红民俗户	顺义区马坡镇石家营村光明大街27号	13716433134	三星级
	186	胡国安民俗户	顺义区马坡镇石家营村光明大街14号	13436957608	三星级
	187	李文孝民俗户	顺义区马坡镇石家营村小街二条3号	13641250426	三星级
	188	胡贵先民俗户	顺义区马坡镇石家营村平安路二巷1号内1号	13716606523	三星级
	189	焦文敬民俗旅游户	北京市顺义区龙湾屯镇焦庄户村中五巷1号	13716274240	三星级
	190	张洪财民俗旅游户	北京市顺义区北石槽镇寺上村鱼池路22号	60424698	三星级
	191	张秀敏民俗旅游户	北京市顺义区北石槽镇寺上村西大街一条3号	13693264685	三星级
	192	李素银民俗旅游户	北京市顺义区北石槽镇寺上村鱼池路临28号	13716480665	三星级
	193	郑志祥民俗旅游户	北京市顺义区北石槽镇寺上村中大街79号	13701001347	三星级
	194	冯悦琴民俗旅游户	北京市顺义区北石槽镇寺上村西大街38号	15910465605	三星级
	195	闫学珍民俗旅游户	北京市顺义区北石槽镇寺上村中大街91号	18310321260	三星级
	196	沐丰园农家院	顺义区杨镇田家营村立新胡同9号	13681045586	二星级
	197	双亮农家院	顺义区龙湾屯镇焦庄户村新民路59号	15810266841	二星级

类别	序号	名　　称	地　　　址	电　　话	星级 质量等级
乡村旅游特色业态34家	198	北京清心居农庄有限公司（意大利农庄）	顺义区马坡镇白各庄村委会南300米	69409408	国际驿站
	199	罗红摄影艺术馆	北京市顺义区天竺镇首都机场路89号	13681368601	国际驿站
	200	卓爱房车小镇	顺义区杨镇北京国际鲜花港南路9号北京国际鲜花港办公区105室	13466703803	国际驿站
	201	享筑·繁星帐篷酒店	顺义区杨镇鲜花港南路九号	13466565348	国际驿站
	202	晋汉子酒店	顺义区赵全营镇北郎中村牛板路段1号	18511986226	乡村酒店
	203	北京峰盈新顺餐饮管理有限公司	顺义区北石槽镇良善庄村村委会南500米	13910722736	乡村酒店
	204	朱民垂钓园	顺义区张镇柏树庄村翠柏路52号	13716780200	生态渔家
	205	珍宝珍	赵全营镇去碑营村中心大街101号1号楼103室	13521995811	休闲农庄
	206	北京安利隆生态农业发展有限公司	顺义区龙湾屯镇山里辛庄村东	18611408986	休闲农庄
	207	阿做生态农庄	顺义区南彩镇后俸伯村西彩俸工业区路北	13901396141	休闲农庄
	208	食为先生态农业园	北京市顺义区北石槽镇刘各庄村四街29号	13601128188	休闲农庄
	209	九浟地	北京市顺义区高丽营镇火寺路南郎中段49号	13381021108	休闲农庄
	210	浅山农庄	北京市顺义区张镇大街26号	13520006516	休闲农庄
	211	北京绿嘟嘟农庄	北京市顺义区张镇雁户庄村文明街一号	15175602715	休闲农庄
	212	北京欧菲堡酒庄有限公司	顺义区龙湾屯镇柳庄户村	60466369、13146919999	葡萄酒庄
	213	北京乾轩樱桃采摘园	顺义区北务镇马庄村	13901113631	采摘篱园
	214	北京市双河果园	顺义区南彩镇河北村	13910402791	采摘篱园
	215	北京顺丽鑫生态观光农业园有限责任公司	顺义区高丽营镇水源九厂路1号	69453090	采摘篱园
	216	北京晏农源农业科技有限公司	顺义区牛栏山镇晏子路2号	15210912566	采摘篱园
	217	北京绿富田园农业发展有限公司	顺义区木林镇顺焦路木林段75号	15810501259	采摘篱园
	218	北京吉祥八宝葫芦手工艺品产销专业合作社	顺义区龙湾屯镇柳庄户村	13716669708	采摘篱园
	219	北京吉祥苑采摘园	顺义区杨镇张家务村	18618122215	采摘篱园
	220	北京彩虹庄园农业科技有限公司	顺义区顺平主路 彩虹桥东2公里	13321120595	采摘篱园
	221	北京喜邦生态农业有限公司	顺义区北小营镇榆林村西	18518639358	采摘篱园
	222	北京裕和歆业有机农业有限公司	顺义区高丽营镇羊房村临28号	13699180979	采摘篱园
	223	北京水云天采摘园	顺义区木林镇贾山村	15810501259	采摘篱园
	224	北京七彩佳合花卉有限公司	顺义区北石槽镇东石槽村	51665266	采摘篱园
	225	诚食（北京）农业科技有限公司	顺义区龙湾屯镇柳庄户村	13810956036	采摘篱园
	226	兴农鼎力生态园	北京市顺义区赵全营镇前桑园村村东500米	13810332692	采摘篱园

类别	序号	名称	地址	电话	星级 质量等级
乡村旅游特色业态34家	227	盛顺缘呼吸庄园	北京市顺义区北务镇郭北路8号	18600070999	采摘篱园
	228	北京绿奥蔬菜合作社	北京市顺义区大孙各庄镇四福庄村四服通大街485号	13520920223	采摘篱园
	229	鑫泰丰农庄	北京市顺义区仁和地区米各庄村	13641384021	采摘篱园
	230	世外苑	北京市顺义区李桥镇南庄头村委会东侧1000米	13511003141	采摘篱园
	231	浅山居	北京市顺义区张镇大街24号	15901455779	采摘篱园
工业旅游示范点6家	232	燕京啤酒厂	顺义区双河路九号	894955888	国家级
	233	北京顺鑫鹏程食品分公司	顺义区南法信地区顺沙路南侧	69474053	国家级
	234	北京顺鑫牵手有限责任公司	顺义区牛栏山工业区	69410081	国家级
	235	北京顺鑫牛栏山酒厂	顺义区牛栏山镇	69412531	国家级
	236	北京现代汽车有限公司	顺义区顺通路18号	89490088	国家级
	237	爱慕股份有限公司(爱慕时尚工厂)	顺义区马坡镇聚源工业区聚源西路18号	81405000	区级

索 引

说 明

本索引为主题索引，又称内容分析索引，主题词（标目）以《北京顺义年鉴》（2019）正文中出现的专业名词、名词词组、机构名称为主。

本索引共三部分。第一部分为汉语拼音索引，以音序排列，音序相同时，以第二字排序，以此类推；第二、第三部分为数字索引和英文字母索引。

本索引的文字部分为主题词，主题词之后的阿拉伯数字表示所在正文中的页码（地址项），数字之后的小写英文字母（a、b、c）分别表示该页的左、中、右栏。主题词后有多个页码的，表示该主题词均在这些位置出现。

特载、专记、大事记、人物、统计资料、附录及正文中的表格、图片等内容不在索引范围内。

汉语拼音索引

A

B

C

D

E

F

G

H

J

K

L

M

P

Q

R

S

X

Z

数字索引

英文字母索引